本书为国家社科基金重大项目《法国大通史》（编号：12&ZD187）的最终研究成果

大国通史丛书

总主编　钱乘旦

法国通史

A History of France

沈　坚　主编

【第一卷】

法兰西共同体的形成

（史前—1328）

黄艳红　董子云　刘寅　著

江苏人民出版社

图书在版编目(CIP)数据

法国通史. 第一卷, 法兰西共同体的形成：史前—
1328/沈坚主编；黄艳红，董子云，刘寅著. 一南
京:江苏人民出版社,2024.11
(大国通史丛书/钱乘旦总主编)
ISBN 978-7-214-29084-7

Ⅰ.①法…　Ⅱ.①沈…②黄…③董…④刘…　Ⅲ.
①法国-历史　Ⅳ.①K565.0

中国国家版本馆 CIP 数据核字(2024)第 086804 号

书　　　名　法国通史·第一卷　法兰西共同体的形成(史前—1328)
主　　　编　沈　坚
著　　　者　黄艳红　董子云　刘　寅
策　　　划　王保顶
责 任 编 辑　陈　茜　马晓晓
装 帧 设 计　刘亭亭
责 任 监 制　王　娟
出 版 发 行　江苏人民出版社
地　　　址　南京市湖南路 1 号 A 楼,邮编:210009
照　　　排　江苏凤凰制版有限公司
印　　　刷　南京爱德印刷有限公司
开　　　本　652 毫米×960 毫米　1/16
印　　　张　211　插页 24
字　　　数　2831 千字
版　　　次　2024 年 11 月第 1 版
印　　　次　2024 年 11 月第 1 次印刷
标 准 书 号　ISBN 978-7-214-29084-7
定　　　价　880.00 元(全 6 卷)

各章作者：

董子云：第一章、第三章

董子云、胡玉娟：第二章

刘　寅：第四章

黄艳红：第五章—第十四章

黄艳红：上海师范大学人文学院世界史系研究员

董子云：浙江大学历史学院特聘副研究员

刘　寅：浙江大学历史学院长聘副教授

胡玉娟：中国社会科学院研究员

总　序

沈　坚

　　在欧美各国中,法国以悠久的历史传统著称于世。法国虽自高卢时代以来历经不计其数的战争、分裂和外敌入侵,但其文明却未曾经历任何重大的停顿和中断。自从波旁王朝建立尤其是 1789 年大革命爆发后,近现代法国更是对日趋一体化的世界产生了强烈而持久的影响。在跌宕起伏的中国近现代史上,以康有为、梁启超、孙中山、毛泽东、邓小平为代表的有识之士,也在不断地探索法国在政治现代化道路上取得的成就及其经验教训,以期推动中国的革命运动和现代化建设。

　　鉴于法国在世界的举足轻重的地位以及它对中国近现代史产生的深刻影响,中国学人很早就开始关注并撰写法国史著作。戊戌变法的先驱王韬编写《法国志略》和《普法战纪》;戊戌变法的灵魂人物康有为编写《法国革命记》,梁启超著有《罗兰夫人传》。民国时期有左舜生的《法兰西战史》(1928 年)、金兆梓编的《法国现代史》、冯品兰编的《法兰西史》(1936 年)、伍纯武的《法国社会经济史》(1936 年),以及束世澂的《中法外交史》(1938 年)。这些作品最大的一个特点是服务于中国救国救亡的政治运动,所以作者大多根据中国时务的迫切需要,针对性地选择法国历史上的若干片段或事件,用以鞭策国人。换言之,它们政论色彩过浓,历史的科学性则稍逊。

新中国成立尤其是改革开放以来,中国的法国史研究进入一个相对繁荣的发展阶段。中国法国史研究的几代学者在通史编著和专门史研究方面都取得了重大的建树。张芝联先生主编的《法国通史》(1989年)、沈炼之先生主编的《法国通史简编》(1990年)、郭华榕先生的《法兰西第二帝国史》(1991年)、楼均信先生主编的《法兰西第三共和国兴衰史》(1996年)、高毅教授的《法兰西风格:大革命的政治文化》(1991年)、沈坚教授的《当代法国:欧洲的自尊与信心》(2000年)、吕一民教授的《法国通史》(2002年)、陈文海教授的《法国史》(2004年)、王养冲教授和王令愉教授的《法国大革命史(1789—1794)》(2007年)等通史教材或断代史论著大大提升了法国史的研究水平,并受到国内学界的普遍关注和高度好评。然而,我们也不能否认,这些著作通常侧重于论述近现代法国的政治史,而对社会史、思想史、文化史、宗教史等层面关注较少。各种通史著作由于篇幅的限制,均有自己的侧重,大部分著作对法国古代史和中世纪的研究比较欠缺,在观点材料方面也有许多需要完善和加强的地方。在断代部分,中国史学界还没有法国古代和中世纪的专门史,也缺少复辟王朝和七月王朝的断代史,法国大革命的专史也仍然不完整。不过,中国法国史学界三十多年的努力为我们的综合研究奠定了扎实的基础。

更为重要的是,近十多年以来国内涌现了一批法国史研究的生力军。他们均毕业于国内著名的高校,获得博士学位并有海外留学经历。他们凭借出色的学术素养和研究能力,填补了中国法国史研究中的许多研究空白,并取得了重要的突破。他们在以往关注相对较少的中世纪、旧制度、复辟王朝、七月王朝等领域作出了深入的研究,并发表了一批见解独到、研究深入并能紧跟学术前沿的专著和论文。他们的研究已经大大丰富甚至修正了对法国史的理解和认识。因此,把他们的最新研究成果系统地介绍给国内学界也应当成为法国史工作者亟须完成的一个重大课题。

法国关于自己国家通史的撰写历来有更新。中世纪主要有编年史或大编年史的形式。到了近代,法国通史的编纂成为法国史学界寻找民族起源和民族身份、凝聚法国国民情感的重要组成部分。米什莱的《法国史》(1882 年)充满着浪漫情怀,拉维斯主编的 25 卷本的《法国史》(1911)成为法国爱国主义史学的重要代表作。年鉴学派盛行之时,法国史学界希望重新解读法国历史,但布罗代尔只完成了部分(《法兰西的特性》),遗愿未了。

自从 20 世纪七八十年代以来,法国史学界撰写和出版了多部法国通史著作。现择其要者,简而论之。乔治·杜比主编的《法国通史:从起源到当代》(1970 初版,2001 年再版),内容全面,具有很高的学术价值。但由于著者过多,风格不统一,有些叙述前后不够连贯,如关于法王和皇帝的关系问题,杜比和另一位作者的表述不够一致。1980—1990 年期间,法国著名的阿歇特出版社出版了一套法国史,著者为杜比、拉杜里、弗朗索瓦·孚雷和阿居隆等名家,共 5 卷(拉杜里撰两卷),由于名家云集,该书影响较大;缺陷是没有史前和古代,中世纪部分叙述较弱,过于强调政治叙事,而对经济、社会、文化等方面关注较少。与此同时,1984年至 1992 年,皮埃尔·诺拉主编了七卷本的《记忆的场所》,以一种非常特殊的形式来描述法国历史,他选取法国历史上非常有典型意义的人物、事件、象征物、公共活动、节日、文化现象等,编织起历史记忆的经纬,以记忆史和表征史的视角,论述了法国历史的形成及其在法国人心中的记忆、形象和表征,但只及于此,并没有过多地从社会、经济的层面谈论。90 年代开始,在全球化的世界格局中,法国人进一步认识到保持民族身份的重要性,陆续有些通史著作问世。其中由法国著名历史学家以及经济史专家雅克·马赛撰写的二卷本的《新法国史》,该书文笔生动,带有通俗著作的特点,材料较新,但对近现代部分写得比较简单,从两卷的比重看,第一卷从史前至旧制度的篇幅超过第二卷一百多页。2003 年,法国历史学家马克·费罗也写了单卷本的《法国史》,有意思的是该书将法国史分成两种体裁来写,第一部分是叙事式的,他称为"民族小说",第二部分是分析式的,着重揭示法兰西带有特征性的历史专题。2012 年,乔·科尔奈特主编的《法国史》长达 13 卷,叙述的内容远比此前的著作广泛与详细,而且每卷也分成两个部分,第一部分是叙事式的,第二部分称为"历史学家的工作间",对历史的疑问进行分析和解答。不过该著作依然没有涉及古代部分,最早起始时间为 481 年。而且由于涉及面过多,各卷作者基本自行其是,存在不少前后不一的情况。

20 世纪七十年代以来的法国新通史著作具有鲜明的时代色彩,也因此不可避免地沾染了时代的局限性。譬如,偏重政治史研究,对社会史、经济史的重视程度不够。20 世纪七八十年代以来,政治史在法国史学界得到全面复兴,政治史家也逐渐取代了年鉴学派的领袖地位。这一点在法国通史的编撰中亦表现得特别明显,孚雷、阿居隆、皮埃尔·诺拉以及乔·科尔奈特等人都是出类拔萃的政治史家,而鲜有一流的社会史家或者经济史家介入其中。又如,浓厚的现实主义导致法国通史的侧重有些偏颇。法国学者在研究历史的过程中,自觉或不自觉地试图从历史当中寻找当代诸种社会问题的起源及其解决办法,所以用大量的篇幅梳理对时下法国具有现实意义的民主史、移民史、身份史、表象史、宗教史,却对曾经在历史上起支配作用的社会经济因素言之甚少。譬如,工业革命及其对法国社会的深远影响,在新通史中的比例就少得可怜。

有鉴于此,中国学者在撰写法国通史时,仍有不少改进和提升的空间。我们可以通过增加经济史、社会史的研究,纠正法国学者过于重视政治史的倾向。而且,由于法国属于发达资本主义国家,中国属于社会主义发展中国家,当代法国历史学家关注的问题和我们中国学者所关心的问题必然大相径庭。这也是我们不能照搬或者简单地翻译法国通史著作的重要原因。

一言以蔽之,撰写一部能够系统介绍法国全史、体现中国法国史研究最新成果的通史著作十分必要,具有相当重要的现实意义和学术价值。

第一,中国法国史学界在学术上需要对前期成果进行总结和提高,以增强中国法国史工作者在国际学术上的影响力。中国的法国史研究已经经过数代人的努力,撰写一部多卷本的法国通史是我国法国史工作者几代人的愿望。早在改革开放初期,中国法国史研究会曾就撰写多卷本法国通史召开过协调会,并依地域进行了分工,但终因工程浩大,单位分散,而未能完成。经过几十年的不懈努力,中国法国史研究已经取得重大进展,需要对前期成果进行认真梳理和总结,并在此基础上结合近年来新的成果,形成一部多卷本的、凝聚中国法国史研究学者心血的法国通史,向世人展现法国史研究中的中国学派。

第二,能为社会主义中国的现代化建设和发展提供有益的启示。近代法国的国情和当代中国最为相近:农业占国民经济比重很高,工业革命起步相对较晚,中小企业数量众多,国民的政治敏感性较强,以及拥有悠久的历史文化传统,等等。许多人也因此把法国称为"欧洲的中国"。然而,这样的法国却在较短的时间内成功地实现了现代化,在经济、社会、科技尤其是文化、思想、艺术等领域能够长期保持世界领先水平,有我们值得借鉴的经验。同时在现代化进程中,作为资本主义国家,法国同样也面对社会贫富分化、社会矛盾突出、民族关系复杂等问题,由此,我们可以吸取教训,避免弯路。所以,曾经和当代中国如此接近的法国的现代化经验和教训,必定对我们社会主义和谐社会的建设有着相当重要的启示作用。

第三,对于中国理解法国和欧洲乃至全球的新格局有积极的意义。法国是西方大国,深刻理解这个国家的历史可以更全面地理解这个国家的现实,有助于我们知己知彼,在与他国交往中,采取有利的策略。法国同样是欧盟的重要发动机,了解法国也有助于认识欧盟,在国际格局的博弈中立于不败之地。

因此,我们集中了中国法国史研究的重要骨干,花费了十多年时间,终于完成了六卷本《法国通史》的撰写。

本书虽为通史性质的编撰,力求史实的详备,但并非简单意义上的事实陈述,而是围绕现代民族国家的诞生、发展及其演变这一主线展开,紧扣三个重要的主题:第一,法兰西共同体的诞生;第二,现代民族国家的形成、表现形式、内在特质及其历史意义;第三,世界格局视野下法国的国家命运与现实挑战。六卷本法国大通史以时间为轴分卷,便于读者掌握法国历史发展的全貌和主要线索,同时在每一卷中,我们都安排了重要的研究专题,由此提升著作的学术水准。

本书在许多方面体现了中国学者的观点和视野,我们从中国人的角度出发讨论法国学者避讳的话题和历史方面,对法国历史进行客观、公正的书写,而且对以法国为首的欧洲国家在现代化过程中所形成的"欧洲中心观""欧洲优越论""西方民主普世化"等观念进行了科学的和历史的批判。最后,我们完整地书写了中法双方交流的历史。

本书写作中,得到了国内和国际学术界和出版界的大力支持。钱乘旦教授作为世界史学界的前辈给各国通史编纂打下了坚实的基础。北京大学的高毅教授在通史编纂之前为编写队伍的组织和通史编纂的方向提供了重要的帮助。浙江大学吕一民教授在本著作申报国家重大课题时为课题组出谋划策,参与了课题的申报工作。著作编写过程中也得到许多法国专家的指导。著作在国家社科基金获得重大课题立项,为科研提供了资金的保障。著作在编撰过程和出版中都得到了凤凰出版传媒集团的大力鞭策和协助,获得国家出版基金的资助。在此,我们对多年来支持我们、鼓励我们的专家学者和朋友们表示衷心感谢!

目　录

7

第一章　法国的地理环境与史前人类

　　以今天的法国本土版图观之,法国地处欧洲大陆收窄处。它是狭义上的西欧国家的核心成员,东临中欧,南接南欧,是交通要地,地理位置优越。今天的法国本土面积约为 54.9 万平方千米,远大于德国(35.76 万平方千米)、英国(24.36 万平方千米),略大于西班牙(50.6 万平方千米)[①]。法国气候温和,河网密布,土地大多适于耕作。早在 100 万年前,上卢瓦尔的索莱阿克(Soleihac)就有人类活动的踪迹。70 万年前,尼斯(Nice)和迪朗斯(Durance)的河谷中就可能有了用火的迹象。1960 年代,在法国南部东比利牛斯省小镇陶塔维的阿拉戈洞穴中,发现了距今约 45 万年的原始人类遗骸化石。著名的拉斯科洞穴(距今约 1.5 万年)更是留下了旧石器时代人类的壁画。从古至今,人们在这片天赋优渥的土地上繁衍生息。在中世纪,法国人就为自己所生活的空间和风土感到自豪。他们相信,法国的自然环境最为宜居,空气最为清新。[②] 在一战前夜,拉维斯主持编写的《法国史》当中,负责撰写法国地理的维达尔·白

[①] 数据截至 2021 年,来源为世界银行数据库,链接:https://donnees.banquemondiale.org/,
　　2024 年 5 月 10 日访问。

[②] Jean-Marie Moeglin, *L'Empire et le royaume, entre indifférence et fascination, 1214 – 1500*, Lille, 2011.

兰士(Vidal de la Blache)则认为,法国这片土壤的一大特点是能吸纳自己内部的移民,在相对有限的空间里实现人员的相互往来。[1] 18 世纪前,法国一直是欧洲人口最多的国家,直到工业革命之后才被英国、德国和俄罗斯超越。

法国的自然条件以其多样性著称。正如布罗代尔所言:"多样性就是法兰西。"[2]虽然从大的结构上看,法国的地理形势呈西低东高的特点,平原和高地泾渭分明,但是,在具体地形地貌和气候条件的综合作用之下,每一个区块的划分都显得武断,因为每一个区块内部甚至都不具备充分的同质性。不过,即使多样性是法兰西这片土壤上的根本现实,我们今天看到的仍是一个富有内聚力而统一的法兰西。这个法兰西是数千年人类活动的结果,经历了无数次历史沿革。正如布罗代尔所说,地理是"重新理解、重新衡量、重新阐明法国的过去的一种方式"[3]。地理环境因素为诸多历史发展奠定了深层结构。历史上的法国人,如何借助于自然环境所赋予他们的种种条件,构造了一个统一的法兰西? 法兰西的"天赋异禀",造就了怎样的历史结构? 今天的法兰西又是怎样形成的? 这是本章要探讨的问题。

第一节　法国的地理环境

法国自然条件优越,这主要是从其地理位置和气候条件说的。法国这片土地气候宜居,处在文明汇聚和流通的要道。因此,就如法兰西的历史不能脱离于欧洲和世界而单独观之,法国的自然环境也奠定了这种国际化的格局,内与外的辩证是法兰西历史的一个基调。

---

[1] "法兰西这片土壤,天然就能够吸收其自身移民的大部分。法国各地配置各异,产生了众多地方性的动能,它们相互作用,让人们即使在一个有限的空间里,也得以相互造访、相识。" P. Vidal de la Blache, *Tableau de la géographie de la France*, Paris: Hachette, 1903。
[2] [法]布罗代尔:《法兰西的特性:空间和历史》,顾良、张泽乾译,商务印书馆 1994 年版,第 19 页。
[3] [法]布罗代尔:《法兰西的特性:空间和历史》,第 15 页。

1. 法国的地理位置

今天的法国本土南北、东西距离大致相当,均在 1 000 千米左右。正因为如此,法国人乐于将其国土称为"六边形"(hexagone)。法国本土的纬度大致在北纬 42 度至 51 度之间。境内的最高点是阿尔卑斯山脉的勃朗峰,海拔 4810. 45 米,同时也是欧洲的最高峰。

自古典时代起,地理学家就注意到了这块禀赋卓越的土地。它虽然地处大陆,却是南北两大海洋体系的连接处。它就好比一道卡口,可谓重要的交通通道。斯特拉波就曾赞美高卢,称赞其河流联通海洋,也是内海联通大西洋的要冲。[①] 如此重要的位置,可谓大自然的独具匠心。远古以来,这里就是人类交通的必经之路。百万年前,法国土地上就有了人类活动的踪迹。在旧石器时代初期,也就是距今 200 万年到 13. 5 万年,法国的遗址分布呈较为广泛的状态。就有人定居的地区而言,在北部,有阿布维尔(Abbeville)、圣阿舍尔(Saint-Acheul)、谢勒(Chelles)等遗址。往南,有丰莫尔(Fontmaure)、拉米考克(La Micoque)等遗址。到了比利牛斯山脉,有陶塔维(Tautave)。在普罗旺斯,有雷斯卡勒(L'Escale)、拉瓦罗内(La Vallonnet)等处。在卢瓦尔河上游的索莱阿克,有原始人类在湖边竖起石块的痕迹。70 多万年前,雷斯卡勒洞穴坐落于尼斯附近的迪朗斯河谷,里边可能已经有了用火和社会组织的迹象。洞穴中的灰烬层厚度有 10 多厘米,可见其用火活动的连续性。考古学家对于这些迹象是否表明是有意识的用火活动还存在争议,因此尚难说它是人类掌握用火的最早证据。5 万年前,出现了墓葬、献祭和医疗设施。3 万年前,文学和艺术初现端倪。[②]

1971 年,考古学家在比利牛斯山脉陶塔维发现了一处洞穴。他们在

---

① A. Tardieu, trans., *Géographie de Strabon*, Paris: Hachette, 1867, t. 1, livre Ⅳ.

② Jacques Marseille, *Nouvelle histoire de la France*, I. *De la Préhistoire à la fin de l'Ancien Régime*, Paris: Perrin, 2002, pp. 15 - 53.

洞穴中发现了古人类化石,经测定距今约有 40 万到 35 万年。陶塔维位于法国南部城市佩皮尼昂西北 19 千米处。当时,在一堆工具和动物遗骸化石中,考古学家发现了两块下颌、一些牙齿、一块髋骨和一些指骨,由此辨认出了"最早的法国人"。经过仔细挖掘,他们在洞穴中发现的遗骨化石 140 余件,最近发现的一颗人类牙齿经年代测定距今 55 万余年。[1] 时间越往后,考古发现的种类就越丰富。在法国西南的朗德(Landes),出土过一个精致的人头像。这个人头像由象牙雕刻而成,高 3.65 厘米,被称为布拉桑普伊夫人(Dame de Brassempouy)。经测定,这个旧石器时代的现实主义女性人头像距今约 2.9 万—2.2 万年。[2] 而要说最举世闻名的考古发现,当属拉斯科洞穴的壁画。拉斯科洞穴的发现十分偶然。1940 年 9 月 12 日,蒙蒂尼亚克(Montignac)村庄的 18 岁青年马塞尔·拉维达(Marcel Ravidat)和几个伙伴发现了洞穴壁画长廊。拉斯科洞穴的壁画以其生动性、独特性和规模而轰动世界。考古学家对于壁画的功能有不同的解读。有的考古学家认为,这些绘画表现的是某次狩猎的成果。另一些考古学家则认为,壁画也许并非纯粹为了欣赏,而是有一定的宗教用途。绘画为的是祈求打猎顺利,其最明显的佐证,即部分壁画的层叠绘画次数多于其他位置的壁画——也就是说这个部分的壁画更为灵验。在各种动物,尤其是一些大型动物(如大型猫科动物、牛等)的周围,还能发现一些尖锐的图形。有学者认为,这些图形是武器的象征,当时的人类绘制这些图形,可能是因为害怕这些动物从图画变成真实。[3]

　　原始人类在法国活动的历史久远且遗迹繁多,很大的原因就在于法国处在重要的地理连接处。就法国所处的陆地来讲,其东北部的平原和

---

[1] URL：https://www. lemonde. fr/sciences/article/2015/07/28/une-dent-humaine-vieille-d-environ-550 - 000 - ans-decouverte-dans-les-pyrenees-orientales _4702016 _1650684. html,2020 年 5 月 16 日访问。

[2] Henri Delporte, *L'image de la femme dans l'art préhistorique*, Paris：Picard, 1993.

[3] Julien d'Huy et Jean-Loïc Le Quellec, "Les animaux 'fléchés' à Lascaux: nouvelle proposition d'interprétation," *Préhistoire du Sud-Ouest*, Vol. 18, No. 2 (2010), pp. 161 - 170.

丘陵地带与中欧通连，天然地形成了许多条交通要道——因此，在这个区域从很早就诞生了若干经济、政治中心，许多知名的战场遗址也在此；西南面翻越比利牛斯山脉之后，便是伊比利亚半岛（进而连接北非世界）；翻过位于法国东南的阿尔卑斯山脉，则可以到意大利——人类穿越阿尔卑斯的痕迹至少可以追溯到新石器时代。就河流而言，在法国北部，塞纳河流入拉芒什海峡（英吉利海峡），而塞纳河的各条支流经过巴黎深入巴黎盆地腹地。卢瓦尔河平原的居民则可通过卢瓦尔河经南特出海。同样汇入大西洋的还有发源于比利牛斯山脉的加隆河，波尔多是其咽喉。而在所谓的"蓝色海岸"，法国与地中海相接，是它与地中海文明往来的窗口——这些往来又经由罗讷河可以一直延伸到里昂乃至更北。因此，无论是技术还是文化，法国学者普遍认为法国天然受到来自两条路线的影响。一条是从南往北的路线，经过地中海；另一条则是从东边的路线，从巴尔干半岛的北部，沿多瑙河穿过中欧，最终抵达巴黎盆地。在距今1万多年前，农业就是这样以这两条主线为路径传入法国的。也正因为往来的便利，在历史上，凯尔特人（也就是高卢人）、日耳曼人、维京人相继向这块土地移民。

不过，便利的地理位置并没有塑造出一个文化高度统一的法兰西，这是因为法兰西版图内部存在着复杂的气候条件和地形地貌。这些因素相互作用，影响了人们的饮食起居、工作方式乃至建筑和服饰。这些复杂性我们将留待后文探讨。

2. 法国的气候条件

法国整体处于北半球温带偏南部。南北的气温总体差异不大。在南方的尼斯，年平均气温在15摄氏度左右，而北方城市里尔，年平均气温为10度左右。但是，决定法国各地气候条件的，不仅是纬度，还有具体的地理位置。大西洋对法国的气候有着尤为显著的影响。越往东去，大西洋的影响就越少，越接近于大陆性气候。在北大西洋暖流、地中海和欧亚大陆高压的影响下，法国大致可以分为三个气候带：海洋性气候、大陆性气候、地中海气候。大西洋和西风不断为法国西部运送水汽,这使得法国西部地区极为湿润。在布列塔尼西端的布雷斯特(Brest),一年的降水天数超过了 200 天。又由于相对远离大陆,法国西部常年处在较为温和的状态。靠近大西洋也意味着多变的天气。和英国一样,在法国西部沿海地区,天气可能一天变换多次;即使是在很小一块地区范围内,也会出现天气差异。从西往东,气候逐步向大陆性气候转变。降雨量减少,冬天和夏天的温差增大。在法国东南,尤其是普罗旺斯地区,盛行的是地中海气候。夏季炎热干燥,高温少雨,冬季温和湿润,是地中海气候的典型特征。夏季,地中海气候带受副热带高压控制;冬季,则是大西洋吹来的西风发挥影响。在法国,地中海气候带一直沿着罗讷河往北延伸(至蒙特利马)。地中海气候造就了法国南方(尤其是东南沿海)著名的好天气,也因此造就了许多度假胜地。在朗格多克-鲁西永地区,一年当中有超过 300 多天的晴天,导致年降水量甚至可能不足 500 毫米。正因为降水量低,这个地区的农业生产离不开灌溉系统;生产方式也影响了南方的社会组织形态。在法国的东部,与德国接壤的阿尔萨斯和洛林地区已基本属于大陆性气候。这里距离海洋较远,所以西风的影响也变得微弱。在斯特拉斯堡,每个月的降水日数较为平均,虽然夏季雨水更多,但整体上降水量有限。气候上,法国东部与德国接近,属于大陆性气候。至于从西部过渡到东部的中间地带,气候也带有过渡的特征。类似的,朗格多克的西部是西南海洋气候到地中海气候的过渡带。气候影响着植被和农业,南北之分也因为气候不同而凸显。葡萄、橄榄等等作物往往只能在偏南方的地带生长。唯一的例外是小麦,它能够适应法国各地的气候。

勒华·拉杜里(Le Roy Ladurie)等学者根据阿尔卑斯山冰川的海拔高度以及勃艮第地区的葡萄收获情况,测算了 13 世纪到今天的气候变化。[1]

---

[1] E. Le Roy Ladurie, *Histoire humaine et comparée du climat.* Tome 1. *Canicules et glaciers XIII e -XVIII e siècles*, Paris: Fayard, 2004.

13世纪是小冰期开始的时代,气候变冷,农业收成变差,中世纪最美好的一段时间结束。随之而来的是黑死病和饥荒。百年战争结束,经过一段相对温和的时期后,16世纪中后期又出现了几次极端气候,小冰期的影响不断强化。到了1644年,夏莫尼克斯(Chamonix)的冰川海拔达到历史性低位,而此后的寒冷天气造成了1693—1694年的大饥荒。法国大革命之前虽然没有显著的气候危机,但在一些重大事件(如大革命爆发和罗伯斯比尔下台等)之前,都会有如气候干旱等影响粮食收成的因素在推动。

虽然并不总是风调雨顺,但历史上的法国人很早就意识到自己所居住的土地十分宜居,这让他们倍感自豪。从中世纪起,法国人就认为自己国家的空气是最为清新的,气候也最为宜居、有利健康。法国16世纪著名诗人皮埃尔·德·龙沙(Pierre de Ronsard)曾这样歌颂法国的气候条件:

> ……无需航行别处,这里便出产
> 各种商品,谷物、葡萄酒、森林和草场:
> 太强的热浪不会袭击我们这地方,
> 也不会有太强的寒潮,摧残一切的狂风,
> 这里人们无需畏惧毒龙瞬间抖落的鳞片,
> 没有寸草不生的峭壁,和荒芜无用的沙地。①

3. 法国的自然资源

相比其他西欧国家,法国的领土相对辽阔,其自然资源的种类也相对丰富。在农耕时代,法国拥有各种种类的作物,动植物资源也能够满足人类活动的众多需要。从远古一直到近代早期,动植物、石料、水力、树木和矿石可谓是用途最广的自然资源。而步入工业化时代,各类矿藏

---

① Pierre de Ronsard, "Le beau royaume," in Paul Laumonier ed., *Oeuvres complètes*, t. Ⅷ, Paris: Droz, 1935.

和化石能源得到广泛开采和利用。

常言道:"一方水土养一方人。"法国的土壤大部分属于棕壤(sols bruns)或者钙质土壤(sols calcaires),是落叶森林在温带气候条件下形成的。这些土壤大多比较肥沃,适于农耕。在邻近地中海的区域,土壤是红色的地中海土壤。法国的土壤普遍偏弱酸性。布列塔尼半岛、阿基坦沿海地区、中央高原西部和阿尔萨斯洛林地区有强酸性土壤。东南的土壤较为特殊,如普罗旺斯以 pH 值在 7.5—8.5 的碱性土壤为主。根据石灰岩土和黏土土质不同,不同地区的人们选择了不同的生产和生活方式。石灰岩土是岩石风化和土壤侵蚀共同作用的产物。所以,石灰岩土壤土层较薄,岩石碎屑多,富含钙质。石灰岩土排水性佳,能够迅速排走多余的雨水,因此是种植葡萄的理想土壤。法国诸多著名的葡萄酒产区,如香槟、勃艮第、卢瓦尔河谷、罗讷河谷和波尔多都有石灰岩土广泛分布。相比之下,黏土的颗粒细,透水性弱,毛细作用大。因为土壤的因素,在一些地方,农产品富足;另一些地方,向来都需要定期外出务工。

远古时代,法国被茂密的森林覆盖。在北部,典型的自然植被是橡树、栗子树、松树、山毛榉。在高卢-罗马时代,有了所谓的"野地"的说法。荒芜而没有开发的土地,都能称为野地(saltus)——包括荒地、森林、沼泽等等。在人们的观念里,这些地带荆棘丛生,野兽横行,不可轻易踏入。有人类开发和聚居的"耕地"(ager)则象征着文明与安全。从远古时代一直到近代,未有开发的森林是狼的乐园。有时它们还会侵入农田,破坏庄稼乃至袭击人类。除了狼,常见的野兽还有鹿、野猪等。罗马晚期到中世纪早期,森林可谓高卢的标志性风景。从布拉邦(Brabant)到阿图瓦,从阿登到孚日高原,巴黎盆地周边,阿基坦和朗格多克之间(加隆河中游),拉昂、苏瓦松的森林,下诺曼底、中央高原等处的森林都未有开发。稠密的森林成了不同地区、政权的自然分界线。

出现于 12 世纪的中世纪法语文学作品《列那狐传奇》中出现了各种各样的动物,这也许也是对当时人所处自然环境的展现。出现过的野生动物有狮子、狼、鹿、野猪、獾、狐狸、棕熊、猴子等等。在中世纪中后期,王权和领主权力的兴盛使得自然资源的利用有了集中化的管理。尤其是森林,一直以来都是王公贵族的禁脔,其开发受到严格控制。在 14 世纪,勃艮第森林资源的开发利用就受到高度监控,为的是最好地满足公爵需要。[①] 管控森林资源也意味着野生动物难以治理,因此时常能见到民众动议,要求治理狼害。自然,为了谋生,违反禁令的偷猎也是较为普遍的。

　森林除了提供木材,也意味着有丰富的植物资源可供利用。这些植物资源也可能成为国际贸易的动力源。例如,欧马桑(Coriaria myrtifolia)是一种法国南方盛产的野生植物。由于它是制作皮革的重要原料,所以在法国南方自 13 世纪起便开始有了相应的贸易活动。不过,在前工业时代,森林的功能,除了提供肉类、食物,主要是提供燃料和建筑材料。法国各地的树木种类也因为气候原因而不尽相同。中央高原的石灰石地貌上,生长着金雀花、灌木、薰衣草和桧树。同样,地中海气候带的植被别具一格。由于夏季炎热干燥,阔叶树很难存活,所以常见的都是较为耐旱的植物,如冬青栎、栓皮栎、薰衣草、松树和各类灌木等。在工业革命时代,法国的森林一度遭到过度开发。随后,保护环境的意识增强,森林面积在不断扩大。根据法国国家地理和森林信息研究所的调查,2017 年,法国的森林覆盖率达到了 31%。森林占地面积仅次于农业用地。[②] 森林的逐年递增得益于法国国内强劲的环境保护意识和政策实践。

　前工业时代,矿山开采也是自然资源利用的重要形式。在上古,高卢的先民就开采了矿石。其中,锡是一种重要矿产。锡不仅可以制作器皿,也是制作青铜器的必备原料。从西班牙加利西亚到法国布列塔尼再到英国康沃尔一带是富含锡矿的地区。今天的布列塔尼已经不再产锡,

---

[①] Pierre Gresser, "Un grand office des forêts dans le comté de Bourgogne," in Sylvie Bépoix et Hervé Richard, eds., *La Forêt au Moyen Âge*, Paris: Les Belles Lettres, 2019.
[②] 参见法国国家地理与森林信息研究所 2018 年的备忘录(*Le mémento de l'inventaire forestier 2018 de l'IGN*)。

但在遥远的古代,锡让法国与世界往来。[1] 洛林、诺曼底以及安茹-布列塔尼交界处有铁矿。白银作为货币金属,在古罗马和中世纪法国均有开采。秃头查理在 862 年的敕令中规定了 10 个铸币工坊,其中包括普瓦图地区的梅勒(Melle),这是加洛林时代的银矿开采中心,其银币流通广泛且留存至今。在商品经济日臻繁荣和发达的中世纪盛期,法国南方是银的主要产地。不过,到了 15 世纪末,洛林地区和德国的采矿业走向繁荣,这使得法国各地的开采活动减缓,有的甚至不再活动。[2] 同时,地理大发现很快就会将新大陆的矿产源源不断运回欧洲。

到了工业时代,自然资源的定义扩展了。法国自然资源的分布特点,简而言之,可谓种类多样但往往储量有限。除了工业时代具有标志性的煤炭资源外,法国的自然资源主要有铁矿石、硫磺、铁矾土、锌、铀、锑等。其中,中央高原有储量丰富的铀,而阿基坦地区的硫磺较为丰富。一度,法国北部和洛林的工业区颇负盛名,这两个地方均藏有丰富的煤炭。19 世纪 20 年代,法国北部以里尔为中心,曾是拉动法国经济发展的马车。不过,由于产量低下和环境污染的问题,北部加来海峡大区的煤炭在 1990 年以后停产(2012 年列入联合国教科文组织世界遗产名录)。2004 年,洛林拉乌弗(La Houve)煤矿关停,这是法国最后一座煤矿,它的关停标志着法国采煤业成为历史。法国的煤炭品质并不高,因此在国际市场上鲜有竞争力。法国的煤炭曾长期处于过度利用的状态,这造成了很大的环境和生态污染。法国西南部拉克(Lacq)地区一度探明有天然气(1957),但很快开采耗竭。目前,法国的天然气基本依赖进口。

法国有大约一半的边界由海洋划定,也就使得渔业资源较为丰富。常年带来西风的大西洋暖流从墨西哥湾出发,一路往东北方向流动,直

[1] P. Vidal de La Blache, *Tableau de la géographie de la France*, Paris: Hachette, 1903, p. 18.

[2] Marie-Christine Bailly-Maître, Paul Benoît, "Les mines d'argent de la France médiévale," in *Actes des congrès de la Société des historiens médiévistes de l'enseignement supérieur public*, *28ᵉ congrès*, *Clermont-Ferrand*, 1997. *L'argent au Moyen Âge*, Paris: Publications de la Sorbonne, pp. 17 - 45.

至北极地带。暖流带来温暖的水汽,也使得大西洋海岸有丰富的鱼类。相比之下,地中海海岸的渔业就相形见绌了。随着可持续发展理念的深入人心,风能、水力和太阳能也成为重要的资源。法国风力资源的开发潜力据估计在欧盟排行第二。在欧盟再生能源指令的补贴和推动下,法国各地建立起了风能和太阳能发电设施。在近十年间,相关发电量呈数倍增长的态势,且占世界风能和太阳能发电量的4%以上。

第二节　法国的地形地貌:线条

　　布罗代尔在《法兰西的特性》中这样描绘法兰西的整体图景:组成法兰西的,是"一系列独立地区酷似镶嵌画上那些色彩和形状各异的玻璃";"不过,这些玻璃已由水泥牢固地黏合在一起;出自迫不得已或填空补缺的需要,随着交换和道路的发展,地区和地方、村庄和集镇、集镇和城市、行省和国家终于被缝合成一个整体。"①法国的自然地理环境不也如此?一系列线条划定了法国的区域与边界,一个个块和一条条线紧凑地组成了今天我们看到的法国。法国的地形地貌多样,使之看似处在四分五裂的状态,但它所奠定的人类活动和交通的基本模式,又使这个多样而看似分裂的法国拥有内聚力。

　　就边界上的线条而言,主要有西南的比利牛斯山脉,基本将法国与西班牙隔离开来;东南的阿尔卑斯山脉,是法国与意大利的天然屏障。在北部和西部是海洋,海岸线构成了天然的边界,而比利牛斯山脉往东也逐渐被地中海海岸线取代。在东部的阿尔萨斯,莱茵河阻隔着法国和德国。在东北部,除了阿登高地,则是一马平川,并不存在明确的地理分界线。另外,在各条边界之内,河流和山脉也影响着区域的形成。卢瓦尔河南北的差异在法国历史上十分显著。不过,也有河流带来凝聚力的情况。河流的穿越也创造了一定的向心力和共性。例如塞纳河和罗讷

①[法]布罗代尔:《法兰西的特性:空间和历史》,第16页。

河,隔岸而居的人们交往频繁,共同利用着上天提供的馈赠。

1. 河流

　　法国境内或流经法国的主要河流有塞纳河、罗讷河、卢瓦尔河、加隆河、莱茵河等。这些河流又有众多支流,如同树的枝干,不断分岔,将土地颇为均匀地分为小块。几大山脉及中央高原是河流的主要发源地,而大西洋、北海和地中海是这些河流的最终归宿。

　　卢瓦尔河是法国最长的河流(全长约 1012 千米)[①]。它发源自中央高原,途经奥尔良、图尔、昂热、南特等城市,于圣纳泽尔(Saint-Nazaire)汇入大西洋。其流域接近法国国土面积的 20%。卢瓦尔河的一大特点是它的宽度并不规则,时而较为细小,时而又能成为宽阔的天堑。在奥尔良和昂热之间,卢瓦尔河谷的宽度可以达到 2—5 千米。卢瓦尔河宽阔而流速缓慢,时常会因为干旱、洪水、河流淤积和结冰而出现断流。同时,由于泥沙堆积,在卢瓦尔河上驾驶船只还需要提防搁浅。

　　卢瓦尔河沿岸土壤肥沃,气候温和。由于卢瓦尔河深入腹地,距离海洋较远,所以其流域越深入的部分,年降水量就越少。到了地处中游的昂热一带,无论是冬天还是夏天,气候都十分适宜,在很早以前便吸引着各地人们来此游览驻足。卢瓦尔河最闻名的,莫过于它所造就的河谷。河谷宽 2 至 7 千米,长约 280 千米(大致是卢瓦尔河在叙利[Sully]到沙罗讷[Chalonnes]的这个区间),两岸布满了小块小块的葡萄园,它在 2000 年被列入联合国世界遗产名录。除了葡萄种植园外,卢瓦尔河畔的城堡也闻名遐迩。最早,法国国王在河边修建城堡,随后,贵族们竞相效仿。很多城堡坐落在十分紧要的位置,例如修筑在卢瓦尔河和阿玛斯(Amasse)河汇流处的昂布瓦兹(Amboise)城堡,雄踞卢瓦尔河左岸的肖蒙(Chaumont)城堡,还有修建在卢瓦尔河和维埃纳河汇流处河床上

[①] 以下河流长度的相关数据如无特别说明,均来自法国政府数据库,链接:https://www.data.gouv.fr/fr/datasets/liste-des-fleuves-en-france-metropolitaine/,2024 年 5 月 10 日访问。

的蒙索罗（Montsoreau）城堡。但相比中世纪的城堡，卢瓦尔河畔城堡的艺术价值和休闲价值远远超过了它们本应有的军事价值。

罗讷河全长 812 千米，发源于瑞士，其三分之二在法国境内。流域面积约为 9.8 万平方千米，差不多是法国总面积的 17%。自古以来，罗讷河就是沟通法国南北的一条动脉。罗讷河的发源地靠近卢瓦尔河和塞纳河。在罗阿讷（Roanne），卢瓦尔河和罗讷河的距离不过 70 千米。而在勃艮第，也可以轻易地从罗讷河转到塞纳河。人们因此修筑了多条运河，通往塞纳河的支流。像这种经过高卢，将大西洋与西班牙、英国和中欧连接起来的自然通道还有很多，但罗讷河无疑是其中最为重要也最负盛名的一条河流。

罗讷河的一大特点是水流湍急。在下游，湍急的水流冲积出了阿尔勒的罗讷河三角洲，中间形成了一片卡马尔格湿地，今天是重要的自然保护区。罗讷河沿途流经第戎、贝尚松、马贡、里昂、阿维尼翁等城镇，将东部腹地与地中海港口马赛连通。索恩河在里昂汇入罗讷河。早在高卢时期，北方的物产就通过罗讷河与地中海和东方的商品交换。由于水流湍急，古时在罗讷河上修筑桥梁颇为困难。阿维尼翁的标志性景观"阿维尼翁桥"（实名圣贝内泽桥［Pont Saint-Bénézet］）修建于 12 世纪，日后因为罗讷河的反复泛滥，桥梁中段不断坍塌，遂放弃修缮，22 个桥拱保存下来的只有 4 个。

塞纳河长 776 千米，流经巴黎盆地、特鲁瓦、巴黎、鲁昂、勒阿弗尔（Le Havre）等地。塞纳河发源于朗格勒（Langres）高地，浇灌了香槟地区和巴黎盆地，是重要的贸易路线。征服至此地的凯撒记下了它的名字：Sequana。罗马人在塞纳河畔建立了吕特斯，也就是巴黎的前身。在中世纪，塞纳河畔还有香槟集市所在地普罗万（Provins），可谓国际贸易的一大中心。塞纳河的一大特征是百转千折。这种现象是塞纳河谷的天然倾斜造成的。在塞纳河入海口，潮汐影响下常常会出现"涌潮"（mascaret）。塞纳河入海口的港口城市勒阿弗尔拥有仅次于马赛的法国第二大港口，也是距离首都最近的港口。

　　历来的法兰西文人为塞纳河留下了许多真情洋溢的诗句,让塞纳河成为法国"最浪漫"的河流,乃至成为法国的象征。雅克·普雷维尔(Jacques Prévert)笔下的塞纳河如曼妙的少女,"穿过巴黎,走向大海……身穿美丽的绿裙,散发着金光,游走在一个又一个码头。"①乔治·迪博斯克(Georges Dubosc)也描述了塞纳河诺曼底段的景象:从塞纳河顺流而下,与人们常常赞颂的莱茵河之旅比起来毫不逊色。这是了解诺曼底地区最好的方式,人们可以不知疲倦地看到这个地方最多种多样、最变化多端、最美丽动人的方面。②

　　加隆河是法国西南一条重要河流。它发源于比利牛斯山脉(西班牙境内),总长 647 千米。加隆河先后经过图卢兹、阿让(Agen)和波尔多,浇灌着朗格多克和阿基坦两地。加隆河的涨落起伏不定,令人难以捉摸,时而发生在上游,时而发生在下游,时而蔓延数千米,时而仅百余米。③ 加隆河盆地曾孕育了反抗正统基督教统治的"异端"思想,也曾是人文主义的策源地之一。它在波尔多与多尔多涅河汇入吉伦特河,流入大西洋,法国大革命时期持自由主义倾向的"吉伦特派"即由此得名。吉伦特河以西和以南的地区,称为波尔多左岸,另一侧则称为右岸——这是必备的葡萄酒常识。

　　加隆河的发源地是比利牛斯山脉,它无法勾连大西洋和地中海。于是,17 世纪,由皮埃尔-保罗·里凯(Pierre-Paul Riquet)设计,在科尔贝的主持下,法国人又投入巨额财政预算开掘了南方运河(Canal du Midi,又称米迪运河)。南方运河从塞特港出发,到图卢兹之后改称加隆运河,最后汇入加隆河下游。这条运河的一大特点是沿途围绕它所修建的人工建筑(尤其是引水桥、地下河道和水闸),它们凝聚着 17 世纪的先进技

---

① Jacques Prévert, "Chanson de la Seine," in *Spectacles*, Paris: Gallimard, 1951.

② Dominique Bussillet et Fabien Persil, *Seine du passé : promenade littéraire et picturale au fil de la Seine, de Rouen au Val-de-La Haye*, Condé-sur-Noireau: Charles Corlet, 1999.

③ Roger Lambert, *Géographie du cycle de l'eau*, Toulouse: Presses Universitaires du Mirail, 1996; Janine Garrisson-Estèbe et Marc Ferro, eds., *Une histoire de la Garonne*, Paris: Ramsay, 1982.

术。虽然南方运河的设想十分宏伟,但它的商用价值并没有想象中的那么大。今天,它基本丧失了商业用途,更多的是一个旅游、徒步的去处。

最后,随着法国国土的东进,莱茵河也流经法国阿尔萨斯地区的上下莱茵河两省。莱茵河全长 1 325 千米(流经法国 188 千米),从瑞士阿尔卑斯山流经列支敦士登、奥地利而进入法德两国交界的地带。它刻画了法国和德国在此地区的边界,随后流入德国腹地。法国有 2.4 万多平方千米的领地属于莱茵河盆地。上下莱茵河省人口相比法国其他各省均属稠密。

历史上,不少雄心勃勃的法国政治家相信"自然疆界"的理论,认为莱茵河正是法国东边的"自然疆界"。将法国领土扩展到莱茵河流域的想法如今已不可能实现。但莱茵河因其流经国家数量之多,可谓是一条"欧洲"的河流。正如维克多·雨果曾描述的那样:"这是一条战士和思想家的河流,蕴含着整部欧洲历史,它的波涛让法国跳跃,它的低吟让德国沉思。莱茵河结合着一切。"[1]

2. 山脉与丘陵

大自然在法国这片土地上描绘的线条,不仅有河流,还有多样的山脉和丘陵。这些山脉丘陵,或是将法国与其他国家阻隔,或是将某个地区一分为二。在法国,海拔最高的两大山脉是阿尔卑斯山脉和比利牛斯山脉。其余各色山脉、丘陵包括汝拉山脉、孚日山脉、阿摩利卡丘陵、阿登丘陵,等等。两大山脉看似天堑,但长期以来都有人类移动和迁徙的迹象。至于丘陵,有的构成了法国与欧洲其他国家的自然分界线,有的则完全处在法国境内。

阿尔卑斯山是新生代或第三纪的产物,是非洲板块和欧洲板块挤压碰撞形成的。阿尔卑斯山脉的法国部分在地图上划出了一道弧线,从日内瓦湖一直延伸到地中海海岸,构成了法国与意大利的天然边界。这条

---

[1] Victor Hugo, *Le Rhin*, *Lettres à un ami*, Paris: Ollendorf, 1842, Lettre XIV, à Saint-Goar.

山脉长约 400 千米,宽约 150 千米,其北部较高,连接汝拉山脉。勃朗峰就在阿尔卑斯山脉的北部。勃朗峰往东,今瑞士和意大利交界处,有大圣伯纳山口(Col du Grand-Saint-Bernard),是十分古老的交通要道。

早在公元前 1.3 万年左右,山脉就有人类定居,到了中石器时代,人们定居在岩石之下,称为"岩洞"(Abri-sous-roche)。这些定居点至今保存较好,围绕它们展开了众多考古工作。从保留下来的遗物中,考古学家大致可以看出岩洞中的人类的生产生活方式,尤其是从狩猎者到放牧者的转变。

阿尔卑斯山区远离主要的政治中心,因此能够保持相对的独立自治。很多人甚至认为,山区里的农民还在说着古老的法语,描绘出一片与世隔绝的景象。不过,山区地形并没有造就一个与世隔绝的阿尔卑斯山区。相反,有充足的迹象表明,很早人们就发展出多种往来方式。无论在经济上还是政治上,山区都不存在完全的自给自足状态。当然,这种往来有很重要的经济原因。在中世纪,这里的人们就出口牲畜,参与山下的市场。布罗代尔则将阿尔卑斯山的独特之处归结于若干要素,首先就是多样的自然资源。为了利用与交易这些自然资源,山民依据山区特性发展出自己的社会组织,并开拓了众多交通要道,与外界保持联系。①

17 世纪起,国家边界的概念日益明晰,王国在山脉的要道建设了防御工事,修筑了布里昂松(Briançon)、蒙多芬(Montdauphin)、科尔马(Colmars)等处要塞。1713 年的《乌特勒支条约》明确了法国与皮埃蒙特在阿尔卑斯山脉的边界。也正是从 16、17 世纪开始,法国人对于探索这座高山产生了浓厚的兴趣。卢梭在《新爱洛依丝》(*Julie ou la Nouvelle Héloïse*,1761)中描述的故事就发生在阿尔卑斯山脚下。日内瓦学者索绪尔(Horace-Bénédict de Saussure)在 1779 年出版了《阿尔卑斯游记》

---

① Fernand Braudel, *La Méditerranée et le Monde méditerranéen à l'époque de Philippe Ⅱ*, Paris: A. Colin, 1949, t. I.

(*Voyages dans les Alpes*)第一卷。这部书记录了一次又一次攀登高峰的活动,生动描述了阿尔卑斯山脉各高峰的情况。但作者起初也虚构了一些描述,如他从未登顶的第一高峰勃朗峰。1788 年,索绪尔与皮克特(Marc-Auguste Pictet)和特朗布里(Jean Trembley)一道登上了这座高峰,成为登顶勃朗峰的第二支队伍(此前一年多,1786 年的 8 月 8 日,帕卡尔[Michel Paccard]博士与向导巴勒马[Jacques Balmat]率先登顶)。索绪尔被后人视为阿尔卑斯登山运动的缔造者。从此往后,阿尔卑斯山的山峰不再是危险的、令人生畏的怪物,人们开始用科学眼光加以研究,并设置了旅游观光设施。阿尔卑斯山则成为登山运动的代名词(alpinisme)。

　　近几十年里,历史上穿越阿尔卑斯山的活动受到考古学家和历史学家的关注。汉尼拔率领含战象在内的大军穿越阿尔卑斯山进入罗马的历史至今仍然为人们所津津乐道。阿尔卑斯山是边界,处在多个政权的边缘。德巴尔比厄(Bernard Debarbieux)通过穿越活动的长时段历史比较后指出,"从长时段、从地理的变与不变的角度看,阿尔卑斯的穿越首要而言是有关不同梯度、不同利益的复杂历史。"①

　　法国西南,比利牛斯山脉将其与西班牙阻隔开来。从大西洋到地中海,比利牛斯山脉蜿蜒 450 千米。险峻的山岭是政治和文化阻隔的天然屏障,但历史上跨越比利牛斯山的经济、文化和政治活动是颇为活跃的。今天法国以山脉与西班牙为界,这其实是以巴黎为中心的政治权力不断扩张的结果。历史上,这里的势力范围有很不同的面貌,跨越山脉的政权长期存在,也意味着跨越山脉的往来活动之频繁。山脉西南部分,巴斯克人的势力在中世纪早期曾一直延伸到山脉以北的平原地带,直抵阿基坦(拉布尔[Labourd]和下纳瓦尔)。不过,巴斯克人最终未能独立建国,巴约讷城和拉布尔地区并入法国;至于纳瓦尔王国,其山脉以南的部

---

① Bernard Debarbieux, "La traversée des Alpes: une histoire d'échelles et d'intérêts, d'épousailles et de divorces," *Revue de géographie alpine*, tome 90, n°3 (2002), p. 23.

分并入了西班牙,北部长期维持着独立王国的地位,但随着亨利四世成为法国国王(1589)而并入法国。在山脉另一侧,沿着地中海建立的阿拉贡联合王国一度领有今法国南部蒙彼利埃(1204 年,阿拉贡的彼得二世与蒙彼利埃的玛丽结婚,蒙彼利埃是后者的嫁妆)。但西班牙统治者对于这座城市的兴趣有限,军事上也难以维持对比利牛斯山脉以北的影响。1213 年,支持图卢兹伯爵雷蒙六世的彼得二世与蒙福尔的西蒙率领的阿尔比十字军在米雷(Muret)大战,彼得二世战死。其子"征服者"海梅一世(Jaume I el Conqueridor)在 1258 年与法王路易九世签订了《科尔贝(Corbeil)条约》,放弃了对奥西坦领地的主张。1349 年,因为伊比利亚半岛上的战争需要,马略克国王海梅三世将繁荣的蒙彼利埃城出售给了瓦卢瓦的腓力六世。从这些历史沿革看,这条山脉在很长的时间里并不是一条明显的分界线,南方的政权往往能统治跨越比利牛斯山的领地。在 13 世纪,这条山脉是清洁派"异端"的庇护所,他们在这里修筑了易守难攻的城堡。历来的大战争中,比利牛斯山上的条条小径也是躲藏和逃亡的必经之路。[1]

与欧洲其他国家接壤的山脉和丘陵,除了阿尔卑斯和比利牛斯外,还有阿登丘陵。阿登丘陵大部分处在比利时和卢森堡境内,但其西南部分覆盖了法国东北的边境地带,今法国阿登省。这片丘陵地势崎岖,大部分为浓密的森林所覆盖,默兹河穿过其间。法国境内的阿登丘陵是将其与低地国家隔开的屏障,但这个屏障并没有阿尔卑斯山那么险峻,所以也是入侵者向巴黎进军的第一道大门。阿登和一系列军事事件联系在一起。1870 年 9 月 2 日,色当战役宣告法兰西第三帝国的垮台。拿破仑三世在此向普鲁士投降。二战期间,法国在东部边境修筑了马奇诺防线,其北部的终点就在阿登高地南面。由于阿登地区地形复杂,又森林稠密,加之比利时的中立国地位,法国方面对于这里

---

① 可参见 Emmanuel Le Roy Ladurie, *Histoire de France des régions：la périphérie française, des origines à nos jours*, Paris：Seuil, 2001。

没有投入多大的防御力量,而是一心经营马奇诺防线。1940 年 5 月 13
日,德国 A 集团军通过法国防守力量薄弱的阿登,绕过马奇诺防线,迅
速开进法国。因为德军的奇袭,阿登山地的法军无法组织有效的抵
抗。阿登地区曾以冶金业而繁荣,但今天,此地的工业早已让位于服
务业。与诸多趋于贫困化的法国地区一样,它难免于人口外流的厄
运。由于地理位置接近物价水平更高的荷兰和比利时,它也引来不少
外国人在此置业。

3. 海岸线

另一种天然的地理线条是海岸线。法国的北部和西部都靠大西洋,
东南靠地中海。在中世纪以前,地中海海岸线是沟通高卢与地中海世界
的出入口。随着法国北方新经济中心的开拓,北海的海岸线也繁忙了起
来。最后,到了航海大发现时代,大西洋一侧的城市如波尔多、南特、拉
罗谢尔等都因为大西洋贸易而繁荣。

法国的地中海海岸线并不长,仅 600 多千米,而且没有很好的港口。
即便如此,希腊人最早在海岸线沿岸设立移民点。高卢人也早已频繁借
此出入,与近东开展贸易。这里是高卢地区与美索不达米亚和埃及往来
的出入口。从这里,人们带回了各种谷类作物,其中包括最为重要的大
麦和小麦。葡萄和其他水果种植技术也随着罗马人的到来逐渐在法国
由南往北铺开。就这样,在法国南方,形成了以橄榄油、葡萄酒、小麦、面
包为主的饮食生活。南方的知识文化往往先传到普罗旺斯,再分多条路
线往北传播。

在法国北方,勾勒出海岸线的是英吉利海峡(法国人称之为“拉芒什
海峡”)和北海。英吉利海峡并不是难以逾越的天堑。大不列颠岛到大
陆最近的距离仅为 34 千米,海峡的这一段被称为多佛海峡,这段距离狭
窄的海峡深度仅约 45 米。它具有十分重要的战略意义,因为这是通往
大不列颠岛最为迅捷的出口;遏制住这个海峡,也就遏制了英吉利海峡
通往北海的通路。多佛与法国的加莱隔海相望。在历史上,加莱是罗马

军团前往北方的重要港口,凯撒亦曾亲临此地。在百年战争期间,英军占领了加莱(发生了著名的"加莱义民"事件),直到 1558 年才由吉斯公爵率军收复。通往海峡的另一个门户是诺曼底的科唐坦半岛。9 到 10 世纪,维京人、盎格鲁-丹麦人相继在这里登陆、定居。"征服者"威廉曾由此出发前往征服英国。科唐坦北边海岸上的小镇托克维尔是阿莱克西·德·托克维尔的故乡,他在自家的庄园里写下了不少作品。英吉利海峡虽然是一条天然的边界,但在很长的历史时期里,不同民族的往来和迁徙是有保证的。即便在今天,这条海峡依然是人口流动的一个渠道——不管是光明正大的通行,还是时常传出凄惨消息的偷渡行为。

在西边,是无垠的大西洋。大西洋在地理大发现之前还是未知的海域,令人生畏。这片海域盛行西风,航行也颇具难度。沿海居民多以渔业为生。这里出产法国人最爱的美味——牡蛎。除了诺曼底和地中海,牡蛎的主要产区集中在大西洋沿岸,包括布列塔尼、旺代(Vendée)、滨海夏朗德(Charente-Maritime)和阿尔卡雄(Arcachon)。中世纪的英国国王从岛上出发,经由大西洋经营其在阿基坦的领地。大西洋海岸适于产盐,如著名的盖朗德盐田(Marais salants de Guérande)。大西洋沿岸的制盐工艺在中世纪末期即日臻成熟。由于人们长期未能探索大西洋彼岸的世界,大西洋沿岸的贸易自然在 16 世纪前不及地中海,所以在地理大发现之前,这条海岸线上基本没有能与马赛相提并论的贸易城市。地理大发现一定程度上改变了大西洋沿岸城市的重要性。今天的葡萄酒贸易中心波尔多,曾经是法国重要的奴隶贸易港口,其余重要的奴隶贸易城市还有南特和拉罗谢尔。欧洲和世界格局的转变不断改变着各条海岸线的相对重要性。

第三节　法国的地形地貌:区块

一条条线或划分或嵌入一个个区块。在遥远的地质时期,法国的高原曾经海拔很高,但在漫长的风化和冲刷作用下变得平缓。即便如此,巨大的中央高原因其地理位置和自然条件而无法维持大量人口生活,许多居民必须向四面八方外出务工。地质运动形成的冲击平原,往往地势较低,且十分肥沃,是经济繁荣、人口聚居的地方。在西北部,还有一块在历史上一直维持着相对独立性的半岛,即布列塔尼。

1. 主要的平原与盆地

法国地势整体上呈现东高西低、南高北低的态势。也正因为如此,法国北部和西南部有较为广阔的平原与盆地,如巴黎盆地、卢瓦尔平原、阿基坦盆地;往东南方向移动,则是中央高原和阿尔卑斯山脉。它们大致沿罗讷河分割,而罗讷河在普罗旺斯地区形成了一块冲积平原。

巴黎盆地覆盖了法国北方的多个地区:法兰西岛、皮卡底、诺曼底、香槟、洛林、阿登,还触及勃艮第和卢瓦尔河地区。在巴黎盆地的外围,若干个高原为之设定了框架:西边,是阿摩利卡丘陵,西北部是阿登高地,东边是孚日高原,南边是中央高原。巴黎盆地与阿基坦盆地的分界在"普瓦图门槛"(seuil du Poitou)。相比周边的地形地貌,巴黎盆地呈现出凹陷的平原特征,故而得名盆地。它的平均海拔约 100 米。相对低洼的地势,使得巴黎盆地中有多条水系汇集,分别出自莫尔旺山、朗格勒高地、比利时边境和卢瓦尔河流域等。

塞纳河适于航行,在它的两岸,逐渐形成法国最活跃、人口最稠密的地区。盆地中央是法兰西岛,塞纳河将之一分为二。而各条河流蜿蜒曲折,将其进一步细分。从远古直到凯撒的时代,这块盆地为茂密的森林覆盖。不过,人口日渐稠密,使得森林逐步被吞噬,变成了一座座城市。今天,当我们通过卫星图观看巴黎盆地,能看到城市占据了其中心的很大一部分,只有更远处还保留着自然景观和乡村景观。巴黎中心塞纳河上的西岱岛是中世纪早期兵荒马乱之时人们天然的庇护所,也是国王宫殿坐落之处。到今天,巴黎的范围已经远远超出塞纳河上的这几座小岛。巴黎的二十个区甚至都已经不能完全指代巴黎。根据法国国家统计与经济研究中心(INSEE)的数据,与巴黎有建筑物直接相连的"巴黎城市单元"(unité urbaine de Paris)面积约为 2.8 万平方千米,人口约 1086 万,相当于法国总人口的六分之一。① "巴黎城市圈"的范围就更广阔了。

在巴黎盆地的东北面,是法国的北部平原。经由这块平原的衔接,法国腹地向大海和低地国家方向倾斜。由于临近海洋,这块平原降水丰富。在冬季,这里的天气较大西洋沿岸略冷,一年中晴天较少,是有名的多雨地带。不过,这块平原十分适合农业耕作,其收成是今天法国的佼佼者。它还蕴藏着煤炭,出现过著名的鲁尔工业区。至于加莱海峡(英吉利海峡),它并没能隔绝不列颠群岛和大陆的频繁往来。因此,在北部平原,很早就形成了聚落,当然也有一些著名的港口城市,如加莱和敦刻尔克。

在巴黎盆地的西南面,是阿基坦盆地。阿基坦盆地是继巴黎盆地之后,法国第二大的中生代和新生代冲积盆地,覆盖了约 6.6 万平方千米的土地。流经阿基坦盆地的有加龙河和多尔多涅河等河流。由于濒临大海,阿基坦的先民最初以打鱼为生。大约在公元 3 世纪,罗马人带来了葡萄种植技术,在一千多年后演变为举世闻名的波尔多葡萄酒。地理大发现对阿基坦盆地的农业生产产生了巨大影响,让这片原本并不利于作物生长的土地种上了玉米和烟草。蛮族入侵的时代,阿基坦盆地上曾有过西哥特王国。6 世纪,法兰克人征服了此地。而 1152 年,阿基坦的埃利诺与安茹伯爵金雀花亨利(英国国王亨利二世)结婚,使之成为英王的领地,直到百年战争后才重新并入法兰西王国。

另外,在法国的东南角,地中海沿岸也有平原地带,称地中海沿岸平原。这块平原面积不大,主要分布在普罗旺斯的沿海地区。由于罗讷河含沙量较大,加之入海口处水下,地势低平,潮流作用弱,泥沙容易沉积,逐渐形成了罗讷河三角洲。这里,受到地中海气候的影响,终年干燥少

---

① 数据截至 2020 年。https://www.insee.fr/fr/statistiques/2011101? geo = UU2020 - 00851,2024 年 5 月 10 日访问。

雨,因此土壤贫瘠,植被稀疏。在远古,这里是地中海文明的一个据点和中转站。罗马人带来的葡萄种植技术也很早就在此扎根。而今天,它以蓝色海岸、薰衣草等带有浪漫色彩的名词闻名,堪称"法兰西"的一个代表。

最后,在巴黎盆地和阿基坦盆地之间,是卢瓦尔河谷的平原。这块平原位于卢瓦尔河中游,景色秀丽,气候宜人,引来众多文人墨客流连忘返。平原有多座著名的历史名城,以图尔、昂热、奥尔良最为显赫。地缘上讲,它处在巴黎和阿基坦两大政治-文化版图的边缘。在中世纪早期,由这里往南,是高卢-罗马文化的中心;往北,是法兰克人的日耳曼文化。它因此曾是基督教传播的桥头堡,图尔主教格里高利曾在此活跃。7世纪创建的弗勒里修道院,一度是教育和文化的中心,阿波(约940—1004)在这里创建了弗勒里的学院;弗勒里也有自己早熟的历史书写传统(如弗勒里的艾穆安[Aimoin de Fleury]的《历史》)。卢瓦尔河平原可谓南北交融的大门,反过来也意味着是一块军事要地。12世纪以后,英王统治着西南的阿基坦,卢瓦尔河平原也就成了需要警惕的边境地带。百年战争期间,王太子查理七世一度退守布尔日,能够直通巴黎的重镇奥尔良,因此成了英军的眼中钉,圣女贞德的传奇就此上演。16世纪,图尔一度是亨利三世的首都。也是在这个世纪,王公贵族在卢瓦尔河畔修建了一座座城堡,让这个地区也有"法国王室后花园"的美誉。

2. 半岛、高原与山区

除了地势低平的盆地和平原外,法国还有一些突出和隆起的区块。观察法国地图,西北角上突入大西洋的布列塔尼半岛十分显眼。而等高线地图又给我们另外一些提示:西南边境、中南部和东部边境是海拔较高的地区。这些地区将几块平原盆地隔开;但它们同时掌控着沟通内部世界和通往外部世界的钥匙。这些区块看似是天堑,但并没有我们想象的那么闭塞。

在法国的西北角,一座半岛突入海中,这便是布列塔尼半岛。不列颠与布列塔尼实属同名,之所以称英国为大不列颠,是因为在盎格鲁-撒克逊人入侵不列颠诸岛时,部分不列颠人(凯尔特人)移居到了这个半岛,遂称此地为不列颠或者小不列颠。在旧石器时代早期,半岛上有尼安德特人的踪迹。布列塔尼普鲁伊内克(Plouhinec)的梅内·德勒冈(Menez Dregan)发现了距今约45万年的人类聚居区,是世界上最早的人类聚居区之一。由于其相对偏僻的地理位置,长期以来,布列塔尼与以巴黎为中心的法国政治权力保持距离。虽然比邻海洋,但大西洋在很长一段时间里并非贸易的重心所在,航海活动因此也并不那么频繁。相反,由于它在地理上远离欧洲大陆,所以这个地方长期处于边缘和自我封闭的状态。布列塔尼人有自己独特的语言(布列塔尼语,属于凯尔特语族)和制度。直到1532年,布列塔尼才并入法兰西王国,成为王国的一个省。说布列塔尼语的人口虽然逐年减少,但这个古老的语言仍具有活力。

在大西洋沿岸,潮湿的西风一年四季吹拂着这座半岛,带来了温暖而湿润的空气。在布列塔尼半岛的突出部分,布雷斯特的天气也许是最具特色的。这里的夏天十分凉爽,日平均最高温度仅20摄氏度。冬天也十分温暖湿润,日平均最低温度为7摄氏度。即便在降水最少的6月,平均降水天数也有18天。在其他月份,几乎超过三分之二的日期都会有降水。不过,这里所谓的降水,更多的是西风吹来的温润的零星小雨。这种小雨造就了神秘、利于制造神话的雾境。布列塔尼半岛由礁石岬角环绕,这些岬角形态各异,鬼斧神工;其西海岸向前突出,受海洋和大风的侵蚀。暗礁丛生,常有航海者因此殉难。而往南,自然景观就显得柔和得多,少了严酷,多了温情。复杂的海岸线造就了若干港口。气候和海洋带来的肥料则有利于沿海的农业发展。阿摩利卡丘陵将布列塔尼一分为二,但这片丘陵较为低矮平缓,并不构成阻隔,海拔很少超过400米。半岛东南与大陆交会处,是雷恩盆地。这里土壤肥沃,是布列塔尼公爵领的首府所在,地理位置更靠近法国的中心。就这样,半岛与法兰西的政治中心保持着若即若离的关系。即便在地图上看,巴黎到雷恩的距离不过 300 多千米,但地区的多样性至今仍然十分显著。

布列塔尼地处偏远,受到外来文化影响相对较少,有自己独特的文明遗存下来。最早的布列塔尼先民建造了宏伟的巨石阵,以卡纳克的巨石林最为集中,由 3 000 多块史前布列塔尼凯尔特人居民竖立的石头组成。这是世界上最大的史前石阵,而这些石头均产于本地。对于石阵的起源,至今仍尚无定论。传说中,这些石阵是梅林施展魔法石化的罗马军团。有学者认为它是德鲁伊的杰作,也有人认为这和凯尔特人的天文或地震观测活动有关。

根据形态不同,巨石有不同的名称:Menhir 指的是竖立起来的巨石,纵横排列的巨石构成了石阵(alignement)。规模最大的石阵可能包含 1 000 多块巨石,而前端最大的巨石高可达 4 米。凯尔特先民也建造了与英国巨石阵类似的"cromlech",也就是巨石圆形排列的石圈。另外,还有一些遗迹称为支石墓(Dolmen)。它的具体功能存疑,但一般认为这些支石墓的确是坟墓。它们由数块巨大的石头支持着一块"顶石"组成,然后被埋在土堆下。到了农业文明的时代,布列塔尼又出现了新的石造建筑物,称为"石冢"(cairn)。这些石冢占地面积庞大,外观与金字塔有几分神似。其中尤为典型的,是在莫利邦(Morhiban)地区拉尔摩尔-巴登(Larmor-Baden)镇的颇为宏伟的石冢。

3. 中央高原

中央高原位于法国中南部,面积约 8.5 万平方千米,相当于法国本土面积的 15%。其最高点在桑西(Puy de Sancy)火山,海拔 1 885 米。[1]中央高原形成于距今 5 亿年前。法国境内大部分火山都在中央高原,所以说中央高原是火山活动的杰作毫不为过,奥弗涅和沃莱地区都还存在火山口,正因为如此,这里一直都是地热资源丰富的地带。它也是海西

---

[1] 根据法国国家地理研究所(IGN)的数据。链接:https://www. geoportail. gouv. fr/carte,2024 年 5 月 10 日访问。

运动的产物,主要由花岗岩和变质岩构成。中央高原大致涵盖法国的多尔多涅、夏朗特、维埃纳、安德尔、歇尔和上加隆等省。因其地势较高,中央高原是多条河流的发源地。这里的冬季漫长而寒冷,尤其是中央高原上的一些盆地,有时甚至比高地更冷。不少地方一年有 100 多天的冰冻。大雪在中央高原也并不罕见。不过,由于长期的西风,冬天中央高原的大雪并不持久,更常见的自然灾害是雪碛(congère),也就是由大风吹成的雪堆,妨碍日常生活。

中央高原土壤贫瘠,自然条件可谓颇为恶劣,所以人口稀少。虽然在农业社会的时代,中央高原的劣势相对还不是那么明显,但在今天,相比领土占比的 15％,这块地区的人口占比不足 7％。人口超过 2 万的市镇不多,主要的城市聚居区是圣埃蒂安(Saint-Etienne)、克莱蒙费朗和利莫日。过去,中央高原的人口增长模式,以高出生率和高死亡率为特点,相比其他山区,中央高原向四面八方输送了大批移民。中央高原因其所处的位置和较高的地势将法国分割为多个地区,而贫困让这里的人口不断向四周迁移,反倒成为联系各个地区的特殊纽带。这是一块相对保守也相对受到保护的地带,在历史上也发挥着其天然屏障的作用。百年战争后期,王太子查理退守这块高地,被人笑称"布尔日国王",展开了一场"绝地反击"。南方和北方的相互影响,也因为这块高原的存在而减缓。

中央高原常以农产品闻名。中央高原西南部今阿韦龙(Aveyron)省,生产一种特别的奶酪:罗克福尔(Roquefort)。罗克福尔奶酪由羊奶制成,通体分布有蓝绿色纹路,以其独特的外观和口味,深受上至国王下至平民百姓的喜爱。15 世纪,查理七世将罗克福尔定为专有产区名。1925 年,它正式成为一个法定产区。只有在苏宗尔河畔的罗克福尔的岩洞中发酵成熟的蓝霉干酪才能冠上罗克福尔干酪的名字。干酪必须在苏宗尔河畔罗克福尔村康巴路山上的岩洞经过至少 90 天的发酵。

第四节 区域文化与沿革地理

法国是个地区文化多样性丰富的国家,这使得管理这片土地颇有难度,且任何行政划分都可能显得武断。

1. 地区文化多样性

无论是地方法律、特权还是方言、风土人情乃至服饰和建筑,在很长的历史时期里都顽强地存在着。在大革命及之后的一个多世纪,法国政府曾致力于消除这些多样性(尤以方言的例子最为典型),但 20 世纪后半叶起,地域文化和政治权力的去集中化成为重要的议题。不过,地域文化和政治统一之间的平衡一直是重要而棘手的问题。

语言、法律与度量衡

有关旧制度地区文化的多样性,语言、法律和度量衡是其中最为明显的例子。早在中世纪,人们对于各地语言不统一就有了明确的认识。大致以卢瓦尔河为界,中世纪法国的拉丁语作家区分北方的"高卢语"(lingua gallica)和南方的"罗曼语"(lingua romana)。中世纪晚期的滑稽剧《帕特兰讼师》(*Maistre Pathelin*)中,阴险狡诈的律师帕特兰为了躲避布商追讨钱款装死,伪装疯癫之际说出了一连串不同的法语方言,最后以拉丁语收尾。拉伯雷的《巨人传》里,有许多运用到法国各地方言的场景。《高康大》第 18 章,庞大固埃的父亲高康大来到巴黎与哲学家雅诺图斯(Janotus)会面,以及《庞大固埃》第 6 章和第 9 章都用到了方言。启蒙时代的哲人伏尔泰也有过这样的抱怨:人们说,在法国,拥有法律效力的习惯法有 144 种;这些法律几乎各不相同。在这个国度旅行的人,更换法律就和在驿站换马一样频繁……今天,法理学已经极为发达,没有哪个习惯法是没有好几部评注的。每部评注都有不同的看法。巴黎习惯法已经有 26 部评注。法官不知道听哪个才对;但为了为他们排忧解难,人们刚把巴黎习惯法写成了诗体……度量衡和习惯法一样,是各地不同的;以至于蒙马特郊区那边通行的度量衡,到圣德尼修道院就是错的了。愿上帝怜悯我们![1] 在大革命前,法国有 800 多种不同的测量单位。同一个测量单位,在各地甚至都有可能有不同的定义。大革命试图改变这一切不统一的状态。就语言方面而言,虽然 13 世纪起人们就赋予巴黎方言以独特的地位,但其真正的全国性推广是在大革命后。1794年,亨利·格雷瓜尔(格雷瓜尔修道院长)发表了著名的《格雷瓜尔报告》。报告调查了法国各地的方言,而这样做的目的是未来能在法国推行"统一而且不变的自由的语言"。从 19 到 20 世纪初,法国政府一直推广以巴黎口音为基础的标准法语。在布列塔尼,曾经流传过这样的说法:"禁止说布列塔尼语,也禁止在地上吐痰。"(il est interdit de parler breton et de cracher par terre.)19 世纪众多小说名著也常有禁止学生说方言的场景。

饮食文化的多样性

法国有闻名遐迩的饮食文化。法国的葡萄酒、奶酪等各类农产品畅销全球,法餐也被视为精致典雅的代名词。戴高乐有这样一句名言:我怎样治理一个有 246 种不同奶酪的国家?饮食文化的多样性应该说是法国各地地理环境多样性的体现。比如,究竟什么是法国酒?什么是法餐?——恐怕法国不同地区的人会有不同的意见。

高卢地区最早种植的葡萄系福西亚(Phocée)的希腊人于公元前 7 世纪末带至马赛。高卢人随后掌握了种植和酿酒技术,但罗马征服后,葡萄酒是罗马人的专利。葡萄酒的产地由各地土壤和气候条件所决定。各地因地制宜,培育了适合自己土壤和气候的葡萄品种,酿造出各有特色的葡萄酒。

波尔多的酒庄颇负盛名,其红葡萄酒畅销全球。这里,最重要的葡萄品种是赤霞珠(Cabernet Sanvignon),单宁浓厚,酸度也较高,常用于

---

[1] Voltaire, *Dictionnaire philosophique*, Paris: Garnier, 1878, t. 18, *Questions sur l'Encyclopédie*, *quatrième partie*(1771).

酿造顶级的葡萄酒。赤霞珠通常与梅洛（Merlot）等其他葡萄品种混合，酿出口感宜人的葡萄酒。勃艮第拥有的 AOC 产区则在全法国排名第一，比波尔多还多将近 100 个。这里，酿造红葡萄酒多用黑皮诺（Pinot Noir），白葡萄酒则用霞多丽（Chardonnary）。勃艮第南面的博若莱地区，葡萄品种又变成了佳美（Gamay）。当地民众生产的博若莱新酒，本是一种粗鄙的葡萄酒，但在二战后，它的上市却成了全法国乃至全世界红酒饮用者的"节日"。继续往南，随着气温的增高，罗讷河河谷地带的葡萄变成了歌海娜（Grenache）。中世纪时，教廷曾移往阿维尼翁，当时为教廷供应红酒的产地构成了这里最著名的产区："教皇新堡"（Chateauneuf de Pape）。往西，朗格多克-鲁西永地区是最大的地区餐酒（vin de pays）和日常餐酒（vin de table）的产地。卢瓦尔河谷是法国葡萄种植的最北端。其白葡萄酒最为有名，主要品种包括长相思（Sauvignon）、白诗南（Chenin blanc）和密斯卡岱（Muscadet）等。到了阿尔萨斯，葡萄酒又完全是另一番面貌，颇具德国风味。雷司令（Riesling）和琼瑶浆（Gewurztraminer）这两种葡萄是酿造此地区葡萄酒的主力，但相比德国葡萄酒，这里的酒更干一些。可以说，德法文化的融合在葡萄酒中也能一览无余。在香槟地区，有以此地地名命名的二次发酵的酒类。香槟酒的流行是 19 世纪拿破仑帝国垮台后的事。当地生产者推行了成功的营销策略，使得香槟成为各类隆重庆典的必备，价格自然也就水涨船高，十分昂贵。

法国多样的地理环境和气候条件使得各地都有独特的物产。各地的民众因地制宜，制作出风格不同的各色菜肴。很多原本平民的菜肴，在巴黎风靡后便成了名菜，然后重新影响它的发源地。这种饮食文化的交互恰恰是法国地理环境造就的人的流通的一个侧面。

在中世纪，法国的烹饪多用各色香料，口味较重。到了 16 世纪，美食家们开始强调食材的原汁原味，配以酱汁、蘑菇和松露。这个风尚延续至今。法国西北的布列塔尼和诺曼底近海，因此最有名的是海鲜菜肴，阿摩利卡式龙虾（Homard à l'armoricaine）是一大特色。新鲜的牡蛎佐以柠檬，是法国人的最爱之一。整体上，北方菜肴讲究奶油酱汁，经典菜肴诺曼底比目鱼(sole Normande)即以比目鱼、虾、青口贝与葱、蘑菇一同烹饪而成，上面必然需要浇上一层奶油酱汁。除了这些大餐中常见的菜肴，法国西北还是可丽饼(crêpe)的故乡。可丽饼类似中国煎饼，口味可甜可咸，是制作方便的日常美食。东北的佛兰德尔、阿图瓦、皮卡底地区，常见的菜肴是青口贝和薯条。东边，与德国接壤的地区，饮食文化也富有德国特色。阿尔萨斯的酸菜(Sauerkraut)尤其适合搭配鹅肝，一度风靡巴黎。往南，勃艮第地区常以红酒炖制牛肉，即"勃艮第牛肉"(Boeuf bourguignon)。中央高原则有阿里戈(Aligot，奶酪与土豆泥搅拌而成)搭配肉食和蔬菜，以及奥弗涅的特色菜"蔬菜烧肉"(potée d'Auvergne)。接近瑞士的萨伏伊地区与中央高原同为山区，有着与瑞士人相同的喜好：奶酪火锅(fondue)。到了法国东南，美食的风格大变。菜肴主要用橄榄油、大蒜，接近地中海饮食。港口马赛的鱼汤是海鲜与地中海特色调味料的结合，风格粗犷但令人难忘。转到西南，常见的菜肴以家禽为主菜。这里生产了法国三分之二的鸭，"油封鸭"(confit de canard)风行全法，而另一道名菜"豆焖肉"(Cassoulet，由多种豆类与肉类放在砂锅中炖制而成)也备受好评。

　　人们常说，正因为法国的多样，才一直有中央集权的政治传统，旧制度的国王早已有了统一化的雄心。路易十一就曾设想过"一个国王，一种信仰，一部法律"的蓝图。1539年《维莱尔-科特雷(Villers-Cotterêts)法令》规定法庭上只能使用巴黎法语，这也被认为是现代法国语言规范的开端。旧制度的法学家们在各地编纂的习惯法基础上进行调和与抽象，试图总结出"法兰西共同习惯法"的原理。到了大革命和拿破仑帝国的时代，多样性再度受到冲击。大革命推动的是全国一致的公民与权利观念，而拿破仑组织编纂了《1804年民法典》，实现了旧制度国王未能实现的宏愿。在19世纪，方言一度被视为肮脏低劣的语言，在校学生禁止说他们的"土语"，否则还可能受到处罚。不过，在21世纪的今天，地区文化多样性受到重视，有了自己表达的空间。

2. "法兰西"的疆界变迁

对于高卢的区域划分,凯撒《高卢战记》开篇的介绍我们必定耳熟能详:"高卢全境分为三部分,住着贝尔盖人(Belgae)、阿基坦人(Aquitani)、高卢人(Galli)。"起初,罗马人将征服后的高卢也同样划分为三个部分:西边的阿基坦,北边的里昂,南边的纳尔榜。3世纪末,戴克里先改革对行省作了细分,高卢有了17个省。法兰克人的王朝(墨洛温王朝和加洛林王朝)维持着罗马的连续性。但10世纪以后,法国进入封建时代,法国国王的各块封地获得了很大的独立性,这也使得地域性凸显出来。布列塔尼、诺曼底、香槟、勃艮第、佛兰德尔、朗格多克都是权力不亚于此时仅屈居于法兰西岛的法国国王的诸侯。西南则是阿基坦公爵的领地,日后作为阿基坦的埃莉诺的嫁妆,成为金雀花王朝的一部分。在12世纪末,在腓力-奥古斯特的领导之下,法国王室的领地不断扩大。13世纪,法兰西王国相继兼并了诺曼底、缅因、安茹、朗格多克、利穆赞、吉耶讷等领地。14世纪,美男子腓力取得了法语佛兰德尔和里昂,香槟和布里(Brie)也在路易十世时成为王领。瓦卢瓦王朝的统治者兼并了多芬内、蒙彼利埃。15世纪,百年战争结束之后,在路易十一的统治之下,王国又增添了勃艮第、普罗旺斯等领土。16世纪,弗朗索瓦一世将布列塔尼收入囊中。进入波旁王朝的时代,王国向东北方向不断扩张,兼并了阿尔萨斯、洛林、阿图瓦、色当、敦刻尔克(从英国国王查理二世购买)、弗朗什孔泰、法语埃诺等领地。在南方则从西班牙手中夺去了鲁西永,并向热那亚购买了科西嘉岛(1768年)。到了大革命和拿破仑帝国时代,法国一度极其膨胀,但拿破仑雄鹰坠落让法国失去了大部分新取得的领土(但保留了大革命期间取得的阿维尼翁和孔塔-维内森)。第二帝国兼并了萨伏伊和尼斯伯爵领,但1870年普法战争战败后,法国失去了阿尔萨斯和洛林,直至"一战"后收回(《凡尔赛条约》)。

除了实际当中的行政边界,中世纪晚期到旧制度(乃至更久)的法国还流行着一种观念上的边界,也就是所谓的"自然疆界"说。就西面和北面而言,大海是天然的边界线。在南面,比利牛斯山脉也构成了天然屏障。至于东面的边界,纷争就比较多了。《凡尔登条约》划定的边界大体确立了"四河之境"的观念,"四河"即罗讷河、索恩河、默兹河和埃斯科河。从14世纪开始,王权的辩护者开始强调法兰西王国拥有古老而天然的边界。这个观念又与王国公共领地的不可割让原则相结合,使得王国的边界超越了国王私人的意志,成了不可变动、不可让渡的存在。[①] 15世纪(尤其是末期)以后,法国历史学家结合古典时代文献对高卢的描述,将法兰西的边界等同于古代高卢的边界,并将其推进到了莱茵河,也就是古籍中所谓高卢与日耳曼的界限。这种自然疆界的说法很快成了法国对外扩张的依据。尤其是在17世纪,自然疆界的说法一直在怂恿王国东进。而法国大革命中,丹东也曾宣称,法国的边界由大西洋、莱茵河、阿尔卑斯山和比利牛斯山天然组成,他由此号召革命政府开展对外军事行动。不过,今天,这种观念早已被"六边形"所取代,很少有人会想到"自然疆界",从前政治家的宏伟愿景基本上已无实现的可能和动机。

3. 行政区划的变迁

　　法国的行政区划经历了高卢-罗马时期、中世纪、旧制度、现代、当代的多次重大转变。在高卢时代,由于各个部落各自为政,所以并没有严格意义上的行政区划。法国出现正式的行政区划是在罗马征服之后。罗马征服是一个渐进的过程,所以高卢各行省设立的时间也有先后不同。公元前120年,罗马人最早设立了山外高卢(Gallia Transalpina,后更名纳尔榜高卢[Gallia Narbonensis])。这个行省大致位于今意大利西北和法国东南角。罗马征服山内高卢后,设立了几个大的行省。公元前22年,科马塔高卢(Gallia Comata)拆分为阿基坦高卢(Gallia Aquitania)

[①] 参见黄艳红:《近代法国莱茵河"自然疆界"话语的流变(1450—1792)》,《历史研究》,2016年第4期,第110—131页。

和低地高卢(Gallia Belgica)、里昂高卢(Gallia Lugdunensis)。因此,在 1 世纪,高卢的行省主要有低地高卢、里昂高卢、阿基坦高卢,外加原已征服的纳尔榜(Narbonensis)、维埃纳(Viennensis),一共是 5 大行省。3 世纪末,戴克里先将帝国境内的行省数量翻倍。不久之后,基督教成为罗马帝国的国教,高卢全境也被划分成了两大个教区。其一是高卢教区,覆盖 12 个行省,其中 2 个不在今法国境内;其二是维埃纳教区,覆盖 7 个行省。

蛮族入侵之后,蛮族王国的统治范围无法反映今天的民族国家疆界。帝国的观念还在延续,所以一度出现查理曼的辉煌大帝国。但无论是墨洛温王朝还是加洛林王朝,它们似乎都缺乏罗马帝国治理所具备的武器,加之国土平分继承的传统,导致领土一直处于四分五裂的状态。墨洛温王朝长期处在"三国鼎立"的状态:以巴黎、兰斯为中心的纽斯特里亚王国,以科隆、图尔奈为中心的奥斯特拉西亚王国,以里昂、维埃纳为中心的勃艮第王国。

加洛林帝国瓦解后,法国步入了封建时代。此时法国大体分为几个大的区域,各个区域大致也是各个诸侯领地的统治范围。西北部的布列塔尼、诺曼底,北部的佛兰德尔、埃诺,东边的香槟,中部的贝里,中西部的普瓦图,中东部的勃艮第或是公爵领地或是伯爵领地。再往南,有西南的吉耶讷公爵领,以及图卢兹、贝恩(Bearn)、富瓦、阿马尼亚克等伯爵或子爵领地构成。另外,在 14 世纪,原本属于神圣罗马帝国的多芬内由其统治者安贝尔二世(Humbert Ⅱ)出售给法国国王查理五世(1349 年,随后出现了国王将此领地让渡给王太子的惯例,太子也因此称为"多芬")。

随着国家行政和司法权力的扩张和普及,旧制度时期逐渐形成了省份(province)的概念。各地的高等法院相继成立,这在一定程度上也推动了领地范围的明确化。在旧制度末年,除了巴黎高等法院,全国共有 13 个外省高等法院。巴黎高等法院管辖国王领地的核心地带,其他高等法院则大致代表着王国边境的地区划分。这 13 个地方高等法院,包括雷恩、鲁昂、波尔多、图卢兹、埃克斯、格勒诺布勒、第戎、贝尚松、南希、梅斯、阿拉斯、波、佩皮尼昂、科尔马。其中 4 个高等法院集中在西南边境，6 个集中在东部边境，另外 3 个处于北部沿海和边境。16 世纪法国北方各地开展了编纂习惯法的活动，让地区的边界趋于明晰。在这些笼统的地方边界之上，覆盖着三层不同的行政区划：教区、省份和督查管辖区。这三种行政区划的边界并不相同，究其原因，莫过于封建时代的领土纠葛。在王权扩张的过程中，领土兼并和制度融合往往需要十分漫长的过程。尤其像中世纪普遍存在的亲王领地——"属地"(apanage)——在中世纪晚期开始受到国王打压，逐步成为王国的公共领地。1531 年，最后一个大属地波旁(Bourbonnais)被弗朗索瓦一世收回，至此，法国具备了近代意义上的统一的领土。

到了大革命时期，旧制度的地区划分方式被新的方式所取代，出现了以省为基础的行政区划。革命政府此举的目的，是消除贵族在各地的影响，并消除地方的异质性和多样性，从而推行共和理念。1789 年大革命之前，法国大约有 30 多个行省。大革命有意打破此前各个行省的地方主义，在整个法国推行革命理念，所以设置了省(département)。新设立的各个省面积相对平均，而且相比原本的行省，要狭小得多。这种划分很大程度上限制了各省自主施政的能力，为政治集中化提供支持。在 19 和 20 世纪的两百年里，法国的行政区划在不断变动。1955 年，法国推行了行政区划改革，设立了 21 个大区(1970 年又增加了科西嘉大区)。设立大区的初衷是为政府规划提供更广阔的实施平台，同时也能够起到缩减地方发展差异的功能。从 1970 年代以后，响应政治去集中化的呼声，大区的权力在不断扩张。不过，其主要功能仍然有限，主要局限于进行战略规划、促进地方经济社会发展等事务，并不享有多大的自治权。[1]最新一次行政区划调整发生于 2016 年，这次调整将原有的 22 个大区整

---

[1] Jean-Jacques Dayries and Michèle Dayries, *Que sais-je? La Régionalisation*, Paris: PUF, 1986.

合为 13 个。

　　从大的行省到细碎的领主领地,从规模较大的旧制度省份,到大革命新设的狭小的省,再到强调大区的功能——法国行政区划的分分合合,反映的不仅是不同统治理念付诸实践的情况,还有地理环境和长时段历史因素赋予这片土地的高度复杂性。

第二章　高卢与罗马化

"我们的祖先高卢人"(Nos ancêtres les Gaulois)——19世纪法国的爱国者们将会自豪地向世人宣告。那是一个欧洲各国追求民族古老而悠久起源的时代,法国人亦没有例外。为什么是高卢?高卢又是什么?它为什么能成为法兰西民族记忆中至关重要的组成部分?

民族神话归民族神话,历史归历史。就如民族神话有逐渐建构的过程,地理和民族意义上的高卢也是历史不断发展的产物。在本章,我们首先考察历史上的高卢和高卢人,考察他们的起源,他们的经济生活、文化、语言、习俗、宗教信仰等诸多方面,考察他们如何被罗马人征服,又如何适应于罗马的和基督教的文化。与此同时,我们亦不能满足于简单的历史叙述,也应该关照到同样十分有趣的方面,也就是在历史上的观念世界,高卢和高卢人有着怎样的地位和形象。高卢人几乎没有留下有关自己的文字史料,大部分史料都来源于希腊语和拉丁语。在希腊罗马"文明世界"与这些对于他们而言的"野蛮人"的往来和战争中,他们逐渐对高卢人形成了一定的认识。他们为高卢人作了划分,了解他们的不同特点,为日后的高卢和高卢人形象打下了框架。中世纪对异教的高卢没有太大的兴趣,但到了文艺复兴以后,古典作品重新受到重视,法国人也重新开始审视高卢人的遗产。这是高卢起源的民族神话最早的发源。

罗马征服之前的高卢是一个缺乏文字的文明,致使高卢研究很难借助于高卢本土所形成的文字史料。因此,古代文献和考古学是我们了解高卢的主要途径。对高卢地区和凯尔特人的研究自 19 世纪以来取得了骄人的成果。在考古工作方面,约瑟夫·德夏莱特(Joseph Dechelette)的《考古手册:史前、凯尔特和罗马时代的高卢》①,收集了法国境内自史前到罗马高卢时期的大量考古资料,是研究高卢、法国乃至欧洲古代史的不可或缺的材料。

在考古学的推动下,凯尔特人的研究日益走向成熟。早期学术界对凯尔特人的研究主要侧重于高卢地区,卡米尔·朱利安(Camille Jullian)撰写的 8 卷《高卢史》②,是研究凯尔特及罗马高卢时代史的经典之作;哈特(J. J. Hatt)的《罗马高卢史》③借助新的考古学、碑铭学资料和数据统计,详述罗马征服后高卢的历史发展;德林克沃特(J. F. Drinkwater)的《罗马高卢》④介绍了高卢三部分和日耳曼地区在罗马影响下的变化;米兰达·格林(Miranda Green)的《凯尔特人生活与神话中的动物》⑤主要研究在凯尔特人生活与宗教中占有非常重要的角色的动物;丰克-布伦塔诺(Fr. Funck-Brentano)的《高卢史》⑥,从凯尔特时期一直写到法兰克时期,是一部通史性的作品;J. H. C. 威廉(J. H. C. Williams)的《卢比孔河之外》⑦则主要把研究视角集中在意大利北部的凯尔特人,详述他们与希腊罗马世界的关系。随着资料的增加,学术界对凯尔特人的研究

① Joseph Dechelette, *Manuel d'archeologie*, *Prehistorique*, *Celtique et Gallo-Romaine*, Paris: Alphonse Picard et Fils, 1908.

② Camille Jullian, *Histoire de la Gaule*, Paris: Hachette, 1908.

③ J. J. Hatt, *Histoire de la Gaule Romaine*(*120 avant J.-C.—451 après J.-C.*), Paris: Payot, 1959.

④ J. F. Drinkwater, *Roman Gaul: The Three Provinces*, London: Croom Helm Ltd, 1983.

⑤ Miranda Green, *Animals in Celtic Life and Myth*, London: Routledge, 1992.

⑥ Fr. Funck-Brentano, *A History of Gaul: Celtic, Roman and Frankish Rule*, New York: Barnes & Noble Books, 1993.

⑦ J. H. C. Williams, *Beyond the Rubicon: Romans and Gauls in Republican Italy*, New York: Oxford University Press Inc., 2001.

扩展至不列颠、西班牙、爱尔兰等地区。亨利·于贝尔(Henri Hubert)的《凯尔特人的兴盛与衰亡》[1],米兰达·格林的《凯尔特世界》[2],贝蒂娜·阿诺德(Bettina Arnold)和布莱尔·吉普森(D. Blair Gibson)编撰的《凯尔特酋邦,凯尔特国家》[3],大卫·兰金(David Rankin)的《凯尔特人和古典世界》[4],以及巴里·坎利夫(Barry Cunliffe)的《古代凯尔特人》[5],探讨了整个西欧范围内以及东欧、小亚的凯尔特族群的情况。

我国对凯尔特人或高卢地区的研究起步较晚,沈坚的《古凯尔特人初探》《凯尔特人在西欧的播迁》《关于分布在中东欧和小亚的凯尔特人》[6],以及詹天祥的《凯尔特人社会结构剖析》[7],主要讨论了凯尔特人的由来、民族成分、社会生活状况、迁徙等问题,是对凯尔特族群状况的初步研究。廖琼芳的《神明玉露葡萄酒——高卢的饮酒文化与历史》[8]、张文佳的《论高卢精神之起源——酒神精神与日神精神》[9]和孙艳萍的《古代凯尔特人的祭司"督伊德"探析》[10],对高卢文化的几个方面进行了描述性的介绍。这些研究无疑有助于我们从有限的材料出发,去窥探高卢人生活的细节。

第一节 罗马征服前的高卢

法国史从何时开始? 这是个令人困扰的问题。不同时期的史学家

[1] Henri Hubert, *The Greatness and Decline of Celts*, London, Routledge, 1934.

[2] Miranda Green, *The Celtic World*, London: Psychology Press, 1995.

[3] Bettina Arnold and D. Blair Gibson, *Celtic Chiefdom*, *Celtic State*, Cambridge: Cambridge University Press, 1995.

[4] David Rankin, *Celts and the Classical World*, New York: Routledge, 1996.

[5] Barry Cunliffe, *The Ancient Celts*, London: Penguin Books, 1999.

[6] 沈坚:《古凯尔特人初探》,《历史研究》,1999 年第 6 期;《凯尔特人在西欧的播迁》,《史林》,1999 年第 1 期;《关于分布在中东欧和小亚的凯尔特人》,《华东师范大学学报(哲学社会科学版)》,1999 年第 4 期。

[7] 詹天祥:《凯尔特人社会结构剖析》,《杭州大学学报(哲学社会科学版)》,1990 年第 1 期。

[8] 廖琼芳:《神明玉露葡萄酒——高卢的饮酒文化与历史》,《中外文化交流》,2010 年第 8 期。

[9] 张文佳:《论高卢精神之起源——酒神精神与日神精神》,《东京文学》,2011 年第 8 期。

[10] 孙艳萍:《古代凯尔特人的祭司"督伊德"探析》,《世界民族》,2008 年第 1 期。

眼中有不同的法国史。今天我们从上古高卢书写法国史的做法，一定能让信奉法国人的特洛伊起源的中世纪历史学家目瞪口呆。"法国史"隐含着一种连续性的判断，这种连续性是史学思辨、确立历史因果联系的结果。中世纪的历史学家强调的是法兰克人的连续性，他们的写作超越地理意义上的法兰西或者高卢。他们看中的是世系（尤其是国王世系）的延续，并不觉得一定需要在今天法国的范围内为法国人寻找起源。然而，16 世纪以后，民族国家的原则不断强化和巩固，而民族国家又是以一定的地理空间范围为基础的。也正因为如此，高卢正式融入了法国史的写作当中。那么，高卢与法国、高卢人与法国人之间究竟有怎样的联系？对于这个问题，我们首先需要追根溯源，考察高卢人和高卢的由来。

1. 高卢人与高卢

高卢人来自哪里？为何称"高卢"？这是我们需要弄清楚的两个基本问题。

通常认为，高卢人是凯尔特人，而凯尔特人是印欧人中的一支。罗马征服前的高卢人大致跨越了两个铁器时代文化，即哈尔斯塔特文化（铁器时代一期，公元前约 1200 年至公元前约 500 年）和拉泰纳文化（铁器时代二期，公元前约 450 年至公元前 25 年）。凯尔特文明形成于哈尔斯塔特文化，其核心区覆盖了今天的奥地利、瑞士、德国南部、波西米亚、摩拉维亚、匈牙利西部、意大利北部和法国东部。从公元 5 世纪起，凯尔特人从核心区向四周移民，将定居范围扩大到了不列颠群岛，除阿基坦西南部外的法国大部分地区、比利时、伊比利亚半岛、波河平原南部，乃至阿纳托利亚高原的中部。在凯尔特人的全盛时期，他们在欧洲占有大片土地，西至大西洋，西南到伊比利亚半岛，北至不列颠群岛，而东边又到德国和波兰的平原，以及喀尔巴阡山脉，南面则占据了从加泰罗尼亚起的地中海沿岸。

高卢是罗马人对于凯尔特的称呼，"高卢"和"凯尔特"这两个词语（Gaule，Celte）具有显见的相似性。作为外来移民，凯尔特人在数量上并不占优势,但还是逐渐在此后的五个世纪中,同化了这块土地上哈尔斯塔特文化的原住民。两者相互融合,形成了高卢人。凯撒所面对的,正是这些凯尔特化以后的高卢人。凯尔特文化的全盛时期是公元前3至公元前2世纪。只有两块地方没有完全凯尔特化:南方地中海沿岸(尤其是东南沿海今加尔省至滨海阿尔卑斯省一线),这里,希腊人和罗马人有长期的经营。另一块地方就是加斯科尼的西南部(大致在朗德、热尔两省以南部分)。人们通常认为,罗马人笔下的"阿基坦人"(Aquitani)并不属于凯尔特人,而更多的是与伊比利亚半岛的人种接近。从人名、地名和词汇上看,阿基坦人所操的语言更接近于今天的巴斯克语,很可能是印欧人到来之前欧洲原住民所使用的语言。罗马划分行省后,阿基坦高卢囊括了14个凯尔特人部落和20余个阿基坦人部落。除了这些地方,高卢大部分地区都在文化和语言上凯尔特化了。

凯尔特人没有自己的文字,我们对于他们的了解主要通过希腊和罗马作家。从他们的笔下我们得知,凯尔特人出现在历史舞台是在公元前6世纪的尾声。到了公元前1世纪,大陆上的凯尔特人丧失了他们的独立,接受了罗马人的统治。凯尔特人、高卢人、加拉特人(galates)——这些词对我们的认识造成了困扰。凯尔特(希腊语Κέλτοι)一词最早出现在希腊作家的笔下是在公元前6世纪末。赫卡泰奥斯(Hécatée de Milet)写到希腊人在马赛(希腊人称之为马萨利亚Massalia)的殖民地,称其靠近凯尔特人,甚至还说了一个凯尔特城市的名字:努拉克斯(Nurax)。这些信息比较笼统,而且也有可能为后人所加,所以未必确切。学者们也一直未能确定所谓的"努拉克斯"究竟所在何处。而对于凯尔特人比较可靠的描述,最早的应该是希罗多德(Herodotus)的《历史》:"多瑙河的源头在凯尔特人之地。"(《历史》,Ⅱ,33)公元前276年,有一支凯尔特人往东袭击希腊,一度威胁到了德尔斐神庙。这支凯尔特人被称为加拉特人。但对于凯尔特人最为完备的记录,应该是希腊历史学家波利比乌斯(Polybius)。其《历史》第二卷详细描述了意大利和山内高卢,随后又讲述了凯尔特人向意大利的入侵。另外,波希多尼(Poseidonios d'Apamée)《历史》第 23 卷也是对凯尔特人的重要记录,可惜已经遗失。他本人曾游历北非、西班牙、高卢,对高卢有众多一手信息。在波利比乌斯笔下,凯尔特人和加拉特人是混用的。今天所说的高卢(Gaule),来自拉丁语 Gallia,而"高卢人"(Gallus)这个拉丁语词很有可能来自"加拉特人"。这个词最早在拉丁语里出现已经是公元前 1 世纪了。罗马历史学家当中,李维(Livy)的《罗马史》自然没有忽略凯尔特人的入侵(第 5 卷第 34 章以后)。斯特拉波(Strabo)(《地理学》卷 12)则对于高卢、凯尔特、加拉提亚(Galatia)有比较明确的认识:凯尔特和高卢在他笔下是同义词,而对于加拉提亚,他通常不会具体说它指的究竟是狭义的加拉提亚还是整个凯尔特人地区。[1]

罗马人所说的高卢指的是凯尔特人在西欧的地盘。以阿尔卑斯山为分界线,他们区分山内高卢(Gallia cisalpina)和山外高卢(Gallia transalpina)。山内高卢,顾名思义,就是相对于罗马人而言在阿尔卑斯朝内的地区,罗马人在公元前 42 年将其兼并。米兰是山内高卢的名城,拉丁语名为 Mediolanum,其凯尔特语含义是"中央神殿"。山外高卢,则是对于罗马人而言,处在阿尔卑斯山另一边的高卢。公元前 125—117年之间,罗马人征服了山外高卢的南部,随后设立行省,命名为"纳尔榜高卢"。

而对于山外高卢又有划分。任何一位学过拉丁语的西方人,估计都不会不知道凯撒《高卢战记》的开头:"高卢全境分为三部分,分别居住着高卢人、贝尔盖人和阿奎塔尼人,高卢人是我们的叫法,他们自称凯尔特人。"他所说的高卢人地界,范围大致在加隆河到塞纳河马恩河之间(ab Aquitanis Garumna flumen, a Belgis Matrona et Sequana dividit),包含至少 44 个族(nationes)和城镇(civitates)。而日后罗马人常会说,高卢有 300 帕古斯(pagus),60 余族,凯撒用"城镇"指代高卢的城市,但这些

---

[1] Kruta Venceslas, *Les Celtes*, Paris: Presses Universitaires de France, 2019.

城市并非地中海文明中那种以城市广场为中心的城市。它没有中心,在现代人眼中也难以算得上是城市。每个高卢人部落都有自己的名字,他们崇拜的神也有不同的称呼,使用的凯尔特语也不尽相同。

凯尔特人在高卢定居是漫长的迁徙的结果。凯尔特人的扩张是分层次和阶段的。他们在公元前5世纪的时候已经占据了高卢很大的地区,但向上普罗旺斯、朗格多克和阿基坦的扩张是公元前4至3世纪的事。他们的扩张没有统一的领导,也没有任何规划,而是一系列具体的原因导致的,如人口过剩,有利于大规模移民的军事结构,或者是为了占领战略或商业要地,寻求出海口等。到了公元前300年左右,日耳曼人往南迁徙,将原本在莱茵河三角洲到图林根森林一带的凯尔特人驱赶到了高卢。这是最后一波进入高卢的凯尔特人。这些迁徙的凯尔特人是贝尔盖人。在3世纪,贝尔盖人当中的阿特巴特人(Atrebates)建立了阿拉斯,昂比安人(Ambiani)定居在亚眠,贝罗瓦克人(Bellovaci)到了博韦,雷姆斯人(Remi)创建了兰斯,等等。他们的涌入又造成了连锁反应,让原本居住于这些地方的凯尔特人动身迁徙。公元前1世纪,高卢的形势更为严峻。周边民族的迁徙对其造成了巨大压力,而日耳曼人阿里奥维斯特(Arioviste)试图通过干预高卢部落的内部矛盾来控制高卢。高卢内部的混乱进而又侵扰到了罗马行省的稳定。公元前58年,赫尔维西亚人在打算大规模迁移至圣东日(Saintonge)的时候,凯撒受其高卢盟友的请求,开始了一系列军事活动。公元前52年,阿维尔尼人维钦托利(Vercingétorix)所率领的联盟投降。公元前51年,高卢全境重建和平,罗马征服落幕,高卢进入一段人口流动相对稳定的时期。

2. 高卢的经济生产与日常生活

高卢人的经济组织与罗马颇为不同。高卢人的生产活动集中化程度较低,多以家庭为单位;城市文明兴起较晚,而且与地中海世界的城市有所不同。不过这些因素并不妨碍高卢成为西欧的粮仓和人口要地。高卢人在农业、冶金和手工业方面都有自己独到的贡献。从前,人们曾以为,高卢世界相比希腊罗马处于十分落后的状况,没有货币,也没有市场。这很大程度上是因为希腊罗马世界对于"野蛮人"的偏见,而且也是受到了史料和考古材料的制约:无论是商业合同、账簿还是城市的档案,似乎在高卢都付之阙如。不过在今天,通过历史学家和考古学家的复原,人们已经不再怀疑高卢是否有市场和贸易。争议仅仅在于贸易活动的范围和活跃程度。最近 20 多年里,考古学家和历史学家一直都在证明,将文明的罗马和野蛮的高卢对立起来的叙事并不妥当,而它更多是启蒙时代到第三共和国这段时间所建构起来的偏见。事实上,高卢并非远离文明的蛮荒之地,甚至早在希腊-罗马文明出现以前就有了一些重大的发展。

罗马征服以前的高卢经济

高卢人居住的中欧地区大部分为黄土地,流经河流多,因此肥沃多产,适宜农业生产。根据欧洲地区的考古发现,公元前 1000 年欧洲人就已经开始农业生产和饲养家畜。农业在高卢人的生活中占有十分重要的地位,到铁器时代,高卢大部分地区都被用于农业开垦和种植。霍恩伯格(Hornburg)和其他地方的出土资料表明,由于肥沃的土壤和适宜的气候,铁器时代晚期高卢农民种植的谷物每年至少可产出三次。他们主要种植小麦、大麦、小米、燕麦、黑麦和粟等谷物,并在高地和贫瘠土壤上成功种植了荞麦;扁豆和豌豆是主要的豆类产品,在房屋周围还有大面积水果和浆果的种植。[1]

高卢地区遗留下来的动物骨头为高卢家畜饲养业的研究提供了大量资料,仅曼兴城和巴伐利亚就出土了近 40 万块家畜的碎骨头。通过对出土的动物骨骼的分析我们可以得知,在铁器时代高卢人就已经开始饲养家畜了。除了牛、羊、猪、马等常见动物,农场里还饲养山羊、鹿、狗和猫等。[2] 牛是农作的工具和财富的象征,它的肉和奶也是高卢人的食

---

[1] Peter S. Wells, *The Barbarians Speak*: *How the Conquered Peoples Shaped Roman Europe*, Princeton: Princeton University Press, 1999, p. 58.

[2] Miranda Green, *Animals in Celtic Life and Myth*, London: Routledge, 1992, p. 7.

物;羊是羊毛织品的来源;家猪的饲养则是为了食用,猪肉是高卢最主要的肉类食品;马匹被训练成为骑行工具,成为高卢人战争中最亲密的伙伴。高卢人还饲养狗来看守农场,饲养猫来驱赶一些害虫;而其他如鹿、鸡、鸟类等由于骨骼细小易碎,大多都没有留下骨骼材料。

此外,在农业生产技术方面,比尔及人采用污泥作肥料,中部高卢地区从爱杜依人(Eduens)和皮克东人(Pictones)那里学会了使用石灰水的方法。这些农作方法都来源于高卢人自身对土地和农业的长期经验,并在征服后长期保持下来。

除了农业,手工业在高卢社会一直占有重要位置。高卢人善于制作铁器和金银器,对于金属材质和提炼工艺颇有造诣,高卢的黄金制品尤为著名,以至于罗马人称高卢为"盛产黄金的国度"。高卢的木工也颇为精良,尤其擅长制作木桶。红色珐琅装饰的陶器闻名于整个地中海盆地。善于冶金也让高卢人长期以来在制作武器和战车方面占有优势,这应该也是凯尔特人迅速扩张的原因。高卢的手工业制品还有陶器。高卢不同地区的陶器各具特色:中部高卢地区主要是红色、赭色和白色上色的轮制陶器,以及一种颇有特色的罗埃纳(Roanne)陶碗;吉尔戈维亚(Gergovia)寨堡生产轮盘制造的灰色和黑色的陶器;有着漂亮的黑色饰带,有时覆以石墨的陶器是东北部阿摩利卡地区的产品;雅致的有着长基座的陶瓶和陶碗则来自比尔及地区。① 这些陶器都延续了拉泰纳时期的当地传统。

高卢的农业和手工业生产,能让我们看到高卢文化的发展程度。作为一个重视农业的文化,高卢人很早就产生了储存剩余食物的需求。罗马征服前高卢在不同时期的食物储存形式因此可以是高卢经济与社会组织的反映。在凯尔特人入主高卢的 5 个多世纪里,食物储存无论是在量上还是质上都发生了较大的变动。储存形式在法国北方各不相同。

---

① Barry Cunliffe, *Greeks*, *Romans* & *Barbarians*: *Spheres of Interaction*, London: B. T. Batsford Ltd, 1988, pp. 131 - 132.

高卢人修建或者挖掘了多种类型的结构,用于储存农业和畜牧业产出,存放时间从几天到几个月乃至几年不等。他们尤其重视贮存需要来年播种或者用于交易的产品。食物储存的主要形式,包括有谷仓(grenier)、筒仓(silo,主要在法国东北和卢瓦尔河谷),还有地下室或地窖(布列塔尼西部、拉芒什和卡尔瓦多斯等地)。另外,在居民区,还有储存日常食品的大的陶土器皿出土。根据最新的研究,食物储存的形式发生了两大阶段的变迁,每个阶段各持续大约 3 个世纪的时间,其中公元前 3 世纪是高卢农村重大的转折点。在第一个阶段,也就是从公元前 6 世纪起,高卢人对土地的占有和开发日趋集中,出现了许多开放式或封闭式的农业定居点,种植小麦、蔬菜和燕麦。最早的储存设施出现在皮卡底南部,还有塞纳河与约讷河及马恩河的交汇处。可以说,这个地区的自然条件让它最早有了强烈的储存需求。巧合的是,日后高卢人所认为的文化核心区,也差不多与这个区块相吻合。而在高卢最西边,也就是阿摩利卡半岛的西边,一直处在较为隔绝的状态,主要的储存形式是地窖,没有出现筒仓和谷仓。从公元前 4 世纪开始,原本散落在聚落四周的谷仓逐渐消失,集中的筒仓在多地出现,不过,这些重组后的筒仓似乎与贵族阶级的形成没有直接联系。①

真正的剧变发生在铁器时代晚期。公元前 3 世纪末起,高卢出现了开放的聚落,随后到了公元前 2 世纪和 1 世纪,各地相继创建了具有防御工事的城市,也就是我们所熟知的寨堡(oppidum)。城市的出现意味着农业生产力已经有显著提升,而且应该也有了市场进行交易,这样,城市中的手工业者、士兵以及祭司才能有充足的食物供给。也正是在公元前 3 世纪,高卢北部普遍出现了架空谷仓(grenier aérien),这表明高卢已经存在一定的集中化的社会组织,可能已经存在一个明确的统治者阶级。

---

① Alain Ferdière, "De nouvelles formes de stockage de céréales à l'époque romaine en Gaule : quels changements, avec quel(s) moteur(s) ?" in *Rural Granaries in Northern Gaul* (*6th Century BCE - 4th Century CE*), Leiden: Brill, 2018, pp. 73 - 105.

　　这些储存方式的转变，背后也有工具进步的因素，生产工具的革新也是在公元前 3 世纪左右发生的。旋转石磨（meule rotative）的生产效率是原本来回推动的石磨（meule va-et-vient）的 10 倍。但高卢的磨和意大利的有所不同。意大利的磨更为大型和集中化，适用于大庄园的集体生产。但在高卢，石磨主要是家用，规模较小，生产也是以家庭为单位。因此生产的社会组织形式没有因为石磨技术的革新而发生重大转变。

　　与此同时，金属工具变得多样化，尤其是铁镰刀和铁犁也是在公元前 3 世纪出现的。铁犁让高卢人得以耕种此前不得不抛荒的厚重土地。铁镰刀则意味着农民可以进行大批量的割草作业。工具的进步使得高卢的人口和农业生产有了显著发展。在公元前 2 世纪中叶，高卢农村出现了史无前例的发展，新增了大量农村聚落。农业发展的另一个特征是生产的专业化。原本的多样化作物种植逐渐转变成了集中的小麦种植。专业化分工意味着一定程度的中长途贸易，而有了贸易也就意味着高卢文化与周边文化存在着稳定的交流。这些考古证据都表明，在罗马征服前的高卢，有不从事生产的人口，还有市场。但这些贸易往来可能具有地域性，而不是高卢的普遍现象；而且，长途贸易的规模可能还较为有限。①

　　但不论如何，我们都可以说，在公元前 3 世纪，高卢人对于长途贸易已经颇为熟悉。希腊人和伊特鲁里亚人都会前来购买锡、盐还有琥珀等，同时希腊罗马世界带来的奢侈品也让高卢的社会等级日趋明显。不过这对于整个高卢社会而言影响是有限的，仅局限于社会的少数人。从拉丁语史料和考古报告来看，公元前 2 至 1 世纪，出现了大众贸易。普林尼在《自然史》（10,27）中写到鹅肉的美味，同时又说到"美妙的事实是，这种禽类是徒步从莫里尼地区驱赶到罗马的"。这里的莫里尼位于高卢境内。也正是在这个时期，罗马商人遍布高卢各地，葡萄酒卖到了

---

① Olivier Buchsenschutz, "Recherches sur l'économie des Celtes au IIIe siècle avant J.-C.," *Etudes Celtiques*, vol. 28, 1991, pp. 65 - 73.

高卢的腹地。

公元前3世纪也是高卢进入货币经济的时期。高卢最早的货币出现在这个时期,主要是仿制希腊货币,这表明了希腊人在马赛殖民地的重要影响。这些钱币较为厚重,价值很高,似乎不是用于日常交易,而更多是重大的买卖,例如购置铠甲和马匹、支付嫁妆等。

为了巩固与罗马世界的贸易往来,高卢人自己仿制罗马钱币。在公元前150年左右,高卢中部和中东部与罗马世界的贸易往来日趋密切,为了便于贸易,爱杜依人、塞夸尼人和林贡斯人模仿罗马人的第纳尔银币。使用这种货币的区域十分广泛,一直到赫尔维西亚和莱茵河。在中西部,也有通用的货币。

经历了公元前3世纪的重大变革,到了公元前2世纪,高卢最早的城市形态正式出现,也就是史家谈及高卢必然津津乐道的寨堡。寨堡从铁器时代早期的定居点发展而来,根据其选址大致可以分为两种,第一种修建于河谷盆地、河流入海口、三角洲或者潟湖周边;第二种类型依山而建,或是在高原或山麓一侧,俯瞰整个河谷或者平原。另外一些则有自己的具体考量。寨堡在规模、人口数目和繁荣程度上有所差别。一般说来,在中部平原地区、河流沿线和河流交汇处,寨堡的数量比较多,可容纳的人口也多;而且越靠近南边的希腊罗马文明,寨堡的规模越大,经济发展水平也越高。山区和北大西洋沿岸也有寨堡分布,但无论从数量上还是规模上都无法与中部平原地区的寨堡相比。据凯撒记载,高卢地区最大的寨堡之一是中部爱杜依人的聚居中心比布拉克特(Bibracte),占据了4座山丘,面积达135公顷,周围寨墙长7千米,内部包括居住区和手工工场区,有炼铁、炼铜、制搪瓷、制陶等手工工场。①

所有这些因素都意味着在罗马征服以前,高卢与地中海世界的经济往来已经十分密切。波希多尼的高卢游记(涉及高卢的,是其《历史》的

---

① John R. Patterson, "The City of Rome: from Republic to Empire," *The Journal of Roman Studies*, Vol. 82, 1992, pp. 186 - 215.

第 23 卷)为我们提供了丰富的描述。他在游记中讲到,商人和游客在高卢受到热情欢迎,而且可以自由地进行贸易。凯尔特人周边环绕的是更为野蛮的加拉特人,侵袭意大利和希腊的也正是这支凯尔特人。但在高卢,凯尔特人正在接受文明。同时,波希多尼还告诉我们,凯尔特人也在和加拉特人贸易,将地中海从希腊人获得的商品交换原材料(矿产)和服务(雇佣兵)。[1]

高卢人的日常生活。居住

在独立时期,高卢人民用一种黏土筑屋("watele-and daub")[2]的方式来建造房子:用树干插进地底作为基底,用黏土作墙,屋顶铺满稻草,这就形成了一个房屋。一般房子是矩形的,面积在 200 到 600 平方米之间;每个房屋中都有一个灶台,存储的食物放在房间的地底下或者房屋外。高卢人这种独特的筑墙和建屋方式,形成了具有高卢特色的房屋和城镇,是高卢人民智慧的结晶。

交通

在被征服之前,高卢人民利用自己开辟的道路进行沟通和联系。文献资料、考古材料都告诉我们,在凯尔特铁器时代,高卢人就已经能建立陆路通道、开辟水路交通,并且利用浅滩和建造桥梁把这两种道路结合起来。[3] 铁器时代的高卢贸易者们在高卢地区留下了不少陆路上的通道,主要是依地形、河流河谷等修建。这些高卢地区的原有道路在凯撒征服时期为罗马部队的行军带来了非常大的便利,说明其实用性和便利性并不逊于罗马的道路。同时,高卢境内丰富的河流,如罗讷河(Rhodanus)、阿拉尔河(Arar)、杜比斯河(Dubis)、里格河(Liger)、加隆河(Garumna)、莱茵河(Rhein)等纵横交错,形成了便利的水路运输网,

---

[1] Jean-Louis Brunaux, "Poseidonios, la Gaule et son économie," *Revue du Nord*, vol. 403, no. 5, 2013, pp. 15 – 23.

[2] Peter S. Wells, *The Barbarians Speak：How the Conquered Peoples Shaped Roman Europe*, Princeton：Princeton University Press, 1999, p. 57.

[3] J. F. Drinkwater, *Roman Gaul：The Three Provinces*, London：Croom Helm Ltd, 1983, p. 124.

人们可以经由河流航运通向高卢很多地区，还可以通过与河流相连的海运到达不列颠。[1]

服饰

征服前高卢的传统服饰主要包括羊毛编织的斗篷（sagum）和束腰上衣（tunica）、男士的裤子、女士的披肩等。大部分普通高卢人穿臀布和裤子，羊毛制的束腰外衣或衣服，带头巾的斗篷和便鞋（gallicus）等。另外，衿针（fibula），是一种佩戴在衣物上的装饰，自青铜时代晚期以来就是高卢个人装饰品中的重要一部分。我们仍然能在高卢地区发现衿针的遗存。在墓葬中随葬的衿针不仅显示了墓葬主人的高卢身份，也反映出这些高卢人利用传统的装饰品所表达出来的个人认同。

饮食

在高卢，人们一般用橄榄油烹饪菜肴，还会用鱼酱调味。不同于罗马意大利的硬而长的面包，高卢人的面包非常轻薄。此外，高卢人还非常喜欢食用奶制品，考古发掘出土了许多干酪沥干器的碎片，是用来把奶酪放入其中沥干的。[2] 高卢人爱吃肉，因此他们大量饲养猪，并通过肉的腌制和熏制，将肉长期保存。他们还有了猪肉食品加工业，制作腌猪肉。高卢人好饮酒。普通人一般喝的是本地酿制的大麦啤酒。葡萄酒作为从希腊、罗马世界进口的奢侈品，只能被有钱人和贵族们享用。公元1世纪，高卢人引进了葡萄种植，改良了葡萄品种，学会了酿造葡萄酒。阿布罗吉地区生产的阿布罗吉克酒和松香酒甚至在意大利市场也很受欢迎。

姓名

在被征服前，高卢人只有单名，往往继承父亲的名字。高卢人的墓志铭中只提死者的名字，没有表明父系的后缀。

---

[1] Strabo, *Geography*, 4, 4, 14, Translated by Horace Leonard Jones, The Loeb Classical Library, Cambridge: Harvard University Press, 1969.

[2] ［法］乔治·杜比主编：《法国史》（上卷），吕一民、沈坚、黄艳红等译，商务印书馆2011年版，第118页。

奢侈品

在公元前 800 年至公元前 450 年的哈尔斯塔特贵族墓葬中,发现了大量地中海地区的进口商品,主要是希腊式宴饮用具,显示出当时凯尔特人对一些希腊生活方式的接受和采用;同时,墓葬中还出土了大量其他地区的产品,如波罗的海地区的琥珀项链、非洲的象牙剑柄、意大利地区的酒壶,以及斯洛文尼亚的青铜胸针、头盔和盔甲等,反映出哈尔斯塔特地区与希腊罗马甚至北欧、非洲都有着广泛的贸易关系,体现了凯尔特社会商业的繁荣。到了铁器时代,凯尔特人的寨堡中已经有了许多来自罗马意大利的双耳细颈瓶、陶器、青铜器具、硬币等物品,凯尔特贵族墓葬中也开始大量使用罗马风格的陪葬品。在凯尔特人传统的宴会上,上层贵族更爱饮用从马西利亚和意大利进口的葡萄酒。多瑙河上游的霍恩伯格城就发现有大量用来混合葡萄酒、水和香料的掺和器的碎片,酒壶、酒杯和运载葡萄酒用的双耳细颈酒罐的碎片。[1] 这些陶器、饮酒器等碎片数目在公元前 1 世纪达到顶峰,一方面反映了当时凯尔特社会与希腊罗马世界交流的频繁,另一方面也说明了凯尔特上层贵族对这些希腊罗马商品的需求刺激了两方的商业往来。

3. 高卢人的政治与军事组织

对于罗马征服以前的高卢的政治制度,我们通常会按照凯撒的记录而得出一些刻板的印象:例如其政治组织比较分散,缺乏中央权力等。然而,从今天的考古和钱币学等角度进行考察,可以发现旧高卢的政治体系并非那么松散,罗马化后的高卢也依旧保持着长期以来的多样性。在凯撒征服以前,高卢已经发展出一些共同的政治实践,例如高卢各地会召开不同层次的集会,各个部落在必要的时候承认共同的权威,组建由战争领袖为首的大同盟(维钦托利是最著名的代表)。

---

[1] [美]戴尔・布朗主编:《凯尔特人:铁器时代的欧洲人》,任帅译,广西人民出版社 2002 年版,第 60 页。

不过,最新的发现并不能否认高卢政治组织相对于罗马而言十分松散的事实。高卢不存在统一的中央集权和政治组织。高卢政治体系的基本单位是部落,而部落又由若干个帕古斯构成。在较早的时候(前 2世纪之前),每个部落可能都有一个军事领袖(称国王,rix),随着时间的推移,许多部落废除了国王,演变为贵族寡头统治。但这也不是绝对的。苏埃松人(Suessions)有一位国王,而在埃比隆人(Eburons)那里,甚至可以有两位国王。① 除了由国王和贵族所代表的战士阶层外,高卢社会还有负责宗教的德鲁伊阶层,德鲁伊有一定的政治和司法职能。第三个等级是自由人,他们是手工业者和商人,他们有义务在战时参战。最后还有通常因为战争而产生的奴隶阶层。

每个部落都有长老议事会(凯撒将他们称为元老),部落首领虽然有一定的权力,但受到议事会的制约。若干部落又结成所谓的"城邦"(civitates)。罗马征服后沿用了这一体系,后来法国划分主教辖区和教区也基本按照的是这个框架。也就是说,远古高卢的族群和空间框架对法国历史产生了深远的影响。

高卢人举行各种各样的集会(assemblées)。集会的形式多种多样,有民众集会、军事集会或者贵族议事会。虽然凯撒认为高卢平民没有政治权利,但最近的考古研究表明,高卢部分地区可能存在投票制度。至于民众集会,它虽然存在,但话语权是受到控制的,应该有自己的一套规则。高卢的民众集会制度将会在未来成为限制君主权力的重要意识形态来源。16 世纪以后,法国的一些法学家将会将高卢的议事会传统作为法兰西民族政治体系的固有特征,而三级会议将会被认为是其延续性的体现。

高卢的另一个重要的政治制度是德鲁伊每年在卡努特人之地(今香槟地区)举行集会。每年 8 月 1 日,高卢人为庆祝鲁格(Lug)神的节日会

① 有关独立时期高卢的政治制度,详见 Emmanuel Arbabe, *La politique des Gaulois*:*Vie politique et institutions en Gaule chevelue* (*II e siècle avant notre ère -70*),Paris:Éditions de la Sorbonne, 2017, pp. 31 - 102。

在里昂(高卢语即"鲁格之城")举行大会。德鲁伊虽然是高卢的宗教领袖,但是他们往往也具有管理和司法职能,也会影响政治决策。可惜的是,有关他们活动的史料少之又少。现有研究表明,即便是在征服之后,高卢人还保留着若干自己的政治传统。上述实践不仅得以保留,而且在里昂,每年都会举行汇聚节(culte du Confluent),这是整个罗马高卢都参加的宗教仪式,超越了罗马对高卢的三分。从考古角度看,高卢各地的宗教政治活动保留了原有的地方差异和多样性,罗马人的划省而治虽然推进了高卢与罗马制度的同化,但也未能消灭地方多样性。每个地区的罗马化都有各自不同的模式和节律。[1]

高卢没有职业军人,但部落在战争期间通常会派出众多成员参战,比例可高达三分之一。这也就是为什么高卢的部落联盟可以在很短时间里聚集起一支大军。不过,高卢军队虽然人多势众,但大多没有较好的训练,所以战斗力不强。高卢军队以步兵为主体,主要的武器有剑、弓和矛。维钦托利手下可能就有一批弓手。[2] 在高卢人的大军中,有少数装备精良者,他们应该出自战士阶层。在公元前 3 世纪以前,战车一度在高卢军队常见,但随后被维持费用更低廉的骑兵所取代。在罗马征服之前,不少高卢人还作为雇佣兵,为西欧和北非的政治势力服务。最著名的也许是汉尼拔帐下的高卢雇佣兵,他们在第二次布匿战争中随汉尼拔入侵意大利。

由于凯尔特人很早就有丰富的航海经验,所以高卢的舰队对凯撒而言也是一个难题。高卢的舰船十分适应于大西洋航行,对大西洋航海经验不足的罗马人造成很大的困扰。凯撒曾讲到文内几人的航海实力:"文内几这个国家的势力,远远超过沿海的一切地区,因为他们不但拥有

---

① 有关高卢制度的罗马化,详见 Emmanuel Arbabe, *La politique des Gaulois：Vie politique et institutions en Gaule chevelue* (IIe *siècle avant notre ère - 70*)，Paris：Éditions de la Sorbonne，2017，pp. 103—169。

②《高卢战记》6, 31：他又命令把所有的弓骑手——在高卢有很多这种弓骑手——都送到他这里来。

大量船只,惯于用来远航不列颠,而且就航海的知识和经验来说,也远远超过其他人。加之,散布在这片海涛汹涌、浩荡无边的大洋沿岸的几个港口,都掌握在他们手中,习于在这片海洋上航行的所有各族,差不多都得向他们纳贡。"①随后,凯撒进一步分析了对手的航海技术和航海优势,从而思考对策:"他们的舰只是这样建造和装备起来的:船身的龙骨比我们的要平直得多,因而遇到浅滩和落潮时,更容易应付。船头翘得很高,船尾也一样,适于抵御巨浪和风暴。船只通身都用橡树造成,经受得起任何暴力和冲击。坐板是一罗尺来粗的木头横档做成的,用拇指那样粗的铁钉钉住。扣紧锚的也是铁链而不是普通的缆绳。帆是用毛皮或精制的薄革制成的,所以使用这些东西,不是因为他们缺乏或不知道利用亚麻,更可能是因为他们认为要经得起洋面上如此险恶的波浪、如此猛烈冲击的飓风,要驾驭如此重载的巨舶,帆是不适合的。如果我们的舰队和他们的船只一朝相遇,我们的舰只在速度上和使用桨这一点上胜过它们,至于其他,就这地区的自然条件和风浪险恶而论,他们的船只各方面都比我们更合适、更可取些。他们的船只造得如此之坚牢,我们既不能用船头上的铁嘴去撞伤它们,又因为它们高,也不容易把投掷武器投掷上去,由于同样的原因,它也不可能被铁钩搭住。再加上遭逢风暴发作时,他们可以乘风扬帆,处之泰然,既能够从容应付风暴,又可以安然停泊在浅滩里,即使退潮,也不怕那些岩石和暗礁。这些危险,却都是我们的舰只所要担心的。"②

4. 高卢人的文化与宗教信仰

高卢人没有自己的文字。他们常借用其他文化的文字(希腊文、伊特鲁里亚人、拉丁文),为后人留下了若干铭文、纪念碑、雕刻和钱币。这些文字记录大多刻在石柱或者器皿上。早期的铭文多为祭祀的记录或

---

① 《高卢战记》3,8。
② 《高卢战记》3,13。

是墓志铭,但在众多高卢的拉丁语铭文中,亦不乏人的社会往来(如赠送礼物)乃至谈情说爱的见证。[1] 文字的缺失为我们了解高卢人的文化观念造成了巨大困难。高卢之所以不是一个有文字的文明,通常被认为是因为知识的掌握者,也就是德鲁伊德重视知识的口耳相传,而不愿其学习者因为有了文字而在记诵方面放松了心态。[2]

高卢人信奉德鲁伊德教,这一宗教的祭司们称为德鲁伊德(les druides),故名。这是一种崇拜自然神的原始多神教。尽管还带有相当浓厚的原始崇拜色彩,各部族在神灵的崇拜、仪式和节令名称等方面也不尽相同,但德鲁伊德教已获得充分的发展,演变为所有高卢人的宗教,在其社会生活中发挥着突出的作用。

高卢人的德鲁伊德教是一种多神崇拜,日月星辰、动物植物、河流山川、自然现象等,在他们看来都有灵性,神祇都是来自这些大自然甚至一些超自然的力量。太阳、雷电、丰产和水等,都是高卢人非常尊敬和崇拜的神祇。太阳被认为可以创造和破坏生命,水可以孕育和毁灭生命;树木则是连接天、地和地下世界的桥梁,并反映生长枯荣的变化。[3] 同时,高卢人崇拜的神祇也经历了一个变化的过程。在早期信仰体系中,高卢人对自然的崇拜主要集中在对太阳和月亮上;到了公元前 1000 年左右,高卢人开始向井、河流、温泉和沼泽中投掷祭品。这种投进土里或水里的祭品实际上显示了一种与大地相连的信仰,更加强调对土地的利用和管理,对季节时令的把握在这时也显得更加重要。

---

[1] Paul Marie Duval ed., *Recueil des inscriptions gauloises*, vol. 4, Paris: Éditions du Centre national de la recherche scientifique, 1998.

[2] 《高卢战记》6,14:我认为他们采取这种措施有两种用意,一则他们不希望这些教材让大家都知道,再则也防止那些学习的人从此依赖写本,不再重视背诵的功夫。事实上,很多人往往因为有了文字的帮助,就把孜孜砣范的钻研和记诵都放松了。他们第一要反复论证的信条是灵魂不灭,人的死亡不过是灵魂从一个身躯转入另一个而已。他们认为这一条信条能摆脱人们的畏死之心,大大增加他们的勇气。此外,他们还有许多别的理论,探索星象和它们的运行、宇宙和大地的形体、事物的本质、不朽之神的能力和权力等等,把它们传授给青年们。

[3] Miranda Green, *Animals in Celtic Life and Myth*, London: Routledge, 1992, p. 2.

凯撒对高卢人崇拜的神祇有一个简单的介绍:"神灵之中,他们最崇敬的是墨丘利(Mercury),他的造像极多,他们尊他为一切技艺的创造者、一切道路和旅程的向导人。他们认为他在各种牟利的行业和买卖上,也有极大的法力。除他之外,他们好崇祀阿波罗(Apollo)、战神马尔斯(Mars)、宙斯(Zeus)、密涅瓦(Minerva)。他们对这些神灵的看法,大约跟别的民族差不多,阿波罗驱除疾疫、密涅瓦倡导技术和工艺、宙斯掌握天堂的大权、马尔斯主持战争。当他们决定进行决战时,通常都对马尔斯神许下誓愿,答应将把在战争中掠得的东西献给他。胜利之后,他们就将所有获得的有生之物作为牺牲向他献祭。"[①] 墨丘利、阿波罗、马尔斯等神名实际上是希腊罗马神的名字,凯撒以罗马神名来记载高卢的神,说明这些高卢神祇拥有与罗马神灵相似的职责和功能。一个多世纪后,诗人卢坎(Lucan)在《内战纪》(Bellum Ciuile, 1, 445—446)中讲到三个凯尔特神的原名:忒塔泰斯(Teutatès)、埃苏斯(Esus)、塔拉尼斯(Taranis),但并没有具体说明他们的职能。通常认为,每个帕古斯所信奉的神都有自己不同的名字。凯尔特人还把神奉为祖先。凯撒就说道:"所有高卢人,一致承认自己是狄斯神的后裔,据说这种传说是由祭司们传下来的。"[②]

大卫·兰金在《凯尔特人和古典世界》中对凯尔特宗教体系进行了详细介绍,除了上述凯撒所记载的与罗马神职能相似的神,凯尔特人也有众多传统神祇,包括父亲神(神和民族的祖先)、天神、鲁格神(工匠和战士之神)等;他还重点列举了几位凯尔特女神,指出凯尔特人崇拜的女神大部分都与土地、战争有关。[③] 巴里·坎利夫认为,凯尔特宗教中有着基本的二重对立的思想:"男性/部落/天空/战争"对应"女性/地点/大地/丰产"[④]。二重神祇之间既对立又相互平衡,并共同构成了神祇谱系。

① 《高卢战记》6,17。译文有改动。
② 《高卢战记》6, 18, 1。
③ David Rankin, *Celts and the Classical World*, New York: Routledge, 1996, p. 267.
④ Barry Cunliffe, *The Ancient Celts*, London: Penguin Books, 1999, p. 188.

　　高卢宗教祭司德鲁伊德是一个群体,在法国教科书的传统绘画上,他们通常是一些德高望重的老人,身穿白色长袍,手里拿着镰刀收割长在橡树上的槲寄生。实际上德鲁伊德在高卢社会中的功能可能是多样化的,作为社会等级,他们应该有一位首领领导。他们是位居社会高层的祭司,主持宗教礼仪。老普林尼在《自然史》(16,95)中讲到槲寄生处,生动描述了德鲁伊德所主持的一种仪式。仪式中,德鲁伊德爬上一棵神圣的橡树,割下树上的槲寄生,然后用两头公牛作为祭品。德鲁伊德用槲寄生做一种神秘的药水,人们相信它有治疗不育和解毒的功效。

　　德鲁伊德同时也是教师,从事教育活动。这些教育活动一方面是为了培养新的祭司,另一方面也是教育信徒,教育主要是口头教育,没有文字。基本传授的思想是灵魂不灭,橡树上的槲寄生是灵魂不灭的象征,因为它们在橡树树叶凋零后,依然是鲜绿的,并且还能结出果实。德鲁伊德们还可能有医生功能,当然这种医生功能相当于巫师,但他们掌握了许多植物的知识,而且还能为骨折者疗伤接骨。他们平时还是部落冲突的调停者和仲裁者,甚至具有部分司法功能。然而,虽然德鲁伊的传说众多,但真正有信史记载的,也就只有狄维契阿古斯(Diviciacus)一人。面对日耳曼人的入侵压力,爱杜依高卢人的德鲁伊德狄维契阿古斯主张向罗马求援,他本人也曾赴罗马,受到西塞罗的款待。

　　祭祀

　　在高卢人居住的区域,考古学家们很少发现神庙的踪迹,这一点与希腊罗马圣坛神庙遍布各地的景象大不一样。但高卢人也有其进行祭祀活动的场所。总的来说,高卢主要有两种祭祀方式:南部的高卢-利古里亚式和北部流行于从日耳曼到不列颠的广大区域的凯尔特式。① 南部高卢-利古里亚式的典型例子来自罗克佩尔图斯(Roquepertuse)和恩特莱芒(Entremont)遗址的发现,包括大型蹲坐的人像、双面神杰纳斯的石像、石鸟、装饰有马头的横状雕刻,以及带有用来装人头的壁龛的石柱。

---

① Barry Cunliffe, *The Ancient Celts*, London: Penguin Books, 1999, p. 200.

北部高卢地区的祭祀模式一般都有一个由沟渠或者栅栏围起来的矩形或圆形的区域,里面有用来放置祭品的沟或者湖。法国境内古尔奈(Gournay)的祭祀场所从公元前 4 世纪到公元前 1 世纪都在使用,并且在这期间不断有修整和完善;欧洲其他地区也发现了多个类似的祭祀场所的遗迹,证实了高卢人当时的祭祀活动。

　　除了正式的祭祀场所,高卢人还经常将祭品投入河水、湖水、泉水,以及挖出的井里或土地中。斯特拉波记载,在凯尔提卡(Celtica),也就是高卢地区的中心部分,"人们将大量的银甚至金投入湖水中,正因为被投到了湖里面,这些财富成了神圣而不可侵犯的。"① 在纽查泰尔(Neuchatel)湖边的拉泰纳遗址中发现了大量被投入湖中的武器,还有衿针、车轭、大锅等生活用品;在诺尔福克(Norfolk)、昂格勒塞伊(Anglesey)等地的湖水、泉水和河流中,也发现了大批献祭物品,说明这些地区都曾经是高卢人献祭的主要地点。人们向水中投掷的祭品主要有三种。第一种是金银等奢侈品,上述引文是斯特拉波记载高卢部落在洗劫德尔斐神庙后将金银投入湖中的场景,这是为了表示对神的敬意。第二种是拉泰纳等地区发现的武器,在战争前的投祭是为了祈求胜利,在赢得战争之后则是为了感谢神灵的庇佑。第三种祭品是在塞夸纳(Sequana,即塞纳河)、巴斯(Bath)等水泉中发现的木制、石制和青铜制的小雕像,有的是用结实的橡树芯雕刻成的人形,有的则雕刻成身上不同的内部器官的形象。这些祭品是因为人们相信水的治愈能力,因而将人形或病痛部位制作成雕像投入水中,向神祇祈求缓解不同的伤痛或疾病。

　　在高卢人的献祭方式中,还有残忍的人祭和猎头习俗。"他们认为,如能够用在偷窃、抢劫或犯别的罪行时被捉住的人作为牺牲供献,格外能讨好不朽之神,但如果这种人无法提供,便用无辜的人来充数。"② 绞

---

① Strabo, *Geography*, 4, 1, 13, Translated by Horace Leonard Jones, The Loeb Classical Library, Cambridge: Harvard University Press, 1969.
②《高卢战记》6,16。

刑、火刑和溺死是高卢人祭中最常见的三重死亡方式。斯特拉波在《地理志》中还列举了其他人祭方式,如"殴打献祭者……还比如,他们会用箭射杀牺牲者,或者将他们钉在神庙中,或者给他们许多稻草和食物之后将他们丢入庞大的牛群和野兽群之中"①。人祭的主要目的是联系神灵,祈求神灵的保佑和帮助。同时,高卢人在战争中还会割下战败者中最优秀的勇士的头颅,放入神殿内石柱上的神龛中。在法国罗克贝杜斯和热科贝图的神庙中都发现了石柱上献祭的头颅,证实了这一风俗的存在。高卢人猎头的对象都是他们认为在战争中最勇敢的敌人,他们认为割下这些勇敢者的头颅就能得到死者的力量,实际上也是通过这种习俗来表达对勇猛精神的追求和对死者的尊重。将这些最勇敢的战士的头颅放于神庙的石柱内,也是向神表达敬畏的方式。希腊罗马作家在介绍这些祭祀的方式时,总是极力渲染其残忍的一面,以塑造高卢人与文明相悖的"野蛮人"形象。

墓葬

拉泰纳文化时期以来的凯尔特传统葬俗既有土葬也有火葬。罗马征服高卢之后,火葬习俗在高卢地区得到进一步推广,但土葬并未完全消失。在德鲁伊德教的影响下,高卢人认为人的灵魂是不灭的,死亡只是漫长生命中的一个中间点,死后人们会在另一个世界继续生活。因此,高卢人在坟墓中常陪葬死者的日常用品和心爱之物。在铁器时代初期的哈尔斯塔特墓地,考古学家们发现了大量青铜、铁器和黄金制品,包括饰品、工具、武器、陶器、青铜大锅和少许衣物等,大多数是日常用品,也有一些高品质的青铜和黄金制品,是墓主人用来表示自己身份认同的工具。后期霍赫多夫(Hochdorf)墓中精美的青铜睡椅、大量黄金珠宝饰品、希腊大锅和四轮马车,以及维克斯(Vix)墓中的各种财宝和饰物、四轮马车、青铜巨爵等,都是高卢人在墓葬中多陪葬武器、个人装饰品和日

---

① Strabo, *Geography*, 4, 4, 5, Translated by Horace Leonard Jones, The Loeb Classical Library, Cambridge: Harvard University Press, 1969.

常用具的传统的有力证明。而在罗马征服高卢时期,罗马和意大利主要采取火葬,墓中随葬奠酒器皿、陶灯(被认为可以指引死者去到另一个世界)和硬币,有时也会陪葬珠宝和饮酒器,并不随葬武器和个人装饰品。因而在征服期间,罗马与高卢的陪葬品有着鲜明的差别。传统高卢墓葬中陪葬的日常用品实际上反映了高卢人对灵魂不灭和灵魂转世的笃信。在被罗马征服后,高卢地区随葬的风俗保留了下来。在福勒维·拉·里维埃拉(Flève-la-Riviere)发现的奥古斯都和提比略时期的墓葬中,死者周围围绕着武器和精致的青铜酒器,墓室里还有陶制桌椅和大量的陶器①。通过随葬品的丰富和精美可判断,这是一处典型的贵族墓葬,从随葬品的种类和风格来看,是从晚期拉泰纳时期延续下来的凯尔特传统墓葬。较北的贝里(Berry)地区的一系列贵族墓葬从公元前1世纪持续到公元1世纪,它们采取的也是方形的墓室,上面覆盖有土墩;墓葬中有武器、陶制桌椅、金属饮酒器、陶器和食物。② 这也是典型的欧洲铁器时代的传统墓葬。这些罗马统治时期的墓葬说明,即使被征服之后,高卢地区的人在种类和风格上仍然选择本地传统的随葬品。这是高卢丧葬观念的保持与延续。

5. 高卢人的外部世界

高卢人的发祥地大体上位于中欧腹地、阿尔卑斯山以北、多瑙河上游地区。后来,由于人口的增长及活动地域的延展,加上与其他族群的相互关系,高卢人开始陆续朝着各个方向进行扩张。公元前5世纪末,高卢人越过阿尔卑斯山,涌入北部意大利,建立了殖民地。自此以后,高卢部落川流不息地越过阿尔卑斯山,进入平原,夺去了埃特鲁里亚人的大量领地,北意大利落入高卢人之手。公元前391年,高卢人以数万之

---

① Greg Woolf, *Becoming Roman: The origins of provincial civilization in Gaul*, Cambridge: Cambridge University Press, 1998, p.191.

② Greg Woolf, *Becoming Roman: The origins of provincial civilization in Gaul*, Cambridge: Cambridge University Press, 1998, p.166.

众,在其领袖布伦努斯的带领下出现在埃特鲁里亚本土,包围了克鲁西乌姆城。埃特鲁里亚人向罗马求助,罗马遣使到达;但使者言语傲慢,站在克鲁西乌姆一方干涉战争,甚至杀死了高卢人的领袖。于是,高卢人中止谈判,要求交出违反国际公法的人,罗马却拒绝这样做。被激怒的高卢人在首领布伦努斯的带领下解除了对克鲁西乌姆的包围,转而向罗马进军。公元前390年,双方在阿里亚发生激战。罗马军队"仍很骄傲而鲁莽,出站时不视敌人为军队,而视之为盗匪"[①],高卢一方却英勇无比,"不但命运神倒在蛮族那一边,并且他们的战术策略也高出一着"[②]。因此,罗马军队惨败,高卢乘胜对罗马城发动进攻,毫无戒备的罗马城遭到高卢人的洗劫和焚烧。罗马居民都退入山上的卫城,高卢人封锁了7个月,最终没能攻下罗马的卫城。此时高卢军队中也疫病流行,于是双方进行和谈,高卢人在要求罗马给付1000磅黄金之后撤离了罗马。这是高卢第一次入侵罗马。

在此后,高卢人常常入侵,一度深入南意大利:

> 387年(前367年)卡米卢斯击败他们于阿尔巴——这是他最后一次胜利……至393年(前361年),独裁官提图斯·昆克提乌斯·彭努斯在距城不及8千米之遥的阿纽河桥与他们对垒,但未交战,高卢大军即行开拔,奔坎佩尼亚而去;394年(前360年),高卢人归自坎佩尼亚,独裁官昆图斯·塞维琉·阿哈拉与他们交战于科林努门之前;396年(前358年),独裁官盖约·苏尔皮西乌斯·佩提库斯大败高卢军;404年(前350年),高卢人甚至驻营越冬于阿尔巴山,并向沿海的希腊海盗争夺赃物,至翌年名将之子路奇乌斯·弗里乌斯·卡米卢斯才把他们逐走……[③]

---

① [德]特奥多尔·蒙森:《罗马史》第二卷,李稼年译,李澍泂校,商务印书馆2005年版,第82页。

② [古罗马]李维:《李维〈罗马史〉选》,吴于廑主编,王敦书译,吴廷璆、雷海宗校,商务印书馆1962年版,第35页。

③ [德]特奥多尔·蒙森:《罗马史》第二卷,第83—84页。

可见,在公元前390年第一次入侵罗马之后,高卢部落经常回到意大利,并与罗马军队发生战争。

在公元前285年,居住在皮凯努姆以北的高卢部落塞诺奈斯人攻入北部埃特鲁里亚并包围了站在罗马一方的阿尔列提乌姆城。阿尔列提乌姆向罗马求援,但派来援助的罗马军队遭受重创,司令官也阵亡。接手的司令官"把一个使团派到塞诺奈斯人那里去以便商谈如何处置俘虏的问题。使节被背信地杀死了"[1]。于是罗马军队攻入塞诺奈斯人的地区,击溃他们,不久便在他们的领土上建立了一个罗马公民的殖民地:高卢的谢纳。塞诺奈斯人的命运使得他们的邻居波伊人也动了起来,他们与埃特鲁里亚人一起直接向罗马进攻。公元前283年,罗马的执政官将他们击溃。第二年,他们试图东山再起。再次遭到失败之后,他们才向罗马政府求和。

在第一次布匿战争以后,由于罗马农民没有得到什么好处,公元前232年的人民保民官不顾元老院的意思,在特里布斯会议上,决定将过去塞诺奈斯人居住的土地分成小块,分配给公民。"可能正是高卢原野上土地的分配引起了高卢人之重新侵入意大利中部……公元前225年,大量阿尔卑斯山以南的高卢人(波伊人、印苏布列司人等),和雇佣的高卢部队一道从阿尔卑斯山进入亚平宁山。"[2]这次入侵开始很顺利,然而在捷拉孟城,高卢人完全被击溃。这次高卢人的大规模南下,使罗马下决心征服北意。罗马便以高卢的入侵为借口,侵入波河流域;公元前224年征服波伊人;公元前223年,又进攻印苏布列司人,并最终征服了他们。罗马在波伊人的地区和波河流域建立了殖民地,还修筑了两条行军大道,完成了对山南高卢的征服,并在稍晚的时候在山南高卢建立了行省。

在高卢入侵之后,拉丁联盟垮台,一些拉丁城邦试图组成别的联盟

---

[1] [俄]科瓦略夫:《古代罗马史》,王以铸译,上海书店出版社2007年版,第180页。
[2] 同上,第288页。

反抗罗马,他们与高卢人、沃尔斯奇人等结盟。但在公元前 377 年,拉丁人和沃尔斯奇人的联军遭受失败;拉丁人撤回自己的领地,"叛离的拉丁城市绝望于用自己的力量战胜罗马;于是他们便和再度出现于罗马四周的高卢人结成联盟。"①直到公元前 360 年,罗马的独裁官在罗马城下击溃高卢人,高卢人逃走,而拉丁姆不得不接受罗马提出的新条约。

在第二次萨姆尼特战争后,萨姆尼特人不甘失败,趁着罗马人忙于在海上扩张霸权的时候,攻击卢卡尼亚人。卢卡尼亚人向罗马求援,罗马派出军队与萨姆尼特人进行战争。罗马军队节节胜利,公元前 297 年,进攻萨姆尼乌姆,萨姆尼特人面临被摧毁的险境。而此时,高卢人正好再度向南推进,并且和埃特鲁里亚人结合在了一起。"为了战胜罗马,萨姆尼特人和伊达拉里亚人、北意大利的翁布里亚人、高卢人联合起来,共同对抗罗马。"②公元前 295 年,罗马与萨姆尼特和高卢联军在翁布里亚交战,罗马前锋被打得惨败。但由于罗马后备部队侵入埃特鲁里亚,使得埃特鲁里亚的军队不得不退出同盟,削弱了同盟军的力量。罗马加紧备战,在几天之后,双方在森提努姆附近再次相遇。这一次,罗马的主力把联盟者完全击溃,联盟土崩瓦解,"翁布里亚仍处于罗马人掌握之中,高卢人四散,仍未溃散的萨谟奈(即萨姆尼特——作者)残军仅阿布鲁奇山退归本国"③。此后,萨姆尼特人变成罗马同盟者;罗马还吞并了萨宾人的领土,使之成为罗马的"非全权公民"。至此,全部中意大利都在罗马统治之下。

第二次布匿战争爆发之后,汉尼拔决定越过阿尔卑斯山,向意大利进军,因此,他必须获得北部意大利的情况和进军道路。于是,他向山北高卢和山南高卢都派了侦察兵和使节,还把高卢人的使节请到军营,求得支持。经过一番努力,汉尼拔获得了十分重要的情报。同时,"北部意

---

① [俄]科瓦略夫:《古代罗马史》,第 165 页。
② 于贵信:《古代罗马史》,吉林大学出版社 1988 年版,第 63 页。
③ [德]特奥多尔·蒙森:《罗马史》第二卷,第 127 页。

大利的高卢人向他保证在对罗马作战时给予充分的支持"①。汉尼拔进入高卢地区之后,"有些部落,他用金钱和解;有些部落,他用言辞说服;有些部落,他用武力征服"②。波河流域的首战告捷,大大提高了汉尼拔的声望。居住在波河流域的高卢人对他十分敬畏,最终使得"一切敌视或动摇的分子都不得已而归附了迦太基人。汉尼拔从高卢人那里获得了大量人力和马匹的补充"③。而"罗马人几乎失掉了自己在南意大利的全部同盟者。中部的萨姆尼特人、北方的山南高卢都纷纷叛离罗马"④。后来,当汉尼拔正在意大利进行战争的时候,他的兄弟哈斯杜路巴尔也进兵意大利,沿着汉尼拔曾走过的路线,越过阿尔卑斯山,得到高卢人的补充,使得他的兵力增加。由于山南高卢在汉尼拔和哈斯杜路巴尔的远征中起到过很大的作用,因此罗马再次对在战争中投向迦太基的山南高卢进行征服。

6. 历史上的高卢人形象

"我们的祖先高卢人,身材高大,金发,蓄须,英勇善战。"这是 19 世纪末 20 世纪初法国小学课堂里,小学生们会接触到的高卢人的典型形象。然而,一个 19、20 世纪的法国人自豪地夸耀自己的高卢祖先的时候,他可能并不知道,在漫长的历史当中,高卢人长期都等同于蛮族,而法国人也不是一直都重视高卢和高卢人的历史。19、20 世纪的历史学家一度认为法国史的一切都从高卢开始,但今天的历史学家又通过反思认为高卢起源说是第三共和国所编织的神话。这样的转变当然与法兰西民族意识在今天全球化时代的深刻变动有关——金发碧眼的高卢人已经不再适应于今天维护法国民族国家的政治需要。在这种背景之下,如何建构新的历史叙事值得我们去深入思考。回顾法国的观念史,考察高卢人在法兰西民族神话当中的起伏,也许可以为我们带来启示。

---

① [俄]科瓦略夫:《古代罗马史》,第 299 页。
② [古罗马]阿庇安:《罗马史》上卷,谢德风译,商务印书馆 1985 年版,第 148 页。
③ [俄]科瓦略夫:《古代罗马史》,第 305—306 页。
④ 于贵信:《古代罗马史》,第 97 页。

　　在古代,古典作家普遍按照自己对文明的理解,认为高卢人没有文明,因为对于他们来说,城市是文明的标志。公元前150年写作的波利比乌斯即认为,高卢人没有城市,所以没有文明。对此,他描述道(2,17):"他们生活在没有围墙的村庄里,没有任何多余的家具……他们的生活非常简单,他们对于艺术或者科学一无所知。"[①]而具体的高卢人又是怎样的? 柏拉图眼中的高卢人善战,又喜好饮酒。为了烘托其征服的伟大,凯撒自然将高卢人描述得英勇善战,但同样,他笔下的这些敌人生性残暴,喜好背叛,贪吃,不团结。事实上,凯撒的这些描述难免有将自身文化价值和结构强加给高卢的嫌疑。高卢人自己并没有明确的爱国主义意识,并不会从整个高卢的层面来思考,也没有中央集权的国家。因此,很难说他们就构成了一个现代意义上的民族,所谓喜好背叛、不够团结的指责对于高卢人而言亦无多少意义。

　　古代世界留下的高卢人形象,在中世纪的法国并不受重视。在中世纪,统治法国的历史观念是法兰克人的特洛伊起源说。在中世纪很长一段时间里,法国人的观念中对于高卢人并不熟悉。中世纪的法国人了解高卢只能通过凯撒、萨鲁斯特、李维以及基督教史家尤西比乌斯和奥罗修斯。当时主流的史学观念认为法兰克人起源于特洛伊。特洛伊陷落之后,特洛伊国王普利阿摩斯(Priam)之孙法兰西翁(Francion)率领族人逃亡,并在多瑙河和莱茵河之间的地区建立了法兰克人的国度,在西康布里亚(Sicambria)建立了城市。法兰克人分为主要定居于莱茵河东岸靠近入海口的萨利克法兰克人(les francs saliens)和定居在内陆更深处、莱茵河东岸的利普里安法兰克人(les francs ripuaires)。其中,前者又迁徙并征服了高卢,成为其合法的统治者,其国王法拉蒙(Pharamond)在旧制度时期一直被官方定为法国的第一位国王、墨洛温家族的祖先。[②]

---

① Polybius, *The Histories*, I, Books 1—2, Loeb Classical Library, 1922, p. 285.

② 法国人的特洛伊起源的政治意义,详见 Colette Beaune, "L'utilisation politique du mythe des origines troyennes en France à la fin du Moyen Âge," *Lectures médiévales de Virgile. Actes du colloque de Rome* (*25 - 28 octobre 1982*), Rome: École Française de Rome, 1985. pp. 331 - 355.

特洛伊起源说具有官方性。所以在 1480 年以前,高卢人很少出现在历史叙事当中,而高卢人必然逊于法兰克人。弗勒里修道院的僧侣艾穆安(Aimoin de Fleury)曾于《法兰克国王的功绩》(De gestis regnum Francorum libri)中称,由于法兰克人被高卢人征服,所以法兰克人比高卢人更为英勇。不过,中世纪观念里,高卢人也有好的一面,但这方面的描述很难说进入了主流意识形态。中世纪就有流传高卢人的英勇善战,例如 14 世纪的史家诺埃尔·德·福里布瓦(Noël de Fribois)采用了圣哲罗姆的说法,称高卢人以其俊美和干净的身体又是白色的而得名。而根据塞维利亚的伊西多礼,高卢人(galli)这个词来自希腊语中"牛奶"一词。①

到了文艺复兴时代,法国历史学家才开始质疑特洛伊起源说。保罗·艾米尔(Paul Emile)和罗贝尔·加甘(Robert Gaguin)应当是最为著名的两位。保罗·艾米尔是第一位专门撰写高卢史的历史学家,他撰写了《高卢古事记》(Antiquitas Galliarum)。然而,由于根据文艺复兴所尊奉的古典典籍,高卢人的历史形象并不全然是光彩的,所以法国人文主义者标榜高卢起源,自然会被同时代的意大利人文主义者所嘲讽(更何况法国、意大利在 15、16 世纪有众多矛盾)。对此,法国人文主义者开始重构高卢历史和高卢人形象。例如保罗·艾米尔在《高卢古事记》中批驳了那些"诽谤"(infamare)高卢人的作者,而让·勒梅尔·德贝尔热(Jean Lemaire de Belges)在其写于 1500 年左右的《高卢及特洛伊传说考》(Illustrations de Gaule et singularités de Troie)中,将高卢人说成是特洛伊人的祖先。观念的更替就此启动。

之所以在 15 世纪末兴起了法国的高卢起源说,这和法国民族国家的兴起以及对外扩张的意图有关。首先,建构高卢历史有助于国王统治和民众团结,加甘在其《法兰克人事迹简编》(Compendium super

---

① Franck Collard, "'Nos ancêtres, les Gaulois'? Les 'racines gauloises' et leurs usages politiques dans la France médiévale," Parlement[s], Revue d'histoire politique, 2020/2 (N° 32), pp. 41 - 56.

Francorum gestis)中,就称国王了解高卢人会很有益处,因为高卢古人的风俗延续至今,应当予以尊重。而在弗朗索瓦一世的时代,将法国人的祖先定为高卢人有助于法国的对外扩张,因为米兰就是山外高卢的重镇,包括维罗纳、特伦托、帕维亚在内的众多城市,也曾经是高卢人的地盘。不过,人文主义者的努力并不能消除法兰克人传统民族神话根深蒂固的地位。在古典作家和历史叙事传统的影响下,很多人依然将高卢人视为蛮族,而更愿意说法国人的祖先是法兰克人。

旧制度时期,官方依旧对高卢起源说有所回避,而更愿意采用王权为中心的特洛伊起源说。17世纪勒拉格瓦(Le Ragois)为曼恩公爵写了一部启蒙教材,其开头有一段问答,问题是法国历史从何时开始,回答是420年。而教师再被问及为何如此回答,学生得到的答复是,这是法兰克人从莱茵河畔到高卢定居的年份。随着旧制度被推翻,高卢因为其与法兰西人民在概念上的密切联系重新得到重视。在《什么是第三等级?》中,西哀耶斯将高卢人视为第三等级的祖先,法兰克人则是贵族的祖先。贵族因此是攫取了第三等级的地盘。这和16世纪强调法国高卢起源、"反君主思想"的代表人物弗朗索瓦·奥特芒的观点遥相呼应。在督政府与拿破仑帝国时期,尝试调和法兰克起源说与高卢起源说,而拿破仑的军事荣耀更是赋予"我们的祖先高卢人"以爱国主义的意味。不过,高卢人到19世纪才无可争议地成为法兰西民族意识的重要部分。直到这个时候,米什莱才将"我们的祖先高卢人"定格为法兰西光辉历史的开篇。

高卢起源说也带来了一些附属的象征物,比如最有趣也最深入人心的也许是"高卢雄鸡"。高卢和高卢雄鸡联系起来,最早不过是词语双关所致。公鸡在拉丁语中写为"gallus",高卢人在拉丁语中也是"gallus"。在古代,公鸡,尤其是白色的公鸡是向众神献祭的圣鸟。很多哲学家将其视为美和灵魂不死的象征。中世纪的人们由于没能接触到这些古典作品,更多依据普林尼的《自然史》,将公鸡视为勇猛善战的禽类。早期教父们认为公鸡促人警觉,可以避免夜里魔鬼的诱惑。因此从9世纪起公鸡就常出现在西欧教堂钟楼的装饰上。然而，这种观念仅限于教士世界，而在俗语世界，"coquart"一词更多带有的是爱吹牛和愚蠢之类的含义。不过，公鸡也有浪漫的一面，在以爱情为主题的动物寓言里，公鸡的形象往往是在一直歌唱爱情的。但更多时候，公鸡和有勇无谋联系在一起。在《列那狐传奇》中，公鸡尚特克莱（Chanteclerc）总是备受列那的欺骗，在狮王的宫廷丢尽了脸面。尚特克莱刚愎自用，又喜欢听好话，因此很容易落入列那的陷阱。在一些故事分支，列那吃掉了它的小鸡，有的故事里甚至它自己也在列那嘴里丢了性命。在纹章中，人们采用了公鸡好的那面象征意义，也就是勇敢、善战，而逐步出现在 15、16 世纪的纹章当中。公鸡之所以和法兰西民族联系在一起，根据科莱特·博纳（Colette Beaune）的研究，可能反而要归功于英国人。在大多数叙事诗歌中，出现公鸡意象的往往是反法国的文本，公鸡和英国的豹子相对。但是，如前所述，在中世纪晚期，法国人基本不会自称高卢人，对于高卢的了解也十分有限，所以，高卢雄鸡的形象并没有在中世纪出现。情况在 16 世纪初发生转折。这是法兰西民族国家正式确立、高卢意识觉醒的时期。1512 年，弗朗索瓦·德穆兰（François Desmoulins）所作的《隐喻书》（*Libellus enigmatum*），将国王描绘成白色公鸡的形象，这里，作者重新挖掘了古典文献中公鸡的象征意义，将它描述成一个统治整个人民和民族，连最为高贵的狮子也敬畏它三分的动物。这个形象随后又在 1550 年左右逐步确立下来，公鸡成了国王和民族的象征。[1] 革命政府在 1792—1793 年间，还有后来的七月王朝时期，民族象征物都用的是公鸡。相比之下，政治立场不同的拿破仑更喜欢雄鹰，旧制度和复辟王朝则是法兰西君主制传统的白旗。

第二节　罗马对高卢的征服

对于罗马征服高卢的历程，我们最为熟知的史料当数《高卢战记》。

---

[1] Colette Beaune, "Pour une préhistoire du coq gaulois," *Médiévales*, n°10, 1986, pp. 69 - 80.

考虑到高卢的人口和地理范围,凯撒征服高卢诚可谓神速。然而,凯撒的这部日记难免有夸大自己武功之嫌。如今的历史学家已经抛弃了以往从单纯的个人或者战争的角度,而更乐于考察罗马成功征服并统治高卢的结构性因素,这些因素有经济上的也有政治上和文化上的。

1. 罗马征服的经济与政治基础

为什么高卢征服能进展如此迅速? 前面已经提到高卢和罗马文化之间存在着长期的交流,罗马商人更是掌控着高卢的贸易。虽然在公元前1世纪到征服的60多年间,高卢一度分割成罗马统治的山外高卢省和其他地区,但这些不受罗马直接控制的地区也有活跃的贸易往来。

罗马人在征服高卢之前,就可能已经主导了高卢的贸易。西塞罗在《为封忒尤斯辩护》(*Pro Fonteio*)中写道:"高卢已经满是罗马商人……高卢人做生意总是要经过罗马公民。"①高卢向意大利进口了大量瓷器,对于这一点现有的考古资料可以佐证,不过,其他基本的商品,如原材料、矿产和农产品,我们所知甚少。罗马向高卢的商业渗透显然有助于破坏高卢内部的团结,制造出不同的利益团体,也为罗马找到了盟友。

高卢的货币经济在贸易往来的过程中亦效法罗马。高卢并非没有货币经济。在高卢,货币铸造最早可能在公元前300年就出现了。而到了公元前100年,高卢基本融入了地中海的货币圈,他们改变了自己货币的重量、成色和金属成分,将自己的货币铸造成了罗马的式样,与罗马的第纳尔对接。所以,在征服以前,很多高卢部落就已经与意大利和山外行省有了近似的经贸体系。

征服能够维持也有政治上的重要原因。不过在这个方面,凯撒并不愿意多谈,而更希望将自己的战争说得更伟大一些。高卢人能够较为顺

---

① Cicero, *Pro Milone. In Pisonem. Pro Scauro. Pro Fonteio. Pro Rabirio Postumo. Pro Marcello. Pro Ligario. Pro Rege Deiotaro.* Translated by N. H. Watts. Loeb Classical Library 252. Cambridge, MA: Harvard University Press, 1931, p. 320.

利地服从罗马统治,很大原因也在于其自身的政治考量。因为只有罗马可以给高卢带来和平,而和平才能抵御日耳曼人的威胁。另外,就政治制度方面而言,在征服之前,高卢已经出现了一些贵族寡头统治,他们效法罗马政治和城市文明。最著名的当数罗讷河上游的爱杜伊人,他们的德鲁伊德狄维契阿古斯就深受地中海文化的影响,曾于公元前61年到罗马西塞罗的府邸做客。不过,这些影响大多在南方。对于北方而言,罗马的影响没有那么深刻。凯撒就曾发现,"所有这些人中,最勇悍的是比尔及人,因为他们离开行省的文明和教化最远,并且也是商贩们往来最少、那些使人萎靡不振的东西输入也最少的地方。"①

地中海文明对于高卢的长期影响也不容忽视。马赛对于高卢有十分广泛的文化影响。用希腊语记录的高卢语铭文,就最早出现于罗讷河的中下游。凯撒则认为,希腊语字母的影响还触及高卢腹地。② 斯特拉波在《地理学》(IV,1,5)中更曾有云:马赛是野蛮人的学校,让高卢人亲近希腊。

2. 罗马征服的过程

如前所述,凯尔特人在扩张期间,一度对罗马构成了巨大威胁。公元前387年的耻辱深深镌刻在罗马人心中。不过,这次失败并没有把罗马人击垮。面对威胁,他们重振旗鼓,励精图治,于公元前2世纪开始向高卢扩张。在皇帝奥古斯都登基之前的两个世纪里,罗马人发动了一系列征服战争,让高卢南部走上了历史舞台的中心。在此期间,罗马人相继征服了意大利北部,经历了第二次布匿战争,随后罗马军团出征山外高卢。

---

① 《高卢战记》1,1。
② 《高卢战记》1,29:在厄尔维几人的营帐中,发现有用希腊文写的字板,被拿来交给了凯撒,这上面是编好的名册,逐个记载着他们从故乡出来的能持武器作战的人的数目,同样也逐一记载着儿童、老人和妇女。VI,14虽然他们在其他一切公私事务上都使用希腊文字,但他们却认为不应该把这些诗篇写下来。

公元前 2 世纪,罗马共和国经过三次布匿战争打败迦太基,先后征服巴尔干半岛、西班牙的一部分,并染指高卢人居住的地区。第二次布匿战争结束后不久,罗马为了扩大公民的土地,缓和内部人口压力,借口高卢部落帮助汉尼拔对抗罗马,出兵征服山南高卢,并建立了大量殖民地。公元前 125 年,执政官弗拉古斯(Fulvius Flaccus)在马赛的请求之下,第一次率军穿越阿尔卑斯山开始远征(Florus,Ⅰ,37,3:*prima trans Alpes arma*)。此后又经过几十年时断时续的战争,于公元前 121 年征服阿洛布罗基斯族,占领了高卢南部的地中海沿岸地区,在那里建立了纳尔榜高卢行省,确立了罗马对山北高卢的部分统治。从公元前 113 年到 102 年,数位执政官均率军前往法国南方对抗入侵的辛布里人(Cimbres)和条顿人。马略则于 102 年在埃克斯附近取得胜利(Plutarque,*Marius*)。马略在此期间还命部队开凿了将罗讷河与地中海连接起来的运河(*fossae marianae*)。在公元前 60 年左右,山内和山外高卢正式成为执政官行省。① 征服山南高卢和纳尔榜高卢后,罗马对高卢人的语言、习惯、文化开始有了深入了解;军队中开始吸收高卢人,还控制了高卢地区与其他地区间联系的交通要道,为凯撒的大规模征服打下了基础。

公元前 60 年,庞培、克拉苏和凯撒结成"前三头同盟",订立了瓜分罗马权力的秘密协定。三人都想得到最高统治权,凯撒虽有平民的支持,但是战功比不上庞培、财富不敌克拉苏。要具备这三项条件,征服战争是一个相当不错的途径。凯撒看到了征服高卢的可能性,在执政官任期届满之后(公元前 59 年),争取到高卢总督的职位,准备对高卢进行征服。从公元前 58 年就任到公元前 49 年初离任,凯撒当了 9 年的高卢总

---

① 一般我们认为纳尔榜高卢是在 122—118 年之间由罗马执政官多米提乌斯(Gnaeus Domitius Ahenobarbus)下令建省。不过,最近学者提出,在半个世纪里其实并不存在严格意义上的行省,这是因为罗讷河西边的土地属于内西班牙,东边的则由马赛所控制,由山内长官监督。从阿尔卑斯到比利牛斯之间的这个行省只能上溯到塞多留战争(Guerre sertorienne)期间,应该是庞培的所为。目前,这种说法还仅限于假设,但也有其道理。

督。9 年期间,他率领罗马大军转战高卢全境,进行了数十次战役;"总共跟四百万以上的蛮族人打过仗。这些人数中,有俘虏一百万人,在战争中被杀死的人数同样多。他们征服了四百个部落和八百多个市镇。"[①]不但把整个高卢都纳入了罗马的版图,并且越过莱茵河与日耳曼人作战,跨过海洋征服不列颠,可谓战功赫赫。

公元前 58 年,厄尔维几人迫于日耳曼部落的压力,举族西迁。凯撒借口保障行省的安全,对他们发起进攻,并在阿拉河流域打败他们,征服高卢之战由此开始。征服厄尔维几人之后,凯撒又打败阿里奥维斯特率领的日耳曼人一部,从此控制了克勒提卡中部和东部。公元前 57 年,凯撒听说整个比尔及在结成同盟,反对罗马,于是率领军团进攻比尔及。经过一系列战役,征服了比尔及全境。公元前 56 年,凯撒向西部沿海进军,打败文内几人,征服克勒提卡西部;同时,还派副将征服了阿奎丹尼亚。至此,长发高卢三部全部处于罗马军队控制之下。公元前 55 年,凯撒在莫塞河与莱茵河之间打败日耳曼两个部族,越过莱茵河向日耳曼人示威,并第一次远征不列颠。公元前 54 年,凯撒第二次远征不列颠,迫使不列颠一些部族臣服;同年,高卢人民举行反罗马起义。公元前 53 年,凯撒到处镇压起义,并再次越过莱茵河对支持高卢起义的日耳曼人进行征服。公元前 52 年,由于凯撒决定在全行省进行征兵,使得高卢人想要摆脱罗马的控制,由此引发了影响深远的高卢人民大起义。罗马与起义军经过多次激战,最终打败高卢军主力,镇压了起义。公元前 51 年到前 50 年,凯撒在长发高卢四处掠夺,获取大量战利品,巩固了对高卢的统治,凯撒对高卢的征服战争就此结束。

在众多战役中,公元前 52 年的阿莱西亚(Alesia,今第戎以北)之围也许是人们最津津乐道的,颇具传奇色彩。[②] 反对凯撒的高卢部落团结在了阿维尔尼贵族维钦托利旗下。事实上,将松散而各自独立的高卢部落

---

① [古罗马]阿庇安:《罗马史》上卷,第 56 页。
②《高卢战记》7,第 68—89 页。

联合起来,应该归功于维钦托利的个人魅力。在新堡(Noviodunum,位于今卢瓦尔与谢尔省)与罗马军队正面交锋失利之后,维钦托利改变了策略,开展了类似于游击战的战略,对凯撒军队多加骚扰,破坏其供给。罗马军队在这种情况下,无处发力,面临着崩溃的风险。凯撒于是放手一搏,率领不足 5 万的军团士兵和若干辅助军团,在阿莱西亚包围了维钦托利所率领的 8 万士兵和 1 500 骑兵。维钦托利派出骑兵突围向高卢各地求援,凯撒则在阿莱西亚城外修筑了防御工事,等待高卢人的内外夹击。高卢人在援军(据称有 25 万士兵和 8 000 骑兵)到来之后发动了攻势。战事十分胶着惨烈,高卢人一度占了上风,凯撒都不得不亲自率领卫队发动反击。但是,凯撒的日耳曼骑兵迂回包抄成功,最终逆转了战局。虽然维钦托利的反抗最终失败了,但他在日后会被视为法国的民族英雄,是受不少法国人喜爱的悲剧性历史人物。

在对高卢进行战争的过程中,凯撒几次召开全高卢的大会[1];主持高卢的巡回审判,轮流到各区的首府去主持审判、接受请愿,处理税收和征兵等事务上的纠纷[2];还经常把高卢各邦的首领召集到他的军队中来开会[3];并把自己的军队派到分散在高卢各邦的冬令营中[4]。这些措施,都有利于对高卢的控制和管理。

在征服高卢的战争结束后,"整个高卢,以比利牛斯山、阿尔卑斯山、塞文山和莱茵河、罗讷河为界,周围约 3200 罗马里范围地方,除了同盟者和曾经给了他(指凯撒——作者)很大帮助的城市外——都被他并成一个行省,并被规定每年向他上缴税金 400 万塞斯特尔提乌斯。"[5]凯撒为了建立自己的独裁统治,在很多方面进行了改革。他在行省为自己的老兵建立了许多殖民地。这些殖民地,成为高卢行省接受罗马政治经济

---

[1]《高卢战记》,第 25、155 页。

[2] 同上,第 43、99 页。

[3] 同上,第 25、128 页。

[4] 同上,第 61—62、207、233 页。

[5] [古罗马]苏维托尼乌斯:《罗马十二帝王传》,张竹明、王乃新、蒋平等译,商务印书馆 1995 年版,第 13 页。

文化等方面影响的前沿。高卢各族以前都只是罗马人的盟友，"如今则开始置身于库里亚之下"①。为了拉拢行省的上层贵族，扩大自己的统治基础，凯撒开始大规模地把公民权授予行省人民。"特兰斯帕达努斯高卢和某些西班牙的城市获得了充分的罗马公民权。纳尔波高卢、西班牙、西西里和阿非利加的许多城市则获得了拉丁权。"②此外，凯撒还"允许已经取得公民权的非罗马人和某些半开化的高卢人进入元老院"③，以扩大自己的统治基础。在行省的税收方面，凯撒也进行了改革，"包税人不能再进行直接税的征收，而是在凯撒的代理人——他的被释奴隶和奴隶——的监督之下交给公社了"④；"赞成每年支付固定税款代替农业税，以保护行省居民。"⑤通过这些改革措施，凯撒提高了行省的地位，加强了罗马对高卢的统治，也促进了高卢的经济发展和政治稳定。

3. 高卢征服的历史意义

在公元前1世纪，希腊人和罗马人越发清楚地认识到高卢的战略意义。斯特拉波在《地理学》中对高卢的表述相当细致："整个国度盛产小麦、栗、橡实和各种牲口。那里的土地没有一块是闲置的，除非是在作物不能生长的沼泽或者森林。但是，即便在那些地方，由于人口繁盛而非他们的智慧，也都住着人。他们的女人多产而且是很好的哺育者，而男人不仅是农夫，更是战士。"⑥西西里的迪奥多罗斯(Diodorus Sicilus)讲到高卢丰富的矿产资源："高卢有丰富的黄金：这是大自然给高卢居民的馈赠，让他们不需要多费力气就能取得。河流在高卢蜿蜒曲折，冲击其流经的山地，大块土壤就落到了水中，使其里面充满了金沙。有人专门

---

① 陈剑：《试论高卢地区的罗马化》，硕士学位论文，华东师范大学人文学院历史学系，2007年5月，第10页。

② ［俄］科瓦略夫：《古代罗马史》，第624页。

③ ［古罗马］苏维托尼乌斯：《罗马十二帝王传》，第38页。

④ ［俄］科瓦略夫：《古代罗马史》，第625页。

⑤ 于贵信：《古代罗马史》，第178页。

⑥ 《地理学》4，1，2。

采集这些残土。他们碾碎这些土块,寻找里面宝贵的黄金;随后,通过冲洗系统,他们分离掉天然附着着的土壤成分,将剩余的金属放入熔炉。他们用这种方法积累了大量黄金,肆意地用在自己的装饰上。"[1]他的说法也得到了斯特拉波的佐证:"不用挖掘太深,就能发现满手都是黄金的碎屑。有时候,这些碎屑只需要轻微的提炼,而剩下的矿物就会以片状或者块状出现,它们也无须多做加工。"[2]

因此,在希腊和罗马的游客看来,高卢是一块物产丰饶、人口稠密、矿产丰富的土地。无论是斯特拉波还是游历过高卢的哲学家波希多尼,他们都认为罗马应该重视这块广阔的土地。斯特拉波意识到,高卢是食物的重要来源地,所以在日耳曼人可能入侵高卢之际,他呼吁不要让高卢被日耳曼蛮族占领。波希多尼对于高卢则表达了其老师波利比乌斯对于希腊的看法:罗马应该去主宰他们的命运。他也觉察到,这个"流动的文明"正在走向消亡。虽然如此,这个国度是一个成熟可摘的果实,有着近乎无限的市场,而且还有补给和食物无穷无尽的供给。这个果实断然不能落入日耳曼蛮族之手。[3]

高卢的战略意义在凯撒征服期间就已经凸显。高卢对于凯撒的征服活动至关重要。虽然凯撒最初对于高卢人的忠诚有所顾虑(《高卢战记》1,6:"他们认为那些新被罗马人征服的阿洛布罗基斯人,对罗马人还不一定太有好感,也许可以说服他们借一条路给自己通过他们的领土,不然就用武力强迫他们这样做。"),但还是在那里招兵买马。无论是赫尔维西亚人、阿洛布罗基斯还是其他部族,都在凯撒的统率之下,积极地对抗维钦托利的联军。(《高卢战记》7,65:"厄尔维人自告奋勇地跟他们的邻人作战,却被击败了。这个邦的首领卡布勒斯的儿子该犹斯·瓦雷留斯·堂诺道勒斯,跟别的一些人都战死,被迫撤进自己的要塞和城堡。

---

[1]《历史丛书》5,27。

[2]《地理学》4,2,1。

[3] Jean-Louis Brunaux, "Poseidonios, la Gaule et son économie," *Revue du Nord*, vol. 403, no. 5, 2013, pp. 15—23.

阿洛布罗基斯沿着罗唐纳斯河络绎不绝地布置下大量哨岗,极小心、极辛劳地保卫着自己的边界。")

征服之后的高卢很快就成了罗马的军营和粮仓。新征服的高卢人口据估算在1 200万—1 300万左右,占到了整个罗马帝国人口的四分之一到三分之一。不过,凯撒征服高卢仅仅花了8年时间,相比之下,伊比利亚的征服持续了150年,而那里的人口最多不过高卢的三分之一。高卢的人口基础为日后法国在西欧的强大埋下了伏笔,也让法国在18世纪以前一直是欧洲人口最多的国度。凯撒征服统一了高卢,也为日后的法兰西版图奠定了基础。甚至可以说,是罗马征服创造了"高卢民族"。原本,高卢部落之间联系松散,不受统一的中央权力管束,更没有共同体意识。而罗马人希望将疆界维持在莱茵河,防止日耳曼人的入侵,防卫的需要使得必须统一调度和管理高卢地区。这在现实上统一了所有高卢人部落,让"高卢"这个名称有了更为切实的政治内涵。

第三节　罗马高卢的诞生

凯撒征服高卢之后,高卢进入罗马化(romanisation)的阶段,一个罗马高卢(Gaule romaine)正在浮出水面。所谓罗马高卢时期,大致是从罗马征服的公元前50年到西罗马帝国灭亡的公元476年之间。这一期间,罗马化的主要特征体现在高卢社会的各个维度。在宗教上,高卢众神被吸收入了罗马的万神谱系,例如贝勒努斯(Belenos)就成了阿波罗,这使得高卢进入罗马的信仰体系当中。罗马的大道连接了高卢的主要城市,促进了经济发展。而随着罗马内部的交流,亚洲的果树如梨树也引入高卢,这让高卢的种植业更为多样化。高卢原本就擅长的手工业,如纺织、制陶、玻璃、珠宝,都因为完全融入了罗马的经济圈而有了大幅拓展。罗马还在高卢尤其是南边建立了学校,马赛、图卢兹、里昂、奥吞、波尔多等地的学校都在传播拉丁文化。到了帝国晚期,出名的高卢人作家虽然不多,但也有如奥索尼乌斯(Ausonius)、鲁提利乌斯(Rutilius)、希多尼乌斯·阿波利纳里斯(Sidoine Apollinaire)等人,塔西佗(Tacitus)也可能是山外高卢人。

　　西方的罗马化研究始于19世纪末,最初以文明征服论、同化论为基调,宣扬罗马帝国推动了高卢、日耳曼、不列颠等落后民族的文明进程。①这种研究模式无形中带有某些殖民主义和种族主义的色彩。20世纪初期的研究进一步发展了帝国与蛮族二元对立的思维模式,呈现帝国文明与被征服民族的传统文化之间的对抗关系。②70—80年代,罗马化研究引进了世界体系理论的"中心—边缘"概念。③该理论认为,中心对边缘产生文化辐射作用,中心输出先进技术和产品,边缘依附于中心,仅仅提供劳动力、资源和市场。90年代以后,研究者更多借用后殖民主义理论对罗马文化霸权的话语立场进行批判,强调族群文化的平等和互动作用,认为族群交往产生相互影响:不仅被征服的民族模仿罗马人,而且罗马文明自身也在外来文化的影响下发生了变化。④罗马化研究逐渐由"同化"论转向"互动"论⑤;强调被征服地区传统文化的抵制性调整(resistant adaptation)与适应(resistant accommodation)、再生产与复兴,把这种现象理解为一种"文化抵抗"⑥;反思"罗马化"这一概念,提出

① 罗马化研究的开创者以蒙森、哈弗菲尔德为代表。Theodor Mommsen, *Römische Geschichte*, Berlin: Weidmannsche Buchhandlung, 1854 - 55, 1885. Francis J. Haverfield, *The Romanization of Roman Britain*, Oxford: Clarendon Press, 1912.

② Jullian Camille, *Histoire de La Gaule*, Paris: Hachette, 1908. R. G. Collingwood, *Roman Britain*, Oxford: Clarendon Press,1932.

③ Peter S. Wells, *The Barbarians Speak: How the Conquered Peoples Shaped Roman Europe*, Princeton: Princeton University Press, 1999. Penelope J. Goodman, *The Roman City and Its Periphery: From Rome to Gaul*, Abingdon: Routledge, 2007.

④ Greg Woolf, "Beyond Roman and Natives," *World Archaeology*, Vol. 28, No. 3 (Feb., 1997), pp. 339 - 350.

⑤ Barry Cunliffe, *Greeks, Romans & Barbarians: Spheres of Interaction*, London: B. T. Batsford Ltd, 1988.

⑥ Marcel Bénabou, *La Résistance Africaine à la ramanisation*, Paris: Editions la Découverte, 2005; David Rankin, *Celts and the Classical World*, London: Routledge, 1996. Peter S. Wells, *The Barbarians Speak: How the Conquered Peoples Shaped Roman Europe*, Princeton: Princeton University Press, 1999.

用后殖民理论的术语"克里奥尔化"(creolization)取代"罗马化"①,用"文化互渗"或"文化适应"(acculturation)取代"文化趋同"(assimilation);尝试用中性术语"文化转型"(cultural transformation)、"文化变迁"(cultural change)、"文化革命"(cultural revolution)②来纠正"罗马化"概念所造成的偏见。

　　不过,二元对立的思维模式和文明扩张的单向研究模式仍是有待突破的瓶颈。如何在研究中凸显"蛮族"对罗马帝国的文化影响,这是一个尚待开拓的研究领域。事实上,行省的"罗马化"现象只是帝国早期(公元1世纪—公元2世纪)的突出现象。公元2世纪末至公元3世纪开始,帝国西北部行省就出现了"凯尔特文化复兴"迹象③。公元4世纪,西部行省日益走向蛮族化,东部行省则趋向东方化,直至帝国分崩离析。④罗马帝国的历史走势清楚地表明,罗马古典文明在行省地区不断退缩,逐渐蜕变为蛮族化的、东方化的晚期古典文明。这说明被罗马征服的民族不但长期保持文化传统,而且对罗马帝国也具有相当大的影响。⑤罗马与蛮族的关系绝不是罗马文明单向的同化过程,蛮族对罗马世界的影响使得罗马世界发生了变革。⑥从帝国初期开始,文化转型已悄然进行。"在高卢立足的罗马文明在许多方面都融合了高卢原有的一些文化特征。"⑦在阿非利加行省,当阿非利加人变得罗马化时,罗马文明自身也变

① Jane Webster, "Creolization of the Roman Provinces", *American Journal of Archaeology*, 105.2 (2001), pp.209-225.

② Jane Webster and Nicholas Cooper eds., *Roman Imperialism: Post-colonial Perspectives*, Leicester: School of Archaeological Studies, University of Leicester, 1996.

③ Peter S. Wells, *The Barbarians Speak: How the Conquered Peoples Shaped Roman Europe*, Princeton: Princeton University Press, 1999, p.197.

④ [美]M.罗斯托夫采夫:《罗马帝国社会经济史》下册,马雍、厉以宁译,商务印书馆1985年版,第723页。

⑤ Peter S. Wells, *The Barbarians Speak: How the Conquered Peoples Shaped Roman Europe*, Princeton: Princeton University Press, 1999.

⑥ Ralph W. Mathisen and Danuta Shanzer, eds., *Romans, Barbarians, and the Transformation of the Roman World*, Farnham: Ashgate Publishing Limited, 2011.

⑦ 陈文海:《法国史》,人民出版社2004年版,第25页。

得"阿非利加化"了。①

　　近年来,国内学者对帝国西部行省的城市化、宗教罗马化,以及军队和殖民地与罗马化的关系等方面的研究做出了不少成果。② 但主流观点仍然以罗马帝国文明优越论和同化论为核心,强调罗马文明对行省"蛮族"的推动性影响。对于后殖民主义理论在罗马化研究中影响和新的研究模式,虽然有所介绍③,但这些新的观点和研究方法在国内目前已发表的成果中并不占主流。国内罗马化研究在概念、理论和方法方面都有待改进。

1. 罗马高卢的经济

　　通常认为,在高卢被罗马征服后的最初两个世纪里,高卢经济发生了罗马化,并经历了一段稳定繁荣期。对于这段繁荣期,以前人们从吉本以降是这样解释的:在罗马征服之后的最初的两个世纪里,由于"罗马和平"(pax romana)和罗马文明,高卢进入了史无前例的繁荣期。而再之后的两个世纪,由于罗马帝国的衰落和蛮族入侵,罗马高卢也逐渐失

---

① 参见 Marcel Bénabou, *La Résistance Africaine à la Romanisation*。该书第二卷"阿非利加行省对罗马的文化抵抗",揭示了阿非利加文化遗产对行省罗马文明的影响,例如在宗教领域存在着罗马神祇"阿非利加化"(Africanisation)现象(第 331—375 页)。

② 行省的城市化研究参见宫秀华、孙敏:《关于罗马—高卢城市兴起的几个因素》,《史学集刊》,2009 年第 1 期;宫秀华、尚德君:《影响罗马—高卢城市迅猛发展的几个因素》,《东北师大学报(哲学社会科学版)》,2011 年第 1 期;宫秀华、王佃玉:《略论高卢行省城市发展的"罗马化"特质》,《社会科学战线》,2011 年第 10 期。符松涛:《罗马帝国早期城市化的类型和作用》,《青海师范大学学报》(哲学社会科学版),2014 年第 2 期。孙敏:《罗马高卢地区城市化问题初探》,硕士学位论文,东北师范大学历史系,2004 年 5 月。军队与罗马化关系的研究参见王鹤:《罗马军队与西部行省罗马化关系研究》,吉林大学 2010 年博士论文。宋立宏:《行省中的罗马军队:以罗马不列颠为中心》,《古代文明》2008 年第 3 期。宫秀华、肖丽:《试论罗马海外殖民地的罗马化功用》,《东北师大学报》2014 年第 3 期。康凯:《罗马军队与文化融合》,上海师范大学 2009 年硕士论文。宗教罗马化研究参见薄海昆:《罗马帝国山北高卢元首行省体制》,《广西社会科学》,2006 年第 12 期;《流行于罗马帝国山北高卢的元首崇拜》,《社会科学论坛(学术研究卷)》,2006 年第 7 期;《山北高卢宗教领域罗马化现象探析》,《重庆社会科学》,2007 年第 4 期。宫秀华、尚德君:《罗马帝国早期西班牙行省宗教崇拜罗马化刍议》,《古代文明》,2014 年第 3 期。

③ 宋立宏:《对"罗马化"及罗马帝国文化认同的反思》,《史林》,2012 年第 4 期。

去了活力。这个观念虽然开始受到质疑,但至今仍为大多数学者所接受。

不过,难以否认的是,罗马征服之后,高卢的经济在各方面都有所发展。首先,高卢经济的传统强项——农业——出现了新的发明,生产效率进一步提高。高卢人的传统农具中最具特色的是三角形犁头的摆杆步犁和长柄镰刀。长柄镰刀比意大利的要更长一些,需要双手握住。据普林尼的《自然史》(18,48)记载,大约在公元 1 世纪,在高卢行省出现了两种新式农业机械。一种是在雷提亚(Rhaetia)①地区使用的带轮子的高卢播种机(plaumorati)——由比尔及语的"犁"(ploum)和"轮子"(rat)组成。前由两对或三对耕畜驾辕,后有犁铧和钉耙组合而成的机械装置,犁地、播种、耙土一次性完成,省去了多道工序。"这种方法播种的土地无须锄草,但这种方法需要有两对或者三对牛为一组进行。"利用这种方式,一组牛每年可以播种 40 尤格(iugera)松软的土地和 30 尤格坚硬的土地。②

高卢人收割作物的方式也颇有特色,是高卢人民创造性智慧的体现。公元 1 世纪晚期的罗马作家普林尼和公元 4 世纪的作家帕拉迪乌斯(Palladius)留下了关于这种农业机械的记载。普林尼记载道:"在高卢的大地上,人们使用大型收割机,收割机前沿装配有锯状刀具,牛反向套辕,推着两轮车穿过需要收获的庄稼地,由此拔起的麦秆倒在收割机上。"③在兰斯(Reims)的马尔斯门、比利时的阿尔隆(Arlon)和比泽诺尔-蒙托邦(Buzenol-Montauban)发现的古代浮雕,再现了高卢人使用收割机的情形。

罗马高卢的食物支柱是农业和畜牧业。但罗马高卢时代,远途贸易比以前更为固定和多见,这自然得益于庞大的罗马帝国。高卢的谷物和畜牧生产通常有较多的剩余,可以用于出口到意大利,尤其是满足罗马

---

① 今法国城市格里松(Grison)。
② 1 尤格等于八分之五公顷。
③《自然史》18,72,30.

城的需要;主要的出口包括小麦、肉类(尤其是腌肉)以及奶制品。除此之外,高卢还是帝国最大的纺织品产地。通过地中海,许多帝国东部的名贵物产,如香料,就出现在了高卢。大多数高卢罗马人生活在农村,这与征服前并没有什么两样。不过,罗马人重新分配和组织了地产,并有了较为妥善的记录,从而便于征税。高卢人是理想的农夫与战士,为罗马帝国提供了源源不断的粮食和士兵。

罗马高卢各地都种植小麦,而不同地区还会种植燕麦、稷、黑麦和大麦(用于酿造啤酒)。高卢南方种植扁豆。纳尔榜高卢则因为气候干燥炎热,靠近罗马,所以种植橄榄树。葡萄园则在高卢遍地开花,证明了这片土地与葡萄酒的亲密关系。在公元1世纪,勃艮第和波尔多的葡萄酒已经能和意大利的葡萄酒媲美。高卢人最早接触葡萄种植,应该是在公元前600年希腊人在马赛建城之后。不过系统性地种植葡萄要等到罗马征服以后。起初,罗马对高卢的葡萄酒出口也十分庞大。葡萄酒主要通过两大主轴分配到高卢各地。第一条主轴是奥德-加隆河(Aude-Garonne)一线,另一条是通过罗讷河谷和索恩河谷通往高卢中部和北部。罗马人喜欢白葡萄酒,而他们出口的似乎以红葡萄酒为主。

经济方面"罗马化"的一个主要表现为高卢被纳入帝国的重要税收区,变成了意大利商品倾销的市场,后来则发展成为帝国的制造中心。罗马征服高卢之后,十分重视这块帝国战略要地的统治,开始有意识地在高卢大量兴建城市。根据高卢各地区的历史发展和地理环境的差异,一是在已毁或受损的寨堡的基础上兴建或扩建新城;二是保留原有的希腊殖民地,将其发展为罗马化城市;三是大规模地兴建新城。奥古斯都对西方行省"不以建立罗马公民新屯市为满足,他竭力向高卢和西班牙的克勒特部落制度中传入都市生活"[1]。因此,高卢人以前位于山顶上的村镇、市集等都绝迹了,贵族们移居到一些大河流旁的平原上,修建房

---

[1] [美]M.罗斯托夫采夫:《罗马帝国社会经济史》上册,马雍、厉以宁译,商务印书馆1985年版,第80页。

屋,建立公共建筑物。新的生活中心吸引了更多的人到来,旧部落的中心寨堡、边防重镇、贸易中心、驻兵营地和老兵殖民地都相继发展为城市。克劳狄时期在高卢又建立了很多新城市。除此之外,克劳狄还在某些地方战争结束后,把当地一部分土著部落拨归附近高卢地区的城市,"使他们以 incolae(外来居民)资格附籍于该城"①。这不仅是为了增加城市人口的数量,而且也能促使保持部落生活方式的居民接受城市生活。韦斯帕芗也继续坚持推行扶植各行省发展城市生活的政策,"对于那些多多少少已经罗马化了的行省,特别是那些主要的征兵地区,那些驻扎有罗马重兵的行省,他就加速其城市化运动,并扩大授予罗马公民权的范围。"②同时,罗马对那些顺从的高卢贵族进行拉拢和诱惑,并在行省给其安排适当的职位。这些贵族成为高卢城市的统治阶层,他们也就愈加支持罗马在高卢的统治,积极迎合罗马的政策以稳固他们自身的既得利益和特权地位,为城市化的发展创造了相对稳定的政治环境。

　　高卢城市的规划都是模仿罗马而建的,在布局和建筑风格上充分吸收了罗马城的特点——具有统一的格式,一般有方正的围墙、十字交叉的道路;街道笔直、整齐,铺砌讲究,呈南北、东西走向;有科学的排水系统,还有着建设精巧的水道;市中心有神庙或祭坛,还有规模较大的广场,以及包括政府机关、市场、会堂、神庙、竞技场、大浴室、公共图书馆在内的一批公共建筑;住宅区则建造在一个划定的区域,住宅区周围有店铺,手工作坊则被安置在城市的边缘地带。在地面较为平坦的地方,所建城市的平面图极其规整,成为"网格状布局"。"住宅区、主干道、城墙、广场和其他公共建筑都被规划设计在一个网状的结构中,容易进行调整,同时也能够适应大部分地区的地形及战略需要。这种结构还可以保持城区的整齐划一,有利于居民的生活与交往,对城市未来的发展也极

---

① [美]M. 罗斯托夫采夫:《罗马帝国社会经济史》上册,第 127 页。
② 孙敏:《罗马高卢地区城市化问题初探》,硕士学位论文,东北师范大学历史系,2004 年 5 月,第 14 页。

为便利。"①高卢的大部分城市都采用了罗马这种美观而又实用的布局,一些由于地形限制或是财力限制而无法按照罗马模式来建筑的城镇,也尽量将自己的城市规划在一个网格状结构中,这就说明当时高卢人在城市规划理念及其实践中都接受了罗马的影响。

修建道路是罗马对外扩张的手段之一。每征服一个地方,罗马人就马上开始修建道路,以保障兵力和军需品的顺利运输。"道路约有 25 米宽,沿路按一定距离设立里程碑———一种圆柱形的石头标志,上面记载着道路的名称、道路归属于哪个城市管理、该城与罗马城之间的距离、沿路将要到达的下一个城市的名称和距离,还有时任皇帝的名字和在位时间,等等。"②道路两旁按一定距离设立商站为来往商人提供食宿,这些密集的道路网络将行省的商贸中心、主要城市、罗马殖民地和军事要塞连接起来,越来越多地用于沟通高卢各地区间的商贸活动。公元前 120 年开始修建的多米提安大道,连接了西班牙和意大利,对山南高卢的发展有很大影响。奥古斯都时期,大将阿格里帕规划建造了高卢地区的交通网,以卢格杜努姆作为起始点,修建了 4 条大道:"一条穿越塞文山脉到达桑东人(Santons)的领地,最后抵达阿基坦;一条通往莱茵河地区;第三条往北至高卢北部海岸;最后一条经过纳尔榜直达马西利亚。"③克劳狄则开辟了意大利北部的几条道路,将原本已经存在的崎岖的道路改成了可供车辆行驶的砖石路。后来,为了镇压高卢境内的反抗,对付边境上日耳曼人的进逼,罗马进一步修筑了完备的道路系统。于是,高卢建成以卢格杜努姆为中心,贯穿全境的 4 条道路干线。"这 4 条陆路干线同时把内河运输联系起来,形成了以塞纳河和索恩河为干道,联结大西

---

① 陈剑:《试论高卢地区的罗马化》,硕士学位论文,华东师范大学人文学院历史学系,2007 年 5 月,第 23 页。

② 孙敏:《罗马高卢地区城市化问题初探》,硕士学位论文,东北师范大学历史系,2004 年 5 月,第 22 页。

③ Strabo, *The Geography of Strabo*, c. 4. 转引自陈剑:《试论高卢地区的罗马化》,第 14 页。

洋和地中海的水输运输网。"①这些道路干线和水路运输网的建成,对军需品的及时供应、南北商业活动、商业贸易的顺利进行,特别是税款的征集等方面发挥了巨大的作用。而位于道路沿线的港口和位于水陆交通要塞的内地城市,也成为高卢重要的工商业中心。这些使得高卢各地的联系更加紧密,也为加速高卢的经济发展提供了有利条件。

罗马共和国末期,通过征服,罗马已经建立了多个海外行省。而当时,行省居民还不具备军事服役的资格,却要缴纳固定的税收。税收的征集工作落在了罗马承包人手里,他们不正当的收缴,给行省人民带来了很大的负担。因此,奥古斯都时期,"随着和平局面的建立,征发和摊派都停止了。罗马高利贷者的垄断行为也随之告终。"②直接税固定下来,"包税制基本上被取消,从而堵塞了包税人与不法总督勾结勒索省民、损公肥私的最大源泉。"③纳税人的利益在一定程度上受法律保护,国家税收的混乱状态得到扭转。提比略时期,"他注意不再把新的税收加给行省,注意不使旧的租税负担由于官吏的贪欲或残暴而严重。"④克劳狄也比较关心行省的税收问题,永久免除了特洛亚人的贡赋。伽尔巴也豁免了高卢人四分之一的租税,并给了各城市的人民不少赏赐。⑤由于对行省的剥削的减少,行省居民的负担减轻,高卢的农牧业、手工业和商业发展迅速,呈现了一片繁荣的景象。

大量城市的建立以及军队的驻扎,给高卢的农业和畜牧业带来深刻的变化。由于击退了日耳曼人,高卢境内出现了和平和安全的局面,很多移民来到高卢,开垦那里的土地;另外,元首、元老院议员和贵族等也经常在行省占有土地,安排人耕作。"高卢土地的垦殖是有条不紊的。这种农业经营方式的代表是大土地所有者、在罗马征服前和征服后占有

① C. Raymond, *Roman Roads*, Baltimore: Johns Hopkins Press, 1989, p. 15. 转引自孙敏:《罗马高卢地区城市化问题初探》,第 22 页。

② [美]M. 罗斯托夫采夫:《罗马帝国社会经济史》上册,第 77 页。

③ 于贵信:《古代罗马史》,第 191 页。

④ [古罗马]塔西佗:《编年史》下册,王以铸、崔妙因译,商务印书馆 1981 年版,第 202 页。

⑤ [古罗马]塔西佗:《历史》,王以铸、崔妙因译,商务印书馆 1985 年版,第 8、73 页。

土地的部落贵族,还有靠商业、工业和银行业发财致富的外来移民。本地某些小手工业者和小商人发了财之后也投资于土地。"[1]正是由于对土地的投资,在高卢各处都留下了大小庄园的遗址。"庄园内有农田、牧场、林场及其他作坊如磨坊、铁匠铺、首饰作坊、酒窖、陶窑等"[2],"雇佣很多工人……以奴隶劳动为主,由高级奴隶进行管理,同时还有许多受过专门训练的奴隶用来做专业人员,如会计、制酒、陶器、管家、木匠、建筑师,等等"[3]。庄园能达到自给自足的水平,也会与外界进行贸易,具有很高的灵活性和较强的适应性。庄园是罗马人开发尚未利用或新获得的土地的方式,使高卢的土地得到迅速开垦。同时,军队的需求以及大量罗马公民移居高卢,给高卢引进了新的作物,也把罗马先进的生产技术带给了高卢人民,促进了高卢地区农业生产力的提高。"凡是以前没有农业的地方,新传入的农业都是高度发展形式的农业,主要是资本主义的和采用多少合乎科学的土地耕种方法的农业。"[4]最典型的例子是,罗马将葡萄酒和橄榄传进高卢,于是,葡萄酒成为罗马带给高卢的最重要的礼物。葡萄种植和酿制之风在高卢的蔓延,使高卢成为富有盛名的葡萄酒产地。此外,军队对动物产品的需求则促进了高卢畜牧业和家畜饲养业的发展。

农牧业发展的同时,手工业的门类增多,产量也有了很大发展;工业和制造业发展迅速,甚至成为致富之源。高卢的采矿、采石、冶金、制陶、毛纺织品等部门都处于当时的领先地位,其中,金属、纺织、陶器和玻璃业已形成中心。高卢有丰富的矿物资源,例如金、银、铜、铁、铅等种类矿藏皆具备,并盛产花岗石、大理石、石灰、石膏、沙子等建筑材料。帝国时期,为了进行城市和道路的建设,大量开采矿藏和建筑石料,促进了采石

---

① [美]M. 罗斯托夫采夫:《罗马帝国社会经济史》上册,第 312 页。
② 陈剑:《试论高卢地区的罗马化》,硕士学位论文,华东师范大学人文学院历史学系,2007 年 5 月,第 27 页。
③ 王鹤:《罗马军队与西部行省罗马化关系研究》,博士学位论文,吉林大学文学院,2010 年 5 月,第 49 页。
④ [美]M. 罗斯托夫采夫:《罗马帝国社会经济史》下册,第 487 页。

业的发展。为了供应军队对铁制品的需求,传统的金属冶炼业,尤其是冶铁和青铜冶炼成为手工业中最活跃的部门;大小铁器作坊遍布全高卢,生产各种武器和工具,制造的刀剑闻名意大利。高卢有最适宜制陶器的黏土,因此,制陶是仅次于金属冶炼的重要手工业部门。公元 2 至 3世纪,高卢的制陶业无论在数量还是质量上都有惊人发展。陶瓷产品在帝国市场上取代了意大利的坎帕尼亚陶器,远销多瑙河下游。高卢还是罗马最主要的毛麻织品制造地区,产品深受意大利居民欢迎。其他如木材、皮革、五金、服装、武器等生产也有较快发展,"兵士们所需要的大部分物品在高卢、不列颠、西班牙和阿尔卑斯山区都是就地现成的(如木材、沥青、五金、皮革)。"①高卢的工业产品价廉而且经久耐用,因此在帝国各地都很受欢迎。"总而言之,高卢现在取得了意大利在公元前 1 世纪时所占有的地位,成为西方最大的工业区。"②

　　罗马征服高卢之后,在高卢地区大量建立殖民地,不仅许多罗马公民移居,许多重要的意大利人团体,为了自身利益也集体移居到高卢,"他们以商人、放债者、包税商代办等身份同高卢诸城市的罗马移民和本地人交际往来"③。他们的活动促进了高卢地区商业的发展。高卢的水路航运发达,又取消了高额关税,因此,公元 2 世纪,高卢的商业和它的农业和工业一起达到了前所未有的繁荣状态。2 世纪的时候,"高卢、多瑙河流域、日耳曼尼亚等地彼此之间商业来往很活跃"④。而且,"皇帝的公粮供应部门规定由高卢的商人和运输商供应海陆军所需要的谷物、葡萄酒、油、木材、皮革、麻绳、五金、衣服、靴鞋、武器等物资,比之依靠意大利商人要容易得多,因为前者熟悉当地市场情况,并且在手头掌握了大量的河海船舶以及其他运输工具。"⑤高卢商人便于聚集各地特产,也便

① [美]M. 罗斯托夫采夫:《罗马帝国社会经济史》下册,第 239 页。
② [美]M. 罗斯托夫采夫:《罗马帝国社会经济史》上册,第 252 页。
③ 孙敏:《罗马高卢地区城市化问题初探》,硕士学位论文,东北师范大学历史系,2004 年 5 月,第 18 页。
④ [美]M. 罗斯托夫采夫:《罗马帝国社会经济史》上册,第 223 页。
⑤ [美]M. 罗斯托夫采夫:《罗马帝国社会经济史》上册,第 223 页。

于把这些特产销售出去,因此他们比起其他地区的商人来说要更具有竞争力。高卢的商业发展势头相当好,使高卢成为本地货物和外地货物的一个中转站,并进一步扩大了高卢商人的活动范围。

2. 政治的罗马化

公元前 27 年,奥古斯都接受了一个"大范围"行省总督职权,"当时元老院同意他管理的范围是西班牙、高卢和叙利亚,另外埃及不设省,是元首自己控制的地区。"[1]为了控制对军队的指挥权,奥古斯都根据各行省在军事上的重要性将其分为两大类,其中驻有重兵的行省,如外高卢三省、西班牙的路西塔尼亚、潘诺尼亚等,都归元首管辖,称为元首行省;而一些已被平定,无须重兵驻守的行省,如纳尔榜高卢等,则归元老院管辖。行省的最高统治者是行省总督,他拥有极大的权力,包括军权、司法权、立法权等。元老院省的总督从任满的执政官和行政长官中抽签选派,任期一年;元首省的总督由元首亲自选派,只是元首的代理人,期限随元首旨意而定,行省执政大权握在元首手中。元首省和元老院省的划分,有利于元首政治的建立。公元前 16 年到公元前 13 年间,奥古斯都将纳尔榜行省以外的高卢划为三个行省,即阿基坦行省,位于高卢的西南部;里昂(路格敦西斯)行省,位于高卢的中西部;贝尔盖行省,位于东北和北部。[2] 这三个行省继续由元首管辖,首府在卢格杜努姆,由此巩固了元首对高卢的控制,也形成了帝国时期高卢地区新的行政格局,为高卢地区彻底融入罗马帝国打下了制度基础。公元前 12 年,德鲁苏斯(提比略之弟)作为皇帝的代理人来到三行省的行政首都卢格杜努姆,设立高卢议会,以促进高卢行政上的统一。

在高卢的战争结束之前,罗马就对已经建立行省的纳尔榜高卢和山

---

① 李雅书、杨共乐:《古代罗马史》,北京师范大学出版社 1997 年版,第 276 页。

② 孙敏:《罗马高卢地区城市化问题初探》,硕士学位论文,东北师范大学历史系,2004 年 5 月,第 3 页。

南高卢进行管理。在纳尔榜行省,罗马人建立了高卢地区第一个行省首府纳尔博。通过一系列战争,罗马在山南高卢陆续建立了一批享有自治权利的殖民城市、拉丁城市和意大利城市,这三类城市的行政机制基本仿照罗马,每个城市都有议事会,负责讨论市政要务,大部分的城市都有两个执政官,其他市政官、财务官、法官、监察官等行政人员的职能,也基本与罗马相似。殖民城市地位最高,其居民充分享有罗马公民权,并享受税收、贸易等方面的特权;拉丁城市大部分居民享有不完全的公民权,即没有参政权的拉丁权利;意大利城市被允许保留原有的政府形式和内部的管理的独立性,享有自治权利,但不是主权独立的政治实体,在外交上必须无条件服从罗马的对外政策。此外,还有一些自由城市或联盟城市。自由城市没有与罗马签约,享有某些特权,但必须履行罗马强加给它们的义务;同盟城市与罗马签订了条约,享有某些特权但附有种种限制。自由城市和联盟城市虽然保留了过去的一些法律,但必须交纳更多的赋税,部分城市还必须由罗马委派的行政长官来审理司法案件。这些城市的建立使得大量罗马公民从意大利向行省迁移,也成为监视和控制当地居民的一支可靠力量;促进了行省政治结构上向罗马的转化,为行省地区进一步罗马化奠定了基础。

在征服之前,地中海沿岸的高卢部分早在 60 多年前就已经纳入罗马的版图,也就是纳尔榜行省。征服之后,奥古斯都将高卢分为四个行省:纳尔榜、阿基坦、里昂、贝尔盖。在最初的皇帝—元老院双头政治时期,高卢的各个省有不同的归属。纳尔榜是元老院行省,而其他三个新征服的高卢行省是皇帝行省。纳尔榜行省的行政长官是总督(proconsul),每年一届,由元老院管辖。配合其治理的还有代理政法官(propraetore)和总督特使(legatus proconsule),前者协助行政和司法事务,后者负责财政事务。在另外三个高卢行省,皇帝本人兼任总督,而每个行省都有任期不定的特使,主持民事和军事。

不过,到了 2 世纪末,这个双头统治的格局被打破,皇帝成为罗马帝国独一无二的权威,所有行省因此也都处在皇帝的权威之下。在皇帝统治之下,每个帝国又分为两个长官辖区(préfectures)。在西罗马帝国,是高卢和意大利。高卢长官辖区包括高卢、大不列颠、西班牙和摩洛哥。高卢长官辖区的首都最初是在特里夫斯,随后于5世纪初转移到阿尔勒。近卫军长官(praefectus praetorio)为长官辖区之首,他们的权力与君主相似。高卢在这一时期最初分为2个行政区(diocèses),随后合并为一个。行政区之下又分若干行省,共计17个,其长官为镇守使(praeses provinciae)。行省之下又设城邦(civitates),在公元400年左右,高卢全境有112个城邦。城邦的首府是一座城市,其所辖又包含城市周边的市镇和庄园。

　　根据征服战争中的不同立场,奥古斯都对高卢城市的地位作了不同的规定,大致分为三种:同盟城邦(civitates foederatae)、自由城邦(libertae)和纳贡城邦(stipendiariae)。前两者有较强的自主权,而最后一种完全属于罗马派遣的长官(magistrat)管辖。不过这些差异随着时间的推移和中央集权的强化而逐步消除,各个城邦的独立性也逐步被帝国行政系统所吸收。

　　与帝国其他地方一样,罗马高卢的人也分为两类:自由人和奴隶。而在帝国晚期,除了奴隶,还出现了佃农(colon)和归顺蛮族(barbari laeti)。所谓佃农出现于4世纪,其制度与奴隶制近似,但又不完全相同。佃农是永久固定于某个地产的农民,他们的义务是耕种这块土地,从而取得银币或者粮食来缴纳租金。这些人被固定在土地上,不能离开,也不能出售土地,所以又称为土地奴(servus terrae)。他们的处境比奴隶稍好。归顺蛮族则是帝国所吸纳的一些蛮族,帝国需要他们参军作战,以抵御蛮族入侵,而作为交换,向他们出让了一部分土地。他们的处境比佃农要好,服役之外享有自由。

　　罗马共和国时期,除了罗马殖民地和个别受优待的城市外,基本上不给行省城市居民以公民权。因为这种方法会无形中削弱罗马公民的特权以及他们在罗马帝国中所占的优势,这是罗马公民不能接受的。凯撒是第一个较广泛地向外省居民赠予公民权的人,"他使山南高卢、西班牙和许多城市获得罗马公民权"①。奥古斯都考虑到"保持罗马人民纯洁性和不受外邦人或奴隶血统玷污的极重要性,因此,他在授予罗马公民权问题上采取了极为慎重的态度"②;但还是决定"给予那些打算为罗马人民效力的城市以拉丁公民权或完全公民权"③。以后罗马各个皇帝,都没有停止过向高卢人授予公民权的行为。克劳狄时期,特别慷慨地将公民权授予高卢人,还答应了高卢人想要取得在首都担任官职的权利,允许高卢人贵族迁到罗马成为元老院议员,"埃杜伊人就第一次在首都取得了参加元老院的权利"④。公元 73 年,弗拉维王朝的韦斯帕芗"对元老院进行改革,广泛吸收行省上层奴隶主参加元老院。同时,他将行省富户千余家从西班牙和高卢等地迁入罗马,补充了罗马元老和骑士阶层,又授予西班牙原有城市和西方许多城市以拉丁公民权,以扩大帝国和元首政治的社会基础。"⑤图密善也在行省中广泛授予罗马公民权,许多行省城市成为自治市。塞维鲁王朝的卡拉卡拉"于 212 年颁布敕令,把罗马公民权授予帝国全体自由公民(投降者除外)"⑥。公民权的获得,以及元老院的准入,是为了防止各行省发生起义而采取的加强元首专政的措施,但同时也使得帝国政权不仅仅代表罗马和意大利奴隶主的利益,也成为代表地中海世界各地大奴隶主贵族利益的政权。

凯撒及其继承者都十分注重吸收高卢人入伍,"将这些生性渴望战斗的勇士纳入罗马军中,既消除了罗马的威胁,也为罗马军队注入了新鲜的血液。高卢人在罗马军中服役,也意味着他们地位的提升。服役期

---

① 于贵信:《古代罗马史》,第 178 页。
② [古罗马]苏维托尼乌斯:《罗马十二帝王传》,第 71 页。
③ 同上,第 77 页。
④ [古罗马]塔西佗:《编年史》下册,第 340 页。
⑤ 李雅书、杨共乐:《古代罗马史》,第 306 页。
⑥ 李雅书、杨共乐:《古代罗马史》,第 319 页。

满之时,他们就将获得公民权。"[1]克劳狄时期的不列颠之战,罗马在高卢北部大量征召辅军,使得大量高卢人进入罗马军队;而且,"服役期满的辅军士兵及其后代被授予罗马公民权"[2],从而使山北高卢也能像山南高卢一样通过服役获得罗马公民权而融入上层社会。哈德良时期,军团趋向于从行省招兵。安东尼时期,"罗马公民权只授予服役期满的老兵本人及其在退役后所生的孩子。而那些在他们服役期间所生的孩子只有其本人加入军队才可获得罗马公民权。"[3]授予退役老兵公民权的行为,促进了罗马公民权在行省的扩展,也有利于保证高卢士兵对罗马的忠诚。同时,由于加入军队是本人及后代获得罗马公民权的一个重要条件,也就成为吸引士兵入伍的一个重要因素。老兵在退役后获得罗马公民权,并享有相当的法律特权,可以加入当地的自治市议会,担任高级的军事和行政职位,有希望跻身于骑士和元老阶层的行列。因此,服兵役也成了士兵自身及后代改变社会地位、实现罗马化的一个重要途径。退役老兵和当地的土著贵族构成了行省中的社会上层,管理自己所在的市镇,促进了行省上层的罗马化,也有利于帝国对行省的管理。

罗马征服也带来了罗马法。罗马法中并没有现代意义上的权力分立,通常行政官员同时拥有民事和刑事司法管辖权。行省的长官同时也是地方最高的司法长官,主宰着生杀大权。而代理执政(vicarius)、近卫军长官及皇帝的主要职责是受理来自行省的上诉。在帝国晚期,皇帝敕令的保管收集对于中央权力至关重要。而随着立法的不断增多,到了 3世纪初,这些法令已经难以较好驾驭。此前,这些法令都以羊皮纸卷的形式存放,为了查阅的便利,就出现了以一边装订的"典"(codex),这也就是日后我们所熟悉的"法典"。在皇帝的主导下,法学家们开始了初步

---

① 陈剑:《试论高卢地区的罗马化》,硕士学位论文,华东师范大学人文学院历史学系,2007 年 5 月,第 12—13 页。
② 王鹤:《罗马军队与西部行省罗马化关系研究》,博士学位论文,吉林大学文学院,2010 年 5 月,第 31 页。
③ 同上,第 32 页。

的汇编工作,约在 292 年出现了《格里高利法典》,随后又出现了《赫尔摩杰法典》。公元 5 世纪,东罗马皇帝狄奥多西二世在这两部法典的基础上,开始了法典编纂工程,并于 438 年颁布了《狄奥多西法典》。这是具有官方效力的法典,虽然由东罗马皇帝颁布,但是却在整个罗马帝国生效,而且在西罗马取得了更持久的效力。罗马的成文法对于高卢,尤其是罗马化程度较高的高卢南部有尤为深远的影响。通过法律,书面文化逐步普及,而罗马化后的高卢亦将成为蛮族入侵之后罗马文化的保留者,日后的蛮族法典编纂中就有罗马高卢人活跃的影子。

　　罗马基督教化之后,教会借鉴了帝国的行政区划,城邦对应于主教辖区,每个主教辖区又分为若干个教区,由本堂神父管理。若干主教辖区又受到大都会主教的管辖。大都会主教虽然本质上只不过是自己教区的主教,但身份高于其他教区主教。主教由教区神职人员和人民选举产生,大都会主教批准。在基督教成为国教之后,教会的司法管辖权得到了官方的承认,它一方面可以通过绝罚来惩戒重大的罪行,同时也承认主教的仲裁权。

3. 文化与语言的罗马化

　　罗马高卢对今日法国的另一大遗产是语言。我们知道,今天的法语属于罗曼语族,历史上众多民族虽然都曾入主高卢,但都只是在法语中留下了一定的痕迹,不能撼动其整体结构。凯尔特人以前的原住民的语言,也许只能在少数地名中发现;凯尔特人虽然在高卢定居了近千年,但也仅仅是从不列颠群岛移民阿摩利卡平原的布列塔尼人保留了凯尔特语。在高卢的其他地方,凯尔特语也逐渐消亡了。随后入主高卢的法兰克人,他们的日耳曼语也没有扭转高卢语言的罗马化趋势。那么,为什么在高卢,语言上的罗马化是如此强劲深刻?为什么今天的英国在经过日耳曼人入侵之后,改用了日耳曼语(今天的英语),但在高卢却不曾如此?

　　罗马征服高卢之后,将自身的教育体系传到了高卢。教育是当时推广文化的重要手段,有助于罗马对于高卢庞大人口的统治。罗马在高卢建立各类学校,鼓励高卢贵族的后代进入各类学校学习拉丁语和拉丁文化。法国各地于是出现了专为高卢贵族子弟开办的学校。除了学习拉丁语和拉丁文化,希腊语也是高卢贵族热衷学习的。在很早,高卢南部就有许多希腊语老师,有的地方还开办了学院。几乎每个城市都有自己的语法老师,教授语言及其他各种知识。在高卢很多地方也有语言学校,教授修辞学和演说术,使其开始为高卢的精英分子所认识和掌握。"在高卢各地,孩子们受到的都是教师所传授的相同的教育,先是语法学家给予的教育,然后是思辨家给予的教育,均用拉丁语传授。"①

罗马人所说的拉丁语是官方文件里唯一的公文用语,也是和帝国境内其他各地通商和交际联络的用语。因此,罗马统治者需要将拉丁文推广到帝国其他地区。除了通过学校进行传播,元首也经常在高卢行省开办各种有关拉丁文的比赛,卡里古拉就曾经"在卢格杜努姆举办希腊文、拉丁文演讲比赛"②,以此来扩大拉丁文的影响。传播拉丁文的第三个途径就是授予公民权,而这又与军队有很大的联系。罗马公民权意味着一系列特权,凯撒本人就向与他结盟的高卢人家族授予了大量公民身份。而在帝国时期,军队成了新授予公民权的重要营地。许多高卢退役老兵返回高卢的时候因此也成了罗马公民,这些小贵族很快又将罗马的生活方式和文化在高卢推广开来。公民权的授予是有条件的,拉丁语就是必备条件,高卢精英因此又被激励去学习拉丁语。与此同时,罗马在高卢设立殖民地之后,都会派遣军队驻守。这些士兵大多从罗马相对富裕的受过教育的阶层当中征召,因此都能熟练地使用拉丁语。罗马士兵到达驻扎的地点之后,在与当地居民的交流中使用的是从罗马带去的拉丁语;在退役之后,很多罗马士兵可能留在驻扎的地区,其生活中使用的也是拉丁语。因此,在与当地高卢人沟通交流的过程中,士兵也就使高卢

---

① 孙敏:《罗马高卢地区城市化问题初探》,硕士学位论文,东北师范大学历史系,2004年5月,第28—29页。

② [古罗马]苏维托尼乌斯:《罗马十二帝王传》,第165页。

人接触并开始学习拉丁语。辅军虽然是本地征召,而且刚开始都是由本族的首领指挥,但随着罗马军官逐渐取代氏族首领掌握了辅军的指挥权之后,辅军士兵也需要和罗马军团士兵一样掌握一定程度的拉丁语。长达 25 年的军事生涯使辅军士兵经常与拉丁语口语和书面语相接触,"士兵的入伍宣誓、战术指挥和军队中的各种正式文件——如士兵的薪饷结算单、债务凭证、准假证、遗嘱、退役时获得的军事证书等都采用拉丁语"①,因此他们也能掌握一定的拉丁语。拉丁语通过军队生活推广至辅军,又通过辅军传播给行省人民,扩大了拉丁语的传播范围和影响。而且,拉丁语作为一种当时已经十分成熟、先进的书写语言,自然比没有文字、只能以口语为载体的凯尔特语占优势。传入高卢的拉丁语经过一个长时间的演变,成为中世纪的罗曼语,最终演变成现代的法语。

不过,高卢语言对法语的遗存还表现在句法上。"C'est que"的表述就可能来自高卢语。现代法语中还保留了大量高卢语词汇,例如道路(chemin)、屋架(charpente)、云雀(alouette)、獾(blaireau)、石子(caillou)、欧石楠(bruyère)等。从今天法国的地名中还能看到高卢语的残留。有一些典型的高卢语地名,比如 dunum 或者 dunon,意为要塞,高地,有城墙之地。最著名的就是里昂(Lugdunum),也就是鲁格神的堡垒,拉昂(Laudunum),另外还有 magos(田地,土地,市场),briga 与dunum 同义。

在很长一段时间里,操拉丁语的罗马人在高卢是少数中的少数。虽然征服后罗马人成了高卢的统治者,但相比本土或凯尔特人口,操拉丁语的人口在绝对数量上不占优势。在罗马化程度较高的纳尔榜高卢,操拉丁语的人口在奥古斯都统治的末年达到了 10 万—20 万。这个数量确实很可观,但也依旧是少数。大多数操拉丁语的人,都是通过军队和统治机关而移民到了高卢各地,以中心城市为主,但也有前往莱茵河边境

---

① 王鹤:《罗马军队与西部行省罗马化关系研究》,博士学位论文,吉林大学文学院,2010 年 5月,第 91 页。

的驻军。高卢语言的罗马化因此是伴随军事和统治活动而展开的。

多样性是高卢语言罗马化的一大特征。今天我们熟知法语有几大方言之分,如北方的奥尔语和南方的奥克语。对于奥克语,语言学家如今更倾向于使用"奥西坦语"的称呼。而在法国东南部,罗讷河中上游地带(大致为里昂周边地区),他们将原本的法兰克普罗旺斯语(Franco-Provençal)称为阿尔皮坦语(l'arpitan)。北方的法语和南方的奥克语及阿尔皮坦语有不同的历史成因,因此在罗马化的形式和程度上也存在差异。法语方言的形成因此和罗马文化向高卢渗透的途径和阶段有关。之前已经提及,罗马化最早的是法国的南方沿海地区,它从纳尔榜一直延伸到图卢兹和波尔多。而另一条传播罗马文化的途径是罗讷河,里昂则是罗马文化的重镇。其中,罗马文化对南方沿海的影响最为悠久和深刻,所以奥西坦语的来源是更为古老的拉丁语。这也就是为什么奥西坦语中的很多词汇在其他几大方言中是找不到的。里昂于43年建城,随后很快自己发展出了一套独特的拉丁语,为日后阿尔皮坦语的前身。有趣的是,语言学家发现,其词语中超过16%来自诗歌中的拉丁语,因此其受到文学拉丁语的影响较为深刻。再往北,罗马文化的影响就因为地理的阻隔而要小得多。

高卢人说的是什么样的拉丁语?大多数说拉丁语的人口中并不是西塞罗那种拉丁语,而是士兵、商人、官员所用的口头语言。它因为不同的职业和地区而有不同。虽然三分之二的古典拉丁语词汇并没有大的变动,但冗余的抽象的词汇因为在日常对话当中很少使用所以变化较少或者消失了。反过来,原本拉丁语中寡淡的动词变得更具表达力,如表示"哭泣"的 plorare 和 plangere 取代了 flere,表示"吃"的 comedere 和 manducare 取代了 edere。

基督教在高卢的传播也促进了拉丁语的普及。拉丁语基督教化在高卢造成了两大影响:首先是改变了口头拉丁语的词汇,另一个是将拉丁语作为信徒与神教士之间交流的语言,因此也推动了拉丁语的普及。早期基督教的术语大多从希腊语或希伯来语翻译而来,所以今天法语中的"教会"（或教堂，église）一词来自希腊语 ecclesia，主教（évêque）来自 episcopus，魔鬼（diable）来自 diabolus，安息日（sabbat）来自 sabbatum，等等。基督教拉丁语还有自己独特的词汇创造，例如 subsequenter，veraciter 之类的副词，还有众多以 ficare 为后缀的动词，如"使荣耀"（honorificare）、"使永生"（vivificare）等。这些词汇往往是信徒团体内部流行起来的。语言风格上，早期教父主张拉丁语要通俗易懂，他们称自己的语言是"谦卑之辞"（sermo humilis，亦可以说是穷人之辞），主要的目的是用简单易懂的话来说服民众。在高卢基督教化的过程中，这种拉丁语应该产生了较大影响，所以相比于文人拉丁语对高卢语言的影响更大。

蛮族入侵导致新的族群在高卢长期存在，而他们往往采用共同语言拉丁语与高卢原住民交往。拉丁语由此奠定了其共同语的地位。相对于文人的典雅拉丁语，在高卢逐渐出现了一个俗语的体系。这种俗语化不是一蹴而就的，而是长期以来存在着双语并存的局面。高卢语在若干个世纪里没有消失，而且在农村尤为顽强。从今天看，高卢语的残余影响主要是词汇上的，但其对于语音、形态和句法上的影响也不能排除。词汇上，高卢语保留至今的主要是农业农村词语。这一点很好理解，因为农业传统在高卢维持了很久，也是人们日常生活必然接触的事物，其内在具有保守性，不太容易变革。而语言学家发现，往往交易的商品是拉丁语，但生产工具和过程都是高卢语。例如轮缘（jante）、圆凿（gouge）、大木桶（tonne）、围栏（claie）等都是高卢对不同工具的称呼。还有农具和其他农业术语：犁铧（soc）、犁（charrue）、拾穗（glaner）、休耕（jachère）、耕地（sillon），等等。

之所以拉丁语能普及，还是因为罗马人对于高卢原来的语言持放任态度。这在一定程度上推动了语言的自然融合，并在罗马的统治优势的引导下，实现了高卢语言的罗马化。5 世纪的时候，高卢语可能已经濒临消失。希多尼乌斯·阿波利纳里斯在与埃克迪修斯（Ecdicius）的通信中讲到阿维尔尼贵族都已经在学习拉丁语。与此同时，公元 4、5 世纪的人们明确意识到南方与北方的拉丁语存在差异。苏尔皮修斯·赛维鲁斯(Sulpice Sévère)曾写到一位名为加鲁斯(Gallus)的高卢人,他害怕自己的"乡野之辞"(sermo rusticior)会让阿基坦人"有文化的耳朵"(urbanas aures,字面意思为"城市的耳朵")感到不悦。图尔的格雷戈里也讲到芒斯(Mans)主教多诺鲁斯(Domnole)拒绝前往阿维尼翁,因为他朴素的语言难以经受住南方统治精英的考验。①

4. 宗教的罗马化

罗马征服高卢之后,认为德鲁伊德教是高卢人反叛力量的精神支柱,于是严厉禁止传统的凯尔特德鲁伊德教的存在和发展;同时,罗马积极推行世俗学校,使得知识不再被德鲁伊德教的祭司所垄断。到了克劳狄时期,他"彻底废除了高卢人中流行的残酷的、不人道的德鲁伊德仪式——奥古斯都统治时期就已禁止这种仪式在罗马公民中传播"②。罗马也将自己的宗教信仰和神灵带到了高卢,他们往往在高卢建造神庙,供奉罗马的三位主神,通过这种方式使高卢人了解罗马人的宗教,也使得迁居当地的罗马人能够参与正常的宗教生活。由于罗马宗教渗透到高卢,高卢出现了罗马神祇与当地神祇的混杂现象。很多罗马神祇甚至东方神祇都被原封不动地引入高卢,同时,罗马的神灵也与高卢当地的神灵互相融合。其形式主要有"(一)罗马神名与高卢神名糅合形成一个新的神……(二)罗马神与高卢神结为配偶……(三)一些带有象征意义的高卢道具出现在罗马神像上"③。此外,罗马神灵的公共存在方式也被应用到高卢的某些崇拜对象上。除了将罗马的神灵带去高卢,罗马还极力在高卢推行元首崇拜。元首崇拜起源于希腊化世界,是希腊化东方君

---

① Alain Rey et al. , *Mille ans de langue française*, *histoire d'une passion. I. Des origines au français moderne*, Paris:Perrin, 2011, p.37.

② [古罗马]苏维托尼乌斯:《罗马十二帝王传》,第209页。

③ 薄海昆:《山北高卢宗教领域罗马化现象探析》,《重庆社会科学》,2007年第4期,第67—68页。

主崇拜的延续。奥古斯都时期还不敢公开推行元首崇拜,他"不接受任何行省为他建庙,除非是为他和罗马的共同名义而建的"①。但是,他对亲信的恭维行为却表示默许。公元前 12 年,奥古斯都的继子德鲁苏斯在高卢的首府卢格杜努姆修建奥古斯都祭坛,高卢 60 个部落齐聚于此,这是高卢各行省统一在罗马旗帜下的象征。此后每年,高卢的各部落都会聚集在此,一方面祭祀奥古斯都,一方面召开全高卢行省大会,讨论行省事务。又过了 3 年,一座新的奥古斯都祭坛建在莱茵河畔乌比伊人的中心。这两座祭坛犹如罗马人在高卢播下的元首崇拜的种子。虽然元首崇拜并非强制推行,也没有明文规定,但实际上是衡量行省居民是否忠于罗马的标准。因而那些受益于罗马统治、本身又有多神观念的高卢贵族,自然竞相表示对元首的忠诚。"西班牙获准在塔尔拉科移民地为奥古斯都修建一座神殿,这样就给所有的行省开了先例。"②而"大多数行省,除建造许多神庙和祭坛献给他(奥古斯都——作者),还在他们的几乎每一城市举行五年一度的崇敬奥古斯都的赛会。"③起初,元首崇拜并不带有浓厚的宗教色彩;后来,这种信念逐渐固化之后,融入了人们的宗教生活中,皇帝也开始与神灵挂钩了。元首崇拜的流行,广泛地传播了罗马的宗教,影响了高卢地区的宗教信仰和宗教传统,从文化上强化了罗马帝国的向心力,巩固了罗马帝国的元首制。

随着罗马将基督教奉为国家,罗马高卢也经历了基督教化的过程。基督教最早在 2 世纪就在高卢传播,呈现出城市进展较快、农村进展缓慢的特点。在城市,推动基督教传播的是主教和以其为中心的教会组织。

基督教传播过程中,为法国的国家和民族记忆留下了若干重要的人物,尤其是一系列圣徒,他们将会成为法国各地所纪念和崇拜的对象,有的人物的影响远远超越了宗教。例如传说中巴黎第一位主教圣德尼

---

① [古罗马]苏维托尼乌斯:《罗马十二帝王传》,第 79 页。
② [古罗马]塔西佗:《编年史》上册,王以铸、崔妙因译,商务印书馆 1981 年版,第 65 页。
③ [古罗马]苏维托尼乌斯:《罗马十二帝王传》,第 83 页。

(258? 年殉难),他是前往高卢传播基督教的7位主教之一,被罗马皇帝德西乌斯或者奥勒良下令处决。传说当中,圣德尼在蒙马特高地被砍头,但他的身体却捧着头一直走到了巴黎东北,也就是今天圣德尼修道院的位置。日后,圣德尼成了法国的主保圣徒,甚至也因为他被砍头而成了头痛患者的保护者。供奉他的圣德尼修道院将会以其历史作品开启法兰西民族意识形态建构的大幕。

综上可见,罗马征服高卢之后,采取了一系列政治、经济、文化方面的措施和政策,并且不断依据现实情况对政策进行调整,稳固了其在高卢的统治;同时,也改变了高卢人的心理认同和政治认同,使得他们逐渐在心理上向罗马靠拢。在政治上,罗马对高卢广泛地授予罗马公民权,就使得高卢人在政治上成为罗马的合法公民,在一定程度上改变了高卢人的政治认同,从而扩大了罗马的统治基础。"用来保证帝国行省和边境人口忠诚和支持最突出的方法是授予罗马公民权作为对帝国有价值的服务的承认。"[1] 正如一位日耳曼人首领塞盖司特斯对罗马人说的:"我对罗马人民的忠诚并不是从今天开始的。自从神圣的奥古斯都使我成为罗马的公民,我就根据你们的利益来选择朋友和敌人了。"[2]同时,获得罗马公民权在很大程度上能改变一个人的文化和思想认同,让他们产生"一套关于他们是谁、他们属于谁的观念"[3]。高卢的贵族上层在获得公民权之后,也得到了进入元老院的权利,并且可以在首都和行省担任官职。从此,这些贵族的利益与罗马帝国的利益统一起来。如果罗马的统治受到什么损害,他们的利益也会受到损害。为了维护自身的利益,这些贵族自然与罗马的统治阶层合流,支持罗马的统治政策,统治高卢地区的人民。而来自行省的士兵长期远离家乡,一定程度上被割裂了与

---

① Steven K. Drummond & Lynn H. Nelson, *The Western Frontiers of Imperial Rome*, New York, 1994, p. 181. 转引自王鹤:《罗马军队与西部行省罗马化关系研究》,第33页。

② [古罗马]塔西佗:《编年史》上册,第48页。

③ Leonard A. Curchin, *The Romanization of Central Spain: Complexity, Diversity and Change in a Provincial Hinterland*, New York, 2004, p. 121. 转引自王鹤:《罗马军队与西部行省罗马化关系研究》,第34页。

原来所在氏族或部落的联系。退役后获得公民权的回报使得他们在获得罗马公民权的同时,也接受了一套全新的权利和责任,全心全意地效忠于罗马。因此,"就在罗马政府对待外省的态度发生改变的同时,整个外省越来越顺从于罗马的统治,其中尤以上层阶级为甚……西方各城市中为了歌颂2世纪时的皇帝们而建立的大量碑碣,就说明了这些地方的上层阶级对现况是何等的满意"①。高卢人心理和政治上对罗马的认同,巩固了罗马在高卢的统治,也使得高卢在各方面逐渐罗马化。

第四节 罗马高卢的崩溃

前面提到,公元最初的两个世纪里,罗马高卢经历了一段稳定的繁荣期。但繁荣背后也有隐忧:罗马帝国的财政和军事制度在不断加深高卢人民的不满,所以从公元200年左右,罗马高卢进入了连续不断的动荡。内部矛盾和外部威胁造成了罗马高卢的崩溃。

从公元前2世纪中叶起,行省税收已经是罗马国家收入的主要来源。罗马统治者在征服高卢后,高卢的税收事务是利用包税人来办理,但包税人往往与行省总督相勾结,勒索行省居民;行省行政官员也贪污腐化,搜刮民众。因此,行省居民往往承受着很重的税收。奥古斯都开始,采取了恢复经济和促进经济发展的措施,比如取消包税制、固定直接税、免除一些部落的贡赋、降低租税等。这些措施有利于解决行省税制中出现的混乱局面,促进行省经济的发展。因而到了公元1世纪,高卢的经济发展出现繁荣局面。这时候,虽然还有各种税目,但意大利和行省的发展都蒸蒸日上,也就说明这些税还没有沉重到妨碍经济的发展。但帝国后期,莱茵河对岸的日耳曼人不断入侵,战争变得频繁;募兵制流行,招募士兵的数目增多,军饷开支逐渐成为帝国的一笔很大的开支;皇帝和贵族的生活变得骄奢淫逸,大量金钱都花销在公共娱乐活动和华丽

---

① [美]M. 罗斯托夫采夫:《罗马帝国社会经济史》上册,第183页。

的奢侈品之上……这些种种,都使得国库日渐空虚。为了填补国库的空虚,就不可避免地要加重行省人民的税收。韦斯帕芗实行重税,甚至连坟地和厕所都要纳税;卡拉卡拉对有产阶级进行有系统的榨取,一再索取一种临时附加的所得税,还要求富人和城市必须上交强制性的贡礼。这些毫无疑问都增加了纳税人的负担。

高卢行省在经济上遭到严重压迫的同时,也被长期的军事混战弄得苦不堪言。罗马帝国后期,统治集团内部为了篡夺帝位,常常混战不休。近卫军和行省的军团成为政治舞台上的活跃力量,他们握有兵权,常常自己拥立皇帝。公元192年,安敦尼王朝的末帝康茂德被杀,此后六个月内近卫军就拥立了两个皇帝,各行省驻军也纷纷自立皇帝,罗马内部爆发了长达四年的王位争夺战。后来虽然建立了塞维鲁王朝,但也被暴动的士兵推翻。公元238年,各行省和意大利分别拥立了4个皇帝,不久又都被士兵所杀。此后,罗马陷入长期混战。篡权夺位以及随之而来的内战,使整个帝国几乎处于瘫痪和瓦解状态。

高卢的反抗其实从早期帝国的时候就开始了,公元21年提比略担任元首的时候,高卢诸省中那些负了沉重债务的城市就发生了叛乱,以贵族为首,他们"发表背叛的声明,指责永无止境的税收、苛酷的利率、长官的残暴与横傲"①。同时,一群债务人和食客也拿起了武器。由此可见,当时罗马对高卢的剥削还是很沉重的。这次运动的种子几乎撒遍了高卢的所有城市,但由于急于实现计划,又没有争取到同盟,这次起义被镇压了下去。

朱里亚·克劳狄王朝的尼禄在位时,卢格杜努姆高卢的太守盖·尤里乌斯·温戴克斯和塔尔拉科西班牙的统治者塞尔维优斯·苏尔皮克优斯·伽尔巴,在恢复共和的口号下开始了起义。对租税的加重表示不满的高卢诸部落都归附了起义的军团。罗马派出上下日耳曼军团对付起义军,温戴克斯没多久就被击溃。这次起义,已经是对罗马不满情绪

---

① 〔古罗马〕塔西佗:《编年史》上册,第166页。

加强的一个信号，但尼禄并没有采取任何补救的措施。

到了弗拉维王朝的韦斯帕芗时期，发生了巴达维起义。巴达维的首领尤里乌斯·西维里斯领导起义。莱茵河上的军队归附了西维里斯，西维里斯把莱茵河部分军队与某些高卢部落联合，莱茵河右岸的日耳曼人也归附起义。运动的目的是"建立一个高卢帝国，首都在特里尔"[1]。这个运动激起了高卢各部落的反叛情绪，"高卢各行省又藐视地拒绝罗马方面的征兵和征税"[2]。但大部分的高卢部落在仔细考虑之后还是没有支持起义，韦斯帕芗便采取有力措施粉碎了起义。

公元3世纪中后期，罗马帝国陷入政治混乱，罗马城和高卢再度爆发人民起义。3世纪中期，高卢境外的阿勒曼尼人和法兰克人突破莱茵河防线，大举入侵。莱茵河的士兵宣布波斯图姆斯为元首，本来这是带有军事和地方性质的运动，但很快便演变成了高卢、西班牙和布列塔尼亚的普遍的反罗马起义。起义的中心是高卢，高卢贵族趁机独立，建立了以波斯图姆斯为首的"高卢帝国"。"新国家的形式完全模仿罗马的式样，但是内容却稍稍不同。波斯图姆斯设立了高卢的元老院、官员（执政官等等），而自己则采取了罗马元首的整个的称号。"[3]布列塔尼亚和几乎全部西班牙都承认了新的元首。268年，波斯图姆斯为士兵所杀，部将割据南北，"高卢帝国"分裂，在他领导之下为争取高卢独立而形成的、广泛的高卢各界居民临时集团开始迅速瓦解。

公元270年，高卢的破产农民、隶农和逃亡奴隶进行起义，这一次起义称为"巴高达运动"。他们攻陷了中部高卢的重镇奥古斯托敦，罗马皇帝奥勒良立即西征高卢。巴高达分子并没有屈从罗马政权的统治，他们在283年到286年展开了更大规模的战斗。80年代，巴高达运动的中心在塞纳河与罗亚尔河的中间地带，起义军选出自己的领袖，军队纪律严明；"铸造钱币，起义所到之处，杀富豪没收他们的田地、牲畜和财产，

---

① 于贵信：《古代罗马史》，第207页。
② ［古罗马］塔西佗：《历史》，第267页。
③ ［俄］科瓦略夫：《古代罗马史》，第897页。

并分配给农民和奴隶,整个高卢的乡村都落到起义军之手。"①起义持续10多年,最后经过罗马军队的长期围攻,根据地被攻陷。但到了公元5世纪,在"民族大迁徙"浪潮逼近意大利的背景下,巴高达运动再次出现高潮。435年,巴高达首领在起义群众配合下向罗马官吏发动进攻,迅速占领了大部高卢和西班牙北部,夺取了政权。罗马急派大将镇压,在众寡悬殊的情况下,巴高达分子战败,余众转移到西班牙继续战斗。过了40多年之后,巴高达运动的首领于公元498年被捕,这是历史记载最后一次提及巴高达运动,此后巴高达运动便在历史上消失了。这次席卷高卢并波及西班牙的巴高达运动,不仅持续的时间久,对罗马造成的影响也十分巨大。这场运动与日耳曼人对罗马帝国的大举入侵结合在一起,成为罗马帝国崩溃的信号。

公元4世纪后半期,日耳曼人大举迁徙。西哥特人和罗马皇帝谈判,帝国政府准许他们以同盟者的身份进入麦西亚。376年,百万西哥特人渡过多瑙河来到被指定的移民区。不久之后他们由于无法忍受罗马帝国的剥削和压迫,反抗罗马帝国,成立了西哥特王国。西哥特王国占据了高卢整个西南部的阿奎坦尼亚地区和南部的普罗旺斯地区。勃艮第人4世纪时跨过莱茵河进入高卢,5世纪时迁到罗讷河,后来以里昂为首都建立了勃艮第王国。勃艮第王国主宰着东南部的罗讷河地区和索恩河流域,切断了罗马帝国和山北高卢的联系。法兰克人从3世纪开始就经常侵入高卢,到4世纪末,一支滨海法兰克人作为罗马的同盟者居住在埃斯考河和马斯河下游一带。5世纪初,法兰克人得到高卢地区的巴高达运动的支援向南部推进;后来,滨海法兰克人的首领墨洛温东侵罗马领土,把疆域推进到松姆河流域。西部的阿摩利卡半岛,则由从不列颠渡海而来的不列颠人占有。至此,高卢大部分都为蛮族所占领,罗马对高卢的统治结束。不过,我们不能过分夸大蛮族入侵对于文明的影响。事实上,这些日耳曼人与罗马人长期有往来,他们的定居因此并没

---

① 于贵信:《古代罗马史》,第290页。

有对各地造成太大的影响。虽然从行政意义上的高卢罗马随着西罗马帝国的崩溃而消失了,但罗马的遗产还将在中世纪早期发挥余热。

总的来说,在长达800多年的时间里,罗马与高卢的接触和互动对双方都产生了积极的影响。高卢通过与罗马的战争,首次接触到了先进的文化;罗马征服高卢后,将高卢纳入自身的发展轨道,其先进的政治制度、经济形式和丰厚的文化遗产,使高卢得到了迅速的发展。而罗马帝国通过征服高卢扩大了版图,获得了更多的资源和劳动力、更大的市场,也进一步促进了其奴隶制的发展和繁荣;同时,高卢的某些文化特质也被罗马所吸收,从而丰富了罗马自身的文明。

第三章　墨洛温王朝（481—751）

　　墨洛温王朝是法国历史上第一个王朝，也是探寻"法国"起源所能追溯到的最早的王朝。在传统的法国史王朝划分中，墨洛温王朝国王（包括法拉蒙等神话国王在内）属于"第一家族的国王"（rois de la première race）。墨洛温王朝是一个过渡时期：政治上，这个时期标志着高卢地区从罗马帝国向中世纪封建制度的转变；经济上，虽然地中海仍旧是经济往来的重要通路，但高卢的北海到大西洋沿岸一线出现了众多新的经济中心；文化上，古典文明日渐式微，基督教教会成为文化的主要传承媒介。有关墨洛温王朝的历史文献并不丰富，史学家只能从有限的史料中提出观点，而且这些史料在年代判定和叙事方面，都存在值得质疑之处。今天的历史学家正尝试突破原有的教条式的王朝历史观，突破简单的日耳曼-罗马二分法，并从更多样的视角观察这个"法国前的法国"。

　　墨洛温王朝的创立者是法兰克人。而法兰克人在高卢建立国家，是罗马帝国晚期一系列事件与变革的产物。公元 395 年，罗马帝国一分为二，东罗马帝国以君士坦丁堡为首都，西罗马帝国以罗马为首都。从 4 世纪起，"蛮族"移民的浪潮一波接着一波涌向欧洲。由于东罗马帝国成功地将他们拒之门外，所以蛮族不断向西迁徙。他们首先在中东欧、在多瑙河平原定居。随后，他们向罗马帝国的核心渗透。在这些"蛮族"当中,日耳曼人构成了其主体。日耳曼人是一个部落联盟,又下分为法兰克人、伦巴第人、勃艮第人、阿勒曼尼人、哥特人、撒克逊人、汪达尔人等。410年,日耳曼人的一支——西哥特人,在国王阿拉里克一世的率领下将罗马洗劫一空。令西罗马帝国形势雪上加霜的是匈奴人的入侵。匈奴人一度侵入巴黎和奥尔良一线,最后于451年在特鲁瓦附近战败;"上帝之鞭"阿提拉则于两年之后去世。虽然匈奴人的威胁解除了,但匈奴入侵加速了蛮族向西迁徙的进程。同时,为了抵抗匈奴人入侵,罗马统治者招募了大量蛮族士兵参军,这些蛮族接受了初步的罗马化。差不多在同一时期,法兰克人和阿勒芒人开始向西罗马帝国境内迁徙;盎格鲁-撒克逊人进入不列颠半岛,将原来住在岛上的凯尔特人赶到了布列塔尼半岛。476年,蛮族将领奥多亚克(也许是突厥-蒙古血统)罢黜了西罗马帝国末代皇帝罗慕路斯·奥古斯都,西罗马帝国宣告灭亡。此时,法兰克人还是西欧北部一个并不强大的蛮族势力。

"墨洛温"王朝得名于萨利安法兰克人国王墨洛维(Merovech)。墨洛维是希尔德里克一世之父,而希尔德里克一世之子克洛维于481年左右继位。在十余年间,他统制了法兰克人诸王,占据了高卢大部分地区,催生了"法兰西"的雏形。按照法兰克人的传统,王国在国王驾崩时由诸子平分。这为墨洛温政权添加了诸多不稳定性。克洛维一世驾崩后,王国由其四子平分,经过克洛泰尔二世和达戈贝尔一世的短暂统一后,又陷入分裂。王权逐渐落入了宫相的手中,国王成为宫相的傀儡。750年,矮子丕平罢黜了墨洛温王朝末代国王希尔德里克三世,篡权称王,创立了加洛林王朝,是为墨洛温王朝的落幕。

通常,我们将墨洛温王朝的开端放在5世纪中叶,或放在克洛维一世登基的481年。就法国史的记忆而言,历史上的人们津津乐道于"法国人的第一位国王"法拉蒙,还有有关克洛维的种种传说。有关墨洛温王朝和法兰克人的起源,历史上也流行过多种具有神话色彩的说法,因此与历史上的法国历史记忆存在冲突。

法兰克人王国最初的重心在图尔奈和科隆之间,大体是今日比利时南部和德国边界所构成的区域。它随后有向巴黎盆地转移的趋势,但这个转移在墨洛温王朝时期并没有实现。在墨洛温王朝,王权没有放弃对专属罗马皇帝的"帝权"(imperium)主张,且存在着一定的立法活动。无论是经济还是文化,墨洛温王朝都没有表现出特别明显的衰退或者停滞。相反,经济和文化交流仍在继续,包括与地中海沿岸地区的交流。而墨洛温王朝几位末代国王暗弱和慵懒的形象,也更多地带有加洛林王朝自我粉饰的成分。在今天,我们需要批判性地看待以往一些教条式的论断,重新审视这个王朝之于法国和欧洲历史进程中的位置。

第一节　王朝的起源

有关墨洛温王朝的起源的说法与神话之间并没有清晰的界限。在现代历史科学出现之前,人们倾向于将王国的历史追溯到更早,而并不满足于以克洛维一世或者其前两代国王的统治作为法国君主制的开端。他们往往会追溯到法国的第一位异教国王法拉蒙,将其视为法国的第一位国王。法兰克人究竟来自何处、有何身世的问题,也有两种主要的假说。在中世纪和旧制度时期,讨论这些问题具有直接的政治意义。而在法国抛弃君主制后,有关法国君主制和法兰克人起源的历史也不断改写。如今,大多数人都接受将克洛维一世的统治视为墨洛温王朝开端的看法,那些更为遥远的传说则基本被人遗忘。但克洛维作为法国第一位基督教国王,其统治还具有另一种标志性意义,也就是宗教与国王权力的结盟。他的若干决定也为后世法国国王的宗教立场和政策奠定了基调。

1. 法兰克人起源及早期国王的传说

"蛮族大迁徙"究竟是真实存在,还是仅仅是一种促进族群认同的神话建构? 这是研究这一时期历史的学者在争论的话题。撇开争议不谈,与其他蛮族神话一样,在公元5—7世纪之间,法兰克人也发明了有关他们起源的传说。传说大致有两个版本。其中一个版本认为,法兰克人来自神话中的王国西康布里亚。这个王国临近亚速海,位于多瑙河沿岸巴诺尼亚的沼泽地带;之后,法兰克人从西康布里亚迁徙到默兹河左岸。另一个版本则是法兰克人的特洛伊起源说,认为法兰克人是特洛伊人的后裔,由法兰西翁率领在莱茵河畔定居,并因为法兰西翁而得名法兰克人。在中世纪,法兰克人的特洛伊起源一度备受青睐。这个说法不仅为法兰克人赋予了高贵的出身,也使得 14 世纪的王位继承争端中,法国推出萨利克法成为合理而自然的依据。不过,到了文艺复兴时期,法国近代历史学家一度排斥特洛伊起源说,而强调高卢本土的政治和文化特色。法兰克人的起源因此涉及旧制度的政治意识形态,它在不同历史时期的版本是值得研究的话题。

在现实当中,罗马作者的记叙表明,法兰克人在 3 世纪时就已经在欧洲北部活动。他们主要定居在亚登(Ardennes)的丘陵地带,一直到北海沿岸的沼泽地区。当时的法兰克人以部落为政治组织形式。法兰克(franc)的意思不仅是自由,还有勇敢。他们反对罗马人的统治,曾进行过激烈的抵抗。358 年,罗马皇帝尤利安率军征服了法兰克人。到了 4世纪,被征服的法兰克人大量进入罗马军队。法兰克人常以务农为业,战时从军,因此常以农夫—士兵的形象出现。通过在军队中服役,法兰克人与其他蛮族一样逐步罗马化。法兰克人内部大致分为两大派系,根据定居位置不同,我们分别称其为滨海法兰克人和滨河法兰克人。滨海法兰克人即萨利安(Salian)法兰克人,定居在莱茵河入海口附近。滨河法兰克人又称利普里安(Ripuaire)法兰克人。他们生活在莱茵河中游,族群的重心在今天的科隆附近。

从墨洛温王朝的国王到 12 世纪初腓力·奥古斯都的时代,法国国王的头衔一直是"法兰克人国王"(rex francorum),随后才被"法兰西国王"(rex Franciae)所取代。不过,第一位称法兰克人国王的人究竟是谁?这是所谓信史所记载不详的。今天,我们习惯于将克洛维一世视为法国第一位国王。提到法国的第一个王朝,必然是从克洛维所"开创"的墨洛温王朝开始。但这个断代更多是从史料角度所作,因为只有克洛维有较为翔实和"可信"的史料保存下来。

但在中世纪和旧制度时期流行的观念里,第一位萨利安法兰克人国王是4世纪的法拉蒙(约365—约430)。在中世纪晚期和近代早期的表述中,人们也往往给他冠上第一位"法国人的国王"(roi des français)的头衔。法拉蒙是否真实存在仍旧待考,且法拉蒙到墨洛维之间的国王谱系是难以确定的。它更多是存在于神话当中。其名最早见于8世纪的无名氏史籍《法兰克人史纪》(*Liber Historiae Francorum*),之后便得到中世纪众多编年史家的采用。法拉蒙是萨利安法兰克人的首领和第一任国王。传说中,萨利克法即由法拉蒙四位智者创制。目前法国史学界的新研究认为萨利克法并非纯粹的日耳曼习惯,而有很大的罗马成分。派出几位智者"造法"更应该是无稽之谈。即便如此,我们不能忽视,法拉蒙和他所"创制"的萨利克法对于日后法兰西王权和民族意识的重要性。另外,有关法兰克王国早期国王的传说也能够强化法兰克人起源内部的连续性,为这个神话般的起源提供血肉支撑。但也正是因为克洛维一世以前的历史并不真实可考,所以从近代以来,就有诸多历史学家试图改变这种上溯祖先的历史写作方式,而满足于以墨洛温王朝作为法国历史的起点。

到了5世纪,在萨利安法兰克人中有三位父子相续的国王:克劳迪翁(Clodion)、墨洛维和希尔德里克。但其中有翔实史料记载的只有希尔德里克一人。1653年,在比利时图尔奈,人们发现了希尔德里克的陵墓(不过大部分遗物在1831年失窃)。罗马和法兰克元素相结合是其墓葬的主要特色。他既作为法兰克人的军事首领,又作为帝国的高层贵族下葬。而在其人像边上,用拉丁语写着他的头衔"国王希尔德里克"(Chidericus rex)。他与罗马将领伊吉迪乌斯(Aegidius)共同对抗西哥特人,帮助萨利安法兰克人取得了第二贝尔盖(Belgica Ⅱ)行省的统治权。由此,他成了境内基督教会的保护者,其中包括地位显赫的兰斯主教。希尔德里克于481年逝世。此时的法兰克王国并不强盛,周边蛮族王国环绕,且法兰克人内部还分裂成多个王国。克洛维正是在这样的形势下接过了法兰克人王国。

2. 研究墨洛温王朝的史料来源

抛开历史上曾经流传的各种传说不说,有关墨洛温王朝的"信史",相比法国史的其他时段,的确十分有限。中世纪早期是一个口头文化占据主导的时代,书面的历史记录并不多。除了神职人员中的精英、僧侣和主教能够运用拉丁语,大部分人(包括平信徒贵族)都无法读写拉丁语。因此,这个时代的书面文献通常质量不高,研究这段历史的历史学家经常需要参考考古学领域的发现。不过,即便是传统意义上的"信史",在今天来看也并不那么可靠。今天的历史学家开始怀疑传统的编年史是否可信。他们开始关注编年史写作的话语特征,从而厘清哪些叙述是对历史事实的描述,哪些又是文学风格使然。如果从这个角度出发,那么很多有关这个王朝的一些人们津津乐道的故事,也许不过是对古典文学的模仿。而一些史籍的史学方法(如年代学),也更多是沿袭了以往的传统。

今天,研究墨洛温王朝可以参考的文字史料,主要有三种。首先是编年史,其中包括图尔主教格雷戈里的《法兰克人史》,弗莱德加的《编年史》等。其次是数量颇多的圣徒传记。最后,几部主要的蛮族法典也是可供参考的史料。不过,即使是一些史学家历来所公认的"信史",在今天来看也具有很大的缺憾。

编年史方面,最为重要的史料当然是图尔主教格雷戈里的《法兰克人史》。格雷戈里出身奥弗涅的高卢-罗马人贵族,573年任主教。虽然这部史书被冠名为《法兰克人史》,它其实是一部十分典型的基督教普遍历史。它以创世为开端,一直写到591年。因为共分十卷,所以又名《历史十书》(Historiae Libri X)。其中,575—591年是格雷戈里根据亲身经历对此前历史叙事的续写。这位图尔主教备受近现代史家推崇。他十分重视自己写作的真实性,对于史料来源也有较为严格的查证核对,所以史学家很大程度上借用了格雷戈里的叙事和年代学。

接续图尔主教格雷戈里的历史的,有弗莱德加的《编年史》。不过,弗莱德加只是后世托名;这部《编年史》其实由一系列小篇幅的编年史构成,是若干人集体创作的结果。能够确定的是其中有一位作者来自拉昂,而拉昂及其修道院在中世纪早期一直是高卢地区史学创作的中心之一。弗莱德加的《编年史》涉及达戈贝尔一世到墨洛温王朝结束的这段时期,展现了王朝由盛转衰的历程。

不过,原来历史学家不假思索就加以接受的观点,日益受到历史学家的检讨乃至批判。例如,《法兰克人史》的史料价值,多大程度上会因为作者的宗教立场而减损? 毫无疑问,图尔的格雷戈里所代表的是教会人士的视角,他写作的主要目的,是捍卫教会特权,并教育民众。而最关键的是,即便是单纯从准确性上讲,这部史书也未必可以轻易置信。例如,对于克洛维的统治,格雷戈里只能以 5 年时间为区间描述事件的发展。(7 世纪托名弗莱德加的《编年史》也是类似的做法。)虽说这种做法其实是延续了罗马帝国的历史写作传统,但这也就使得具体的年代断定无法展开,而需要依靠历史学家的逻辑推理。一些人们耳熟能详的传奇故事也值得质疑。格雷戈里对于托尔比亚克战役和克洛维决定皈依的事件有十分生动的描述。这个故事在日后广为流传,是法兰西民族记忆的一部分,今天的先贤祠壁画中也保留着这场战役的场景。不过,从文学角度看,对于这起事件的描述,与 312 年皇帝君士坦丁在米尔维安桥之战改宗基督教十分类似。事实上,可以让克洛维皈依的,还有其他众多的场合和机会。而这场战争和皈依之间也可能存在时间间隔,因为克洛维身边的将士更多的还是阿里乌斯派或者异教徒,他们对于基督教仍然不可避免地存在抵制心态。所以,很难出现如格雷戈里记述的那样,数千多将士立即改宗的场面。无论是这场"决定性"的战役,还是克洛维与克洛蒂尔德的婚姻等事件,传统的年代断定在今天的历史学家看来是需要加以批判的。历史学家们也将不断检验种种假说,找到更具逻辑、更有说服力的一种。

另外一种史料来源是圣徒传记。运用这种文本最大的难点在于,它们的作者通常是匿名的,且难以断定具体的写作时间。不过,这种带有文学性和宗教性的文本,也值得史学家挖掘利用。这是因为它们的叙事能够生动反映出社会的多个方面和状况,尤其是精英和统治阶层以外的那些穷人和农奴等。另外,圣徒传记的作者往往也会试图为圣徒编修谱系,这对于考察家族传承以及这些圣徒的出身背景等等方面都有一定的参考价值。

最后,几部蛮族法典也是研究墨洛温王朝时期社会和制度史的珍贵文献。透过这些法典的条文,我们能够推测墨洛温王朝的社会运作和冲突解决机制,以及国家维护秩序的手段。不过,运用这些法典也有潜在的问题,即它们并不总是对社会现实的真实反映。条款的具体实施和适用情况,我们往往无从得知。很多条款往往在法典编纂之后即不适用。如果未加批判就简单运用,势必会犯下一些时代错误。

3. 克洛维一世:受洗与加冕

虽说有关墨洛温王朝的历史叙事行走在真实与神话、纪实与俗套之间,这个时期的重大事件依然勾勒出后世法国历史的一些重要线索。克洛维受洗和加冕就是其中之一。即使有关其受洗和加冕的历史真实还有待进一步考证,后世对于这个事件的叙述本身就构成了一个同样重要的研究对象。这是因为,后世有关这一事件的认识,很大程度上影响了他们在不同历史时期的历史抉择。就法兰西的记忆而言,墨洛温王朝的第一任国王克洛维在很长时期里一直是一座伟大的纪念碑。克洛维受洗与加冕标志着法兰克人的王国皈依基督教,标志着法兰克人王国的王权与教会结盟。克洛维受洗发生于公元498或499年。这段记忆有着鲜明的建构过程。而萨利安法兰克人所保护的兰斯教会,走上了法兰西历史的舞台。有关这场事件的记忆,由兰斯的历史学家们所精心建构起来。

"克洛维"(Clodevicus)在日耳曼语中的意思是"战争的胜利者"。法语中,这个名字在日后演变成了路易,是法国国王最常见的名字。在众多蛮族国王当中,克洛维的与众不同之处,就在于他迈出了关键的一步,即皈依基督教。在登基之初,克洛维首先要破除的是滨河法兰克人的阻碍。不过,这对他来说并非难事,因为滨河法兰克人更迫切地要对付阿勒芒人。克洛维迎娶了滨河法兰克人的公主,使得法兰克人的两大派系有了巩固的盟友关系。此外,克洛维也很快征服了其他萨利安法兰克人国王。平定法兰克人内部之后,克洛维迅速向南扩张。公元486年左右,他在苏瓦松战胜了西格里乌斯(Syagrius),将王国扩张到了卢瓦尔河。接下去,他的对手是西哥特国王阿拉里克二世和尤里克(484年继位)。在这场斗争中,克洛维积极获取信奉基督教的高卢-罗马人贵族和主教的支持,还相继与同样钦慕古典文化的东哥特国王狄奥多里克结盟。不过,后面这两位国王维持着他们的阿里乌斯派信仰。在与阿勒芒人作战的关键战役托尔比亚克之战中,克洛维为日后的法国国王作出了关键选择——基督教,他的决定也带来了一系列历史记忆的建构。围绕他的受洗和加冕,出现了大量带有传奇色彩的记叙,这些传奇故事发生的舞台是兰斯。

　　"兰斯"这座城市的名字,最早见于公元前1世纪。凯撒在《高卢战记》中提到过这座城市。当时它还是以凯尔特语命名:Durocortorum。3世纪,来到此地的日耳曼人称它为"雷梅斯"(Remes),于是在拉丁语中,兰斯更名为Civitas Remorum或者Urbs Remorum。这是日后"兰斯"(Reims)称呼的起源。兰斯是第二贝尔盖行省的首府。有关兰斯在法国历史记忆中的地位,雅克·勒高夫认为:"从498—499年到圣路易统治时期(1226—1270),这是这一记忆的建构时期。事件、神话、传统不断发展,在克洛维受洗的记忆、圣雷米崇拜、圣油瓶(saint ampoule)传说、一连串国王加冕礼、为祝圣圣事提供富丽堂皇的外衣的大教堂建成等等因素的支持下,它在圣路易时期成为一场用于宣示法兰西王国独立和优越于其他基督教王国的仪式。在兰斯,这场仪式更新和延续法兰西君主制和人民具有显赫身份的回忆,让每一位新国王都成为最为虔诚的国王

(rex christianissimus)。"①兰斯及其教堂因此是法兰西王国和民族记忆的"记忆之场",而它的故事是从5世纪末、墨洛温王朝的发端处开始的。据称,皈依前的克洛维与其他蛮族首领一样极为残暴。一次,他曾在检阅军队时,用斧头劈开了将战利品(一个圣瓶)归还圣雷米主教的士兵。493年,克洛维迎娶了信奉天主教的勃艮第公主克洛蒂尔德,并同意让她所产下的长子和次子受洗。498(或499)年,克洛维又迈进了一步,于圣诞节之日在兰斯大教堂的洗礼堂,由其"王国"的天主教神职人员之首、兰斯主教雷米主持受洗。

兰斯教会的历史学家在日后不断丰富了这次浩大的典礼。根据弗洛多阿尔(Flodoard de Reìms)在《兰斯教会史》中的说法,这场典礼中出现了天降圣瓶的一幕:

> 当一行人等抵达本堂神父宅邸,携带圣油的教士堵在人群当中,无法走到洗礼盆前。在为洗礼盆祝福之后,在神的授意下,圣油却还没到。于是,圣徒主教抬起头来,眼里噙着泪水,暗暗向上帝祷告。突然之间,飞来一只洁白如雪的鸽子,喙里衔着天上送来的长颈瓶,瓶里装满了圣油。他呼出一口沁人心脾的芳香,每一位助手都感到无以言表的愉悦,是他们从未尝过的。圣徒主教接过瓶子,而正当他将圣油倒在洗礼水上的时候,白鸽突然消失得无影无踪。看到此等奇迹,满怀喜悦的国王当即断弃了俗世的浮华和恶魔的业障,要求德高望重的主教为他进行洗礼。②

在现代人眼里,这个故事自然充满了神话色彩。也有人会怀疑这是不是精心安排的魔术。但不管怎么说,在一个承认奇迹的时代,这样的故事发挥着重要的作用。从今往后,圣瓶也成了法兰西王权象征物

---

① Jacques Le Goff, "Reims, ville du sacre," in Pierre Nora ed., Les lieux de mémoire, Ⅱ. La Nation, Paris: Gallimard, 1986, p. 650.

② Jacques Le Goff, "Reims, ville du sacre," in Pierre Nora ed., Les lieux de mémoire, Ⅱ. La Nation, Paris: Gallimard, 1986, pp. 657 – 658.

(insigna)的重要组成部分。在此之后,所有法国国王的加冕都是如此叙述的:法国国王是从克洛维一脉相承的后裔;加冕的场所是兰斯大教堂;法国国王的加冕礼中,圣雷米有着崇高而关键的地位。加冕礼有一系列必须进行的活动,如膏礼(onction)。膏礼必须用到克洛维加冕时奇迹所带来的圣油,而兰斯的教堂保留着剩余的圣油,在未来的加冕礼中会再度开启使用。至此,克洛维兰斯加冕为法兰西王国的政治传统奠定了基调。在此后的一千多年中,法国国王大都要在兰斯加冕。其中,圣女贞德1429年带王太子查理七世前往兰斯加冕的一幕,也深刻印在了法兰西王国和民族记忆当中。虽然圣德尼一度是兰斯的竞争者,但是克洛维在兰斯所奠定的基本模式是难以撼动的。

回到克洛维的这个选择本身。抛开个人信仰因素不论,皈依基督教,并由兰斯主教为其加冕,很大程度上也是一笔政治交易。克洛维的王国在此时已经极为强盛,与基督教和教会确立同盟可谓各取所需。一方面,法兰克人王国需要当时西方世界最强大的势力,也就是罗马教会的支持,从而取得政权的合法性,抹去其征服和残暴的一面。另一方面,罗马教会也得以借助克洛维的军事实力,扩张基督教,消灭那些尊奉阿里乌斯异端的蛮族王国,并向更为广阔的地区开展传教活动。

第二节　墨洛温王朝的政治制度与政治权力

与其说墨洛温王朝的出现标志着与罗马统治传统的断裂,不如说,法兰克人的政治传统与罗马帝国的遗产在这一时期相互结合、共同作用。整体上说,由于王国继承的原则和贵族势力的约束,在墨洛温王朝,王权并没有高度集中。虽然延续着许多罗马帝国的政治理想,但在政治制度方面,墨洛温王朝也有其独特的发明。

1. 法兰克人的政治传统

以往我们倾向于认为,墨洛温王朝的统治与罗马帝国晚期有质的不同,即日耳曼-法兰克人的传统在此期间占据主导。不过,从今天的眼光看,这种观点忽视了诸多连续性的因素。而很多我们认为典型的"日耳曼"政治传统,也有可能有其罗马元素。这里,我们也许又一次见证了法国历史上著名的"罗马派"和"日耳曼派"之争。但无论是就哪个历史细节的解释而言,将两派观点共同陈说也许是最稳妥的。

所谓法兰克人的政治传统,大致有以下几个方面:国王享有"蒙德"(mund,最初意为保护,后衍生为国王特权;多见于蛮族国王人名当中),建立在私人关系上的政治关系,以及领土平分继承的原则。国王要行使"蒙德",他的特权由血统传承。法兰克人国王有一头标志性的长发,而当时人们认为,长发具有保存"蒙德"特权的功能。罗马帝国晚期,一套抽象的政治权力和行政统治观念逐步建构了起来。这些观念对于日耳曼人来说过于抽象。日耳曼人的传统相比强调"国家"(respublica),更强调国王与臣民以及人与人之间的私人关系。国王会储藏大量财宝,包括武器、主堡、器皿、华服、钱币,这些都是国王的私人库藏。而慷慨也是国王的必备美德。通过向臣属赠予礼物,他与他们建立起了私人关系。同时,与国王共进晚餐,往往也意味着高级贵族的身份。

法兰克人的政治组织高度军事化,而他们的国王最重要的角色,也就是军事领袖。在法兰克人的观念中,国王是由自由人集会"选举"产生的。由于私人关系的重要性,维系权力的一大重要手段是宣誓效忠,无论是在新王登基还是在王国的紧要关头,国王都会要求臣属进行宣誓,从而巩固他们之间的联系。国王登基时,需行欢呼和彩旗礼。然而,有的学者认为,这些做法在罗马帝国晚期的军队中就已经存在,并非完全属于日耳曼传统。

国王在获取臣属的宣誓效忠之外,也要尽到国王的职责,包括保护臣民、主持审判、分配战利品等。另外,法兰克人国王将王国当作自己的财产,可以自由支配。在墨洛温王朝,王国国土不可割让(inalienabilité)的原则尚未确立,甚至附着在领土上的公职(officium)也可以让渡。由于王国是国王的私人财产,它的继承也就要遵循萨利克法,也就是萨利安法兰克人的法律。萨利克法规定了排除女性继承和诸子平分的原则。这就意味着,如果国王留下了多位子嗣,王国也会因此被平分。例如,克洛维死后,王国就被他四个儿子瓜分。在这种情况下,只有当王室的若干分支绝嗣,或者各个王国的继承人之间相互征服的时候,王国才能重新回归统一。511 年,克洛维的几位儿子平分了王国。长子提奥多里克一世统治滨河法兰克人,外加奥弗涅和香槟的领地,定都兰斯。而之后,克洛多梅尔、希尔德贝尔一世、克洛泰尔一世相继在巴黎、奥尔良、苏瓦松定都。561 年,克洛泰尔一世死后,王国又一分为四。567 年,分到了法兰克王国西边部分的查理贝尔(Charibert)去世,没有子嗣。所以到了7 世纪初,法兰克王国又下分为三个王国:首先是奥斯特拉西亚王国,其领地大体上是滨河法兰西亚、香槟、阿基坦;其次是纽斯特里亚王国,包括图尔奈、勒芒、诺曼底和法兰西岛;最后还有勃艮第王国,大致由以前的勃艮第王国和奥尔良王国组成。克洛维之后,墨洛温王权的鼎盛时期当数克洛泰尔二世(584—629)和达戈贝尔一世(629—639)统治的这 50年。此时,王国具有相对的统一性。随后,墨洛温王权出现了漫长的危机,其标志是奥斯特拉西亚宫相丕平家族逐步掌权。这种平分的继承制度长期以来都被认为是日耳曼传统的一大特征,但有学者也指出,它也可能体现的是罗马私法中倾向于诸子平分的原则。[1]

　　平分制还有很多隐含的意味:首先是家族内继承的原则。虽然原则上,国王依旧是通过贵族选举产生,权力的交接现在主要是通过继承实现的,因为选举往往选的是克洛维家族后裔中的男性成员。另外,图尔的格雷戈里曾评价称,克洛维的继承人分享王国的时候是十分均等的,这些王国的国王都称为法兰克人国王,他们维持着均衡的状态。而与此同时,整体的王国(regnum)概念并没有因为王国平分而受到破坏。这一统一性是以诸王的血缘关系为纽带的。

　　既然日耳曼政治传统对于法兰克人王国的影响其实是相对有限的,

---

[1] Claude Gauvard, *La France au Moyen Âge du Ve au XVe siècle*, Paris：PUF, p. 51.

那么,有必要评估的是它所受到的罗马和基督教传统的影响。事实上,罗马帝国的公法并没有随着蛮族入侵而消失。高卢-罗马贵族延续了罗马的政治传统。这批贵族占据教会要职,将罗马传统作了基督教化,并将其传播给了法兰克人国王。至于法兰克人国王,他们在最开始就已经有了一定程度的罗马化,因为他们此前长期在罗马军队中效力。因此,帝国的统治方式很大程度上得到了保留。在各个省(pagus),法兰克人王国设立了伯爵(comtes)作为国王在地方的代表。法兰克人国王没有遗忘罗马帝国的头衔,乐于使用"元首"(princeps)来自我指称。他们天然地认为自己拥有权威(auctoritas)和颁布诏令立法的权力。墨洛温王朝的王权在观念上是罗马帝国的延续。在征服西哥特王国后,克洛维508年在图尔接受了东罗马帝国皇帝阿纳斯塔修斯一世的执政官头衔。此后,他又取得了帕特里斯(patrice)的称号,也就是罗马帝国最高的民事和军事官员。至于放弃阿里乌斯派教义,与教会同盟,更是凸显了罗马传统在墨洛温王朝的连续性,使法兰克人国王成为君士坦丁和基督教罗马皇帝的后继者。克洛维也因此在511年召集了奥尔良教会会议,并将其确立为惯制。①

墨洛温统治的另一个重要概念是"近臣"(leudes)。所谓近臣,也就是在国王身边的几大重臣。这个组织制度源自罗马帝国,且仍旧保留着公共的特性。国王的近臣来自王国境内的各个地区,为国王效劳之后往往还会被送往与自己出身不同的地区担任主教。宫廷因此是地位晋升的必经之路,也是促进王国文化统一的重要途径。国王与百姓没有直接接触的途径。自由民通过伯爵向国王宣誓效忠。他们负有服役的义务,否则会被课60苏的抗召罚金。贵族从国王处接受头衔或者荣誉,并由此取得收入。作为交换,他们要向国王效忠。不过,贵族也有自身的人际关系网,这张网由其身边的幕僚、附庸、亲属等组成。大贵族赐予小贵

---

① François Saint-Bonnet and Yves Sassier, *Histoire des institutions avant 1789*, Issy-les-Moulineaux: LGDJ-Lextenso éditions, 2015, p. 54.

族以薪俸(beneficium,通常是土地或者黄金),换得后者的服从和终身效劳。后者也因此成为附庸。附庸制度同时具有罗马和日耳曼起源。在罗马帝国晚期,所有罗马贵族都是养着一批附庸,拥有众多由自由人和被解放奴隶组成的家臣团。达戈贝尔(629—639)时期颁布的滨海法兰克人法(loi des Francs ripuaires)有自由人扈从(ingenui in obsequio)的说法,而"附庸"一词的正式出现要到 8 世纪。① 墨洛温王朝的附庸关系可谓是 10 世纪以后封建附庸关系的雏形。基督教和军事制度还带来了一些新的人际关系。有血缘关系的贵族相互结盟自然十分常见,但社会的基督教化,又带来了一种新的亲缘关系,也就是教父母与教子女的关系。这种关系虽然是拟构的,但却真实有效。另外,在 7 世纪的墨洛温王朝,横向的关系纽带也十分重要,其中就包括相同年龄层和出身背景的人的战友之情。

从财政的来源来看,墨洛温王朝同样展现公私不分的特点。它既有延续罗马帝国的制度,又有一些新的变化。王室的收入大多来源于领地收益及沿袭罗马时代的税收;但同时,大量战利品也在充实着国王的金库。国库与国王私人金库并没有明确分别。墨洛温王朝的政权建立在国王慷慨赐予的基础之上,如何维持收入因此是十分棘手的问题。国王拥有一些别庄(villae),常坐落于狩猎的森林当中,如巴黎附近的克里希(Clichy)、谢勒(Chelles)等地就有纽斯特里亚国王的别庄。

克洛维所创立的王朝与其他蛮族王国一样并非纯粹的"日耳曼王国"。他身处两种政治传统之中,这两种传统在墨洛温王朝的统治中随着王权的兴衰而此消彼长。

2. 法兰克王权与"帝权"

虽然在 476 年,西罗马帝国最后一位皇帝逊位,但是罗马皇帝及其

---

① 图尔的格雷戈里对这种效忠关系的描述,参见 Geneviève Bührer-Thierry et Charles Mériaux, *La France avant la France*(481—888), Paris: Gallimard, 2019, p. 80。

帝权的观念并没有随之消失。一方面,帝权的象征物转移到了拜占庭,使得东罗马皇帝在接下去的两三个世纪中不断尝试恢复帝国版图,借道地中海对西欧的蛮族王国进行了多次征服行动;另一方面,原本作为帝国盟友的日耳曼诸部,相继建立起了法理上从属于罗马帝国,但实际上独立的大小王国。在西罗马帝国覆灭后的十几年里,克洛维,也就是萨利安法兰克人的国王征服了大多数的王国,而他的儿子们更是吞并了勃艮第和普罗旺斯。

克洛维的成功得到了东罗马帝国皇帝的认可。508 年,拜占庭皇帝阿纳斯塔修斯一世赐予克洛维执政官头衔。不过,在 6 世纪,也许是因为西罗马帝国的记忆还十分强劲,墨洛温诸王尚未系统借用罗马帝国的统治术语,但到了 7 世纪末 8 世纪初,墨洛温国王称为"元首"(princeps);此外,根据图尔的格雷戈里的说法,克洛维在 508 年起即称"奥古斯都",无论是君主还是奥古斯都,都意味着墨洛温国王是皇帝权威的拥有者。至于"帝权"的字样见于希尔德贝尔一世的文书。随后,在官方文书中又出现了王国帝权(imperium regni)的说法。通过沿用和效仿罗马帝国政治术语,日耳曼出身的国王得以提升其政治地位和权力,同时也得以消去其武力征服建立特权的色彩,为法兰克人的统治提供了正当性。

将王权与原属于罗马皇帝的"帝权"结合的做法,也意味着国王的职责与义务受到了重新定义。如前所述,日耳曼-法兰克传统中,国王更多以慷慨的军事领袖形象出现。但就罗马帝国的政治传统而言,国王的职责不外乎维护和促进公共利益,进行立法、审判和行政管理等项。在吸收罗马政治传统的过程中,法兰克人国王充分利用了高卢-罗马人的顾问。

法兰克人国王的帝国意识也许还影响了王国的军事政策。在克洛维统一了法兰克人之后,克洛维的儿子们将目光投向东部的疆界,兼并了图林吉亚王国的西边部分。提奥多里克之子提奥德贝尔特(Theodebert)一世于 539 年又征服了阿勒芒尼亚和巴伐利亚,甚至一度染指意大利北部。7世纪,斯拉夫人开始威胁意大利北部,而达戈贝尔与伦巴第人同盟,在东罗马帝国皇帝的支持下阻止了斯拉夫人前进的步伐。法兰克人随后又征讨萨克森异教徒和西哥特王国——这些对外军事行动是日后加洛林王朝君主的扩张行动的前身,其背后也许有恢复帝国的观念在支撑。

3. 王宫与宫相

所谓"王宫"(palais),在墨洛温王朝并不指物理意义上的宫殿,而是一系列王室管理职位。王宫的拉丁语为 palatium,从词源学上讲,衍生自罗马七丘之一的帕拉丁山(Palatinus),在帝制时期,帕拉丁山是皇帝的宫殿所在。墨洛温王朝的王宫,由国王的一批近臣组成。其中包括护卫国王的近侍,还有国王的私人顾问,他们或出身教士,或是平信徒,但都是国王精挑细选值得信赖之人。国王在顾问中挑选合适的人行使王宫各职,这些官职很快就与政府公职混淆在了一起。于是,这些人也往往开始管理王国事务。例如,所谓的"大元帅"(maréchaux,或者 comes stabuli,也就是 connétable)原本是管理国王马匹的官职,但也在统帅王国骑兵方面开始发挥作用,最后有了军事统帅的职能。内侍(Chambriers)原本是在国王寝宫服侍的职位,但也演变出了管理国王金库和记账的职能。大主管(Sénéchal)则是国王近臣中年资最老的,他本来的职责是国王用餐时为国王上菜,但逐步有了管理王宫人事的功能。

不过,王宫中最为重要的职位是宫相(major palatii)。宫相起初纯粹是王室的家政官,但在7世纪以后权力不断提升。宫相的一个重要的职责是管理国王金库和领地,也负责制定王室开支。上面已经提及,在墨洛温王朝很长一段时间里,法兰克人王国内部又分为三个王国,这三个王国都有各自的宫相。从6世纪末起,宫相就与贵族利益结合并借此不断攫取权力,成为王权名副其实的保有者。这个趋势为日后奥斯特拉西亚王国宫相丕平上位,开创加洛林王朝埋下了伏笔。

4. 地方行政长官:伯爵

如前所述,法兰克人国王并不直接与被统治的民众接触。他们的行政和司法权力经由伯爵(comte)行使。伯爵是国王在地方的行政长官和代理人。正因为伯爵是国王的延伸,所以看上去伯爵集行政、司法、财政、军事大权于一身。在与伯爵职能相关的文书当中,因此也可以看到国王的种种职能和目标。公元 7 世纪保存至今的《马尔库夫范例集》(*Formulaire de Marculf*)向我们昭示了伯爵之任命及职能。从其中一份伯爵誓词中我们可以看出,所谓伯爵,更多的是国王的委任官,行使公共权力,尤其是司法权力(当时很多文本将伯爵称为是"公共法官"[iudex publicus])。伯爵所统治的是他的省(日后演变成法语中 pays[地区]一词),其行使的权力应当是国王权力的延伸。伯爵由国王任命或废除。伯爵的主要职能,是忠于职守,管理自己的省,从而维护领内的和平,践行基督教理想统治者的职责(如照顾寡妇、孤儿,处罚犯罪,等等)。伯爵需要通过他的统治(regimen)让王国内各个民族的人民有序生活。伯爵必须根据人民的法律与习惯加以统治。财政方面,伯爵每年还需向王室金库缴纳代征的国王税金。在各个省当中,他在百夫长以及代理官的协助下,征召自由民入伍。伯爵还有召开马鲁斯(mallus)法庭的职能。对于违背国王征召令(ban)者,由伯爵处 60 苏罚金(其中的一部分由伯爵自行保留)。对于违背伯爵征召令者,处 15 苏罚金。对于充公罚金(fredus),伯爵收取三分之一,国王收取三分之一,最后三分之一给受害者。辅佐伯爵的,是自由人当中富有权势者。在南方,这些人称为"好人"(boni homines);在北方,他们被称为助审官(rachimbourgs)。他们在司法领域扮演着尤其积极的角色

正因为伯爵是十分高级的官职,他也跻身贵族行列,因此也就享受税收豁免。虽说伯爵理论上是国王随意任命,但国王在具体任命时还是有许多社会和政治因素要考虑。在 6 世纪,活跃于卢瓦尔河以南一半以上的伯爵是高卢-罗马人,而在卢瓦尔河以北,四分之三的伯爵是日耳曼

人。不过,由于伯爵的权力范围广泛,又是国王的全权代理,基本没有制约,故而常出现滥权的情况。所以,7世纪起,考虑到追责问题,国王在任命伯爵时会更多选择当地人士。这样,如果出现滥权和不公行为,就可以用他们在当地的财产作为受害者的赔偿。同时,达戈贝尔还曾设立巡回法庭,约束伯爵权力。在墨洛温王朝后期,伯爵职位逐渐受到大家族的掌控。很多家族父辈担任伯爵,若干年后,其族中子弟也任伯爵。虽然伯爵的职位还没有完全成为世袭,但我们可以看出其变为世袭的倾向。贵族家族势力因此也制约着国王理论上的自由选择。

5. 政教关系

墨洛温王朝十分注重于通过宗教来寻求自身统治的合法性。在墨洛温时代的高卢,流传着种种圣徒的传说,这些传说与王国统治有千丝万缕的联系。急于让信奉异教的蛮族皈依的教会营造了一种光明对抗黑暗,正义对抗邪恶,文明对抗野蛮的话语。即便克洛维率领众多贵族受洗,蛮族人的异教信仰也并没有立即消失。从文献和考古学角度看,高卢全境都有异教活动的遗迹保留。而基督教化的进程的很大一部分内容,是将异教崇拜转化为圣徒崇拜。异教所崇拜的力量被等同于魔鬼,而圣徒往往是战胜魔鬼的“英雄”。例如,5世纪巴黎主教圣马塞尔,就传说战胜了巨龙。在6世纪的这些充满神话色彩的圣徒传记中,基督教以光明和文明的传播者自居,极力贬低异教传统,制造出强烈的新旧反差。在高卢,有关各地主教的传说比比皆是。这些主教行禁欲苦修,具有治愈疾病的神力。在墨洛温时期,基督教还没有严格的封圣程序,所以许多高卢主教经过绘声绘色的传说而成为圣徒。

不过,与王权联系最为紧密的圣徒是3世纪巴黎主教圣德尼。达戈贝尔是第一位决定死后下葬圣德尼修道院的国王。有关达戈贝尔有一个流传甚广的传说:达戈贝尔在一次狩猎中,神奇地遇上了圣德尼的坟墓。圣德尼和达戈贝尔的“邂逅”标志着这座修道院和王国的正式结缘。圣德尼将成为王国的保护者,或者说主保圣徒。

　　意识形态上吸收宗教资源是墨洛温王朝政教关系的一个方面。而另一个重要的方面是国王与主教以及"高卢教会"的关系。从教会史的角度看,墨洛温王朝处在一个教会改革的时期。鉴于主教行为失范,教皇格雷戈里一世(大额我略)对他们作出了新的规范,颁布了《司牧训话》(Liber regulae pastoralis)。同时,他还和爱尔兰修道院运动的领袖圣科隆班通信,积极关注基督教修道士的活动。他的这些举动,一方面为的是统一西欧基督教世界,另一方面也是努力塑造一个与平信徒有更鲜明区别的神职人员阶层。不过,在高卢,格雷戈里对于教会组织的理想并没能充分实践。这主要是因为国王和贵族出于各自不同的利益和立场,对于他的改革举措抱有不同的态度。更多时候,高卢的主教们游走于宗教与世俗之间,因此也就较为深刻地卷入王朝的政治当中。

　　在墨洛温王朝,随着克洛维的受洗和加冕,法兰克王国奠定了其基督教的基调。有关国王的理想型都是据基督教教义引申而来。在克洛维去世前,兰斯主教雷米在一封书信中陈述了自己有关王权的看法。从某种意义上讲,王权与教权关系的争论,是罗马帝国晚期相关争论的延续。在雷米看来,克洛维是布道师,是正统信仰的捍卫者。他的观点因此强调了国王对教会的保护关系,与教皇格拉修一世在494年奠定的教权—俗权严格的二元论有所冲突。根据雷米的说法进行推论,主教不可能绝对独立于国王。由于兰斯在墨洛温王朝的显赫地位,雷米的理论也有十分深远的影响。国王的职责,在于保护教会,在于引导民众根据基督教的规范生活,而对于王权统治教会还是主教自主权的问题,雷米的态度较为暧昧。511年的主教大会上,克洛维确保了其对主教授任权的控制。而到了7世纪,达戈贝尔还立法规定基督徒的义务,如参加弥撒和周日不劳作等。国王保护高卢教会之说将是日后高卢宗的核心观点之一,而国王立法推行基督教理想的做法还会在中世纪反复出现。

　　主教的主要职能是让异教徒皈依,也致力于维护和平。主教中出现了如维南修斯·福尔图纳图斯(Venantius Fortunatus)这样的诗人,以及图尔的格雷戈里这样的史学家。到7世纪达戈贝尔的宫廷,我们还能看到富有学识和文化的主教的身影。但到了 7 世纪晚期,主教的文化水平似乎和贵族一道衰落了。相比于西哥特王国的高层神职人员热衷于神学辩论,高卢主教更多的是实践者,他们参与宗教和政治,举行高卢主教大会。在墨洛温王朝,主教除了享有主教本就拥有的宗教权力,也享有一定的世俗权力。早在日耳曼人入侵的年代,主教就越过了其宗教职能,涉足世俗事务的管理,如进行外交谈判,整备防御设施,建造如港口、磨坊等经济设施,经营庄园等等。他们的司法权也从涉及教士的案件延伸到普通公民的案件。主教对于自己的领地拥有一定的公共职能。在整个墨洛温王朝期间,主教对于其教区教士和教会领地内的民众履行着越来越强的司法管辖权。国王和世俗大贵族不断向教会捐献财富,修道院制度也在这一时期有迅猛发展。这些发展都让法兰克教会的土地财富变得尤为显著(大约占到了农业财富的五分之一)。教会的财产相对于王国而言具有豁免权(immunitas),是国王的官员所无法染指的。这也就使得高卢教会中的主教得以独自经营巨大的领地,在其教会领地内,行使司法和行政职权。到了 7 世纪上半叶,甚至出现主教侵夺伯爵职权进行征税的情况。

然而,王国政府表面上的这些"让步"其实有其更深的政治意图和考量。墨洛温王朝的一大政策特点,就是主教参与王国的统治和治理。从某种意义上讲,这也是法兰克王国基督教化程度加深的反映。大约在公元 559—561 年,克洛泰尔一世的诏令赋予主教管理王国司法的大权。在 7 世纪,在国王的支持下,主教进一步参与公共治理,有的甚至从国王处取得了任命教区内伯爵的特权。在墨洛温王权走向衰微的时期,强大的主教领地逐渐形成了一块块"主教公国",这些公国日趋独立,成了游离于王权之外的独立国度。将主教领地重新整合到王国的框架之下,是加洛林王朝的任务。

第三节 墨洛温王朝的法律制度

如前所述,法律文本是研究墨洛温王朝法律与社会制度的重要史料来源。不过,在使用这些文本时,我们对其渊源、性质与实效,当抱有审慎的态度,而不能不加批判就利用。与墨洛温王朝有关的法典当中,最著名的当数《萨利克法典》。这部法典一度被认为是日耳曼法的"代表作"之一,但今天的研究更多地强调其文本的历史层累,强调其兼具罗马和日耳曼元素的特点。就墨洛温王朝的司法制度而言,当事人主义和神判是主要特征。

1. 墨洛温王朝的立法与法典

墨洛温王朝的法律制度具有多元性。随着西罗马帝国的消亡,帝国所营造出来的统一的法律体系也瓦解了。高卢-罗马人在 507 年以后采用了《阿拉里克法律要略》,将其作为法兰克王国的法律。萨利安法兰克人编纂了《萨利克法典》,勃艮第人编纂了《贡贝特法典》(*loi gombette*)。7世纪达戈贝尔一世时期出现了《利普里安法典》(*loi ripuaire*,即滨河法兰克人的法律)。8 世纪,阿勒芒人和巴伐利亚人也相继有了成文法典。法律多元的另一个表象是"属人法"的盛行,即根据一人的种族出身适用相应的法律。在诉讼中,诉讼者都需回答自己的父亲和祖先是否遵从于某种法律。不过,这种属人法也具有属地属性,因为这些法典大多具有地域性。例如,生活在阿基坦的高卢-罗马人通常而言就可以推定遵从的是罗马法。尽管这一时期的法律强调民族性,但我们不难归纳它们所具有的共同特点:家族拥有重要角色,誓证,神裁,形式主义的诉讼程序,金钱和解,等等。

所谓的蛮族法在视角上与罗马法有本质不同。罗马法强调的是国王通过其代理人维持公共秩序,但在如《萨利克法典》这样的蛮族法中,重要的是维持家族之间的和平。所以我们可以明显注意到,刑事犯罪通常会采用支付赔偿金的形式解决。在这一时期的法律实践中,罗马法和日耳曼法有互补和互相影响的趋势。至于王国立法,它充分反映了基督教的司法理想,有意推行统一的法律规范,而其中很多规则来源于罗马法,例如,克洛泰尔一世就规定,在刑事案件中,禁止不听取被告就判决的做法。他还废除了蛮族法典中规定的若干死刑罪名。

很多学者认为,法兰克人的法典更忠实地保留了日耳曼传统。萨利安法兰克人的法律,也就是《萨利克法典》成文于克洛维统治时期。而《萨利克法典》的源头,也许可以上溯到 4 世纪,是维护帝国军队中法兰克人士兵纪律的规定。根据波利(J-. P. Poly)的研究,《萨利克法典》中的一部分来自更古老的文献,其中有 44 个段落很有可能是 4 世纪的产物。它最初可能是一个和平协约,是驻扎在莱茵河的罗马军队将领对为其效劳的法兰克人士兵所作的规范,所以并不能反映所谓的蛮族习惯。这些规定的目的是约束法兰克人的暴力行为。《萨利克法典》日后经多次改订,最后在查理曼时期定本。而在 7 世纪达戈贝尔统治时期,滨河法兰克人的法律《利普里安法典》则受到了《萨利克法典》的影响。在法国南方,尤其是阿基坦地区,罗马法仍在通行。不过,公元 534 年东罗马皇帝查士丁尼下令所作的法律汇编并不为法兰克王国所知。在西欧,人们要到 11 世纪后半叶才发现了查士丁尼的《民法大全》并对其开展研究。罗马法随后从南往北影响法国。

《萨利克法典》的大部分条款涉及犯罪。如上所述,《萨利克法典》的一个重要目的可能是消除个人或集体的复仇行为。其中最有名的规定莫过于偿命金制度(Wergeld),也就是有关金钱和解的规定。偿命金制度消灭了诉诸暴力复仇进行私力救济的合法性。而对于特定犯罪所规定需支付的偿命金当中,三分之一需上交国王。根据犯罪的不同性质、严重程度和受害者的身份,《萨利克法典》规定了不同的偿命金。如果一人杀死了自由的法兰克人或者生活于《萨利克法典》之下的蛮族人,处以8000 第纳尔罚金,即 200 苏。壮年男子就比老人和妇女"值钱"。断他人手足,破坏他人五官者,需赔付 100 苏等等。对于破坏篱笆、盗窃牲畜等犯罪,《萨利克法典》也规定了颇为严格的惩罚。相比之下,《萨利克法典》涉及私法的条款相对较少(如继承法)。

与此后的加洛林王朝不同的是,墨洛温王朝的立法活动并不活跃。通常认为,西哥特国王阿拉里克二世推动编纂的《法律要略》是克洛维等人确立墨洛温王朝法律框架时的重要参考。《法律要略》强调国王受到法律的约束,认为国王所有违背法律(也就是罗马法)的立法活动均不具有法律效力。在 6 世纪,又形成了国王保管古老法律的观念。查理贝尔在 561 年登基时承诺,不以新的法律或习惯扰民。因此,在墨洛温王朝,国王立法活动本身就受到以"旧法"冠名的罗马法的约束,其空间是相对有限的。制约国王立法权的还有另一个因素。在克洛维及其诸子统治的时代,国王权力相对较强,因此,国王立法往往无须经过大贵族,采用的是帝国文书术语。但在此之后,仅存的若干立法性质的文书是以协约(pactus)形式出现的,其中往往会有"同意"(convenit)或者"赞赏且同意"(placuit atque convenit)的字样。这些文书反映的是墨洛温国王在立法活动中与人民或者大贵族协商的过程。这种借助于王国大会(placita)进行立法的举动不禁让人想到日耳曼传统的回归。虽然历史存在复杂性,但我们总体还是能够看出,这一时期国王的立法活动,是国王意志、大贵族需求和主教诉求三者之间的妥协。

在墨洛温王朝的若干世纪中,人种不断融合,而法兰克人人口始终处于少数地位。所以在王朝的末期,大部分蛮族法典都废弃不用。以至于到了加洛林末期,再也没有人记得它们的原貌——直到 14 世纪,《萨利克法典》的抄本被法国王室历史学家重新发现,他们用这部法典论证法兰西王国的继承原则。

2. 墨洛温王朝的司法制度

墨洛温王朝的司法制度并不区分刑事和民事诉讼,奉行的是当事人主义,即诉讼的发动、继续和发展主要依赖于当事人。只有在当事人提出诉讼(interpellatio)后,王室司法才会介入。原告指定被告并陈述他的指控。被告则需要对指控进行逐条反驳(denegatio)。在指控和辩驳程序之后,有一个主要针对被告进行的审问程序(interrogatio)。最后,法官根据控辩双方所陈事项的可信程度进行判决。这个审问程序表明,墨洛温王朝的司法在一定程度上脱离了纯粹意义上的当事人主义,因为一般而言,应该是提出控诉的原告负有举证责任。

就证明制度而言,墨洛温王朝的司法制度承认书面证据和王室文书的效力,但"非理性"的证明方式也是一大特征。《萨利克法典》中就存在有关神裁的规定。这里,神裁主要是指需要洗脱指控之人的手将手放入滚水。如果三天后没有烫伤,便视为受上帝保护,也就能证明清白。不过,《萨利克法典》规定,只有在确凿证据缺失的条件下可以采用这种神裁。而勃艮第的《贡贝特法典》有司法决斗的规定,决斗双方需要对圣物和《圣经》起誓,而决斗的失败者因伪誓而受到严惩。这些神裁的形式一直延续到13、14世纪。它们表面上看似非理性,十分愚昧,但也可能有其存在的合理性。一方面,上帝的震慑也许能使人心生恐惧,放弃神裁而招供;另一方面,家族和社群的因素也可能在神裁正式实施前进行干预,使得原告被告最终走向和解。

第四节　墨洛温王朝的经济与文化

与以往的形象不同的是,墨洛温王朝的经济与文化与此前的罗马帝国相比,并没有出现断裂式的衰退。地中海贸易仍然在继续,北方也出现了新的贸易中心。与经济活动一样,古典文化起初通过高卢-罗马人延续下来。修道院的兴起创造了一种新的基督教文化,在7世纪以后文化呈现衰落趋势的时候,保留了文化的火种。墨洛温时期的建筑和艺术作品虽然很少流传至今,但都颇具时代特色。

1. 墨洛温王朝的经济活动

537年,墨洛温家族从东哥特人手中夺过了普罗旺斯,法兰克人的王国在地中海有了出入口,阿尔勒和马赛为王国提供了大量财政资源。随后,奥斯特拉西亚的国王与拜占庭结盟,将大量东方的名贵物品运往高卢。这种贸易活动一直维持到7世纪中叶。在此之前,高卢并不缺乏商品和货币,国王的库藏里来源丰富的宝物就是很好的证明。不过,到了7

世纪末,贸易减退了,高卢的货币经济也看似有了衰退。拜占庭重新统治西欧的尝试以失败告终,阿拉伯人侵入地中海地区,奥斯特拉西亚逐渐成为王国真正的中心。奥斯特拉西亚地处马恩河和莱茵河之间,成了贵族辈出的地区。政治中心和经济中心的移动几乎同时。大西洋和北海贸易逐渐繁荣,高卢也是在这个时期受到来自英国和爱尔兰文化的影响。不过,所谓的"皮朗假说"(即认为由于阿拉伯人走上政治舞台,传统的东西方贸易被打断,这使得西方在 7 世纪走向衰落)在今天已经被抛弃。即便是在 7 世纪以后,地中海并没有成为阿拉伯人的独享,贸易活动也一直存在。中世纪早期西欧的经济困境有其他原因。

日耳曼人虽然擅长铸造铁器,但在土地经营方式上没有多大的创造。其中一个重大的进步,是在高卢西北部的平原地带使用改良后的犁进行耕作。日耳曼人与高卢-罗马人一样,不懂得施肥,为土地增肥主要依靠烧荒或者有计划的休耕。由于蛮族入侵者仅仅占到人口的 2%—3%,他们对于人口数量并没有推动作用。在高卢,有众多未经开发的地带,时称"野地"(saltus)。未经开发的森林地带中间,常会有空地(ager)分布,这是人们的聚居之地。贵族们抛弃了城市,前往乡村定居。所以,墨洛温时期的城市并不繁荣。巴黎的前身吕特斯不过 2 万人口,大多数城镇的人口仅在 1500 人左右。维持着城市的生气的是教会,城市的经济生活也围绕着主教座堂、各大教堂和修道院展开。主教成了城市的保护者和领袖。众多主教成为圣徒,他们的名声吸引着朝圣者。而朝圣又是经济往来的一种重要形式。

7 世纪之前,气候总体都寒冷潮湿,这也是这一时期经济困难的重要因素。7 世纪开始,法国的经济形势发生转折。海水退潮,气候改善,而疫病和饥馑主要在南方普罗旺斯地区肆虐,并未能对高卢北方产生多大的影响。在弗里西亚商人的推动下,北方的海洋贸易趋于繁荣,将高卢北部与波罗的海和斯堪的纳维亚地区连接起来。在卢瓦尔河和莱茵河的入海口之间,出现了若干个贸易中转站,这些中转站在日后都发展成为中世纪商业的重镇,如布鲁日、根特和圣奥梅尔等等。

以往人们倾向于认为,墨洛温王朝生活困难,战争、瘟疫和食品匮乏严重影响了人口增长率。图尔的格雷戈里笔下记录了各种灾害:地震、水灾、瘟疫等等。瘟疫导致农业生产停滞,因此又进一步造成饥荒。格雷戈里就记录了 585 年在高卢发生了为期 7 年之久的饥荒。不过,根据近几十年的考古学研究来看,传统史料所描述的可怕的疫病,它们的影响力并没有预想的那么大。瘟疫和饥荒造成短期的人口下降,但很快又会恢复。即便在马赛和阿尔勒这样最受瘟疫困扰的城市,人口恢复和经济增长在长期看也是常态。[①]

2. 书面文化的传承

日耳曼人入侵之后,主要在卢瓦尔河以北的地区活跃。所以,法兰克人的到来使得高卢文化的南北之分日益明显。北部和东部高卢日耳曼程度较高;卢瓦尔河以南则是罗马化程度更高。南北因此出现了文化对立的态势;一直到 8 世纪以前,法兰克人都称阿基坦人为罗马人(Romani)。6 世纪,图尔的格雷戈里也曾坦陈自己无法理解法兰克人的法律与社会习惯。[②]

不过,随着墨洛温王权的确立,高卢-罗马人不仅在高卢教会发挥着领导角色,也逐渐成为身居北方的君主的顾问,这些人确保了罗马书面文化在蛮族统治下的延续。而法兰克人国王对于拉丁语即使说不上是青睐有加,至少也不排斥。而如前所述,在政治统治中,他们乐于利用罗马的遗产。南方高卢的顾问为国王引介了罗马的治理手段。他们对王国的一大贡献就是编纂了拉丁语的《萨利克法典》。7 世纪以后,高卢-罗马和日耳曼逐步通婚,文化融合的趋势更为明确。

从帝国晚期开始,知识的传播就主要以拉丁语为媒介,希腊语和古

---

① B. S. Bachrach, "Plague, population, and economy in Merovingian Gaul," *Journal of the Australian Early Medieval Association* 3 (2007), pp. 29 - 57.

② G. Duby, *Histoire de France des origines à nos jours*, Paris: Gallimard, 1999, p. 139.

典时代的哲学消失了。5世纪时,教育主要由基本的文理学科构成,分为三学科(语法、修辞、辩证法)和四学科(算数、几何、天文、音乐)。在此后的2个世纪里,修辞学校仍在传授古典知识。除了意大利,在高卢南部、普罗旺斯、罗讷河谷和阿基坦均有修辞学校。但到650年左右,古典文化的教育传统基本消失了。无论是建筑、装饰、雕塑还是手抄本,都展现出新文化的特征。维吉尔重新流行起来,但拉丁语教育仅限于神职人员和少数王公。公共学校不再常见,因此也就没有了传承文化的功能。更多情况下,文化传承依赖于家庭教师和家庭图书馆。在卢瓦尔河以南,这种传承较为顽强,持续到了7世纪初。但到了7世纪中叶,文字在行政管理等各个领域的角色都减弱了。相反,口语文化抬头,这种状况将持续到加洛林文艺复兴。

3. 修道院的兴起

墨洛温时期另一个传承文化的机制是修道院。修道院制度源自东方,但在西欧有自己的发展。早在4世纪末期的高卢,圣马丁在普瓦捷附近的利圭热(Ligugé)建立了第一座修道院,开始了独行苦修的生活。随后他又在图尔附近创办了马尔穆捷(Marmoutiers)修道院,并成为图尔主教。410年,圣奥诺拉在勒兰群岛上创建修道院。

不过,到了6世纪,修道院的活动日益规范化,出现了由两大教规主导的修道院网络。首先是圣本笃教规,圣本笃教规系努西亚的本笃于523年左右在罗马以南的卡西诺山撰写。根据圣本笃教规,僧侣需要遵循严格的集体生活,服从修道院院长。教规对于僧侣每天的活动有具体而明确的规定,包括祷告、劳作和休息等。圣本笃也十分看重阅读和研究。在7世纪,圣本笃派修道院在高卢境内相继建立,首先是在阿尔比教区,随后是日后史学家辈出的卢瓦尔河畔弗勒里。但通常情况下,圣本笃教规会和源自爱尔兰的圣科隆班教规相互折中。

圣科隆班是爱尔兰修道院运动的重要领袖,它的一大特点是强调主教权威的有限性。这就使得奉行圣科隆班教规的修道院具有较强的独立性,较少受到主教干涉。随后的一两个世纪里,各个修道院的僧侣中有不少人出任主教。相比一般的主教,这些人有着十分鲜明的身份意识,极为看重传教这样的本职工作。他们严格遵守清贫的生活,与主教贵族集团呈现出反差。与圣本笃修会一道,他们形成了影响高卢的两大教规。虽然各有特色,但他们都强调阅读《圣经》。爱尔兰修士也带来了大陆与英国的交往。在公元7世纪末,高卢的修道院也开始有了较为丰富的藏书,开始传抄各类作品,包括意大利的古典作家。这和同时期主教会议形同虚设、教士的古典文化水平降至低谷的情况构成了鲜明对比。

到了7世纪初,高卢境内有大约220座修道院,大多是王公贵族或主教支持所设。修道院僧侣往东在孚日山脉、往北在佛兰德尔和弗里西亚(圣埃鲁瓦、圣瓦斯特)进行传教活动。而在凯尔特人后裔所聚居的布列塔尼,在圣徒马洛、参孙和科朗坦(Corentin)等人的推动下,也出现了独特的传教和教会组织仪式。文化上,修道院是西欧不同国家相互交往的中心。修道院僧侣通常与他们本国保持着联系,而且他们也经常在各个修道院中流动,还会交流手抄本。修道院还传承和发展了书面文化以及艺术。无论是680年阿吉贝尔(Agilbert)在茹阿尔(Jouarre)修建的地穴还是狄奥德希尔德(Theodechilde)的坟墓铭文都是墨洛温时代的重要艺术作品。最早带有插图的手抄本,也是在吕克瑟伊、科尔比、拉昂等修道院中心涌现的。修道院不仅促进了墨洛温社会的基督教化,也确立了与加洛林"文艺复兴"的连续性。不过,我们必须指出,这两个进程的深刻程度是有限的。

4. 建筑与艺术

墨洛温王朝时期出现的艺术和建筑作品,主要呈现出罗马风格和法兰克人风格的融合。雕塑和人像艺术退居二线,但表面设计和装饰受到重视是其主要特征。虽然自克洛维受洗以来,墨洛温王国的国教是基督教,但日耳曼人的异教文化仍在延续。无论是墓葬文化,还是其他装饰物皆有体现。其中一大特色是多样的动物图像,腰带扣上装饰着鹿、牛、马、鸟兽等图案,让人回想起异教的过去。在墨洛温王朝,由于克洛维的皈依,基督教通过主教和修道院深化了其文化影响。众多著名的修道院据称始建于墨洛温王朝,如巴黎周边的圣德尼修道院和圣日耳曼德佩修道院(纽斯特里亚王国的墨洛温国王在此下葬)。图尔的格雷戈里曾描述圣佩尔佩图斯(Perpetuus)在图尔修建的圣马丁大教堂。据他所说,这座罗马式长方形大教堂有 120 根大理石石柱和若干马赛克图案。无论是内部空间还是外部轮廓,都富有罗马式特色。

由于年代古远,从墨洛温王朝保存至今的建筑十分稀少,尤其是大型建筑,往往经过了后世的改造,难以辨识原貌,好在一些小型建筑至今仍保留了较为古老的风貌,例如洗礼堂。但它们或是年久失修,或是经过多次修补。在法国南方的普罗旺斯埃克斯、里耶兹(Riez)和弗雷瑞斯(Fréjus),有三座风格近似的洗礼堂。它们呈八边形,有石柱支起的穹顶。在普瓦捷,有圣约翰洗礼堂。与前面三座一样,这座教堂的装饰风格也略显粗糙,无论是壁柱、柱头还是山花都没有细致的纹饰,整个洗礼堂由彩色石子点缀,使得整个建筑看似一件巨大的珠宝饰品。这些规模不大的建筑反映了与罗马建筑文化的联系,但又难免让人想到蛮族的元素。

基督教的文化产出中,尤其值得一提的是手抄本艺术。墨洛温王朝的手抄本流传至今的十分罕见。前面提到的吕克瑟伊修道院在制作手抄本方面有十分重要的地位。吕克瑟伊系爱尔兰僧侣在法国创立的第一座修道院,是爱尔兰修道院文化的继承者。《吕克瑟伊辞书》(*Lectionnaire de Luxeuil*)和于 700 年左右制作完成的《哥特弥撒经》(*Missale Gothicum*)已经有了较为精美的彩色装饰艺术。吕克瑟伊出品的手抄本,虽然在插图绘画等方面不如同期英伦诸岛的作品,但仍不失为文化连续性的见证。

墨洛温王朝的金银器制作是我们考察这一时期艺术情况的一个途径。日耳曼人善于冶金。早在 1 世纪,塔西佗就提到日耳曼人能够开采铁矿,到了 4 世纪以后,他们的金属加工技术更为高超。日耳曼人铁匠制作的武器锋利异常,锐不可当,在同时期的拜占庭人看来甚至可以劈开盔甲和盾牌。铁匠在日耳曼社会中地位崇高,如《尼伯龙根之歌》中便有一位名为威兰的锻造之神。金银匠也同样享受着很高的地位。因此,即便是国王如希尔佩里克一世或者位高权重的埃鲁瓦(Eloi),都曾亲自参与这项工艺。金银器制作对于王朝而言,无疑是权力的象征。在这个货币经济衰退的时代,金银器的多寡无疑能够反映君主实力的大小。在金银器制作过程中,他们用到了大马士(damas)工艺铸造,且喜欢在金银器皿上嵌入许许多多的彩色宝石。1845 年在古尔东附近挖掘出来的珍宝中,有多件 5 世纪末或 6 世纪初的金器,其中有圣酒杯、圣盘等宗教物件。可以说,墨洛温王朝的工匠们推进了金银器制作的水平,其工艺之精湛,所用原料之多样,反映了知识传承和对外贸易的现实。

第五节　王朝的落幕

达戈贝尔去世后,墨洛温王权丧失了主心骨。王位接连传到早逝的国王手中。克洛维二世 23 岁,西吉贝尔特 27 岁,其他国王甚至活不过 20 岁。王权式微产生了众多后果。首先,宫相擅权;其次,地方独立性增强(阿基坦、普罗旺斯、布列塔尼)。王国也随着达戈贝尔的去世分崩离析,分裂为纽斯特里亚、勃艮第、奥斯特拉西亚三个王国。在达戈贝尔死后,王国面临了漫长的政治危机,其主要的源头有三:地方主义、贵族和宫相。纽斯特里亚-勃艮第与奥斯特拉西亚爆发了冲突。而在地方,贵族自身的政治组织正羽翼丰满,逐步将国王授予他们的权力私有化。宫相则以"法兰克人王国"(regnum Francorum)的名义代理朝政。

墨洛温王朝末期的几位国王,从提奥德里克三世到希尔德里克三世(大约是 673 到 751 年)的国王被称为"懒王"(Rois fainéants, fainéant 一词的字面意思是"无所作为")。如后来的查理大帝传记作家艾因哈德所评价的,墨洛温王朝后期的国王有名无实,任由宫相摆布。王国的财政收入,大部分也是由宫相支配。艾因哈德的这些说法,无疑有其政治动机,最显而易见的,就是描绘一幅墨洛温王朝衰败堕落的场景,从而为丕平篡位提供合法性的依据。事实上,墨洛温王朝末期王权衰落有其现实原因,即大部分国王都英年早逝,导致了众多王位继承争端。同时,由于财政大权被宫相掌握,他们难以阻止足够强大的军事力量与贵族抗衡。税收凋敝,铸币也不再继续。国王于是开始将王室特权交给私人,教会和修道院也从中分到了一杯羹。王权的分割、出让也催生了封建制度的早期雏形。国王和贵族均开始培植依附于自己的人。在 8 世纪,这些人有了附庸的称呼。大贵族赠予他们土地,换取他们的效忠。

最终从墨洛温家族手中夺过王权的,是丕平家族。丕平家族自兰登丕平或者老丕平(639 年去世)世代开始活跃在政治舞台。这是一个贵族大家族,在默兹河中游拥有庞大的地产。通过联姻、修建修道院等措施,发展出了丕平家族为中心的贵族政治派系。662 年,丕平家族的格里莫阿尔德(Grimoald,奥斯特拉西亚宫相)曾试图篡位。他剪去了墨洛温家族继承人的头发,拥立自己的儿子希尔德贝尔特,但在纽斯特里亚宫相埃布罗安的阻挠之下最终以失败告终。随后的丕平二世(赫斯塔尔的丕平)在埃布罗安去世后,于 687 年在特尔特里(Tertry)击败了纽斯特里亚-勃艮第联军,为篡位不成而被暗杀的叔父格里莫阿尔德报了仇,也扫除了篡位的主要障碍。在丕平二世的时期,墨洛温王朝表面上重新统一,但实际的权力却完全落于宫相手中。宫相甚至以元首(princeps)自居。

714 年,丕平二世去世,接替他的是私生子查理·马特。查理·马特将军事服务与封赏结合起来,军事服务和效忠换取封地的做法预示了未来的封建制。以此,查理·马特组建起了一支强大的军队,在平定纽斯特里亚的反抗后,开始了对外征服。受阿基坦伯爵厄德(Eudes)的请求,查理率军迎击阿卜杜勒·拉赫曼领导的阿拉伯军队。732 年 10 月 25

日,取得著名的普瓦捷大捷。在查理·马特的率领下,法兰克人的军队一路往南,重新将势力范围扩展到了地中海。此时,丕平家族的权势已经无人可挡。746年,查理·马特之子矮子丕平排挤了哥哥卡洛曼。751年,他致信教皇扎迦利(Zacharias),得到了教皇的支持,正式篡位称王。一个富有传奇开端的王朝,就这样寿终正寝了。

第四章　加洛林时代

第一节　丕平家族的崛起

加洛林家族的起源可以上溯至墨洛温王朝中叶的两位奥斯特拉西亚政治人物:梅斯的阿努尔夫(Arnoul de Metz)与兰登丕平(Pépin de Landen)。根据 7 世纪中期的圣徒传记,阿努尔夫出身于一个法兰克贵族家庭,成长于奥斯特拉西亚的王室宫廷,后服务于国王提奥德贝尔特二世(Théodebert Ⅱ),"战功卓著",受命统辖六省。[1] 丕平的家族基业在默兹河下游。提奥德贝尔特死后,613 年,阿努尔夫与丕平作为奥斯特拉西亚贵族的代表,支持纽斯特里亚国王克洛泰尔二世(Clotaire Ⅱ),对抗摄政的太王太后布隆希尔德(Brunehilde)。克洛泰尔统一法兰克后任命阿努尔夫出任梅斯城(奥斯特拉西亚王国的首府)的主教,并让他担任王子达戈贝尔(Dagobert)的老师,同时监理王国和宫廷事务。丕平则受命担任王国宫相。宫相(maior domus)一职原本是法兰克内廷的统领,7世纪时逐渐发展为国王与地方贵族之间进行沟通协商的关键人物。623

---

[1] *Vita Arnulfi*, MGH SRM 2, cc. 3 - 4, p. 433.

年,达戈贝尔成为奥斯特拉西亚国王。根据 7 世纪中后期的《弗莱德加编年史》(*Fredegarii Chronica*),"[达戈贝尔]一直倾听两个人的建议,一位是担任梅斯主教职务的神圣的阿努尔夫,另一位是宫相丕平。正因如此,在他统治下的奥斯特拉西亚呈现出欣欣向荣的气象,各族人等也都对他称颂备至。"①阿努尔夫之子昂赛吉赛尔(Ansegisel)与丕平之女贝加(Begge)联姻,形成了奥斯特拉西亚最具实力的贵族集团。

640 年,丕平去世。其子格里莫阿尔德在政治斗争中胜出。达戈贝尔之子、奥斯特拉西亚国王"西吉贝尔特(Sigebert)[三世]宫廷中的宫相职位以及整个奥斯特拉西亚王国的控制权都切切实实地成了格里莫阿尔德的囊中之物"②。格里莫阿尔德说服一直膝下无子的西吉贝尔特过继了自己的儿子,后者得名希尔德贝尔特(Childebert)。西吉贝尔特后来却得子达戈贝尔。西吉贝尔特于 656 年去世后,格里莫阿尔德扶持希尔德贝尔特登上王位,将达戈贝尔削发为僧并流放至爱尔兰。此举在法兰克贵族中引发了公愤。格里莫阿尔德在一次伏击中被生擒,被押往纽斯特里亚接受审判后被处死。王位回归墨洛温血脉。加洛林时代的史书对此讳莫如深。唯一的记载来自 8 世纪上半叶的史书《法兰克人史纪》(*Liber historiae Francorum*)。书中称格里莫阿尔德伤害了自己的主公,罪有应得。③ 这次失败的篡位表明,墨洛温王朝的统治合法性在当时仍然难以挑战。

反对阿努尔夫-丕平集团的法兰克政治势力在此后数年占据了上风。格里莫阿尔德之女伍尔夫特鲁德(Vulfetrude)与她担任院长的尼维尔(Nivelles)修院受到迫害。丕平的女婿昂赛吉赛尔亦遭到暗杀。但昂赛吉赛尔之子赫斯塔尔的丕平(Pépin de Herstal)不久之后就成功使家族重返法兰克政治舞台的中心。纽斯特里亚与奥斯特拉西亚当时正在

---

① 《弗莱德加编年史》,第 4 卷,第 58 章,陈文海译注,人民出版社 2017 年版,第 140 页。译文略有改动。
② 《弗莱德加编年史》,第 4 卷,第 88 章,第 168 页。
③ 《法兰克人史纪》,第 43 章,陈文海译注,人民出版社 2018 年版,第 157 页。

交战。纽斯特里亚宫相埃布罗安（Ébroïn）设计刺杀了从爱尔兰回归后出任国王的达戈贝尔，奥斯特拉西亚宫相伍尔夫阿尔德（Wulfoald）也在不久后被杀。丕平在这种情况下成为奥斯特拉西亚的领袖。丕平的军队虽然在 680 年的法伊森林（Bois-du-Fays）会战中败北，但埃布罗安在同年遭到暗杀，他的接替者瓦拉托（Waratto）与奥斯特拉西亚修好。瓦拉托的继任者贝尔卡尔与丕平再度开战。687 年，丕平在特尔特里战役中决定性地战胜了纽斯特里亚的军队，一举成为整个法兰克王国的实际统治者。

丕平先后在提奥德里克三世（Theuderic Ⅲ）、克洛维四世（Clovis Ⅳ）、希尔德贝尔特三世（Childebert Ⅲ）与达戈贝尔三世（Dagobert Ⅲ）四位墨洛温国王的名义下统治法兰克，共 27 年。国王作为名义上的政治首脑被安排在贡比涅（Compiègne）、瓦朗谢讷（Valenciennes）等纽斯特里亚王庄中居住。丕平担任奥斯特拉西亚宫相，以"法兰克人的公爵与君主"（dux et princeps Francorum）为号，主要居住于赫斯塔尔和瑞皮耶（Jupille）等默兹河谷的祖产领地。纽斯特里亚宫相的职位被保留，先后由丕平的亲信、巴黎伯爵诺伯特（Nobert）与丕平之子格里莫阿尔德担任。丕平有意识地团结法兰克境内的各种政治势力。与出身科隆地区大家族的普莱克特鲁德（Plectrude）的联姻巩固了丕平在莱茵兰地区的统治。安排其子德罗戈（Drogon）与之前的敌人贝尔卡尔的遗孀成婚，也起到了安抚纽斯特里亚政治势力的作用。丕平的两个儿子德罗戈与格里莫阿尔德还先后被授予"勃艮第公爵"的头衔。先前一直与阿努尔夫-丕平家族敌对、以阿尔萨斯地区为根基的埃提科家族（les Étichonides），此时也服膺于丕平的权威，助其在东部边疆抵御阿拉曼尼人。每年 3 月的全国大集会是凝聚全国政治认同的重要场合。集会由丕平召开和主持，原则上全体法兰克贵族都会出席，墨洛温国王在会上接受礼物、主持教会与司法事务。当年度的军事行动也在集会上讨论和安排。

根据《梅斯年代记》（第一部分编订于 806 年前后），丕平所面对的挑战并非来自国内，而是"曾经臣服于法兰克人的各民族，包括萨克森人、弗里西亚人、阿拉曼尼人、巴伐利亚人、阿奎丹人、加斯科尼人和布列吞人。由于之前的法兰克统治者的疏失,他们傲慢地脱离了法兰克人的统治。"①实际的情况可能是,原本臣服于墨洛温家族的周边民族在王权旁落后拒绝服从于宫相丕平。除了曾在西南线对阿奎丹人短暂用兵外,丕平攘外的努力主要针对弗里西亚人。弗里西亚人在当时以莱茵河三角洲地区为根据地,沿斯凯尔特河(Scheldt)向南扩张。丕平的策略是军事震慑与"和平演变"——传播基督教——相结合。他赞助来自英格兰的修士威利布罗德(Willibrord)在弗里西亚人中传教。罗马教宗授予了威利布罗德"弗里西亚大主教"头衔。弗里西亚公爵拉德伯德(Radbod)的女儿在接受洗礼后,嫁给了丕平之子格里莫阿尔德。丕平还帮助威利布罗德在自己的地产埃希特纳赫(Echternach)建立修院,作为向德意志传播基督教信仰的基地。

第二节 查理·马特:"铁锤"的功业

按照丕平的计划,他的正妻普莱克特鲁德所生的男性子嗣将在他身后继承对法兰克的实际统治权,但德罗戈与格里莫阿尔德均先于自己的父亲去世,丕平进而要求法兰克贵族承诺支持格里莫阿尔德的幼子提乌多阿德(Théodebald)成为未来的宫相。然而,在丕平于 714 年 12 月 16 日去世后,纽斯特里亚贵族没有对普莱克特鲁德和提乌多阿德效忠。他们在新宫相拉冈弗莱德(Ragenfred)的率领下,清算了丕平在纽斯特里亚的政治势力。拉冈弗莱德还将一位先前出家的墨洛温后裔从修院中接出,立为国王,号希尔佩里克二世(Chilperic Ⅱ)。纽斯特里亚的军队向东挺进,甚至一度攻陷了科隆,在那里攫取了丕平家族的大量财产。北部的弗里西亚人与萨克森人也趁机在奥斯特拉西亚的北部与东部滋事。

---

① *Annales Mettenses priores*, MGH SRG 10, pp. 12 - 13.

挽救了奥斯特拉西亚与丕平家族的是丕平的庶子查理。作为加洛林王朝的直系祖先,查理的绰号"马特"(Martellus,意为"锤子")最早见于 9 世纪兰斯大主教辛克马尔(Hincmar de Reims)所撰圣徒传记,其中称查理"脾气暴烈,自年轻时就很好战,性格极其果敢"①。查理·马特并不在丕平的继承安排之中。丕平去世后,查理一度被普莱克特鲁德囚禁,但随后逃脱。他集结起一支武装抗击纽斯特里亚人与弗里西亚人,在一系列胜利后收复了凡尔登等失地。在 717 年的万希(Vinchy)战役后,查理成功将纽斯特里亚的军队击退至巴黎。查理随后与普莱克特鲁德谈判并达成和解,后者接受查理为家族领袖,并向他移交了家族财富。查理遂自立为奥斯特拉西亚宫相,扶植提乌德里克三世之子克洛泰尔四世为国王。拉冈弗莱德与阿奎丹公爵尤多(Eudes d'Aquitaine)结盟,纽斯特里亚-阿奎丹联军却被查理的部队击败。719 年,尤多与查理媾和,把希尔佩里克二世与纽斯特里亚王室财富交给了他。723 年,在彻底压服了拉冈弗莱德与自身家族内部的竞争势力之后,查理·马特确立了对整个法兰克的统治地位。希尔佩里克二世与克洛泰尔四世之后,查理再立墨洛温国王提奥德贝尔特四世。提奥德贝尔特在 737 年去世后,查理任由王位空悬。罗马教宗在写给查理的书信(共两封,分别写于 739 与 740 年)中称后者为"准王"(subregulus),反映了时人对法兰克政治现实的看法。②

相较于其父丕平,查理·马特更有意识地加强了对纽斯特里亚和勃艮第的直接控制。他的侄子于格(Hugues)身兼至少 3 座重要修院的院长——圣旺德里耶(Saint-Wandrille de Fontenelle)、瑞米耶日(Jumièges)、拉克鲁瓦圣勒夫鲁瓦(La Croix-Saint-Leufroy),以及 5 个主教教区的主教——鲁昂、巴黎、巴约、利雪、阿弗朗什,几乎以一人之力把持了纽斯特里亚教会。查理本人也长期居住在万希、基耶尔济(Quierzy)、拉

---

① *Vita Rigoberti episcopi Remensis*,MGH SRM 7,c. 8,p. 66.
② *Codex Carolinus*,MGH Epistolae Ⅲ,nos. 1 - 2,pp. 476 - 477.

昂(Laon)、韦尔贝里(Verberie)等纽斯特里亚宫廷。他的儿子丕平在圣德尼修院接受了教育。

7世纪末以降，里昂、欧塞尔(Auxerre)等勃艮第教区城市的司法与军事权力被当地主教控制，有学者称它们为"主教国"(Bistumsrepubliken)。[①]查理·马特于8世纪30年代通过武力肃清了这些自治政权。根据《弗莱德加编年史续编》，查理733年出兵勃艮第，"将里昂地区交给其部下掌控"；736年再次出征勃艮第，将"那个行省[里昂]的头面人物及主要官员全部收归到自己的麾下，并安插判官，让他们掌控远至马赛以及阿尔的整个地区。"[②]

针对东部与北部边疆，查理·马特延续了其父"宗教与武力相结合"的策略。734年，他率兵镇压了弗里西亚人的叛乱，击杀他们的公爵布波(Poppo)，摧毁了当地的异教庙宇，威利布罗德的传教事业得以继续。同样来自英格兰的修士卜尼法斯(Boniface)在图林根和黑森传教。查理一方面通过进攻萨克森人为卜尼法斯的传教活动提供保护；另一方面，要求其治下的政教人物积极配合卜尼法斯。卜尼法斯创建了数座修院，设立了3个新教区，并从罗马教宗获得了象征大主教权威的披肩。725年，查理·马特利用阿吉洛尔芬家族(les Agilolfings)的继承危机出兵介入巴伐利亚，获得割地和财富，并迫使之前半自治的巴伐利亚公爵领承认法兰克的权威。在公爵奥迪洛(Odilon de Bavière)的配合下，卜尼法斯在巴伐利亚创建了4个教区。传教士皮尔敏(Pirmin)在阿拉曼尼与阿尔萨斯创立了巴塞尔和斯特拉斯堡等教区以及穆尔巴赫(Murbach)和赖谢瑙(Reichenau)等修院，与查理·马特对这些地区的政治渗透相得益彰。

查理控制卢瓦尔河以南的契机是西班牙伊斯兰政权对阿奎丹的入

[①] Eugen Ewig, "Milo et eiusmodi similes," in idem, *Spätantikes und fränkisches Gallien: gesammelte Schriften* (1952—1973), München: Artemis Verlag, 1976, vol. 2, pp. 189 - 219.

[②]《弗莱德加编年史续编》，陈文海译，人民出版社2017年版，第14章，第192页；第18章，第195—196页。

侵。阿拉伯倭马亚王朝驻守北非的军队于 711 年渡过海峡,攻灭西哥特王国,控制了伊比利亚半岛大部,政权称安达卢斯(al-Andalus)。继续北侵的倭马亚军队于 719 年占领了塞普提马尼亚(Septimanie),在纳博讷(Narbonne)建立据点,转而以阿奎丹的首府图卢兹城为下一步的征服目标。721 年,阿奎丹公爵尤多率军击溃了由总督赛木哈(Al-Samh ibn Malik al-Khawlani)本人率领的围城图卢兹的军队。赛木哈在作战中受伤,后不治身亡。西进势头遭到遏制的安达卢斯的武装力量转而从东线向北侵入勃艮第,劫掠的范围甚至一度到达欧坦(Autun)。尤多通过与巴塞罗那地区的柏柏尔人长官穆纽札(Munuza)的联姻维持了一段时间的和平。731 年,被哈里发任命为安达卢斯新总督的阿卜杜勒·拉赫曼出兵击杀了意图独立的穆纽札,随后集结来自阿拉伯帝国东部的军队,向阿奎丹挺近。这支大军先后在波尔多与加龙河河畔大败尤多。无奈之下,尤多求助于他的宿敌查理·马特。732 年 10 月,向图尔的圣马丁修院进军的穆斯林军队在距离普瓦捷不远处遭遇了由查理率领的严阵以待的法兰克部队。在对垒双方相互试探了数日之后,大会战打响了。普瓦捷战役的参战双方都有数万人之多。战役以法兰克方面的大胜告终,拉赫曼战死,倭马亚军队撤回比利牛斯山以南。

普瓦捷战役的胜利在基督教世界名声远播。远在海峡另一侧的英格兰史家可尊敬的比德(Bède le Vénérable)在他完成于 731 年的《英吉利教会史》中称,"撒拉逊人(即阿拉伯人)就像痛苦的瘟疫可鄙地摧残、蹂躏了法兰西。"在听闻普瓦捷战役的消息之后,比德又特地在此句后补文:"过后不久,他们自己由于不信而在那个国家受到公正的报应。"[①]后世史家也非常强调此战对于西方文明的重大意义。爱德华·吉本曾不无夸张地表示,如果没有普瓦捷战役,阿拉伯帝国的势力很可能会扩张至整个欧洲,甚至跨过英吉利海峡,"现在在牛津的学校里教授的或许就

---

① [英]比德:《英吉利教会史》,第 5 卷,第 23 章,陈维振、周清民译,商务印书馆 1991 年版,第 375—376 页。

是《古兰经》的释义,那里的宣道坛或许就要向受到割礼的民族宣扬穆罕默德的天启的神圣性与真理。"①然而,就当时的历史情境而言,拉赫曼的部队向卢瓦尔河的挺进是以劫掠而非占领为目的的。安达卢斯并无意图或能力把领土向北扩张至如此之远。普瓦捷战役的失败也并没有长期把安达卢斯政权遏制在比利牛斯山之南。735 年,安达卢斯的军队跨过罗讷河,攻陷了阿尔与阿维尼翁等城。查理·马特在 737 年收复纳博讷的努力并未成功。塞普提马尼亚与普罗旺斯的部分地区在此后的十余年处在穆斯林人的统治之下。

在查理·马特统治法兰克的时代,阿尔卑斯山以南的政治格局也发生了剧烈的变动。一方面,从 6 世纪下半叶起统治亚平宁半岛内陆的伦巴德王国,在国王利乌特普兰德(Liutprand)的治下国运兴盛。利乌特普兰德积极对外扩张,目标既包括半岛南部半独立的伦巴德公爵领斯波莱托(Spoleto)和贝内文托(Benevento),也包括拜占庭帝国的意大利领地拉文纳总督区(Exarchat de Ravenne)。拜占庭皇帝利奥三世(Léon Ⅲ)推行的圣像破坏运动造成了罗马教宗与帝国政府之间的嫌隙。732 年,教宗格里高利三世(Grégoire Ⅲ)将利奥三世开除教籍,利奥则把 3 个意大利教区划离罗马管辖作为报复。为抗拒伦巴德王国的扩张压力,格里高利三世选择与斯波莱托和贝内文托结盟。此举惹怒了利乌特普兰德。后者于 739 年举兵围攻罗马城,在城郊劫掠,并占据了罗马公国(Duché de Rome)内的 4 座城市。与帝国交恶的教宗不得不选择向北方的法兰克人求援。在此之前,得益于威利布罗德、卜尼法斯等传教士的中介,加洛林家族与罗马教宗之间已建立了往来。格里高利两度向查理·马特派遣使团,携带亲笔书信及厚礼(包括使徒彼得坟墓的钥匙与彼得的锁链),恳求这位他"最卓越的儿子"查理·马特南下出兵,以解"上帝的神圣教会及其特选子民"之困,许之以未来的拯救。从加洛林家族的视角

---

① [英]爱德华·吉本:《罗马帝国衰亡史》,第 5 卷,第 52 章,席代岳译,吉林出版集团有限责任公司 2008 年版,第 282 页。译文略有改动。

编撰的《弗莱德加编年史续编》在描述此事时,颇为骄傲地强调罗马来使前无古人。[1]　查理隆重地接待了使团,并遣使回访,但没有答应教宗的请求,原因是他当时正与伦巴德人结盟,共同对付侵占普罗旺斯的阿拉伯人。以后见之明来看,这次未果的接触为未来加洛林家族与罗马教宗的联盟埋下了重要的伏笔。

第三节　矮子丕平:加洛林革命

　　查理·马特去世于 741 年 10 月,以与墨洛温王族相同的待遇下葬于圣德尼修院。按照原本的继承安排,第一任妻子所生的两个儿子卡洛曼和丕平将继承查理的宫相头衔,对法兰克王国分而治之:卡洛曼得到奥斯特拉西亚、阿拉曼尼与图林根;丕平得到勃艮第、纽斯特里亚与普罗旺斯。但是,查理的第二任妻子苏尼希尔德(Swanahilde)后来说服查理,把“王国的中间部分,即纽斯特里亚、奥斯特拉西亚与勃艮第割出的部分”,划给了由她所生的幼子格利佛(Griffon)。[2]　苏尼希尔德来自巴伐利亚,是巴伐利亚公爵奥迪洛的亲族,她在查理·马特晚年的宫廷中颇具政治影响。奥迪洛曾于 740 年因政治原因投奔查理避难。可能是在苏尼希尔德的撮合下,他成为卡洛曼与丕平的姐姐希尔特鲁德(Hiltrude)的情人。查理去世后不久,以卡洛曼和丕平一方、以苏尼希尔德和格利佛为另一方的两大势力之间的矛盾被摆上台面。卡洛曼和丕平在拉昂俘获了格利佛,将其囚于阿登山区的纳沙托(Neufchâteau)。大约同一时期,希尔特鲁德擅自逃离宫廷,投奔奥迪洛,并与他成婚。《弗莱德加编年史续编》将这件法兰克宫廷丑闻归咎于她“邪恶的继母”苏尼希尔德的“蛊惑”[3]。出逃事件发生后,卡洛曼和丕平把苏尼希尔德送进了丕平家族世代掌控的谢勒(Chelles)修院拘押。

① 《弗莱德加编年史续编》,第 22 章,第 200 页。
② *Annales Mettenses priores*, MGH SRG 10, p. 32.
③ 《弗莱德加编年史续编》,第 25 章,第 202 页。

与家族纷扰同时出现的是来自边疆的反叛。巴伐利亚人、阿奎丹人、阿拉曼尼人、萨克森人与斯拉夫人都利用加洛林家族代际更替脱离了对法兰克王国的臣服。742年,卡洛曼和丕平先是联合出兵讨伐反叛的阿奎丹公爵胡纳尔德(Hunald)。胡纳尔德是查理·马特的老对手尤多之子,在其父于735年去世之后继承了阿奎丹公爵之位。卡洛曼和丕平率军从奥尔良跨过卢瓦尔河,在布尔日(Bourges)、罗什(Loches)等处攻城略地。同年秋天,他们再次联合对阿拉曼尼出兵,对付反叛的公爵提乌德巴尔德(Theudebald)。提乌德巴尔德曾被查理·马特逐出阿拉曼尼,在查理死后得以重新掌政。通过出征,卡洛曼和丕平获得了阿拉曼尼人的暂时臣服。

卡洛曼与丕平谋求王族血脉的支持来加强自身的统治合法性。在法兰克王位空悬6年后,743年初,在卡洛曼的推动下,一位新的墨洛温王希尔德里克三世(Childeric Ⅲ)登基。同年,兄弟两人率军与由奥迪洛集结的巴伐利亚、阿拉曼尼、萨克森和斯拉夫联军在莱希河(Lech)河畔正面交锋。法兰克方面惨胜。胡纳尔德则在此时趁机出兵劫掠沙特尔城。此后几年中,卡洛曼与丕平率军奔走于法兰克王国的东北与西南边境,先后对萨克森人、阿拉曼尼人与阿奎丹人斩获过胜利。744年,阿奎丹伯爵胡纳尔德退隐于雷岛(Île de Ré)。他的儿子瓦伊法尔(Waïfre)接手了对阿奎丹的统治,此后数年间与法兰克方面维持了和平。746年,卡洛曼在坎施塔特(Canstatt)战役中屠杀了数千名反叛的阿拉曼尼人。此战之后,阿拉曼尼彻底对法兰克臣服。有学者指出,坎施塔特战役对阿拉曼尼本土贵族的打击,几乎与哈斯廷斯战役之于盎格鲁-萨克森贵族一样彻底。[1]

这场战役的另一个重要后果是,卡洛曼事后对自己引发的屠杀深感懊悔,最终于747年决定抛弃世俗生活。他把自己的儿子德罗戈托付给

---

[1] Timothy Reuter, *Germany in the Early Middle Ages 800 – 1056*, London: Longman, 1991, p. 60.

了弟弟丕平,之后离开法兰克,前往罗马,成为一名修士。当时,丕平与他的妻子贝尔特拉达(Bertrade)还没有子嗣。兄弟二人之间的协议可能是,卡洛曼把权力让渡给丕平,而丕平将侄子德罗戈当作继任者培养。但就在卡洛曼隐退的次年,贝尔特拉达诞下了一个男婴,他就是后来的查理曼。丕平决定剥夺德罗戈的家族继承权,德罗戈此后再也没有在史籍中出现。同年,格利佛从拘押地逃脱,先后在萨克森与他母亲的老家巴伐利亚流亡。他最终利用奥迪洛去世的机会,攫取了对巴伐利亚的统治权。丕平先率兵进攻萨克森,无力抵御的萨克森人被迫答应每年向法兰克提供 500 头牛的进贡。接着,丕平进军巴伐利亚,抓捕了格利佛,扶植奥迪洛与希尔特鲁德之子塔希洛(Tassilon)成为巴伐利亚公爵。他进而把曼恩地区(Maine)的 12 座伯爵领授予了格利佛。当权 7 年之后,加洛林家族终于暂时攘平了法兰克王国的内忧外患。《弗莱德加编年史续编》在记述完丕平对巴伐利亚的格利佛之乱的平定后,特别书有"此后两年无战事"之句。

在这种情况下,丕平开始着手取代墨洛温王朝,自立为王,史称"加洛林革命"。对于这起"整个中世纪影响最深远的事件",当时的文献记载却并不完全一致,当代学界对史实的理解和评判也并没有完全的共识。综合《弗莱德加编年史续编》、《法兰克王国编年史》(*Annales regni Francorum*)、《教宗列传》(*Liber pontificalis*)与一份被称为《丕平膏立记》(*Clausula de unctione Pippini regis*)的文献,丕平称王的过程大致可以还原如下。750 年,丕平派遣维尔茨堡主教布尔查德(Burchard)与圣德尼修院院长兼丕平的宫廷牧师弗尔拉德(Fulrad)前往罗马,向教宗扎迦利通报自己的称王计划,得到了后者的认可。751 年 11 月,在苏瓦松城,丕平"在全体法兰克人的推举下,接受诸位主教的祝圣和大公们的臣服",登基为王。墨洛温末代君主希尔德里克三世在削发后被送入修院。希尔德里克之子提奥多里克也被安排做了修士。754 年,罗马教宗斯蒂芬二世(Étienne Ⅱ)在圣德尼修院亲手对丕平与他的两个儿子施行膏立之礼,并授予他们"罗马人的权贵"(patricii Romanorum)的头衔,并对王后贝尔特拉达赐福,禁止法兰克贵族未来在丕平与贝尔特拉达的后嗣之外推选法兰克国王。

法兰克方面的史书对 751 年王朝更迭前后两年内政事的记载十分缺乏,这使我们难以细致还原丕平在其此间以何种手段凝聚政教两界的支持,蓟除反对力量。但毫无疑问的是,教会的支持是丕平称王成功的关键要素之一。得益于卜尼法斯的推动而恢复的法兰克宗教会议强化了教会与加洛林家族之间的关系。最初的两次会议(分别于 742 年与743 年)是由卡洛曼在奥斯特拉西亚召开的。744 年,丕平在苏瓦松主持了由 23 名主教和多名教士参加的宗教会议,把其兄的改革法令引入自己统治的纽斯特里亚。称王之后,丕平将君主主持召开年度宗教会议的做法制度化。755 年的维尔(Ver)王庄召开的会议规定,每年召集两次宗教会议;第一次会议的时间为 3 月 1 日,国王会出席。[①] 出席 762 年阿蒂尼(Attigny)会议的主教共 27 位,修道院长共 17 位。与会者来自法兰克王国的不同区域。[②] 法兰克教会与加洛林政权完成了初步整合。

罗马教宗的介入也对丕平称王的进程产生了决定性的影响。根据成书于 790 年前后的《法兰克王国编年史》中极富戏剧性的描述,丕平正式称王前遣使询问教宗扎迦利,国王不拥有权力是好还是坏。教宗表示,为防止秩序颠乱,拥有实际权力的人做王,比占据王位却没有国王权力的人为王更好,并由此要求丕平称王。一些当代学者对这一长期以来被用作标准叙事的记载持怀疑态度。[③] 不过,丕平可能确实希望借助扎迦利的认可,巩固王国东部传教区的教会领袖对他的支持。但真正对加洛林王权产生实质影响的,是扎迦利的继任者斯蒂芬二世的高卢之行与他对丕平家族的膏立。这是历史上罗马教宗首次跨越阿尔卑斯山北上。当时,教宗对罗马城及周边区域的统治正面临重大的危机。749 年成为

---

① *Concilium Vernense*, MGH Capitularia regum Francorum Ⅰ, no. 14, p. 34.

② *Concilium Attiniacense*, MGH Concilia aevi Karolini Ⅰ, no. 13, pp. 72 – 73.

③ Rosamond McKitterick, "The Illusion of Royal Power in the Carolingian Annals," *The English Historical Review*, 115 (2000), pp. 1 – 20.

伦巴德国王的艾斯图尔夫(Aistulf)攻陷了拉文纳,占领了意大利半岛北部的大片拜占庭属地。以罗马教宗为首脑的"圣彼得国"(Respublica Sancti Petri)是他的下一个目标。752年继任教宗的斯蒂芬二世很快意识到,东部的帝国已无力为自己提供军事支援,于是转而向刚刚称王的丕平求助。丕平亦希望斯蒂芬为他的王权提供支持,他于753年主动向罗马遣使。在得到了斯蒂芬的热烈响应后,直接邀请后者前往法兰克与自己会晤。同年年底,在帕维亚与艾斯图尔夫协商无果后,斯蒂芬二世毅然北上,经圣伯纳隘口进入高卢,最终于754年1月在蓬蒂翁(Ponthion)王庄与丕平会面。斯蒂芬请求丕平出兵襄助。丕平安排教宗在圣德尼修院过冬,斯蒂芬在那里亲自主持了丕平一家的膏立仪式。与此同时,丕平向艾斯图尔夫遣使,希望通过自己的斡旋和平解决矛盾,但遭到了后者的拒绝。在同年3月的大集会上,丕平获得了贵族们的赞同和支持,率军向伦巴德王国挺进,在苏萨山谷(Val de Suse)击溃伦巴德军队,艾斯图尔夫被迫求和。在得到他不再进犯罗马的承诺和大量贡礼后,丕平派人将随军的斯蒂芬二世护送回罗马,自己率军班师。但艾斯图尔夫在两年后违背诺言,再度进攻罗马。丕平再次出兵,一路大破伦巴德军队,直抵伦巴德王国首府帕维亚城下。艾斯图尔夫向丕平宣誓臣服,不但交出大量财宝,还向法兰克纳贡,并送去人质。丕平还接管了伦巴德王国之前占领的部分原拜占庭领地,包括拉文纳和五城地区(Pentapolis),转而把这些地区的统治权交付于罗马教宗,史称"丕平献土"。中世纪教宗国的领土基础由此奠定。从法兰克的角度看,丕平不惜通过对传统盟友伦巴德王国用兵而实现的"法兰克-教宗联盟",在未来构成了加洛林王朝统治意识形态的关键要素。

丕平称王之后,格利佛再度出逃,先是前往阿奎丹投奔瓦伊法尔公爵,后又在753年试图前往伦巴德,寻找对抗丕平的新机遇,最终在南下途中遭到法兰克军队的伏击身亡。丕平的兄弟卡洛曼在归隐罗马数年后,成为意大利中部的卡西诺山(Mont Cassin)修院的修士。在教宗斯蒂芬前往高卢之际,或是受到法兰克国内反对丕平的势力的鼓动,或是受到伦巴德方面的压力(圣卡西诺山修院位于伦巴德贝内文托公爵领境内),卡洛曼返回法兰克活动,但在维埃纳(Vienne)遭到拘押,由丕平的王后贝尔特拉达负责看守,最终于755年辞世。家族内部权力竞争的平息使丕平有精力着手对付最大的外患:阿奎丹公爵瓦伊法尔。从760年开始,丕平连续8年对阿奎丹用兵,最终击杀瓦伊法尔,彻底征服阿奎丹。外交方面,丕平与阿拉伯帝国和拜占庭帝国均建立了使节交流。750年,阿拔斯王朝取代倭马亚王朝成为阿拉伯帝国的哈里发。倭马亚家族的幸存者阿卜杜拉赫曼(Abd al-Rahman)逃亡西班牙,于756年自立为埃米尔,延续了倭马亚王朝在安达卢斯的统治。丕平对于这两支阿拉伯政权采取了远交近攻的策略:他与首都位于巴格达的阿拔斯哈里发保持友好,双方互派使者;对以科尔多瓦为首都的倭马亚埃米尔,则时有交战。759年,法兰克军队从后者手中重新夺回了塞普提马尼亚。丕平与拜占庭帝国的关系更为微妙。尽管没有把从伦巴德人手中夺回的领地和城池归还给拜占庭,丕平与君士坦丁堡还是在"丕平献土"的次年互派使团,宣誓对对方的"友谊与忠诚"。丕平还收到了拜占庭皇帝君士坦丁五世赠送的管风琴。但《弗莱德加编年史续编》声称,双方承诺的盟友关系最终未能兑现。尽管如此,法兰克与拜占庭之间的官方交流依旧不绝于缕。767年,拜占庭教会派遣神学家(法兰克史书中称他们为"希腊人")参加丕平在让蒂伊(Gentilly)召开的宗教会议,共同讨论圣三位一体和圣徒画像的问题。丕平甚至有意让自己的女儿吉塞拉(Gisèle)与当时拜占庭皇子(未来的皇帝利奥四世)联姻。但这个本可能彻底改变欧洲与地中海地缘政治格局的安排,因法兰克贵族与罗马教宗的强烈反对而最终流产。

第四节　查理曼:帝国之路

768年,在阿奎丹部署战后秩序恢复事宜的丕平病重,迅速返回法兰克后,于圣德尼修院召集政教大员,将王国在自己的两个儿子查理与卡洛曼之间"均分"：查理得到奥斯特拉西亚；卡洛曼得到勃艮第、普罗旺斯、塞普提马尼亚、阿尔萨斯与阿拉曼尼；被征服不久的阿奎丹在两人之间分割。丕平去世后在圣德尼修院下葬。主持完葬礼后不久，查理与卡洛曼率领各自的部从在各自的王国召开集会。10 月 9 日，查理在努瓦永（Noyon）、卡洛曼在苏瓦松接受贵族们推举与主教们祝圣，正式登基。

两位新君上任后不久就出现了来自阿奎丹的挑战。瓦伊法尔之子胡纳尔德二世利用法兰克王位继承的机会再度叛乱。查理计划与卡洛曼联合出击，但后者却在出兵途中返回。9 世纪上半叶成书的《法兰克王国编年史修订版》把卡洛曼的行为归咎于"他的显贵们的邪恶建议"①。查理独自率兵追击胡纳尔德。后者逃往盟友加斯科尼公爵卢普斯（Loup de Vasconie）处避难。在查理的施压下，卢普斯交出了胡纳尔德，并向查理臣服。

面对查理与卡洛曼兄弟二人之间日益深化的矛盾，王太后贝尔特拉达选择站在长子查理一边。她尝试通过安排查理与伦巴德国王德西德里乌斯之女联姻来巩固他的地缘政治优势。德西德里乌斯当时正在有意识地通过婚姻网络在欧洲南部建立以自己为中心的政治联盟。他的两个女儿分别嫁给了巴伐利亚公爵塔希洛和贝内文托公爵阿里奇斯。查理此时虽已与一位名叫西米尔特露德（Himiltrude）的法兰克女性存在事实婚姻且育有一子丕平，仍同意贝尔特拉达将德西德里乌斯之女迎回法兰克成婚。然而，771 年，卡洛曼突然去世。法兰克内战的危机消散于无形。查理立即接受了卡洛曼的政教要员的效忠，"实现了对整个法兰克王国的一人统治（monarchia）"②。这位日后被称作"查理曼"（Charlemagne，即"伟大的查理"）的君主将会成为西方历史上最著名的统治者之一。

查理曼晚年的近臣艾因哈德（Éginhard）写作于 9 世纪 20 年代的《查

---

① *Annales regni Francorum*，MGH SRG 6，p. 29.
② *Annales Mettenses priores*，MGH SRG 10，pp. 57 - 58.

理大帝传》(*Vita Karoli Magni*)中声称,他的君主将法兰克人的统治区域扩大了几乎一倍。[①]查理曼的第一个扩张目标就是意大利。卡洛曼死后,与伦巴德王国结盟的政治需求如今已不再存在,查理曼二度休妻,并旋即与出身于阿拉曼尼显贵家族的希尔德加德(Hildegarde)成婚。查理曼希望通过这次联姻来巩固自己对原卡洛曼统治领土的掌控。伦巴德王国德西德里乌斯因女儿被休受到了极大的羞辱,随即以接受卡洛曼的妻子和儿子的政治避难作为报复。他甚至以入侵教宗领土为威胁,试图要挟罗马教宗哈德良(Adrien I)将卡洛曼之子加冕为法兰克王。773年,哈德良通过海路遣使查理曼,请求他派兵打击伦巴德人。查理曼兵分两路从不同的隘口跨过阿尔卑斯山,会合后围攻帕维亚。在围城期间,查理曼在自己的生日(4月2日)当天南下到达罗马,受到了哈德良的热忱接待。这是法兰克国王历史上首次前往罗马朝圣。查理曼向哈德良确认了其父丕平的"献土"。查理曼返回帕维亚后不久,德西德里乌斯投降,卡洛曼的妻子和儿子亦在维埃纳城被法兰克军队俘获。查理曼成为"法兰克人与伦巴德人的国王"。对伦巴德王国的征服标志着查理曼统治下法兰克王国对外扩张的开始。在成为伦巴德国王后,查理曼又于776年出兵压服了弗留利地区(Frioul)的叛乱。781年,查理曼第二次前往罗马朝圣,期间安排随行的两位王子卡洛曼与路易(均由希尔德加德所生)由教宗哈德良分别膏立为意大利国王与阿奎丹国王;卡洛曼更名丕平。787年,借公爵阿里奇斯去世的机会,查理曼迫使贝内文托对法兰克臣服。此时,除了仍在拜占庭控制下的西南海岸与西西里,查理曼建立了对意大利的统治权威。

在德西德里乌斯与查理曼的争斗中,前者的女婿、巴伐利亚公爵塔希洛保持了中立。塔希洛是查理曼的堂兄。他对巴伐利亚的统治在内政、教会、军事和外交上都建树斐然,在拉丁欧洲俨然形成了与法兰克王国的鼎力之势。781年,塔希洛在事先接受人质担保的前提下,前往沃尔

---

① [法兰克]艾因哈德等:《查理大帝传》,第15章,戚国淦译,商务印书馆1979年版,第18页。

姆斯与查理曼会晤,双方互赠礼物、达成和平,但 784/785 年在博尔扎诺(Bolzano)发生的军事冲突使双方矛盾再起。787 年,查理曼再次要求塔希洛前往沃尔姆斯,遭到了后者的拒绝。查理曼出兵三路攻入巴伐利亚,抵抗无望的塔希洛于 10 月 5 日在列希菲德(Lechfeld)向查理曼臣服并宣誓效忠。次年,查理曼得到巴伐利亚人的举报,塔希洛夫妇阴谋勾结中欧潘诺尼亚草原上游牧民族阿瓦尔人(les Avars)叛乱。查理曼在因格尔海姆(Ingelheim)集会上组织了对塔希洛的审判,塔希洛最终被削发后进入瑞米耶日修院忏悔,他的妻子与儿女也被送进了不同的修院。巴伐利亚阿吉洛尔芬王朝(les Agilolfings)就此终结。查理曼把塔希洛精心打造的首府雷根斯堡(Regensburg)变成了自己的宫殿,把巴伐利亚的军政大权交由王后希尔加德之兄格罗尔德(Gérold)掌管,并设置多位伯爵。此后,查理曼又通过 791 年和 795/796 年的两场战役(后一场由意大利国王丕平统帅)击溃了阿瓦尔人政权,掠取了大量财宝,并将那里开辟为王国的东部边区。

772 年,查理曼首度针对萨克森用兵。但萨克森人内部非集中的政治结构、部族差异,以及他们的传统信仰,给法兰克人的征服与同化进程带来了很大的困难。威斯特伐利亚首领维杜金德(Widukind)在 777—785 年领导的抵抗,曾促使查理曼在凡尔登对 4 500 名萨克森人施以报复性屠杀,并颁布了严苛的《萨克森律令》(*Capitulatio de partibus Saxoniae*),对拒绝洗礼或有侵犯教会行为的萨克森人一律以死罪论处。[1] 804 年,查理曼下令将易北河两岸的萨克森人迁徙至法兰克,把那里的土地授予西斯拉夫部族奥博德里特人(les Abodrites)居住。历时33 年之久的萨克森战争终告结束。艾因哈德称萨克森人最终"同法兰克人融合为一个民族"[2]。被征服后的萨克森受到来自戈多弗里德(Godfred)统治下的丹麦人的袭扰。戈多弗里德据称有成为"全日耳曼

---

[1] MGH Capitularia regum Francorum I,no. 26,pp. 68 – 71.
[2] [法兰克]艾因哈德等:《查理大帝传》,第 7 章,第 12 页。

的主人"的野心,"把弗里西亚和萨克森看成自己的省份"。查理曼从 809 年开始筹备与丹麦人作战,但戈多弗里德在大战爆发前被刺身亡。查理曼与丹麦新王海明(Hemming)缔结合约。

777 年,巴塞罗那-赫罗纳总督苏莱曼·阿拉比(Sulayman al-Arabi)等西班牙北部的穆斯林军阀前往帕德博恩(Paderborn)谒见查理曼,以臣服和献城为条件邀请他出兵进攻倭马亚政权。次年,查理曼亲自率军南征,在发现无法按计划攻下萨拉戈萨城后,查理曼决定班师回朝。在回程途中,殿军于比利牛斯山区的朗赛谷(Roncevaux)遭到当地土著巴斯克人(les Basques)的突袭,包括布列塔尼边区的边防长官罗兰在内的三位廷臣被杀。这次查理曼时代为数不多的败仗成为后来古法语武功歌《罗兰之歌》的故事原型。查理曼之子路易在成为阿奎丹国王后,曾数次发动对安达卢斯的进攻,最终于 801 年攻陷了巴塞罗那。比利牛斯山与埃布罗河(Ebro)之间的地区成为法兰克王国的西班牙边区。

随着不断的征服,"帝国"(imperium)的理念也开始在欧洲复兴。教宗哈德良曾在 778 年的书信中称查理曼为"新君士坦丁"(novus Constantinus)。① 查理曼最重要的廷臣阿尔昆(Alcuin)在 8 世纪末已经在"统治多个民族"的意义上把法兰克王国称为帝国了。800 年圣诞节,查理曼在罗马圣彼得大教堂内接受加冕,正式称帝。两个事件从外部促成了这个历史时刻的发生。一是 797 年拜占庭帝国的摄政皇太后伊琳娜(Irène)篡夺了她的儿子君士坦丁六世的帝位。二是 799 年教宗利奥三世在罗马遭遇攻击和囚禁;逃出监狱后,利奥北上法兰克。查理曼在帕德博恩接见了他,并派人护送回到罗马。阿尔昆在 799 年 6 月的一封书信中罗列了三种当时的最高权威——罗马教宗、"第二罗马"(即拜占庭)的帝权,以及查理曼的王权(regalis dignitas),并指出,在前两种权威蒙尘之际,作为"基督教人民的领导者"(rector populi christiani)的查理

---

① *Codex Carolinus*, MGH Epistolae Ⅲ, no. 60, p. 587.

曼成为"基督教会的拯救"的唯一指望。[①] 这一表述中的劝进暗示与末世焦虑代表了称帝事件发生之前法兰克方面的一种预期。教宗方面的立场最形象地呈现在利奥在 797/798 年主持营造的拉特兰宫餐厅(triclinium)穹顶的一幅镶嵌画中：画的左端是耶稣基督分别将旗帜和钥匙交给君士坦丁与圣彼得；右端是圣彼得分别将象征教权的披肩和象征世俗权力的旗帜交给"君主查理国王"。

　　查理曼于 800 年 11 月抵达罗马。在 12 月 23 日的宗教会议上，教宗利奥立誓自证清白。同一天，查理曼之前遣往东方的使节带回了来自耶路撒冷宗主教的礼物。次日，在圣彼得教堂的弥撒仪式前，在利奥的加冕与众人的欢呼声中，查理曼正式成为皇帝。艾因哈德在 20 余年后表示，查理曼"最初非常不喜欢这种称号，他肯定地说，假如他当初能够预见到教宗的意图，他那天是不会进教堂的，尽管那天是特别的节日"[②]。这可能是因为利奥在仪式中有意修改了拜占庭加冕仪式，大大突出了教宗的重要性。尽管《教宗列传》和《法兰克王国编年史》都表示加冕后的查理曼成为"罗马人的皇帝"(imperator Romanorum)[③]，查理曼直到 801 年 3 月还在文书中使用"蒙上帝恩典，法兰克王和伦巴德王、罗马权贵查理"这个旧头衔。同年 5 月，他将头衔更换成了"为上帝加冕的、尊贵的奥古斯都，统治罗马帝国(Romanum gubernans imperium)的、伟大和平的皇帝查理，在上帝的仁慈恩典下也是法兰克王和伦巴德王"。避免使用"罗马人的皇帝"这一传统称谓，很可能是因为对拜占庭方面的顾忌。直到 812 年，查理曼才从新继位的拜占庭皇帝米哈伊尔(Michel I)那里获得了对其帝号的认可。

　　790 年，查理曼与希尔德加德的长子小查理(Charles le Jeune)被授予曼恩公爵领，兼领布列塔尼边防之责。在查理曼加冕称帝当天，小查

---

① *Alcvini sive Albini epistolae*，MGH Epistolae Ⅳ，no. 174，p. 288.

② ［法兰克］艾因哈德等：《查理大帝传》，第 28 章，第 30 页。译文稍有改动。

③ *Le Liber Pontificalis*，pars Ⅱ，Paris：Ernest Thorin，1892，p. 7；*Annales regni Francorum*，MGH SRG 6，p. 112.

理在罗马被教宗膏立为国王。由于查理与他的第一任妻子之子驼背的丕平（Pépin le Bossu）在792年时在一些法兰克贵族的怂恿下叛乱，计划败露后被查理曼送入修院，称帝后的查理曼的所有三位继承人——小查理、丕平与路易——同出一母，且均已有国王头衔。806年，查理曼颁布了《分国诏书》（*Divisio Regnorum*），将帝国分割为三，安排三个儿子在自己死后分别继承。[①] 路易在阿奎丹王国之外得到了部分勃艮第与普罗旺斯；丕平在意大利王国之外得到了巴伐利亚大部与部分阿拉曼尼；小查理得到了其余部分，包括部分勃艮第、部分阿拉曼尼、奥斯特拉西亚、纽斯特里亚、图林根、萨克森、弗里西亚，以及部分巴伐利亚。查理曼为长子小查理完整保留了法兰克核心地区，同时特别强调兄弟之间的和平、友爱与合作。《分国诏书》没有提及帝号。但三兄弟分别据有一个阿尔卑斯山隘口，必要时可以共同出兵拱卫罗马。这体现了分割之后帝国的统一性，然而，丕平（810年）与小查理（811年）的相继去世使806年的分国方案未能实现。查理曼安排当时尚未成年的丕平之子贝尔纳德（Bernard）继承意大利王国，并安排两位同族重臣阿达拉德（Adalard）与瓦拉（Wala）辅佐。贝尔纳德从813年1月开始亲政。同年9月11日，查理曼在亚琛亲自加冕路易为共治皇帝（consors imperialis nominis），同时正式授予贝尔纳德意大利国王的头衔。814年1月28日，查理曼去世，葬于亚琛礼拜堂。

第五节 制造"加洛林政治"

法兰克王国（以及后来的帝国）在查理曼统治时期发展出了一套新的政治运作模式，对之后西欧中世纪政治形态的发展产生了深刻的影响。这套政治机制的枢纽是王权。虽然仍以军事、司法与惩罚领域的传统的君主命令权（bannum）为根基，查理曼的王权与基督教意识形态的

[①] MGH Capitularia regum Francorum Ⅰ, no. 45, pp. 126 - 130.

结合达到了前所未有的高度。在 789 年的敕令《广训》(*Admonitio generalis*)中,查理曼自称"法兰克人的国王和领导者、神圣教会虔诚的保卫者与谦卑的支持者"。在这部敕令中,查理曼还自比《旧约·列王纪》中的犹太明君约西亚,"力图复兴对真正上帝的崇拜"[①]。查理曼的廷臣在书信与献诗中频繁使用"大卫"与"所罗门"称呼或比拟这位君主。与此种王权形象互为表里的是法兰克人是"统治民族"(gens regalis)、"神圣民族"(gens sancta)或"新以色列"的观念。作为上帝在尘世的代理,查理曼与王室家族在公共场合的现身往往配合"君主颂"(laudes regiae)仪式,通过唱诵向耶稣基督与圣徒祈祷他与王室的健康平安、战无不胜,以及王国的长治久安。王国的兴旺繁荣与治下基督徒的个人拯救(在当时由同一个拉丁词 salus 表达)均属于君主的职权与责任。查理曼被阿尔昆称作"布道的主教"(pontifex in praedictione)。[②] 当时基督教世界的几次大型神学论争,查理曼都有不同程度的介入。针对第二次尼西亚会议(787 年)与拜占庭的圣像崇拜立场,查理曼命令宫廷学者提奥多尔夫(Théodulf d'Orléans)代笔撰写大部头的神学著作《查理反对尼西亚会议书》(*Opus Karoli contra synodum*)作为反驳。794 年,查理曼召开了谴责西班牙嗣子说异端(Adoptianisme)的法兰克福会议,并在 799 年亲自裁决了争议双方的神学代表——阿尔昆与乌尔赫尔主教菲利克斯(Félix d'Urgell)——在亚琛宫廷的廷前辩论。809 年,针对"和子说"(Filioque)问题,查理曼召集会议组织法兰克方面的神学家与罗马教宗商榷。

物质层面上,对铸币与关税的垄断也为加洛林君权带来重要收益。但总的来说,与罗马帝国不同,加洛林王权的经济基础不是税收,而是土地与财宝。加洛林君主是国内最大的地主,通过家族继承、联姻、对墨洛

① *Die Admonitio generalis Karls des Großen*, eds., Hubert Mordek, Klaus Zechiel-Eckes and Michael Glatthaar, MGH, Fontes iuris Germanici antiqui in usum scholarum separatim editi ⅩⅥ, Hanover: Hahn, 2012, pp. 180-182.
② Alcuin, *Libri Ⅳ adversus Elipandum*, 1.16, PL, vol. 101, col. 251.

温王室地产的吞并、在德意志与意大利的军事扩张等途径,加洛林家族在9世纪初拥有超过700片王田,每片王田上分布着大小不等的庄园。颁布于查理曼统治后期的《庄园敕令》(Capitulare de villis)展示了王室庄园管理的细节。[1] 查理曼要求管家(iudex)以细致的数目字管理保证其辖下各个庄园的农林牧副与手工业出产(包括衣物、武器等),稳定地向宫廷提供吃穿用度所需,此外,还要通过出卖剩余产品盈利。对外征服的胜利则带来了巨大的动产财富。758年,丕平曾要求萨克森人每年进贡300匹马。[2] 812年,贝内文托公爵为与查理曼达成和平协议,向后者奉上了高达2.5万金索利达(solidus)的贡金。[3] 战胜阿瓦尔人后,法兰克人劫掠了极多的财富,以致艾因哈德感叹"截至当时为止,法兰克人一向被认为差不多是个穷的部族,但是现在,在王宫里可以看到这样多的金银。"[4]

围绕王权形成的宫廷(aula 或 palatium)是中央权力运作的核心空间。"加洛林宫廷指的是国王、他的家庭与围绕他们的团队,以及王室礼拜堂等制度,还包括提供居所、服务并在规模和设计上表达王室家庭特质的建筑(如王宫)。"[5]在8世纪90年代之前,查理曼习惯带着家人和廷臣在统治核心地区——法兰克北部、奥斯特拉西亚与德意志巡游,落脚地是王室领地(domaine royal)上散布的大小王宫与王庄。查理曼768年继承王位时,法兰克王国境内的王宫数量为29座;他在统治期间营建的王宫数目为65座;他去世后40年中,法兰克人的统治地区(包括意大利)又新增王宫35个。查理曼最常驻跸的王宫集中于摩泽尔河

---

① 李云飞:《查理曼〈庄园敕令〉探析》,引自《多元视角下的封建主义》,北京大学历史学系世界古代史教研室主编,社会科学文献出版社2013年版,第401—427页。

② Annales regni Francorum, MGH SRG 6, p. 16.

③ Annales regni Francorum, MGH SRG 6, p. 137.

④ [法兰克]艾因哈德等:《查理大帝传》,第13章,第17页。

⑤ Stuart Airlie, "The Palace of Memory: The Carolingian Court as Political Centre," Courts and Regions in Medieval Europe, eds., Sarah Rees Jones, Richard Marks and A. J. Minnis, Rochester: York Medieval Press, 2000, p. 1.

(Mosel)、莱茵河与默兹河的河谷地区。

从794年开始,查理曼愈发偏爱在位于奥斯特拉西亚中心的亚琛 (Aix-la-Chapelle)居住。富有温泉的亚琛在罗马帝国时代是一座军事哨 所,墨洛温君主在那里设有小型王庄。根据艾因哈德记载,查理曼喜欢 在温泉里游泳,因此"把他的宫殿修在亚琛,最后几年一直住在那里,直 到逝世"①。亚琛第一次在文献中被称为"王宫"是在789年。当年在那 里过冬的查理曼与一个学者团队一起拟写和颁布了加洛林时代最重要 的改革敕令《广训》。查理曼曾于787年要求罗马教宗从拉文纳向他运 送镶嵌画和大理石等建造新宫的材料,也在此时抵达亚琛。796年,与阿 瓦尔人作战所获战利品(多达15车的金银绸缎)被送达亚琛。在这些物 质基础上,新宫殿的建造于793年开始。除了供王室和廷臣居住的屋宇 (现已不存)与召开政治集会的方形王厅(aula regia),亚琛宫殿包含了一 座八角形洗礼教堂,主祭坛祝献于圣母马利亚。当时的文献称这座教堂 为王室礼拜堂(capella regia),但它也向当地的基督徒提供圣事服务。作 为查理曼晚年的"神圣宫廷"(sacrum palatium),亚琛成为加洛林王权的 重要象征。当时的一位诗人称之为"世界的首都"②。

加洛林王朝中后期的重要教会人士、兰斯大主教辛克马尔在858年 写给查理曼的孙子"日耳曼人"路易(Louis de Germanie)的一封书信中 说,"所谓王之宫廷者,非谓有无感无识之墙与砖之谓也,晓事明理之人 居于其间(rationabiles homines inhabitantes)之谓也。"③构成宫廷的人 群首先是王室家族,核心是君主的妻子、儿女与姐妹。提奥多尔夫的宫 廷诗歌描绘了理想的王室群像:亲族簇拥在查理曼周围,快乐而有序。④ 王族之外是为君主身边提供服务的宫廷官员(ministri)。与墨洛温时代 相比,加洛林时期的廷臣团队有两个明显的变化:一是内廷统领"宫相"

---

① [法兰克]艾因哈德等:《查理大帝传》,第22章,第26页。译文稍有改动。

② Modoin, "Nasonis Ecloga," MGH Poetae Ⅰ, p. 386.

③ MGH Concilia Ⅲ, no. 41, p. 412.

④ Théodulf, "Ad Carolum Regem," MGH Poetae Ⅰ, pp. 483 – 489.

一职的消失，二是宫廷职务的进一步分化。查理曼的重臣阿达拉德曾于812/813年撰写《宫廷治理》（*De ordine palatii*），经上文中提到的辛克马尔之手留存至今。阿达拉德在文中枚举了各种宫廷职务，核心人物包括统领宫廷宗教事务的宫廷教长（capellanus），统领司法等世俗事务的宫廷伯爵（comes palatii），统领文书工作的文秘长（summus cancellarius），与王后共同管理宫廷收支的财政总管（camerarius），负责安排王室出行与外宿的府内总管（senescalcus）、膳食总管（buticularius）、司马官（comes stabuli）与寝宿官（mansionarius），负责安排王室围猎的猎手（venator）与养鹰人（falconarius）等。这些廷官肩负了"凝聚整个王国"的重任，"只对国王、王后与国王的荣耀的子嗣负责"。廷官之外，宫廷中还生活着无固定职务的侍从、宫廷学校的学生以及王室与廷官们的扈从。"身心高贵、坚毅、晓事明理、审慎、清醒"是择选廷臣的标准。当发生需要迅速反应的紧急情况时，君主如果没有条件召集地方大员商议，将协同核心廷臣（特别是宫廷教长、宫廷伯爵与财政总管）一起做出决策。由于"王国是由多个地区（pluribus regionibus）构成的"，宫廷人员的出身地域与家族应该均匀分配，以使"所有地区都能与宫廷更亲近"。宫廷构成了联结中央认同与多元的地方社会之间的纽带。

伯爵（comes）是加洛林地方行政的主要官职。查理曼时代的伯爵辖区约有600余个。法兰克核心区的伯爵辖区多以罗马时代的城（civitas）或区（pagus）为核心。在新征服地区（如萨克森）与边疆区（如西班牙边区）中，查理曼往往新设伯爵辖区取代原有的权力结构。这些新伯爵辖区在面积上较传统辖区更大。除少数军事区设置统领数位伯爵的公爵（dux）或边疆伯爵（marchio）外，伯爵直接代表君主负责地方的行政、司法、治安与军务。伯爵之下设有副官代办（vicecomites）、具体分管片区事务的百户长（centenarius）与为伯爵法庭（mallum）承担监察工作的调查裁判员（scabinus）。一方面，出任伯爵意味着"荣誉"（honor）。"荣誉"既是一种头衔与身份，也是这一职位附带的地产（res de comitatu）。伯爵亦有权将行政与司法收益的三分之一收为己有。在君主官员的身份之外,伯爵多出自权力根基深厚的世族,往往累世为官,在任职辖区地产丰富,在更大的地理范围内也拥有广大姻亲和亲族网络。有学者将加洛林时代的这个政治精英群体称为"帝国贵族"[①]。查理曼统治的 46 年间罢免伯爵的可考案例只有 10 起,皆起因于重大军事过失或叛乱。这体现了加洛林君权在干涉地方政治格局时的限度。加洛林时代的中央—地方关系可以如此概括:地方精英拥有独立于君主的权力资源,因此只会选择性地接受和配合中央权力的干预,并不始终受后者的绝对支配。

教会在王国治理系统中的深度整合,是加洛林政治的另一特征。主教(episcopus)辖下的主教区是与伯爵辖区平行的教会系统的加洛林地方治理单位。根据鲁道夫·谢弗的统计,在查理曼统治的区域中,莱茵河以西的主教教区约为 125 个,莱茵河以东的约为 14 个,意大利地区的约为 150 个(其中三分之一在罗马教宗辖下)。[②] 君主任命与其他主教的祝圣是正式就职主教不可缺少的环节。主教与隶属于主教的教士团(canonicorum collegium)都拥有地产。什一税(即每位基督徒每年土地产出的十分之一)原则上由主教掌控与分配。主教肩负着保证教区内的教士与平信徒在信仰、仪式和道德上符合教会法规定的标准之责,维护教会设施与器具、推广教士教育、保障弱势群体的福利也属于他们的权责范围。加洛林主教通过颁行主教法令(capitula episcoporum),督促其治下的乡村司铎在基层的普通基督徒中推进牧灵工作。

修院是加洛林教会中的另一种治理单元。在 9 世纪初的 700 余座加洛林男女修院中,大约 300 多座与君主及王室关系密切,在不同程度上享受君权授予的司法豁免权(immunitas)与庇护(tuitio)。作为尘世中

---

① Karl Ferdinand Werner, "Important Noble Families in the Kingdom of Charlemagne: A Prosopographical Study of the Relationship between King and Nobility in the Early Middle Ages," *The Medieval Nobility: Studies on the Ruling Classes of France and Germany from the Sixth to the Twelfth Century*, ed. and trans. Timothy Reuter, Amsterdam: North-Holland, 1978, pp. 137 - 202.

② Rudolff Schieffer, "Karl der Große und die Einsetzung der Bischöfe im Frankenreich," *Deutsches Archiv für Erforschung des Mittelalters*, 63 (2007), p. 464.

的"神圣所在"(locus sanctus),修院是职业祈祷者组成的共同体。在当时的观念中,男女修士的祈祷有助于确保国泰民安,使受祈祷者在世与身后都享有福祉。修院因此成为从君主、贵族到普通信众的不同社会阶层捐赠土地的对象。重要修院所拥有的地产数量是惊人的。例如,813年时,巴黎的圣日耳曼德佩修院(Saint-Germain-des-Prés)拥有高达3万公顷的土地。普通修院亦可拥有3000公顷以上的地产。① 因此,尽管辖下的修士或修女数目最多不过数百人,修道院长的职位关联着极重的精神与物质资源。重要修院的院长常由王室宗亲甚至君主本人出任。君主也会把将院长头衔封赏给劳苦功高、受到宠信的近臣。非修道人士出任修院院长的情况(即"俗人院长")十分普遍。819年一份记录修院的政治义务的清单,枚举了14座修院既需要提供兵役(militia)又需要纳贡(dona);16座只需纳贡、无需提供兵役;18座修院既不需要纳贡也不需要提供兵役,只要"为皇帝、他的诸子以及帝国的安定提供祈祷"②。自查理·马特开始,加洛林统治者将某些教会地产(尤其是修院地产)以"恳请地"(precaria)的形态赏赐给他的军事追随者使用。受赐者获得教会土地的有期限使用权,教会保留地产的所有权;"恳请地"的领有者需向教会提供一定的年租。"君令恳请地"(precaria verbo regis)在之后两代加洛林君主手中制度化。租金一般为年产出的五分之一(nona et decima)。

代表了"教会"(ecclesia)的修院院长与主教是加洛林政治运作的核心要素。查理曼811年的遗嘱的见证者是(按照如此次序)11名主教、4名修院院长与15名伯爵。③ 与伯爵一样,修院院长与主教承担了在地方上开展征兵工作的职责。查理曼晚年对主教与修院院长的过度世俗化

---

① Pierre Riché, *La vie quotidienne dans l'Empire carolingien*, Paris: Hachette, 1973, pp. 83-84.

② Émile Lesne, "Les ordonnances monastiques de Louis le Pieux et la *Notitia de servitio monasteriorum*," *Revue d'histoire de l'Église de France*, 33 (1920), pp. 489-493.

③ [法兰克]艾因哈德等:《查理大帝传》,第33章,第36—37页。

倾向的担忧，变相反映了教会精英对社会治理的高度介入。① 教会与政治在加洛林时代成为两个互相支撑但并不重合的公共领域。在王朝的中后期，教会领袖们更加积极地寻求在教会地产与教会职务领域超然于世俗政治之外的自主权，甚至将教会称作政权之外的"另一个王国"（quasi alteram rempublicam）。② 伸张教权的《伪伊西多尔教令集》（*Pseudo-Isidoriana*）与鼓吹教会权威的理论家辛克马尔是这一趋势的典型代表。

　　通过凝聚共识来平衡中央—地方与政—教之间的张力，在近年的加洛林研究中颇受关注。③ 宫廷人员之外政教精英的定期大规模集会（placitum），是制造以君主为焦点的政治向心力的重要制度。有学者将加洛林时代开启的西方中古政治称为"集会政治"，即在集会场合，以集会的方式完成高层政治的主要运作。④ 早在墨洛温时代，法兰克国王就有在开春后（按制应于 3 月 1 日）召集全国军事集会、开启一年征战的传统，史称"三月校场"（Campus Martius）。丕平称王后，将集会时间改到了 5 月。查理曼执政时，政治决策取代军事成为开春后的年度大集会的主要内容，参加人员原则上是"所有一切教俗两界的重要人物"（generalitas universorum maiorum, tam clericorum quam laicorum），但实际出席人数罕逾百人。⑤ 在大集会之外，秋季有时会举行只有政教要人（seniores）和君主的主要谋臣参加的小集会，其功能是在一些事关重大的议题上，事先为来年春的大集会确定基调。大集会的召集通知一般提前 2—3 月向国内各地的政教贵族发布。参会者又有高阶权贵（primi senatores）与次等贵族之分。前者包括伯爵、地方诸侯、主教、修道院长

① MGH Capitularia regum Francorum Ⅰ, nos. 71 and 72, pp. 161 – 164.

② Paschase Radbert, *Epitaphium Arsenii*, ed. Ernst Dümmler, Berlin, 1900, Ⅱ, c. 2, p. 63.

③ Janet Nelson, "How Carolingians Created Consensus," *Le monde carolingien: bilan, perspectives, champs de recherches*, eds., Wojciech Falkowski and Yves Sassier, Turnhout: Brepols, 2009, pp. 67 – 82.

④ Timothy Reuter, "Assembly Politics in Western Europe from the Eighth Century to the Twelfth," *The Medieval World*, eds. Peter Linehan and Janet Nelson, London: Routledge, 2003, pp. 432 – 450.

⑤ *De ordine palatii*, MGH SRG 3, pp. 82, 84.

和高级教士,他们在集会上参与决策的最终制定。行政与司法草案以逐条枚举的文书形式"以君主的权威确认和下达",接受他们的询问与反馈,最终达成意见一致。次等贵族一般不参与决策,但他们需要在"出于自己的理智和判断,而非出于强迫"的情况下,对决议加以确认。最终决议仍旧以条目(capitula)的形式作为法令颁布并在全国范围内传播,是为敕令(capitulare 或 capitularium)。集会同样是臣属向加洛林君主奉献礼物、表达效忠的场合。君主在集会上与地方政教人物面对面寒暄,与显贵一起宴饮、打猎、泡温泉,聆听他们的诉求。参会者有责任将地方上的政治与军事行动向君主禀报。意见、利益、情感与信息在集会这个公共空间获得统合。

巡察钦差(missus dominicus)是查理曼加强地方控制的制度创新。800 年之前,查理曼已经开始频繁任命亲信组成巡察组在国内各地纠察弊政。称帝一年多后,查理曼将钦差巡察制度化,"从最审慎睿智的显贵选出可敬的大主教、其他主教和修道院长以及虔诚的平信徒,派遣他们前往王国各地……详细调查,以便遵从上帝的意旨,保持对上帝的敬畏,向各地的所有人,无论是上帝的神圣教会还是贫弱者、孤儿、少女、鳏寡等一切民众,充分展示法律和正义。"[1]802 年的大巡察确立了五大巡察区(missatica),大致覆盖了法兰克核心地区:巴黎、鲁昂、森斯、兰斯与列日。巡察区与大主教区的地域范围接近但并不完全重合。巡察组大多由当地的教会首脑与一位世俗贵族搭档组成。对新征服地区和边疆地区的巡察工作,则由专项巡察(missus ad hoc)或当地显贵以更加灵活的方式操作。当时的史书表示,之所以选取位高权重者担任钦差,目的是杜绝行使职权时索贿的发生。[2] 政教精英往往在其职务辖区内巡察,是为了确保巡察具备"地方性知识"与解决问题的地方资源。例如,负责巴黎巡察区的钦差是当时的圣德尼修院院长法杜尔夫(Fardulf)与巴黎伯

---

[1] MGH Capitularia regum Francorum Ⅰ, no. 33, p. 92.
[2] *Annales Laureshamenses*, ⅩⅩⅩⅤ, MGH Scriptores (in Folio) 1, pp. 38-39.

爵斯蒂芬。钦差秉持君主的名义与权威,在地方政教人物的配合下,接受民众对君主效忠、召开司法大会听取上诉、监督征兵工作的开展、视察王室产业与封土的运营、督促教堂修缮与教会纪律等。查理曼晚年更加频繁地使用这项制度,要求钦差每年巡察四次。钦差巡察制度使君权得以更大程度地介入松散的地方政教治理。在一封写给一位伯爵的书信中,一位钦差以严肃的口吻训诫后者积极配合巡察,因为"他(查理曼)一心想要我们向他汇报,每件事究竟是已经按照他的命令做好了还是没做好,以及是由谁的疏忽所致。"①武力抗拒钦差执勤者,以死罪论处。② 一部 811 年的敕令透露,民众(pagenses)愿意越过伯爵,直接向钦差表达诉求。③

接受效忠是强化君主权威的另一项手段。"信"(fides)在加洛林时代既是一个宗教概念也是一个政治概念。每一位通过洗礼仪式加入"基督教帝国"(imperium christianum)的信徒都通过誓言(sacramenta)与上帝之间建立了信仰纽带。民众对君主宣誓效忠则缔造了君主与每位属民之间的垂直的政治纽带。785/786 年,一些法兰克与图林根贵族酝酿了一起针对查理曼的阴谋叛乱。叛乱被镇压后,参与者自辩说他们之前不曾对查理曼宣誓效忠。以此为戒,789 年,查理曼派出钦差到各地组织属民效忠,"所有人都需要宣誓",上至主教、修道院长、伯爵、国王封臣,下至"在俗司铎、从 12 岁的孩童到老年、参加集会并有能力履行和恪守其主公之命令的全体民众"④。面对圣徒的骸骨进行的宣誓使誓言带上了一层神圣的色彩。802 年的大巡察中,钦差需要保证"王国内的所有人,无论教俗"都要宣誓。即便之前已对"国王查理"行过效忠之礼,也还需要再对"皇帝查理"重新宣誓。802 年的宣誓词范本如下:"我在此向丕

---

① Wilhelm A. Eckhardt, *Die Kapitulariensammlung Bischof Ghaerbalds von Lüttich*, Göttingen: Musterschmidt, 1955, p. 100.

② MGH Capitularia regum Francorum Ⅰ, no. 70, p. 160.

③ MGH Capitularia regum Francorum Ⅰ, no. 73, p. 165.

④ MGH Capitularia regum Francorum Ⅰ, no. 25, pp. 66 - 67.

平国王与贝尔特拉达之子、最虔诚的君主查理皇帝承诺,像从属理应如何对待他的主公那样,维护他的王国与他的权益。从今而后,我将会遵守并希望遵守立下的誓言,如我现在知晓和理解的那样,唯愿创造了天地的上帝与这些圣骸襄助于我。"①效忠意味着始终忠于君主,不通敌,检举他人的不忠诚行为;履行个人的宗教义务;不侵犯王室产业;不危害教会、鳏寡孤独与朝圣者;妥善经营君主赐予的恩地,不据为己有;服从兵役征召;不违抗君命或阻挠对君主履纳赋役;不干扰司法公正。②

尽管全民宣誓效忠的做法存在墨洛温时代的先例,但上段所引誓言中的"像从属理应如何对待他的主公那样"(sicut homo per drictum debet esse domino sua ad suum regnum et ad suum rectum)一语表明,查理曼统治时期出现的君主效忠模式,借鉴了当时正在初步发育的封建依附关系。自由人委身他人并提供服务,是墨洛温时代就在法兰克存在的现象。加洛林时代的主要变化,体现为这种社会纽带形式在公共政治生活中发挥的关键作用。比利时学者弗朗索瓦·冈绍夫使用"加洛林封建制"(féodalité carolingienne)的概念加以称呼,尽管经典封建制中的"封土"概念以及封建义务与封土授予的紧密结合在9世纪时尚未出现。③ Vassus或vassallus在8世纪之前主要指君主或贵族的家内青年仆役甚至奴仆。8世纪中叶之后,这个词所指代的对象的社会阶层逐步抬升,含义开始向后来的"封臣"靠拢,即与上位者之间结有个人效忠关系的政教人物。不过,当时的文献里主要使用"忠属"(homo/fidelis)与"主公"(dominus/senior)来指称效忠与被效忠的双方。

现存文献材料使我们有理由推测,政治效忠关系在加洛林时代的发育是君主自上而下推动的结果。查理曼有数千名奉他为主公的忠属,文献中称作"君主封臣"(vassi dominici)。其中既包括委身于宫廷的"较穷

---

① MGH Capitularia regum Francorum Ⅰ, no. 34, p. 101.

② MGH Capitularia regum Francorum Ⅰ, no. 33, pp. 92 - 93.

③ [比利时]弗朗索瓦·冈绍夫:《何为封建主义》,张绪山、卢兆瑜译,商务印书馆2016年版,第39—110页。

的封臣"(pauperiores vassi)，也包括伯爵等地方显贵。结成"忠属—主公"关系的臣服仪式(commendatio)的基本要素包括：效忠者将两掌相合后由被效忠者双手握住(immixtio manuum)，以及手触圣物(包括圣骸)宣誓。一部分君主封臣可以从他们的主公(即加洛林君主)那里获得大小不等的恩地(beneficium)或荣誉地(honor)，在保持效忠的情况下享有收益权，被称作有地封臣(vassi casati)。恩地的所有权依旧属于君主。查理曼很注意监督他的封臣不把受封赐的恩地转变为自己的自主地(allodium)。① 敕令中，君主封臣常常与伯爵一并被要求履行司法与征兵等职责。例如，779 年的《赫斯塔尔敕令》规定，如果伯爵未能在其辖区内执行司法正义，钦差将在其家中吃住，直到他执行正义；如果"朕的封臣"(vassus noster)未能执行司法正义，则由伯爵与钦差一道在其家中吃住。② 811 年的《布洛涅敕令》规定，如果持有恩地的君主封臣因故缺勤某次兵役征召，尊他本人为主公的有地封臣(vassalli sui casati)不应一同留守，而当追随所在辖区的伯爵参战。③ 基于私人臣服的效忠关系因此构成了加洛林国家权力在地方运作时对以辖区为基础的行政系统的补充。

个人效忠关系亦被用作强化中央对地方政治山头的控制。787 年，查理曼压服巴伐利亚公爵塔希洛的第一步，就是强迫后者成为自己的封臣(in vassaticum)。④ 9 世纪中叶的对话体《瓦拉传》(*Epitaphium Arsenii*)以虔诚者路易的口吻，称叛乱皇子皆为路易的封臣，因为他们都曾对父皇宣誓效忠过。⑤ 查理曼在《分国诏书》中要求他的封臣在自己身故后，重新选择一位加洛林国王效忠。⑥ 上引 811 年《布洛涅敕令》表明，在查理曼的时代，君主封臣通过封赐自己的自主地或得到的恩地，可以

---

① MGH Capitularia regum Francorum Ⅰ, no. 46, c. 6, p. 131.

② MGH Capitularia regum Francorum Ⅰ, no. 20, c. 21, p. 51.

③ MGH Capitularia regum Francorum Ⅰ, no. 74, c. 7, p. 167.

④ *Annales regni Francorum*, MGH SRG 6, p. 78.

⑤ Paschase Radbert, *Epitaphium Arsenii*, ed. Ernst Dümmler, Berlin, 1900, Ⅱ, p. 85.

⑥ MGH Capitularia regum Francorum Ⅰ, no. 45, c. 9, p. 142.

发展出为自己效力的封臣。加洛林君主似乎鼓励"再分封"机制的推广，盖因其构成了一条君权向下动员人力资源的有效渠道。君主可以通过要求君主封臣约束各自属下的封臣，实现对基层的控制。[1] 到了9世纪中叶，政教显贵通过效忠成为君主的忠属(fideles)，一般自由民自由选择成为君主或政教显贵的忠属，俨然已成为一种明文确认的制度设计。[2]

第六节　虔诚者路易：基督教帝国及其分裂

由查理曼开创的帝国与政治治理手段，由其子路易继承与发扬。查理曼去世时，路易36岁，已与出身罗贝尔家族(后来卡佩王朝的先祖)的埃尔芒嘉德(Ermengarde)成婚二十年，育有洛塔尔、丕平与路易三个儿子。那时的他已经做了33年阿奎丹国王。791年，年满14岁的路易开始亲政，并逐渐在阿奎丹打造了典型的加洛林统治。路易每年在位于昂雅克(Angeac)、沙瑟讷伊(Chasseneuil)、杜埃拉丰坦(Doué-la-Fontaine)与埃布勒伊(Ébreuil-sur-Sioule)的四座王宫中轮流居住；拥有一个宫廷团队，包括文秘长海利沙夏尔(Hélisachar)与修院改革家阿尼亚的本笃(Benoît d'Aniane)。路易在811年前后还从里昂请来崭露头角的释经家克劳迪亚斯(Claude de Turin)到阿奎丹宫廷讲学，颇有其父打造宫廷学术的风范。路易在身前就获得了"虔诚者"(pius)的称呼。据称，他曾一度考虑成为教士。[3] 阿尼亚的本笃在路易的支持下在阿奎丹系统推行了针对修道生活的改革。但路易同时也是一名优秀的军事统帅。801/802年，他亲自率军在巴塞罗那围城战中大破撒拉逊人。宫廷诗人厄默尔德(Ermoldus Nigellus)创作于9世纪20年代的史诗《路易皇帝颂歌》(*In honorem Hludovici imperatoris*)极力渲染了这次大捷。810/8111年，长兄丕平与查理的相继过世，使路易获得了统治帝国全境的机会。根据

---

[1] MGH Capitularia regum Francorum Ⅱ, no. 260, c. 4, p. 272; no. 286, p. 371.

[2] MGH Capitularia regum Francorum Ⅱ, no. 204, c. 3, p. 71.

[3] *Vita Hludowici*, ⅩⅨ, MGH SRG 64, p. 336.

840/841 年由"无名星官"(l'Astronome)写作的《虔诚者路易传》(*Vita Hludovici*),路易此时燃起了"统治一切的热望"(spes universitatis potiunde)。[①] 813 年,查理曼亲手将路易加冕为共治皇帝。但路易仍被安排留驻于阿奎丹。814 年 1 月,查理曼去世,路易正式接手皇位,以"秉持神意的皇帝奥古斯都路易"(Hludowicus divina ordinante procidentia imperator augustus)为尊号。

路易面临的第一个挑战是如何处置前朝宫廷。他在此事中显示了政治上强硬的一面。在接受了当时亚琛的首席廷臣、他的叔父瓦拉的臣服后,路易令他着手肃清宫廷,以整治纲纪的名义,对原宫廷中的大部分女性(包括自己的姐妹与侄女)及她们在宫中的男伴进行清理。肃清过程中甚至出现了武装冲突,亦有旧廷臣遭到路易的重刑处罚。[②] 海利沙夏尔、贝格与阿尼亚的本笃等路易在阿奎丹的统治班底,很快就在新廷中扮演起重要角色。部分查理曼的老臣,如艾因哈德,继续受到路易的重用。一些新人得到迅速拔擢,包括 814 年起任圣德尼修院院长与宫廷教长的希尔敦(Hilduin)与路易的发小、816 出任兰斯大主教的艾博(Ebon de Reims)。与宫廷重组同步进行的是对王室的重新安置。登基后不久,路易派长子洛塔尔出任巴伐利亚国王,次子丕平出任阿奎丹国王,小儿子路易被留在父皇身边。

虔诚者路易比其父更常定居于亚琛,但熟练地运用各种加洛林统治方式在帝国范围内建立权威。通过宫廷书记处高效的令状生产,路易确认了各位政教人物在前朝所享的权利。他向帝国各地派出钦差,察民疾苦,整顿基层吏治,允许受害者在证人的陪同下直接向他上访。[③] 在外交方面,路易与拜占庭皇帝和贝内文托公爵缔约,对北方的丹麦人、东方的斯拉夫索布人(les Sorabes)与西南边区的巴斯克人用兵,都颇为顺遂。816 年 10 月 5 日,教宗斯蒂芬四世前往法兰克拜谒路易,在兰斯为他和

---

① *Vita Hludowici*,ⅩⅩ,MGH SRG 64,p. 342.

② *Vita Hludowici*,ⅩⅪ,MGH SRG 64,pp. 348,350.

③ Thégan,*Gesta Hludowici Imperatoris*,MGH SRG 64,pp. 192,194.

皇后行膏立与加冕之礼。路易在此次会面中确认了教宗在意大利的统治领地,并认定罗马教会选出的教宗无须帝国的批准便可进行祝圣。次年,路易与斯蒂芬的继任者帕斯卡尔一世(Pascal I)以文书形式正式确定了上述协定,是为《路易条约》(Pactum Ludovicianum)。这份文件标志着新皇帝对前朝确立的法兰克-罗马政教联盟的认可和巩固。

817 年 7 月的亚琛集会上,经过窥问神意的三日斋戒、祈祷与施舍,路易颁布了《帝国御秩》(Ordinatio imperii),立洛塔尔为共治皇帝;确认丕平为阿奎丹国王,并使他领有加斯科尼、图卢兹边区,以及卡尔卡松(Carcassonne)、欧坦、阿瓦隆(Avallon)与尼维尔(Nevers)四个伯爵领;小路易被立为巴伐利亚国王,同时辖制卡林西亚人、波西米亚人、阿瓦尔人与斯拉夫人。洛塔尔将以皇帝与长兄的双重身份节制丕平与路易。与查理曼 806 年的《分国诏书》比较,《帝国御秩》对"统一"格外强调:"在朕与明智之臣看来,万不可出于爱惜和关切诸子,使上帝赐予朕的帝国统治的统一(unitas imperii)因人为分割(divisione humana)破裂,不可由此在神圣教会中引发义愤,冒犯执掌了万国之权柄的上帝。"[1]

在颁布《帝国御秩》的 3 个多月前,路易在亚琛宫廷遭遇了一场建筑事故,险些丧命,这构成了他动念制定这份政治遗嘱的契机。但路易颁布《帝国御秩》的另一个重要用意是打压他的侄子贝尔纳德。查理曼在意大利王国丕平早逝后立其子贝尔纳德继承王位。路易继位后,贝尔纳德曾亲自北上向叔父宣誓效忠。但 817 年的《路易条约》在没有提及贝尔纳德的情况下,将意大利王国的部分财政收入赠予教宗。《帝国御秩》不但同样只字未提贝尔纳德,更明文声称意大利王国未来将全权归属于洛塔尔统治,实际上剥夺了贝尔纳德子嗣的继承权。817 年 11 月,路易得到消息,贝尔纳德封锁了所有阿尔卑斯山隘口并接受了意大利所有城市的效忠。他随即从高卢与日耳曼集结大军准备南下。贝尔纳德很快屈服,在索恩河畔沙隆(Chalon-sur-Saône)向路易投降。贝尔纳德经过

---

[1] MGH Capitularia regum Francorum Ⅰ, no. 136, pp. 270 – 271.

审判后被处以刺瞎双目之刑,执刑数日后死亡。多位法兰克政教人物在这次谋逆事件中受到波及。查理曼昔日的爱臣、奥尔良主教提奥多尔夫,因被控参与谋逆,在剥夺职务后遭到流放。这次事件也使路易对王室旁系的戒心加剧。他将原本生活在宫廷中的三位同父异母弟弟德罗戈、于格与狄奥多里克削发后送入修院。大约同一时间,路易将他的三位叔父(包括814年助其肃清宫廷的瓦拉)流放。

查理曼的《分国诏书》中有明文规定,他的诸子未来不得将他的孙辈"在未经合法讨论和审理的情况下处死,或伤害其肢体,或弄瞎其眼睛,或违背其意愿将其削发"①。路易甘冒违背祖训之大不韪,为的是确保法兰克君权被严格控制在自己和自己的直系子嗣手中。821年5月的奈梅亨(Nimègue)集会上,817年的传国方案得到最终确认,帝国内的显贵被要求宣誓遵守。同年10月的蒂永维尔(Thionville)集会上,全体贵族宣誓支持《帝国御秩》。与此同时,路易开始与之前受到打压的王族势力和解。他宽恕了贝尔纳德事件中受到牵连之人,并归还了他们的家产。822年,在阿蒂尼(Attigny)集会上,路易"当着全体民众的面",针对自己先前对侄子、叔父与亲兄弟的处置进行了公开悔罪。瓦拉再度受到重用。德罗戈与于格后来也位居教会要职,成为路易的重要支持者。德罗戈于823年被路易委任为梅斯主教,后成为宫廷教长;于格稍晚出任圣康坦修院(Saint-Quentin)与圣伯丁修院(Saint-Bertin)的院长。

阿蒂尼悔罪事件并未如传统史家所认为的那样,使路易的君权受到折损。相反,通过悔罪仪式塑造的谦卑的皇帝形象,进一步强化了路易君权的神圣性。《虔诚者路易传》的作者将之与罗马皇帝狄奥多西390年的公开忏悔相提并论,称路易"通过慷慨的施舍、基督仆从的不断祈祷以及本人的改过自新,矫正了他和他的父亲曾经犯下的所有过失"②。根据集会所颁敕令的记载,在路易立下了"最佳的范例"之后,帝国内的主

---

① MGH Capitularia regum Francorum Ⅰ, no. 45, c. 18, pp. 129 - 130.
② *Vita Hludowici*, ⅩⅩⅩⅤ, MGH SRG 64, p. 406.

教们追随皇帝的榜样以公开忏悔的方式检讨自己在履行职务时所犯下的过失。① 阿蒂尼悔罪被路易成功转化成了社会革新运动的一环。此后不久,路易开始在帝国内发行新银币,正面为帝号环绕的十字架,反面为"基督信仰"(Christiana religio)字样环绕的教堂。在 825 年的敕令《众阶通训》(*Admonitio ad omnes regni ordines*)中,路易自称为所有人的"训诫者"(omnium vestrum admonitor)与上帝托付的神圣职责的担纲者,诸皇子、主教、伯爵、修道院长皆是他的助力。② 加洛林神圣君权在虔诚者路易统治前期达至理论与实践的巅峰。在同时代的一篇圣徒传记中,路易被称为"肩负整个欧洲教会的皇帝"(tocius aecclesae Europa degentis imperator augustus)。③

路易允许三位皇子逐步发展各自的政治势力。在 821 年的蒂永维尔集会上,路易安排了洛塔尔与图尔伯爵于格的女儿成婚,并于次年派他前往意大利主政,由已被再度启用的瓦拉辅佐。洛塔尔在同一年开始独立在意大利颁布令状。由于虔诚者路易个人的活动范围几乎仅限于法兰克腹地,安排皇储洛塔尔根据需要往返阿尔卑斯山两侧,维持帝国中央对意大利特别是罗马的控制,构成了路易的基本国家战略。洛塔尔很好地履行了这个政治任务。教宗帕斯卡尔于 823 年复活节在罗马为洛塔尔加冕。824 年,根据路易的指示,洛塔尔平息了罗马城的骚乱,继而颁布《罗马法规》(*Constitutio Romana*),以加强对罗马的司法与教产控制,要求未来的新任教宗在接受祝圣前向皇帝宣誓效忠。从 825 年开始,路易在颁布皇帝敕令联署洛塔尔之名,以示对其共治皇帝地位的认可。虔诚者路易的次子丕平在 822 年阿蒂尼集会后被安排与玛德瑞(Madrie)伯爵之女成婚;婚礼过后,被派往阿奎丹经营自己的王国。幼子路易也于 825 年成年后前往巴伐利亚开始独立统治。

---

① MGH Capitularia regum Francorum Ⅰ, no. 174, p. 357.

② MGH Capitularia regum Francorum Ⅰ, no. 105, p. 303.

③ Ardo Smaragdus, *Vita Benedicti abbatis Anianensis et Indensis*, MGH Scriptores 15. 1, c. 29, p. 211.

818年，虔诚者路易的皇后埃尔芒嘉德去世。路易于次年2月续弦，新皇后是"极高贵的韦尔夫伯爵"之女、来自阿拉曼尼的朱迪斯(Judith)。朱迪斯父母分别出身巴伐利亚与萨克森的显赫家族。这次联姻强化了路易对日耳曼地区的掌控。823年6月13日，朱迪斯为路易诞下皇子，取名查理。根据《路易诸子内战史志》的作者尼萨尔德(Nithard)，得子后的路易不知所措，因为帝国已经在前皇后所生的三个儿子中分配完了。[①]但既然与声名赫赫的祖父同名，小查理的继承权必定在路易的考量之中。为确保长子洛塔尔的支持，路易请他出任查理的教父和保护人。827年，朱迪斯的妹妹爱玛(Emma)与巴伐利亚国王小路易成婚，路易皇帝的两任皇后的子嗣之间又多了一层纽带。路易似乎有意延迟对查理继承资格的正式确认，这也有助于短时间内维持皇室内部的微妙平衡。

这种平衡最终被由827年西班牙边区的军事失利引发的宫廷剧变所打破。一位前穆斯林总督在法兰克宫廷的质子埃佐(Aizo)逃回西班牙边区煽动叛乱。安达卢斯政权也答应埃佐派遣大军前去助阵。作为应对，路易派丕平率军支援边区，同时出征的还有两位宫廷重臣：图尔伯爵于格与奥尔良伯爵马特弗里德(Matfrid d'Orléans)。但穆斯林军队在法兰克大军赶到前已然重创了巴塞罗那城与热罗纳城，之后毫发无损地班师回到萨拉戈萨。根据《法兰克王国编年史》中的官方说法，造成这场军事灾难的是于格与马特弗里德的"玩忽职守"(desidia)。[②]828年2月的亚琛集会上，路易剥夺了二人的职务以为惩处。于格是洛塔尔的岳父，而马特弗里德又是于格的妻弟，两人皆是洛塔尔政治集团的核心。根据尼萨尔德，洛塔尔在于格与马特弗里德的蛊惑下不再认可小查理的继承权。虔诚者路易与朱迪斯的回击是829年8月的沃尔姆斯集会。在这次集会上，路易不顾其余三位皇子的不满，把阿拉曼尼、雷提亚与勃

---

① Nithard, *Historiarum libri Ⅲ*, I. 3, MGH SRG 44, p. 3.
② *Annales regni Francorum*, MGH SRG 6, p. 173.

艮第的部分地区授予了年仅 7 岁的小查理。同时,路易任命在两年前的西班牙边区战事中孤军奋战的巴塞罗那伯爵贝尔纳德(Bernard de Septimanie)为宫廷财政总管,并将小查理托付于他。贝尔纳德一跃成为帝国里"一人之下、万人之上"(secundum a se in imperio)的人物。他与皇后朱迪斯组成的政治同盟主宰了宫廷。另一方面,洛塔尔受到父皇惩戒,被谪贬回意大利,皇家文书不再联署其名。

　　贝尔纳德的崛起破坏了帝国内的政治稳定。9 世纪中叶的《瓦拉传》称贝尔纳德是"像野猪一样冲入宫廷"的"僭主"(tyrannus),指控他结党营私、混淆秩序、打击忠贤、淤塞言论、擅用巫术、蒙蔽君主、离间亲室,甚至谋划杀害路易父子。但不能排除的可能是,对小查理的领土授予破坏了经过全体贵族宣誓通过的传国方案,引发了宫廷内外的政治异见;虔诚者路易希望借贝尔纳德之手压服。传国方案的变更导致路易的属臣被迫立下矛盾的誓言,"流言、忧愁与谤语"(not sola murmuratio, sed et tristitia et detractio)四起。[1] 830 年大斋节期间,廷臣与政教贵族中积聚的不满以叛乱的形式爆发。利用路易率军西征布列塔尼的机会,包括希尔敦与瓦拉在内的一干政教人物在阿奎丹国王丕平的领导下起兵。叛军打的是"清君侧"的名义,宣称贝尔纳德与皇后朱迪斯犯有奸情,要求将他处死。朱迪斯与贝尔纳德闻讯后逃出亚琛。路易得到消息后返回法兰克,与叛军在贡比涅对峙。5 月,洛塔尔从意大利赶到,接管了叛军,以于格与马特弗里德为左右手。路易皇帝遭到囚禁,"空有帝号"(solo nomine),并被迫恢复了洛塔尔的共治皇帝身份与他的支持者先前被剥夺的职务。[2] 朱迪斯被囚于普瓦捷的圣拉黛贡德(Sainte-Radegund)修院。但时隔不久,路易在奈梅亨集会扭转了局势,再度掌权。小路易的忠诚与支持发挥了至关重要的作用。朱迪斯于 831 年 2 月 2 日起誓清白后回归宫廷。

---

[1] Agobard, *De divisione imperii*, ed. L. van Acker, CC CM 52, p. 250.
[2] *Vita Hludowici*, XIX, MGH SRG 64, c. 45, p. 464.

　　路易选择与大多数参与叛乱的政教人物和解,除了瓦拉、于格与马特弗里德,同时,路易决心彻底重制传国方案。831 年 2 月的亚琛集会上,路易颁布了新的分国敕令,丕平分得纽斯特尼亚,洛塔尔仅获得意大利,其余领土由小路易与查理分割。敕令还明文规定,路易皇帝保留根据皇子的日后表现调整传国方案的权利。仅三个月后,路易就运用了这项权利,与洛塔尔达成谅解,再度承认后者对法兰克核心地区的继承权。丕平与小路易对此极为不满。小路易于 832 年 3 月进军阿拉曼尼,在其父亲自率军出现后方才屈服,被迫宣誓效忠,之后被遣回巴伐利亚。丕平以拒绝虔诚者路易的召集命令的方式表达抗议。10 月,路易皇帝将丕平囚于特里尔,进而将阿奎丹王国的统治权移交给小查理。但丕平很快逃回阿奎丹。同年的圣诞节后,路易得到消息,洛塔尔、丕平与小路易已达成反叛同盟。叛军于 833 年 6 月在阿尔萨斯地区的罗斯菲尔德(Rothfeld)集结兵力。洛塔尔还从罗马带来了教宗格里高利四世作为名义上的调停人。路易皇帝率军前往,与叛军对垒。里昂大主教阿戈巴尔德(Agobard de Lyon)在洛塔尔阵营激昂布道,为皇子们的举措正名。6 月 24—30 日,虔诚者路易的多位臣属背弃效忠誓言,向敌方阵营叛逃。罗斯菲尔德因此在之后得名“谎言之地”(campus mentitus)。只有路易的弟弟梅斯主教德罗戈等少数人选择留在皇帝身边。为避免内战,路易向叛军投降,后被洛塔尔囚于苏瓦松的圣梅达尔修院(Saint-Médard),朱迪斯被送往意大利拘禁,小查理被拘于普吕姆(Prüm)修院。10 月,洛塔尔在贡比涅召开集会,派遣包括兰斯大主教艾博在内的多位主教前往圣梅达尔,劝说路易忏悔并退位,宣称他已经“因为上帝的判决与教会的权威而被剥夺了世俗权力”,唯有通过悔罪来拯救自己的灵魂。路易在洛塔尔与众主教的见证下,将记录了他的罪行的文书和他的告解交给司铎,放置于祭坛之上。之后,他褪下象征权力的束带与皇袍,换上悔罪者的服装。[1] 但是,路

---

[1] Courtney M. Booker, "The Public Penance of Louis the Pious: A New Edition of the *Episcoporum de poenitentia, quam Hludowicus imperator professus est, relatio Compendiensis* [833]," *Viator* 39 (2008), p. 19.

易以无法自由决断为由,拒绝发愿出家。这为他后来的复位埋下了
伏笔。

洛塔尔开始以帝国的唯一皇帝的身份自居。三位兄弟对法兰克核
心地区进行了瓜分:路易分得莱茵河以东的领土(因此得到绰号“日耳曼
人”);丕平得到莱茵河与塞纳河之间的地区;其余归属洛塔尔。但时隔
不久,日耳曼人路易与丕平就联合起来讨伐洛塔尔,理由是后者未能善
待他们的父皇。洛塔尔被迫于834年2月底南逃。虔诚者路易、小查理
与朱迪斯先后重获自由。3月,路易在圣德尼修院由主教们重新佩带武
器,结束悔罪身份并回归皇位。835年2月,路易在梅斯大主教教堂接受
德罗戈的再度加冕。艾博以罪人的身份宣布先前对路易的罢黜不合法
而无效,之后被剥夺了兰斯大主教之职,送入富尔达修院(Fulda)思过。

其余参加了833年苏瓦松事件的主教因畏罪而没有应召前往梅斯。
他们与瓦拉等一道追随洛塔尔南下意大利。837年,路易将“法兰克王国
最好的部分”(optima pars regni Francorum),即从弗里西亚到默兹河的
区域外加北勃艮第等地,授予小查理。[①] 次年,在小查理的成人礼上,路
易又把勒芒公爵领与塞纳河和卢瓦尔河之间的区域授予他统治。丕平
之前从路易那里获得了安茹伯爵领,并被委以保护小查理之责。日耳曼
人路易不满于这种安排,再度与其父交恶。路易皇帝随即剥夺了他对巴
伐利亚外一切领土的统治权。838年12月,丕平去世。虔诚者路易否认
了丕平之子丕平二世的王位继承资格,安排小查理继位阿奎丹国王。
839年,路易与洛塔尔在沃尔姆斯会晤,达成和解。虔诚者路易在他生命
的最后一年忙于在帝国的东西两端奔波,平息孙子丕平二世与儿子日耳
曼人路易的叛乱。840年5月,路易在征战途中病重。陪在他身边的德
罗戈主持了路易临终之前的宗教仪式与政治安排。象征帝权的皇冠与
宝剑被移交于洛塔尔,但路易要求他必须为小查理与朱迪斯提供保护。
6月20日,路易辞世,下葬于梅斯。那里藏有加洛林家族的祖先阿努尔

---

① *Annales Fuldenses*, MGH SRG 7, p. 28.

夫的圣骸。

1809 年 6 月 18 日，在圣克卢（Saint-Cloud）的宫殿，法兰西帝国皇帝拿破仑召见了几位法国和意大利主教。拿破仑疑心这些主教正在策动一起针对他的阴谋叛乱，因而唤来加以质问。根据记载，拿破仑当时对这些主教歇斯底里地大叫："先生们，你们想这样对待我，仿佛我是虔诚者路易。别把儿子和父亲搞混啦。你们眼前的可是查理曼……我可是查理曼……是的，我可是查理曼！"①这则逸事很能反映虔诚者路易在后世的一般形象。作为"伟大父亲的小儿子"，路易往往被处于查理曼的丰功伟绩的阴影之下。法语世界习惯称路易为"温厚的"（Louis le Débonnaire），认为他在面对教权与皇室内部的压力时过于软弱，未能维持君权的崇高与帝国的统一。② 新近研究倾向于将路易的"虔诚"理解为他的帝国治理术与意识形态建构；将他统治后期不断变化的传国方案理解为他针对诸子分而治之的政治策略。不过，一个事实是，虔诚者路易的大一统基督教帝国随着他的去世立刻陷入了分裂与内战。

第七节　西法兰克王国的诞生

洛塔尔在得知路易去世的消息后迅速赶往梅斯，"怀着孝敬之心"（devoto corde）为其父准备了祭坛。③ 但很显然，洛塔尔丝毫没有打算遵守与先父的约定，维护弟弟查理的统治继承权。他向法兰克各地派遣使者，宣布自己将接管整个帝国，并以剥夺封地要挟全体政教贵族的效忠。查理的处境十分被动。一方面，洛塔尔很快获得了巴黎地区的政教贵族的效忠；另一方面，丕平二世在阿奎丹以国王自居，并得到了洛塔尔的支持。查理的支持者包括森斯大主教维尼洛（Wenilon）、普瓦捷主教埃布

---

① Courtney M. Booker, *Past Conviction：The Penance of Louis the Pious and the Decline of the Carolingians*, Philadelphia：University of Pennsylvania Press, 2009, pp. 18–20.

② Martin Gravel, "De la crise du règne de Louis le Pieux：Essai d'historiographie", *Revue historique* 658 (2011)：357–390.

③ "Epitaphium Hludowici Imperatoris", MGH Poetae Ⅱ, p. 654.

罗恩(Ébroïn)、南特公爵雷纳德(Renaud d'Herbauges)等。查理还在
841年初赢得了在勃艮第与普罗旺斯实力雄厚的政治人物古林(Guerini
de Provence)的支持。查理还于842年12月与奥尔良伯爵厄德(Eudes
d'Orléans)之女厄门特鲁德(Ermentrude)成婚。根据尼萨尔德,这次联
姻的目的是借助厄门特鲁德的叔父、图尔修院的世俗院长阿达拉德
(Adalard le Sénéchal),"为自己赢得绝大多数小贵族的支持"(maximam
partem plebis sibi vindicare)。①

　　查理决定与处境接近的日耳曼人路易结盟,共同对抗洛塔尔。841
年6月,查理与路易各自率领军队在欧塞尔会师。洛塔尔也率兵前来。
三兄弟原本计划在附近的丰特努瓦(Fontenoy)通过重新分割领土解决
争议。但丕平二世随后率领部队前来支援洛塔尔,使后者决定诉诸武
力。6月25日,一场大会战在丰特努瓦展开。战事极其惨烈,双方均死
伤惨重,最终胜出的是路易-查理联军。洛塔尔兵败逃回亚琛。一位名
为安吉尔贝特(Angilbert)的洛塔尔臣属事后用一首沉痛的诗作表达了
丰特努瓦之战给法兰克人留下的精神阴影:"对这场战役不应有任何赞
颂,也不被配乐歌唱。东西南北各方都哀悼在这次战役中战亡之人。"②

　　为巩固两人的同盟,路易与查理于842年2月14日在斯特拉斯堡宣
誓对彼此的忠诚。尼萨尔德在《路易诸子内战史志》中记录了宣誓的流
程与誓言。为了让对方的军事追随者也可以听懂自己的誓言,路易使用
"罗曼语"(romana lingua)、查理使用"日耳曼语"(teudisca lingua)宣誓。
随后,查理与路易的手下军士"每个人以他们自己的语言,即罗曼语……
与日耳曼语宣誓。"路易的誓言是:"为了对上帝的爱、为了基督教人民和
我们两人的福祉,从今天起,愿上帝赋予我智慧与力量,我将以军事协助
等方式帮助我的兄弟查理,就像一个人理应对待他的兄弟那样,而他也
如此待我。我将永不会与洛塔尔达成有损于我的兄弟查理的协议。"查

① Nithard, *Historiarum libri Ⅲ*, Ⅳ. 6, MGH SRG 44, p. 49.
② "Rhythmus de pugna Fontanetica", MGH Poetae Ⅱ, p. 138.

理的追随者的誓言是："如果路易恪守他向他的兄弟查理所发的誓言,而我的主公(meos sendra)查理却违背了誓言,我又无法说服他不这么做——我或任何人都无法说服他——那么,我将不会以任何方式协助他做有损路易的事。"①尼萨尔德记录的这两段文字,是现存文献里最早的古法语。查理的臣属都以"罗曼语"为"自己的语言",这也表明,未来查理统治的西法兰克在当时已具有了某种语言与文化的认同。

路易与查理随后举兵向亚琛挺进,占领了皇宫。洛塔尔事先裹挟王室财宝奔逃。在不利局面下,洛塔尔终于同意通过和谈与两位弟弟分割领土。842 年 6 月 15 日,三兄弟齐聚马孔,达成停战协议。同年 10 月 19 日在科布伦茨,三方各选出 40 名代表讨论国土分割方案。查理与路易方面要求派出使节对法兰克核心地区进行测定与资源评估。在漫长的领土调查之后,三方再次于 843 年 8 月在凡尔登附近的迪尼(Dugny)会晤,最终达成领土协议,后世称作《凡尔登条约》。条约的原文现已逸失。但根据现存文献可以判断,帝国被分为西、中、东三部,分属查理、洛塔尔与路易。两条大致的分割线分别是:斯凯尔特河-默兹河-索恩河-罗讷河;莱茵河-阿尔卑斯山。局部地区根据实际情况并不严格遵守上述自然边界。例如,查理的重臣古林在索恩河东的领地与地产也被划归于西法兰克。王庄、宫廷、王室修院、政教职位、恩地的"均分",是《凡尔登条约》的重要原则。三兄弟均以"法兰克国王"为号。洛塔尔保留了帝号。但正如一位支持洛塔尔的教会人士所慨叹的,昔日统一的法兰克王国分裂为三,"帝国的名号与荣耀"(imperii... nomenque decusque)已不在。② 从今人的角度看,如皮埃尔·里歇(Pierre Riché)所言,《凡尔登条约》是现代欧洲的"出生证明"③。查理的西法兰克王国构成了未来法兰西的雏形。

---

① Nithard, *Historiarum libri III*, III. 5, MGH SRG 44, p. 3.

② "Querela de Divisione Imperii", MGH Poetae II, p. 561.

③ Pierre Riché, *Les Carolingiens: une famille qui fit l'Europe*, Paris: Hachette, 1983, p. 170.

第八节　秃头查理在西法兰克王国的统治

查理在生前就得到了"秃头"(calvus)的绰号。但根据绘有其形象的圣经抄本,查理的头发非常浓密。这个绰号可能意在调侃查理早年没有像他的兄长路易拥有巴伐利亚、洛塔尔拥有意大利那样据有自己的核心领地。《凡尔登条约》使查理成为西法兰克王国的统治者。他的领土包括五大区域:斯凯尔特河与塞纳河之间的法兰克腹地、塞纳河与卢瓦尔河之间的纽斯特里亚、北勃艮第、阿奎丹与塞普提马尼亚。王国包含七个完整的教省:鲁昂、图尔、森斯、布尔日、波尔多、奥兹(Eauze)与纳博讷;此外,除康布雷(Cambrai)之外的整个兰斯教省,以及属于里昂教省的欧坦、朗格勒(Langres)、沙隆与马孔也位于西法兰克王国。斯凯尔特河与塞纳河之间存在大量的王庄、宫廷与重要修院。位于普瓦图的梅勒(Melle)从查理曼时代以来就是最重要的铸币地。昆都维克(Quentovic)与鲁昂(Rouen)是北海贸易的重要港口。

此外,几乎整个西法兰克王国在当时都属于广义上的罗曼语区,日常口语与官方书面语言(拉丁语)之间的差距相对较小。这意味着,相比于路易的东法兰克与洛塔尔的中法兰克,君主敕令、宗教会议记录、主教法令等行政文书在西法兰克王国更有条件得到广泛运用。《凡尔登条约》签订 3 个月后,查理在勒芒附近的库莱讷(Coulaines)颁布了他的第一部敕令,娴熟地使用加洛林政治话语重申君主、教士与世俗贵族各自的权利与义务,彰显了自己对王朝统治传统的继承。[①] 查理曼与路易广泛使用的钦差巡查制度,只在西法兰克王国得到沿用。查理在 853 年 11 月颁布的《瑟法敕令》(*Capitulare missorum Silvacense*)中任命了 39 名钦差(包括 22 名世俗贵族、11 名主教与 6 名修道院长),将阿奎丹之外的西法兰克王国划分为 12 个巡察区,由他们分组负责巡视。查理特别要

---

① MGH Capitularia regum Francorum Ⅱ, no. 254, pp. 253 - 255.

求每位钦差配备"我的祖父与父亲的敕令"（capitula autem avi et patris nostri），也就是圣旺德里耶修道院院长安塞吉斯（Anségise de Fontenelle）827 年受虔诚者路易之命编订的加洛林敕令集。① 除了治理术，查理还继承了加洛林家族的君权意识形态遗产。827 年，查理在写给罗马教宗哈德良二世的信中称"我们出身王族的法兰克君主并非主教的副官，而是地上之主（non episcoporum vicedomini, sed terrae domini）"②。查理还自称"在上帝的像中行走（in imagine tamen Dei ambulantem）之人，蒙受上帝的恩典，继承父亲和祖父，秉有君主的名号与高位"③。

在地理方面，得益于丰富的河道与保存相对完好的罗马古道，西法兰克王国内的交通相对便利。但与此同时，西部漫长海岸线也使防御来自斯堪的纳维亚的海上入侵者构成了秃头查理统治期间面临的重大挑战。今天习惯称之为"维京人"，但当时的法兰克文献一般称他们为"丹麦人"（Dani）或"北方人"（Normanni）。法兰克世界与北欧的政治接触在查理曼的时代就已经存在。虔诚者路易有意识地向丹麦地区派遣传教士传教，并尝试干预丹麦内政。826 年，丹麦国王哈拉尔（Harald Klak）携家眷与追随者前来法兰克，在因格尔海姆皇宫接受洗礼，成为路易的教子与臣属。但独立于中央政权的斯堪的纳维亚军阀对法兰克的侵袭从 9 世纪 20 年代以来就时有发生，位于河流出海口的富有修院，以及杜里斯特（Dorestad）、昆都维克这样的重要商埠，是维京人主要的劫掠对象。9 世纪 40 年代，维京人对西法兰克王国的攻击加剧。841 年 5 月，一支维京人逆塞纳河而上劫掠了鲁昂城。842 年 5 月，昆都维克遭袭。843 年 6 月，维京人洗劫了南特，杀害了该城主教，随后继续沿海岸南下侵袭阿奎丹。845 年 3 月，在一位名为里格纳尔（Ragnar）的军阀的统帅下，一支维京战船沿塞纳河向巴黎进攻。里格纳尔曾为查理服务，后来失宠，对巴黎的攻击因此具有报复的色彩。查理和法兰克军队无力抵

---

① MGH Capitularia regum Francorum Ⅱ, no. 260, c. 11, p. 274.

② Charles le Chauve, ep. Ⅶ, PL 124, col. 878.

③ Charles le Chauve, ep. Ⅷ, PL 124, col. 881.

抗。根据数年后撰写的《圣日耳曼骸骨迁移记》(*Translatio Sancti Germani Parisiensis*)的记述,"为了羞辱和嘲笑国王、他的重臣和所有在场的基督徒",维京人当着他们的面绞死了 111 名俘虏。[1] 查理在这场城下之盟中向里格纳尔付出了高达 7000 磅白银的贡金。

查理在统治初期还需要应对边区的动荡。在布列塔尼,一位名叫诺米诺埃(Nominoë)的贵族通过支持虔诚者路易,自 831 年起以"皇帝的钦差"的名义(missus imperatoris)在当地自治。路易去世后,诺米诺埃选择支持秃头查理。布列塔尼兵士也参与了 842 年的斯特拉斯堡誓言。但在 843 年初,诺米诺埃介入了前南特伯爵之子兰伯特(Lambert de Nantes)与查理任命的南特公爵雷纳德之间的矛盾,与前者联合,先后击杀了雷纳德与他的儿子。查理任用雷纳德的亲族维维安(Vivien de Tours)与诺米诺埃和兰伯特制衡,授予他图尔伯爵与圣马丁院长之职。845 年 11 月,查理尝试进攻布列塔尼,但无功而返。846 年,查理与诺米诺埃达成协议,授予他公爵头衔,换取名义上的效忠与臣服。但诺米诺埃此后仍不时抓住时机向纽斯特里亚扩张势力。

在王国的西南隅,多年前引发了 830 年叛乱的前财政总管伯纳尔德在返回边区后,把据点从巴塞罗那转移到了于泽(Uzès),在塞普提马尼亚建立了统治。在虔诚者路易诸子的内战期间,伯纳尔德多次在洛塔尔与查理的阵营之间摇摆。在比利牛斯山南,穆斯林军阀穆萨(Musa ibn Musa al-Qasawi)以萨拉戈萨与图德拉(Tudela)为基地,在伊比利亚北部建立了自治统治。841—842 年,穆萨发动的数次入侵重创了法兰克的西班牙边区。此外,边防重镇图卢兹在 843 年落入丕平二世之手。查理于 844 年初率领一支先遣队南征,在利摩日逮捕了伯尔纳德,"经过法兰克人的审判,以谋逆之罪(maiestatis reus)处以极刑"[2]。5 月初,查理围城图卢兹,在城外颁布了巩固边区政教秩序、鼓励西班牙移民的令状,任命

---

[1] *Translatio Sancti Germani Parisiensis*, in *Analecta Bollandiana* 2 (1883), c. 12, p. 78.

[2] *Annales Bertiniani*, MGH SRG 5, p. 30.

了新的塞普提马尼亚边区伯爵。然而,6月初,受命从法兰克前来与查理汇合的大军在昂古穆瓦(Angoumois)遭遇了丕平二世军队的突袭。查理的多名政教重臣,包括王叔于格和尼萨尔德,均遭到击杀。查理不得不放弃图卢兹。

同年8月,查理、路易与洛塔尔在特里尔附近的于茨(Yütz)会晤,以共同的名义要求丕平二世向查理效忠。845年6月,查理与丕平在弗勒里(Fleury)修院和谈。根据《圣伯丁年代记》(*Annales Bertiniani*),"丕平宣誓,像侄子理应对待叔父的方式对查理忠诚"。查理则允之以对除普瓦图、圣东日(Saintonge)与奥尼(Aunis)之外的整个阿奎丹的统治权(totius Aquitaniae dominatum)。[①] 丕平独立颁布令状,铸造银币。但查理并未放弃寻找收复阿奎丹的机会。他先是与穆萨结盟,使丕平在地缘上腹背受敌。契机出现在847—848年冬。劫掠阿奎丹的维京人对波尔多发动了围城。丕平无力解围。查理闻讯后迅速率兵南下,击退了维京人,俘获了对方的9艘战船。追求保护的阿奎丹贵族决定放弃丕平,阿奎丹的贵族、主教与修道院长推选查理为他们的国王。查理在奥尔良接受了森斯大主教维尼洛的膏立。查理在次年颁布令状中着意使用了"法兰克人与阿奎丹人的国王"的头衔。

847年,查理的一位臣属涉嫌诱拐洛塔尔的女儿,引发了洛塔尔震怒。次年2月,在日耳曼人路易的调停下,三位兄弟在默兹河畔的美尔森(Meersen)会晤。《凡尔登条约》确立的三王并治的政治框架得到了进一步的完善。每位国王需负责规范各自臣属的行为。此外,三人达成共识,"国王身后,他们的子嗣将根据当下确定的领土划分(secundum definitas praesenti tempore portiones)保有对王国的合法继承权。"[②]洛塔尔此后逐步放弃赞助丕平二世以掣肘查理的政治策略。在阿奎丹南部与纳博讷地区逃亡的丕平于852年被查理抓获,落发后进入圣梅达尔

① *Annales Bertiniani*, MGH SRG 5, p. 30.

② MGH Capitularia regum Francorum Ⅱ, no. 204, c. 9, p. 69.

修院。

852 年之后,洛塔尔与查理的关系进一步升温。双方在抗击维京人时相互合作。洛塔尔还担任了查理女儿的教父。日耳曼人路易认为查理违背了当初的斯特拉斯堡誓言,两人开始交恶。853 年,部分反对查理的阿奎丹贵族遣使路易,邀请他的同名次子"青年"路易(Louis le Jeune)前往阿奎丹,许诺将推举他成为国王。查理立刻作出一系列回应,包括将丕平从修院放回阿奎丹以分化反对派,最终使前来阿奎丹的青年路易无功而返。在这次风波之后,855 年 10 月,查理在利摩日安排了与他同名的次子小查理(Charles l'Enfant)的登基典礼。时年 7 岁的小查理经过主教们的膏立,被佩戴王冠并授予权杖,成为阿奎丹国王。

此时的秃头查理共有三个儿子:长子路易(后得绰号"结巴",生于 846 年)、小查理(生于 848/849 年)与卡洛曼(生于 849/850 年)。854 年,查理安排年仅 4 岁的卡洛曼削发成为教士,将之排除出未来的继承安排。856 年,查理安排长子路易与接替其父诺米诺埃统治布列塔尼的埃里斯波(Erispoë)之女缔结婚约;同时,将以勒芒为中心的纽斯特里亚交给路易统治。查理此举的本意是联合埃里斯波的力量对付维京人,但引发了安茹伯爵"强者"罗贝尔(Robert le Fort)为首的一干法兰克贵族的不满与叛乱。857 年 11 月,埃里斯波被罗贝尔的布列塔尼政治盟友萨罗门(Salomon de Bretagne)所杀,结巴路易被赶出纽斯特里亚。此后不久,一支维京人武装袭击了圣德尼修院,掳走了包括院长路易在内的一众俘虏。查理不得不付出高达 688 磅黄金与 3 250 磅白银的高额赎金。赎金募集造成的经济负担,导致了更多的政教人物加入罗贝尔的反叛阵营。7 月,特鲁瓦伯爵厄德(Eudes de Troyes)与圣伯丁修院院长阿达拉德(Adalard)前往东法兰克,邀请日耳曼人路易取代查理做西法兰克国王。根据《富尔达年代记》(*Annales Fuldenses*),两人"声称他们再也无法忍受查理的暴政(tyrannidem)。外来的异教徒(即维京人)劫掠、奴役、屠杀并贩卖他们,没有遭到任何抵抗;而此后剩下的一切,都被查理从内部用卑鄙的暴行毁掉了。如今全民中已没有任何人相信他的承诺或誓言,所有人都不再相信他的善意。"①路易率兵西进,在奥尔良接受了阿奎丹人、纽斯特里亚人和布列塔尼人的效忠。查理的兵力无法抗衡,遂撤入勃艮第。从845年起担任兰斯大主教的辛克马尔是西法兰克教会的领袖。他没有选择抛弃查理,这为查理赢得了喘息的机会。在意识到无法取得实质进展后,路易从西法兰克王国撤军。

在这次政治危机后,重新掌控局势后的查理花了将近3年的时间与日耳曼人路易以及包括罗贝尔在内的反叛参与者和解,罗贝尔后来在866年抗击维京人时战死。862年,接近成年的小查理与刚刚成年的结巴路易先后在自己的封国(阿奎丹与纽斯特里亚)擅自成婚并联合当地贵族发动叛乱。查理依次予以平定,令两位儿子再度顺服。同年,面对维京人沿塞纳河愈发频繁的劫掠与愈发深入的渗透,查理决定系统地营建防御工事。864年7月,查理在皮特雷(Pîtres)召开大集会,要求所有人"毫无保留地为我们已经在这里开始建筑的堡垒作出贡献,以抵御'北方人'。"这次集会还颁布了包含37个条目的敕令,后又追加三章附录,史称《皮特雷敕令》。《皮特雷敕令》被学者评价为"加洛林立法的顶点"、"自《查士丁尼新律》4到12世纪之间最著名的立法"②。"货币革新"(renovatio monetae)是敕令的核心(第2—24条)。查理宣布,由指定的10处铸币中心制造新币。敕令中把新币称作"所有造币厂生产的纯度高、重量足的第纳尔"(denarii ex omnibus monetis meri ac bene pensantes),要求在该年圣马丁节(11月11日)前在全国范围内完成新旧币的更迭:"在我的王国内的所有城镇、乡村以及庄园,无论它们是我们的地产,或是处于豁免权或伯爵的司法管辖之下,或是属于我们的封臣或任何人……都不应拒绝新币。"③违者一概加以惩处。从矮子丕平时代起,王室铸币一般将10/11的货币投入流通,1/22作为铸币成本,另1/22由君

---

① *Annales Fuldenses*, MGH SRG 7, pp. 49 – 50.

② 种法胜、王晋新:《论864年〈皮特雷敕令〉——兼析9世纪中叶西法兰克王国的法律形成机制》,《古代文明》,2018年第2期。

③ MGH Capitularia regum Francorum Ⅱ, no. 273, c. 8, p. 314.

主留存。秃头查理希望实现对西法兰克王国内货币生产的绝对垄断,其实是变向全国征税。《皮特雷敕令》还明确规定,国内全体男性负有军事义务,"凡不能参军(作战)的人皆须从事于新防御工事、桥梁和沼泽渡口的建设"(第 27 条);禁止国民向维京人售卖铠甲、武器和马匹,违者以叛国罪论处(第 25 条);全国各地的贸易集市与所有防御工事均需得到君主的授权方可合法留存(第 19 条与附录第 1 章)。在皮特雷集会上,查理还接受了布列塔尼的实际统治者萨罗门及其属下的效忠,从后者那里接受了象征性的 50 磅白银贡金。此前联合维京人在阿奎丹生事的丕平二世也被押解至集会现场,被宣判为"祖国和基督教世界的叛徒"(patriae et christianitatis proditor)[1],因于桑利(Senlis),不久后去世。《皮特雷敕令》之后的几年内,昂古穆瓦、图尔、勒芒等地开始出现防御军镇。钱币学研究表明,查理的货币改革获得了高度成功。[2] 866 年与 877 年,秃头查理以支付维京人的名义,两次向全民征收普遍税。查理在社会基层的资源汲取与动员能力不应被低估。

皮特雷集会与《皮特雷敕令》标志着秃头查理在西法兰克君权统治的巅峰。此时的查理对染指中法兰克同样抱有野心。洛塔尔一世去世于 855 年 9 月。中法兰克王国在他的三个儿子之中分割。长子路易分得意大利并继承帝号,史称"路易二世"。法兰克核心区域为次子洛塔尔二世所得,这片地区后因此得名洛塔林吉亚(Lotharingie)。幼子查理分得普罗旺斯与罗讷河下游河谷;他于 863 年去世后,路易二世与洛塔尔二世瓜分了普罗旺斯王国。洛塔尔二世早年与一位名叫瓦德拉达(Waldrade)的阿尔萨斯贵族女性结有事实婚姻,并育有一子于格。855 年继承洛塔林吉亚后,出于提防路易二世的考虑,洛塔尔二世与位于阿尔卑斯山区战略要冲的圣莫里斯(Saint-Maurice d'Agaune)修院院长休伯特(Hucbert)的妹妹瑟乌特贝尔嘉(Teutberge)联姻。但洛塔尔后来

---

[1] *Annales Bertiniani*, MGH SRG 5, p. 72.

[2] Simon Coupland, "L'article XI de l'Edit de Pîtres du 25 juin 864," *Bulletin de la Société française de numismatique*, 40 (1985), pp. 713 – 714.

与长兄关系缓和,便从 857 年开始筹划用瓦德拉达取代瑟乌特贝尔嘉为后,从而使于格获得合法的王位继承权。860 年,中法兰克的多位主教在亚琛宣布,瑟乌特贝尔嘉已承认自己曾与长兄休伯特犯有乱伦之罪,为洛塔尔的离婚计划张目。瑟乌特贝尔嘉与休伯特向西法兰克王国逃亡,向秃头查理寻求庇护。当时的罗马教宗尼古拉斯(Nicolas)也表态支持瑟乌特贝尔嘉。秃头查理与日耳曼人路易看到了这起离婚事件的利用价值:由于洛塔尔与瑟乌特贝尔嘉无子嗣,如果洛塔尔无法离婚,他唯一的儿子于格将因为非婚生的身份丧失继承权,洛塔尔死后这两位叔父就有机会染指洛塔林吉亚。两人因此联合对侄子施压,使后者被迫恢复瑟乌特贝尔嘉的王后身份。868 年 6 月,秃头查理与日耳曼人路易在梅斯会晤,达成协议:"如果上帝将侄儿的领地授予他们",两人应"以兄弟之间应有的方式、互不欺瞒地"对领土公平分割。① 洛塔尔于 869 年亲自前往罗马与接替尼古拉斯出任教宗的哈德良二世斡旋离婚事宜,却于 8 月 8 日高烧去世。此时,日耳曼人路易恰好在巴伐利亚病重。秃头查理抓住机会,于 9 月 5 日率众抵达梅斯。9 月 9 日,在圣斯蒂芬(Saint-Étienne)主教教堂,辛克马尔对出席的政教贵族慷慨陈词,随后,查理接受众主教的加冕,成为洛塔林吉亚国王。根据《富尔达年代记》,"查理自诩将拥有两个王国(西法兰克与中法兰克),于是自号为帝。"②

一个月后,查理得到了王后厄门特鲁德去世的消息,他不顾辛克马尔等教会人物的反对,立即安排了续弦。新王后是洛塔尔二世的遗孀瑟乌特贝尔嘉的侄女里希尔德(Richilde)。查理意图通过与洛塔林吉亚实力派家族的联姻来巩固自己在当地统治。同时,他也希望年轻的里希尔德能为自己生育更多的男性子嗣。里希尔德的兄长博索(Boson)从此开始受到查理重用,成了其统治后期的重要助力。查理特地选择在旧都亚琛度过当年的圣诞节。尽管统治的前 20 余年都限于经营西法兰克,查

---

① MGH Capitularia regum Francorum Ⅱ, no. 245, p. 168.
② *Annales Fuldenses*, MGH SRG 7, p. 70.

理的政治视野仍然是其祖父与父亲的帝国。870年2月,日耳曼路易病愈,随即出兵法兰克福,要求查理退出亚琛和洛塔林吉亚。查理被迫西撤。8月8日,查理与路易在美尔森达成协议,查理分得了索恩河与罗讷河河谷(包括维耶纳、里昂与贝桑松),以及默兹河下游与摩泽尔河上游一线以西的法兰克核心区。以今天的眼光衡量,查理统治领土的东部边界,870年美尔森协定之后更加接近日后的德法边境。但对当时的查理来说,真正重要的是,他得到了包括阿登森林在内的加洛林家族的龙兴之地。

新领土的获得却造成了秃头查理的王室家族内部的震动。此时的查理尚有二子在世。855年之后开始统治阿奎丹的小查理在864年意外受伤,两年后离世。秃头查理让长子结巴路易接替小查理成为阿奎丹国王,但并未授予他颁布令状、组织宫廷、铸造货币等权利。872年,查理安排自己的内兄博索出任结巴路易的财政总管。查理的另一位儿子、854年进入教会的卡洛曼,此时已是兼任欧塞尔的圣日耳曼(St-Germain Auxerre)、梅斯的圣阿努尔夫等数个重要修院院长职务的要人。此时的他希望重新成为平信徒,以获得对洛塔林吉亚的继承权。秃头查理的计划却是将新获的领土留给自己与里希尔德未来的子嗣。870—872年间,卡洛曼数次在洛塔林吉亚联合地方势力反叛,日耳曼人路易亦从东部为其提供援助。秃头查理最终于873年1月在基耶尔济集会上将这位自己的亲生子定罪后刺瞎双眼,囚于科尔比修院。

美尔森协定后,秃头查理失去了帝都亚琛。他转而着力于在王国内打造政治与意识形态中心。查理从867年开始亲自担任圣德尼修院院长。此后,他明确把圣德尼确立为自己王国的宗教中心,以及自己的王室的下葬之所。查理还日益把瓦兹河(Oise)畔的贡比涅打造成自己的首都,成为他最常驻跸之所。877年5月5日,查理颁布金玺诏书,宣布在贡比涅建造新的王室礼拜堂,效仿查理曼的亚琛将之祝献于圣母马利亚,并安排100名教士在其中日夜为加洛林家族、教会和"整个王国的安定"祈祷。贡比涅成为"查理之城"(carlopolis)。①

　　昔日帝国的另一个轴心——罗马,仍是查理觊觎的对象。875 年 8 月 12 日,皇帝路易二世在没有男嗣的情况下去世。查理闻讯后立即率领博索、森斯大主教安塞吉斯(Anségise de Sens)等政教要员南下,安排儿子结巴路易镇守洛塔林吉亚。日耳曼人路易一方面派遣自己的长子卡洛曼与幼子查理前往意大利,与秃头查理竞争皇位;另一方面与次子路易率兵进攻洛塔林吉亚,以逼迫秃头查理返回法兰克。但查理仍然坚持留驻意大利,与当地贵族与罗马教宗约翰八世接洽。当年的圣诞节,查理在罗马接受了加冕,成为"罗马人的皇帝"。在次日颁布的令状中,查理迫不及待地使用了新号:"皇帝与奥古斯都,小查理"(Carolus iunior, imperator augustus),比肩祖父"大查理"。同行的安塞吉斯被任命为阿尔卑斯山以北的教宗代表。查理于 876 年 1 月在帕维亚召集集会,成为意大利国王。此后,他安排博索总领意大利事务,自己返回法兰克。6 月,在蓬蒂翁集会上,查理"身着希腊风格衣饰,头戴皇冠"(Grecisco more paratus et coronatus),与皇后里希尔德接受臣属的欢呼,在精心安排的仪式中向法兰克人展示自己获得的皇帝身份。②

　　同年 8 月,日耳曼人路易去世。查理看到了继续扩张领地的机会。他率兵向东越过 870 年时订立的边界,经亚琛到达科隆,志在夺取莱茵河以西的全部法兰克领土。青年路易率兵跨过莱茵河,在安德纳赫(Andernach)驻扎,准备与自己的叔父交战。查理一面遣使斡旋,一面计划于 10 月 8 日凌晨对路易的阵营发动突袭。但这个计划被当时的科隆大主教暗中透露给了路易。安德纳赫会战以查理的惨败告终,他向东扩张的计划不得不就此作罢。

　　对秃头查理来说,同样不幸的是,皇后里希尔德在会战失利后不久早产下一名男婴,不久夭折。这意味着,查理在短时间内必须面对自己

---

① Michael Herren, "Eriugena's 'Aulae Sidereae,' the 'Codex aureus,' and the Palatine Church of St. Mary at Compiègne, *Studi Medievali*, 28 (1987), pp. 593 – 608.

② *Annales Bertiniani*, MGH SRG 5, pp. 130 – 131.

仅有结巴路易这一位后嗣的现状。同时,撒拉逊人对意大利南部的侵袭加剧,教宗约翰要求查理率兵援助。该年 6 月,在基耶尔济集会上,查理对自己离开期间的法兰克王国做了异常细致的政治安排。路易将在此期间代为摄政。集会决议以《基耶尔济敕令》的形式留存。[①] 敕令的前 9 条是君臣问答,后 24 条乃查理的训示。第 9 条申明,如果有伯爵或君主封臣在法兰克去世,而他们的子嗣正在随查理出征,恩地和职务应由地方与宫廷官员暂时监管,直到其子嗣从法兰克返回后再做分配。这个条目以往被视为加洛林君主对封地的可继承性的官方确认。[②] 事实上,结合《基耶尔济敕令》的语境,查理的实际用意是明确自己(而非结巴路易)对恩地与官职继承的最终确认权:"如果我将伯爵职务和恩地授予我所喜爱之人,而非暂时监管之人,没人有应该感到不满。这也同样适用于我的封臣。"根据敕令的第 14 条,在查理从意大利返回后,结巴路易将会被安排前往罗马接受加冕,成为意大利国王。

但秃头查理最终未能从这次意大利远征中归来。由于巴伐利亚国王卡洛曼率兵前来阻击,同时,先前计划的后续兵力未能按时到达,查理在维切里(Vercelli)会晤了教宗约翰后不久就决议北归。他在返程途中病重,自觉时日无多,紧急安排妻子将王服、王冠、权杖与"圣彼得佩剑"交付结巴路易,正式传位给后者。秃头查理在里昂附近去世。遵其遗愿,他的尸骨于数年后被送至圣德尼修院安葬。

第九节　加洛林统治的中断

结巴路易与其父一样是一位能干的君主。继位后不久,他迅速赢得了博索、辛克马尔、欧塞尔的圣日耳曼院长于格等前朝老臣的支持。无论是镇压阿奎丹、纽斯特里亚等地出现的反叛,还是回击卢瓦尔河畔出现的维京人,路易都表现得强硬而高效。但他仅仅统治了不到 2 年就病

---

① MGH Capitularia regum Francorum Ⅱ, no. 281, pp. 355 - 361.

② [比利时]弗朗索瓦·冈绍夫:《何为封建主义》,第 90 页。

重去世。结巴路易是最后一位颁布敕令的西法兰克加洛林君主。

离世前,路易将统治权交给了他的同名长子,史称路易三世。路易三世获得了博索、于格等人的支持。但国内的另一支政治派别,以圣日耳曼德佩院长高茨林(Gauzlin de Saint-Germain)与巴黎伯爵康拉德(Conrad)为领袖,支持路易三世的弟弟卡洛曼二世也享有继承权。东法兰克国王青年路易也趁机介入,支持卡洛曼二世。两派最终达成协定。879 年 9 月,路易三世与卡洛曼二世双双接受祝圣成为国王。880 年 2 月,两人在亚眠达成分治西法兰克王国的协定:路易获得了法兰克与纽斯特里亚,卡洛曼分得勃艮第和阿奎丹。他们的伯父青年路易在这场政治风波中坐收渔利。870 年美尔森协定中秃头查理分得的洛塔林吉亚领土,被他全数占据。大约同一时期,博索以结巴路易的两个儿子没有继承权(秃头查理曾安排结巴路易与他们的生母离婚)为由,在普罗旺斯自立为王。路易三世与卡洛曼二世迅速联合出兵平定。两兄弟在抗击维京人的劫掠方面亦通力合作。然而,882 年 8 月,路易在骑马追逐一位女孩时意外负伤,终竟不治。2 年后,卡洛曼也在一场狩猎事故中丧生。两人均没有留下子嗣。

此前,青年路易去世,将东法兰克王国的统治权交给了自己的幼子查理,即"胖子"查理(Charles le Gros)。884 年,胖子查理以整个加洛林家族唯一合法继承人的身份,成为整个帝国的名义上的统治者。尽管圣高尔修院修士结巴诺特克(Notker le Bègue)等当时的法兰克人对胖子查理恢复其同名曾祖的帝国荣光抱有期待——诺特克因此撰《查理大帝传》(Gesta Karoli)并献给胖子查理——但后者在帝国内,特别是西法兰克,统治根基薄弱,无力全面应对内忧外患。他不得不任命 866 年在抗击维京人时战死的强者罗贝尔之子厄德(Eudes)为圣德尼修院院长与巴黎伯爵,负责针对维京人入侵的防务。与路易三世和卡洛曼二世一样,胖子查理没有男嗣。他个人的身体状况在 887 年后也每况愈下。11 月,在特雷布尔(Tribur)集会上,日耳曼人路易的非婚生子、卡林西亚公爵阿努尔夫(Arnulf de Carinthie)发动政变,罢黜并囚禁了胖子查理。查理很快于次年 1 月去世。西法兰克贵族最终推选厄德为国王,时值维京人入侵的加剧,厄德在组织军事防御方面的业绩是他被推举为王的主因。加洛林家族历经 130 余年对法兰克王权的垄断就此首度中断。作为未来卡佩王朝的先祖,罗贝尔家族也在此时首次染指王位。法兰西的历史由此掀开了新的一页。

第十节 经济生产与庄园制

高卢在加洛林王朝统治时期经历了较为稳定的人口增长与经济发展。加洛林核心区域的人口在 8—9 世纪期间至少翻了一番。9 世纪上半叶,巴黎盆地的人口密度可以达到 30 人/平方千米以上;即使是人口相对稀疏、耕地比例相对较低的纽斯特里亚地区,这个数字也不低于 9 人/平方千米。8 世纪下半叶以降,三田轮作制已经在阿尔卑斯山与北海之间得到了全面普及。在这种耕作体制下,一片土地在经过一次春种秋收后,将在第二年进入休耕,在 6 月与 10 月经过两轮翻土,随后种下冬季谷物,第三年的夏季收获,第四年重新开始春种秋收。猪、羊、鸡等家畜的养殖构成了以小麦、黑麦、燕麦和大麦为主的谷物种植之外的重要补充。尽管重犁与牛耕已经得到了一定程度的推广,根据一份 800 年前后的《产业登记范本》(*Brevium exempla*),当时的农业产出率依旧十分底下:60 摩迪(modius,罗马容量单位)小麦种子的预期收获量仅有 100 摩迪。[1]

为提高生产效率,一种日后被称为"庄园制"(seigneurie)的大地产经营模式在 9 世纪的王室、教会与贵族土地上得到了运用和发展。约 30 份加洛林时代的修院地产清册(polyptyque)留存至今,记录了修院名下各个地产的物质与人力资源,尤其是佃户的义务,为我们呈现了庄园制在实践中的基本面貌。一个庄园由一块领主自己经营的自领地

---

[1] MGH Capitularia regum Francorum Ⅰ, no. 128, p. 254.

(réserve)与多块由佃户承包的租耕地(tènement)共同构成。为换取对租耕地的用益权,佃户需在领主的自领地提供一定时长的无偿劳作,此外,还可能需要交纳一定数量的实物(鸡蛋、亚麻等)或租金,外加一定程度的杂役。在法兰克的核心地区,即塞纳河、默兹河与莱茵河之间的区域,特别是巴黎盆地,庄园制出现得最早。庄园制的起源可能与加洛林时代针对荒地与林地的拓殖运动有关:领主们通过对其掌控的劳动力(无论法律身份是奴隶还是自由人)在大土地生产中理性配置,以达到优化生产效率的效果。巴黎圣日耳曼德佩修院清单(829年)中反映的地产运作机制,一般被学者认为代表了加洛林庄园制的经典形态。庄园的大小取决于地产的规模,从数十公顷到数百公顷不等。自领地在整个庄园耕地面积的比例在30%—40%左右。很多情况下,领主会在佃户之外另外安排数位奴仆居住在自领地作为补充劳力。自领地同时也可以是布料和铁器等工业产品的生产基地。佃户的妻子在自领地的工坊(gynaecea)出任职业织工的情况较为常见。

　　原则上,一个佃户核心家庭被分配的租耕地为一块份地(mansus),份地包括农庄、农舍和田地,有时还包括草地与林地。佃户家庭也可以拥有自己的仆役。不同地产间甚至同一块地产内部的份地面积都差异巨大。成书于9世纪末的普吕姆修院地产清单列举了近1750块份地,每块的面积从5公顷到10公顷不等。清单中加以区别的自由份地(mansi ingenuiles)、半自由份地(mansi lidiles)与农奴份地(mansi serviles),并不对应租耕佃户的法律身份,仅意味着对领主承担的义务存在些许差异。这种份地类型的区分很可能源自特定庄园形成的历史过程:以自主地形态(alleu)被整合入庄园的土地倾向于成为自由份地;由拓荒形成的份地倾向于成为农奴份地。份地首先是一个徭役单位。份地持有者需承担的主要徭役包括:每周2—3天在自领地上的一块条田(面积一般在2公顷左右)劳作;一年数周的外派任务,一般为转运物资,文献中称为angaria或scara;领主的临时差遣;数量不定的年度货币租金。份地原则上应在佃户家庭内部代代传承。秃头查理在864年《皮特雷敕令》中严厉谴责了倒卖份地的情况。[①] 但这恰恰说明了现实中庄园体制的灵活多变。随着人口的增加与农业劳作的细腻化,一个核心家庭领有半块份地甚至四分之一块份地的情况在 9 世纪大量存在。

庄园远非自给自足的经济封闭体。一方面,在不同地区拥有多个庄园的君主、修院或贵族自然需要对不同庄园上产出的谷物、葡萄酒、布料等基础物资进行调度。除了储藏,剩余产品亦会在定期集市(一般每周一次)上出售。庄园出产的剩余价值使加洛林时代的君主与政教贵族拥有资本,参与以北海为中心的国际贸易。

在法兰克核心区域之外,庄园制并非主流的农业生产组织形态。在阿奎丹、普罗旺斯与布列塔尼,自耕农与小块自主地是主要的农业生产模式。在地处法兰克统治边陲的塞普提马尼亚与加泰罗尼亚,加洛林君主着力推广"王授地"(aprisio)的土地授予模式。获得王授地的佃户对土地的领主所承担的义务较轻,约为每年十分之一的农业与副业产出。实施这项土地政策的目的是吸引基督徒在边区定居、拓荒与戍边。

第十一节　文化复兴与社会革新

西欧拉丁世界从 8 世纪下半叶至 9 世纪出现了显著的知识勃兴,学界惯称为"加洛林文艺复兴"(Renaissance carolingienne)。简单的数据对比足以彰显这场"复兴"的效果:加洛林王朝之前的百年间,留下作品的高卢作家不超过 10 人;而从 8 世纪中叶到 9 世纪中叶,在高卢地区活跃的作者数量超过百人。现存所有公元 800 年之前的拉丁抄本约有 1 900 份;而仅仅出自 800—900 年的现存拉丁抄本就超过了 7 600 份。

文化勃兴的直接动因是查理曼对教育的重视。在加洛林时代,教授"自由七艺"(arts libéraux)与圣经知识的学校主要依托主教教堂或修院。有文献可考的学校约 70 座,在卢瓦尔河、索恩河、摩泽尔河与英吉

---

① MGH Capitularia regum Francorum Ⅱ, no. 273, c. 30, p. 323.

利海峡之间的区域尤为密集。查理曼发展教育的政策最早见于 789 年的敕令《广训》:"应在每所修院和每个主教教区中建立学校,以使孩童可以学习《诗篇》、速记法、唱诗、历算、语法以及正确校订后的正统书籍,这是因为,如果想要好好向上帝祈愿,阅读未经校订的书籍会影响祈愿的效果……安排成年人全心全意地誊抄福音书、诗篇集或弥撒用书。"[1]在大约同一时期发布的通函《论奖励学问》(De litteris colendis)中,查理曼要求主教教堂与修院为那些有学习天赋的人提供"研修学问"(litterarum meditationibus)的机会,因为"注重教与学能够规范和装点我们的言说",懂得文法、修辞将有助于对《圣经》的"属灵理解"(spiritualiter intelligit)。[2]

除了学校,进行书籍制作的缮写室(scriptorium)与收藏图书的图书馆也在加洛林时代大量出现。配合书籍生产在质与量方面的高要求,一种新的拉丁字体,加洛林小字(minuscule caroline)从 8 世纪下半叶开始出现。与先前流行的罗马安瑟尔大字(onciale)相比,作为现代西文小写字母前身的小字书写起来更为高效。相较于墨洛温时代的小字,加洛林小字在字形方面更为稳定,更注重保持字母之间的间距,较少使用连笔(ligature),因此更利于阅读。用于断句的标点也从此时开始逐渐被系统运用。在加洛林时代,不同地区的缮写室发展出了加洛林小字的不同书法风格,形成了同中有异的拉丁书写文化。

在 774 年征服伦巴德王国后,查理曼先后从意大利招徕了保利努斯(Paulin d'Aquilée)、比萨的彼得(Pierre de Pise)与执事保罗(Paul Diacre)三位学者来到自己的宫廷教授文法。781 年,他进而邀请当时拉丁世界最知名的学者、英格兰教士阿尔昆前来法兰克为自己服务。以阿尔昆为中心,查理曼的宫廷在 8 世纪的最后 20 年形成了一个极度活跃

---

① *Die Admonitio generalis Karls des Großen*, eds., Hubert Mordek, Klaus Zechiel-Eckes and Michael Glatthaar, MGH, Fontes iuris Germanici antiqui in usum scholarum separatim editi ⅩⅥ, Hanover: Hahn, 2012, p. 224.

② MGH Capitularia regum Francorum Ⅰ, no. 29, p. 79.

的拉丁知识圈,教学活动(特别围绕文法、修辞、逻辑与圣经阐释)、文化生产(新书编撰与旧籍誊抄)与以诗歌为主要形式的文化交际在那里互相交织。曾在宫廷里受教于阿尔昆的安吉尔贝特(Angilbert)在一首献诗里表示,"大卫(即查理曼)希望内心睿智的教师们能使每项学问都在宫廷中昌盛,使他可以热忱地复兴(renovet)古人的智慧。"[①]安吉尔贝特后来被查理曼任命为圣里基耶修院(Saint-Riquier)院长,并在任期内把这座修院打造成了基督教学问与书籍生产的重镇。同样曾在宫廷中学习的莱德拉德(Leidrade)在 798 年被查理曼任命为里昂主教。据他后来追述,在任期间"我组织了唱诗班,大多数成员在接受了唱诗培训后能够再去培训别人。此外,我还组织了读经班,他们不但在圣礼仪式中诵读经文,还在对圣经的冥思中追寻属灵理解的果实"。同时,莱德拉德还"尽其所能地推动书籍的抄录"[②]。阿尔昆本人在 796 年成为图尔圣马丁修院院长。在一封写给查理曼的信中,阿尔昆表示自己"应您的指示"继续在图尔从事有关文法、天文与圣经知识的教学。[③] 圣马丁修院的缮写室也十分活跃,一度有规模地批量生产经阿尔昆校订的《圣经》抄本。查理曼之后的近一个世纪中,法兰克世界的知识生活进一步开花结果,科尔比、拉昂、欧塞尔等地分别形成了传承多代的学派。

《埃涅阿斯纪》的作者维吉尔与《犹太古史》《犹太战记》的作者弗拉维乌斯·约瑟夫斯是加洛林时代最受关注的非基督教作家。不过,从现存抄本与传世的图书馆藏书单来看,除不同形式的《圣经》文本外,教父的释经作品与神学著作是当时最被广泛传抄和阅读的对象。加洛林作家很少进行原创性的思想表达。对以哲罗姆与奥古斯丁为代表的教父先贤所留下的知识遗产加以归纳、总结、调和与教授,从而建立对基督教教义与经书的"正统理解",是加洛林基督教学术活动的主要形式。即使

---

① "Angilberti Carmina," Ⅱ, MGH Poetae Ⅰ, p. 360.

② Alfred Coville, *Recherches sur l'Histoire de Lyon du Ve Siècle au IXe Siècle* (450 – 800), Paris: Picard, 1929, pp. 284 – 285.

③ *Alcvini sive Albini epistolae*, MGH Epistolae Ⅳ, no. 121, pp. 176 – 177.

是加洛林时代最有原创性的作家、秃头查理的爱尔兰裔宫廷学者爱留根那（Jean Scot Érigène），也以调和奥古斯丁与希腊教父忏悔者马克西姆（Maxime le Confesseur）的思想为主要的工作方式。

以更大的视角观察，文化生活的蓬勃发展是加洛林时代自上而下推行的基督教社会改革运动的产物。改革的核心是通过立法与说教在全体基督教人民中塑造合乎规范的信仰与道德生活。当时的文献里主要使用"匡正"（correctio 或 emendatio）加以形容。加洛林改革的缘起可以上溯至宫相时代在德意志地区主持传教的卜尼法斯。在 742 年写给教宗扎迦利的信中，卜尼法斯称，卡洛曼请他召开宗教会议，并承诺他将"匡正已经废弛了长达 60 甚至 70 年的教会生活（ecclesiastica religione）"①。卜尼法斯改革法兰克教会的核心理念是依照教会法组织教会生活，具体体现为提升教士生活作风与文化素养、保护教会地产、规范基督徒婚姻、强化主教管辖权威、剪除民间迷信，以及在修道生活中推广《本笃会规》。卜尼法斯之后，梅斯主教克洛德冈（Chrodegang）成为矮子丕平当政期间改革运动的领导人。克洛德冈以修道生活为模板，为过集体生活的教士（特别是隶属于主教教堂的教士）编写了《教士团成员规程》（Regula canonicorum）。

在查理曼统治的中后期，改革的强度、持续性与深入程度均达到了前所未有的高度。查理曼的改革体现出以下四个方面的主要特征。一是君主在改革中扮演的主导角色。在敕令《广训》中，查理曼以第一人称的方式敬告治下的全体教会领袖，要求他们"心怀戒惧，勤勉训诫，努力把上帝的人民引领向永恒生命的牧地，并竭力以优秀的榜样或劝勉为臂膀，把迷路的羊群重新带回教会这座堡垒的围墙之内……你们需要竭尽全力，使这些人接受训诫、劝勉甚至是强迫，在坚定的信仰和不懈的坚持中，遵守教父们的法规。请神圣的诸位绝对放心，我会竭力与你们共同为这项辛劳的事业奋斗。"②查

---

① *Bonifatius-Briefs*，no. 50，MGH Die Briefe des heiligen Bonifatius und Lullus，p. 82.

② *Die Admonitio generalis Karls des Großen*，eds.，Hubert Mordek，Klaus Zechiel-Eckes and Michael Glatthaar，MGH，Fontes iuris Germanici antiqui in usum scholarum separatim editi ⅩⅥ，Hanover：Hahn，2012，pp. 180，182.

理曼亲自颁布改革敕令,召集改革会议,任命在地方上实践改革的人选。

二是对规范宗教与道德生活的标准文本的重视。查理曼在统治初期向罗马求得弥撒圣仪书。774 年,他又从教宗哈德良那里获得了 6 世纪叙利亚修士狄奥尼修斯(Denys le Petit)翻译、编订的教令集罗马修订版,史称《哈德良教令集》(Collectio Dionysio-Hadriana)。大约从 7 世纪 80 年代开始,校订"武加大"拉丁《圣经》的工作由阿尔昆、提奥多尔夫等宫廷学者负责推行。约在同一时期,查理曼命令执事保罗编订了一部供日课礼仪使用的教父讲道集(homéliaire)并在法兰克教会推广。787年,查理曼从卡西诺修院得到了《本笃会规》的善本。重新修订《萨利克法典》等民用法典的工作在查理曼称帝后有系统地展开。尽管这些标准文本的存在并不意味着实践中的推广,但它们共同体现了查理曼规范化宗教与法律生活的意图与努力。

以此为基础,查理曼改革的第三个特征体现为对基督教社会中的不同身份群体的标准生活方式的规定。802 年的《钦差通用敕令》将之概括为"所有人都要完全依照上帝的诫命、按公义的判断、以正义的方式生活;每个人被训导一心一意地持守各自的身份与职守(proposito vel professione)。"[1]教士需遵守教会法,避免过于涉足世俗事务,积极向平信徒言传身教;教士团成员需依照克洛德冈所创制的《规程》过集体生活;修士与修女需恪守《本笃会规》中的规定与诫命;普通平信徒需掌握以主祷文(Pater Noster)与使徒信经(Credo)为载体的基本基督教教义,以符合法律规章与基督教伦理的方式生活。

第四个特征体现为,现存的基层司铎用书证明,查理曼的改革顶层设计并没有停留于理念与上层,而是切实地转化为了基层的改革实践。

虔诚者路易延续了其父的改革举措。816—817 年的亚琛会议上,在阿尼亚的本笃的主导下,《本笃会规》被明确为唯一的修道规范。830—833 年的内乱、840—842 年的内战与 843 年之后帝国的分解,导致加洛

---

① MGH Capitularia regum Francorum Ⅰ, no. 33, p. 92.

林君主对于改革的主导力量有所削弱。但秃头查理统治时期，宗教会议在西法兰克的持续召开与《皮特雷敕令》中对社会正义的强调，均体现了加洛林改革在 9 世纪中后期的延续。自上而下的文化复兴与社会改革塑造了更高整合度的基督教文化与社会，这是加洛林时代留给包括法兰西在内的欧洲的最大历史遗产。

第五章　早期卡佩诸王

　　如果说法兰西是其中世纪历史的产物，那么卡佩王朝（987—1328）有足够的理由被视为法兰西民族历史的开端。19 世纪的著名学者欧内斯特·勒南（Ernest Renan）在《何为一个民族》的著名演说中强调了这一点。21 世纪初的历史学家巴特雷米（Dominique Barthélémy）更为明确地指出：于格·卡佩 987 年创立的王朝是法兰西缓慢但坚定地演变成一个民族的开端。在约瑟夫·斯特雷耶（Joseph Strayer）发表《现代国家的起源》之后[1]，历史学家们把法兰西民族国家的构建追溯到 13 世纪的菲利普·奥古斯都（1180—1223）和路易九世（1226—1270）时期：领土的扩展、官僚制的发展、国王中央政府的集权化，这一切都有利于法兰西国家的构建。

　　当然，今天的历史学家们已认识到，这种见解带有很强的目的论色彩。正如乔治·杜比（Georges Duby）指出的，于格·卡佩的即位在当时人的眼中并没有明显的划时代意义。进入 21 世纪后，菲利普·康达明（Philippe Contamine）主编的《中世纪法国政治史》中，987 年不再是个具

---

[1] Cf. Joseph R. Strayer, *On the Origins of the Modern State*, Princeton: Princeton University Press, 2016.

有标志性意义的日期,888 年在政治史上更具象征意义:那一年,卡佩所在的罗贝尔家族的厄德公爵第一次当选为国王,从此开启了罗贝尔与加洛林长达一个世纪的王位轮换,直到 987 年于格·卡佩最终在西法兰克建立一个绵延三百余年的王朝。

因此,我们不必完全拘泥于王朝编年,即使是与这种编年联系最为直接的政治史,亦可跳出传统的朝代框架。但从很多方面看,卡佩王朝作为一个政治上的连续体,其跨越的时代在很多其他方面的确有一些令人瞩目的整体性特征。这三个世纪中,法国经历了一次惊人的经济飞跃,思想和精神文化方面同样如此。

首先是人口的增长。据估算,从 11 世纪初到 13 世纪末,王国的人口增长了三倍。到 1328 年卡佩王朝告终时,法国的人口达到了 1 500万,如果按今天的幅员范围计算则高达 1 800 万。这个数字直到 18 世纪才被超越。

在一个以土地为主要财富来源的时代,人口增长首先意味着农村经济的大发展。在卡佩王朝时期,法国经历了延续时间很长的垦荒运动,建立了众多的新村庄,这在很大程度上奠定了现代法国的乡村格局;与此同时,农业技术得以改进。没有这些条件,人口增长便不可能,虽然我们不清楚这些条件之间的具体关系。

在卡佩王朝时期,另一个重要的经济和社会现象——同时也是带有政治后果的现象——是城市的复兴和发展。城市不仅意味着工商业生活的日趋活跃,也是大学和新修会产生的社会基础,因此城市的意义不仅限于物质方面,它也是新的精神生活的发源地。

11—13 世纪的法国是整个基督教精神世界的一部分,教会酝酿的运动和产生的制度,都直接波及法国,其中最著名的是 11 世纪后半期开始的格里高利改革和十字军运动——包括十字军东征和针对法国南方阿尔比派的内部十字军。

上述现象产生了何种政治后果?这段历史中的各种角色以何种架构来应对这些现象?国王、诸侯、领主、市政官、市民、普通手工业者和农民在这三个世纪的历史发展中扮演何种角色? 他们之间的关系如何? 这些社会和政治层面的问题,与前述经济和精神层次的问题共同构成我们探讨这段历史的基本出发点。

对任何历史叙述尤其是政治史而言,断代总是个非常武断但又不得不进行的工作。这里我们参考法国当代历史学家克劳德 · 戈瓦尔(Claude Gauvard)在《卡佩王朝简史》中的断代,将这个王朝的政治史分为四个阶段来叙述,这里仍主要以王位更迭为标志性日期。第一个阶段:987—1108 年;第二个阶段:1108—1180 年;第三个阶段:1180—1270年;第四个阶段:1270—1328 年。可以大致将这四个阶段称为 11 世纪或卡佩早期、12 世纪、13 世纪和卡佩晚期。

另外还有空间的问题。中世纪法国的地理范围当然不等同于今天的法国,即使在中世纪的漫长岁月中,作为空间概念的法国也有一个演变的过程,尤其是涉及"法兰西王国"这样一个实体时——这个实体的发展过程也是我们论述的关键问题之一。不过,从现代读者的角度来说,了解某些中世纪曾经(至少在名义上)属于法兰西王国的地区——比如佛兰德尔北部和加泰罗尼亚,以及还不属于这个王国的某些地区——如洛林地区——的发展状况,对于理解现代法国的形成不仅不无裨益,甚至是必要的。因此本书论述的地理范围,有时要超出今日法国的疆界。这也是 21 世纪法国贝兰出版社 14 卷《法国通史》中世纪史部分的做法。毕竟,对于一个"没有民族主义的民族"(皮埃尔 · 诺拉语),谈论民族—国家的疆域演变不必带有现实的政治诉求了。

第一节　王位的轮换与于格 · 卡佩即位

987 年 7 月 3 日,法兰西公爵于格 · 卡佩(Hugues Capet)当选为法兰克人的国王(Rex francorum),随后新王在努瓦永加冕。一般认为他的当选标志着一个新王朝的开始。在随后的 120 年中,又有三位国王按长子继承制先后即位。卡佩早期的四位国王在位年限为:

于格一世卡佩：987—996 年；

虔诚者罗贝尔二世：996—1031 年；

亨利一世：1031—1060 年；

菲利普一世：1060—1108 年。

虽然 987 年可以视为卡佩王朝开端的方便标志，但当代学者多强调卡佩家族的掌权与加洛林时代的延续性。两者之间更主要的是一种连续，而不是革命。于格是一个世纪以来第三位登上西法兰克王位的罗贝尔家族的成员，他当选为王似乎只是历时长久的演变的终点。

882 年，日耳曼支的胖子查理成为新皇帝，不久他就有了一个成为西法兰克国王的机会。880 年代，诺曼人如潮水般入侵西法兰克，并于 884—885 年围困巴黎。在 884 年 12 月最为艰难的时刻，西法兰克贵族召唤查理前来，后者一时成了整个加洛林帝国的君主。但查理的表现配不上这个称号，他无力阻止诺曼人的进攻。西法兰克的大贵族们不久就抛弃了这个无能的君主，888 年，就在查理临死前不久，贵族们废黜了这位皇帝，并选举巴黎伯爵厄德为新国王。厄德是卡佩家族的祖先，他在当选国王之前已经是西法兰克最有势力的贵族之一，其父强者罗贝尔曾是 9 世纪中叶地方政治首脑的典型代表。随着厄德的当选，西法兰克王国的王位开始呈现加洛林与罗贝尔两家轮流执掌的局面，为时一个世纪之久。

强者罗贝尔出身于十分古老的鲁珀特（Rupertiens）伯爵世家，这个家族从 7 世纪就在莱茵地区立足，是著名的罗尔什（Lorsch）修道院的奠基者。837 年，罗贝尔离开中莱茵地区前往西部，据说这与他卷入查理曼的三个孙子间的争斗有关。罗贝尔当时支持年轻的查理，查理的哥哥日耳曼的路易则扶植自己的亲信，清洗查理的支持者，于是罗贝尔决定西迁。842—843 年，查理将兰斯教堂的土地赏赐给罗贝尔，作为回报。852 年，罗贝尔又得到马尔穆捷修道院和昂热伯爵领，而此前控制昂热的罗贝尔的亲戚夏托顿的厄德（Eudes de Chateaudun）成为特鲁瓦伯爵。这时罗贝尔已是西法兰克的首要人物。

罗贝尔的崛起得益于宫廷的支持,特别是他与王后埃尔默特鲁德(Ermeutrude)的亲戚关系,因此他的家族在西法兰克是有权力根基的。858 年,罗贝尔参加了针对秃头查理的贵族叛乱,但由于日耳曼的路易身边主教们的干预,反叛失败了,罗贝尔一度失势,但 861 年又得到国王的青睐,因为此时防范诺曼人入侵的任务十分紧迫。862 年,国王委托他指挥纽斯特里亚的部队,于是他在塞纳河与卢瓦尔河之间得到一块军事边区(marche),还有一些伯爵领地和修道院。866 年,罗贝尔在布里萨特(Brissarthe)与诺曼人作战时死去。由于罗贝尔的儿子厄德和小罗贝尔当时太年轻,不能继承父亲的遗产,于是产业转交给纽斯特里亚的大贵族、韦尔夫家族的于格(Hugues,人称"院长于格":abbé Hugues),此人是国王的堂兄弟。886 年,于格死去,厄德收复了在纽斯特里亚的遗产,并成为巴黎伯爵和圣丹尼的世俗院长,这显然与他在 884—885 年保卫巴黎的战斗中的卓越表现有关。当时皇帝查理畏缩不前,情愿以钱财贿赂敌人退兵,但厄德在巴黎主教戈兹兰的协助下奋力抵抗。为了犒赏厄德,皇帝授予他一系列的伯爵领地,这构成其诸侯国的基础。最初,罗贝尔家族的权力是建立在军事指挥权之上的,现在又获得领地根基。随后厄德又被称为"法兰克人的公爵"(dux francorum),这是一个很独特、很显赫的称号,它预示着后来的"法兰克人的国王"。巴黎之围揭示了加洛林皇室的无能,厄德取而代之颇为自然。

此后一个世纪中,罗贝尔和加洛林两个家族轮流登上西法兰克的王位。不要认为这些王位更迭是两个王朝之间的血腥斗争,虽然其中也有冲突。厄德当选为王时,加洛林家的简单的查理(Charles le Simple)年方 10 岁,无法临朝,但他身边有一批追随者。几年后,查理与厄德展开竞争,二人谁都无法占据上风,893 年,双方达成协议,规定查理是厄德的继承人。898 年厄德死后,简单的查理成为国王查理三世。不过,在随后的一系列条约中,罗贝尔和加洛林两家的权利都得到完全的承认,现在只有他们堪当查理曼的继承人。这是一种新现象,但王朝政治的基础并未改变。

查理三世对罗塔林根的帝国故土和古都亚琛念念不忘,并发动了战争,再加上他对暴发户阿加农(Haganon)的提拔,引起了大贵族的不满。922 年,查理被废黜,888 年的局势重现了:来自罗贝尔家的、前国王厄德的兄弟罗贝尔成了国王,但他翌年便死去;这时,罗贝尔的内兄、勃艮第的劳尔(Raoul de Bourgogne)当选为国王。他可能是 10 世纪所有国王中最不为人知的一个。936 年,罗贝尔的儿子大个子于格(Hugues le Grand),从英格兰召来被废黜的查理三世的儿子海外的路易(Louis d'Outremer),加洛林的后裔再次被扶上了西法兰克的王位,954 年,路易四世死去,其子洛塔尔(Lothaire)在兰斯加冕,并确认了大个子于格的法兰西公爵地位,两年后于格去世。

洛塔尔同样怀念"中间王国"的故土,978 年,他一度占领了亚琛,但两年后,他不得不与日耳曼的国王奥托二世谈判,宣布放弃对罗塔林根的要求。但当年轻的奥托三世即位后,洛塔尔再次对洛林等地发动进攻,这引发了兰斯大主教等高级教士的不满。986 年,洛塔尔死去,其子路易五世即位。一年后的 5 月 22 日,路易意外身亡,当时他准备在贡比涅召见被控犯有背叛罪的兰斯大主教。不久,罗贝尔家的大个子于格的同名儿子于格·卡佩被选举为国王并加冕。

在于格·卡佩当选的过程中,兰斯大主教扮演了重要角色,他指使部分贵族投靠卡佩,此时卡佩的直接竞争对手只剩下洛塔尔的幼弟、下洛林的查理。在这次选举中,南方依然遵照传统,没有涉足北方的政治决策,另一些重要角色,如韦尔芒杜瓦(Vermandois)伯爵,也没有参加决策,很可能是因为他们的地位已经削弱了。

关于于格·卡佩,有些作者在武功记中介绍了他的业绩,但于格实在没有多少光辉事迹。他的姓氏卡佩(Capet)后来成为新王朝的名称,这个词可能来自斗篷(cappa),指的是高卢圣徒圣马丁的半边斗篷,放置在图尔的圣马丁修道院。但 Capet 这个称号应该在 987 年之前就出现了:大个子于格曾是这座显赫的修道院的伯爵—院长,当时他就已经被赠予 Capet 的外号了。

第二节　四位国王

文献中对卡佩王朝的第一位君主记载很少。11 世纪初的纪年作家劳尔·格拉贝尔(Raoul Glaber)修士曾描述说,于格体力充沛,头脑活跃,但这大抵是些套话,并无多少价值。格拉贝尔的纪年记载的主要是事件,很少涉及国王本人。从各方面的记录来看,于格应该是个虔诚质朴的国王,弗勒里的艾尔高(Helgaud de Fleury)说他对修道很关心,当他发现圣丹尼修道院教堂中藏有一对情人时,他感到十分恼火。他对政治事务的处理尽可能地依靠外交手段,而他与高级教士之间的联盟尤其重要。现存的十来份正式文书,几乎全都是发给王国北方的高级教士的。

王家文书(diplôme)一直是学者研究中世纪王权的重要依据。如果和同时代的日耳曼皇帝奥托三世比较起来,卡佩国王的存在感的确是很弱的,因为奥托一朝存世的文书超过 300 份。根据费迪南·洛特(Ferdinand Lot)的经典研究,这一差别既反映出法国王权的文书发出量的低水平,同样也反映了其保存率的低水平。[①] 很多大修道院深知王权变得越来越有限,于是就停止向国王请求发出文书了。

高级教士的支持对卡佩王朝的建立至关重要,于格也一直倚重他们来应付加洛林后裔对王位的挑战。为了巩固卡佩家的地位,于格刚即位就将凡尔登让给日耳曼的奥托三世,以换取和平,过去两方的君主对该城的管辖权存在争议。于格采取的另一项措施旨在确保王位继承的稳定。987 年圣诞那一天,于格给其子虔诚者罗贝尔(Robert le pieux)加冕,后者与王位存在共持关系(association),或称储君(prince associé)。这个做法并非卡佩家族的独创。979 年,路易五世的父亲洛塔尔就已经

---

① Ferdinand Lot, *Etudes sur le règne de Hugues Capet et la fin du Xe siècle*, Paris: E. Bouillon, 1903.

采取了这种做法。这可能反映出某种摆脱国王选举制、迈向世袭继承的趋向。当时这两位共持国王联署文书，此举后来没有继续下去，但它显然是在模仿日耳曼的奥托家族的做法，而后者是从意大利学来的，意大利则是在仿照拜占庭的惯例。

　　王位共持的做法影响深远，它持续了两个世纪，涉及七代国王，直到13世纪初的腓力二世才告终。它对王朝继承的稳定起了促进作用。这个做法仍保留着选举制的痕迹，因为加冕时需要王国显贵们的欢呼赞同，但它无疑更有利于保证王位在卡佩家族内部世袭更替。共持首先保证了长子在面对幼子们可能的挑战时的权利。从这个观点来看，卡佩的做法与其他贵族并无不同。王位像所有其他公共职位（honores）一样世袭传递，好比将整个家族的产业完整地交给长子，幼子们可以凭自己的排位、根据父亲可支配的资源而得到生活所需；当然，一桩嫁妆丰厚的婚姻、一笔教会的圣俸也可以供其生活。不过，王位与其他的职务有所不同，其传承必须得到贵族的同意。1025年，虔诚者罗贝尔在长子于格死后，想给在世的长子亨利加冕，遭到一些贵族的反对，他们支持在世的次子小罗贝尔，认为他更配当国王。分裂最终被克服，亨利被加冕，罗贝尔得到勃艮第公爵领：王国不可分割的原则被明确，而长子继承原则也开始浮现。不过，严格来说这个原则最终要到13世纪初才确立。

1. 于格·卡佩

　　于格·卡佩在位早年，南方的巴塞罗那伯爵曾请求国王支援他抗击穆斯林，但于格忙于对付当初的王位竞争者洛林的查理，无暇他顾。查理得到已故加洛林国王洛塔尔的私生子阿尔努夫（Arnulf）的支持，占领了设防严密的拉昂。国王一方面召集宗教会议，对查理实施绝罚，另一方面图谋收复拉昂，但军事行动没有成功。于格转而采取怀柔策略，任命阿尔努夫继任刚刚去世的阿达尔贝隆（Adalberon）为兰斯大主教。但此举没有收到期待的效果。989年，阿尔努夫将兰斯交给洛林的查理，后者同时还得到勃艮第国王康拉德（Conrad）和布卢瓦伯爵厄德（Eudes）一世的支持。当时拥有巨大影响力的奥里亚克主教热贝尔(Gerbert)也转向了查理。但不久后热贝尔改变了立场,他致信教宗约翰十五世请求支持于格,并请后者谴责阿尔努夫的暴行。

反对派力量仍很强大。990年,于格聚集力量准备反击,但战斗开始时他又退却了,转而寻求外交途径解决。这时他不仅幸运地与布卢瓦的厄德实现了和解,还迎来了一次决定性的利好事件:991年,拉昂主教借口与洛林的查理和阿尔努夫和谈而拘禁了二人。查理可能于993年死于监禁之中,查理的儿子们看来并无政治抱负。于是,在主教们的领导下,法国北方的贵族们与新王朝妥协了。需要再次强调的是,不能认为这是改天换地的朝代变动,尽管于格与洛林的查理的确有过争斗。实际上,新王朝像其他诸侯一样,喜欢炫耀它与加洛林的血缘联系,教会作家——如弗勒里的安德烈(André de Fleury)——则试图阐明这种血缘关系,以论证卡佩的正统性。

但兰斯大主教阿尔努夫仍然是个难题。991年,于格试图在圣巴塞尔宗教会议上以背叛罪名审判他,但弗勒里修道院的院长艾本(Abbon)坚持认为,只有教宗有权进行这样的审判,但这个意见遭到奥尔良主教的反对,他觉得虚弱腐败的教宗根本没有资格,负责审判的应该是法国教会。最后,阿尔努夫还是被审判和罢黜,奥里亚克的热贝尔取而代之。此举让教宗和皇帝深感震怒。教廷特使前往法国训斥主教们,但主教们不予理睬。在993年的谢尔主教会议上,他们宣布,如果教宗的意见违背圣经就无效,而且任何人不得草率抨击省宗教会议的决议。这些都反映出10世纪后期法国教会强烈的反教廷情绪。僵局直到996年于格死去后才被打破。虔诚者罗贝尔跟教廷和解了,热贝尔逃亡德国,最后在奥托三世的旨意下当了教宗。阿尔努夫则再次被确认为兰斯大主教。

布卢瓦伯爵厄德一世也是玩弄双向忠诚的老手。991年,于格将德勒城让与厄德,以期他能支持自己反对洛林的查理。但厄德根本没有提供支持,还占领了梅伦城,于格只好率军收复。厄德还与拉昂主教阿达尔贝隆密谋反对于格。据说当时人都知道,厄德想把法国交给皇帝奥托三世,自己去当法兰克人的公爵。但这个计划还未成功,野心家厄德就面临安茹伯爵富尔克·内拉(Fulk Nerra)的挑战,此人企图占据图兰地区。于是厄德转而与诺曼底公爵理查(Richard)一世、阿基坦公爵纪尧姆(Guillaume)四世、佛兰德尔伯爵博杜安(Baudouin)四世结盟,与富尔克和国王的联盟对垒。但国王的对手们无法协调行动,到 996 年初,厄德被迫与国王和解,几周后就死去了,留下儿子厄德二世和蒂博(Thibaud),卡佩在这个方向的威胁暂时缓解。不过,于格的儿子虔诚者罗贝尔与厄德一世的妻子、布卢瓦的贝尔塔(Berthe)之间的关系给老国王带来了很大的苦恼。因为这对情人是三服堂兄妹关系,教会对此事极为反感。

于格·卡佩的政治成就乏善可陈。他依然像个地方诸侯一样采取外交和联盟策略,这和他即位之前没有区别。从实际力量而言,他远比安茹伯爵富尔克·内拉虚弱,并受到洛林的查理和布卢瓦的厄德一世的直接挑战。某种意义上说,他的地位主要得益于自己的运气和对手的无能,而不是因为军事上的勇武;他很少征战,习惯于同对手议和,在和谈过程中,他很可能凭借国王的威望和教会的支持而有所收获。总的来说,第一位卡佩国王不是个引人注目的出色人物。

2. 罗贝尔二世:虔诚者

据艾尔高和拉昂主教阿达尔贝隆的记载,罗贝尔身形高大,面容秀美。他在兰斯的大主教座堂学校接受教育,奥里亚克的热贝尔曾是他的老师。教会作者们夸赞罗贝尔在文学上学养很深,热衷自由技艺的学习,而且精通教会法。他的漫长统治横跨公元千年,这个标志性的日期与一系列重大的社会、政治和精神运动联系在一起,如上帝的和平运动和以克吕尼为代表的新修道运动的蓬勃发展。同样是在这一时期,加洛林帝国的分裂最终定型:这就是东边的日耳曼或神圣罗马帝国以及西边的法兰西;另一方面,加洛林帝国解体以来,一方的统治者可以凌驾于另一方的观念也告终结,正如 1023 年罗贝尔与皇帝亨利一世的边境会晤所揭示的。

现代学者认为,罗贝尔在位大部分时间内表现得很有活力,他的能力和成就可能被低估了。这可能是因为人们习惯于以强势君主作为衡量标准,但更主要的原因可能是,罗贝尔的传记是由一位僧侣书写的,此人是他的礼拜神父、弗勒里的艾尔高。① 在这部充满宗教热忱、近似于圣徒传记的作品中,罗贝尔被刻画成完美的国王,关心穷人和弱者,总是不吝施舍,以谦卑和虔诚闻名,并设立新的宗教机构和教堂。艾尔高吹捧说:"他就是教士、修道院院长和修士们的美德楷模,不仅应该模仿他,而且应该赞美他。"于是,在人们的印象中,罗贝尔就成了个苍白的圣徒,他缺乏在尘世的抱负,对失败逆来顺受似乎也是自然的。

艾尔高的记述并非完全歪曲。有资料证实,罗贝尔晚年的确表现出极端的宗教虔诚。拉昂主教阿尔达贝隆笑话说,克吕尼的院长奥迪隆(Odilon)都比罗贝尔更像国王。他还是第一个被认为具有靠触摸来治病的神力的国王。像父王一样,罗贝尔也十分依赖教会的支持,因而对教会十分慷慨。他给众多修道院以特权和保护,并赋予圣丹尼修道院等宗教机构以可观的权益。他还把克吕尼修士引入圣丹尼和圣日耳曼-德普雷修道院,试图改革这些机构。

但罗贝尔还有另一面。当时的教会作者提到,国王是个喜欢征战、精力充沛的武士。1003 年,罗贝尔入侵勃艮第时,他下令焚毁欧塞尔的圣日耳曼修道院,因为这座宗教建筑挡住了他的去路。功利主义的做法更鲜明地反映在他对圣职的处置上。1004 年,罗贝尔将著名的弗勒里修道院(即卢瓦尔河上的圣本笃修道院)院长一职授予自己的亲信葛兹兰(Gozlin),1012 年又任命此人为布尔日大主教。据文献记载,这两件事都引发相关宗教群体的激烈反对,因为葛兹兰不是合法的婚生子。所幸葛兹兰是个出色的领导者,弗勒里在他治下繁盛一时。

---

① Cf. Helgaud de Fleury, *Vie de Robert le Pieux*, éds. Et trad. de R. H. Bautier et Gillete Labory, Paris, Perrin, 1965.

　　罗贝尔的婚姻和私生活是导致他与教会和部分诸侯关系紧张的重要原因。于格·卡佩曾希望罗贝尔娶拜占庭公主为妻,这个计划失败后,罗贝尔迎娶前意大利国王贝伦加尔(Berengar)的女儿、佛兰德尔伯爵的寡妻苏珊娜(Suzanne),人称意大利的罗萨拉(Rozala d'Italie)。但罗贝尔十分讨厌这个女人,991年就离弃了她,但同时继续占据着妻子的嫁妆,位于彭迪厄的蒙特勒伊城。此举激怒了苏珊娜的儿子、佛兰德尔伯爵博杜安四世。

　　当上国王后,罗贝尔已经被布卢瓦伯爵厄德一世的妻子贝尔塔深深吸引,此人是勃艮第国王康拉德二世的女儿,加洛林的后裔,这一点可能非常重要,因为在当时,大贵族们纷纷追逐查理曼的女性后代,这可以给他们的家族带来无可比拟的血统上的高贵。恰在此时,厄德一世死去,罗贝尔便筹划他的第二次婚姻。997年,婚礼在图尔大主教阿尔尚博(Archambaud)主持下举行,但这显然违反教会法:两人不仅是三服兄妹,罗贝尔还是贝尔塔一个孩子的教父,任何一点都足以让婚姻归于无效。教宗格里高利五世在帕维亚举行宗教会议,谴责这次婚姻,并借机打击法国主教们的独立。会议得到皇帝奥托三世的支持,因为他很担心法国国王因此有机会染指勃艮第。不久,罗贝尔和支持他的法国主教们受到严厉谴责。但999年,奥里亚克的热贝尔成为教宗,罗贝尔的处境好转了,而且他同贝尔塔的结合也给他带来了战略上的好处。

　　但1004年,国王冷落了贝尔塔,可能是因为迟到的宗教顾虑,也可能是因为这次婚姻没有给他带来孩子。他又和阿尔勒伯爵纪尧姆一世的女儿康斯坦斯(Constance)结婚,此人与安茹伯爵富尔克·内拉是表兄妹。格拉贝尔说康斯坦斯很不检点,她把南方的浇薄风气带到了北方。更糟糕的是,她让宫廷分裂成了两派:一个支持她和安茹的利益,另一个支持贝尔塔和她的儿子们。

　　朝三暮四的罗贝尔很快就厌倦了康斯坦斯,再次转向贝尔塔派,并且从这个派别中的博韦伯爵于格那里得到了很多好处和职衔。安茹派决定进行反击。1008年,富尔克·内拉派人刺杀了与国王一起狩猎的于格,然后不顾宫廷的传唤,启程前往圣地朝圣;他在给沙特尔的富尔贝尔(Fulbert)的信中指责国王说:"他的地位本该是正义的源泉,但如今已被邪恶魅惑……"

1010年,罗贝尔尝试与康斯坦斯离婚,但被教宗塞尔吉乌斯(Sergius)四世劝阻。这对夫妇只好在争吵中度过余生。罗贝尔的长子于格在1017年加冕成为储君,但他于1025年死去,于是次子亨利被国王选定为继承人,但康斯坦斯支持她与国王所生的儿子罗贝尔,并策动反叛,这个隐患一直延续到虔诚者罗贝尔死后。

总的来说,"虔诚者"这个外号严重掩盖了罗贝尔及其行动的众多面向。他在政治方面也是个相当活跃的角色。在早期卡佩诸王中,罗贝尔是最热衷于卢瓦尔河以南的事务的。即位第二年,他就在普瓦图和贝里作战,强迫布尔日的子爵臣服。他还不时造访南方,1019—1020年,罗贝尔横穿了整个阿基坦。但这些行动的具体目的不甚明了。在当时,国王的远足和亲自到访是一种彰显王权的有效方式,如果注意到他走访了王国的大部分地区,就更有理由相信这一点了。一般来说,当地的诸侯会优待这位尊贵的客人,国王秘书处(chancellerie)也会发出文书,这是传播王权意识形态的有效方式。因此,国王的亲自露面和以他的名字发出的正式文件,构成维系和提升王权形象的要素,这些做法可能非常重要,因为王权在诸侯领地上并无实际存在,正是因为这些形式上的存在,诺曼底和阿基坦的公爵才认可罗贝尔是他们的国王,他才在各大领地诸侯中居于首位。

罗贝尔的军事行动成果不大,但有一次还是带来了丰厚的回报。1002年,罗贝尔的叔父、勃艮第公爵亨利死去,身后无子,于是国王提出了对这个公爵领的权利要求。罗贝尔的对手是马孔伯爵奥托-纪尧姆(Otto-Guillaume),他的母亲热尔贝佳(Gerberge)曾嫁给亨利公爵,他自己则被公爵收养并指定为继承人。奥托-纪尧姆看来得到了勃艮第贵族们的支持,但当国王的军队蹂躏勃艮第时,他和女婿内维尔伯爵兰德里(Landri)投降了。经过十年零星的战斗后,桑斯和第戎被国王控制,勃艮第的贵族承认了国王的胜利。罗贝尔的儿子,另一个亨利被封为公爵。

勃艮第的成就怂恿罗贝尔采取进一步的行动,他试图与布卢瓦和阿基坦的诸侯联合,向帝国境内的洛林提出要求。由于各方无法协调行动,这个计划没有取得成效。罗贝尔还联合皇帝两次进攻佛兰德尔(1006、1019 年),不过他也数次试图改善与佛兰德尔伯爵们的关系,包括采取联姻政策。

从长远角度来看,虔诚者罗贝尔取得的成果很少,但他的军事和外交行动所涉及的范围,已经大大超越其父于格·卡佩,也超过了自己的儿子亨利一世。从这个意义上说,他至少在较短一段时间内在更大的范围内唤起了君主国的王权意识。

3. 亨利一世

在 11 世纪的史料中,关于亨利一世的记载不多,他的性格就更不为人所知了。一直到最近半个多世纪,这位国王才逐渐走进人们的视野,这很大程度上得益于历史学家董特(J. Dhont)和勒马里涅(J.-F. Lemarignier)的工作[1],正是因为他们,亨利一世才不再是"历史学中的幽灵"。

亨利大约生于 1008 年,是虔诚者罗贝尔的次子。他直到 1043 年才结婚,新娘是皇帝亨利三世的侄女玛蒂尔德(Mathilde),但结婚次年王后就死去,亨利于 1051 年续弦,妻子安娜(Anna)是东方的基辅大公雅罗斯拉夫(Jaroslav)的女儿。格拉贝尔说亨利是个头脑活跃、体力充沛的人,但这听起来更像是千篇一律的套话。修士们还喜欢把他说成积极有为的武士。从留下来的文书来看,亨利对教会十分慷慨,这继承了先王的传统,他还在临死前建立了圣马丁-德尚修道院。

---

[1] Jean Dhont, "Quelques aspects du règne d'Henri Ier roi de France", in *Mélanges d'histoire du Moyen Âge dédiés à la mémoire de Louis Halphen*, Paris: PUF, 1951, pp. 199-208; Jean-François Lemarignier, *Le Gouvernement royal aux premiers temps Capétiens, 987-1108*, Paris: Picard et Cie, 1965.

亨利登上王位费了一番周折。他是加冕过的法定继承人,但虔诚者罗贝尔 1031 年去世时,王后康斯坦斯支持她生的儿子罗贝尔,她的派别占领了桑里斯、桑斯等城市和城堡,并试图拉拢布卢瓦的厄德二世。这时亨利逃往诺曼底,向那里的公爵罗贝尔求助,后者十分慷慨,而且安茹的富尔克·内拉——可能还有佛兰德尔伯爵博杜安——也站在了国王一边。康斯坦斯承认失败,但她儿子罗贝尔得到了勃艮第公爵领,当时该地正在他的控制之下。长远来看,这个决定削弱了国王的力量,但在当时,这个做法遵照的是流行的继承模式。亨利还将维克森让与诺曼底,以酬谢后者的支持。这就进一步削弱了王室的资源。

以 1044 年为界,亨利一世时代的政治史可分为前后两个阶段。前一个阶段,亨利忙于应付布卢瓦家族。布卢瓦的厄德二世企图对勃艮第提出要求,法兰西岛的一些贵族纷起响应。亨利转而同皇帝康拉德二世结盟,布卢瓦伯爵则与亨利的幼弟、没有得到领地的另一个厄德串通,一起对抗国王。一场激烈的战斗过后,布卢瓦的厄德于 1034 年投降,并于 1037 年在洛林战死。他的领地被几个儿子分割,其中蒂博三世得到布卢瓦等地,艾蒂安(Etienne)得到特鲁瓦和莫城。两个兄弟继续与国王的幼弟厄德一起同国王作战。但国王最终获胜,厄德被俘,艾蒂安战败,他的盟友维尔芒杜瓦伯爵被监禁。亨利一世还控制了桑斯及夏隆的圣父修道院、苏瓦松的圣梅达尔修道院。1055 年,桑斯伯爵死去,亨利占据了这个职位。

1044 年,安茹伯爵若弗瓦·马特尔(Geoffroy Martel)在图尔附近的努伊击败布卢瓦伯爵蒂博三世,占领图兰和旺多姆,这是布卢瓦家族的重大挫折,于是蒂博转而同国王结盟。至此布卢瓦的威胁暂时解除,亨利一世在其统治的后半期可以较为从容地巩固自己的地位了。

在王室领地的西面,亨利先是与安茹伯爵作战,接着又挑唆安茹与诺曼底相互争斗。1040 年代,安茹的若弗瓦在法国拥有相当大的影响力,对国王而言是个危险的竞争者。此人不但跟未来的皇帝亨利三世勾结,还赢得了教宗列奥九世的支持,因为教宗十分反感法国王权对教会的影响力,而且,南方的阿基坦公爵也站在若弗瓦一边。1044 年,若弗瓦占领图尔,国王面对安茹和皇帝亨利三世两方面的压力。但此时上洛林的戈德弗瓦(Godefroy)因为继承问题而反叛皇帝,他与法王亨利一世和佛兰德尔的博杜安结成同盟,并准备入侵下洛林。不久之后,亨利一世利用这个局面与皇帝亨利三世缔结和约,东边的危机告一段落。西边的局势也在改善。1035 年,诺曼底的威廉继位,但他是老公爵罗贝尔的私生子,地位不稳,面对咄咄逼人的安茹,威廉也希望与国王结盟。1047 年,一个强大的贵族联盟对威廉发起挑战,他向国王求助,亨利一世在瓦尔-埃-迪那打败叛乱者,从而挽救了威廉。随后,1048—1052 年,威廉和亨利联合进攻安茹,双方各有所获。

但到 1050 年代,诺曼底的威廉已经十分强大,他对国王威胁已经超过安茹的若弗瓦。于是,国王在 1052 年转而同安茹结盟对抗诺曼底。1053 年,亨利一世支持阿尔克(Arcques)伯爵反叛诺曼底公爵威廉,次年又与若弗瓦进军诺曼底,这次国王的幼弟厄德一起出征,但他在莫特梅尔被威廉打得落花流水,国王和若弗瓦只好退兵。现在轮到威廉采取攻势了。但为时不久,国王和若弗瓦再次入侵诺曼底,结果他们的军队在瓦拉维尔遭遇溃败。1060 年,两人先后死去,局势虽然仍不明朗,但威廉看来有了更大的行动空间,他的确很好地利用了这个有利局面。

亨利与安茹、诺曼底和布卢瓦有不少纠葛,但他并非四面出击。例如,他没有介入皇帝与佛兰德尔的冲突,虽然皇帝曾以洛林为诱饵。在变幻不定的诸侯联盟博弈中,亨利一世在东部没有取得大的进展。

总的来说,亨利一世时期的王权是相对虚弱的。不过,如果考虑到他的领地在北方各大诸侯国中并不显赫,看来他并非一事无成。他成功地遏制了布卢瓦-香槟的威胁,并且挑唆安茹与诺曼底的冲突从中渔利。在实力有限的局面下能够守成已然不易。董特和勒马里涅都认为,亨利一世是个现实主义者,他意识到君主力量的削弱,因而需要努力巩固眼下持有的利益,因此他的行动范围比他父亲更为局促,法兰西岛是他关注的核心。从这个角度来看,或许他太像个地方诸侯而不像个国王。

4. 菲利普一世

　　菲利普(Philippe)的名字据说是他的母亲基辅的安娜取的,是她某位家族成员的名字,故而带有某种东方色彩,而且是西方君主中第一个使用这个名字的。菲利普即位时只有 8 岁,由佛兰德尔伯爵博杜安五世摄政,直到 1067 年。据弗勒里的纪年记载,这位伯爵表现得相当出色,他以自己的睿智和魄力稳住了各地的贵族,维持了王国的和平。

　　但教会作者对菲利普的评价普遍不高。这可能与他对教会的敌意有关,但也应考虑到教会自身的变化。因为菲利普在位期间,正是格里高利改革(其开端应在教宗格里高利七世之前,即菲利普即位前后)进入高潮的时期。菲利普的祖父罗贝尔也曾反感教会,甚至焚烧过修道院,但他竟然留下了个"虔诚者"的名声,菲利普的恶名显然与当时的教会改革和日趋严厉的道德观有直接关系。基贝尔·德·诺让(Guibert de Nogent)说这位国王是"最喜欢把神的事业视为买卖的人",他可能的确出卖过圣职,并且抢夺宗教机构,基贝尔甚至说菲利普一度失去了其家族神奇的触摸治病的能力。而且,菲利普还无视教会的禁令,公开跟安茹的富尔克·雷山(Fulk Réchin)的妻子孟福尔的贝尔特拉达(Bertrada de Montfort)生活在一起,当时很多人认为这是乱伦和重婚。如此劣迹招致法国主教们的敌视也是自然。菲利普对教会也算不上慷慨,他重建了父亲设立的圣马丁-德尚修道院,即使对于弗勒里这样地位显赫的王家修道院,他也没有多少优待,虽然他后来葬在了这里。不过这个决定似乎反映出,国王的政治重心开始向王家领地的南部转移。

　　据记载,菲利普自 1067 年亲政后,就从聪明活跃的年轻人变成了一个贪吃嗜睡的胖子,他的形象看来令人生厌。有作者说他"臃肿懒散,不适应征战"。但这并不意味着他毫无政治头脑,菲利普虽然不是合格的战士,但他至少懂得在政治上必须采取机会主义策略。就在他亲政的时候,诺曼底的威廉因为征服了英格兰而赢得极大的威望,而此前菲利普的摄政博杜安五世把自己的女儿佛兰德尔的玛蒂尔德嫁给了威廉,因此他容忍威廉继续扩张。菲利普当然意识到这是对王权的威胁,因此他在位的前半期竭尽全力遏制诺曼底的扩张。

1070—1071 年,菲利普介入佛兰德尔的继承战争。一开始,他支持博杜安六世的儿子和寡妻,但他们在卡塞尔战役中失利,国王只好承认获胜的弗里斯兰人罗贝尔为伯爵,并迎娶罗贝尔的继女贝尔塔,这是一个针对诺曼底的联姻策略,而且他还得到了科尔比。1076 年,菲利普率军解救多尔城,以防止威廉染指布列塔尼。

围绕维克森的冲突更是直接涉及王室领地的安危。这个地带位于巴黎北部,战略位置十分重要。当初亨利一世为了酬谢诺曼底的支持而把该地让与后者,但在 1075—1076 年,菲利普以维克森和瓦卢瓦的伯爵西蒙·德·克雷皮(Simon de Crépy)年幼为借口控制了该地,威廉要求收回,理由是他才是维克森的高级封君。1087 年,威廉率军入侵,焚毁了芒特城,但他随即染病死去。

军事对抗并非菲利普对抗威廉的上佳选择,他此前曾挑唆威廉家族的内部分裂,适时地支持一下威廉的儿子罗伯特·库尔托斯(Robert Curthose)反叛他父亲,这是一个将持续一个半世纪的策略,此后的法国国王反复利用它来应付英格兰-诺曼底的竞争者。在威廉死后,菲利普继续利用他的棋子反对英王威廉二世,即"红脸威廉",得到的回报是攫取了吉索尔镇和可观的钱财。

但红脸威廉还是占据了上风。虽然菲利普将他赶出了维克森,但当1099 年威廉干涉曼恩时,菲利普束手无策。1100 年,红脸威廉死去,罗伯特·库尔托斯的弟弟即位,称亨利一世。在 1106 年的廷切布雷战役中,亨利击败王位竞争者罗伯特·库尔托斯,稳固了其父建立的英格兰-诺曼底跨海强权。菲利普对局势的发展无能为力。

经历与诺曼底竞争的挫折后,菲利普在位的后半期不再把关注的重心放在军事和外交上。1081 年,他和贝尔塔的儿子出生,这就是后来的路易六世。1092 年,菲利普与孟福尔的贝尔特拉达生活在一起,几乎所有的法国主教都支持他与后者的婚姻,但有一批教士极力反对,其中最著名的是教会法学者、沙特尔的伊夫。伊夫致信国王,除非国王与贝尔塔根据主教会议的决议离婚,否则他不会也不能参加国王期待中的婚礼。伊夫还警告说,国王的非法同居构成乱伦,不仅危害其灵魂,而且损害他的王权。[1] 菲利普监禁了伊夫,婚礼还是举行了。

菲利普与罗马教廷的关系也在恶化。这是因为他反对当时正在进行的教会改革运动,因为如果改革贯彻到底的话,他就不能出卖圣职,也无法控制某些最大的宗教产业的世俗管辖权,而这将极大地损害他的权力。教宗格里高利七世与菲利普在教职选举问题上的争吵尤为激烈,乌尔班二世则对他的个人生活非常关注。在 1095 年的克莱蒙宗教会议上,菲利普被宣布绝罚。继任教宗帕斯卡尔二世继续对菲利普施压,但效果甚微,因为国王得到很多法国主教的支持。

菲利普与贝尔特拉达的婚姻引起的争吵,很好地说明了世俗贵族对婚姻的理解,这与改革中的教会对婚姻问题日益强硬的立场产生了激烈冲突。沙特尔的伊夫的立场将这个问题明朗化了。菲利普虽然一度得偿所愿,但他留下了极坏的名声:贪婪、好色、通奸者……但对当时的很多世俗人士来说,他的行为可能不那么出格。不过,到 1100 年,教会的立场有所松动,和解有了可能。当时国王和教廷在博韦主教职位问题相持不下,这时菲利普表示妥协,并且离开了贝尔特拉达。1104 年,经过沙特尔的伊夫的斡旋,他同意在博让西宗教会议上正式放弃姘居关系。国王与教廷的关系在改善。

在菲利普一世时代,教廷与西方世界的主要王权都发生了争端。相比英格兰国王和德国皇帝而言,法国王权同圣座的争吵,其影响和激烈程度都要逊色得多,而且个人生活问题往往成为争论的焦点,而不是主教授职权等关键性问题。这也许是当时法国王权相对虚弱的一个表现,但菲利普一世后期同教廷的和解,为后来的卡佩君主开创了一个较好的

---

[1] Yves de Chartres, *Correspondance*, éd. Dom Jean Leclerq, Paris: Belles Lettres, 1949, pp. 62 - 63.

局面。

即使在王室领地内部，菲利普的权威也不是那么稳固。1080年，他在勒皮塞的堡主于格面前吃了败仗。不过这激起了他的儿子、后来的路易六世的斗志，他在继位之前就开始与领地内桀骜不驯的堡主们作战。当然，菲利普也有一些收获。他在1067年收纳了加蒂奈的部分地区，后来又合并了科尔比。此外他还试图强化对维克森的控制，并于1101年收回了布尔日子爵领。

但总的来说，菲利普一世的王权并不比其父亨利一世更有影响力。尽管他处在格里高利改革——或称"教宗革命"——和十字军东征的重大变革时代，但在这些运动中他显然没有存在感，即使在与教廷的冲突中，他也是处于守势。这些都反映了王权的虚弱。如果说有什么积极信号的话，那应该是在王室领地的内部，一些重要的堡主开始在宫廷担任官职，另一些堡主也在慢慢改善与王权的关系。这在很大程度上得益于太子路易的努力。

第三节　早期王权的基础

1. 家产领地

早期卡佩诸王中，只有虔诚者罗贝尔的抱负超出了塞纳河和卢瓦尔河谷地，将王权的影响力扩展到了法国南方，但为时甚短。到亨利一世和菲利普一世时期，王权的活动完全集中在法国北部，而且主要是与其近邻打交道。王权实际上成了某种地方性力量。这种现象最主要的根源在于王权基础的有限性。不过，对这一论断必须作更为细致的分析，因为王权是由多种元素构成的。

从最为实际的角度来看，王权的根基在于其家产领地（domaine），即他直接持有的、享有世俗和宗教权力的土地。在卡佩早期，国王还像其他诸侯一样，对一块较为广阔的土地拥有支配权，这个地域性实体被称为诸侯国(principauté),而他的家产领地构成这个实体的核心。在诸侯国之外的整个王国,国王的权力就只是理论性的了。需要指出的是,这些概念所指的历史实态处于不断的演化之中,尤其是从 12 世纪开始,随着国王行政管理机构的发展,王室对领地或其诸侯国的控制在加强,所以这类概念并非适用于整个卡佩时期。我们在后文的表述中,将越来越多地使用"王室领地"(domaine royal),即国王可以直接派官员治理的土地。

像中世纪制度史中的很多概念一样,家产领地也是一个让人困扰的说法。历史学家们一般认为,它是国王直接控制下的土地和权利,但这个定义仍然太宽泛,各家解释也不尽一致。乔治·杜比说 domaine 由一大堆模糊而变动的权益、各种特权和地产所有权构成,这些构成要素十分分散,各不相同。没有任何清单能够全面地描述这份产业。[1] 因而我们不能将卡佩家族的产业想象成一个由明确的边界所框定的袖珍国家。

实际上,用地图来表现国王的诸侯国这样的地域实体存在一些问题,因为国王的政治权威只在他自己能控制土地和居民的时候才有效。他对城堡、村庄、森林、城镇、宗教机构和主教职位的控制,与其司法权、通行税和捐税的征收权的地域分布并不一致。因此不要把国王的诸侯国理解为一个均质的、紧凑的地域概念。

不过,如果从世俗权威与教会的关系的角度来考量,上述图示还是揭示了法国国王与各大诸侯之间的一个巨大差异。尽管一些最有权势的贵族也能控制少量主教职位和修道院,但国王支配的主教职位要多得多,而且众多古老、显赫的修道院也在他控制之下,如图尔的圣马丁修道院和卢瓦尔河上的圣本笃修道院(即通称的弗勒里修道院)。另外,很多修道院和主教职位在他的家产领地之外,这是卡佩家族未来可资利用的一个巨大优势。

从留存的资料来看,11 世纪的法国国王在世俗领域的权利主要集中

---

[1] [法]乔治·杜比主编:《法国史》(上卷),第 319 页。

于三个相互联系的区域。第一个区域从卢瓦尔河以北延伸到巴黎,第二个在德勒、芒特、圣丹尼和巴黎之间,第三个在桑里斯和贡比涅周边,一直延伸到苏瓦松和拉昂一带。较为偏远的海峡边的蒙特勒伊,以及博韦、维克森的肖蒙、桑斯和图尔,是较为次要的权力中心。从地理范围来说,这些世俗权益一直到 12 世纪才有较明显的增长,到 13 世纪才有极大的扩展。

国王持有这些权利的方式和名头多种多样。有些权利本来就是属于国王的,尽管到 11 世纪大部分诸侯和贵族也享有,如对森林的权益和造币权。另一些也是公共性质的权力,如国王获得的某些低级官员,包括地方法官维捷尔(viguier)的权力,再就是所有领主都享有的领主权。名号方面,国王可以同时以伯爵、子爵或代理人(vicaire)的头衔掌握相关权利,这就可以理解,何以他的家产领地分布在众多地方。在 11 世纪,这些领地既有让与出去的,也有新增的,如亨利一世将勃艮第让给兄弟罗贝尔,将维克森让给诺曼底公爵,将科尔比的领主权让给佛兰德尔伯爵作为他妹妹的嫁妆。

菲利普一世时期,国王的领地有所发展。菲利普于 1068 年左右得到了加蒂奈的部分地区,1070 年代收回维克森,并且重新拿回了科尔比。1097—1102 年,布尔日子爵领的持有者厄德·埃尔班(Eudes Herpin)正在筹钱参加十字军,于是菲利普从他手里购得这片土地,而在 1108 年,即菲利普在位的最后一年,蒙莱里的领主居伊(Guy)将自己的领地让给了未来的路易六世,这件事情的意义举足轻重。上述案例中,国王都是以伯爵或领主的身份涉足其间的。

在中世纪中期,土地无疑是最重要的权力基础。有关领地的权力关系和土地经营方式,后文将有所介绍。这里需要强调的是,国王直接经营所生产的产品,一般囤积在戈内斯(Gonesse)和芒特的粮仓,以及奥尔良和阿让泰伊(Argenteuil)的仓库中,供王室使用或用于出售。这与当时法国北方贵族的普遍做法是一样的。

在 11 世纪,法国各地森林广布,对森林的控制和经营权是很重要的资源,而且这种权利最初是王权的一部分。即使在王权虚弱的 11 世纪,卡佩家族仍然控制着辽阔的林地,如巴黎附近著名的布洛涅森林和万森森林。国王独享在这些森林中狩猎的权利,这是一种重要的肉食来源。另外,林地还是牲畜的放养地,以及蜂蜜和薪柴的来源。其他人获取这些森林资源都是要付费的。

在封建时代,城堡是统治权的象征。国王直接控制了很多城堡,实际上,从源头上说,城堡以及城墙等其他防御工事的建造权是王权的一部分。城堡不只是个防御设施,它还是个地方管理中心。中世纪的法国国王经常在领地上巡游,王室投宿某个城堡行宫时,当地需要提供膳宿,这样的行宫在巴黎、桑里斯、普瓦西、埃唐普和奥尔良等地都有。国王还直接控制了一些城镇。有的新城镇(villeneuves)是新设的居民点,国王为了鼓励居民垦荒而经常授予特权。

国王的收入和权利,有相当一部分是其作为领主的权利。在这些权利中,首先是国王及其随从在由他——有时还有其他贵族——控制的城堡和修道院的膳宿权利,这经常构成一笔沉重的负担。有些城堡和修道院试图以土地让与和支付固定税金的方式来免除这一负担。不过桑斯的圣雷米修道院是个例外,因为亨利一世授予它可观的特权。与膳宿权相关的是"自取权"(droit de prise),即国王可以为其宫廷、马匹和猎狗索取食物,这种索取的代价极低,或完全是无偿的。

造币曾是一种重要的、专属于国王的权利,但在卡佩早期,很多贵族也在造币。此外,国王控制的道路也是一笔收入来源,因为可以征收通行费(péage)。类似的征收还有车轮费(rouage)和转运费(transit)等。国王还经常控制市场和集市。例如,菲利普一世曾将奥尔良 11 月 1 日开市那天一半的收益留给该城市。国王还可以调节各种商品的售价,特别是葡萄酒的价格;他可以对所有交易课税。最后,他还被视为犹太社区的保护者,这也是一笔收入。菲利普一世曾把从图尔的犹太人那里获得的收入让给妻子贝尔特拉达。

在 11 世纪,教区信徒向神甫支付的什一税往往落入俗人之手。国王像其他领主一样,也收取教会部分或全部的什一税。年贡(cens)是国王作为地产主收取的租金。当然,如果国王从别的领主那里承租土地,他有时也要向后者缴纳年贡。因此年贡基本上是一种基于地产权的经济关系。但中世纪广为人知的死手捐(mainmorte)是一种比较典型的封建捐税:国王像其他领主一样,可在农奴死去时占有其动产,如果死者无继承人,还可占有其不动产。此外还有另一些封建捐税,如马匹捐(chevage),根据这一领主权,每个非自由民每年须缴纳四德尼埃。

9世纪时,国王依然握有对所有自由人的司法权,但随后的封建化导致这一权利的私有化,而且,司法权并不必然与当地的土地所有权统一,因为当一块采邑被分封出去时,它上面的司法权也可能不连带分封,封君甚至可以保留对这块采邑上某些居民的司法权。在王家令状文书(carta)中,司法(justitia)一词的含义不容易厘清。有时它指抽象意义的司法和公正,有时又指源自司法权的收益。这种词义上的相互转换可能反映出当时普遍接受的一个观念,即司法就是一桩获利的生意。

在9世纪的司法中,大案和小案之间有清晰的区分。大案指的是可判处被告死刑或剥夺其自由民身份的刑事案件,由作为国王代理人的伯爵审理,涉及自由地(alleu)及裁决自由或奴役身份的案件,亦归伯爵;小型案件由伯爵在地方的司法代理人维捷尔处理。但在9世纪后期的封建化过程中,这种司法格局发生了很大变化。根据乔治·杜比对马孔地区的研究——当然其解释效力今天已经受到质疑——上述带有公共色彩的法庭消失了,取而代之的是堡主或低级贵族的司法权,杜比认为这是"封建革命"的重要表征之一。但权力的碎化和"私有化"也逐渐衍生出新的结构:堡主和较大的宗教机构享有高级司法权,审理如谋杀、变节、偷盗、纵火等罪行,低级司法权由堡主之下的小贵族行使。

"封建革命"之后的高级司法权,与此前的大案审理权之间是否存在连续性呢? 杜比的回答是否定的。他的证据是,高级司法权与公元千年前后出现的一些新事物有关,如上帝的和平运动中产生的各项义务,而且这些义务涉及大贵族和教会人员。但不可将这种看法推而广之。在法国北方,情况更为复杂,司法权的演变线索并不清晰。例如,在 11 世纪,尽管高级司法权转移到包括国王在内的大领主手中,但各种司法机构叠加、衰落或萌生的情况不一而足。

就国王的司法权而言,他的法庭既可以是王家法庭,也可以是领主法庭,这两种身份很多时候并无明确的区分,视具体案件而定。不过,服从国王的强制权(ban)而非服从领主司法权,仍然被视为一种重要的特权,例如,亨利一世在 1046 年就曾授予埃唐普的某些宗教机构这种司法特权。国王一般把司法权委托给一种叫作普雷沃(prévôt)的代理人,但也可直接行使司法权,例如,1008 年,虔诚者罗贝尔就将圣丹尼的司法权视为自己的专属领域,但这样的情况比较少见,而且涉及的地域范围很有限。

根据当时通行的做法,自由人只能由自由人审理,封臣由封君审理。尽管国王的司法权有时会无视这一习惯,但即使是国王的自由民封臣,也不总是由国王的法庭审理。总的来说,王家司法的行使方式和源头十分多样,司法制度的稳定和明晰需要很长的时间。

2. 教会领地

卡佩国王与教会的关系网对王朝的诞生和生存至关重要,这一网络所涉及的范围远远超出其直接控制的家产领地。国王经常在某些地区出让自己的土地,但他同时保留着对当地某些或全部的主教职务和修道院的控制。

早期卡佩诸王不像查理曼和虔诚者路易那样,享有对西法兰克王国教会的实际控制权,但即使是王权最虚弱的时代,国王控制的主教职位和重要修道院也远多于任何一位诸侯。国王可在这些主教或修院院长死去后的空缺期管理他们的事务,相关的收益归国王所有;在其他圣职出现空缺时,国王享有提名权,这就为他组织附庸和庇护网络提供了绝佳的机会。当主教死去后,国王经常享有处置其财物的权利,即遗物权(dépouilles);更有甚者,国王甚至将主教职位授予出价最高的人,并授予此人指环和权杖。当然,到 11 世纪后半叶,国王对主教职位的控制引发教会改革派的激烈谴责,但挑战不仅来自激进的教廷,其他诸侯也想在主教职位上安插自己的人。不过,总的来说,国王对这类宗教机构的控制权一直维持到 12 世纪。

对于自己控制下的主教,国王享有的权力并不完全一样。大致可以分为三类:(1) 家产领地上的主教,如巴黎、奥尔良、桑里斯和桑斯的主教;(2) 北部和东部的主教:如亚眠、博韦、夏隆、朗格尔、拉昂、努瓦永、兰斯、苏瓦松的主教;(3) 一些具有战略意义的外围地点和坐落在其他诸侯国境内的主教,如欧塞尔、布尔日、沙特尔、勒芒、勒皮伊、马孔、莫城、图尔、特鲁瓦的主教。不过,早期卡佩诸王控制的主教职位数量并不稳定,尤其是第三类主教。在一个诸侯竞争的时代,这一点可以理解。

第一类主教的驻地坐落在卡佩的世袭领地上,国王对主教城市行使领主权,这里的主教除了精神权威,世俗方面的权力几近于无。第二类主教驻地大多位于前加洛林国王控制的领地内,主教辖区在地域和人员方面有一定的统一性。在卡佩早期,这些主教试图摆脱国王或伯爵的世俗权威,建立完全意义上的主教领地。对于第三类王家外围主教,国王只限于行使遗物权等"王权"(regalia)。跟第二类主教有所区别的是,这里的主教为对抗当地的世俗权威而寻求国王的支持,后者也可利用主教的各种资源。这一点对于后来王权的巩固具有重要意义。如在马孔这样的边缘地带,早期卡佩的王权没有实际影响力,但高级教士依然保持着与国王的联系,以及关于王权的记忆。

主教职位原则上不能世袭,因此虔诚者罗贝尔曾用主教来撤换伯爵们,因为后者的职位日益世袭化了。由于国王还掌握着任命新主教的权力,因而至少维持着对这些伯爵领的间接控制。另一方面,罗贝尔还创立或鼓励欧塞尔、博韦、朗格尔、努瓦永、奥尔良、兰斯和桑斯的主教领地的发展。这一政策虽然某种意义上有助于国王对地方的控制,但在 11 世纪后半叶的教会改革中面临着极大的挑战。

在 11 世纪,修道院具有重要的政治、文化和经济地位。在这个时期,国王控制的修道院大约有 40—50 个,包括卢瓦尔河上的圣本笃(即弗勒里修道院)这样声名显赫的修道院和圣里捷尔这样相对偏远的修道院。由于对修道院的控制,亨利一世的影响力远远超出了其家族产业范围。修道机构同国王的联系,对维系王权观念同样具有重大意义。

当人们说某个主教职位是王家主教时,一般意味着国王具有任命主教并在主教空缺时代行管理的权力。但王家修道院这样的术语却不好界定。有人认为,如果一所修道院得到国王颁发的令状,令状确认修道院的财产所有权,或承诺国王将给予保护,则它就是王家修道院。但是,确认财产权的令状经常承认另一位赞助者设立修道院的奠基性贡献。至于令状承诺的保护则程度不同:有的只涉及修道院的小片土地,有的则囊括所有土地。当然,这类承诺都旨在扩展王权的影响力,虽然这并不必然意味着国王可以控制修道院的收入。

对于王家修道院,国王可以以奠基者和保护人两种角色行使权力。早期卡佩国王们控制的修道院为数众多。于格·卡佩在成为国王之前就已经是很多修道院的主人了,后来的诸位国王自然继承了这份厚赠。过去的加洛林国王控制下的一些修道院也转入新王朝手中,其中包括弗勒里和贡比涅的圣高乃依(Saint-Corneille)。有些修道院是卡佩国王自己设立或重建的,如圣马丁—德尚修道院。也有其他领主设立的修道院转入国王手中的情况。

国王如何行使自己对修道院的保护权,情况并不清楚。9 世纪时,国王有对所有修道机构行使保护的权力,即拉丁语中的 tuitio。到 11 世纪,很多修道院转而由其他人保护,这种保护人称 avoué,一般是来自 9—10 世纪时曾保护过修道院的下层世俗服务者。当地贵族经常控制这个职位,作为支配教会财产的手段。这就使得有的修道院请求国王的干涉,以抵制这些世俗权力的侵夺。在英格兰和诺曼底,修道院保护人(avoué)几乎都是其庇护者(patron)和设立者;但在法兰西,这两种身份并不总是吻合。国王只有兼具这两种身份才可以说修道院是其王家产业的一部分。

尽管如此,早期卡佩诸王掌握的修道院领地仍然十分可观。王家修道院享有众多的特权:它们只服从国王的司法权,但在自己领有的土地上可以享有司法特权,并且不受当地主教的辖制。早期卡佩诸王经常被描绘成圣徒一样的保护者,他们的确曾保护过众多修道机构,但有时也是无情的剥削者。

圣日耳曼-德普雷就是这样一个不幸的修道院。它始建于墨洛温时期,刚好在巴黎城墙之外。9世纪时,它的土地已经广布法国各地,正如伊尔米农(Irminon)院长的地产清单(即著名的折叠文书[polyptyques])揭示的。但从9世纪末开始,它逐渐失去了这些土地。第一个打击来自诺曼人的入侵,当时它的母院一度被摧毁,大量庄园荒芜。在世俗院长大个子于格公爵统治时期,它进一步走向衰落,大量地产被公爵用来分封自己的附庸。虔诚者罗贝尔进一步耗散了修道院的地产,当时他让一些附庸用修道院地产来修建城堡,以防范布卢瓦的厄德二世进犯巴黎。1025年,国王罗贝尔招引著名的改革派修士、出生于意大利的沃尔皮亚诺的威廉(Guillaume de Volpiano),以重建和改革这所修道院,随后圣日耳曼-德普雷恢复了一些位于法兰西岛的土地。但总的来说,这所修道院的恢复很缓慢,这一进程也充分表明10—11世纪国王、贵族与教会产业之间的复杂关系。不过,这所修道院当时出产的精致手稿以及宗教建筑保留至今,见证着巴黎地区的文化和工艺已经达到一个相当高的水准。

3. 王权的物质基础

在11世纪,法国国王直接控制的家产领地在法兰西岛和奥尔良周围地带,这是王权的物质基础。像其他诸侯一样,国王的这些领地及其附属地带也可方便地称为"国王的诸侯国":既是诸侯的又是国王的。实际上,在公元千年左右,国王和"法兰克人的公爵"(dux Francorum)这两个头衔融合在一起了。不过,直到12世纪,Francia这个名称更多是狭义上的,即法兰西岛一带。

按法国学者阿兰·盖罗(Alain Guerreau)的见解,中世纪的政治空间结构是"极点化"的,它并不构成一个连续性的、同质的空间。[1] 王室领地首先表现为一系列由王国直接控制的伯爵领和子爵领,这些领地又以巴黎、奥尔良、埃唐普、沙特尔、梅伦等据点为核心。此外,国王在一些重要的宗教领地也享有权威,这些领地的核心地点包括拉昂、兰斯和夏隆等城市。

这是王室领地的核心地带。它周围的一些伯爵领和领主领地是国王的"封建从属地"(mouvance),如旺多姆、加蒂奈、瓦卢瓦、苏瓦松、博韦、亚眠和彭迪厄等地。这些地方承认国王是它们的主要权威之一,尽管国王不一定有效地行使权威,因为在封建时代,一块地域上往往叠加着多种统治权。历史学家罗贝尔·佛第埃(Robert Fawtier)曾提醒人们,不要把早期卡佩国王视为法兰西岛的"小领主"[2],但同时应该强调的是,国王对其领地的控制比不上当时的诺曼底公爵。

像当时的马孔等地一样,王室领地内部也存在不忠诚于高级权威(在这里是国王)的堡主,私战的现象屡见不鲜,与此同时,一些带有强制指挥权的领主制(Seigneurie banale)开始出现。过去的地方统治中心伯爵领地(pagus)瓦解了,取而代之的是新兴的自命为伯爵的领主贵族。不过,这些新伯爵往往是过去老伯爵的后裔,他们最有条件将过去国王授予的公共权力私有化。但是,也有很多新出现的堡主没有采用伯爵的头衔,例如在巴黎主教领地上出现的蒙莱里(Montlhéry)堡主家族,以及国王领地上的蒙莫朗西(Montmorency)和孟福尔(Montfort)家族。这些独立性很强的堡主势力位于王室领地的心脏地带,因而长期是卡佩家族的心腹大患。

---

[1] Alain Guerreau, " Quelques caractères spécifiques de l'espace féodal européen", in Neithard Bulst etc. eds., *L'Etat ou le roi. Les fondations de la modernité monarchique en France* (*XIVe - XVIIe siècle*), Paris: Editions de MSH, 1996, p. 85 - 101.

[2] Robert Fawtier, *The Capetian Kings of France, Monarchy & Nation* (*987 -1328*), transl. by Linonel Butler and R. J. Adam, New York: St. Martin's Press, 1983.

在法兰西岛一带,很多领主势力起源于合法的采邑赠予,采邑是其权力构建的核心。不过,这些受封的附庸随后逐渐摆脱了对封君的依附。但教会领地的情况要比国王领地好些,它扩大了在法兰西岛各地的豁免权,并构建起自己的带有强制指挥权的领主制。

当然,独立堡主势力的出现是个缓慢的过程。尽管虔诚者罗贝尔已经在同博斯地区的堡主作战,但局面的真正恶化是在亨利一世时期,当时更小的堡主领地大量涌现。在 11 世纪的大部分时间里,王权在自己的领地内受到极大的限制,大片土地被各个根基牢固的堡主世家控制,如蒙莱里和蒙莫朗西家族,还有一些出身骑士的家族,如将在 11 世纪惹人注目的加朗德(Garlande)世家。很多此类家族长期藐视乃至违抗国王。1080 年,勒皮塞的于格击溃了国王的军队,蒙莱里则给菲利普一世造成很大麻烦。菲利普最后靠联姻拔除了这个眼中钉:他和孟福尔家的贝尔特拉达所生的儿子娶了蒙莱里的女继承人。到 12 世纪,圣丹尼修道院的苏热(Suger)院长还在追述这段艰苦的斗争:菲利普一世临终前对路易六世说,"孩子,务必看管好这座(蒙莱里)城堡,我就是因为它的折磨而变成了老人。"

不过,菲利普的努力意味着国王开始在其领地内恢复元气。但这时王权的政治基础已经发生了很大的变化。它的宫廷随从很多出身社会下层,例如,一个叫亨利的内廷侍卫是农奴出身,人称洛林的亨利。主要的宫廷职务则由这个地区的重要堡主世家占据。这种局面在菲利普一世晚期和路易六世早期造成了激烈的权斗。

第六章　卡佩王朝时期的诸侯国

第一节　国王和诸侯

20 世纪 50 年代以来,众多的地方性研究极大地改变了人们对中世纪法国的政治和社会状况的认知。今天的学者大多不主张从王权中心论和封建等级制的视角来描述 10—13 世纪的法国。封君封臣制和采邑制尽管在北方很常见,但这并不意味着这些典型的封建主义特征必然是社会运作的基础。在南方,这些制度更像是一种可以随意中断的契约关系,无论是堡主与地方大诸侯的关系,还是后者与国王的关系,都是如此。正如杜比对马孔地区的经典研究所揭示的,从 10 世纪末以后的近两个世纪里,堡主掌握着几乎独立的地方权威,他们的权力是并置的关系,而伯爵等理论中的上级权威对他们的控制十分薄弱。[①]

马孔是公共权威——在今天,"公共"一词应作更为相对化的理解——碎化比较严重的地方,但并不是最严重的地区。如果对 11—12 世纪法国各地的政治结构作一个排列,统一程度最高的是诺曼底和佛兰

---

① Georges Duby, *La société aux XIe et XIIe siècles dans la région mâconnaise*, Paris: Editions de l'EHESS, 1995.

德尔两个诸侯国,碎化程度最严重的是中部的贝里地区,在这里,公共权威在 10 世纪末几乎消失。皮卡迪、曼恩、安茹以及普瓦图-阿基坦也存在不同程度的碎化。这种光谱与地理因素似乎并无直接关系。贝里虽然十分闭塞,但皮卡迪不仅靠近王室领地,而且离佛兰德尔和诺曼底都不远。

在诺曼底和佛兰德尔,诸侯对地方贵族的等级控制较强,这一情形在 11 世纪末还有所加强,"优先臣服"制度(Hommage de lige)的实践有时有利于构建封建等级制度,这一点同样适用于卡佩王权。然而,这两大诸侯国同样存在离心力量,维系统一需要强大的意志和持续的努力。南方各地在这个时期目睹了贵族自建堡垒的激增,但诸侯有时可以占领或没收不驯服的附庸的城堡,这又表明高级权威仍然有一定的效力。在南方,秩序很多时候依靠的是诸侯与地方贵族的联盟、上帝和平运动的契约以及相对僵硬的社会结构。

从空间形态而言,各大诸侯领地之间的边界并不明朗,它们之间往往存在相当宽阔的缓冲地带,或称边区(Marche)。边区的领主经常玩弄墙头草的把戏,根据不同的形势而投靠不同的临近诸侯,如前文提到的维克森边区,就在卡佩国王和诺曼底公爵之间摇摆。因此边区有时成为具有战略意义的地带,从边缘转而成为中心,如加洛林时代留下的布列塔尼边区地带兴起了南特和雷恩伯爵领,这两个地方是布列塔尼公爵的权力基地,安茹的情况也是如此。

在研究中世纪法国的著作中,领地诸侯(princes territoriaux)是经常出现的概念,它也见于中世纪的文献中。在现代史学中,这个概念指的是一批拥有辽阔领地、势力最强大的贵族,他们中间既有公爵,也有伯爵。在诸侯的世界里,维持权力的关键是性格和能力,除了勇武善战,成功的诸侯还应善于谋取一桩好的婚姻,在纷扰的政治环境中缔结有效的联盟。安茹的富尔克·内拉、布卢瓦的厄德二世、诺曼底的征服者威廉就是成功诸侯的典型代表。与这些人比起来,早期卡佩君主要逊色得多。从实际层面看,国王只是他们中间并不显赫的一员(prince 可以同时指诸侯和国王),像他们一样需要玩弄联姻和结盟策略。

不过,在王权虚弱的 11 世纪,卡佩家族对王位的控制还是很牢固的。诸侯们虽然同国王交战,但他们并不质疑卡佩诸王作为国王的角色。尽管他们对国王的效忠和军事服务只是偶尔为之以作为联盟的象征,并无坚实的基础,有时甚至忽视国王的存在。也许只有布卢瓦的厄德二世是个例外。但即便是他,也在试图掌控国王的同时声称自己无意取代国王。而且,他自己的家族势力也不够牢固,当他的危机来临时,其他的诸侯就可能成为国王的盟友。

还有一个象征性的区别:国王之所有享有王权,是因为加冕和涂油礼的特殊仪式,这些仪式是很多其他诸侯所没有的,这就给王权披上了一层特别神圣的色彩,并使他在封建秩序中居于某种无法取代的地位。因此,即使在王权低落到谷底的 11 世纪,国王仍保有一些将来可以发扬光大的特征。

但在实践方面,诸侯们基本是各行其是。他们还以各种方式模仿国王,采用王权的仪式和术语,在令状文书中自称是蒙神恩而享有统治权,而且还控制主教职位和修道院,并对这些宗教机构行使"国王的"(regalian)权利。但不能认为这些诸侯有自主构建独立帝国的意图。他们的行动是在法兰西王国框架内展开的,其核心是为了家族谋求或巩固利益,提升家族的威望。他们的行为方式与其所处的社会的规范是一致的。如他们会服从风俗或政治上必需的规范,让诸了瓜分领地。当然,在瓜分领地时,他们像其他贵族一样,经常会把最重要的产业留给长子。

到 12 世纪时,国王的封君地位开始凸显,但他与诸侯的联系仍然经常出于临时性的考量。关键性的变化发生在腓力二世时期。不过,即使13 世纪的国王对各大诸侯领地的控制更为严密,各地的风俗、法律和传统依然保留着,而且延续很长时间,直到旧制度末期,法兰西王国曾经的分裂留下的痕迹,在制度方面仍然清晰可见。①

---

① 关于封建时期法国国王与诸侯的关系,可参阅:Florian Mazel, *Féodalités*, *880 -1180*, Paris:Belin, 2014, pp. 19 - 97; Yves Sassier, *Royauté et idéologie au Moyen Âge*, 2ⁿᵈ edition, Paris: Armand Colin, 2012, pp. 201 - 222。

以下将对一些诸侯领地在 9—12 世纪的历程作一个初步的梳理：勃艮第和马孔分别是权力结构走向碎化的诸侯国和伯爵领的代表，一度掩盖王权光辉的诺曼底则是政治统一的典范。布卢瓦-香槟领地居于这二者之间，这里的诸侯虽然能行使有效的权威，但其领地缺少政治和地域上的连续性。其他地区，尤其是南方各地，将只作简要概述。

第二节　勃艮第

在法国的中世纪史研究中，勃艮第地区具有某种典范意义。它是从加洛林帝国解体后的局面中演变而来的诸侯国，其 11 世纪的内部演变堪称"封建解体"的典型案例；另一方面，12—13 世纪公爵权威的逐步恢复同样具有代表性。

1. 早期历程

勃艮第诸侯国的建立，可以追溯到 9 世纪末的公爵"仲裁者理查德"（Richard le Justicier，858—921）时期。在他作为西法兰克国王的代理人治理勃艮第期间，这个地区出现了一个自成一体的勃艮第王国，它占据了相当大部分的土地，但效忠于东边的帝国；勃艮第伯爵领也脱离了公爵的控制，它后来演变成弗兰什-孔泰。理查德统治的区域在奥顿、桑斯、内维尔和欧塞尔周围，而且都位于西法兰克，但这个地区足以成为一个实力相当强大的诸侯国。10 世纪，理查德的继承者们开始同实力强大的罗贝尔家族联姻，从而卷入了围绕王位继承而产生的各种阴谋，这非但没有给他们带来多少实际利益，第戎、马孔和朗格尔等边缘地带的伯爵领反而摆脱了他们的直接控制。

1002 年，勃艮第公爵亨利一世无嗣而终，他指定马孔伯爵厄德-纪尧姆为继承人。此人的父亲是伦巴第国王阿达尔贝特（Adalbert），并在勃艮第的贵族中颇具号召力。但西法兰克国王虔诚者罗贝尔以自己是亨利公爵的侄子为由提出要求，并入侵勃艮第，占领欧塞尔和阿瓦隆，不久,厄德-纪尧姆的女婿、内维尔伯爵兰德里向罗贝尔投降了。但朗格尔主教和一些贵族仍在抵抗,1016 年,罗贝尔占领桑斯和第戎,局势最终明朗了。国王将勃艮第交给自己的儿子,另一个亨利。亨利 1031 年继承王位,次年,他弟弟,另一个罗贝尔成为勃艮第公爵。

在卡佩家族的诸位公爵统治勃艮第的早期(一直到 1078 年),这个地区一直延续着 10 世纪末以来的战乱,这极大地削弱了诸侯国的力量。实际上,公爵们直接控制的土地十分狭小。在文献记录中,公爵罗贝尔一世是个残暴凶狠的角色,他虽然夺回了第戎的部分地区,但完全失去了对欧塞尔的控制。当然,公爵设立的制度、他的法庭、官员乃至委派公共权力的观念并未完全消失,但到 1070 年代,公爵的权威仅仅是理论上的了。在公爵控制的狭小领地的周边,特鲁瓦、夏隆和马孔诸位伯爵在实际行动中已经完全独立于他,但这些伯爵在自己的领地内同样失去了控制权,权威落到城堡堡主们手中了。当然,伯爵作为附庸还需向公爵行效忠礼,这种仪式一般在边界地带进行,与其说它表达的是一种服从,不如说是一种和平协定。

教会大地产曾是公爵权力的重要基石,但此时公爵对它们的影响力也渐渐消失了。奥顿的历任主教建立起一个强大的领地,而 11 世纪后期的教会改革运动进一步推动了这一离心进程,西多会等新的宗教组织同样获得了自治地位。

2. 封建化

权力的碎化解体不仅仅发生在公爵这一层次上,伯爵们也面临着同样的窘境,随着强制领主制的兴起,他们的权威也大为削弱了。这种地方领主制的核心是独立的城堡,它们从 10 世纪开始出现,11 世纪大量涌现。某些堡主被授予或自己占有伯爵或伯爵代理人的头衔,以便为自己谋求合法性。但在某些地区,堡主领地完全是以新出现的城堡为核心组建起来的,堡主们也不屑于采用过去的头衔。如阿图耶伯爵领在 11 世纪被两个自称为伯爵的人(博蒙[Beaumont]和佛旺[Fouvent])分割了,但后来这两个头衔又湮没无闻,只剩下博蒙和佛旺两个姓氏。这类人数量众多,可能也偶尔向公爵、伯爵或其他人行效忠礼,但这并不意味着存在某种封建等级制:既因为这种效忠纽带相互交错,也因为当时存在大量的自由地,而自由地使得其持有者拥有相对独立的权力基础。因此,当时虽然存在众多附庸和效忠纽带(vasselage),但采邑(fief)却不多见。这一地方堡主崛起的历程,乔治·杜比在其对马孔地区的研究中作了细致深入的描述。这部法国中世纪地方史的研究采用了大量11—12世纪教会保存的史料,它的方法乃至结论在很大程度上启发了众多后来研究者——尽管最近二十年一些学者对杜比的解释模式提出了质疑。

简单说来,杜比的研究描绘了中世纪马孔地区发生的两个系列的变迁:一是从9世纪加洛林的伯爵领转变为各个堡主领地;二是12世纪后期开始的伯爵权威的复活,即杜比所称的封建制度的第二个时代。

杜比把980—1030年视为从加洛林制度向封建制度转变的关键时期,即所谓的"千年之变"。在10世纪末,勃艮第公爵在马孔的影响力已经微乎其微,但马孔伯爵尚保留着一些昔日的权威,如对马孔的圣文森特主教座堂产业、克吕尼修道院某些土地的管理权;更重要的是他是公共权力的持有者,尽管他将权力委托给地方代理人(vicarii),但后者依然出席伯爵召集的会议和法庭。到11世纪初,伯爵的权力迅速衰落。1030年左右,各大宗教机构和堡主们实际上已经独立了。由于接收了大量的捐赠以及享有对世俗权威的豁免权,克吕尼修道院的地位日益显赫,图尔纽修道院同样如此。这些宗教机构建立起自己的法庭,成为像堡主一样的带有强制指挥权(ban)的领地。随着传统公共权威的式微,作为国王代理人的伯爵失去担任和平维护者的能力。鉴于"国王的和平"无法维系,该地的教会开始组织"上帝的和平"运动,这又进一步削弱了伯爵的司法和精神权威。与此同时,各地堡主的统治权也不再是公共性质的了,他们不是伯爵的官员,加洛林的王权在他们手中私有化了,居民过去向公共权力机构负担的义务,变成了向堡主等地方贵族负担的"习惯"(consuetudines)。贵族和自由民不再出席伯爵的法庭,也不定期向他提供军事服务。加洛林的传统政治架构瓦解了。

杜比指出,在 11 世纪初,马孔地区的自由地仍占多数,这是堡主独立性的基础。相应地,各地堡主之间的联系比较松散,他们之间的关系更像是私人性质的契约联系。土地封赠(即采邑)是在 11 世纪中期逐渐发展起来的,到 1075 年左右,几乎所有附庸封臣关系都涉及土地封赠,但一个人可以同时向好几个主人效忠。伯爵也在利用这种制度:为了争取某些堡主的支持,他授予后者采邑,但代价是他直接控制的土地减少了。

总的来说,附庸封臣制度对马孔的上层社会更为有利一些,因为谁占有的自由地更多,谁就会有更多的资源罗织自己的附庸关系网。但在中央权威消失的背景下,多重的效忠关系必然导致某种混乱,而且很多附庸——有时也是领主——把多重效忠视为保持自己独立的一种策略,这对层次较低的贵族来说尤其重要:如果他自己有一定的自由地,再通过多重效忠而获得多个采邑,那他的回旋余地便很大了。

显然,这种以平行关系为主导的堡主—贵族社会,是很难建立起封建等级制的。但杜比认为,在 1110—1160 年之间,马孔地区的社会关系出现了一种更具等级化色彩的模式。权力的碎化停止了,享有指挥权的教俗大领主逐步对当地中下层贵族骑士确立起某种支配权。马孔伯爵的地位也随之渐渐恢复。

产生这一变化的原因,当然离不开各个堡主家族力量对比的变化,总会有些家族表现得更出色一些,例如到 12 世纪中后期,马孔地区涌现了六大家族,其中包括伯爵。另一方面是经济的复苏,货币交换的发展,以及新的市民阶层的崛起。经济变动是社会变动的重要推手,有的贵族世家在 12 世纪逐渐贫困化,少数日益富有的家族则脱颖而出。贵族社会内部的分野日益明显了,一种金字塔结构在酝酿中,而正在恢复力量的王权及时地利用了这个局面。12 世纪末到 13 世纪,马孔伯爵领重新成为勃艮第诸侯国的一部分,并与王权重建关系,便是在这种基础上发生的。这种高级权威的重建即杜比所称的封建第二期。

杜比的描述为了解 10 世纪末到 13 世纪初封建时代法国社会的演变提供了一个可资利用的范本。他在《11—12 世纪马孔地区的社会》的结论中称,他的结论具有某种程度的普适性,但现在的学者多强调各地情况的复杂性,并试图淡化"千年之变"论点中关于权力的公私之分,这在某种程度上重建了封建时代与加洛林时代的连续性。另外,即使在勃艮第公爵领境内,也不是所有的地区都遵循马孔的模式。例如,欧塞尔伯爵领成为主教领地,不过主教的权威也碎化了。但这个地方西邻卡佩的领地,因而经常受国王的干涉,王权的印记会更深一些。奥顿和尼维尔位于勃艮第和香槟的边界地带,那里的伯爵也向主教效忠。

3. 秩序的重建

在伯爵权威开始复活的同时,勃艮第公爵也似乎度过了最艰难的时期。公爵们依然同国王保持联系,不定期地向国王效忠,并提供一点军事服务。当国王的权威在王国境内日益被认可的时候,公爵在勃艮第的权威也得到理论上的认可,虽然这给他带来的实际好处微乎其微:早在 1078 年和 1106 年,在勃艮第各地,公爵的附庸封臣纷纷参加协商维持和平、处理司法问题的大会。因此,从各方面看,即使在公共权力碎化最严重的 11 世纪,对加洛林遗产的记忆仍依稀保留着,无论是国王还是公爵,他们的附庸封臣都曾表达过对他们作为上级权威的理论上的认可,尽管这仍然是偶然的行为。

但在实际的权力运作中,公爵必须遵循堡主世界的通例,他也需要建立自己的堡垒。在 12 世纪,他需要努力强化或恢复堡主们对他的义务。不过到这个时代,除了继续依靠暴力,一种新的封建理念给他提供了意识形态上的支持,这就是优先臣服的观念,这至少在理论上有利于凸显公爵作为高级封君的地位,并使得公爵可以进入领主们的堡垒,因为领主们虽然有可观的自由地,但城堡一般是建立在作为采邑而持有的土地上的。这些都有利于建立一种相对集中的制度。

但 11 世纪出现了很多与过去的公共权威没有联系、自行建立堡垒的新堡主。为了加强对这些人的影响力,勃艮第公爵有时向他们授予采邑,以便将他们变成自己的附庸封臣。当然这会削弱他对土地的控制,但意识形态方面的影响力又给了某种补偿。11世纪的勃艮第盛行上帝的和平、上帝的休战等观念,这在某种程度上有利于在大众心目中维系对公共权威的记忆。虽然公爵失去了对很多教会土地的控制,但他仍然是该地区一些重要修道院的庇护人,包括克吕尼修道院,因此他与当时最有影响力的宗教机构是有关联的。这也表明,不能简单地把上帝的和平与国王的和平、教会的秩序和诸侯的世俗秩序对立起来。

公爵的行政机构在12世纪逐渐发展起来,地方堡主的权威和独立性随之削弱。不过,推动公爵权威上升的最重要的因素可能是战争,每次军事行动的成功,都会巩固上述有利于公爵恢复其诸侯权威的局面。另外,像当时的国王一样,公爵也利用战争和联姻的手段扩大自己的领地,就像国王巩固和扩大王家领地一样。

勃艮第公爵领位于法国和帝国的边境地带,公爵也利用这个局面谋求更有利的地位。公爵于格三世通过联姻获得了帝国境内的阿尔本(Albon)伯爵领,从而成为德法两国君主的封臣。腓力二世显然觉察到了这种局面对于王权的危险性,并于1186年入侵勃艮第,于格三世战败,勃艮第受卡佩王室的影响更深了。

第三节　布卢瓦-香槟领地

卡佩早期诸王与布卢瓦伯爵之间的纠葛,因为布卢瓦伯爵的领地对王室领地的威胁最为直接,它从地理上构成对王室领地的包围之势,因而长期是卡佩的心腹大患。不过,由于国王不懈的努力和与其他诸侯的合纵连横,再加上历代布卢瓦伯爵的领地始终未能整合成一个强有力的统一体,卡佩最终克服了这个一度幅员辽阔的诸侯国的威胁。

这个诸侯国是个双元实体,最初包括布卢瓦和特鲁瓦两个核心地带。从11世纪开始,特鲁瓦及其南边的地域被称为香槟,不过这个名称直到 13 世纪才被正式采用。10 世纪期间,当法兰西公爵领的核心地带在政治上逐渐解体时,布卢瓦-特鲁瓦诸侯国开始形成。

关于这个诸侯国的列位伯爵,现存的纪年和当时的系谱很少述及,他们的形象因而模糊不清,只有令状文书的材料相对充裕。比赫(M. Bur)在对香槟伯爵领的研究中曾质疑,他们是否真的称得上领地诸侯。[①]因为他们的领地缺少相对统一的地方习惯法,地域范围和历史传统都很不明晰,也不存在家族纪年和位于修道院的家族墓地,这些都与 11 世纪的其他领地诸侯有很大的不同。但比赫同时认为,从政治实践角度看,布卢瓦-香槟伯爵与其他诸侯又颇为相似,如他作为和平维护者的角色,他自己直接控制的领地,一批从属于他的、带有封建依附性的(mouvance)伯爵领,还有一批下层贵族和骑士构成的扈从网——但首先是他发动战争并与邻近诸侯及国王缔结和约的能力。

布卢瓦-香槟诸侯国的形成可追溯到 10 世纪后期。当时,加洛林家族的维尔芒杜瓦伯爵恩贝尔二世(Herbert II)和他的儿子恩贝尔三世或“老恩贝尔”(Herbert le Vieux)已经开始聚拢领地,但 980 年代老恩贝尔死去后,领地分裂了,他的侄子小恩贝尔和厄德一世占据了大部分的领地和权益。小恩贝尔是莫城和特鲁瓦的伯爵,后来又得到埃皮奈和佩尔图瓦;厄德则控制了奥穆瓦和兰斯伯爵领,以及苏瓦松的圣梅达尔修道院。但厄德还有父亲布卢瓦伯爵“骗子蒂博”(Thibaud le Tricheur)留给他的丰厚遗产,包括布卢瓦、图尔、夏多顿和沙特尔诸伯爵领。此外,小恩贝尔的兄弟、维尔芒杜瓦伯爵阿尔贝(Albert)还占据了圣康坦周边地区。但与此同时,在这些领地的边缘地带,一些独立的堡主领地开始脱离诸侯的控制。

布卢瓦-特鲁瓦家族的领地在 11 世纪开始扩大,但主要依靠的是联姻策略。这个家族与法国北方几乎所有大贵族世家都有姻亲关系,家族

[①] Michel Bur, *La formation du comté de Champagne*, *v. 950 – v. 1150*, Nancy: Université de Nancy II, 1977.

继承是其扩大影响力的重要手段,但也很容易导致领地归属的不稳定。另一个不稳定因素是它离卡佩家族的领地太近了,国王们很不乐意自己被另一个家族的领地包围,因而总是设法让它由多位继承人去瓜分,这几乎成了布卢瓦-特鲁瓦诸侯国的一个习惯做法,依稀让人想起墨洛温时代的风习。

不过,与勃艮第公爵领不同的是,布卢瓦-特鲁瓦的伯爵对这些松散的领地仍保持着相当大的影响力,这是这些松散的领地尚可被视为诸侯国的一个重要原因。例如,当这个家族的某一支没落时,另一支会继承它的家业。

在 11 世纪,布卢瓦-特鲁瓦第一个重要诸侯是厄德二世,人称大厄德。他于 1004 年占据了兰斯和普罗万周边的香槟地区,而此前他已经拥有布卢瓦、图尔、沙特尔和旺多姆。厄德二世性情粗暴,与当时北方的几位大诸侯都有纠葛。他的第一个妻子玛蒂尔达是诺曼底公爵理查德二世的妹妹,这桩婚事给他带来了德勒城及其周边地区。玛蒂尔达死后,她的哥哥要强行拿回妹妹当初的嫁妆,厄德在战斗中失利,但国王支持厄德继续持有德勒。好戏才刚刚开始。

1021 年,特鲁瓦和莫城的伯爵艾蒂安无嗣而终,厄德作为亲戚要求继承权,但国王这时也提出继承要求,于是二人之间出现了很深的罅隙。厄德决定采取武力。他的军队入侵特鲁瓦和莫城之后,国王很不情愿地承认了现状。但厄德得寸进尺,攻击东边的洛林公爵,这就惹恼了后者的封君皇帝亨利二世。1025 年,当虔诚者罗贝尔和皇帝在穆宗会晤时,两人都谴责了厄德,他侵占的土地被宣布没收。厄德不从,拒绝前往国王的法庭出庭,并写了一封著名的信件给国王。他在开头处大胆为自己的权利辩护,说国王"可能太草率就宣布我不配享有从您那里持有的封地",并强调特鲁瓦和莫城的继承权来自他的祖先,甚至布卢瓦也不是国王分封的采邑,"而是我凭世袭继承权"得来的。但在信件的末尾,厄德的口气来了一个很大的转折。有学者认为,这表明当时法国的大贵族们根本无意与国王反目成仇,即使他们同国王发生争吵,也不至于质疑国王的至上权威。也有人认为,这是附庸封臣与其主人发生争执时常见的姿态,只是这次的主人是国王而已:"我的主人,与您争执令我万分痛苦……我恳求您的仁慈,仁慈的源泉就来自您心中,只有邪恶的主意能导致它干涸。我请求您停止对我的追究,请让我与您和解。"①

尽管厄德并不质疑国王名义上的地位,但在1030年代,他的风头压过了国王亨利一世。他于1027年成功地占有了特鲁瓦和莫城,并准备采取更大的行动。他以自己的外祖父是勃艮第的康拉德三世为由,向勃艮第王国提出权利要求,为此他联合虔诚者罗贝尔和阿基坦公爵对抗主要对手皇帝康拉德二世。但这个联盟无法协调行动,结果厄德又跟法国国王开战。1031年虔诚者罗贝尔死去,厄德站在王后康斯坦斯和她的儿子罗贝尔一边,反对先王的指定继承人亨利一世,这次干涉得到的奖赏是大笔金钱和半个桑斯城。在1030年代初,厄德在法国北方看来只手遮天了。

但国王亨利一世同样会使用联盟策略,他在诺曼底公爵罗贝尔的支持下击败了厄德。厄德转而采取釜底抽薪的战略,在国王的领地境内维持着一个相当庞大的、受其庇护的堡主群体。1033年,他再次挑战国王,目标仍然是获得勃艮第王国。就在前一年,勃艮第国王鲁道夫(Rudolph)死去,此人是厄德的舅舅,这就给了他提出要求的口实。但皇帝康拉德二世和法国国王亨利一世都决定干涉,厄德只得在1034年媾和,并于1037年死去。

尽管厄德是个野心勃勃的诸侯,但他并未将自己的领地打造成一个坚实的政治实体,东边的香槟地带很难与西边的布卢瓦组成一个整合程度较高的领地国家,而且,兰斯和夏隆两个主教职位受国王的控制,莫城的主教也深受卡佩的影响。在特鲁瓦地区,独立的领主势力很多,伯爵的权力只有在这座城市才显得比较强大。

厄德死后,其领地一分为二:长子蒂博一世得到布卢瓦,次子艾蒂安

---

① Cf. Louis Halphen, *À travers l'histoire du moyen âge*, Paris: PUF, 1950, pp. 241-250.

一世成为特鲁瓦和莫城的伯爵。艾蒂安死去后,其子厄德三世年幼,其领地由伯父代管。但此时蒂博卷入了与其他诸侯的纷争。安茹伯爵若弗瓦在国王的支持下获得了图兰和旺多姆。在东边,香槟的边境地带出现大量的独立城堡,这个诸侯国面临新的困难。

1050年代,蒂博转而同国王结盟以改善处境。不久后他的侄子厄德三世成年并向他效忠,然后前往英格兰居住,于是蒂博在1060年代再次掌握了诸侯国的各个领地。随后,他的竞争者瓦卢瓦伯爵、克雷皮的劳尔四世(Raoul IV de Crépy)的儿子出家,蒂博由于妻子的亲戚关系而获得了这个家族的部分产业。这样,到蒂博在位末年,他赢得了一个非常有利的地位,他开始巩固这个双元诸侯国,尤其是试图绥靖布卢瓦伯爵领境内的独立堡主。当时他还担任国王菲利普一世的宫廷伯爵,但这并不表明他总是为国王服务。实际上,在当时的教会改革运动中,他站在克吕尼修会和教廷改革派一边。

蒂博一世死后,这个双元诸侯国再次被分割。厄德四世继承特鲁瓦伯爵领,他的兄弟艾蒂安-亨利得到巴黎东边的莫城伯爵领,以及布卢瓦和沙特尔。1093年,厄德四世死去,他的另一个兄弟于格成了继承人。于格以特鲁瓦、埃皮奈、圣-弗洛伦坦和普罗万为基地,继续向南扩张香槟伯爵领的势力。他迎娶国王菲利普一世的女儿康斯坦斯,后者带来的嫁妆是阿蒂尼地区。但特鲁瓦境内的一些独立的堡主家族让于格费尽了心力。在经历几次不幸的婚姻后,于格在1125年出家,加入了圣殿骑士团。香槟地区又回归布卢瓦伯爵艾蒂安-亨利的名下。艾蒂安-亨利于1096年参加第一次十字军,他妻子阿德拉(Adela)摄政。阿德拉是诺曼底公爵征服者威廉的女儿,为人十分强势。当艾蒂安-亨利从东方回来后,她立刻又打发丈夫回去,后者于1102年客死他乡,他的儿子蒂博二世继任为伯爵。

这位蒂博伯爵(1090—1152)是12世纪名噪一时的角色,在一些中世纪纪年中,他被描述为王国境内仅次于国王的诸侯。他作为布卢瓦和香槟伯爵的时间十分漫长(1102年成为布卢瓦伯爵,1125年成为香槟伯爵），更为重要的是，香槟地区在他治下成为一个富庶繁荣之地。在他的保护和鼓励下，香槟成为佛兰德尔和朗格多克之间的商道，特鲁瓦、普罗万、莫城、拉尼和奥布河上的巴尔成为著名的集市。香槟的繁荣引起巴黎和兰斯等城市的不安，它们试图以垄断或贸易联盟来应对挑战。经济格局的变化导致这个双元诸侯国的权力重心转向了香槟，蒂博二世控制了这个地区三分之二的城堡，并成为众多修道院的庇护者。

但在 12 世纪前半期，布卢瓦-香槟伯爵的权力仍然受制于这一地区严重的封建分裂局面，它未能像诺曼底和佛兰德尔那样，发展出一套有效的行政管理机构。伯爵依靠大量分封采邑来构建封建附庸网络，这就导致他持有的自由地不断削减。在 1075 年之前，自由地大约占土地数量的一半，但到 1150 年，采邑数量已经是自由地的六倍，越来越多的附庸骑士成为地产主。这与前文叙述的勃艮第公爵领的情形相似。蒂博二世也利用封建效忠关系来获得采邑，他同时成为法国国王、皇帝和勃艮第公爵的封臣。这就导致臣属关系的混乱，但这种混乱有利于伯爵保持独立。直到 1198 年，他的后继者才正式承认法国国王的最高封君（suzerain）地位。

蒂博二世统治的前半期曾数次与国王路易六世交战，其影响力不可一世。在他舅舅、英格兰国王亨利一世死去后，他又成为英格兰王位强有力的竞争者，因为亨利唯一的直系继承人是他的女儿、安茹伯爵若弗瓦的妻子玛蒂尔达。但蒂博的两个兄弟，摩尔坦伯爵斯蒂芬和温切斯特主教亨利抢先一步，斯蒂芬靠亨利的支持即位。此刻蒂博似乎更关心香槟的商业，而不是英格兰的王位。他与国王路易七世的矛盾也在圣丹尼修道院院长苏热的调解下缓和了。1152 年他死去时，领地又一次分割：长子亨利得到香槟，小蒂博得到布卢瓦和沙特尔，另一个儿子艾蒂安得到桑塞尔。但亨利是所有领地的封君，这一点有别于从前的历次分割。

亨利继续在法国政治舞台上扮演重要角色。他的妻子玛丽是国王路易七世和阿基坦的埃莉诺的女儿，而路易七世第二次婚姻娶的是亨利的姐姐阿德拉，这种联姻无疑增强了他的影响力。另外，香槟地处王室领地和日耳曼帝国之间,亨利在路易七世和皇帝红胡子腓特烈之间起着某种缓冲者和中间人的角色,不过他在当时的英法争斗中一般支持路易七世。

卡佩的制度建设也影响了香槟。亨利以王室领地为楷模,设立普雷沃制度,随后又在堡主领地之上设立巴伊,以增强税收和军事方面的能力。晚年他参加十字军并一度成了战俘,返回法国后不久死去(1181)。他的儿子亨利二世也是个狂热的十字军战士,1192年还当上了耶路撒冷国王,但1197年早夭。亨利二世的弟弟蒂博三世即位后数年即死去,蒂博的寡妻纳瓦尔的布朗什代替遗腹子蒂博四世摄政。这个孩子成人后也是一位十字军,并在镇压阿尔比派的远征中扮演了重要角色,1234年,他成为纳瓦尔国王,同时将香槟的领主权交给法国国王。50年后,香槟的女继承人纳瓦尔的雅娜与未来的国王腓力四世结婚,香槟作为一个独立的政治实体从此不复存在。

第四节　佛兰德尔和皮卡迪

除了诺曼底,佛兰德尔是唯一一个诸侯权力没有严重碎化,并且很轻易就扭转了碎化局面的诸侯国。不过,与诺曼底不同的是,佛兰德尔在地理空间上缺少稳定性,一直到14世纪,佛兰德尔伯爵统治的领地都在变化之中。

作为一个独立的诸侯国,佛兰德尔的历史可以追溯到862年,它的首任伯爵博杜安一世(Baudouin I)后来被称作"铁臂",据说他在那一年诱拐了法国国王秃头查理的女儿、威塞克斯两任国王的寡妻朱迪斯,国王虽然不乐意,但到头来不得不将佛兰德尔伯爵领地赐予博杜安,不过在这之前博杜安可能就在这一地区拥有产业了。在中世纪早期的历史记述中,朱迪斯被视为这个诸侯国的奠基人,因为查理曼的后裔的血统中有着当时人向往的神秘和高贵。这种叙事直到12世纪才渐渐淡出。

在10世纪的大部分时间里,佛兰德尔都是法国北方的一支重要力量,10世纪末,由于伯爵博杜安四世年幼,其影响力一度减弱,但很快就恢复了。博杜安五世(1035—1067年在位)还迎娶法国国王虔诚者路易的女儿阿德拉,1060—1067年,当他年轻的侄子、国王菲利普一世年幼时,这位佛兰德尔伯爵担任了国王的保护人,但随后佛兰德尔爆发了继承危机。1070年,博杜安六世死去,他的兄弟弗里斯兰的罗贝尔试图抢夺伯爵的合法继承人阿努尔夫(Arnulf)及伯爵的母亲(也是罗贝尔的母亲)里奇尔达(Richilda)的领地。双方都请求国王菲利普一世的支持。菲利普站在了里奇尔达一边,1071年的卡塞尔战役中,弗里斯兰的罗贝尔战败,但阿努尔夫战死,结果罗贝尔得到了佛兰德尔伯爵领地,里奇尔达则把自己在埃诺的土地给了她的次子博杜安。罗贝尔取得佛兰德尔伯爵领之后,他的两个继承人与国王关系都不错,并且都为国王而战死。

1127年,在布鲁日的一次弥撒上,伯爵好人查理(1119—1127年在位)被一群心怀不满的贵族谋杀,引发了新一轮的危机。国王路易六世立即赶往佛兰德尔,在他的见证下,纪尧姆·克里顿(Guillaume Cliton,克里顿有王室血统的意思)被选举为新的伯爵,此人的父亲是诺曼底公爵罗贝尔·库尔托斯,祖父是诺曼底公爵威廉一世,祖母是佛兰德尔的玛蒂尔达(Mathilde de Flandre)。但这一选举立即带来残酷的内战。纪年作家、布鲁日的加尔贝特(Galbert de Bruges)详尽描述了内战过程。部分城镇拒绝纪尧姆·克里顿,转而选择阿尔萨斯的梯叶里(Thierry)为伯爵。结果纪尧姆战死,路易六世只得承认事实。

梯叶里(1128—1168年在位)和他的儿子阿尔萨斯的菲利普(1168—1191年在位)在位时间很长。他们善于利用当时佛兰德尔已然出现的经济繁荣来巩固统治。早在11—12世纪之交,阿拉斯、根特和伊普尔等佛兰德尔城镇,就因为繁盛的呢绒业而蒸蒸日上。梯叶里和菲利普则通过授予可观的特权来进一步刺激经济,这就为他们确立对这些城镇的管理权提供了方便。另外,他们还管控地方堡主,对领地北部的整饬尤为严厉,这些措施为建立有效的行政管理制度创造了条件。1187年,清查伯爵领地财产的案卷汇编成"大卷书"(Gros Brief),这份文件见证了12世纪佛兰德尔伯爵领的财富和财政机器的效率。我们在介绍中世纪城市经济时,这个诸侯国的各城市将占有突出地位。

但是,在位于佛兰德尔南边的皮卡迪,政治发展的方向完全不同,地方堡主在这里占据了上风。尽管也有一些雄心勃勃的贵族试图在该地区组建一个更为统一的诸侯国,但总是因为各方的阻挠而归于失败,当然卡佩家族国王也是反对者,他们的领地就坐落在皮卡迪的南边,显然他们不希望身边出现一个强大的竞争者。

最接近于实现这个目标的人是瓦卢瓦伯爵、克雷皮的劳尔四世(1025—1074)。此人是加洛林的后裔,他的家族从 9 世纪末就在这一地区站稳了脚跟。1040 年代,劳尔通过联姻得到奥布河上的巴尔,1063 年获得亚眠,并通过继承获得维克森,此外他还是蒙迪迪耶的领主。这些地方都是控制法国北部的要冲。劳尔势力的扩张自然引发卡佩家族的不安。他的继承人西蒙(Simon)先是在维克森被国王菲利普一世击败,接着又在 1077 年出家当了僧侣,把家业交给了姐妹们。于是他的领地被各位亲戚瓜分,这个刚刚崭露头角的诸侯国很快就冰消瓦解了。

法国历史学家罗贝尔·福西耶(Robert Fossier)认为,国王在皮卡迪扮演了很重要的角色,他在 11 世纪阻遏了该地的政治统一。根据他的看法,从诺曼入侵一直到近代,除了法兰西岛,皮卡迪是唯一一个国王的影响力从未缺席过的地区。他们长期控制着这里的教士和贵族,并不时巡访乡村。国王与这里的彭迪厄、维尔芒杜瓦和苏瓦松诸位伯爵及很多其他领主,都保持着家族或利益上的联系,因此王权的存在感相当强。这是导致皮卡迪没有发展成重要的领地诸侯国的关键要素之一。皮卡迪在中世纪的历程是独一无二的。尽管它与马孔在很多方面相似,但社会结构的演变所处的背景不同。马孔在 11 世纪出现了权力真空,但在皮卡迪,王权相当强大,以致阻止了诸侯国的形成。但与此同时,卡佩家族的力量又不足以直接控制皮卡迪。这种局面直到 12 世纪才改变。[①]

[①] Robert Fossier, *La terre et les hommes en Picardie jusqu'à la fin du XIIIe siècle*, 2 vols., Paris, 1968.

第五节　诺曼底

1. 早期历史

11 世纪到 12 世纪初,诺曼人将自己的势力扩展到了欧洲各地,他们征服了英格兰,并在地中海建立了西西里王国。在法兰西王国,诺曼底公爵领也是当时法国最强大的诸侯国。这个诸侯国最初的基础是维京人在塞纳河下游地区的定居点。911 年,西法兰克国王简单的查理在埃普特河上的圣克莱尔与诺曼人的首领罗隆(Rollon)签署条约,将鲁昂附近的上诺曼底也授予维京人,诺曼底诸侯国初现雏形。随后它又获得科唐坦等地区。

一直到 11 世纪,诺曼人都保留着同北欧故土的联系,但这并没有妨碍他们迅速适应在法国的处境。1087 年征服者威廉一世统治结束时,诺曼底已经成为地域界限分明、管理井然有序的诸侯国,这与其众多的邻居形成鲜明的对比。这种相对集中统一的制度究竟有何历史渊源? 它是加洛林体制的延续还是维京人的创造? 在这个问题上,英国历史学家大卫·贝茨(David Bates)的看法曾占据主流。他认为,诺曼底公爵之所以能持续控制领地内的贵族,主要有以下原因:(1) 这里的各伯爵辖区(pagi)制存在连续性;(2) 这里缺少带有强制权和指挥权(ban)的领主制;(3) 世俗贵族对教会的监护;(4) 贵族与骑士之间的明确区分,这种区分使得贵族成为一个以公爵世家为轴心的统一的精英阶层。[1]

贝茨的解释的核心在于强调加洛林公共权力的延续性,但他的看法受到了一些质疑。有人认为加洛林的制度遗产被高估了,公爵权力的基础不是公共权威,而是亲属关系,这与当时其他诸侯国的贵族权力格局并无明显不同。诺曼贵族是斯堪的纳维亚式的亲族武士集团。有的学者试图调和这两种观点,认为社会上层的断裂与社会底层的延续性可以

———————————

[1] Cf. David Bates, *Noramandy before 1066*, London: Longman, 1982.

并存。

今天人们对这个问题的理解更为细致化了。的确有证据表明,10世纪的诺曼底诸侯国存在某些加洛林的元素。当时的纪年作家弗洛多阿尔提到,一批伯爵领被让与维京人,这表明这种行政单位当时仍然存在,而且,直到11世纪,诺曼底才出现新的伯爵,但他们都是公爵的亲戚。不过这种延续性并非普遍的。在一些被战争摧毁的地区,加洛林的制度可能很难维系下去。

教会制度在10世纪初也可能有一个衰落的过程,不过随后它开始复苏,这应该强化了该地区的法兰克因素。同样,在11世纪头几十年中,八个重要的诺曼底修道院中,有七个是在墨洛温时期建立的,这种连续性是非常明显的。从地理空间来说,鲁昂大主教的辖区,即教会省的范围与诺曼底公爵领也相当接近。在教俗关系方面,诺曼底公爵对当地的教会有很强的控制权。公爵们还致力于重建教会,建立或重建修道院,当然,他们保留着任命主教的权力。

早期诺曼底诸公爵的成就,在当时的诸侯之中罕有所匹,这在某种程度上也归因于他们的领地继承制度。与当时很多诸侯和领主——如布卢瓦-香槟——的做法不同,诺曼底公爵领在继承时是完整的、不加分割的。罗隆的产业交给"长剑"纪尧姆(Guillaume Longue-Epée),后者扩大了领地,942年纪尧姆被刺杀后,理查德一世即位(942—996),随后即位的是理查德二世(996—1026)。10世纪末11世纪初的纪年作家、圣康坦的迪东(Dudon de Saint-Quentin),与当时的诸位诺曼底公爵多有交往,据他记载,公爵们是在父亲在世时就被指定为继承人了,当然这须征得大贵族们的同意。这个做法与卡佩王室的储君制颇有相似之处。公爵们的弟弟一般也会得到一笔供养自己的财产(apanage),但他们必须向公爵效忠。

1006年,理查德在给费康修道院的一份文书中正式使用了"公爵"(dux)头衔,此前的称呼是伯爵、首领等等(comes, consul, princeps)。当然,最先使用这个称号的并非理查德二世,此前兰斯的一位作者用过这个称呼：dux pyratorum，即海盗的头领。理查德一世早年在他的正式文件中曾自称"侯爵"（marchio），但他儿子更偏爱 dux，连国王的书记官也开始称呼他是"诺曼人的公爵"（dux Normannorum）。但这些称呼都不是相互排斥的。直到征服者威廉时期，诺曼底的统治者仍自称是"诺曼底的首领、公爵和伯爵"。

2. 征服者威廉

1026 年，理查德二世死去，他的长子理查德三世继位，但次年他便神秘死去，他的兄弟罗贝尔成了继承者。罗贝尔号称"伟大者"，但也有人称他"恶人"，而且他把理查德三世的儿子尼古拉送到了修道院。罗贝尔1035 年死去，他指定的继承人是自己的私生子、未来的英格兰征服者威廉一世。

人们习惯于认为，在 11 世纪的法国，诺曼底是政治统一程度最高的诸侯国，但这只是相比较而言的，不能夸大公爵的权力。像别的诸侯国一样，诺曼底也存在离心倾向，尤其是在伟大者罗贝尔在位期间，大量土地被让渡出去，很多附庸难以控制，公爵的权威明显下降。在这种背景下，作为私生子即位的威廉处境颇为不利，局面有进一步失控的危险。很多地方的中央权威十分薄弱，权力开始向地方贵族转移，如贝森和科唐坦的子爵们。像马孔地区一样，私有城堡开始出现，司法秩序开始紊乱，领主之间的私战已经不可避免。但这时国王亨利一世提供了及时的支持，威廉得以在 1047 年挫败最危险的叛乱者。几年后，为巩固自己的地位，威廉迎娶佛兰德尔伯爵博杜安五世的女儿玛蒂尔达，从而缔结了一个非常重要的联盟。

但此时国王亨利一世与强大的安茹伯爵若弗瓦结盟，掉转头来反对威廉。1054 年，他们入侵诺曼底。但威廉在莫特梅尔获胜后，又于1058年在瓦拉维尔大败国王的军队。1060 年国王和安茹的若弗瓦死去之后，威廉的势力迅速上升。他依靠对外征战来维持诺曼底贵族的团结，并一度控制了曼恩和彭迪厄等地。1064 年，威廉又入侵布列塔尼，他在这个地区罗织了一个强大的反对派以对抗这里的伯爵柯南(Conan)二世。1066年底,柯南死去,威廉又少了一个重要的竞争对手。但这一年更重要的事情是威廉入侵英格兰。他于当年秋天登陆不列颠岛,随行的军队约七千人,包括大批诺曼底、弗拉芒和布列塔尼的贵族骑士。10月14日的哈斯廷斯战役中,双方实力旗鼓相当,威廉的运气和战术稍占上风,英格兰国王哈罗德二世中箭身亡,英军溃散。

威廉并没有改变英格兰此前就已建立的出色的集中化行政体制,而是继续利用它。不过,为了犒劳追随自己的贵族骑士们,威廉没收了英格兰贵族的大量土地,赐予法国的贵族们,其中大部分是诺曼人。这样一来,很多贵族世家的产业横跨海峡两岸,英格兰王国和诺曼底公爵领之间出现了很多的家族庇护关系网。与此同时,诺曼底的主教和修道院院长也来到英格兰任职,各家修道院还在这里占据了富饶的田地。这两个政治实体曾长时间共享同一个统治者,但有几个例外时期:1087—1096年、1100—1106年、1144—1154年。即使在1204年诺曼底公爵领并入王室领地后,海峡两边的众多家族联系依然维持了很长时间。

在诺曼底本土,威廉也是巩固前人奠定的基础而非另起炉灶。诺曼底在1066年之前就已经存在封君封臣制和采邑,但这与诺曼征服之后在英格兰和诺曼底本土出现的封建结构有所不同,后者的等级制和秩序感更强。这些都与公爵权威的强化有关。尽管贵族的产业是世袭的,但公爵可以在他们叛乱时没收产业并撤销他们的贵族权利。例如,在威廉的坚持下,阿尔克伯爵就没收了其追随者莫特梅尔的罗杰(Roger de Mortemer)的土地,这些土地连同城堡一起被公爵封给了别人。

威廉还强调,封臣们必须向他效忠,而且应承认他是优先臣服的封君。1080年,他还要求所有教俗大贵族都必须承诺,他们之间的争吵必须提交公爵的法庭裁决。高级司法权由公爵亲自掌握,或者授予由他监督的大贵族。在军事义务方面,威廉在位的后期,贵族和教会的产业逐步确立固定的义务标准,也就是应该提供的骑士数量。在宗教事务上,尽管威廉采用当时教廷改革推行的一些纪律规范,但他仍然对诺曼底的教会有很大的控制权。

无论是著名的巴约挂毯,还是当时海峡两岸的纪年作者,都把威廉描绘成英明神武的统治者,他的势力的确远超当时任何一位西法兰克的诸侯。但是,当他于 1087 年死去时,诺曼底同样面临 11—12 世纪所有诸侯国都必须面对的难题:继承危机。而且,这个强势君主的死去还再次引发地方分离倾向。

3. 与卡佩王室的关系

威廉在世时,有可能考虑过让他的儿子红脸威廉(William Rufus)继承海峡两岸的全部领地,因为长子罗伯特·库尔托斯并不忠实于父亲,父亲也很厌恶这个儿子。这种家族内部的矛盾,部分来说也是国王菲利普一世挑唆的结果,这是处于弱势的卡佩国王的一种策略,而且是一项长期性的战略。

从很多方面看,由一个继承人统领诺曼底和英格兰的确有不少有利之处,因为这就可以维系海峡两岸之间已经确立的各种联系。但最终的方案并非如此。长子罗伯特·库尔托斯继承诺曼底,红脸威廉继承英格兰。历史学家们无法确定,征服者威廉的这一决策是否出于无奈,但这种方案与诺曼贵族的继承习惯,以及法国北方流行的继承法,都是很符合的,但它无法带来稳定。作为诺曼底公爵的长子,罗伯特受到他的两个弟弟,也是两位英格兰国王红脸威廉和亨利一世的排挤。父亲死去时,罗伯特和威廉都还未婚。作为长子,罗伯特要求获得英格兰的王位,并一度筹划入侵英格兰。但威廉巩固了自己的英格兰的地位,并且深明大义地帮助哥哥加强对诺曼底和曼恩的统治。两人商定,任何一方死去时,对方可以继承其全部领地。

1096 年,罗伯特参加十字军,为筹措经费,他以一万马克的价格将自己的领地抵押给威廉,后者在罗伯特离开期间担任诺曼底的公爵,直到1100 年死去。不久罗伯特返回,重新成为公爵,而且有机会成为英格兰国王,很多人都支持他。但他最小的弟弟亨利最终占了上风,成为英格兰国王亨利一世。亨利转而对诺曼底采取攻势。1106 年,他在廷切布雷战役中击败罗伯特和他的儿子纪尧姆·克里顿,罗伯特被俘,一直被囚禁到 1134 年死去,纪尧姆·克里顿则于 1128 年战死在佛兰德尔。

　　征服者威廉在世时,亨利因是幼子而被排在继承方案的最末位。实际上,威廉打算只给他一笔钱了事,亨利只得花钱在诺曼底境内的科唐坦伯爵领暂时立足,等待时机。但三兄弟争斗的最后结果竟然是幼子得到了父亲的全部领地。对于这个强有力的对手,卡佩国王深感不安,但路易六世的抗议和斗争几乎没有任何实际成效。

　　有必要介绍一下诺曼底公爵与卡佩国王的关系。诺曼底公爵的正式称号见于 11 世纪初,在 1020 年代末期诺曼底的官方文书中,甚至有"王国"(regnum)的称呼,但这个词在当时并不必然意味着其统治者以国王自居。按照诺曼人的传统,这个领地是他们的自由地,是完全独立于法国国王的。圣康坦的迪东在纪年中强调说,911 年条约中的赠予并不意味着诺曼底公爵臣服于国王。不过,在法国国王看来,诺曼底公爵像其他的领地诸侯一样,都是国王的附庸。实际上,直到 1204 年,国王都拒绝正式承认公爵的地位,国王的文书中对他们的正式称呼是伯爵,尽管书记们偶尔也使用公爵的头衔。在 11 世纪,封君封臣之间的效忠仪式多在边界地带举行,但在诺曼底,这种情况非常少见,而且仪式主要意味着一种和平契约而不是服从关系。[①]

　　征服英格兰之后,诺曼底公爵就不再向国王效忠了。这可能是因为一个国王不可向另一个国王效忠的理论,也可能是因为诺曼人的独立传统。但史家认为,这并不意味着威廉一世已经把诺曼底和英格兰视为不可分割的统一体,也不意味着他认为自己与法国国王毫无关联,他仍然因为持有诺曼底而向国王提供兵役,这种服务并非常规和固定的,但当时其他诸侯与国王的关系也是这样。

----

① C. W. Hollister, "Normandy, France and the Anglo-Norman *regnum*", *Speculum*, li (1976), pp. 202 - 242.

亨利一世控制海峡两边的所有领地之后,情况有所变化,因为他声称在诺曼底行使他在英格兰的权力,即他是诺曼底的国王。这样一来,他就有充分的理由拒绝向路易六世效忠。在法国境内,这个强大而独立的诸侯国与王权的联系本来就很虚弱,如今更是完全遮蔽了自己的封君。

历史学家们把亨利一世这个跨海峡的政治实体称为"盎格鲁-诺曼王国"。但有必要澄清的是,regnum 并不一定意味着有国王的政治实体,正如其前面提到的,诺曼底在 1066 年之前就用过这个称呼。在 11 世纪乃至 12 世纪早期,regnum 既可指王国,也可指诸侯国。它当然可以用来指英格兰,也可以宽泛地指英格兰与诺曼底的联合体,但如果说英格兰与诺曼底组成了同一个 Royaume 或 Kingdom(即王国)则是有问题的。尽管后来的史蒂芬国王(1135—1154 年在位)也曾在诺曼底加冕,但这恰恰说明这两个领地是分离的。

大约从 1060 年到 1156 年之间,英格兰-诺曼底的国王—公爵并没有正式承认过卡佩国王的封君地位。1109 年,亨利一世甚至还同勃艮第公爵和阿基坦公爵一起公开拒绝向路易六世效忠。不过学者们还是认为,诺曼底公爵对法国国王理论上的高级权威的认可却已开始浮现出来。因为,前者除了不定期向国王提供兵役,还连续两次允许其指定的诺曼底公爵领的继承人前往边界向国王行效忠礼:一次是亨利一世的儿子威廉·埃特灵(William Aetheling),一次是史蒂芬国王的儿子厄斯塔什(Eustace),时间分别是在 1120 年和 1137 年,但这两位效忠者最终并未继承公爵职位。最重要的是,1151 年,金雀花家族的亨利因为持有诺曼底而在巴黎向路易七世效忠,1156 年他成为英格兰国王时又再次向路易七世效忠。因此,12 世纪法国国王与诸侯的这种封建联系具有重大的政治意义,因为它逐渐削弱了前一时期英格兰的诺曼国王们的挑战姿态。

另一方面,尽管诺曼底和英格兰之间存在诸多的联系,但很难说诺曼底同后者的联系比同法国的联系更为紧密。所谓盎格鲁-诺曼王国主要是现代学者的观念构建,但这远非当时人的想法。亨利一世在这两个领地都行使国王一样的权威,但他并非兼任它们的国王。诺曼底仍是法国境内的一个诸侯国,它同法国国王的联系在 12 世纪后期逐渐加强。

而且,盎格鲁-诺曼王国不久就陷入封建时代常见的政治困境。亨利一世苦于找不到一个可靠的继承人。他只有一个合法的儿子,但不幸于 1120 年死于"白船海难"。这样一来,亨利就只剩下一个合法的直系后裔,这就是他的女儿、德意志皇帝亨利五世的寡妻玛蒂尔达皇后。在旁系亲属中,亨利的哥哥罗伯特·库尔托斯的儿子纪尧姆·克里顿被他排除;他姐姐阿德拉有两个儿子,即布卢瓦家的蒂博和艾蒂安,后者一度还很受亨利喜爱,但最后亨利还是选择将王位传给自己的女儿,他于 1126 年左右作了安排,让大贵族们向她宣誓,并把守寡的玛蒂尔达嫁给安茹伯爵,金雀花家的若弗瓦(Geoffroi)。

1135 年,亨利一世死去,史蒂芬抢占先机当了国王。但玛蒂尔达前皇后和丈夫立刻进行反击,英格兰爆发内战,安茹伯爵若弗瓦进攻诺曼底,随后他的儿子亨利继续恢复秩序的大业,他就是即将统治半个法国的英格兰国王亨利二世(1154—1189 年在位)。

在卡佩早期,诺曼底是集权程度最高、最富秩序感的诸侯国,其早熟的政治制度和相对丰富的资料记录吸引了 19 世纪以来的众多学者。但最近的研究趋向有所变化,边缘地带受到了更多的关注,并在某种程度上弱化了对这个成功的诸侯国的判断。因为,在诺曼底的边缘地带,尤其是其东部和南部边境,地方领主依然有很强的离心趋向,而同卡佩王朝的关系更有助于这种离心力的增长。前文提到的维克森就是这样一个地带。而到腓力·奥古斯都时期,卡佩王朝将进一步利用这一局面。

还应该指出的是,在 11 世纪和 12 世纪前半期,诺曼人的影响扩展到了全欧洲,他们的征伐范围很广,英格兰只是其中的一个目标。根据 11 世纪的记载,大约在 1018 年,一批前往巴勒斯坦的诺曼底朝圣者在归途中取道意大利,在加尔加诺山拜访了圣米迦勒的圣殿,随后他们就在附近的阿韦尔萨和梅尔菲立足,并在奥特维尔(Hauteville)家族和阿韦尔萨的理查德的领导下,在意大利南部的阿普利亚和卡拉布里亚建立国家。11世纪末,奥特维尔家的罗杰(Roger)一世控制了意大利南部和西西里岛,这就是后来的西西里诺曼王国的基础。

十字军运动把诺曼人的影响力带到了亚洲。第一次十字军期间,罗杰一世的亲戚、塔兰托的领主博埃蒙(Bohémond)在安条克建立了一个新的基督教国家,并与拜占庭发生冲突,他的粗野和勇武给希腊人留下了深刻印象。博埃蒙是第一次十字军的重要领导者,而诺曼人的势力在当时西欧与拜占庭及伊斯兰世界的关系中扮演着重要角色。由于同教廷关系密切,诺曼人在当时西方教会对东方教会和伊斯兰的强硬立场中起了推波助澜的作用。

第六节　布列塔尼公爵领

布列塔尼是个具有独特的种族、语言和文化传统的地区,这里有很强的独立传统。不过在并入加洛林帝国之后,布列塔尼的政治和社会制度与西法兰克其他地区趋同了,在其东部与其他地区的接触地带,如雷恩和南特两个伯爵领,这种情况更为明显。

10—12世纪期间,布列塔尼权力结构的碎化比较严重。10世纪上半叶,虽然公爵的权威在维京人的袭击之后有所恢复,但很快就陷入了伯爵分治的局面;像马孔等地一样,伯爵领地内部也出现了独立的堡主势力,到12世纪中叶,各个伯爵领也已成为男爵堡主们的天下了。此外,在10—11世纪,布列塔尼还受到邻近的安茹家族的压力。

当然,权力结构的演变过程并非直线的。11世纪中叶开始,一些伯爵家族相互联姻,最终导致他们其中的一位获得了公爵头衔,这就是阿兰(Alain)四世(1084—1112年在位)。在他和他的儿子柯南三世(1112—1148年在位)统治期间,政治分化的局面有所遏制。但是,柯南死去后,父子二人的成就化为乌有,邻近诸侯纷纷染指布列塔尼,其中就包括强大的英格兰-诺曼底统治者亨利二世。1158—1166年,亨利二世兼并了布列塔尼,并让他的小儿子若弗瓦迎娶公爵领的女继承人康斯坦斯。

布列塔尼人曾积极支持征服者威廉及亨利一世,为此他们曾获得英格兰-诺曼底统治者的封地,亨利二世的统治进一步加强了这种联系。1146年之后,英格兰最大的一块封地里奇蒙德就世袭属于布列塔尼公爵了,还有其他布列塔尼人也在英格兰有产业。

1203年,英格兰的失地王约翰谋杀了他的侄子、若弗瓦公爵和康斯坦斯的儿子亚瑟(Arthur),安茹王朝在布列塔尼的统治告一段落。布列塔尼始终承认卡佩国王的权威,甚至来自安茹家的公爵也因为持有这个公爵领而向法国国王行效忠礼。当然,像所有其他诸侯国一样,国王的这种主权直到13世纪早期都纯粹是名义上的。1213年,布列塔尼的女继承人艾丽斯(Alice)嫁给了卡佩王室的一位幼子,德勒的皮埃尔(Pierre de Dreux)。这个诸侯国继续承认卡佩的宗主权,但自治性更强了。这预示着布列塔尼在14—15世纪的"黄金时代"。

第七节 安茹家族的势力

严格来说,安茹伯爵领的范围相对有限,它首先是以昂热伯爵领地(pagus)为基础的统治地域。但现代历史学家所称的安茹,多包括历代安茹伯爵统治的邻近地区:曼恩、图兰、旺多姆和圣通日等地。

10世纪安茹领地的形成,很大程度上归功于伯爵好人富尔克(Foulques le Bon)和若弗瓦·格里兹戈内尔(Geoffroi Grisegonelle,意为"灰袍若弗瓦"),是他们巩固了对昂热及其附近地区的控制。接下来,富尔克·内拉(或称"黑脸富尔克",987—1040年在位)和若弗瓦·马特(Geoffroi Martel,1040—1060年在位)利用联姻和战争等手段,不断扩大安茹的势力,占据了图兰、旺多姆和圣通日,成为当时法国乃至欧洲举足轻重的政治势力。

从地理上说,安茹与法兰西岛的距离比布卢瓦-香槟更远,但直到11

世纪中叶,这里依然能感受到国王的影响力。直到亨利一世时期,国王还在巡访安茹,安茹公爵也很乐意承认国王的权威。有的历史学家认为,10—11世纪的安茹公爵们有一种自觉的保守主义政治意识,他们相信加洛林乃至晚期罗马留下的政治元素,并将其作为自己统治合法性的依据。[①]

1060年,若弗瓦·马特死去,胡子若弗瓦(Geoffroy le Barbu)即位,称若弗瓦三世。此人性情软弱,没有政治策略,很快就引发危机。他的兄弟富尔克·雷山(Foulque le Réchin,意为"爱吵架的富尔克",1068—1109年在位)在教廷的支持下赶走了若弗瓦,后者曾与图尔大主教发生争执。这场危机一度导致地方堡主势力的上升,很久之后昂布瓦兹等独立的领主势力才重回伯爵的控制之下。

进入12世纪后,安茹的领地开始迅速扩展。富尔克五世(1109—1129年在位)通过联姻获得了曼恩,后来还参加十字军,当上了耶路撒冷的国王。他的儿子美男子若弗瓦(1129—1151年在位)为制服地方堡主而进行了长期的斗争。因为帽子上别着一枝小金雀花(genista),他因而被称为金雀花若弗瓦。他娶了皇帝亨利五世的寡妻玛蒂尔达,后者于1128年被指定为英格兰和诺曼底的继承人。这桩婚姻注定要成就一个幅员辽阔的中世纪政治实体。1154年,金雀花若弗瓦和皇后玛蒂尔达的儿子亨利成功地控制了英格兰、诺曼底和安茹的领地,现在轮到他通过联姻扩展其势力了:他因为娶了路易七世的原配王后而占有了阿基坦。于是,亨利二世的领地从苏格兰边界一直延展到了比利牛斯山。从幅员上来说,这是一个中世纪"帝国"。

由于金雀花若弗瓦和亨利二世长期不在领地内,他们发展出一套主人不在时仍能正常运转的行政机器,由各位地方长官瑟内绍(sénéchal)和层级化的官员代理伯爵行使权威。当卡佩王朝最终于13世纪初兼并

---

① Bernard S. Bachrach, *Fulk Nerra*, *the Neo-Roman Consul*, *987 - 1040*, Berkeley: University of California Press, 1993.

安茹领地时,这一行政制度将成为一笔颇有价值的遗产。

第八节　南方各领地

1. 南方社会

在中世纪乃至近代早期,法国历史的一个基本事实是南北差异明显。中世纪的法国南方,包括朗格多克、加斯科尼和西班牙边区,其语言、风俗和社会结构同北方存在明显差异,人们常说的奥克语和奥伊语的区别仅仅是一个方面。但这并不意味着南方和北方在政治-社会演变方面没有相似之处,实际上,加洛林制度的设立和消退,同样对南方产生了重大影响。

8世纪到9世纪初,为应对西班牙穆斯林的威胁,加洛林王朝加强了在南方的军事行动。在当时,穆斯林占据了几乎整个伊比利亚半岛,并将触角延伸到今日法国地中海沿岸的大部分地区。加洛林则加强了它在比利牛斯山两边的存在:在西南方向设立了加斯科尼边地伯爵,在东南方向设立了加泰罗尼亚边地伯爵;与此同时,朗格多克、普罗旺斯和阿基坦等南方各地也引入了加洛林的制度。在这些地区,掌权的伯爵或边地伯爵大部分是法兰克人,也有加斯科尼人和哥特人。在上述地区,比利牛斯山南边的加泰罗尼亚如今已不再是法国的领土。所以,与今天相比,卡佩时期的王国向南北(由于佛兰德尔伯爵领和巴塞罗那伯爵领)稍有延伸,但东部边界收缩到埃斯科河到罗讷河一线,因此从空间上说,当时的法国比今天更为狭长。

从某种法理上说,加泰罗尼亚在中世纪曾长期认同卡佩王朝。在1180年之前,这里的伯爵一直用法国在位国王的年份来标示文件的日期。尽管国王早已不能顾及这个边区,但伯爵们还是请求国王帮助他们反击穆斯林。这个地区最终脱离法国是在路易九世时期,他于1258年宣布放弃对加泰罗尼亚的权利。

在整个南方地区,国王权威的衰落从 9 世纪就开始了。到 900 年,这里出现了很多诸侯国:加斯科尼公爵领,图卢兹、卡尔卡松等伯爵领,以及普罗旺斯王国。其中普罗旺斯王国最终成为范围更广的勃艮第王国的一部分,尽管它同西边的朗格多克等地区的联系仍然很紧密。

南方各大贵族世家大多数是前加洛林王朝官员的后裔,但进入 10 世纪后,他们难以完全掌控局面,一些较小的伯爵和子爵开始窃取权力,并且将其视为家产。这可以理解为南方版本的封建化。而且,南方另一些条件更加有利于权力结构的碎化,比如,这里的自由持有地,即比较完全意义上的私人所有土地占压倒优势。不过最近对"千年之变"论点的批评意见强调,不能将当时的权力作过于明确和绝对的公私之分。在朗格多克等地,行政和司法事务始终带有某种公共色彩,这将有助于诸侯大贵族恢复其对地方领主的控制。

在图卢兹伯爵领,伯爵的权力尤其薄弱,这个地区在 10 世纪陷入一场政治混乱,地方贵族们虽然承认伯爵的存在,但根本不把他当一回事。8—9 世纪,南方各地因持续受到穆斯林的威胁,军事堡垒的建设很常见。在 10 世纪,这种威胁明显下降——尤其是在并非紧邻西班牙的图卢兹——但各地依然在建筑军事城堡,它已经成为地方领主防范邻近领主的权力象征了。

10 世纪末期到 11 世纪早期,图卢兹周边地区存在大量独立的小贵族势力,堪称大贵族的只有图卢兹伯爵和卡尔卡松伯爵两家。图卢兹伯爵控制的范围相当有限,但他们设法与一些小贵族保持着联系,如鲁埃尔格、纳尔榜、贝奇埃和尼姆等地的子爵,这些家族结成了某种贵族群体。

总的来说,图卢兹政治-社会发展的趋势,在很大程度上类似于当时的马孔等地。伯爵的司法机构明显衰落,教会成为秩序、正义与和平的主导者。作为世俗公共权威衰落的衍生物,上帝的和平还是在某种程度上延续着秩序和公共权威的观念。这一点也与北方类似。

但南方也有很多不同之处。这里受罗马传统的影响更深,由于罗马法的影响,习惯法的地位不如北方重要,这也有助于维持公共权威观念。另一方面,由于南方的自由地更多,各级领主的独立性更强一些,大领主们也要经常与其领地内的小自由地持有者争斗。这里的采邑被视为"自由采邑",相比于北方,它所承担的义务较为有限,可能只是在堡主有要求时才提供服务。

11世纪,南方也出现了职业武士群体——骑士(Milites),但与北方不同的是,这里的骑士没有构成了世袭性的、近乎种姓的集团,比武等骑士仪式在这里似乎也不是很盛行。南方的骑士更像一个较为开放的阶层,他们提供军事服务时也存在较多的选择余地。南方还有一个独特之处,这就是它的城市骑士阶层人数较北方更多,他们将在这些地区的城市发展中扮演重要角色。

南方农民阶层的演变也有不同之处。总的来说,经济状况恶化的小农陷入日益窘迫的境地,由于南方各地货币的使用比较广泛,而且缺乏大庄园经营模式,这里的领主更倾向于采用货币征收而非强征劳役,因而小农承受的负担比北方更轻。

南方也不存在北方那样严格意义上的世袭采邑。虽然这里也有土地赠予,但授予者一般是收取地租,而不是获得其他形式的服务。而且,南方的土地赠予是有期限的,一般是终身赠予,但赠地并未因此而成为被赠予者的世袭财产。教会地产主广泛采取契约有限赠予(precaria)形式,但世俗领主有时也采取相似的契约形式。更重要的是,在南方,土地赠予很少以军事义务为条件,也并不意味着赠予与被赠予方之间的忠诚和服从。

与此相应的是,南方的城堡也经常是自由持有,但可以与另一个家族共同持有(parage)。家族之间的协定(convientiae)保证了彼此之间的军事协助。像北方一样,南方的领主也积极鼓励农民垦殖荒地,其中一项鼓励措施称 medium plantum,即垦殖者在领主重新收回土地之前对新垦地享有完全的权利,收回之后,双方再对新垦地进行分割。

因此,在10世纪到13世纪早期这一典型的封建时期,法国南方

(Midi)同北方的差别是非常明显的。这很大程度上是因为,南方同北方的联系相当虚弱,相反它同教廷的关系倒是很密切。这种情形直到13世纪初的阿尔比十字军之后才发生改变,这次重大事变之后,北方的土地持有制度和行政制度输入南方。

南方教会的影响力也较大。在10—11世纪加洛林政治体制解体的时期,教会依然保持着强大的影响力。在当时的北方,广泛存在俗人把持教会财产的现象(Eigenkirche),这在南方完全不存在。虽然有的南方修道院的确也有世俗保护人,但院长们并未丧失基本的控制权。那些没有强大的保护人的修道院,则依靠上帝的和平和教廷的诏书作为保护伞。在11世纪中叶之前,很少有修道院直接依附于教廷,更多是依靠各地的主教。不过,在朗格多克,教会构成一个相当有凝聚力的机构,在维持秩序方面贡献很大,因而颇受人敬重。

但11世纪后期的教会改革运动还是带来了不小的变化。教廷的直接控制明显加强了。格里高利七世在位期间,曾两次介入纳尔榜大主教的选举,阿尔比和尼姆的主教还因为买卖圣职而被处以绝罚。俗人对教会的介入也受到严格限制,他们几乎被完全排除出修道院院长和主教的选举程序。

南方的公社运动从11世纪开始在政治生活中扮演重要角色,城市和乡村都是如此。而且,与北方公社运动不同的是,这里的地方贵族被纳入了公社运动。南方的公社试图获得司法、财政和军事方面的特权,而且成功率较高,相比北方,暴力行动也较少。

有学者认为,可能是由于南方社会相对宽容和富裕,城市化程度相对较高,这里的思想交流机会更多一些,再加上缺乏统一的政治权威,因而构成异端思想传播的温床。12世纪早期,皮埃尔·德·布吕伊(Pierre de Bruys)和洛桑的亨利就在朗格多克传播异端思想,抨击现存的教会,相传前者因此被判火刑。12世纪后期,"纯洁派"和韦尔多派异端在南方迅速传播,但随之招来一场血腥的镇压,这场战争深刻改变了南方的政治和社会面貌。

　　不过,也有人认为,12世纪南方异端思想活跃的原因在于格里高利改革后教会和世俗社会的分离,因为教会上层此后日益卷入教廷那些具有世俗色彩的政治行动,从而忽略了对各世俗阶层的牧灵工作。的确,"纯洁派"和韦尔多派主张严厉的禁欲苦修生活,这与当时南方教会的纪律废弛形成鲜明对比;而且,这些异端派别还广泛布道,教会底层教士往往在这方面颇为欠缺。教会上层也不见得对牧灵有多少热情,一个众所周知的事件是,教宗英诺森三世曾谴责纳尔榜的大主教、阿拉贡王室的亲戚贝伦加尔(Berengar,1190—1212年在任),说他所热爱的唯一的神就是金钱。1213年,此人和其他八名高级教士因为疏于圣职而被罢黜或停职。

　　当然,这并不是说北方的教会都充满宗教热忱。南方异端教派的活跃,应该从多方面去寻找原因。比如世俗贵族的立场。早在1165年,南方的一位大主教、五位主教、六名修道院院长以及其他教会头面人物,在隆贝尔地方召集宗教会议,审查当时刚开始兴起的纯洁派的教义,但这次会议上对异端的谴责并没有得到当地贵族的支持。不过与法国其他地区不同的是,在南方,并没有形成以图卢兹伯爵等大贵族为首的强有力的反异端阵线。虽然图卢兹伯爵雷蒙(Raymond)于1177年请求教宗和西多会的支持以对抗纯洁派,但他的动机并不完全是宗教性的。图卢兹的市政官们同异端勾连很深,他们领导一些市民试图建立自治,伯爵需要教会的支持来挫败这一企图。他的后继者雷蒙六世和雷蒙七世也不是坚定的异端铲除者。南方政治局面相对分散,教会纪律也不够严厉,这是导致后来十字军运动和残酷的暴力行动的重要背景条件。①

---

① 关于卡佩时期法国南方,参阅 *Structures féodales et féodalisme dans l'occident méditerranéen (Ⅹe-Ⅷe siècles). Bilan et perspectives de recherches*, Éditions du CNRS, Paris, 1980; Georges Duby, *Histoire de France, Le Moyen Âge, 987 - 1460*, Paris: Hachette, 1987, pp. 365 - 398.

2. 几个主要地区:阿基坦、加斯科尼、图卢兹和巴塞罗那

加洛林时期的阿基坦十分辽阔,从布列塔尼以南的沿海地带一直延伸到比利牛斯山和中央高原的中部。但进入 11 世纪后,它并不是诺曼底那样组织紧凑的政治实体,而是由众多伯爵领和领主领地构成的较为松散的聚合体。1030 年,当伟大的纪尧姆五世(Guillaume V le Grand)死去时,阿基坦公爵已经控制了普瓦图,并在不同程度上对利摩日、贝里、圣通日、奥弗涅、佩里戈尔和拉马尔什行使权威,其中以对佩里戈尔和拉马尔什的影响力最大,在其他地区其封君的头衔主要是名义上的。

纪尧姆五世一度被他的同侪看作强有力的统治者和危险的竞争对手,但他的儿子们未能延续这一局面,甚至在他们直接控制的普瓦图,地方堡主也大量出现,不久阿基坦就受到来自安茹伯爵们的强大压力。纪尧姆五世最小的儿子纪尧姆八世(1058—1086 年在位)期间,阿基坦再次获得大片领地。1062 年,纪尧姆从安茹手中夺回圣通日,次年他又兼并了加斯科尼。但这是个政治结构高度碎化的地区,存在很多独立的领地,因而很难控制。加斯科尼给他和后来的两位继承者带来了很大麻烦。

中世纪游吟诗人的鼻祖纪尧姆九世(1086—1126 年在位)的第二任妻子是图卢兹伯爵的女儿,他的后代有了染指这个邻近的诸侯国的机会,但历代公爵都未能充分实现这个抱负。可能正是由于阿基坦的眼光转向南方,它对普瓦图反倒不如过去那样关注了。尽管公爵们也对地方堡主发起零星的攻势,比如对帕特奈(Parthenay)和卢西尼昂(Lusignan)的领主,但他们对该地的控制,远远比不上诺曼底公爵和安茹伯爵。

不过,阿基坦公爵仍然是个很富裕的诸侯,他们跟当时西欧的上层贵族有着广泛的联系。1137 年,公爵纪尧姆十世死于前往圣康波斯特拉的朝圣途中,他的女儿埃莉诺继位。传说纪尧姆临死前向自己的封君法国国王路易六世提议,将埃莉诺嫁给后者的儿子,未来的路易七世。埃莉诺和后者于当年 7 月底在波尔多结婚。8 月 1 日,路易六世死去,于是

埃莉诺又在布尔日被加冕为王后。但阿基坦公爵领并未并入工室领地，埃莉诺仍是阿基坦的公爵。

埃莉诺和路易七世生了两个女儿，夫妇关系并不和谐。埃莉诺奢侈招摇、爱好文艺(继承了她祖父纪尧姆九世的风雅)的做派让法国宫廷大感不快。国王夫妇在第二次十字军行程中发生了激烈的争执，从东方回来后，1152 年 3 月，在博让西修道院教堂的宗教会议上，埃莉诺和路易七世因为存在四至五服的血亲关系而被宣布取缔婚姻。不过，他们的血亲关系至少从 1143 年就已经为人知晓，但当时克莱沃的伯纳尔认为这种关系并不严重。

这次婚变造成了西欧中世纪历史上的一次重大转折。埃莉诺在 1152 年嫁给了安茹的亨利，此人就是后来的英格兰国王亨利二世。与此同时，阿基坦公爵领的辽阔地产也转给了亨利。他们生了四个儿子，其中包括失地王约翰和狮心理查。理查试图继续绥靖阿基坦境内桀骜不驯的贵族们，但没有完全成功。利穆赞、昂古莱姆和拉马尔什等地的领主依然扮演着重要的政治角色，他们不仅关系阿基坦的命运，也关系整个安茹帝国的统治。但结果是理查在同他们作战时死去，他的弟弟约翰继位后，法国国王腓力二世以约翰未曾善待手下的贵族而宣布没收约翰的领地。

但在加斯科尼，英格兰国王的影响力一直保持到 13 世纪之后。至于普瓦图的帕特奈和卢西尼昂等地方势力，也在 1240 年被国王路易九世的弟弟、普瓦提埃的阿方索粉碎。

加斯科尼公爵领大致从波尔多延伸到比利牛斯山。这里最初是加洛林帝国组建的一个边区，随后由来自波尔多的一个独立伯爵家族统治，最后转到阿基坦公爵手中。从政治和社会结构来说，它比面积更大的阿基坦公爵领的大多数地方都更接近图卢兹，尽管自 11 世纪中叶起加斯科尼的统治者就是阿基坦公爵。在当时，加斯科尼的很多地方荒无人烟，实际上，它被视为一块巨型的自由持有地。

在很长的时间里，加斯科尼的中央权威十分虚弱。这里的社会结构也缺少等级制色彩,这一点十分独特。在富饶的加龙河和阿杜尔河谷地,一些重要的堡主领地建立起来,如莱斯帕尔、卡斯蒂永等。在更南边,达克斯的子爵一直是阿基坦公爵重要的盟友。与此同时,巴约讷等城市也在12世纪走向繁荣。在西欧中世纪大垦荒的时代,加斯科尼的经济有了长足的进步。

但是,这个地区在政治上仍然是混乱的。阿基坦公爵纪尧姆九世和十世,以及随后的英格兰国王狮心理查,都曾试图加强控制,但收效不大。从政治结构的碎化而言,加斯科尼与其近邻的图卢兹和巴塞罗那颇为接近。

10世纪的大部分时间里,整个南方的政治都很混乱。图卢兹伯爵和卡尔卡松伯爵都无力建立强大的诸侯国,教会担当起了维持和平和法律的责任。11世纪格里高利改革之后,这个地区的大贵族开始巩固其权威,于是出现了两个主要的诸侯国:图卢兹伯爵领和巴塞罗那伯爵领。但它们彼此之间发生了争斗,斗争的范围西起今西班牙东北部的埃布罗河两岸,东至罗讷河岸边。关于双方斗争的目标,各家解释不一。法国学者伊古耐(Higounet)认为,巴塞罗那企图创建一个更大的地方性帝国。也有人指出,当巴塞罗那的雷蒙-贝伦加尔(Raymond-Berengar)一世开始对外扩张时,他追求的是给幼子们多找一点财富,而不是扩张自己的世袭领地。不管怎样,这两个诸侯国之间的竞争在1100年前后变得十分激烈了。

图卢兹伯爵领形成于10世纪。11世纪开始,它的领地开始瓦解。1094年,圣吉尔斯的雷蒙(Raymond de Saint-Gilles)继位,称雷蒙五世。他在第一次十字军中声名大振,并且成功地重新将分裂的领地组合起来。他的两位继承者,尤其是稍后的阿尔方斯·茹尔丹(Alphonse Joudain,1109—1148年在位),都是十分出色的武士和管理者。

图卢兹伯爵领范围有限,伯爵们强化自己的权威反而更为容易了。但教俗领主们的独立倾向和朝秦暮楚的效忠依然对权力的集中和巩固造成很大麻烦。伯爵们经常前往东方的圣地也是一个问题。还有就是来自北方的阿基坦的威胁。伯爵们更多是依靠贵族的联盟关系来维持自己的权威,这种权力关系和上帝的和平运动,构成秩序的支柱。

在加泰罗尼亚地区,巴塞罗那伯爵在10世纪初曾建立起比较强大的权威。但到11世纪中期,像法国很多其他地区一样,伯爵的高级权威受到来自堡主贵族们的挑战,这是法国历史学家皮埃尔·博纳西在其巨著中描述的封建化的关键期。雷蒙-贝伦加尔一世(1035—1076年在位)经过艰苦斗争才得以重组军事和司法机构。与此同时,他还向外扩张,占领卡尔卡松和拉泽斯,从而在比利牛斯山以北获得了立足点。

1082年,刚刚出生的雷蒙-贝伦加尔三世继位,他后来表明自己是个出色的领导者,被冠以"伟大的"(le Grand)的称号。在他治下,比利牛斯山以南的伯爵领地不仅有了更有序的政治结构,还有了另一个名称:加泰罗尼亚。1113年,雷蒙-贝伦加尔三世同普罗旺斯的女继承人结婚,并占据了这个地区,这就引发了与图卢兹的冲突,因为自1094年以来,图卢兹伯爵也以联姻为由对普罗旺斯提出了要求。双方都有自己的盟友,战争不可避免。1125年,双方瓜分了普罗旺斯,但随后战事又起。1131年,雷蒙-贝伦加尔三世死去,他的儿子们瓜分了父亲的领地,长子雷蒙-贝伦加尔四世得到巴塞罗那,弟弟贝伦加尔-雷蒙得到普罗旺斯。

有证据表明,12世纪巴塞罗那伯爵对地方堡主的控制相对有效,可以向后者要求军事服务,伯爵权威有相对坚实的基础。雷蒙-贝伦加尔四世还通过联姻成为阿拉贡国王的继承人,他一度有望在比利牛山以南建立一个更为辽阔的政治实体。在北方,他与金雀花家的亨利二世结盟,以便对夹在他们领地之间的图卢兹施加压力。他们联合进攻图卢兹城,但法国国王路易七世的介入挽救了图卢兹。不过巴塞罗那伯爵家族在法国南方的影响力仍在上升,它的政治活动甚至具有了全欧性质。在普罗旺斯,雷蒙-贝伦加尔四世的侄子娶了皇帝红胡子腓特烈的侄女。

雷蒙-贝伦加尔四世的继承人称阿拉贡和巴塞罗那的阿方索二世(1164—1196年在位),他同图卢兹伯爵雷蒙五世进行了旷日持久的争斗。到12世纪最后十年,阿拉贡国王似乎已经成为法国南方的支配性力量,图卢兹伯爵相形见绌了。但是,随着阿方索二世于 1196 年死去,他的领地分裂了。长子彼得得到阿拉贡和巴塞罗那,另一个儿子阿方索得到普罗旺斯和其他领地。但是,随着阿尔比十字军和 1213 缪雷战役的失败,法国北方的军事贵族深入朗格多克,巴塞罗那伯爵的势力向南收缩,他与法国王权的联系日益疏远。到 1258 年,这个诸侯国完全摆脱了对法国国王的封建从属地位。

第七章　12世纪的法兰西

第一节　书面文化的复兴与资料状况

自从美国历史学家查尔斯·哈斯金斯提出"12世纪文艺复兴"这一著名论点以来,学界普遍意识到这个时代西欧社会在文化方面的诸多新气象,如法学的复兴,书写文化的发展,经院哲学的兴起,以及各种文体的历史撰述的发达。我们将在文化史的专章中对这些问题进行探讨,这里先结合法国中世纪史专家克劳德·戈瓦尔的阐述,简单介绍一下12世纪的文化复兴对历史资料的影响。

在10—11世纪的法国,文献资料相当稀缺,但这种情况在12世纪有了很大的改观,书面文字记录变得更加丰富了,与此前的文献记载的"黑暗时期"比起来,这个时代是个转折期。众所周知,12世纪是法学复兴的时代,这推动了书面语记录的发展;这一复兴最初是从南方开始的,那里的罗马遗产更为丰富。但法学复兴到13世纪已经波及整个王国,城乡社会对法律文件(actes)进行认证的需求在持续增长。虽然当时的书面语言基本是拉丁语,但地方语言,即俗语(vulgaire)也进入了书写。

书面文献的一个重要类别是"文书"(diplôme)。在有的文献学分类中,文书特指君主发出的文件。但有人作了宽泛的理解,包括了来自各种公共权力机构的文件。在12世纪前,这类文件相当稀少,不过以私人名义,包括国王以个人名义发出的文书很多。这类文书又被统称为charte(令状)。令状多以第一人称叙述,讲的是下达起草该文件之人的决定,内容一般涉及财产与权益转让或司法决定。令状末尾有证明人的名单,以证实文件的有效性,也可加盖印章,这同样是一种证明手段。在12世纪,领主、农村社区,尤其是城市,都日益频繁地使用印章了。令状的合集称cartulaire,一般是在修道院或其他领主的组织下为了自身的利益而汇编的。在法国,令状集的汇编工作从11世纪一直持续到18世纪,发展的关键时期是在12—13世纪。但不要认为这种文件集中只包含令状,因为它本质上是一种有意识的构建,构建者试图将各种可以佐证其权益的文件放入令状集中,以使有关权利的记忆永久化。有些领主甚至将伪造的文本塞入令状集,连著名的圣丹尼修道院都这样做过。马克·布洛赫说过,中世纪广泛存在崇尚久远的过去的心态,各种伪造文件就是要为受到威胁的权益找一个历史悠久的源头。在一个充满纠纷和争吵的年代,世俗领主也觉得有必要建立自己的令状集,以便在面对对手的挑战时提出自己权益的"合法依据"。毫无疑问,历史学者在面对这些文件时需要采取批判的态度。

公证文书(minutes notariales)是中世纪另一大类文献资料。公证书在11世纪的意大利就已经很丰富了,这得益于当时罗马法的复兴。随后,公证书逐渐在法国流行起来,不过直到13世纪仍以南方为多。公证书可以提供相关社会的详细信息,但涉及的时段往往有限。书面文件的发展需要有一批至少粗通文墨的专业人士的出现。他们有各种各样的名称:clercs, notaires, tabellions, jurés,等等,总的说来南方的这类人士更多。从书面文化的角度看,可以区分出两个法国:北方更倾向于口头语和习惯法;南方倾向于书面语和罗马法。当然这种区分是粗略的,习惯法也存在于南方,北方也从13世纪开始将习惯法汇编成文。这一工作受罗马法的启发,最著名的北方习惯法汇编是1280年左右博韦的菲利普·德·博马努瓦尔(Philippe de Beaumanoir)编订的《博韦习惯法》。因此习惯法不仅是口头的,也可以成为书面的。

历史撰述类资料

中世纪早期,西法兰克就存在史学撰述,贝尔纳·葛内认为加洛林的王家礼拜堂当时就是一个历史记忆的生产地,11—13世纪的历史撰述只是墨洛温和加洛林事业的继续。普世纪年(Chroniques universelles)书写的是"世界史",它们的典范是凯撒利亚的优西比乌的纪年,这部著作在4世纪时被圣哲罗姆翻译成拉丁文。普世纪年之外还有民族或地方纪年。直到13世纪,所有纪年都以拉丁语编纂,而且主要是在修道院编订完成的。如诺曼底的瑞米耶日修道院,彭迪厄的圣李捷修道院,卢瓦尔河上的弗勒里修道院,以及巴黎的圣维克多修道院,这是些比较著名的纪年编纂中心。当然,很多纪年没有什么影响力,如奥德里克·维塔尔(Orderic Vital)的《教会史》,现只存三份手稿。让·德·儒安维尔(Jean de Joinville)关于圣路易的传记在后代颇为知名,但在中世纪几乎没有什么影响力,因为长期只有一份手稿。有些纪年或史学记录则具有某种"跨国"色彩,如圣维克多的于格(Hugues de St. Victor)编写的纪年(存有35份手稿),如卡佩王朝末年贝尔纳·基(Bernard Gui)编纂的《图卢兹伯爵纪年》(存22份手稿)。还应该指出这些作品的传播状况:卢瓦尔河以北的大部分书面作品很少进入南方,尽管它们可能在帝国传播,而南方的书面作品也很少到达北方。因此,历史文化领域也像法学领域一样,存在比较明显的南北隔阂。

在中世纪盛期的法国,最重要的史学撰述中心当数圣丹尼了。它是王家纪年的主要编纂地。在12世纪,这里产生了两位著名的纪年作者:一个是苏热院长,另一个是李戈尔修士(Rigord)。到13世纪,开始出以俗语书写的纪年,如根据圣路易的命令编辑的《法国大纪年》,它的第一稿是圣丹尼的普里马修士(Primat)在1274年完成的。但仍有大量的历史作品以拉丁语书写,如博韦的文森特(Vincent de Beauvais)在13世纪末写成的著名的《历史之镜》(*Speculum historiale*)。不过,随着贵族阶层文化教养的提升,俗语历史著作将有远大前途。

骑士文学

11—13世纪,叙事文学领域发生明显变化。11世纪末出现最早的俗语文学作品,阿基坦公爵纪尧姆九世的宫廷是重要的俗语文学创作中心,公爵自己就是最早的游吟诗人之一。到12世纪,这种奥克语文学日益发展,它多以堡主的宫廷为故事背景,并且受到阿基坦的埃莉诺的关注,当她与英格兰国王亨利二世结婚后,这种文学也在12世纪后期传到了北方,在香槟伯爵蒂博四世的宫廷中尤为活跃,中世纪文学的著名代表特鲁瓦的克雷蒂安(Chrétien de Troyes)的骑士传奇就是在那里扬名的。文学文本很难作为历史资料来使用,但有时它们也能传递一些信息。当代学者马丁·奥莱尔(Martin Aurell)指出,骑士文学的传播表明,中世纪盛期的文化不仅不完全是以拉丁语表达的,而且也不是由教士垄断的。它们的内容含有民众文化的珍贵资料,如勒高夫在关于梅露西娜的研究中所揭示的。梅露西娜在骑士传奇中是个半蛇形的女性形象,在12世纪,她成为卢西尼昂贵族世家的神秘祖先:她有丰产的能力,不仅喂养孩子,还能建造城堡,在森林中设立新村庄。因此梅露西娜具有母亲和拓荒者的双面形象,而作为一个家族的象征,她是12—13世纪法国西南部经济发展的某种体现。

仪式化口语的力量

书面语的普遍渗透,是以法律的复兴和政治权力的支持为背景的,对各级政治机构而言,从12世纪开始,秘书处已经是必备的制度了。但不能过分夸大书面文化的地位,与象征手势和口语表达比起来,12世纪的书面文献可能仍然是微不足道的。确切言之,书写通常只是为了配合口语。研究中世纪文学的大家保罗·臧托尔(Paul Zumthor)强调,在世俗文学中,文字与声音是有内在联系的,因此书面语很好地保存着口语的痕迹。诗歌是用来朗诵而不是用来默读的。宗教文学也是如此,僧侣看重的是押韵的文本,以便高声朗读。甚至史学撰述也是这样,例如,奥德里克·维塔尔写作历史时,是边写边念给自己的僧侣伙伴听的。实际上,他并不想给后世留下一个经典版本,而是要创造一种可以被聆听的文本。作为记忆储藏地,修道院负有以言语传播记忆的责任,书写也要满足这些需要。修道院藏书很好地表明这一点,它们喜欢收藏带韵脚的散文书,这就是为什么大格里高利的著作在中世纪早期极为成功。从某种意义上说,令状也是文字与言语的混合。因此,历史学者在使用这些资料时,不能仅仅关注其内容,还应关照其形式,甚至应该注意单词摆放在羊皮卷上的方式。某些序言或书面说法,表面看有些程式化,但它们可能同样是受口语的影响。还需要指出的是,就口语与书面语的关系而言,南方跟北方没有区别。

在司法裁决这样重要的领域,口语的使用一直远远大过书面语。口头取证和神判程序会根据一些仪式化的动作进行,但现代学者对此仍知之甚少。法官宣布判决也是如此。判决是说出来的,并不总是有书面记录。最后,即使杀人之类的血案也会采取和解的方式处理,但这种处理方式会产生一些仪式化的会面,如一起用餐和饮酒。这类行为和动作只是通过间接的证据才为后人所知。在 13 世纪之前,司法裁决很少留下文字记录,这可能是因为社会和权力机构试图给司法领域涂上某种神圣色彩。

第二节　法国国土积蓄力量的时代

在整个卡佩王朝的政治史中,腓力二世取得的成就无疑是决定性的,他极大地扩展了卡佩的领地,彻底扭转了王室同其他诸侯的力量对比关系。但是,历史学家们的一个习惯性思维是,腓力二世的成就是否有更深远的历史根基呢? 他此前的历代君主们是否已经为他铺平了道路呢?

法国历史学家罗贝尔·佛第埃在撰写卡佩历代国王的历史时,就带有这样的视角。他坚持认为,即使是早期卡佩诸王,他们的权力也区别于各大诸侯。例如国王对教会的权威,他们同教会的联盟关系,他们对贵族乃至诸侯们的法律上的优先权,而且他们从未忘记自己的这一特权。另外还有法兰西岛的富庶。基于上述理由,佛第埃认为,腓力·奥古斯都之前的历代君主们的政治资源,是被人们长期低估的。我们已经提到,卡佩的确有一些其他诸侯所没有的资源可资利用,当条件成熟时,它们就像种子一样生长发芽。在所有这些条件中,最基本、最重要的条件之一是经济条件的改善。

卡佩的领地有得天独厚的条件,它的面积虽然不大,但土地肥沃,地处西法兰克的中心地带,有塞纳河和卢瓦尔河的水道,是各地之间交往的中枢。因此,当西欧于 11 世纪进入大垦荒和城市复苏的时代之后,这里便呈现人口增殖、商业繁荣的局面。当然,不是所有人都能从有利的经济形势中获益。大批贵族因循旧日的习惯,让各位继承人瓜分领地,生活奢侈,不惜耗费巨资远足朝圣或参加十字军,结果碰上了经济困难,很多贵族世家凋零了。但国王及部分贵族诸侯,并没有大量让渡家产,相反还通过征战、依靠坚持不懈地收取封建捐税、积极推动垦荒、促进商品贸易等措施而改善了经济状况。有利的经济条件是遏制叛乱的贵族、建立有效的管理制度,乃至获得城市和教会的支持的基础。在 12 世纪,随着国王和诸侯的权威变得更为有效,封建法国的政治格局逐渐明朗化了。尽管路易六世和路易七世在王室领地的资源还不足以发动大规模的征战,但他们对这块领地的经营无疑是后来腓力二世成功的基石。

第三节 路易六世

胖子路易六世生于 1081 年,为菲利普一世与第一任妻子、荷兰的贝尔特(Berthe de Holland)所生。1108 年 7 月底,菲利普一世死去,8 月初,27 岁的路易在奥尔良的圣十字教堂加冕为国王——他在 1102 年左右就已是储君或"被指定的国王"了(prince associé, rex designatus)。

历史学家们对路易六世的了解要多于他的父亲,这在很大程度上得益于圣丹尼的苏热院长给他写的传记。1092 年,路易离开宫廷,被父王派往与诺曼底交界的维克森戍边。5年后,16岁的路易就已率军同英格兰的红脸威廉作战了。次年,他从彭迪厄伯爵手里接过佩剑,正式成为骑士。此事是伯爵给当地主教的信中提到的,这表明,以授甲礼(adoubement)为核心的骑士意识形态正在酝酿和成熟之中,这是乔治·杜比及其弟子让·弗洛里(Jean Flori)在关于中世纪法国贵族史研究中提到的一个关键论点。①

在法国的历史传统中,路易六世经常被认为是个好国王,一生为减轻人民负担、为压制邪恶的领主而殚精竭虑。据苏热记载,1102年,路易不满父王的不作为,亲自带领骑士们前往兰斯镇压"贪婪残暴"的男爵埃布勒(Eble),他被描绘成一个以剑来恢复"国家和平"的猛士。这种行为方式也与当时青年贵族的行为方式颇为切合。每年春天,路易都带着跟自己年龄相仿、没有妻室的骑士子弟,在领地周边游荡。当时,查理曼的传奇故事开始传播,路易和他的伙伴们看起来像是那位花白胡子皇帝身边的游侠骑士们。路易的队伍足迹踏遍王室领地的边缘,直到奥弗涅和勃艮第边境。这主要是一种娱乐,当然有机会时他还会显一下身手。例如,1102年,路易曾为"上帝的和平"维持秩序。但这并不必然意味着,像路易这样的青年骑士必然是秩序与和平的爱好者。实际上,次年夏天,路易对当时一个出了名地残暴和野蛮的领主托马斯·德·马尔勒(Thomas de Marle)伸出了援手。

当老国王时日无多时,政治斗争浮现了出来。斗争围绕宫廷官职展开,参与者主要是三个家族,他们之间都存在某种姻亲关系。一个是镇守蒙莱里的罗什福尔(Rochefort)家族,这是个十分古老的贵族世家,另两个是因为军事业绩而发迹的家族:桑里斯城堡的领主和加朗德家族。加朗德家的艾蒂安曾任巴黎的主祭,1101年又被选为博韦的主教,但当

---

① Jean Flori, "Pour une histoire de la chevalerie. L'adoubement dans les romans de Chrétien de Troyes", *Romania*, tome 100, n. 397, 1979, pp. 21-53; "Sémantique et société médiévale. Le verbe adouber et son évolution au XIIe siècle", *Annales E. S. C.*, 31e année, n. 5, 1976, pp. 915-940.

时著名的教会法学家、沙特尔的伊夫因他不识字、与女人同居而斥责了此人,最后他因买卖圣职而被处以绝罚。属于这个家族的还有两位著名人物:阿贝拉尔和爱洛依丝。

想要理解当时国王在王国境内的权力地位,就必须逐年观察他身边那些看起来鸡毛蒜皮的事。1104年,罗什福尔家占了上风,来自这个家族的居伊(Guy)担任了掌管军务的总管(sénéchal)一职,并且给未婚的路易安排了一桩亲事,未婚妻就是罗什福尔家的。这表明卡佩王室联姻的格局大大缩小了。以前王室联姻着眼于巩固卡佩在法国乃至整个欧洲的战略地位,如今它成为逼仄的法兰西岛内部各个家族之间的小吵小闹。连当时法兰西岛的居民都不堪忍受这种低层次的联姻。1106年,当教宗经过该地时,人们要求他解除这桩婚姻。教宗答应了,理由是它不符合教会法。毋宁说,是王权的尊严不容许这种门不当户不对的婚姻。

罗什福尔家遭受了挫折,加朗德家有了更大的空间。被沙特尔的伊沃谴责的艾蒂安已经是掌玺官了(chancelier),他的一个兄弟成了总管,另一个当上了掌管王室膳食的司酒官(bouteiller)。这就是路易从父亲手中接过的宫廷格局。不过,路易还有一些出身更为低微的扈从,这就是侍卫官群体,如前面提到的那位洛林的亨利。这些人与国王的关系更为亲密,侍从官chambellan一词本身就来自寝宫chambre。整个这个群体将在路易六世时期成为世袭官员。

路易并非没有遇到挑战。孟福尔家的贝尔特拉达是老国王的第二任妻子,这个家族支持他们的第二个儿子,并且联合了罗什福尔家,还有英格兰国王亨利一世为靠山。就在两年前,亨利俘虏了他哥哥罗伯特·库尔托斯,控制了诺曼底,这对卡佩形成极大的威胁。路易赶忙加强与安茹的联盟,并支持失去诺曼底的罗贝尔的儿子纪尧姆·克里顿。因此亨利拒绝就诺曼底公爵领向法国国王效忠。

这在路易看来是一种窃夺行为,于是他在1109年召集封建军队(ost),因为这一问题事关整个王国,全体武士都应随国王出征。响应国王的诸侯贵族不在少数,包括佛兰德尔伯爵、布卢瓦伯爵、内维尔伯爵和勃艮第公爵。国王认为这是为了捍卫罗伯特·库尔托斯父子的正当权利。一场战斗过后,英格兰国王让步,事态平复,封建远征军在一番排场中撤退了。这一事件中掺杂着两种政治,一种是宽泛意义上的王国政治,另一种是家族的私人性质的政治;同时还可以看到两种军事行动,一种是贵族们聚集在国王周围,为恢复公共秩序而进行的庄严行动;另一种则是家族性的地方战争,在这种战争中,抢劫纵火是常有的事,骑士们总会在合宜的季节里靠这些行动来消遣。

总的来说,路易六世的战争行动,尤其是与地方堡主的局部战争,带有明显的私战性质。1111 年,国王的骑士蹂躏了墨朗(Meulan)伯爵的领地。墨朗是法兰西岛古老的贵族世家,但当时他也是英格兰国王亨利一世的封臣。他对国王发起反击,一度占领了巴黎,在塞纳河右岸建起了一个城堡,即蒙梭-圣热尔维,并对其周边地区行使领主权。墨朗甚至渡过塞纳河,洗劫了王室的宫殿。

但是,路易拥有一种墨朗之类的领主所没有的精神资源:他是国王,在高级文化的记忆中,国王是整个王国秩序的维护者,而且这种权利专属于他。在当时的法国北方,垄断文化的教士阶层甚至认为国王也是上帝的和平的支柱,当时英格兰-诺曼底的修士奥德里克·维塔利斯也表达了相似的看法:路易为了镇压抢劫分子的暴行,不得不求助于"整个法国"的主教们的援助。高级教士们一致同意,教士将陪伴国土左右,随他的军旗和自己的信徒一起进退。因此,当路易六世被加冕为国王之后,他的军事行动,包括对诺曼底的"伪公爵"的行动,就具有了一种法理上的优势:国王的战斗是为了保障和平。[1]

当然,这种理论优势的确立,多蒙圣丹尼修道院的苏热院长的大力宣扬。在给路易六世写的传记中,苏热的叙述以 1111—1112 年国王同勒皮塞的领主的战斗为核心。[2] 到1115 年,这一系列的军事行动导致了

---

[1] 参阅黄春高:《国王们都有长长的手臂:法国路易六世时期的王权》,《历史研究》,2006 年第 2 期。

[2] Cf. Suger, *Vie de Louis le Gros*, trad. Par Henri Waquet, Paris: Belles Lettres, 1929.

最有政治意义的行动。为了进攻那个以残暴闻名的领主托马斯·德·马尔勒,路易先后在博韦和苏瓦松召集了两次主教会议。按照传统程序,会议先对迫害教会的邪恶领主进行了申斥。教廷特使甚至举行了一个象征性的仪式,解除了此人身上的武士肩带。会议还敦请国王执行这个判决。于是国王召集军队,内维尔伯爵前来协助。教会的历史记录者一致歌颂国王的善举,整个教会都团结在他周围。

对托马斯·德·马尔勒的行动已经彰显国王作为公共权威维护者的独特身份。在接下来的1119—1124年,这种身份进一步凸显出来,以致乔治·杜比认为这几年是卡佩王朝地位开始真正上升的关键时期。1119年8月20日,路易在布雷缪尔被他的老对手英格兰的亨利一世打得溃不成军,自己也差点性命不保。大败之后的路易随即向骑士和步兵们发出了征召令,征召令不仅面向法兰西岛,而且远及里尔、图尔奈、阿拉斯等地,即皮卡迪、阿图瓦和佛兰德尔等所有说罗曼语的地方。路易还前往兰斯会晤正在那里主持宗教和平会议的教宗卡里克斯特(Calixte)二世,声称自己将以上帝之名停止一切冲突。路易承认教宗具有更高形态的精神权威(auctoritas),以此巩固与教廷的联盟。

另一个引人注目的现象是,路易在给教宗的信中,不再自称"法兰克人的国王"(rex Francorum),而是"法兰西的国王"(rex Francie),"罗马教会特别的儿子",后一个说法意在强调克洛维与天主教主教们之间、丕平与罗马主教之间古老的特殊关系,正是这种关系使得路易的王国与革新后的教会、与重新组织过的主教阶层之间建立了特别紧密的联系。

这种联系表现在维护和平的实践中。1119年,路易六世动用军队保护克吕尼修道团。国王在其文书中的庄严承诺也值得注意。这份文件是"应王国的大主教、主教和诸侯们的要求",为维持王国的"稳定"而发出的,这些措辞让人想起昔日君临群臣的大会上的君主形象。文书以公共福祉而非君主的个人利益为名,宣布国王将担任这座修道院"防御、看护和监护"之职责,这一职责还涉及该修道院在全国各地的分院。这些说法表明,克吕尼修道团正在重新被纳入世俗权威结构中。同一年,卡里克斯特二世也支持革新后的主教阶层,反对遵循旧的本笃会规章的修道团体的独立倾向。克吕尼开始投靠国王的保护,这是国家力量复苏的标志。不过,这种做法与此前的上帝的和平并非全然断裂的关系,因为上帝的和平也为国王预留了职责,因此,卡佩王权可以在过去的制度中找到有利于强调自身权威的依据。

当然,这份文件规定,国王只有在应邀之时才可介入该修道团的事务。不过,这些规定使得国王的军队可以进入僧侣们的城堡和防御工事,可以使用武器,但必须是为了"进行公共防卫",这就意味着,国王的武力高于领主们的私战。从某种意义上说,这些条文是对已然出现的王权优先地位的进一步肯定,因为在几年前,国王就曾禁止布卢瓦伯爵未经其许可新建城堡。

另一个值得注意的现象是王权观念的抽象化。这份文件在阐述"公共防卫"职责时,强调不是国王本人的,甚至王国的责任,而是王权(法语中的 couronne)的责任。使用城堡的并不是国王个人,城堡是"在法国王权的手中"。这表明,国王的权力开始从具象走向抽象。因为这里强调的不是某个人的手,而是王权的手,而王权是抽象的、仪式化,更重要的是,它是一种不会死的权力。正是在这个意义上,法国开始作为一个政治实体诞生了。实际上,couronne 一词本身也有一个抽象化的过程,这个过程同样跟苏热院长有关,正是他明确地把王冠(拉丁语中的 corona)转变成了抽象的王权。这个词本来指的只是个金属圈,在加冕的时候戴在国王头上,随后保存在圣丹尼修道院,但经过苏热等人的打磨,王冠变成了一个抽象概念:代表王权的抽象的、永恒的概念,独立于在位的国王本人,后者只是过渡性的托管者、守护者。因此王权的概念预示着国家的概念。①

不过,在上述为克吕尼颁发的文书中,路易的措辞是很谨慎的,他只是说有责任保卫"坐落在自己王国"的克吕尼分支机构。但 regnum(王

---

① Yves Sassier,*Royauté et idéologie au Moyen Âge*,pp. 309 - 311.

国)这个词在当时的使用有一定的随意性,比如诺曼底和佛兰德尔也可称 regnum,而路易的文书并未明确指出使用于这些"王国"。相比而言,王权反倒是一个更为普遍性的象征,它可指在从前凡尔登条约划定的领土上的神圣的受托权力。因此,当诸侯不能领导上帝的和平时,国王的角色就很容易凸显出来。正因为如此,国王保护权(garde royale)延伸到奥弗涅、苏维尼、克吕尼一带——这已经接近凡尔登条约划定的边界了。

对于卡佩早期的历史,历史学家们长期以带有国王签名的文件为重要证据,这种文件被称为王家文书(diplômes royaux)。一般的看法认为,与加洛林时期相比,10世纪末到11世纪,国王秘书处发出的文书在数量上明显下降,最低值是在950—1020年之间,平均每年不足两份。而且,文书涉及的地域范围也大为缩减,大致在根特-图尔-奥尔良-兰斯构成的四边形范围之内。

不过,从11世纪中叶开始,王家文书的数量开始回升。亨利一世时期大约每年3.7份,菲利普一世时期为4.7份。另一个重要的变化反映在文件副署上,因为王家文书一般需要多人的副署签名,以示国王的意旨是经过协商的。在11世纪初,副署签名主要来自教俗两界的高级贵族,而且签名者较多。但到11世纪末,副署签名的数量下降了。从签名者的身份来看,1030—1050年,堡主开始取代从前的大贵族,1075年左右,骑士和富裕农民的名字也出现在王家文书的底部。这种情况表明,如果说11世纪初的国王宫廷还能看到加洛林时代的些许影子,到11世纪中期,随着封建化的加深,卡佩君主们不得不像其他诸侯一样局促于自己有限的领地之内,他们日常政治生活中打交道的更多是堡主骑士这些地方贵族了。不过,11世纪末王家文书数量的复苏也表明卡佩对自己有限领地的管理能力有所提升。

在路易六世时期,另一个明显的变化是,王家秘书处开始以维护整个王国教士的理由为名,向王室领地之外的教会发出文书,以确认它们的权益,并扩张国王的影响,连波尔多和鲁昂的教士们都开始请求王权的保护了。更重要的是向东部和南部扩展影响力。国王已经向奥顿、朗格尔和马孔渗透,这些主教区归里昂的大主教管辖;在南方,国王的影响力已经到达尼姆和纳尔榜。路易六世看来已经不能容忍在自己和主教们之间还有其他的外部权力插入,除了教宗。当里昂大主教声称自己是高卢的宗主教(primatie)时,路易向教宗卡克里斯特二世提出了抗议,说里昂大主教来自"外国",如果高卢真的需要一个宗主教,那也应该是桑斯、奥尔良或巴黎的主教或大主教们,因为他们来自"国王的城市"。

第四节 王家记忆之地:巴黎-圣丹尼

在 12 世纪初,卡佩国王们虽然努力向外扩展影响力,但其实际的经营空间仍然局限于法兰西岛,王权仍保留着明显的家产特征,国王仍然需要努力巩固家系意识。1121 年,路易六世或许是预感到了危险,很早就将自己的儿子菲利普指定为储君,但这个举动没有通过任何正式的仪式来确认,只是一种家族内部的行为,就像他自己当初被立为储君一样。

但是,路易并没有真的把自己看作一个与其他人没有分别的地方诸侯。1119 年,在一份赦免巴黎主教座堂通行税的文书中,国王说这个宗教机构"在朕的 imperium 管辖范围之内"。Imperium 这个词让人联想起罗马帝国,这或许表明国王已经意识到,他的权威高于诸侯们。起草这份文件的王家秘书处当时的长官是加朗德家的艾蒂安,他是巴黎的主祭,跟巴黎的主教学堂关系密切,而学校将成为政治观念复兴和革新的主要动力源之一,正在成为学术中心的巴黎更是得天独厚。

对于卡佩王室而言,巴黎的意义是多方面的。首先是战略价值。1120 年,国王的主要对手诺曼底公爵在边区地带向国王行了效忠礼,国王有了法理上的优先地位。但卡佩的地位远未稳固,尤其是墨朗伯爵入侵巴黎之后;另外还必须控制维克森伯爵领,这个地方紧邻着圣丹尼。巴黎因而成了遏制诺曼底的前哨,路易六世决定驻扎在那里。他从巴黎共发出了 120 份文书,从奥尔良仅发出了 32 份,而他的祖父亨利一世在这两座城市发出的文书几乎一样多。巴黎的地位在上升。

巴黎还保留着法兰克人的神圣记忆。克洛维就葬在圣热纳维耶芙修道院。但当时的塞纳河左岸仍然很荒芜,几乎为葡萄园覆盖,只有圣热纳维耶芙和圣日耳曼-德普雷修道院两个重要据点。路易鼓励水上贸易,西岱岛在墨朗伯爵洗劫过后又开始人丁兴旺,并新建了主教学校,国王从前的行宫也恢复了。为了加强西岱岛的防卫,尤其是防范来自右岸的袭击——右岸有大片土地属于其他领主——路易下令重修了西岱岛与塞纳河的石桥,并在右岸的陡坡上修建了一个小型的堡垒以拱卫桥梁和岛屿,这就是著名的夏特莱(Châtelet)的前身。另外,路易还在圣拉萨尔和圣日耳曼-德普雷设立了每年一度的集市,但更大的商业集市位于巴黎北边圣丹尼附近的朗迪(Lendit)。圣丹尼在墨洛温时期就与法兰克王权联系紧密。不过,在卡佩之前,图尔的圣马丁、苏瓦松的圣梅达尔、奥尔良的圣艾尼昂也是很有影响力的宗教圣地。但到 12 世纪,圣丹尼的政治意义越发重要了。[①]

这当然与圣丹尼的地理位置有关,它就坐落在卡佩领地的中心地带。于格·卡佩继承了罗贝尔家与圣丹尼的传统关系,并召请克吕尼的马约尔(Mayeul)院长前来改革圣丹尼。他的儿子虔诚者罗贝尔颇为优待奥尔良的圣艾尼昂修道院,但罗贝尔 1008 年在文书中规定了圣丹尼修道院周边地带享有豁免权,任何人不得侵犯;而且,文书中称圣徒丹尼(Denis)是法兰克人的国王们的保护人。这样,圣丹尼就取代了圣马丁,因为作为圣马丁的崇拜中心,图尔的位置较远,而且布卢瓦和安茹的势力先后进入了这座宗教城市。

与此同时,围绕巴黎的首任主教、殉道者丹尼的各种传奇纷纷涌现。人们认为它是圣彼得的直系门徒,或者说他是使徒保罗的弟子、亚略巴古的丢尼修(Denys l'Aréopagite)。9 世纪时,法兰克人的国王还从东罗马皇帝那里得到一本珍本书,人们认为就是那个亚略巴古人的作品,圣丹尼的院长立刻下令将其翻译成拉丁文。这件工作导致了一种重要传

---

① 参阅陈文海:《试论中世纪法国王室的"圣德尼崇拜"》,《世界历史》,2008 年第 1 期。

统的形成:人们认为,这位圣徒在保罗的启发下,描绘了天国和尘世的各个等级,以及尘世上最有权威之人所拥有的象征物。罗贝尔家的厄德当选为国王后,就到圣丹尼去取这些象征物。经过这样一番构建,圣丹尼取得了堪与兰斯比肩的地位。1052年,当巴伐利亚境内雷根斯堡的僧侣们宣称他们发现了圣丹尼的圣骨时,法国的宫廷十分不安,国王亨利一世下令打开棺木,好让人亲眼见证这位圣徒仍在圣丹尼修道院。

在路易六世时期,圣丹尼与王权的关系进入了一个更为紧密的时期,修士们总是喜欢把路易的虔诚和他父亲菲利普一世进行对比——何况菲利普并不是葬在圣丹尼,而是在卢瓦尔河畔的弗勒里。当时的院长亚当(Adam)更为隆重地纪念与圣丹尼关系密切的达戈贝尔特一世,并且请求路易将他父亲戴过的王冠交给圣丹尼。路易也对圣丹尼格外重视,这位圣徒不只是法国的主保圣人,还是维克森的主人。当阿贝拉尔怀疑圣丹尼与亚略巴古的丢尼修不是一个人时,路易感到很恼火,1121年,阿贝拉尔在苏瓦松的宗教会议上受到了谴责。阿贝拉尔是加朗德家族的,当时的圣丹尼修道院也正在逐步清理这个家族在王室的影响。1123年,来自桑里斯的艾蒂安被选为巴黎主教,而就在前一年,苏热担任了圣丹尼的院长。

第五节　苏热

苏热对于卡佩王朝的意义,不仅在于他是个出色的管理者,更在于他在关于王国和君主权威的意识形态重建中的重要作用。[1] 除了为路易六世写传记,他还撰写了两部有关自己事迹的著作:《论治道》和《论大教堂的落成》。

在12世纪的卡佩领地,哥特形式的宗教建筑日益繁盛,苏热就是最早的倡导者之一。他的这一创举是与某种政治纲领紧密关联的。在苏

---

[1] Cf. Michel Bur, *Suger*, *abbé de Saint-Denis*, *régent de France*, Paris: Perrin, 1991.

热看来,翻修过的大教堂应体现亚略巴古的丢尼修的等级制神学观念,这种等级制已然出现在现实的教会秩序中,所有的主教都服从罗马的教宗。苏热要把这种模式移植到世俗领域,意在重构国王与其附庸的封建关系。他利用了封建社会盛行的做法,如 12 世纪开始流行的各种关于"爱"的仪式,当然,他强调的是附庸对主人的爱和义务,不过这种爱是有条件的,这就是主人给附庸的"礼物",即采邑。当时的英格兰国王亨利一世已经建立起比较严格的分封—义务体制,尽管卡佩国王还没有这样的能力和资源,但苏热可以把整个王国想象为采邑构成的聚合体,好比一块辽阔的领土内包含各个较小的从属于(mouvant)它的领土。Mouvant 及其相关的术语是在 1130 年左右出现于王家文书处的文件中的,这个词本来的意思是运转:整个王国就像一部运转中的机器,各个领地就是它的小齿轮。

于是,一种封建金字塔初露端倪了。苏热写道:"路易国王始终高于诺曼底公爵和英格兰国王,因为他高于自己的封地领主(feudataire)。"在一个世纪前,著名的法学家、沙特尔的富尔贝曾说,罗隆持有的诺曼底是一块自由地,但在苏热笔下,诺曼底是一块采邑,就像圣丹尼修道院出让给垦荒农民耕种的土地一样。这是一种观念上的革命,苏热不仅指出了封建等级制对于国王的意义,同时也指出了它对诸侯们的意义。胖子路易继位时,诸侯们没有向他行效忠礼,但"奥弗涅伯爵是从阿基坦公爵那里持有奥弗涅的,正如阿基坦公爵从国王那里持有阿基坦"。因此等级意味着秩序。

这种观念并非毫无实际依据。1124 年,帝国皇帝亨利五世为了支持自己的内兄弟、诺曼底公爵亨利,下令在洛林聚集军队,准备入侵法国。路易六世请求诸侯们的援助。维尔芒杜瓦、佛兰德尔、布卢瓦、特鲁瓦、内维尔的伯爵和勃艮第公爵前来汇合,阿基坦公爵、安茹伯爵也准备响应。这次军队征召(ost)简直像是回到了查理曼,而当时圣丹尼的僧侣们已在十字军运动的刺激下大力宣扬查理曼是法国的奠基者,以及Imperium 观念。路易亲往圣丹尼迎取红绸火焰旗(oriflamme),据说以前查理曼就是这样做的。

　　总之,国王已经在圣丹尼的庇护下致力于维护王国的和平了,而且,他不仅在面临外敌入侵时担当起领导者的角色,还开始介入各地的纠纷,恢复被破坏的和平。在法国北方的公社发展史中,1112 年拉昂的市民暴动是个尽人皆知的事件。国王事后从贡比涅发出文书,用掌玺官西蒙的话来说,国王在那里"确立了和平制度",这被视为他的责任,而这里说的和平,实际上像"上帝的和平"所划定的地域一样,在这个地域里,所有人都必须遵守和平。另外,国王还重提他对这座城市的权利。拉昂城从此每年应为他提供三次食宿,或者支付相应的资金。

　　通过这种一点一滴的介入,国王就在他的王国展现自己的存在感,维持或唤醒人们对公共权威的记忆。这种工作并非徒劳,因为当地方领主们有意通过调解而非战斗来解决争议时,他们很乐意国王这样的高级权威作为仲裁者。另一方面,书写文化的发展也有利于制度的明确化。包括国王在内的诸侯们,从 12 世纪初开始日渐依靠书记人员(scribes),文字开始成为通信中必不可少的条件,尤其是在各方出现纷争之时。例如,1127 年,当佛兰德尔伯爵被杀之后,路易六世就向布鲁日发出了信件,要求汇报新伯爵的选举事宜,这里的市民已经把加盖了国王印玺的信件——虽然国王并未到场——视为权威了。书写文化的复苏将大大影响中世纪的政治和文化进程。

第六节　路易七世的联姻

　　12 世纪的法国国家建构的发展,得益于书面文化和理性主义思潮的推动。在这场被哈斯金斯称为"12 世纪文艺复兴"的运动中,文化人士的世界观在逐渐改变。他们不再在大自然面前诚惶诚恐,而是认为人应该按上帝的要求,与上帝一起延续其创造性事业。他们开始认为,文明就像植物一样处于生长之中,这样,关于人类历史的命运的观念就有所改变了,历史不再是必然走向堕落,它还可以"更新"(renovatio)。已经开始有人相信,真正的、以天国为楷模的和平,是建立在理性基础上的,正是这些人开始在卢瓦尔河以北构成知识复苏的中心,而最重要的中心,就是已经被路易六世选定为定居地的巴黎,新的智识活动在他的儿子路易七世时期更为蓬勃地发展起来。

路易七世生于 1120 年,是路易六世的次子,他早年因为准备成为神职人员而接受了很好的教育,也培养了他的宗教虔诚。路易青少年时代在圣丹尼度过了很长的时间,因而跟苏热院长很熟识。1131 年,他 15 岁的哥哥、本来的储君菲利普因为一次骑马事故不治身亡,路易成了父亲的继承人,并得名"小路易"(Louis le Jeune)。同年 10 月,小路易在父亲的见证下,由教宗英诺森二世加冕为国王。1137 年,路易王储与阿基坦的埃莉诺结婚,不久后路易六世死去,路易七世正式成为国王。

根据路易七世同时代的教会作者们的记录,这位国王十分简朴,热爱公正,而且其宗教虔诚让人叹为观止。但在后世历史学家眼里,路易七世不是个很出彩的君主。他经常被描写为一个没有个性和存在感的君主,先是受妻子埃莉诺的摆布,其后又被苏热院长和克莱沃的伯纳尔遮盖了;他的政策乃至战争行为,都是受这些人操控的;尤其重要的是,由于同埃莉诺离婚及放任安茹"帝国"的形成,他犯下了十分危险的政治错误。在有的中世纪专家看来,这次离婚标志着英法"第一次百年战争"的开始。

当代的历史学家对路易七世的形象有所修正,尤其是在他与阿基坦的埃莉诺的关系问题上。① 离开路易七世的确是埃莉诺主动提出的,理由是她与丈夫之间存在血缘关系,因而是一种乱伦婚姻。有传言称,在第二次十字军期间,埃莉诺曾受其叔父、安条克伯爵雷蒙的诱惑,从而动了离婚的念头。但不管怎样,从两人的性格上说,这对夫妇的确很难生活在一起:来自南方的埃莉诺生性活泼,而路易七世更像个修道士,周围也都是在道德方面十分严厉的教士,争吵是在所难免的事。

---

① Cf. Yves Sassier, *Louis Ⅶ*, Paris：Fayard, 1991.

当然,埃莉诺的离去导致了严重的政治后果。她与路易七世的婚姻给法国带来了辽阔的阿基坦,她的离去和再婚使得阿基坦落入卡佩王室的对手手中。这是因为个人脾性而置政治利益于不顾吗? 可能不完全如此。从耶路撒冷返回之后,教宗曾竭力让国王夫妇言归于好,但国王本人最终同意了1152年宗教会议上主教们的决议,解除婚姻,因为他有十分迫切的理由这么做。埃莉诺只给他生了两个女儿,而正在一天天老去的国王需要儿子,王朝的香火是个关键性的考量。事实上,这种为家族传承而抛弃前妻的做法在当时一般的领主中间并不少见。

反过来说,就算埃莉诺没有离开路易七世,也没有充足的理由相信阿基坦必定会成为国王的领地,因为当时路易七世还没有足够成熟的远程统治资源去控制阿基坦,更何况当时的继承习惯也不足以保证卡佩王朝可以完整地兼并这块辽阔的领地。就算阿基坦由埃莉诺和路易七世的女儿继承,也没有充分的理由保证未来的女婿比金雀花的亨利二世更忠诚于卡佩国王——毕竟在埃莉诺结婚之后,亨利二世终于作为诺曼底公爵向法国国王行了效忠礼。

但路易七世要寻找新的王后以续香火。1154年,他与卡斯蒂尔的康斯坦斯(Constance de Castille)结婚,新王后是卡斯蒂尔和莱昂国王阿尔方斯七世的女儿。康斯坦斯也生了两个女儿,随后就在从圣康波斯特拉朝圣回来后死去。路易于是再次续弦,这次的新娘是香槟-布卢瓦伯爵蒂博五世的女儿阿黛尔(Adèle de Champagne),婚礼在康斯坦斯故去的当年就举行了。5年后,法国王室终于有了一位继承人,即未来的腓力二世奥古斯都。

香槟的阿黛尔对于卡佩王朝的意义绝不仅仅是带来了一位前途无量的国王。从某种程度而言,路易七世的这次联姻抵消了与阿基坦的埃莉诺离婚造成的风险。阿黛尔身上有加洛林家族的血统,这就在卡佩王朝与加洛林王朝之间建立起了明确的联系,从而进一步巩固了卡佩的正统性,这一点在与东边的帝国的斗争中具有重要意义。阿黛尔的儿子腓力二世将收获这次联姻的果实。此外还有现实的战略意义。在路易七世时期,卡佩的领地仍局促于法兰西岛,尽管它很富有,但仍不足以保证自身的安全。最强大的诸侯当然是金雀花家的亨利二世,但香槟-布卢瓦家族威胁也很大,其领地对法兰西岛构成包围之势。阿黛尔嫁给路易七世之后,这种压力缓解了。而且,阿黛尔的四个兄弟都是颇有影响力的政治角色:慷慨者亨利(Henri le Libéral)控制香槟伯爵领,但为人很平和;沙特尔和布卢瓦伯爵蒂博五世跟路易七世的女儿爱丽克斯(Alix)结婚,并担任了法国宫廷的总管;白手纪尧姆(Guillamue Blanches Mains)是兰斯大主教,教宗特使;艾蒂安·德·桑塞尔(Etienne de Sancerre)是个勇武的战士。香槟家族跟勃艮第公爵关系也很密切。因此,迎娶香槟的阿黛尔是一次具有战略意义的联姻。

第七节　国王与教会

据中世纪纪年作家们的说法,阿基坦的埃莉诺对第一次婚姻的抱怨主要在于,她简直是跟一个僧侣生活在一起。路易七世是在虔诚的宗教教育中长大的,这一点也影响了中世纪法国政治史的演进:君主制国家深深植根于教会制度之中。圣丹尼修道院与卡佩王室的联系在路易六世时期就很牢固了,苏热院长是路易七世真正的教导者。1140年,路易七世主持了圣丹尼修道院祭坛的祝圣仪式,到场的有众多高级教士。这是一项政治性仪式,它象征着王权就像圣丹尼的宗教建筑一样,深受亚略巴古的丢尼修的著作的启发。

由于受宗教热忱的感召,路易逐渐被12世纪兴起的西多会所吸引。这个新修会更注重节制,抛弃奢华的仪式,因而深得路易的信任,西多会修士开始广泛参与王国的教俗事务。路易的宗教虔诚和对教会的尊重换来了丰厚的回报,并且成为他同其他欧洲君主们斗争的一张王牌。一些因为政治和宗教纷争而被迫流亡的高级教士纷纷逃往卡佩的领地,其中就包括英格兰的托马斯·贝克特(Thomas Beckett)和被迫离开罗马的教宗亚历山大。在某种意义上,这些流亡者可以在路易七世与金雀花家的亨利二世和皇帝红胡子腓特烈的对立中弥补卡佩在实力上的不足。

宗教还提供了团结国内贵族、彰显国王作为国家最高封君之身份的机会。1145年,路易七世在布尔日的宫廷会议上宣布,他要亲自领导第二次十字军行动。此前还没有国王参加过十字军。当圣伯纳尔在韦泽莱为再次发起十字军布道时,法国国王成了当仁不让的首领。为了筹划这次行动,主教和伯爵们聚集到了他的周围,国王的宫廷陡然之间恢复了自虔诚者罗贝尔以来从未有过的盛大辉煌,国王本人仿佛重现了查理曼的威望。国王东征期间,国事托付给圣丹尼的苏热院长,而不是卡佩王朝的显贵们,他们的头衔仅仅是荣誉性的,但这可以烘托君主的威望,因为看起来大诸侯们已经为国王服务了。

对路易而言,第二次十字军大概算不上愉快。不过,在从东方返回的途中,教宗在罗马"像对儿子一样"接待了路易。不久后路易终止了"乱伦婚姻",得以彻底净化了。现在,他又开始了朝圣之旅,前往阿尔卑斯山麓的大查尔特勒修道院和西班牙的圣康波斯特拉,这些地方都在王国的边境之外了。必须强调的是,作为中世纪典型的"旅行国王",路易七世的这些远足是有政治效应的。路易七世的旅途经过的是几个世纪以来国王都不曾到过的地方,这些遥远地区的臣民可以看到国王,听他讲话,甚至可以触摸他。他沿途都在以自己的虔诚彰显国王作为王国庇护者的神圣角色,这无异于一种统一仪式。

教会尤其热衷于构建统一的法兰西王国意识。位于诺曼底的圣米歇尔山修道院的罗贝尔院长就反复说,诺曼底是法兰西王国的。路易七世在位期间,卡佩开始把百合花作为王室的象征。蓝底斗篷上的金点就像星座,代表一种宇宙秩序。11世纪初的德意志皇帝亨利二世曾经穿戴过类似的象征物。如今的法国国王试图以这个纹章图案来表明他处于天国与尘世的连接点,他的地位就相当于一个世纪前各大修道院院长们曾经要求获得的地位。此外,王冠的抽象意义也进一步丰富起来。正如苏热院长说的,王冠上的每一朵花饰都代表一块封地,而王冠本身就是这些花饰也就是王国各省组合起来的整体。亚略巴古的丢尼修描绘的等级秩序在政治领域有了具体形象:头戴王冠的国王就在顶端监护着整个王国的和平。

与之相应的是,"国王的和平"在日益强化。1155年6月,"应教会人士之请,经贵族们的建议,为惩治日甚一日之邪恶,约制劫匪之凶暴",路易七世在苏瓦松设立了为期十年的和平大会,各地大贵族、兰斯和桑斯的大主教、各大修道院的院长们都参加了这次和平大会,勃艮第公爵,佛兰德尔、香槟、内维尔和苏瓦松的伯爵,以及到场的其他贵族纷纷宣誓遵守和平。国王自己宣誓道:"当着所有人,在这次宗教会议上,朕已承诺将维护和平不受侵犯,且将以朕的权威惩办任何违反朕的旨意之人。"这种宣誓仪式,与公元千年前后围绕圣骨举行的聚会宣誓颇为相似,但当时是以"上帝的和平"的名义。现在的和平运动不是由各个教区的主教或修道院院长们主持,而是由国王作为最终的保证人。国王像主教们一样,是上帝的代理人,他对和平的保障就是上帝的和平。[①]

在路易七世统治的后半期,国王的和平进一步扩展。这同样得益于教会的推动。1166年,克吕尼的厄德(Eudes)院长致信路易七世,"不仅法兰西(Francie)是您的王国,尽管您的称号尤其强调了这一点。勃艮第也是您的"。Francie本来专指当初卡佩家族的狭窄领地,如今它开始扩展了,并终将成为整个王国的称号,正如厄德说的:"请您将您的王国视为一个整体。"

然而,就在此前不久,克吕尼著名的皮埃尔(Pierre le Vénérable)院长还说,勃艮第地区是"没有国王"的。看来12世纪中叶几十年间的变化是明显的,至少勃艮第如此。在这个公爵领,1166和1171年,克吕尼的院长和马孔的主教请求国王前来维持秩序,打击受"邪恶领主"豢养的不轨之徒。国王带领他征召的军队,从韦泽莱修道院——他曾保护这个地方免受内维尔伯爵的侵犯——出发,并在自己发布的绥靖文书中称:

---

① Olivier Guillot etc., *Pouvoirs et institutions dans la France médiévale*. 1. *Des origines à l'époque féodale*, Paris: Armand Colin, 3rd edition, 2014, pp. 274 - 275.

"朕来了,因为勃艮第长期因为国王不在而没有公正的治理,致使该地区的某些强者彼此攻伐,欺压弱者,蹂躏教会产业。"既然国王到场了,这一切都不应继续:"朕受神意激发,带领军队来到勃艮第进行惩戒,恢复和平,安定该地。"在出征勃艮第后不久,在博若莱的阿维纳斯教堂的祭坛上,出现了"和平国王"(Rex pacificus)的人头像,正对着祭坛的另一侧就是基督的头像,和平的国王仿佛就是基督在人间的投影。圣路易的形象在路易七世时期就开始酝酿了。

与此同时,国王的比附形象也变了。法国国王不再是查理曼甚至大卫王了,他是新的麦基洗德,既是仁义之王,也是祭司,是基督的前身。在他晚年,圣日耳曼-德普雷的一个僧侣仿效圣丹尼的苏热,写了一部《至为光荣的路易国王的历史》,他在书中描绘了路易的儿子,另一个麦基洗德诞生时巴黎的欣喜。这时的巴黎也已经成为知识精英们的辐辏之地,相比之下,此前的一些学术重地衰落了,如拉昂,尽管那里藏有秃头查理时期搜集的众多图书。学者们选择前往巴黎并不是偶然的,这里的兴旺繁荣和政治中枢地位的确立自然刺激了思想的发展。

第八节　哥特风

路易七世时期,哥特式建筑开始兴起。这里简要介绍一下这种建筑风格的政治和社会维度。

用"哥特"一词形容中世纪盛期的建筑是文艺复兴时代艺术家们的发明,这个词一开始是带有贬义的。当时人们称这种风格是"来自法兰西的作品"(Opus francigenum),明确地指出了这一建筑风格的发源地:法兰西,而且是传统意义上的狭义法兰西,确切言之,人们认为它开始于圣丹尼。苏热院长已经通过圣丹尼大教堂树立了哥特式宗教建筑的基本形制。从神学上说,这种建筑风格受圣约翰和亚略巴古的丢尼修的启发。一切光明都来自上帝,光线可以通过蔷薇花式的圆花窗和高窗透进来,因而教堂成了半透明的空间,仿佛散播着神的恩典;神恩的具象化还体现在教堂的正墙和大门上：神和他的使徒就面对着信众在永远布道。

1140年之后，卡佩领地上的主教们纷纷模仿圣丹尼。他们从圣丹尼招来了苏热曾经使用过的工匠队伍：沙特尔成为众多雕刻匠的工地，而玻璃匠聚集在巴黎装点圣母院老教堂的玻璃窗。不过，从这个时候起，最火热的工地已经不在修道院，而在主教座堂（cathédrales）了；同哥特建筑本身一样，这种转移本身也是宗教—政治演变的一个方面。

经过11世纪后期的格里高利改革，欧洲的教会结构发生了深刻转变。按照著名法制史学者哈罗德·J. 伯尔曼的见解，肇始于11世纪中叶、延续超过一个世纪的"教宗革命"缔造了西欧的第一个近代国家，即拥有一套行政管理等级制度的教会。[①] 与此相应的是，过去的修道院系统相对衰落了，教宗革命最终使得修道制度服从于主教制。宗教生活方式也发生了改变。过去的宗教仪式是围绕负载着奇迹传说的圣骨组织起来的，但经过这场改革运动，宗教生活的核心转向了对教义和道德的体验，这种教义和道德经过教育传达到了每个信徒。教育是教士、首先是主教的责任，主教座堂的使命就在于此，它还通过可视化的形象再现书面教学中的内容。因此，无论从权力结构还是从宗教生活方式而言，教会在12世纪都呈现出不同于20世纪的面貌。主教座堂往往坐落于城市，城市的繁荣则是这种变化的物质基础，教育和文化事业向这些中心地点转移是再自然不过的事情——哥特式建筑的兴起也是这场运动的一个方面。

卡佩领地内散布的哥特建筑，还是君主制复兴的一个强有力的信号。这里的主教座堂就坐落在此前的罗马城市，其宏伟形制与严格规划的空间布局本身就是一种权力的外化和秩序的象征。在12世纪中叶，欧洲各国都在走向自我完善，路易七世是最接近于教会理想的君主。他不仅是主教中间的一员，加冕涂油的圣礼还促使他担当起建筑赞助者的使命。路易七世有意识地大力支持大教堂的翻修，尽管最近的研究表明

---

① ［美］哈罗德·J. 伯尔曼：《法律与革命》，贺卫方等译，中国大百科出版社1993年版。

这样的资助并不多见。他曾向巴黎圣母院捐赠两百斤(livres)白银,用以修建祭坛的穹顶。1180 年,临终前的路易出席了由教宗特使主持的落成祝圣仪式。路易最后葬在西多会的巴尔博(Barbeaux)修道院,他的遗体边放置了其生前的王冠、权杖、曾用来正式确认有关"国王的和平"的敕令的印玺。这还是第一次用这些象征物作为陪葬品。

在教宗改革的时代,教廷与德国皇帝和英格兰国王都发生了激烈的冲突,但它与法国国王的关系总的来说是相对融洽的,尤其是对路易七世,教廷把几乎所有的恩惠都给了这个驯服虔诚的国王;另一方面,尽管他的领地范围有限,但巴黎正在成为基督教世界的学术中心。这些精神资源都有利于国王继续扩大自己在王国乃至整个欧洲的影响力。

第九节　安茹"帝国"

但在整个欧洲政治舞台上,路易七世无疑被安茹家的亨利二世遮蔽了光芒。在卡佩的所有诸侯中,他是最大的威胁。亨利是诺曼底公爵,但首先是英格兰国王。但我们不能忘记,他来自安茹家族,而且最终葬在安茹的冯特弗罗(Fontevrault)修道院,后来他的妻子埃莉诺和儿子狮心王理查也葬在了他身边。实际上,作为一份历时悠久的家族产业,安茹是亨利重要的权力基地,正是从位于希农、罗什和昂热之间的基地出发,这个家族才得以占据将近半个法国。亨利自己也深知这一点,他父亲若弗瓦在勒芒大教堂的巨幅画像,12 世纪后期在图尔出现的关于若弗瓦的传记,就是在彰显安茹的家族记忆。若弗瓦被描绘成一位英明神武的统治者,他在比武中站在布列塔尼人一边勇挫英格兰骑士:这种表象不仅是在为亨利对英格兰的统治背书,后文将会看到,它也是对卡佩文化的一种回应。

到 1154 年,亨利不仅控制了诺曼底和英格兰,还以埃莉诺的名义成为阿基坦公爵,并通过儿子若弗瓦的联姻染指布列塔尼。安茹"帝国"达到了空前的规模。但是,对于史学家们经常使用的"帝国",应该作某种相对化的理解。这个实体是因为一些历史性的巧合而在短期内成型的，不能把它理解为一个坚实而统一的政治体，称呼它为一个由多个国家构成的联合体或许更确切。实际上，这个联合体的每个成员都保留着自己的宫廷和一套行政班子，亨利只是凑巧成为这些宫廷和班子的领头人。为了体现自己的存在，亨利需要在各个宫廷之间奔波。他的书记员，布卢瓦的皮埃尔（Pierre de Blois）说，他从早到晚不离鞍辔，骑马巡视，以致胫骨严重受损。不过，由于国王长期不在，以塞内绍（sénéchal）为首的地方政治机构反倒稳固了下来，尤其是诺曼底，不仅秩序井然，封建关系也比任何其他地方也更为严密。

在亨利的帝国中，最薄弱的一环是他妻子带来的阿基坦。像在其他地方一样，这里的公爵权威可以依赖新兴的城市，坐享海运之便的拉罗谢尔的发展尤其令人瞩目。为了进一步强化控制，亨利试图在阿基坦引入诺曼底和英格兰式的严格的封建制度。但这一做法与该地的习惯法冲突太大，封建化引发地方贵族的激烈反弹，而且始终不能压制下去。

亨利的另一个苦恼来自他的孩子们。他的儿子太多了，他们都想获得一份产业，尤其是想得到母亲埃莉诺的嫁妆——阿基坦。卡佩家的路易七世当然不会放弃这个机会，他积极挑动亨利的家族内斗。亨利非常恼火，但他发现对路易七世的效忠成了束缚他的一根绳索。既然他依靠封建等级制空前地扩张了自己的影响力，他就不能以背弃对封君的誓言来为自己的封臣树立坏榜样。据说他最后死于急火攻心：当发现自己最信任的儿子理查竟然背叛了他时，亨利勃然大怒。他靠命运的偶然拼凑起的国家联合体不久也随之解体。

第十节　骑士文学与王朝的文化策略

12世纪是骑士文学繁荣的时代，亨利二世就以热衷骑士传奇著称。这与他妻子阿基坦的埃莉诺的影响关系极大。前文已经提到，中世纪法国的世俗贵族文学最初出现于西部的各个诸侯宫廷，首先是11世纪末的阿基坦公爵的宫廷,那位行吟诗人、普瓦提埃伯爵兼阿基坦公爵纪尧姆九世就是埃莉诺的祖父。埃莉诺嫁到北方后,她所生的女儿们又把南方的这种文艺传统带到了北方其他诸侯的宫廷。在香槟,她和路易七世所生的女儿、法兰西的玛丽成了伯爵慷慨者亨利宫廷中的文化赞助者,特鲁瓦的克雷蒂安就是应她之邀创作了《兰斯洛》。此时的香槟宫廷成了一个骑士文学的辐射中心。

骑士文学的出现是一种具有社会意蕴的文化现象,它表明一个比以前更为礼貌、更为文雅、更注重学识的贵族社会正在形成,一种世俗的宫廷文化开始从南到北繁荣起来。骑士文学中为人津津乐道的一点是其中的"文雅"(courtoisie)元素。很多学者都认为,它可以被理解为一种与农民和商人的粗鄙(vilainie)相对立的价值观,从这个意义上说,courtoisie是专属于贵族文学的,它最初也的确发端于宫廷和贵族堡垒之中。不过,让人印象深刻的是这种文学中骑士对妇女——贵族理解的妇女——的心态的明显变化,这可能与11世纪末圣玛德莱娜崇拜的兴起和日益发展的圣母崇拜有直接的关联。

到12世纪,城堡中的贵妇不再只是首席女仆、家族的繁衍者和武士的侍寝者,她甚至成了平等的伙伴,在丈夫外出打仗或参加十字军时,她有资格管理领地事务。她的出现使领主的宫廷出现了欢快愉悦的气氛,祛除了一直笼罩在这里的粗俗特征。一个很有意思的类似情形是,爱情融入了封建生活中,并有了自己的规则和特定的词汇。于是出现了所谓的骑士爱情或"文雅之爱"(l'amour courtois),在这种情感中,骑士要向他的夫人行"效忠礼",并像一个封臣忠于封君那样忠实于妻子。这种风气同样诞生于南方,在埃莉诺的宫廷中发扬光大,并随她一起传到了巴黎,然后又随她定居在布卢瓦和香槟的女儿们进一步传播。北方也受到这种风气的感染,行吟诗人创作的织女情歌、牧羊女之歌风靡一时,这反映了心态变化的广泛性。

骑士传奇是表达这种新型爱情的最重要的载体。另一个值得注意的现象是,在1170年前后,"布列塔尼题材"盛极一时,它表现的是传说中的威尔士亚瑟王和他的圆桌骑士们的故事。特鲁瓦的克雷蒂安以此为启发，创作了《埃里克和埃尼德》(1168)、《兰斯洛或马车传奇》(1172)、《伊万或狮子骑士帕西法尔》；诺曼底行吟诗人贝鲁尔(Béroul)则把布列塔尼题材编织到其《特里斯坦和伊索》的曲折情节中，玛丽·德·法兰西(Marie de France)后来在《忍冬小诗》中再次利用了这个主题。克雷蒂安的《帕西法尔》则带来了一场与骑士阶层的演变相平行的变化：《圣杯》反映的是一种神圣爱情的神秘观念，加拉德(Galaad)这个人物歌颂了守贞、纯洁的美德，这些美德刚刚成为基督教骑士传统法典的补充。

乔治·杜比曾提醒人们注意 12 世纪的文化现象的政治寓意。诸侯们竞相在文化领域表达其地方身份，以对抗卡佩的王权意识，这就像他们斥资让教会重建其家族圣地一样。诚然，在安茹、勃艮第乃至里昂，源自法兰西岛的哥特风也深受欢迎，人们期待上帝的恩典之光能穿透大教堂的彩绘玻璃，就像在巴黎和圣丹尼那样。但是，主持这些建筑事业的地方诸侯和高级教士，还是设法将地方传统融入输入的"法兰西风格"之中。在更靠南的地方，地方传统更为强固，哥特的美学风格无法战胜过去的风格，即后人所称的罗马风格。只是在一个世纪之后，纳尔榜和普罗旺斯才出现哥特式教堂。哥特建筑艺术风格的传播，就像卡佩王权向外，尤其是向南扩张一样困难重重。

这种抗拒同样表现在文学和集体记忆等领域。地方诸侯们试图以自己的家族为中心，构建一种不同于严厉虔诚的卡佩宫廷文化的文化。在南方，阿基坦的纪尧姆九世在 12 世纪初就倡导一种更加注重世俗愉悦的文化生活。当然，埃莉诺的这位祖父最直接的竞争者还不是较远的卡佩，而是紧邻的安茹伯爵——另一位法兰克的首领。阿基坦需要一种更有个性的文化表达。于是他在受北方影响较小的利穆赞一带汲取文化资源，吟唱一种不同于安茹的冯特弗罗修道院忏悔修行的生活。另外，这种诗歌文化是在一种仍然充满武士暴力的环境中倡导高贵的爱情，这不失为一种约束武士战争冲动的手段，更何况阿基坦的封建效忠关系并不那么可靠。

　　他的孙女婿,金雀花家的亨利二世,既继承了他的领地,也采纳了他的文化策略。亨利接纳了来自南方的诗人和利穆赞的骑士,不过他并不排斥安茹和诺曼底的教会文化人士,这些人的创作有利于提升其本土大本营的文学水准及其语言的地位。很多人把诗歌献给埃莉诺,但他们真正服务的是她丈夫。有人已经利用古典文本《埃尼阿德》,将其转写到斯塔齐(Stace)传奇中。不过,亨利宫廷中的诗人最喜欢的主题多为布列塔尼题材,以及凯尔特地区的游吟诗人带来的传奇故事。这也是亨利本人偏爱的。

　　从地理上说,凯尔特或布列塔尼人的地域位于安茹帝国的边缘地带,如阿摩利卡半岛、威尔士和爱尔兰等地,这些最晚被征服的地区本身就带有神秘色彩,那里的森林最能寄托骑士们的梦想和对自由的渴望。布列塔尼森林中游侠骑士的冒险故事可以胜过加洛林时代的武士传奇,后者是"法兰西的题材"。亨利希望这些骑士折射出自己的光辉。他们在荒野中历经艰难险阻,路上击溃蒙面武士,赢得梦幻城堡的女继承人的芳心,与泉水变成的女神一亲芳泽,最后带着光荣返回亚瑟王的圆桌旁。在布列塔尼题材中,查理曼的继承人是亚瑟王,而不是法国国王,他或可被视为亨利的化身。登上英格兰王位后,亨利便请一位叫瓦思(Wace)的教士重写蒙茅斯的杰弗里(Geoffroi de Monmouth)不久前写就的著作,此举旨在提醒人们,布列塔尼人像法兰克人和诺曼底人一样,也是特洛伊人的后裔。亨利作为安茹人,已经击败了诺曼人和撒克逊人,他替亚瑟王报仇了。凯尔特人正等着他们的英明国王归来,亨利于是命人在威尔士的格拉斯顿伯里修道院"发现"了亚瑟王和王后桂妮维亚(Guenièvre)的陵墓,这样他就更像是亚瑟王的继承人了:更重要的是,披着各种武士传奇的亨利可以凭自己的尘世光荣鄙视巴黎的那位苦行僧国王了。从另一个角度看,亨利的诗人们是在抬高骑士的品德来对抗教士们。布列塔尼式的勇武、异教传奇中的历险、骑士爱情中的欢愉,都与卡佩宫廷及其周围的僧侣形成对立,从而激发某种独立精神。

　　安茹宫廷文化的武士色彩及其影响,还体现在当时对社会秩序的构想中。1159 年,当时正在为英格兰国王服务的索尔兹伯里的约翰(Jean de Salisbury)指出,进入等级制和秩序化后的骑士可以通过"武士誓言"而融入国家。1175 年,当金雀花王朝因为阿基坦的反叛和托马斯·贝克特的封圣而陷入困境时,一个来自图兰的教士,圣摩尔的贝努瓦(Benoît de Sainte-Maure),根据亨利的意图完成了一部《诺曼底公爵史》,书中提到了三个等级的划分,但是三个等级的次序是:骑士、教士、平民。这与11 世纪初两位法兰克主教的划分很不一样,因为他们在王权衰落之时将首席地位给了教士。

这是对 11 世纪教会人士设想的社会秩序的"去神圣化"。更为重要的是,不但武士被置于社会秩序的顶端,而且诸侯成了整个社会秩序的保障者,他凌驾于三个等级之上。作为诺曼底公爵,亨利的宫廷里有身份各异的服务者,但他是所有这些人的统帅。发号施令的不再是以神的名义发言的教士,而是诸侯,虽然诺曼底的公爵并未被加冕祝圣。从实际层面来说,宣布尘世法律、维持其统治地域之和平的人,除了他这位诸侯(Prince)还能有谁? 他负责照管公众的和平与幸福,负责在其服务者中间分配各种角色,这些角色现在更具互补色彩。不过,亨利的权力首先依靠的是贵族,骑士在各种社会功能的排序中首屈一指,这是不同于卡佩的地方:我们已经看到,教会是路易七世最重要的权力支柱。这也是亨利的一种权力竞争策略。安茹的三个等级图式通过特鲁瓦的克雷蒂安等人传递到了另一位强有力的大诸侯,佛兰德尔伯爵阿尔萨斯的菲利普那里。在圣摩尔的贝努瓦发表《诺曼底公爵史》十年之后,克雷蒂安在他的《帕西法尔》中高声宣称:"神所缔造和指挥的最高贵的佩剑等级,就是骑士等级。"

不过,作为法国王位的持有者,卡佩王室并非没有受到这一潮流的影响。路易七世之后,这个家族的一位关键性国王同样将成为所有等级、首先是武士等级的首领,以及整个社会秩序的捍卫者。

第八章　从腓力·奥古斯都到圣路易

　　如果不遵循严格的编年时间,我们完全有理由认为,从1180年腓力二世继位到1270年路易九世死去是卡佩王朝"辉煌的13世纪"。在这90年的时间里,除了1223—1226年短期在位的路易八世,腓力·奥古斯都和圣路易把这个世纪均分为前后两段。腓力赢得的辉煌的军事胜利,尤其是对金雀花势力的胜利,极大地扩张了王室领地;圣路易则以其和平理念推进了中世纪的政治实践,并通过行政改革强化了王国的治理。在这个时期,卡佩的领地(domaine)首次扩展到了南方,并在地中海有了出海口,法国的南北统一初现雏形。在文化方面,已成为王国首都的巴黎发展成西方世界的精神中心,巴黎大学的辐射力远远超出国境。宗教和文化人士与政治生活的关系更为紧密。哥特艺术的广泛传播显示了法国在整个西欧的影响力。不过,十字军运动在这个时期遭受决定性的失败,十字军观念尽管依然活跃,但武力最终被证明无法取得对异教徒的胜利。

　　政治和文化发展当然离不开物质上的进步。整个西方世界从11世纪开始出现缓慢但普遍的增长,在1180—1220年之间,扩张加速,法国经历了爆炸式的发展,其影响持续到1280年左右。经济发展的标志性现象是通货膨胀的加剧:在这一高速增长期,地租可能翻了一番,如在诺曼底。粮价加速攀升,尤其在北方,产粮区法兰西岛可能涨了三倍。即使是弗雷兹这样很贫瘠的地区,也有惊人的发展,因为黑麦价格一个世纪内涨了两倍。卡佩的早期领地位于法国北方的核心地带,它从经济增长中获益十分丰厚。这就为国王的政治活动提供了坚实的经济基础,而腓力二世兼并诺曼底等富庶地区之后,王权的势力有了极大的提升。

据记载,路易七世死去时只给儿子留下了 1.9 万利弗尔的年收入,当然,这可以证明国王的官员已经有能力衡量收入,进而证明行政管理手段的改善,但这笔收入与腓力二世留给儿子的收入相比实在是微不足道:每天 1 200 利弗尔,年收入 43.8 万利弗尔(当然这里包含一些非常规手段获得的收入),增长约 20 倍。到 1286—1287 年,这个数字为 140 万。如果把国王的收入与其他诸侯或贵族进行对比,就可以看到王权优势的急剧增长:1187 年,富庶的佛兰德尔伯爵领的一份简报表明,伯爵年收入不到 1 万弗拉芒利弗尔,1237 年,香槟伯爵年收入 2.7 万巴黎利弗尔,1260 年,普罗旺斯伯爵 4.3 万利弗尔,到 13 世纪末,勃艮第公爵常规收入为 2 万—3 万利弗尔。在 13 世纪中叶,弗雷兹伯爵年收入 1.2 万利弗尔,他治下的几个堡主年收入为 1 000—2 000 利弗尔,二十来个堡主仅为 100—500 利弗尔。尽管这些数字的构成仍可深入分析,但大致可以看出,到 13 世纪后期,即使对勃艮第公爵这样的大诸侯,国王在收入上的优势都是压倒性的。路易九世末期,国王控制的领土是一个大诸侯领地的十倍。[①]

作为衡量王权活动的重要指标的王家文书发出数量,在腓力二世时期也呈现飞跃式上升。文书数量在亨利一世时期每年约 3.7 份,菲利普一世为 4.7 份,而到腓力二世时期,每个月发出的就有 4 份。这个数字意味着,法国王权在这个时代发生了质的变化。

---

① 这里援引的数据见 Philippe Contamine dir., *Histoire de la France politique*, Tome 1, *Le Moyen Âge*: *le roi*, *l'Église*, *les peuples 481 -1514*, Paris, 2006, pp. 216 - 217。

第一节　腓力·奥古斯都

1. 国王及其内政

腓力二世有很多外号。路易七世经历几次婚姻才晚年得子,于是他出生的时候被称为"神赐的"(dieudonné),最常见的"奥古斯都"(Augustus)在他早年就有了。1196 年,圣丹尼修道院一位来自南方的僧侣李戈尔在撰写新君主的历史时就使用过这个称号。奥古斯都自然会让人想起古罗马的皇帝们,但它首先可能是指腓力扩张或"增加了"这个王国(augebat rem publicam),当时国王刚刚合并了维尔芒杜瓦。

1179 年 11 月 1 日诸圣瞻礼节当天,14 岁的腓力加冕为法国国王,当时路易七世还在世。由于路易没有其他的儿子,教会人士几年来一直催促他让儿子继承王位。路易最终答应于 8 月 15 日圣母升天节当天举行加冕礼。但在加冕前,腓力在一次狩猎中在贡比涅森林里走丢了,两天后才找到,这位未来的国王当时已经奄奄一息。路易七世拖着不灵便的双腿,前往殉道者托马斯·贝克特的墓前忏悔,他曾保护过这位圣徒,现在祈求后者能治愈他的儿子。从英国回来后,路易又去圣丹尼祈祷,这时他的双足已经瘫痪。好在他的祷告灵验了。一年后的 9 月 18 日,路易死去。

按当时的习俗,腓力已经成年了,但王位看来并不稳固。15 岁还不是很成熟的年龄,更何况他没有其他的兄弟。当时的狩猎和军事行动危险性都很高,稍有不慎卡佩家族就有可能绝嗣。延续王室香火是头等大事,国王的婚事从来就不是个人的私事。为他立传著史的教士们肯定也是这样认为的。腓力在世的时候,圣丹尼的修士们就在撰写他的生平了。李戈尔早在 1196、1200 和 1206 年就写了三个版本的国王传记,此后布列塔尼人纪尧姆(Guillaume le Breton)继续李戈尔的工作。他们都致力于树立一个理想国王的典范,但国王在婚事方面的确让他们很是挠头。

腓力的第一位王后是埃诺伯爵的女儿伊丽莎白(Elisabeth de Hainaut),她的舅舅、佛兰德尔伯爵阿尔萨斯的菲利普是这桩亲事的撮合者,菲利普没有子嗣,与卡佩王室攀亲可以制衡香槟家族对国王的影响。伊丽莎白在 1180 年与腓力成亲,1187 年产下一子,即未来的路易八世。两年后,王后死于难产。1193 年,腓力迎娶丹麦公主英格贝格(Ingeburge),但婚后第二天她就被打发去了修道院,个中原因很有可能是新婚之夜腓力无法与之行房,这被认为是巫术和魔咒的征象。为了摆脱这桩婚事,腓力于当年在贡比涅召集了一次主教和贵族会议,主持者是他的舅舅兰斯大主教,14 名代表中有 12 个与国王有家族关系。会议的结果当然很合国王的心意,与会者违背事实,认定腓力与英格贝格是第四代的表亲关系,因而他们的婚姻是无效的。于是腓力第三次结婚,新娘是日耳曼东部边区的梅拉尼亚公爵贝特霍尔德(Berthold)的女儿阿涅斯·梅拉尼(Agnès de Méranie)。

这次婚变引来了不小的麻烦。虽然婚礼上有主教们的祝圣,但 1198 年当选为教宗的英诺森三世宣布腓力的第三次婚姻无效,并宣布他犯有重婚罪。这场纠纷持续了 15 年。教宗就差对法国国王实施绝罚了,他针对法国采取了非常严厉的措施:禁止王国的所有居民进入教堂举行圣礼,除非是洗礼和临终圣餐礼。不过,三分之二的主教区没有听从教廷的禁令,站在了国王一边。最终的结果是,腓力召回英格贝格,教宗撤销禁令,并宣布腓力和第三任妻子所生的两个孩子具有合法身份。但英格贝格不久后又被囚禁在杜尔当,国王依旧和阿涅斯同居。1201 年,阿涅斯死于难产,但腓力依旧没有召回英格贝格,而是和一个被称作"阿拉斯的小姐"的不知名的妇女生活在一起。

某种意义上说,腓力同教廷在婚姻问题上的纠纷及其最终的结局,反映的是法国王权地位的相对稳固。国王与主教们看来结成了某种联盟,腓力收获了路易七世的虔诚播种的果实。他还有另外两张王牌。第一,12世纪逐步巩固的骑士道德有利于王权的巩固,因为在这种道德中,忠诚是关键的要素。连安茹家年迈的国王亨利二世也对自己年轻的领主表现出了忠诚:他拒绝参与针对卡佩的诸侯联合行动,这帮了腓力的大忙。第二张王牌是"家庭"的巩固,当然,这里的家庭是广义的,它包含为国王服务的各种能干的宫廷官员,如骑兵长官罗贝尔·克莱蒙(Robert Clément)、侍卫长戈蒂耶(Gautier)。从第三次十字军返回法国时,他又招募一些勇武善战的骑士。但仅有武夫无法构建强大的宫廷。腓力还招引了来自各地的青年文化人。为了让这些文武官员安心为自己服务,腓力将新征服的土地上的资源分封给他们的家族,如戈蒂耶的儿子担任了努瓦永等地的主教,罗贝尔·克莱蒙的儿子成了桑斯的主教。这些从宫廷官员派生出的庇护网络成为君主制国家军事和行政体系的重要基石。

教会仍然是王权的重要支柱。尽管在婚姻问题上与教廷产生龃龉,但腓力采取的一系列"净化王国"的措施深得教会的欢心,这是以犹太人等社会边缘群体的牺牲为代价的。李戈尔在腓力登基后不久就称赞说,国王涤荡了王国各种的腐败。腓力首先致力于扫除巴黎的"腐臭"。西岱岛上宣扬不轨学说的教士被判处火刑,妓女受到监控和镇压。尤其重要的是,腓力改变了父亲对待犹太人的政策,路易七世临死前的1180年2月,腓力就占据犹太教堂,敲诈犹太人的钱财,据记载,此举获得的收入相当于其领地年收入的1.5倍。当时在圣地的军事行动屡遭失败,十字军欠下了高额债务,腓力利用这种局面,宣布废除基督徒对犹太人的所有债务,驱逐犹太人的行动也随之展开。不过,出于财政上的考虑,从腓力二世开始,法国王权就交替使用暴力镇压和佯装保护的手腕,向犹太人敲诈钱款。1206年,腓力颁布法令,将诺曼底实行的做法推广到全国:贷款利息为每周每利弗尔2德尼埃,即每年利息43%;每个城市设立一个信贷监管员,负责评估犹太放款人的资金积累。

从制度建设来说,十字军也有过一些积极的影响。耶路撒冷陷落的消息传来后,腓力和英国国王亨利二世于1188年在吉索尔聚会,"交换和平之吻"后，两位国王决定效仿皇帝巴巴罗萨，率军前往圣地。为准备出征，两位国王对其臣民开征了一种普遍税——萨拉丁什一税（dîme saladine）。1190 年，腓力启程。当时第一任王后刚刚死去，腓力的儿子只有 3 岁。为防万一，腓力立下了一份遗嘱，这是第一份涉及王位继承的书面文献。① 文件规定了国王不在时王权如何行使，以及当国王不能归来时如何确保"王权之职责，此职责在于以一切手段确保臣民之福祉，并将公共利益置于私人利益之前"。因此王权有这样一种自我理解：它是公共性质的，而且不依附于某个特定的个人。这可以被视为某种抽象的主权理念的表达。

　　腓力的遗嘱同时也是一份关于政治建设的敕令。他在巴黎设立了某种具有中央政府色彩的权力机构。当然，这种机构首先处理的是司法事务，就像约瑟夫·斯特雷耶说的，中世纪国家的权力是从法律领域开始的。腓力的敕令规定，与自己血缘关系最亲近的母后和舅父，即兰斯大主教，每四个月听取一次来自王国各地的上诉，平息纷争，以维护"上帝的荣耀与王国的利益"。在地方管理方面，最引人注目的举措是明确了巴伊（baillis）的职责。这个官职的名称意思可能是权利的授予或出租（bail des droits），他们负责"汇报"自己辖区内的各项事务。敕令还规定，若无严重的罪行，无论是母后还是兰斯大主教，都不得召回和撤销巴伊。具体而言，巴伊每个月都应以国王的名义处置司法事务，并具文汇报从中获得的收益。显然，腓力关心的不仅仅是司法公正问题，他还很看重自己的钱袋子。在具体工作中，每个巴伊还有四名由普雷沃举荐的贤达人士相助。巴黎的巴伊有六个助手，由国王亲自任命。每年的圣雷米节、圣蜡节和耶稣升天节，各项收入和非常规所得都需解往巴黎。国王的金库设在坦普尔（Temple），这里是圣殿骑士团在巴黎的驻地。

① Cf. H. François Belaborde ed., *Recueil des actes de Philippe Auguste*, Pairs：Imprimerie Nationale, 1896, Tome 1, pp. 416－420.

2. 十字军与王室领地的扩张

腓力是个骑士国王,他要像自己的贵族封臣一样披坚执锐。但他首先是"基督的武士"(miles Christi),12世纪发展起来的骑士理想尤其强调这一点,他父亲于1146年参加了第二次十字军。1187年,当萨拉丁在哈廷(Hattin)获胜后,基督徒在东方的领地几乎全部丧失。在占领耶路撒冷后,萨拉丁的攻势更加猛烈,圣殿骑士团和医院骑士团无法抵挡,需要一次新的十字军行动来挽救危局。

第三次十字军盛况空前,除了腓力,刚刚继位的英格兰国王狮心理查和皇帝巴巴罗萨也前往东方,大有圣经中三王来朝的气势。但巴巴罗萨于1190年6月在小亚细亚溺水身亡。腓力和理查于当年出发,腓力取道陆路,理查走海路经塞浦路斯前往圣地。1191年,两位国王在圣约翰-阿克会师,并围攻该城得手。但两人也是竞争对手。争吵的主要原因是将来的耶路撒冷国王的人选问题。腓力支持的是推罗的领主康拉德·德·蒙费拉(Conrad de Montferrat),狮心理查支持依附于金雀花家的居伊·德·卢西尼昂(Guy de Lusignan)。占领阿克之后,腓力决定返回法国,但狮心理查继续留在东方。

十字军行动中彰显的骑士勇武固然具有政治意义,但腓力的主要目标是法国。据记载,腓力回国的原因是他在阿克染上了热病,指甲和毛发脱落。此刻又从巴黎传来消息,他的儿子也病倒了。于是圣丹尼举行了盛大的圣骨游行,游行队伍一直走到了巴黎圣母院。人们的祷告灵验了,国王父子双双康复,卡佩的血脉在东方和西方都得到了神的护佑。

1180年腓力继位时,卡佩国王仍然只能控制一块相当局促的领地,大致是贡比涅到布尔日之间的狭长地带。但到1223年腓力死去时,王室领地几乎是以前的四倍。卡佩在各大诸侯中间的地位也因而在四十年间有了质的转变。

在北方,布卢瓦-香槟的领地仍然遏制着卡佩领地的外展。当然,由于路易七世那桩幸运的婚姻,局面得以改善。但腓力的四个舅舅的影响力仍然让卡佩国王们感到不安。为了缓和潜在的竞争关系,路易七世就已把自己的妹妹爱丽克斯嫁给了沙特尔和布卢瓦的伯爵蒂博五世。在东北方向,香槟集市带来的巨量财富也对腓力构成压力。但腓力与埃诺的伊丽莎白的婚姻某种意义上平衡了这一压力,因为伊丽莎白给他带来了西北方向的阿图瓦。腓力的第二个对手是佛兰德尔伯爵、阿尔萨斯的菲利普,此人的母亲来自安茹家族。双方争夺的焦点是形势长期不稳的维尔芒杜瓦。佛兰德尔是个富庶的诸侯国,毛纺业发展很早,因为羊毛贸易而与英格兰形成联盟关系;此外,佛兰德尔还与埃诺结盟,和香槟也保持着密切的经济和政治联系。

接下来就是最强大的对手、佛兰德尔的盟友安茹家族了。1189年亨利二世死后,狮心理查在军事实力上依然胜过腓力。但在1193年,腓力利用理查被奥地利公爵囚禁在杜恩斯坦因城堡的时机进攻吉索尔并占领了那里的城堡。理查返回之后,双方展开了一系列的军事行动,但均未取得决定性成果。在1194年7月,腓力在维尔芒杜瓦的弗雷特瓦尔森林中遭受一次耻辱性的失败,把部分携带的钱财和档案柜都丢失了。不过腓力依然控制吉索尔和诺曼底边境的埃普特河上的堡垒,而理查在1196—1198年修建的加亚尔城堡强化了他对塞纳河的控制。在当时人眼中,这是一座让人叹为观止的堡垒,它的建造很可能受到理查在巴勒斯坦看到的堡垒的启发,但它的弱点是设计思路的滞后。加亚尔的威力来自它的体量和规模,仅城墙就有三道,但它的内部调度运转不够灵活。

与此同时,理查与皇帝和佛兰德尔伯爵结盟。腓力孤立了,并在吉索尔附近的古塞尔遭受军事失利。腓力的处境看来很困难,1199年初,他签署了维尔农停战协定。但三个月后,理查在围攻利穆赞一个不驯服的封臣的城堡时被箭射死,金雀花的势力受重创,因为这位国王既勇敢又深得民心。当时有人歌颂他说,“我不相信查理曼和亚瑟王能跟他比肩。”

理查没有孩子。根据当时尚不明确的继承规则,他有两个继承人:弟弟,即未来的失地王约翰;侄子,布列塔尼的亚瑟(Arthur de

Bretagne),亚瑟的父亲是理查的大弟布列塔尼的若弗瓦,已于1186年因比武受伤而在巴黎死去。1199年4月25日,约翰声称行使权力,但腓力二世支持亚瑟。腓力以封建原则为名介入英格兰王位继承事务。作为封君,他指责约翰没有因为其获封的采邑而向他效忠,并命令其交还采邑。但在1200年的勒古莱(le Goulet)条约中,腓力改变了态度,承认约翰是英格兰国王,后者则因在大陆的领地而向他效忠。接着,复杂的封建局面又为腓力提供了机会。失地王约翰跟昂古莱姆伯爵的女儿伊莎贝尔(Isabelle)结婚,但后者当时已是普瓦提埃伯爵的一个附庸于格·德·卢西尼昂(Hugues de Lusignan)(称于格十世)的未婚妻,这位伯爵正是英王约翰本人。被激怒的卢西尼昂向他的封君上诉,但后者正是冒犯他的人。约翰拒绝将案件提交普瓦提埃的封建法庭,这是对正义的否认,卢西尼昂决定求助于封君的封君,即法国国王腓力。约翰被要求前往腓力的法庭,但他拒绝了。腓力于1202年谴责了他,并宣布要收回他的全部采邑。一年之后,有传闻称失地王约翰勒死了侄子亚瑟,他开始变得不得人心了。

1202年,腓力着手征服诺曼底。他发动了一场战役,由于诺曼底境内的阿朗松伯爵不再支持约翰,腓力进一步掌握了主动权。他对加亚尔城堡进行了为时六个月的围困,然后发动进攻。这座笨重的罗曼式城堡无法以积极的防御进行回击。腓力的新战术快速多变,持续不断的袭扰和突击让守军疲于应付。1204年3月,驻防的骑士首领向法军投降了。一个月后,诺曼底落入卡佩之手。紧接着,腓力在卢瓦尔河谷一带用兵,很快金雀花王朝在大陆的领地就只剩下阿基坦了。

3. 封建法

武力只是伸张国王权力的手段之一,12世纪发展起来的法律学术也可以为腓力的事业服务。到腓力二世登基之时,苏热院长阐发的封建法体系已经相当完备。1169年左右,在巴黎附近的蒙米拉伊举行的聚会上,金雀花家的亨利携他的儿子小亨利(1155—1183)和理查向当时不到

4 岁的腓力行效忠礼,小亨利因为诺曼底和安茹而向法国国王效忠,理查则以阿基坦公爵的身份效忠。最强大的诸侯都已作出了表率,谁还能否认卡佩国王的封君地位呢? 与此同时,另一个原则也开始确立:国王不向任何人效忠。这个原则于 1185 年在亚眠正式实施:这座城市的权力原来归当地的主教,但当腓力接管该城时,他并不向主教效忠。

腓力在位期间,为他服务的法律专家们一直在协助他编织和强化某种法律王国,即使是国王最大的诸侯领地也不能脱离这个网络。诸侯国在法学家的表述中成为从属性的持有地(tenure),它需要国王的授予,法学家们建议腓力,在授予仪式上,作为封臣的诸侯应该宣誓承诺,如若忽视自己的义务,将对君主进行补偿。1202 年之后,这一做法开始对次级封臣实行:这些人在向自己的封君宣誓时,尤其要明确自己首先应对高级封君(suzerain)即国王保持忠诚。1209 年,在新建成的约内河上的维尔纽夫城堡,根据勃艮第公爵和内维尔伯爵的建议,国王颁布了一项敕令,规定在负有优先效忠义务的采邑(fief-lige)进行分割时,每个继承者都不再向其家族的首脑效忠,而只向这块采邑的主人效忠。贵族们都知道这种制度的好处所在,并且会强制推行。

封建法之所以这么快地走向明朗化,一个重要原因是采邑已经成为占有土地和处置其继承问题的高贵方式,关于它的让与方式,法律人士有不少的争议。虽然人们吹嘘封建友谊,认为忠诚是一个贵族应该表现出的美德,而且是所有美德中最高的美德,但这些都只是一种口头形式,因为一切都必须以财产的占有为前提。正因为如此,即使采邑的继承人是妇女,同样也要行效忠礼,尽管她们并没有服役的能力,但此时服役已经是次要的了。当然,国王也指望前来效忠的人能够与他并肩作战。为此,他下令宫廷官员编制了一个负责某个城堡防御事务的骑士名册,这种"与采邑相关的记录"详细列举了每个地方参加国王征召的军队(ost)的人员名单,这些人应自费在军中服役四十天,或者缴纳与其采邑相应的军事捐税。不过,在实际行动中,国王更多地要指靠别人的忠诚,自己手下的能力,还有他对大小领地的实际影响力;但他尤其希望得到经济上的利益和政治上的好处——比如,当某个贵族世家绝嗣后他就能加以利用。

根据新确立的习惯,当一个封臣死去后,封君在死者的整个社会关系系统中占有突出位置。如果死者的子女尚未成年,封君将对他们行使监护权,在他们成年之前享受采邑的各种利益,并对寡妇和孤儿的婚姻享有支配权。腓力二世从即位伊始就将这一封建特权运用到了极致。1181年,内维尔和欧塞尔的伯爵死去,只留下一个女儿。在这个女孩成年和出嫁之前的三年中,国王大肆掠夺其领地上的财富,然后给她指定了一个丈夫,此人正是他的外甥。但这个伯爵夫人不久就守了寡,国王再次做了安排,将她连同两个伯爵领交给埃尔维·德·董奇(Hervé de Donzy),当然,他又从这桩婚事中谋取了一笔钱财,即重新授予采邑和爵位时的特别捐税(relief)。伯爵夫妇只生了一个女儿,这又给了腓力插手的机会,他把这个独生女许配给了自己的孙子。

1201年,香槟也出现了这样的好机会。是年,香槟伯爵蒂博三世——腓力二世的表弟——死去,留下一个女儿,而他的寡妻纳瓦尔的布朗什正在分娩之际。腓力于是关照起他表弟的后事来,不过首先是以国王和封君的身份来关照。他接受了伯爵夫人的效忠,但条件是她不得改嫁,其女儿未经他同意也不得结婚,对于那个尚未出生的孩子,腓力也保有监护权。与此同时,国王还联络香槟主要的贵族,并占据了两座城堡。对于自己的被监护人,腓力有时甚至不惜使用武力。1215年,纳瓦尔的布朗什曾致信教宗,控诉法国国王的长子路易为敲诈钱财而公然带人入侵她的宫廷,这样的事绝非个案。13世纪初年,佛兰德尔伯爵博杜安九世参加十字军后失踪(可能于1205年左右被保加利亚人俘虏并处死),他的两个女儿也遭受类似的命运,布列塔尼的女继承人同样如此。

不过,对卡佩王朝来说,对封建法最有价值的利用是作为摧毁安茹"帝国"的武器。当狮心理查从东方历尽艰辛返回英格兰后,他以腓力背信弃义为由撤销了效忠。从1194年开始,理查与腓力展开了为时五年的艰苦战斗。1198年9月,他向所有臣民发布了一道胜利布告,这堪称中世纪的一种政治宣传。布告吹嘘说，理查曾枪挑多名法国贵族，俘虏无数法军，法国国王掉入河中，狼狈不堪，云云。但事实上，腓力虽然吃了败仗，但并没有遭受决定性的失败。相反，理查于1199年3月在利穆赞中箭身亡，但他没有留下子嗣。腓力的机会又来了。如前所述，声称有王位继承权的人有两个，一个是理查的大弟的儿子、布列塔尼伯爵亚瑟，另一个是他最年幼的弟弟约翰。约翰很快采取行动，宣布自己是诺曼底和英格兰的主人。

利用英国王室的内部矛盾从中渔利，是卡佩长期采用的策略。不过，到12世纪行将结束之时，随着封建法律的进一步明晰化，腓力有了更有力的武器。他前往勒芒，宣布年纪尚幼的亚瑟处于他的监护之下，并将曼恩和安茹作为采邑授予他，然后将亚瑟带到了巴黎。腓力手里有了一张对付约翰的王牌。因为他可以以亚瑟年幼为名，将封出去的两块大采邑再收回，如果约翰要占有它们，需要交付大笔的特别捐税（relief）。这样一来，金雀花的继承人们就因为封建效忠习俗而被套上了某种法律上的枷锁。

普瓦提埃地区的诸侯纷争也给腓力带来了机会。这个地方处于中世纪法国南北方的接触地带，地方权贵一向不服阿基坦公爵的管束。卢西尼昂的领主、拉马尔什的伯爵于格九世想给自己的儿子于格十世找门合意的亲事，他看上的就是上文提到的昂古莱姆伯爵的女儿，也是继承人伊莎贝尔，这样一来，他的家族就有可能在法国西部组建一个有相当规模的诸侯国。这对约翰是个威胁，于是他抢先一步，于1200年8月迎娶伊莎贝拉，尽管后者当时已经与卢西尼昂家有了婚约。于格九世因为拉马尔什伯爵领而向约翰效忠，后者是他的封君，但抢亲的行径在他看来是封君的背叛。于是就出现了前面提到的司法诉讼。这种逐层上诉的做法反映的也是某种封建等级秩序。腓力不失时机，在巴黎设立法庭，要求约翰出庭。约翰认为自己仅仅因为诺曼底才向腓力负担封臣义务，因而拒绝出庭。但法庭还是于1202年4月发布了裁决。到庭的法国贵族们认为，鉴于他们的同僚，即同为法王封臣的约翰拒绝履行其作为封臣的建议义务,故应处以 commise 的惩罚:这个术语的意思是没收所有从国王那里获封的采邑。至于这一判决的依据,贵族们还提到了习惯性做法:当封臣背叛时,封君可以占有其土地和城堡。但实际上,这样的判决在实际中极少实施,对约翰这样势力强大的诸侯则从未有过类似的判决。

从法律意义上说,这个判决是对封君特权的真正具有革命意义的新诠释。当然,作为封君的腓力对此是有全面的权衡的,他觉得自己可能有力量去执行这一判决。他再次打出了亚瑟这张牌。1202 年,他给这个孩子(生于 1187 年)行了授甲礼,此举标志着亚瑟正式成为骑士;然后,亚瑟向腓力效忠,并得到布列塔尼作为采邑。鉴于亚瑟的祖父母分别是金雀花的亨利二世和阿基坦的埃莉诺,腓力又将安茹、曼恩和阿基坦封给这个新晋的骑士,但把诺曼底留给了自己。

约翰闻讯后气急败坏。他向教宗申诉,英诺森三世表示愿意调停,但被腓力拒绝。一大批主教和贵族以封建法为名,认为腓力和约翰之间的纷争属于世俗案件,与教廷无涉,让教宗裁决它是"对王权尊严之不公"。但此时风传的流言再次让约翰处于被动。1202 年,年轻的骑士亚瑟随腓力一起攻打安茹的米尔博城堡,这里是约翰的支持者、已经 80 高龄的埃莉诺的藏身处。亚瑟在战斗中被俘,并被解往鲁昂。关于他随后的下落,历史记载说法不一,当时传言是约翰亲手勒死了自己的侄儿。这个消息让很多贵族深感愤怒,腓力则趁势攻取安茹和曼恩,将这些伯爵领的管辖权交给当地的官员(塞内绍),但他自己担任了图尔这个重要城市的监护者。对于诺曼底,腓力派遣巴伊进行管理,这里从此就是王室领地的一部分了。

4. 布汶之战

在腓力二世为时数十年的征战中,最为知名的一场战役是 1214 年 7月 27 日的布汶战役。对于这场战役的经过和它在法国历史著述和集体记忆中的地位,乔治·杜比已经在其经典著作《布汶的主日》中作了细致的说明。① 与长期流行的传说相反,布汶并不是一场"民族的胜利",至少不是第三共和国的历史学家们宣扬的那种民族胜利。实际上,卢瓦尔河以南的中世纪纪年中几乎见不到布汶战役。例如,在利摩日这个重要的人员交往枢纽,当地圣马夏尔修道院的僧侣们曾长期记录一些重大消息,但在关于 1214 年的记录中,对于布汶只字未提。布汶在德意志也很少人所知,尽管皇帝本人亲自参加了战斗。

但杜比同时指出,布汶堪称真正为法国君主制奠基的战役,因为这是国王主动选择的军事对抗行动,也是自路易六世与英王亨利一世对峙以来法国国王们一直避免的军事对抗,我们知道,挑拨英国王室的内部争斗曾长期是卡佩王朝对英格兰-诺曼底的主要策略。另一方面,这场发生在主日(即星期天)的战役是神的裁决,是神在布汶的原野上拣选胜利者的。神的意志不仅表现在战役的日期上,腓力的排兵布阵也是如此:他将整支部队分成三个集群,暗喻三位一体。腓力的成功更因为对手的强大而彰显神的意旨。在布汶与他对垒的除了英格兰的失地王约翰,还有布洛涅伯爵雷诺·德·达马尔丹(Renaud de Dammartin),佛兰德尔伯爵葡萄牙的费朗(Ferrand de Portugal),以及布伦瑞克家的皇帝奥托四世(Otton IV de Brunswick),他因为腓力支持自己的竞争对手霍亨施陶芬家的腓特烈二世(Frédéric II de Hohenstaufen)而参战。雷诺·德·达马尔丹原来是为卡佩服务的一个骑士,在迎娶布洛涅的女继承人之后,此人自称伯爵,并向英格兰国王优先效忠(hommage lige),于是当初的朋友变成了对头。佛兰德尔伯爵费朗原是葡萄牙的王子,经腓力的安排与佛兰德尔的女继承人结婚而成为伯爵,但不久后也与腓力反目。

1214 年 2 月,英格兰国王约翰在拉罗谢尔登陆,6 月 17 日占领安茹的昂热城,并开始围攻附近的僧侣岩城堡。腓力命自己的儿子阿图瓦伯爵路易负责南侧的防御,统帅从王室领地南部招募的所有骑士。7 月 2

① Georges Duby, *Le Dimanche de Bouvines 27 juillet 1214*, Paris: Gallimard, 1985.

日,当路易的军队靠近敌军时,英格兰国王撤围并逃走了。腓力自己指挥在佛兰德尔的军事行动。有些贵族劝阻国王不要与敌人进行正面交锋,于是腓力从图尔奈撤往里尔。但儿子的胜利鼓励了腓力。他的军队依然是封建军队,但花钱购买的兵役已经占据非常重要的地位:雇佣兵人数众多,领薪的骑士约有一千人,还有几乎同等数量的马上辅助士兵和步兵。部队配备了弓弩手和围城战的专业部队。步兵部队中还包括城市提供的兵员。

布汶战役是一场真正的战斗,是中世纪少有的按特定仪式进行战斗以裁决政治纷争的案例。双方的君主都位居战线的中央。腓力二世身边竖起了作为王权象征的百合花旗和火焰旗,皇帝则在自己的战车上立起了龙旗和鹰徽。根据曾追随腓力参加战斗的布列塔尼人纪尧姆的记载,战斗简直就像一场宗教仪式。战斗开始前,腓力向上帝祈祷,他的战士都跪倒在地。他在随后的演讲中谴责敌人是恶魔的走狗,是教会和穷苦人的掠夺者,他自己将捍卫这些受害者的权利。他还谴责皇帝的手下使用长刀刺杀对手,而这种战术是正直的骑士不屑于使用的,是不讲信义的卑劣手段。皇帝身边的两位伯爵也都是腐败的背信弃义之徒。相反,法国国王的手下都是敬重教廷的忠诚义士。即使在战斗开始后,腓力身边的两个教士还在战场的喊杀声中吟唱大卫颂诗。

布汶的战斗持续了一天,腓力虽然年近五旬,仍然以身犯险,冲入敌阵,并被配备铁钩的对手拉下了战马,幸亏护卫亲兵及时的援救,国王才得以重新上马,但此刻敌军已然开始溃逃了。葡萄牙的费朗指挥的右翼战线首先溃败,左翼的达马尔丹虽然较为顽强,但最终也溃散,中线的战斗尤为激烈,但皇帝最后也丢弃了自己的战车和鹰徽逃走了。两位伯爵成了腓力的俘虏。按照习惯法,国王可以处死这两个蓄意背叛的封臣,但腓力更想利用俘虏来收取赎金,只有达马尔丹被终身囚禁在佩罗那城堡。

得胜的军队举行了凯旋仪式,国王进入巴黎就像是来到末日审判时的耶路撒冷城。据说巴黎的狂欢持续了七天七夜。布列塔尼人纪尧姆在《腓力颂》(*Philippide*)(这是在模仿古罗马的史诗《伊尼阿德》的基础上创作的)中这样歌颂：

> 所有男女，不分阶层，不分年龄，不分贫富，都唱起欢快的赞歌，
> 所有人都在传颂国王的光荣，赞美国王，崇敬国王。

这段文字或许表明，尽管中世纪的法国社会中存在各种法律上的区分，但国王将社会统一成了整体，他是所有人群的联系纽带。腓力在位期间的征战带来的光荣，无疑是王权之所以成为社会黏合剂的重要因素。1223 年 7 月 14 日，腓力死去，法国王室第一次将国王的葬礼当成一场对外表演来操办，人们一直将他的遗体护送到了圣丹尼。这一天也是卡佩历史上的储君制结束的日子，路易八世并没有在腓力二世在位期间被指定为继承人。国王的肉体死去，但王权不会，它将自动延续生命，作为政治机构的国王永远不会死去。①

5. 阿尔比十字军与卡佩王朝在南方的立足

在 13 世纪初，卡佩国王们的另一大成就是将王室的影响力扩展到了南方。

正如布汶战役的影响力当时仅仅局限于北方，腓力·奥古斯都本人也很少跨过卢瓦尔河，他主要通过军事首领为中介对南方施加影响。在奥弗涅，波旁地方的领主居伊·德·丹皮尔(Guy de Dampierre)就是卡佩的一颗重要棋子，此人是王权热忱的拥护者；在东南方向的帝国边境和西侧的基耶内地区边缘，腓力一直利用封建法接受地方小领主的效忠。不过，在 12 世纪末 13 世纪初，真正的挑战来自朗格多克地区，那里受纯洁派异端的影响特别深。

纯洁派(catharisme)一词来自古希腊语，不过这个词在中世纪并没

---

① Cf. Alain Erlande-Brandenburg, *Le roi est mort. Études sur les funérailles, les sépultures et les tombeaux des rois de France jus'à la fin du XIIIe siècle*, Paris-Genève：Arts et métiers graphiques，1975.

有人使用,当时人称呼它为阿尔比派(Albigeois)、伏多瓦派(Vaudois),或直接称呼"异端"。但纯洁派自19世纪以来便成为历史学家们热议的课题,后来一些朗格多克地方主义者则在这场异端运动中看到了一种具有对立意识形态的教会的产生。但今天的历史学家们不认为这是一场有意识的异端教派运动。曾经有一种流行很广的认识,以为纯洁派的思想源头是古代波斯的摩尼教,这些异端把摩尼教的善恶二元论搬到了自己的意识形态中。这很可能是南方教会构建出来的一种诋毁性的说法,而当时负责检举和审判异端的法官们也乐于接受这个说法。[①]

正如前文提到的,相较于北方,南方的社会风气更为开放和自由。早在12世纪,南方的贵族就不愿意服从教会宣扬的教义并将其制度化,例如教会法对婚姻的规范和对单身的定义,因为这些规范对贵族的私生活设置了越来越多的限制。此外还有物质利益上的冲突。在南方,教会的一些权益,尤其是什一税,很多时候被世俗领主篡夺了,格里高利改革试图从贵族手中夺回这些权益,这也让后者感到不悦。

纯洁派不是一场旨在组建一个异端教会的运动。1167年在图卢兹附近的圣-菲利克斯-德-卡拉曼召开的教会会议,曾被视为是一场纯洁派的聚会,但根据现在的研究,这次会议很可能并不是一场有意识的异端组织会议。以前之所以会有这样的判断,主要的依据是1190年左右巴黎的神学家阿兰·德·里尔(Alain de Lille)的一篇反异端的论著,以及14世纪初贝尔纳·基(Bernard Gui)等宗教裁判所法官们提供的文件。

当然,这并不是说朗格多克的宗教情绪不是重要因素。实际上,伏多瓦派是从朗格多克的基督教信仰的内部产生的;而罗马教会及法国王权的迫害很可能是异端运动激进化并更具教义色彩的重要催化剂,可能正是在这时候,纯洁派才开始援引摩尼教教义,后者同样也在朗格多克

---

① Cf. Jacques Berlioz ed., *Le pays catahre. Les religions médiévales et leurs expressions méridionales*, Paris: Seuil, 2000.

的贵族和市民中间广泛传播。纯洁派使用地方语言传教,以利于其势力的扩大。它只认可一种圣礼,即 consolamentum,这是一种灵魂的洗礼,但它不是在出生后而是在临终时举行。在这个意义上,可以说这是一场明显带有南方特性的反罗马教会的宗教运动。

不过,早期纯洁派并不仅仅出现在南方。1173 年,里昂的富商皮埃尔·瓦尔德斯(Pierre Valdès)就开始以俗语传教,伏多瓦派就来自他的名字。这个派别提倡俗人以俗语而非拉丁语传教,并且给了妇女一席之地,这就对教会秩序形成了挑战。在教会看来,只有教士能够理解圣典的内在意蕴,俗人只能了解其外部的皮毛,即所谓的 aperta,意思是文本的表面。1179 年,教宗亚历山大三世在拉特兰召开宗教会议,根据会议的决议,伏多瓦派于 1182 年被处以绝罚,这些异端随后流向了朗格多克和意大利。罗马教廷的压制是导致纯洁派运动激进化的重要诱因。罗马-教会法对司法程序的影响是另一个因素,因为根据这些法规,被谴责为异端的人将被处以严厉的刑罚,包括死刑。

同样不应该忽视的是世俗贵族对纯洁派的容忍。在这方面,图卢兹伯爵、法国国王路易七世的外甥雷蒙六世(Raymond VI)扮演了非常重要的角色。1203 年,为了打压纯洁派,教宗英诺森三世派遣西多会修士皮埃尔·德·加斯特尔诺(Pierre de Castelnau)为特使前往朗格多克,但雷蒙拒绝与之合作,教宗因而对其处以绝罚。同样对纯洁派持宽容立场的还有富瓦子爵和贝奇埃子爵。但教廷继续派遣神职人员前去归化异端,包括后来的圣多明我。1207 年,多明我在奥德地区的普鲁伊创建了第一座女多明我会修道院,同时还设立了第一批宗教裁判所。

但朗格多克的宗教局势仍难以控制。1208 年 1 月,加斯特尔诺被雷蒙六世手下的一名侍从骑士刺杀,教宗于是号召以武力捍卫信仰。作为"基督的武士",腓力·奥古斯都看来不能袖手旁观。不过国王很忌惮卷入南方的乱局,不想在这场十字军中打头阵。但有很多来自北方的贵族参加了镇压行动,他们的首领是法兰西岛的领主西蒙·德·孟福尔(Simon de Montfort)。这时,见风使舵的雷蒙六世的态度来了个大转弯,他想借助十字军的势力来打击自己在朗格多克的竞争对手、特伦加维尔(Trencavel)家族的贝奇埃子爵兼卡尔卡松子爵。1209 年 7 月 21日,十字军血洗贝奇埃城,这是整个镇压行动最血腥的篇章。据说教廷特使阿尔诺·阿毛里(Arnaud Amaury)公开宣扬:"该杀的都杀光,神知道谁是自己的子民。"十字军占领了异端的土地,企图在这个此前几乎独立的地区建立自己统治。在十字军的野心面前,图卢兹伯爵的立场又来了个 180 度转弯,他请求阿拉贡国王彼得二世支持他抑制十字军的野心。1213 年 9 月 12 日星期四那天,图卢兹伯爵和阿拉贡的联军在图卢兹附近的米雷战败,雷蒙六世再度投靠西蒙·德·孟福尔。孟福尔将法兰西岛的习惯法引入朗格多克,并因这块新采邑而向腓力二世效忠,这就为法国国王在冲突之时直接介入创造了条件。

对法兰西王国的构建而言,米雷战役像布汶一样重要,甚至更加重要。因为在卡佩王朝的历史上,图卢兹伯爵领第一次确定无疑地附属于法国王室,从此,比利牛斯山作为法国的南部边境开始清晰地勾勒出来,这场战役最终挫败了阿拉贡国王在法国南方建立一个跨比利牛山王国的抱负。作为法国国王的封臣,孟福尔还将北方的制度引入南方,这在路易七世时期都是不可想象的。

当然,卡佩势力立足于南方的过程并非没有反复。在 1215 年的拉特兰宗教会议上,图卢兹伯爵雷蒙六世的全部土地都被剥夺,交给西蒙·德·孟福尔,雷蒙的儿子只得到普罗旺斯的一块侯爵领地。次年,雷蒙父子利用孟福尔前往北方向腓力二世效忠的时机,图谋夺回领地,并一度占领图卢兹城,孟福尔于 1218 年战死,其子阿毛里(Amaury)继承了父亲的权利。但新的图卢兹伯爵雷蒙七世在南方占据了优势。1226 年,新国王路易八世再次组织十字军进行讨伐。国王的军队在前往图卢兹途中占领阿维农,造成巨大震动,朗格多克随后投降。路易八世在返程的路上死去,可能是因为痢疾。

但这次行动直到 1229 年缔结巴黎条约时才结束。战败的雷蒙七世将其采邑的东部让给国王,这里组建了两个直接隶属于王室领地的巴伊辖区：博凯尔和卡尔卡松。伯爵领的其他地区留给他的女儿雅娜（Jeanne），但后者要跟普瓦提埃伯爵阿尔方斯（Alphonse）结婚，此人是新国王路易九世的兄弟。如果这对夫妻死后没有男孩，伯爵领就归国王。阿尔方斯果然于 1271 年无嗣而终，这样一来，王室领地第一次扩大到了地中海。法国的北方开始与南方组合成一个统一的政治实体，王室领地的面积在圣路易登基时已是 1180 年的四倍。

第二节　圣路易

1. 国王其人

路易八世死去时不满 40，他的儿子即位时只有 12 岁。路易九世在位期间（1226—1270）就已很在意卡佩王室的声名。在他的关照下，圣丹尼修道院开始以俗语，即中古法语，编纂《法兰西大纪年》（*Grandes chroniques de France*），这部著作终于在 1274 年在普里马修士手中完成，此时路易九世已经死去。他的封圣是在 1297 年，现在还保留着封圣程序中的一些文字记录，但主要的文件已遗失，尤其是方济各会士纪尧姆·德·圣-帕图斯（Guillaume de Saint-Pathus）的证词，他是这位圣徒国王的妻子、普罗旺斯的玛格丽特的忏悔神父，后来又成为国王女儿布朗什（Blanche）的忏悔神父。在 14 世纪初，这位修道士应布朗什的请求写了《已故法国国王圣路易传记》。另外值得一提的还有儒安维尔撰写的路易九世生平。这位作者是个香槟的贵族骑士，曾经为路易九世服务，跟随他参加了十字军行动。13 世纪末，应美男子腓力的要求，儒安维尔也为圣路易写了传记。[①] 不过，路易九世在世时就被其臣民乃至外国人视为圣徒了。1270 年 8 月 25 日，圣路易死在北非的突尼斯，在他的遗体被运送到圣丹尼安葬的漫长旅途中，当时人见证的神迹接连不断。当

---

① Cf. Guillaume de Saint-Pathus, *Vie de Saint Louis*, Paris：Hachette, 1899；Jean Joinville, *Vie de Saint Louis*, Paris：Dunod, 1997.

然，这些材料都是歌颂性的，意在塑造一个卓尔不群的基督教国王的神话："圣路易好国王时代"的神话在 14 世纪初就成型了。

　　根据现代历史学家们的研究，圣路易的很多业绩和品质都与他的母亲、卡斯蒂尔的布朗什有关，当他于 1247 年参加十字军时，还委任母后为摄政。另外，国王身边的托钵僧（来自多明我会士和方济各会）对他的影响很大，以致他自己也想成为僧侣。国王的做派的确配得上 13 世纪典型的圣徒形象。他努力模仿基督，成天忙于圣礼，每个晚上都起来诵晨经，每个周五都要受鞭笞之苦，以纪念基督受的鞭刑。对于教会规定的斋戒、禁欲和忏悔，他都一丝不苟地严格遵守。路易也是个乐善好施的慈悲国王，关于这一点有很多传说。传说他在经过卢瓦尔河上的夏托内夫时，一个手拿一小块面包的老姬在门口呼喊他："国王，这面包是您的恩赐，我卧病的丈夫靠它活命。"国王拿过面包说道："这面包太硬了。"他为自己没有大度施恩而感到羞耻，于是就走进房子探视。他童年时就有了这种虔诚和慈善之心。一天，很多穷人聚集在宫廷前，年幼的国王趁大家入睡时拿钱出去分发。一个修士很惊诧，对他说："陛下，我觉得您干了不好的事"，小路易说："亲爱的兄弟，穷人给王国招来和平的祝福。我还没有给他们我应给的。"人们传说，成年后的国王在巴黎的宫廷及周围地区，在西多会的卢瓦蒙修道院，时刻不忘为穷人提供生计，跟他们一起吃饭，还亲自照料他们。他不害怕触摸麻风病人，就像当时的圣方济各一样，这被当时人视为一种英雄壮举。他大量设立慈善机构，如在巴黎设立"300 人"（Quinze-Vingts）收容院，这是为了收养 300 个盲人，他还为妓女设立了"上帝的女儿"（Filles-Dieu）收容所。

　　但不要因为圣路易的虔诚，就把他想象为成天板着脸的苦行僧。实际上，路易九世性情欢快，喜欢与人开玩笑，并不是石头雕像中呈现的那种严肃凝重的君主形象，也不是形销骨瘦的苦行修道者。而且，他的性格可能有些暴躁，有时甚至显得咄咄逼人。当然，宗教关怀未曾使他片刻忘却自己的王权，尽管致力于将王国建立在基督教原则之上，但需要在教宗和教会面前立威时，他却从不犹豫。他觉得，在自己的王国，他只对神负责。

传说圣路易是个热爱学习的人,毕竟单靠匹夫之勇是建设不了一个强大的王国的。他经常跟他的礼拜堂神父、出身低微的索邦(Sorbon),跟儒安维尔,长时间讨论修辞和语言问题,并试图把这个好的习惯传给自己的孩子,尤其是长子、未来的腓力三世,一本题为《圣路易训子录》(*Enseignements de Saint Louis à son fils*)的书还传到了今天。圣路易尤其喜欢跟13世纪发展起来的托钵僧团来往,并从中遴选忏悔神父。在与国王来往的僧侣中,多明我会士博韦的文森特因学识而受国王赞赏,方济各会的厄德·李戈(Eudes Rigaud)以道德高尚著称,此人后来还担任了鲁昂大主教。

国王与法学界也有交游,如法学家皮埃尔·德·丰坦纳(Pierre de Fontaines),此人是早期的习惯法汇编《友人鉴》(*Conseil à un ami*)的作者之一;还有在奥尔良任教的法学家雅克·德·雷威尼(Jacques de Revigny)。总的来说,法学家阶层的出身相对低微,但他们在君主制国家中发挥了巨大作用。这些随从大多来自无名阶层,《法兰西大纪年》中讲述了艾蒂安·布瓦罗(Etienne Boileau)这个著名的例子。此人可能是小贵族出身,曾在奥尔良担任普雷沃,以睿智著称,1261年被擢升为巴黎的普雷沃。这些法学家和文职顾问都对王权怀有很深的责任感。

路易在位44年,在这漫长的岁月里,他的观念和行动并不都是一致的。在政治方面,这44年可以分为好几个阶段,路易于1247年参加了第七次十字军,这次行动持续到1254年。这次十字军的失败对国王打击很大,他觉得神开始抛弃他,他应该重新赢得神的眷顾。在随后的日子里,路易几乎过着某种忏悔的生活,他纠结于两个问题:我犯了什么错?我的臣民犯了什么错?不过,从执政早期就已开始的政治改革仍然在继续,但后来打上了某种赎罪的色彩,因而政治与宗教的结合非常紧密。在最后一个阶段,即从1260年开始,国王的宗教情绪越发强烈,结果导致了灾难性的1270年十字军,这次行动最终也葬送了他的性命。

2. 青年时代

路易九世是路易八世和卡斯蒂尔的布朗什的次子，他们的长子菲利普 9 岁时夭折。路易八世在位时间很短（1223—1226），但这无损于他的功业，他对纯洁派的十字军行动巩固了卡佩在南方的地位，巴黎作为文化中心的地位也在蒸蒸日上。路易九世登基时 12 岁，由卡斯蒂尔的布朗什摄政，她是金雀花家的亨利二世和阿基坦的埃莉诺的孙女，精力充沛，亲自关心孩子的教育。像几乎所有国王年幼时的摄政时期一样，布朗什也不得不应付大贵族们的挑战，因为王权总是倾向于将地方管理职责委托给普通教士或出身较低的骑士，这些人更具专业知识，也更忠诚于国王，如葛兰（Guérin）修士、巴特雷米·德·鲁瓦（Barthélemy de Roye）和罗贝尔·德·库特奈（Robert de Courtenay）等人就长期为国王服务。这种用人政策自然引发大贵族们的不满。但这些人并不团结。在他们中间，腓力二世和阿涅斯·梅拉尼的儿子菲利普·于尔佩尔（Philippe Hurepel）想成为摄政；香槟伯爵蒂堡五世是个诗人和文人，但他在政治上是个墙头草；试图反叛的贵族中还包括布列塔尼女继承人的鳏夫皮埃尔·德·德勒（Pierre de Dreux），以及南方的图卢兹伯爵雷蒙七世。但如前所述，1226—1227 年南方的叛乱最终以 1229 年的巴黎条约结束。

1235 年，21 岁的路易九世娶普罗旺斯的玛格丽特为妻，这桩婚事当然也有明确的政治考量。新娘是普罗旺斯伯爵雷蒙·贝伦加尔（Raymond Beranger）的女儿，她与卡佩王室的联姻无疑有利于巩固后者在南方的地位，更何况卡佩刚刚在该地立足，图卢兹伯爵和阿拉贡国王依然在觊觎朗格多克。从某种意义上说，国王的联姻巩固了米雷战役的成果。国王夫妇十分恩爱，共育有 11 个孩子。不过王后与母后不同，在政治上不是一个有重大影响力的角色。

1241—1242 年，王国西部的贵族们掀起叛乱，起因是卢西尼昂家的于格拒绝服从国王的弟弟、普瓦提埃的阿尔方斯。南方部分地区虽已被路易八世征服,但局势并不稳定。图卢兹城为重获被取消的特权而反叛,隐藏起来的纯洁派也在蠢蠢欲动。1242年,雷蒙七世跟英格兰国王和拉马尔什伯爵联合,对卡佩的势力发动最后一次进攻,但他的努力失败了。在路易九世的支援下,普瓦提埃的阿尔方斯在圣特(Saintes)和塔伊堡(Taillebourg)两次获胜;一年后的洛里斯和约重申了1229年巴黎条约的条款。1244年,纯洁派的堡垒塞居尔山(Montsegur)在几次被围攻之后终于陷落,200名异端被处以火刑;1255年,路易九世的军队占领纯洁派的另一个重要据点戈里比(Quéribus)城堡,这两次胜利标志着纯洁派的抵抗被瓦解。根据1249年的莫城条约,国王直接或间接控制了南方的大片地区,普瓦提埃的阿尔方斯和他的妻子图卢兹伯爵雅娜是国王在南方的重要代理人。

3. 十字军征战

1244年,路易九世患上了重病,可能是因为在穿越圣通日的沼泽途中染上了疟疾,他发誓,如果痊愈就参加十字军。国王的近臣们试图阻止,但他还是于1248年前往东方。

但是,进入13世纪以后,十字军运动看来已经失去了最初的冲击力。位于东地中海沿岸的拉丁国家处境艰难,它们完全局促于沿海的狭长地带,在缺少人手和资金的情况下,除了与穆斯林妥协别无他途,十字军开始与意大利商人一起充当西欧与中东的联系人了。从12世纪末开始,由萨拉丁奠基、以埃及为基地的艾尤卜王朝就已成为抵御十字军的强大力量,第五次十字军(1217—1221)和皇帝腓特烈二世率领的第六次十字军(1228—1229)收效甚微,只得到了几个城市,不过在1229年的雅法条约中,埃及苏丹把耶路撒冷让给了腓特烈二世。

但1244年,穆斯林再次占领耶路撒冷,孤立无援的各拉丁小国日益限于分裂,其生存只能依靠几个领主率领的十字军。为挽救危局,教宗英诺森四世号召欧洲以武力援助孤悬海外的十字军。几年后,圣路易联合在摩里亚、塞浦路斯及阿克的部队组成了一支三千人的骑士队伍,他的舰队从新建的地中海港口艾格-莫特和马赛出发,在塞浦路斯转港后启程前往埃及,因为路易试图攻打穆斯林势力的核心地带,但此举也有可能是为了迎合他的兄弟阿图瓦的罗贝尔的领土野心。

路易的十字军一开始进展顺利,1249 年 9 月 6 日轻取埃及港口达米耶特,这时苏丹提议交还耶路撒冷,十字军不予理睬,继续向开罗进军。但很快就遇到困难。1250 年 2 月 9 日,沿尼罗河东岸进军的部队在曼苏拉(La Mansourah)城堡遭遇惨败,阿图瓦的罗贝尔战死。不断遭受埃及军队的袭扰,加之坏血病和疟疾,导致大量减员,圣路易的军队已经走投无路,只好投降了。国王和部下被俘,支付的赎金总额高达 40 万拜占庭金币。不久,摄政的母后卡斯蒂尔的布朗什于 1252 年死去,但国王仍在东方滞留到 1254 年,因为中东政局的变动可能让他觉得有机可乘。1250 年,马穆鲁克王朝在埃及立足,新王朝与大马士革的艾尤卜残留势力关系紧张。圣路易的确取得了一些成绩,他恢复了拉丁各国在地中海沿岸的堡垒,但回到法国时,这点微不足道的成就就因为拉丁国家的分裂、新来的蒙古人的进攻而近乎灰飞烟灭了。

圣路易发动的第二次十字军运动是从 1267 年开始筹划的,他花了三年时间筹备经费、准备给养和远征必需的武器。1270 年 7 月 1 日,路易再次从艾格-莫特出发,这个港口已经成为卡佩在地中海的桥头堡了。但这种影响力无疑让国王的幼弟安茹的查理很是称心,因为后者于 1268 年成了西西里的国王,他当然希望在邻近的地中海沿岸看到自己家族的影响力。圣路易的最后一次十字军在突尼斯登陆,他可能想让突尼斯皈依基督教,作为制衡埃及的一支力量。但 8 月 25 日,他在围攻该城时死于斑疹伤寒。安茹的查理为了照顾自己在地中海的利益,随即跟穆斯林缔结了一个条约。

欧洲的十字军运动并未随圣路易的死去而立刻终止。英国的爱德华亲王在圣地的行动仍然让基督徒在东方的存在延续了多年,但十字军运动已经不能在舆论中激起热烈和一致的反响了。1251 年的牧童十字军曾在法国北方激起民众的宗教热忱,当时他们因为国王被俘而激动,但十字军一到加斯科尼就被大量屠杀。还有一点非常重要:国王发动的十字军已经不得人心,因为每次行动都意味着要征收沉重的捐税,甚至要对教会的财产征税。13 世纪后期法国的政治格局、宗教和社会情绪已经不同于 11 世纪末,支撑十字军的动力在逐渐耗尽。1291 年,中东的最后一个基督教堡垒圣约翰-阿克向穆斯林投降,延续近两个世纪的十字军运动结束了。

4. 仲裁者与和平缔造者

无论是在王国内部还是在外部,圣路易当时都扮演着仲裁者的角色,根据当时人的说法,他是和平的缔造者(apaiseur)。

1254 年回到法国后,路易俨然成了欧洲外交的仲裁者——如果使用外交一词没有犯时代错置谬误的话。这种地位的获得,既是因为他的个人威望,也是因为其对手的虚弱,尤其是帝国的衰落:1250 年腓特烈二世死后,君主职位的觊觎者们打得不可开交,霍亨施陶芬家族王朝于 1268 年消失后,选帝侯们没有达成选举新皇帝的协议,这就造成帝国历史上的大空位期(1250—1273)。在欧洲各地,路易九世都以提出仲裁的形式来处置纷争。1256 年在佛兰德尔,圣路易以佩罗那裁决(Dit de Peronne)解决了佛兰德尔和埃诺之间的争端;在英格兰,他于 1264 年介入国王与反叛的男爵们之间的冲突。

圣路易尤其想解决跟英格兰和阿拉贡之间悬而未决的难题。为此他与英格兰国王亨利三世进行了为期五年的谈判,并于 1259 年达成了巴黎条约。表面上看,这个条约对卡佩王朝并不有利。英格兰国王仍然保有基耶内,他还得到了法国国王在利摩日、卡奥尔和佩里戈三主教区的所有领地和采邑。如果普瓦提埃的阿尔方斯死后无嗣,他还将得到阿热奈和圣通日地区。最后他还得到一笔维持 500 多骑士的巨额资金,为期两年,其名义是"为神、教会和英格兰王国服务"。作为交换,亨利三世放弃诺曼底、安茹、图兰、曼恩和普瓦图。尤其重要的是,亨利承认,自己因为在大陆的所有领地而优先效忠于法国国王(homme lige du roi de France),这就意味着,他刚刚获得的采邑和基耶内的封君是法国国王。

为什么路易主动选择和谈,并在处于强势地位时让步了呢? 根据儒安维尔记载,他的近臣曾责备他,国王因而不得不在议政会上说明理由。有些历史学家也批评圣路易的让步,他们指责条款太有利于英格兰,而且为日后百年战争埋下了伏笔。不过,从当时的局面看,百年战争确实难以预见。首先,金雀花家族从来没有停止对法国的土地要求;另一方面,卡佩家族在占有诺曼底、曼恩、安茹和普瓦图时并无其他的依据,除了1202年腓力二世发布的采邑没收令。从这个角度来看,巴黎条约确认了征服后形成的局面。还应该注意到,到13世纪,书面的法律文化已经相当发达,它已经比口头传统乃至事实状况更为重要,因此巴黎条约有利于巩固腓力二世以来卡佩王朝取得的领土扩张成果,并在卡佩和金雀花家族之间建立了新的关系。据儒安维尔记载,圣路易当时这样解释:"我给他的土地,就毫无保留地给了他,为了在我的孩子和他的孩子之间,为了在兄弟之间建立爱的联系。我觉得我给予他是正确的,因为他过去不是我的人,现在则向我效忠了。"看来圣路易很清楚地意识到,有意识地分封利益和奖赏可以保证封建附庸效忠关系;更何况这样做之后,血缘关系和两个家族之间的联系又增强了。从卡佩收复诺曼底以来,英格兰国王就不再是法王的附庸了,基耶内并不是受封自卡佩的采邑——但现在它是了。正因为如此,英格兰对因为基耶内而产生的义务是有保留意见的。但不管怎样,1259年12月4日,亨利三世向圣路易效忠了。

与阿拉贡的关系方面,根据1258年的科尔贝伊(Corbeil)条约,圣路易放弃鲁西永和加泰罗尼亚,这两个地区转归阿拉贡国王,后者则放弃在图卢兹伯爵领的权益,但蒙彼利埃城除外,他依然保留着这座城市。为了巩固南方的和平,1262年,圣路易的长子、未来的腓力三世跟阿拉贡的伊莎贝尔结婚。

在王国内部,圣路易也努力践行这种和平理念。在他看来,正义与和平不可分割——可能他的顾问们也是这样认为的。为了抑制贵族的私战、建立个人之间的和平,国王开始承担和平担保者的角色,他是法官,是仲裁者,他要求犯有杀人罪的人前来口头请求他的宽恕。1258

年,国王开始采取重大措施,以禁止"任何战争和纵火,以及任何骚扰土地耕种的行为"。这些举措涉及私战的规范,对复仇的限制,支持asseurement 的做法,即宣誓不攻击敌人,违者受司法追究。国王还试图禁止佩带武器,无论是贵族还是非贵族。其他的立法措施旨在改善司法过程,以"使每个人得到应有的权利"。司法调查在发展,神判法在司法程序中的地位在减弱,司法决斗受到谴责。

在法国的民间记忆中,作为法官的圣路易的角色尤其突出:他坐在万森的橡树底下审理案件,不管罪犯的社会地位如何。有一个流传甚广的故事:1259 年,三个年轻的教士闯入顾希地方的禁猎地狩猎,该地的领主昂哥朗四世(Enguerrand Ⅳ)非法对他们处以绞刑。国王下令逮捕这个曾追随他在埃及作战的贵族,并在巴黎审判昂哥朗,后者被判数额极高的罚款,这些款项被用来设立慈善机构。这一惩戒措施甚至引起男爵们的不满。尽管国王的法令并不总是能得到执行,贵族们总想保留自己的各种特权,但法令本身无疑体现了王权的改革意愿。

5. 改革者圣路易

1247 年,在率领十字军前往东方之前,路易派遣调查人员收集有关王家官员滥用权力的控诉性意见。这些调查人员每两人一组,有点像加洛林时代的特使(missi dominici),也像当时托钵僧团的活动形式。当时的调查结果大部分保留了下来,这些珍贵资料可以反映当时王室领地的居民是如何看待初生的国家的。臣民们描述了自己的困难,他们将国王视为公正的源泉,但往往抱怨国王官员的劣政。从某种角度看,这种调查(enquêtes)是一种统治手段,它在国王和开始自认为是其臣民的居民之间建立起了直接联系。①

1254 年,路易从东方返回后颁布了大敕令(Grande Ordonnance),这

---

① Cf. Marie Dejoux, *Les enquêtes de Saint Louis. Gouverner et sauver son âme*, Paris: PUF, 2014.

种法令后来成为重要的立法和制度建设形式。这部最早的大敕令规定了王国的行政框架。路易继承和发扬了由其祖父腓力二世开创的事业：这就是腓力二世于1190年十字军出征前设立的巴伊制度。巴伊一开始是巡视官员，并无固定的辖区，而现在，巴伊的权限实现了"地域化"，就是说，他们是在界线相对明确的地域内行使其权威，这种区划在北方称巴雅日(baillage)，南方称塞内绍(sénéchaussée)。他们是一种由国王挑选并支付薪水的官员，可以被撤换，并需要向国王宣誓。巴伊和其南方的同行塞内沙尔(sénéchal)的权力是多方面的，作为军事代理人，他们招募附庸军队，即 ban 和 arrière-ban；在财政方面，他们负责为国王征收王室领地的税款。不过，巴伊和塞内沙尔首先是"国王的审判官"，他们在当地名流和专业法官的协助下，开设重罪法庭审理重大案件，判决由执达吏负责执行。

但必须指出的是，国王新设的官员并没有取代此前已经存在的官员，特别是管理王家领地的普雷沃。这是法国中世纪和旧制度时代制度建设的一大特征：王权的新决策很少取缔此前形成的机构，而主要是将新制度添加到旧制度之上，这就导致管理制度的复杂化。国王的官员的权力很容易跟地方特权相互渗透和扭结，如他们会为地方特权辩护并为自己牟取特殊权益，并且习惯于把自己的职务视为一种报偿。从某些方面看，官职也像封建时代的采邑一样，是一种 beneficium，即"好处"。因此，旧制度时代出现的大规模的官职买卖现象绝非偶然，它与中世纪的行政—政治心态是一致的。从这个时候就已出现的"立新但不破旧"的制度发展模式，注定使这个君主制国家在其未来的岁月中承受巨大的负担。

应该强调的是，圣路易的政治行为总是带有宗教和道德考量，1254年的敕令同时也是某种行政道德法典，它尤其强调巴伊的选任应有利于塑造清廉的局面。泛道德化体现在这位圣徒国王的诸多政策上，如规范妓女行为，谴责赌博和高利贷现象，对渎神者实行严厉惩罚。

在经济领域，圣路易的货币政策为他赢得了持久的名声。在12世纪,法国通行的货币种类繁多,同一地区往往好几种通货并行。勃艮第有6个造币厂,香槟伯爵领有5个。德尼埃的成色经常遭篡改,虽然它到处泛滥,但大宗交易中成为不堪使用的小额劣币。到12世纪末,通货流通的加速、流通过程中的自然淘汰以及人为的努力,都有利于规范和稳定货币体系,使其适应商业交往的实际需要。此时的王权在货币政策上顺势而为,促进了币体制的简化进程。在这一过程中,作为王家货币的"巴黎币"及随后的"图尔币"发挥了首要作用。王家通货很快就打入各地,无论是在阿图瓦还是在朗格多克。1262年,圣路易以法令形式宣称他的货币通行全国、而领主货币只通行于自己的领地,但这基本上只是对既成事实的确认。圣路易死去时,虽然货币多样化的局面仍然存在,但主要货币彼此间都确立了简单的兑换关系,而且都在向王家货币让步。此外,国王还保有制造新的重型货币的权利。

与后来美男子腓力对货币的操纵相比,圣路易时期被视为一个币值稳定的黄金时代。不过从很多方面看,由于缺乏相应的政策工具,王权甚至连最简单的强制意愿都无法兑现,很多此类改革难以实施。公平地说,圣路易时代更多是树立了一种榜样和理想,尤其是在赋予权力以道德和宗教上的合法性方面。只是在这个意义上,圣路易的改革时代才可以成为一个理想政府的参照系。

6. 隐藏的危机

1270年圣路易死去时,君主制国家的建设已经开始并初见成效。国王草创了一套政府机构,并开始依靠效忠于他的官员来治理国家。国王坚称自己是司法(或正义)的源泉,并通过发布敕令(ordonnaces)行使立法权。原则上说,敕令的条文适用于整个王国,但这并不意味着国王拥有实施其政策的全部工具。在给长子的训示中,圣路易提到,公正的国王应使任何人不受伤害,应致力于确定所有人的权利和义务,无论弱者还是强者。因此国王首先是正义与和平的维护者,他首先是个法官和裁决者。但他没有提到以何种物质手段、首先是财政手段去履行这一角色。或者说,他想到的只是自己作为王室领地的领主而获得的收入,因为国王"靠自己生活"。但是这种观念很快就要过时了。在一个相对稳定的时代,它很能迎合人心,但显而易见的是,国王无法应对刚刚开始的政治官僚化所需要的经费,这是君主制的财政面临的一大难题。

更何况经济困难已经显现,领主收入开始进入下行道。大垦荒运动已陷入停滞,农业生产的发展在绝大部分地区都已遇到瓶颈,人口增长的压力却一直存在。制造品价格和工资在上升。领主收入开始缩水,陷入困境的小贵族数量增加。1280年左右,鲁昂、奥尔良、贝奇埃等城市的市民反叛就是对经济困难的一种反应。在佛兰德尔,衰退的迹象在呢绒工业中很明显,这个行业尤其依赖于从英格兰进口的羊毛。1270—1274年,佛兰德尔各工业城市陷入危机,暴乱随即到来,尤其是在布鲁日和杜埃。暴乱牵涉政治和族群对立。弗拉芒人控制的同业公会煽动暴乱来打击亲法的市民,这些亲法派叫作Leliaerts,即百合花派(fleurdelyses)。这种性质的暴乱很自然地发展成新的冲突源泉,因为国王随时可以介入。

作为西方金融中心的香槟集市也已走向衰落。衰落的原因是多方面的。1278年,北方的工商业中心布鲁日与地中海各城市建立了直接的海运联系,不过在当时它还不是决定性的,因为新航路要到1320年之后才常态化。米兰和佛罗伦萨的呢绒工业的发展可能是更为重要的因素,这与香槟集市出售的弗拉芒呢绒形成了竞争。最后,巴黎和朗迪集市对一些富裕商户来说很有吸引力,王国的首都逐渐发展成重要的贸易中心,但大部分贸易掌握在伦巴第人手中。

在教会内部,稳定和平衡的时代似乎过去了。1274年,里昂公会议确认了一项重要制度:为了保证教宗的独立,枢机们将举行封闭的会议(conclave),直到选出新教皇。但教会的支柱在动摇。托钵僧团受到批评,因为他们变得很富有,原则上他们应恪守清贫。在方济各会内部,一些人试图回归极端的贫困守则,由此形成了"严厉派"(spirituels,或称属灵派),他们的势力在法国南方和意大利尤其大。在他们看来,基督的王国不在尘世,他们还批评教宗的奢侈。在巴黎,大学迷失在世俗教师和托钵僧团的争吵中,双方因课程竞争打得不可开交。思想运动也开始步入怀疑主义阶段。在巴黎,布拉班的席格尔(Siger de Brabant)在阿威罗伊翻译的亚里士多德的影响下,主张世界是永恒的,而不是神的创造,宗教中有迷信的成分。这些理论 1277 年受到教会的谴责。同时,阿奎那的某些理论也受到批评,这标志着调和信仰与理性的努力走到了尽头——何况教会本来就对学术和思想自由持怀疑态度。

第九章　晚期卡佩与中古盛期政治史总结

如果说 14 世纪有哪个日期可以作为法国历史真正的分水岭的话，1348 年黑死病爆发的那一年大概是最合适的选择。1328 年，查理四世死去、卡佩王朝的终结，就像 987 年于格·卡佩当选国王一样，即使从政治发展史的角度，也未必算是标志性和决定性的事件。但如果把观察的时段拉长一点，晚期卡佩的确标志着一个时代的结束，从很多方面看都是如此。

第一节　晚期卡佩诸王

1. 菲利普三世时代

菲利普三世外号大胆者(hardi)，这个称号主要是因为他作战时的勇敢，而非其性格的坚定。菲利普是圣路易和普罗旺斯的玛格丽特生的第二个儿子，只比他哥哥路易小一岁。在路易于 1260 年死去前，菲利普并没有被当成国王来培养。随后圣路易在菲利普的教育上倾注了不少心血，但后者并没有表现出作为一个出色国王所必需的能力。1270 年，菲利普随父亲参加十字军，在父亲和弟弟让·特里斯坦(Jean Tristan)死在突尼斯之后，他于 1271 年回到巴黎，并于 8 月 15 日在兰斯加冕。

菲利普虽然没有父亲的魅力,但他仍然继续圣路易的政策,圣路易任命的官员也继续留任。1270—1271年,普瓦提埃的阿尔方斯和他的妻子、图卢兹的雅娜先后死去,没有留下继承人,根据此前的条约,菲利普兼并了这对夫妇领有的普瓦图、奥弗涅和图卢兹等领地,使得王室领地大为充实。在对外政策方面,他继续利用封建法来加强法国君主的政治地位:1272年英格兰国王爱德华一世即位,并"为他所有从法国王权获得的土地"而向菲利普效忠。

在菲利普三世时期,宫廷政治气候的变化为此后的王朝政治蒙上了阴影,此时的宫廷开始变成各大家族之间派系争斗的舞台。早期的宫廷派系是由国王的母亲玛格丽特支配的,她在菲利普即位之后的数年之中仍然拥有强大的影响力。菲利普三世的第一任妻子、阿拉贡的伊莎贝尔(Isabelle d'Aragon)于1271年在十字军的归途中死去,菲利普迎娶的第二任妻子、布拉班的玛丽(Marie de Brabant)成为宫廷政治的主角。国王本人则受到其宠臣皮埃尔·德·拉布罗斯(Pierre de La Brosse)的操纵,此人是先王圣路易的侍卫长。1276年,国王率军进攻卡斯蒂尔,相传皮埃尔有通敌行径,于是他失宠了,两年后被处以绞刑。这一带有表演性质的处决宣告了一个新时代的到来:为国王服务的暴发户可以一夜之间飞黄腾达,也可以转瞬之间身首异处。他的命运完全依赖于国王的喜好。

在南方及地中海方向,路易八世以来卡佩王朝的影响力便不断扩展,但在菲利普三世时期,这一势头受到抑制,几乎与这位法国君主同时在位的阿拉贡国王彼得三世的成就让前者相形见绌。在西地中海地区,圣路易的弟弟、安茹的查理是法国扩张政策的主要工具。查理的妻子、普罗旺斯的贝阿特丽丝(Beatrice de Provence)是圣路易的王后的妹妹,也是普罗旺斯伯爵最后的继承人,因此查理很有理由觊觎普罗旺斯。他很快就在这里立足,并把普罗旺斯变成在地中海扩张的基地。圣路易在位末期曾支持自己的幼弟在地中海的冒险行动,而教廷也一度想利用查理来对抗皇帝的势力。在教宗英诺森四世的召唤下,查理于1260年代着手征服西西里王国,他打败霍亨施陶芬家族的最后一位男性继承人康拉德(Conradin)并将其斩首。1268年,查理成了那不勒斯和西西里的国王。

为了巩固自己在西地中海的地位,查理追随圣路易参加了后者的最后一次十字军行动;与此同时,查理还向东地中海伸展势力,企图在圣地替各拉丁小国收拾残局。但在西西里,查理带来的法国和普罗旺斯体制很不得民心,反对派与皇帝的支持者和查理的竞争对手阿拉贡国王彼得三世联合,图谋推翻查理的统治。彼得还娶了霍亨施陶芬家的女继承人康斯坦斯(Constance)为妻。1282年春,西西里发生著名的晚祷起义,5月30日,冲突达到高潮,巴勒莫的西西里人屠杀了该城的法国人。就在反叛运动席卷整个岛屿时,阿拉贡的彼得三世在西西里登陆。教宗再次召唤卡佩家族前往支援,并对彼得三世施以绝罚。作为安茹的查理的侄子,菲利普三世响应了教宗的召唤。但是,1285年9月,菲利普的舰队在加泰罗尼亚海岸附近的拉斯佛米加(Las Formiguas)战役中被击溃,国王也染上了痢疾,法军撤到佩皮尼昂,菲利普便死在那里。同年年初,他的叔叔安茹的查理也在意大利死去,没有实现夺回西西里的宏愿。不过安茹王朝在意大利南部一直维系到中世纪末。

2.“被诅咒的国王们”

菲利普三世和安茹的查理都曾追随圣路易参加十字军。但是,这种带有普世色彩的基督教政治和文化运动在13世纪末似乎走到了尽头。1284年,博韦大教堂高达48米的哥特式祭殿穹顶垮塌;1291年,基督徒最终从圣约翰-阿克被驱逐,圣地的拉丁国家灭亡。这昭示着西欧世界基督教外部扩展势头的消退,它开始分裂为民族国家。在这一新的历史趋势中,曾在十字军运动中扮演关键角色的法兰西王国具有典范意义。

腓力四世是卡佩晚期在位时间最长的君主(1285—1314)。菲利普三世的长子路易于1276年早夭,当时8岁的腓力就成为王位继承人。腓力四世之后的三位卡佩君主都是他的儿子:“执拗者”(le Hutin)路易十世(1314—1316)、"长人"(le Long)菲利普五世(1316—1322)和美男子(le Bel)查理四世(1322—1328)。查理死后,卡佩家族无男性继承人,君主国的王位转入瓦卢瓦家族。

　　腓力四世广为人知的外号是"美男子"(le Bel),据说这的确是因为他的外貌俊美。但他还有另一个外号:"铁王"(Roi de fer),这是因为他的性格坚定。尽管这些外号听起来都不错,但在法国的史学传统中,腓力四世父子的声望却十分糟糕,他们在位期间的一系列举措和丑闻给他们留下了恶名,20世纪50—70年代,作家德吕隆(Maurice Druon)发表了有关这几位卡佩末代君主的历史小说,标题为《被诅咒的国王们》。①不过,当代历史学者们认为,这几位卡佩君主的统治也是国家建设的一个重要时期,他们致力于对整个法兰西王国实行统治,而不仅限经营王家领地,尽管这片领地仍在扩大。他们在制度建设方面也有所贡献,而且开始尝试将王权和民族—国家意识结合在一起。在政治史上,1300年是个具有转折意义的年代。

3. 美男子腓力

　　腓力四世活着的时候,有关他的争论就开始了,而且他本人对此并非没有意识。他的政治对手、帕米埃的主教贝尔纳·塞瑟(Bernard Saisset)曾评论说,腓力既非人也非兽,而是一根冷冰冰的雕塑。教宗卜尼法斯八世(1294—1303)则称他是"伪币制作者",在当时和后世人的心目中,腓力四世在位时代的标志就是货币波动。巴黎的若弗瓦(Geoffroi de Paris)和皮埃尔·杜布瓦(Pierre Dubois)都曾抨击他受"邪恶顾问"的摆布,而且这些文字流传很广。对后世历史学家而言,这就提出了一个问题:当时统治国家的到底是国王还是他的顾问们(conseillers)?

　　美男子腓力时期的另一些事件更加引人注目。首先是国王与教廷的冲突。1303年,腓力的心腹纪尧姆·德·诺加莱(Guillaume de

――――――――――
① Maurice Druon, *Les Rois maudits*, Paris: Plon, 2014.

Nogaret)带人前往意大利的阿纳尼,企图逮捕在那里居住的卜尼法斯八世,在一番令人发指的暴行过后,教宗惊恐而死。再有就是1307年对圣殿骑士团成员的逮捕和审讯。这些轰动一时的案件针对的是宗教机构,人们从中似乎可以看到国家权力走向世俗化的影子。国王身边的顾问的影响似乎也可以佐证这一点。这些人就是当时的"法学家"(légistes),他们会以政治理由,尤其是为了国王的财政而毫不犹豫地对教会采取行动——何况腓力四世的财政已经陷入了无法摆脱的困境。但这些现象发生在路易九世死去仅仅三十年之后,而且他的封圣正是发生在腓力四世时期。因此需要对腓力四世时代的政治作更为细致的分析。

首先是对"法学家"的问题。评估腓力四世的法学家的影响是件困难的工作。当代历史学家让·法维耶(Jean Favier)认为,在当时,这个词仅指研习过罗马法且进入了国王廷臣圈子的人。比较有名的如先后担任掌玺官的皮埃尔·德·贝尔佩什(Pierre de Belleperche)和皮埃尔·福劳特(Pierre Flote),以及上文提到的纪尧姆·德·诺加莱,他们都在奥尔良和蒙彼利埃的法学院讲授过罗马法,大学和复兴的罗马法成为辅佐王权的重要工具。但这些人的政治地位比传统的看法更为复杂。19世纪的历史学家基佐(François Guizot)和奥古斯特·梯叶里(Augustin Thierry)认为他们是市民,是第三等级的代表,他们在这些人身上看到了七月王朝的先驱。米什莱(Michelet)则认为他们已经预示着现代世界的产生。这个上升的资产阶级将把君主制引向绝对主义,同时削弱贵族和教士。美国历史学家约瑟夫·斯特雷耶的研究表明,腓力四世时期的法学家并非独一无二的群体,他们与其他权力集团并不构成截然对立的关系,在后一类当中,有国王的兄弟瓦卢瓦的查理这样的大贵族,有高舍·德·夏迪永(Gaucher de Chatillon)之类的佩剑贵族,还有昂哥朗·德·马里尼(Enguerrand de Marigny)这样的小贵族骑士,这个人在美男子在位末期权倾一时。权势集团中还有一类特殊的角色,这就是来自意大利的银行家,如当时人称的伦巴第人"牝鹿和苍蝇"(Biche et Mouche)。

从社会史的角度来看,大部分法学家出身贵族,或者很快就跻身贵族阶层,他们是"法律骑士"(chevaliers ès loi)。例如,1296年开始担任掌玺官的福劳特就是贵族出身,并与自己的同僚一起在1302年的库特莱战役中战死。因此,严格说来,这些法学家不是基佐等人眼中的资产阶级,也不是贵族阶层的竞争对手,他们就是后者的一部分,或者认同后者的价值观。另外,与广泛流行的看法相反,法学家们也不是地道的"世俗国家"的支持者。实际上,在当时的宗教—心态氛围中,政治难以完全与宗教脱钩。他们普遍认为,为国王服务是为了更好地服务于上帝,对于他们,国王和国家是为上帝服务的,国王有责任引导人民得救,应该努力协助他完成这个任务。不过,这一宗教—政治理想也可能引导法学家们坚定地反对包括教宗在内的教士,如果他们认为教会的政策有悖于国王的利益的话。从这个意义上说,法学家们可能是反教权主义的,但他们并不是反宗教的世俗主义者。

这种立场与王国政治的实际状况也是匹配的。自圣路易以来,"国王与祭司"(Rex et sacerdos)的完美融合理念开始成为卡佩国王们的一种自我认知,王权与宗教神秘性的结合更为紧密了:国王深感自己是上帝的选民,加冕时他须宣誓完成拯救之使命。从这个意义上说,腓力四世是否真正的统治者,其实是个表述并不准确的问题,因为国王和他的顾问们都致力于建立基督教的政治秩序。于是国王的下列举止就可以理解了:1297年,腓力四世促成了祖父路易九世的封圣。他自己也是个虔诚的国王,严格履行宗教仪式,1305年王后香槟-纳瓦尔的雅娜(Jeanne de Champagne-Navarre)死后,他更倾向于宗教神秘主义了。他根本不是世俗国家的代表,而是某个神秘团体的首脑,这个团体在他看来就是法兰西王国,他的所有政治行为都不会逾越基督教的维度。他从小生活的宫廷中依然有关于圣路易的记忆,而且接受过《君主之鉴》(Miroirs des princes)中的神学教育,这些传统塑造了他关于理想君主的想象。虽然腓力四世时期出现过逮捕圣殿骑士团这样的暴行,但并不能由此断定他是个专制主义者,他一直注意笼络贤能之士,斯特雷耶甚至认为他想成为某种"立宪君主",尽管这个想法与实际作为距离很远,尤其是在面临财政困境这样的难题的时候。

4. 财政问题

腓力四世在位三十年间放弃了圣路易的和平政策,不断在王国周边地带向自己的对手发起挑战。在西南方向,卡佩的代理人持续向英王的领地加斯科尼等地渗透;在北方,腓力试图从佛兰德尔各城市获取钱财,结果导致这个工商业地区居民的激烈抵制,1303 年 7 月 11 日,根本不理睬骑士战争规则的市民击溃了佩戴"金马刺"的法国骑士,200 余名贵族战死。这次战败引发了国王对佛兰德尔地区持续不断的报复。1304 年,国王在佩维尔的蒙斯(Mons-en-Pévèle)获胜,根据随后的和约,里尔、杜埃等地并入王室领地。但是,这个条约带来的和平不得人心,因为,为了维持在佛兰德尔的驻军,国王对当地居民征收沉重的捐税,而且这些负担并没有明文规定下来,

到美男子腓力的时代,军事行动意味着金钱开支。根据皮埃尔·杜布瓦的说法,"受到不良顾问蛊惑"的国王养成了一个坏习惯:向"伯爵、男爵和各种大小骑士"分发薪资(gages),好让他们为自己作战,而这些人本来应该靠自己领地的收入支付这些开支的。这是一个非常重要的转变——而我们在布汶战役中已经看到这个苗头——传统的封建军队(ost)已经难以应付幅员日益辽阔、抱负越来越大的君主国的需求。与此相应的是,国王传统的财政手段也显得捉襟见肘了。

国王的收入主要有这几项:(1) 日常收入(revues ordinaires),即国王从自己领地抽取的收入,相当于领主征收的捐税,如年贡(cens)、租金(rentes)、森林水源使用税、军役税(tailles)、专营税(banalités)、司法费用、路桥费;(2) 国王特别征收权(régales),如主教出缺时国王代为征收所得的收入。腓力四世在位时期,这些收入当然有增加,但不足以应付开支的增长。开支的增长一方面是因为价格飙升所致,尤其是奢侈品涨幅更大,另一方面是直接由君主支付薪金的官员数量增加了,官僚化带来的代价是沉重的。

为满足新的需求,国王和他的顾问们想出了几个方法,试图改善王室领地收入,即增加"日常收入"。具体办法是要求地方官员巴伊和塞内绍们定期报账,每年三次。设在巴黎的王国金库的管理也有所改善。但这些手段都太原始,因为当时还没有必备的财政知识,对王国的人口、经济等基础状况缺乏最起码的了解。宫廷的财政政策所遵循的只有一个原则:尽最大的可能尽快地获得更多的收入。于是一系列的"特别"(extraordinaire)措施被发明了出来,如借款、根据封建法传统要求特别捐助(aides)、针对教士征收所得税(décimes)、花样繁多的个人免役捐税(subsides),另外就是操纵货币。不过,这些办法不是全面、统一的普遍政策,其实施也不具有连续性。

上述所有措施中,操纵货币最不得人心。在圣路易末期,法国转入金银双元制,它拥有强势货币,同时并行流通的还有含铜量很高的铁质"黑币"(monnaie noire)等辅币。在强势货币中,大银币重4.2克,价值12个图尔德尼埃记账货币;金埃居重4.1克,价值10个图尔记账苏。金银之间的比价与商业比价相等,均为1∶9。到13世纪末,经济恶化,贵金属稀缺,价格上涨,但它们涨价的幅度不同,这就改变了最初两种金属的比价。于是,握有铸币权的君主和诸侯们就有了上下其手的机会。从1290年开始,腓力着手操纵货币,他改变货币的名义价格,即与记账货币之间的比价,后者的单位是利弗尔、苏和德尼埃;另一个手法是减少流通货币中的金属成色。这就引发通货膨胀,固定租金的价值缩水,而债务负担者从中得利。

但是,这些操纵货币的手法并不是一以贯之的政策,国王还时而试图重返圣路易的"优良货币",这就使得币制更形混乱。大体来说,1295—1296、1303年是货币贬值期,1306年是重振期,1311年再次贬值,1313年又开始升值。货币的不稳定导致民怨沸腾。1306年,当国王试图重建强势货币时,巴黎人围攻其金库所在地坦普尔,为国王操持金钱事务的巴贝特(Barbette)的宅邸也被围攻。靠固定收入生活的领主阶层理所当然地认为货币贬值不是件好事,重回圣路易时代的良好货币便成为一项政治诉求。在这种氛围下,国王的顾问们就成为货币混乱的责任人。但美男子腓力只是为后来的君主们操纵货币开了个头。

5. 与教廷的争端

财政困难是理解腓力四世一系列政策的关键,也应被视为他与教宗的冲突(1294—1303)和1307年逮捕圣殿骑士团的重要背景。美男子腓力与卜尼法斯八世的这场争吵,一定程度上可以解释当时的政治理念。冲突首先是意识形态方面的,是王权的宗教性质与教宗声称的神权政治之间的对立。国王称自己是王国"所有人唯一的牧灵者",这与教宗的理念是矛盾的,根据奥古斯丁的传统,教宗以为自己才是所有基督徒的首领。另外,教宗担心基督教统一体有瓦解的风险,并不惜一切代价重启十字军运动。当然,基督教统一体和精神权威至上的论点并不新鲜,英诺森三世已经清晰表达过这些看法,后来的格里高利九世和英诺森四世也都重申过。

但另一方面,在实际的政治生活中,教廷堪称君主集权制的先行者,尤其是在财政领域。王权与教廷之间围绕教士所得税的冲突,就是这两个正在兴起的君主制和官僚体制之间的争夺。该税起初是因为十字军而开征的,但此后成了整个基督教世界负担的一种常税。当然,冲突的爆发也有个人性格上的原因。腓力四世和他的顾问们态度强硬,"铁王"的称号并非虚名;卜尼法斯八世出身意大利的古老家族,大部分时光都在教廷度过,权力意志很强。两位性格火爆的君主很容易起冲突。主要的冲突有两次,一个值得关注的现象是,与冲突相伴的还有舆论战。

第一次冲突发生在1294—1297年,起因是财政问题。身陷财政困境的国王为了弥补赤字,一面玩弄货币贬值的把戏,一面要求教士继续征收所得税,但税款归他所有。西多会修士就此事询问教廷的意见。教宗当然想把收入留在教廷,他在1296年的诏书中警告,任何未经其允许而向教士收钱的人都将被处以绝罚。为了反击教廷,腓力四世下令禁止金银输出王国,这就断绝了向教廷输送钱财的可能。但矛盾最终于1297年平息,双方都从原来的立场上有所后退。

　　第二次冲突发生在 1301 年,当时教宗未经国王许可便任命贝尔纳·塞瑟为帕米埃主教,随即国王的官员逮捕了塞瑟,并指控他叛国。这个案件是教俗最高司法管辖权之间的竞争。按常规,所有涉及教士的案件都归教会法庭审理。于是教宗大怒,并于 1301 年颁布诏书,以捍卫教会的权利。腓力四世则寻求舆论的支持。1302 年 4 月,法国的教士、贵族和市民"三个等级"在巴黎圣母院举行聚会,商讨如何回应那份宣称国王必须服从罗马主教的诏书。教宗进一步为斗争加码,于 1302 年 11月 18 日发布《唯一的圣者》诏书,这篇神学小论文重申了第四次拉特兰公会议的思想:"只有一个教会,在此之外无人可以得救",教宗的权威至高无上,唯有他在尘世掌握直接来自神的权威,唯有他可裁决世俗权威而不被后者裁决。腓力还被施以绝罚。1303 年,腓力再次在巴黎召集会议,此时各种争论小册子层出不穷,它们指责卜尼法斯八世是异端,是他策划了前任被解职的阴谋。在罗马,科罗那(Colonna)家族也支持腓力四世对抗教宗。1303 年 9 月,腓力的亲信纪尧姆·德·诺加莱前往阿纳尼,随后便发生了前文提到的惊人一幕。

　　这两次冲突包含着新的政治意义。腓力四世试图表明,他是这个王国的司法和财政事务的最高主宰,他甚至要成为精神上的主人,因为他宣称是法国教会的首脑,而且,法国的主教们也在宣誓追随他,这是法国教会的自治主义——高卢主义——的明确表达。另一个重要的新现象是舆论动员。宣传战的参与者大部分是国王的支持者,而在教宗的支持者当中,有坚定的神学家罗马的吉尔斯(Gilles de Rome)和雅克·德·威特波(Jacques de Viterbe),以及温和派人士、多明我会修士巴黎的约翰(Jean de Paris)。王权的辩护者们大多以"某个教士与某个骑士之间的辩论"的形式展开论述,作品大多为匿名。从这个意义上说,腓力四世和教宗的冲突已经预示着现代政治生活中的舆论操控术。[①]

-----

① Gianluca Briguglia, *Le pouvoir en question*:*Théologiens et théorie politique à l'époque du conflit entre Boniface VIII et Philippe le Bel*, Paris: Belles Lettres, 2016.

6. 圣殿骑士团案①

圣殿骑士团是十字军东征的产物,1120 年成立于圣地,称"所罗门圣殿的基督的穷苦骑士团"。在 12 世纪,西方世界向它大量捐赠,骑士团的成员遍布圣地和西方的一些要塞。由于需要从西方向东方转运钱财和物资,圣殿骑士团成了这方面的专家,连法国国王也将王家金库交由它代管(直到 1295 年)。它在西欧各地设有地方分支机构(commenderies),这些机构大都财富殷实。

但是,随着十字军运动在 13 世纪末走向没落,圣殿骑士团也面临着危机。1291 年圣约翰-阿克陷落后,圣殿骑士团和医院骑士团等军事修道团体的声誉日益败坏,新教宗克莱蒙五世试图对它们进行改革,可能是想合并这些团体以再次发起十字军。圣殿骑士团尤其不得人心,因为它太有钱,有人甚至说它是基督教世界的银行家——尽管有些夸张——因为骑士们利用托管的钱财谋取私利,在巴黎,王家金库所在地坦普尔变成了一个公共信用机构。骑士们还照管王室的领地收入,为王室偿付款项并发出汇票(assignations)。权势和财富很容易招来流言蜚语,尤其是在十字军运动穷途末路、圣殿骑士团撤退到塞浦路斯的时候。当时疯传,参加这个骑士团的人很多是酒鬼、异端、偶像崇拜者和鸡奸者。国王腓力四世和以纪尧姆·德·诺加莱为首的顾问们很乐意听到这类消息。诺加莱在阿纳尼事件后被处以绝罚,他现在深入圣殿骑士团的各地方分支机构,搜集证据以指控圣殿骑士团,逮捕所有骑士,将他们交给宗教裁判所。这个计划终于在 1307 年 10 月 13 日付诸实施,王国境内圣殿骑士团的所有成员都被逮捕,一个月来各地的巴伊们就在筹备此事,这表明国王手中的行政机构还是很有效率的。

一些骑士在被捕之后开始承认那些被指控的罪行,至于他们是否真

---

① Malcolm Barber, *The Trial of the Templars*, 2nd edition, Cambridge: Cambridge University Press, 2006.

的犯了这些罪,国王的代理人并不关心,重要的是让舆论和国王确信他们犯了罪。教宗和巴黎大学对这个案子保持沉默。因此,相信圣殿骑士团犯罪是一种大众文化构建出来的信念,而且国王和人民都抱有这种信念。当时的法学家纪尧姆·德·普莱西昂(Guillaume de Plaisians)声称:"所有关心此类案件的人,都会捍卫信仰。"像在腓力四世与教宗的冲突中那样,人们召开集会,各种小册子层出不穷。在这场舆论动员中,再次出现了修辞演讲术的运用。小册子作者们诉诸几个简单的原则来动员民意:圣殿骑士玷污了王国,应该不惜代价进行剔除和净化,包括使用酷刑。在迫害的狂热氛围被营造出来后,国王的红人、昂哥朗的兄弟菲利普·德·马里尼(Philippe de Marigny)已经为圣殿骑士们准备好了火刑用的柴堆。1312 年,腓力四世得到了教廷和维埃纳教务会议的许可,公开谴责圣殿骑士团,并宣布没收其财产。骑士团的团长雅克·德·莫莱(Jacques de Molay)和该机构在诺曼底的首领若弗瓦·德·夏尔奈(Geoffroy de Charnay)坚持认为他们的组织是神圣和纯洁的,结果被当作异端烧死。

对圣殿骑士团的镇压是残酷无情的,相关的解释也不尽一致。有些学者强调财政因素,这很有可能是推动国王攫取骑士团财富的原因。但这个解释不能完全令人满意。诚然,从 1295 年开始,国王就将金库从坦普尔撤出,安置在卢浮宫,但这并不必然是不信任圣殿骑士团的信号。法国历史学家让·法维耶认为,腓力四世当时可能更喜欢伦巴第人的服务,因为后者在处理收入进账和特别开支时更灵活。另外,在 1303 年,腓力还曾求助于圣殿骑士们并给他们配备了王家官员。这些举措表明,王家行政机构在财政组织方面开始了一些新的尝试,但并不意味着圣殿骑士团完全失去了国王的信任。至于坦普尔在王国境内的 100 来个分支机构,国王并没有没收;在案件进行期间,国王的官员监管这些机构,但后来它们被转移给了医院骑士团,条件是后者要进行改组。没收圣殿骑士团的财产很可能让国王的财政状况大为改观,但其疗效只能维持几周,因为这最多是一次强制借款而已。

　　所以应该淡化财政因素在这桩案件中的重要性,而将其置于一个更全面的宗教和精神改革的背景下,只有了解这种背景,才能理解国王及其法学家们的政治行为。实际上,当时王权的另一些做法可以佐证这一点。1303 年,腓力四世颁布了一项改革法令,要求再次"纯化"行政精神,这让人回想起 1254 年圣路易的改革法令。几年后,特鲁瓦主教基查尔(Guichard)被控毒杀王后雅娜。在这场政治控诉案中,舆论再一次扮演了重要角色:传言这位主教实施巫术并犯有鸡奸罪行。这些情况表明,卡佩晚期的道德秩序在强化,而金钱和性行为的不洁尤其会玷污这个基督教王国。如果联想到犹太人遭受的排斥,就不会认为圣殿骑士团的案件是完全孤立的了。不过,在腓力四世的时代,轰动性的事件中总会看到舆论的配合,14 世纪初的"等级会议"同样如此。

7. 1314 年等级会议

　　中世纪的法国国王有这样一个习惯做法:面临特殊情况,尤其是在大规模的军事行动之前,他会召集封建大会,王国教俗诸侯有参加会议、提供建议的传统义务。菲利普三世出征阿拉贡之前还曾召开这样的会议。但腓力四世于 1302 年开始召集的大会看来是一种新型会议。当年在巴黎圣母院召集的这次会议,"旨在讨论几个非同小可的问题,它们关系到朕的国家,朕的自由,朕的王国、教会、教会人士、贵族和世俗人士及朕的王国的每个居民的自由",参加这次大会的有贵族、教士和城市居民。法国历史学家费迪南·洛特等人认为,这是法兰西王国的第一次民主协商会议,但它并非第一届三级会议,只是一次直接倾听法国民意的会议。这次会议主要是为了增强国王在与教廷对抗中的地位,而不涉及国王与臣民的权利关系。

　　但 1314 年国王和臣民的对话就很特别了。中世纪的纪年史学说,这是一次全国性的聚会,是王国的三个等级——教士、贵族和城市代表——的大聚会。国王在昂哥朗的陪同下出席,据说此人的演讲术让与会者倾倒。这次会议的主要议题是财政,国王希望会议同意他征收军役税和特别捐税马莱多特(maletôte)。国王的军役税和领主的军役税(taille)不可混为一谈,后者是在强制领主制的框架内征收的常税,国王的军役税则是按户征收的直接税,按收入比例课征,贵族和教士可以豁免。马莱多特是一种间接税,它向所有居民征收,非常不得人心。但这两种税都带有同样的性质,即都是以公共利益和公共福利为名而征收的。我们已经看到,腓力四世的常规收入不足以应付日益增长的开支,经常需要求助于"特别措施"。从1292年开始,国王便以直接税和间接税的形式获取"特别捐助"。在一个长期因袭习惯的社会,这些新做法很容易引起抵制,因为纳税人极力维护他们的"自由"或特权(franchises),新出现的王家税收就成了领主税之外的新负担。

13世纪末国王的税收新政、1314年的会议都促成了这样一种观念的发展:"特别捐助"应得到全国、省和地方各等级会议的同意,因为从根本上说,这些捐助是常规征收之外的"特别"征收。实际上,这个理论大体上也被国王自己和他的理论家接受,这就是当时的人们反复提到的,国王要靠自己过日子(vivre du sien),他应该满足于自己领地上的"常规"收入。所有偏离这个常规的做法,都需要征求国民的同意,否则国王就被视为暴君。从这个意义上说,国王与国民的正式对话是因为财政事务而开始的。

当然,这次会议还有别的动因。对腓力四世来说,他希望自己的政策,尤其是在国家机构建设方面的举措,能够得到臣民的赞同。教会、贵族、市民等王国的各个特权团体,也觉得有必要跟国王交流,向他提要求,以某种方式参与王国的治理,它们越来越觉得自己是王国宪政制度的构成要素。学术的复兴和发展为这一新局面提供了意识形态支持。古代的政治理论,尤其是亚里士多德的学说,为这一草创中的民主潮流提供了理论基础。政治团体的选举和代表许可等做法便可溯源至亚里士多德。历史学家伯纳尔·葛奈(Bernard Guenée)认为,腓力四世时代初步显现的民主机制在14世纪成为一种明显的潮流,但这不是法国独有的。在英国,议会自认为是国王的议事会,在伊比利亚半岛,议会

(cortes)也是一种等级代表会议,它在大城市召开会议,参与很多重大决策的制定。

但在法国,等级会议的地位相对虚弱。1314年时,腓力仅仅要求它赞同征收军事性捐税的原则,会议没有商讨更为广泛的财政问题,尤其是没有确定税收的性质和额度。财政问题虽然是会议的主要内容,但会议对捐税的认可总是临时性的。另外,等级会议的代表是特权者,其产生的方式也很不明确。很多国民被排除在外,包括一些小贵族。更为重要的是,国王与国民的对话从来都不意味着王权放弃对后者使用暴力。①

8. 卡佩王朝的终结

1314年11月,腓力四世在枫丹白露死去,不久之后,他统治时期淤积的不满情绪终于爆发出来。不满首先来自城市和地方小贵族。国家机构的发展、王国官员在司法和财政领域职权的扩展,都意味着对地方贵族势力的侵蚀,这些人认为他们的自由和受习惯法保障的权利受到了损害。图谋抵制王权扩张的贵族联盟横跨很多地区,它们的动机是地方主义的,试图在地方的制度框架内保卫自己的特权。

路易十世即位后,他母亲的遗产香槟—纳瓦尔王国并入了王室领地。但他是个性格懦弱的君主,面对贵族们的抵制,他被迫与后者进行谈判,并授予保障贵族特权的宪章。相应地,王家官员的行动,尤其是在司法方面的行动受到了限制,司法决斗和私战行为仍是贵族们的特权。不过,路易十世也并非毫无建树,他利用贵族们根深蒂固的地方主义来分化他们的联合行动,并要求各地官员向他汇报,以便对地方贵族进行监督。

但宫廷政治的变局给了贵族机会。他们联络美男子腓力的兄弟、瓦卢瓦家的查理,试图通过他来改组国王的顾问队伍。这场运动中首要牺

---

① André Artonne, *Le mouvement de 1314 et les chartes provincials de 1315*, Paris: Alcan, 1912.

牲品是老国王的红人昂哥朗·德·马里尼,这个诺曼底骑士家庭出身的小贵族一度被称为"法国的第二国王"。他的发迹源于在宫廷的服务,先是在王后宫中任职,接着担任了国王的侍卫长。1308 年开始,昂哥朗成为国王的主要顾问,负责财政和对外事务,尤其是处理与佛兰德尔的关系。一个下层贵族的崛起自然会引发大贵族们的嫉妒,而他的敛财、他在佛兰德尔实行的和平政策也蒙受各种批评,因此舆论也支持宫廷大贵族整垮昂哥朗。结果,在仓促审判过后,这位老国王最重要的权臣于 1315 年 4 月 30 日被吊死。

1316 年,长人菲利普五世即位,他在位的六年间,瓦卢瓦家的查理对国王的议政会进行了清洗,几个大领主执掌朝政。但新君主美男子查理四世摆脱了叔叔查理的控制。应该强调的是,到卡佩晚期,王位更迭时对前朝官员的清洗似乎已成为惯例,这是一种统治手段。而且,国王的核心领导群体的更换往往伴随着轰动性的、往往很残酷的案件。

但王朝真正的存续危机来自王室的女性。美男子腓力末年,他的三个儿媳都因为私生活问题而酿成了轰动一时的丑闻,而他的三个儿子后来都成了国王,王室的私生活问题自然就转变成了政治问题。未来路易十世的妻子勃艮第的玛格丽特(Marguerite de Bourgogne),未来查理四世的妻子阿图瓦-勃艮第的布朗什(Blanche d'Artois-Bourgogne),及其姐妹、未来菲利普五世的妻子阿图瓦-勃艮第的雅娜(Jeanne d'Artois-Bourgogne),都有与人私通的传闻。1314 年,美男子腓力下令逮捕三个儿媳,并对她们及推定的共谋者进行了严厉的惩罚。除了雅娜被证实清白,玛格丽特和布朗什被判处监禁,她们传闻中的奸夫是一对来自诺曼底的年轻骑士:奥奈的菲利普和戈蒂耶(Philippe et Gautier d'Aunai),他们两人被当众吊起,在经受剥皮、阉割等酷刑之后被枭首。

有学者认为,从长时段来看,这些轰动性的案件是卡佩初年以来道德秩序不断强化的一个突出表现。在婚姻方面,国王和王后应该作出表率,因为君主制应该服膺宗教原则,从前的国王在性方面颇为张扬,但这个时代已经过去了。到 1300 年前后,王室的血统问题已经成为一个重要的政治事务,因此王子(也即未来国王们)的婚姻状态就成为万众瞩目的话题。在这种氛围中,被揭穿的私通行为会给世袭君主制和血统的合法性带来很大的风险,从而也增加了王位继承中的变数。

勃艮第的玛格丽特被关进加亚尔城堡之后,路易十世跟匈牙利的克莱门斯(Clemence)再婚,后者于1316年诞下一个遗腹子,称约翰一世,但他出生几天后就死了。路易与前妻玛格丽特育有一女雅娜(Jeanne),但由于其母行为不端,雅娜被剥夺了继承权,因为人们怀疑她不是路易十世的血脉。这就确立了一个很重要的先例。1322年菲利普五世死去时也没有男性继承人,这时他兄弟查理(四世)就很容易即位了。

1328年2月1日,查理四世死去,问题又来了。他只有一个年幼的女儿,贵族和教士们聚会,指定国王的堂兄弟菲利普为摄政,此人是美男子腓力的弟弟、瓦卢瓦的查理的儿子,从血统上说与查理四世很近。与此同时,查理四世的遗孀、埃弗勒的雅娜(Jeanne)等着生第二个孩子,但生下来的仍然是个女儿,于是瓦卢瓦的菲利普成为国王,这就是瓦卢瓦王朝的第一位国王菲利普六世。

由于不是前任国王的直系后裔,菲利普六世的权利受到了质疑。最主要的挑战者是英格兰国王爱德华三世,他的母亲伊莎贝尔是美男子腓力的女儿,因而声称是血统上最近亲的男性继承人。但是,法国的教俗贵族们再次拒绝了女性继承原则,无论是女性本人还是她的男性后裔。有一种传说认为,这个决策依据的是《萨利克法典》,因为这部古老的法兰克法典排除了女性的法国王位继承权。但在当时,人们并没有援引该法典,直到50来年后法国人才正式援引这部法典。法国内部的大贵族们在国王选择中再次扮演了决定性的角色。当然,卡佩王朝遗留下来的宫廷贵胄也得到了部分补偿。例如,与路易十世的女儿雅娜结婚的埃弗勒的菲利普得到了纳瓦尔王国。对1328年的新王朝来说,它的合法性来自两个主要方面:它与末代卡佩君主的亲缘关系,以及法兰西王国的独立——而菲利普六世就是这一独立的最佳保障:正如当时的一位作者所写的:"人们从不认为,法兰西王国曾臣服于英格兰及其政府。"

卡佩王朝最后三位君主在位时间都较短,与腓力四世相比,他们难以展现长期性和连贯性的政策。与此同时,西欧的整体经济形势在不断恶化,法国北方的情况尤其严重,1315—1317 年发生了连续数年的饥荒。王国的外部环境也在向不利的方向发展。佛兰德尔这个富裕的伯爵领地与卡佩的隔阂在加深,它与英国的联系更加紧密了。这些似乎都预示着 14 世纪中叶的全面危机。不过,在历史转入这个动荡的时代之前,可以对卡佩王朝的政治成就稍作评述。

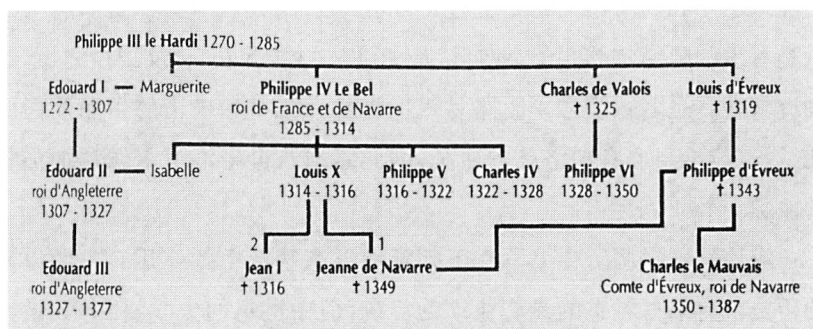

1328 年法兰西王国继承危机世系图

第二节　法兰西王国的诞生:卡佩王朝政治史总结

卡佩王朝的统治延续了近三个半世纪,这在中世纪欧洲不能不说是个奇迹。成就不仅表现在王朝统治的时间上,尤其值得关注的是管理机构的发展,以及有关王国和王权的意识形态建设。

1. 王朝的血统

国家权力的发展首先表现为国王个人权力的扩张。随着国王的权力扩展到日益广大的领土上,王室的收入和权力都在日益增长。根据法兰克的传统,国王的亲属们声称他们有权分享这些利益。我们不应该忘记,中世纪的法兰西国家是以血缘联系为基础的,作为国家的核心,王室尤其看重血统关系,因为这是蒙受神恩的、享有特权的血统。

从11世纪开始,卡佩的长子继承原则就已经牢固确立了。腓力二世和圣路易还新增了一种理念:王朝系谱之间存在连续性,这种连续性以垂直方式将三个王朝——后世所称的法国王族的三个 race——连接在一起:墨洛温、加洛林和卡佩三个王朝之间是一脉相承的。中世纪的史学撰述和雕塑等记忆工具,都试图宣扬这种王朝连续性和正统性,以扫除751年和987年王朝变更造成的"篡位"感。我们已经看到,腓力二世是香槟的阿黛尔的儿子,他自认是加洛林的继承人,布汶战役之后,这种诉求就更是名正言顺了。路易八世是腓力二世和埃诺的伊丽莎白的儿子,这位母亲也有加洛林的血统,因此路易八世融汇了卡佩和加洛林的血脉。[1]

应该特别强调历史书写在王朝意识形态塑造中的作用。古代以来的历史就有书写君主的光辉业绩的传统,但中世纪的史学直到13世纪仍有鲜明的普世主义抱负,它本质上是一种普世史,受基督教的影响,通常将世界的进程分为六大阶段。但是,从腓力二世开始,一种新的史学关怀出现了:王朝或国王的(royaliste)抑或原始的民族主义的历史崭露头角。圣路易注意到了这一演变的意识形态效力,他还提出了历史书写的语言问题。正是他建议撰写首部俗语法国史的,这就是《法国大纪年》的由来。这部作品取得了很大成功,它在贵族阶层有很多读者,因为作品讲述的是古代的武力征伐,而这正是中世纪贵族心目中所谓"高贵"的源泉。更重要的是,《法国大纪年》为法国王室找到了一个古老而高贵的源头:它起源于特洛伊,法国国王是特洛伊王普利阿摩斯(Priam)的后代。普里阿摩斯的儿子赫克托耳有一个叫法兰西翁的孩子,他逃出了焚烧中的特洛伊,在多瑙河畔建立了西康布里亚。法兰西翁的后代就是传

---

[1] Cf. Karl-Ferdinand Werner,"Die Legitimität der Kapetinger und die Entstehung des *Reditus regni Francorum ad stirpem Karoli*",*Die Welt als Geschichte*,12,195.

说中的法兰克人的王法拉蒙和墨洛温诸王的祖先。当然,这个传说至少在 7 世纪就已成型,但卡佩王朝在 13 世纪重拾这个传统。

除了史学这一记忆工具,卡佩还有其他记忆途径来巩固或强化其正统性的记忆。最著名的例子是作为记忆之场的圣丹尼。这座王家墓地的布局在圣路易时代经历了一次重要调整:墨洛温以来的王家墓葬以年代顺序进行排列。修道院教堂的耳堂中共摆放着 16 个墓,右边是墨洛温和加洛林诸王的,左边是卡佩诸王的,位于二者中间的是腓力二世和路易八世,因为是他们连接了两个世系。不管统治时代如何,所有这些国王都构成一个连续性的整体:这就是所谓的王统(race royale),它的血脉就是权力的传导器。

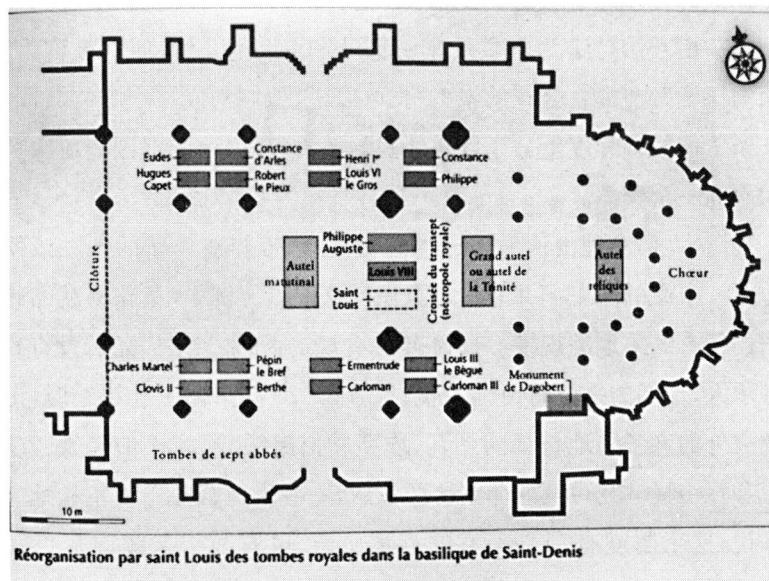

Réorganisation par saint Louis des tombes royales dans la basilique de Saint-Denis

圣路易对圣丹尼王家墓地的重组示意图

与之相应的是王朝原则和国王亲属地位的明确化。在 13 世纪,对王室血统的强调使得国王的亲属们的地位在增强,因为他们也是王朝血脉的承载者,跟国王关系最为密切。在位国王的近亲兄弟享有特殊地位,他们有自己的领地,这种领地称作 apanages——亲王采地,而他们也成为所有贵族中最特殊的一个群体:血亲亲王(prince du sang)。1225年,路易八世在遗嘱中确立了一个继承原则,明确规定授予其幼子们以王室产业:罗贝尔得到阿图瓦,阿尔方斯得到普瓦图和图卢兹伯爵雷蒙七世的领地,查理得到安茹和曼恩。国王的女儿则可以获得丰厚的嫁奁,以保证卡佩家族在欧洲的影响力。但这些做法与法兰克早期的体制是不同的,因为它并不是要肢解王国。国王只是运用王国北方的继承习惯法来巩固家族统治;而且,国王的幼子们获得的采地,多是在最近获得的土地上建立的,所以这并不损害过去的王室领地,反而可以增强卡佩王朝对周边地带的管理,尤其是在一个行政工具还很不发达的时代。

血亲亲王们在各自采地的政策跟国王没有竞争关系,二者互为补充。他们都穿戴配有百合花的服饰,戴着跟国王相似的冠冕。而且,亲王们的头衔开始与法兰西联系在一起:从14世纪开始,他们被称为"法兰西的孩子"或"戴百合花的亲王"。可以说,他们构成一个家族共同体,血亲亲王们某种程度上分享着法兰西的统治权,但他们都因为血缘关系而团聚为一个整体。

当然,人们有理由认为,亲王统治边缘地带会造成新的独立诸侯国的建立。卡佩的国王们并非没有意识到这一点。例如,圣路易就缩减了幼子们领有的采地的规模。1314年又有规定:如果亲王们死后没有直系男继承人,他们的采邑将由国王收回。到1328年卡佩王朝终结时,王室领地之外的亲王采地包括阿图瓦、埃弗勒伯爵领、阿朗松伯爵领、安茹、曼恩和瓦卢瓦。瓦卢瓦的菲利普即位后,一些采地合并于王室领地。总的来说,这个制度有利于王室的直系血亲,也有利于卡佩向瓦卢瓦的过渡。[1]

2. 宗教与政治:加冕礼

从较长的时段来看,中世纪的法国王权经历了一个长期的王从魔法

---

[1] Sinclaire Lewis, *Kings-blood Royal*, London: Randon House,1947.

特性(magique)向宗教特性(religieux)的过渡。1297年路易九世的封圣可以视为这一过程完成的标志性事件:国王的政治权威本质而言是宗教性的。①

在宗教方面,国王首先应表现出不容置疑的虔诚,这种虔诚可以外化为其慈善捐赠、朝圣、十字军和定期参加宗教仪式等活动。有一些著名的案例可以揭示法国国王与基督教传统的独特联系,例如巴黎的圣礼拜堂。这座王家礼拜堂是哥特时代的建筑大师蒙特勒伊的皮埃尔(Pierre de Montreuil)应圣路易的要求于1241—1248年建造的,目的是安放国王获得的基督受难的遗物,特别是荆棘冠和他从拜占庭皇帝那里买来的部分十字架。礼拜堂彩绘玻璃上的造像则将卡佩国王们置于圣经旧约和新约诸王的世系中。圣礼拜堂是中世纪法国王权的一座意识形态丰碑。

王的宗教权威还从加冕礼中汲取资源。这种礼仪中世纪早期就已出现,它的具体规程保存在某种具有法典意义的"序录"(ordines)中,从9世纪末兰斯大主教辛克马尔的序录到编纂于1270年的兰斯序录,后者正式将国王的加冕礼分为三个主要阶段:国王的宣誓承诺、涂油和加冕。尽管于格·卡佩和他的儿子虔诚者罗贝尔不是在兰斯加冕的,但从此之后,所有人都认为,国王的加冕仪式应在兰斯大教堂举行。

根据辛克马尔的序录,国王首先向主教们宣誓:"保障你们教会的宗教特权,你们享有的法律和公正;并将以我的权力,在神的协助下,以国王的权利保障每位主教的教会服从于他";接着他转向人民:"我以基督的名义向服从我的基督教的人民承诺三件事。第一,任何基督徒在任何时间都应保证神的教堂处于真正的和平之中,对此我将作为裁决者;第二,我将反对一切贪婪和不公;第三,我将确保在任何判决中保证公正和慈悲。"随后,作为上帝代表的兰斯大主教"遴选"了国王,人民则报以

---

① Richard A. Jackson, *Vive le Roi! A History of the French Coronation From Charles V to Charles X*, Chapel Hill: North Carolina University Press, 1984.

欢呼。

第二个阶段是涂油礼。圣油瓶自克洛维以来就由兰斯的圣雷米修道院保管,辛克马尔说它是鸽子从天上带来的;加冕当天,圣油瓶被隆重护送至兰斯大教堂。1270 年的序录还加上了这样一条:"尘世所有的国王中,唯有法兰西的王享有以天国的圣油涂油的光辉特权",在涂油期间,人们还唱起赞美诗:"所罗门受膏宣布为王。"

最后一步,国王披上蓝色的长袍,像授甲礼中的新骑士一样接受象征王权的物品,这些物品储存在圣丹尼修道院,主要是将戴在他右手的指环,用作战旗的火焰旗,象征王权的权杖以及"正义之手";自圣路易以后还有镶有百合花的鞋子、黄金马刺,以及传说曾属于查理曼的"愉悦子"(Joyeuse)佩剑。最后一环是加冕,冠冕据说是查理曼戴过的"闭冠",平时国王戴的是"开冠"。加冕后,新王接受和平之吻,大主教和大贵族们向他宣誓效忠。①

经历过加冕礼的国王被赋予了特殊的权能。他是神选的,是唯一可以领两种圣体——面包和酒——并可触摸圣瓶的平信徒。国王还获得了神奇的力量,最著名的就是治愈瘰疬病的能力,这些力量在 13 世纪得到教会的正式认可。王权的其他仪式也在发展,如葬礼,1223 年腓力二世死去后第一次出现了仪式化的国王葬礼。国王应该死得像个模范的基督徒,他应忏悔并祈求宽恕罪行,并须进过临终涂油礼。13 世纪末,国王临终时的床上加上了象征永恒的华盖(dais);临死前的老国王应该就如何治理国家向儿子面授机宜。从此,老国王的死就伴随着权威的移交。这就是康托罗维茨(Ernst Kantorowicz)的名著中揭示的那个著名论点的鲜活体现:国王有两个身体,一个是死亡能带走的,另一个永不会死亡。

---

① Cf. Richard A. Jackson ed., *Ordines Coronationis Franciae*, 2 vols., Philadelphia: University of Pennsylvania Press, 1995.

3. 宗教排斥：犹太人的命运

王权与基督教的这种紧密联姻也造成了严重的消极后果。从某些方面看，虔诚的国王和王国意味着一种基于基督教的政治和社会认同，它很容易造成对边缘群体的排斥，认同往往意味着排斥。这种情形就是被启蒙时代以来的思想家们指责的宗教不宽容。在这方面，犹太人在中世纪法国的遭遇尤其具有象征意义。

我们已经看到，腓力二世已经开始了对犹太人的大规模迫害。1192年，有人向国王报告，巴黎东部的布里－孔特·罗贝尔（Brie-Comte-Robert）的犹太人给一个基督徒戴上荆棘冠和十字架，此举被视为对基督徒的亵渎。腓力下令召集该城的犹太人并当场烧死。1223年，路易八世将犹太人等同于高利贷者，规定欠他们的债务利息不用还。路易九世时期，摄政王后卡斯蒂尔的布朗什再次确认了这一立法。她禁止向犹太人借钱，并增加了领主对不能完全自由迁移的犹太人的捐税。

路易九世以对基督教的虔诚而被封为圣人，但他的宗教热忱的另一面是对犹太人变本加厉的迫害。他鼓励派往各地的巡查员听取人民对犹太人的控诉，下令犹太人佩戴标示其身份的圆形织物（rouelle），这是第四次拉特兰公会议决定让犹太人佩戴的特殊标志。1240年，圣路易下令没收并摧毁塔木德经，而他的兄弟普瓦提埃的阿尔方斯已经这样做了。他将犹太人和其试图清洗的高利贷者混为一谈，实际上，中世纪法国的犹太人大多数并不从事与金融相关的行当。圣路易还不惜使用强力手段推动异教徒皈依基督教。

不过，从腓力二世到圣路易时代，犹太人尽管在王国政治和宗教层面受到各种谴责，但他们的社群仍很繁荣，犹太知识分子也很受人尊重，原则上的排斥与事实上的容忍并行不悖。但是，犹太人的处境在美男子腓力及之后的末代卡佩君主时期进一步恶化，这与前文提到的道德秩序的强化是平行的。1292年，卡尔卡松司法区的犹太人被扣押，部分财产被没收。1306年，驱逐和没收的做法推广到全国。犹太人逃往阿尔萨斯、勃艮第、普罗旺斯、教皇特许领地孔塔-维内森和西班牙。尽管路易十世于1315年下令召回犹太人,但公共舆论远不那么友好。例如,1320年的牧童十字军(Pastoureaux)召集了一批来自北方的穷人,但犹太人很快就成为他们攻击的对象。

必须指出的是,犹太人虽然是宗教不宽容政策中特别引人注目的受害者,但他们不是唯一的。实际上,越来越"基督教"的法国国王对一切他们认为的异端都采取严厉的立场。1210年,巴黎大学的一位教师阿毛里·德·贝纳(Amaury de Benes)因否认圣礼而被判处死刑,腓力二世甚至要求挖出其遗骨焚毁。这种严厉手段与当时对纯洁派的镇压遥相呼应。其他在主流社会中处于少数派的群体,其生存也受到威胁。在美男子腓力时期,经营金融业务的伦巴第人因其"高利贷者"的恶名而受到迫害。任何偏离正统教义和道德规范的人都可能遭受严酷的打击。1321年,麻风病人和犹太人一起成为大规模清洗的对象,有人指责他们在水井里投毒。这是当时民众心态的一种反映,很自然地,公共舆论也就赞成甚或要求对这些异端进行审判。

中世纪后期法国社会的不宽容现象是宗教和政治的双重因素造成的,国王和他的基督教人民都负有责任。从宗教的角度来看,社会越是统一在基督教的生活准则之下,它就越趋向于自我封闭。与此同时,王权底蕴中的宗教情感也与社会纯洁化的要求结合在一起。从政治的角度看,王国的统一建立在替罪羊的牺牲之上,负责拯救人民的国王随时会指定谁是替罪羊。在这个正在形成的王国中,少数派很难获得合法的地位,但排斥他们往往被视为必需的和建设性的,是强化王国统一的工具。

4. 国王:"王国里的皇帝"

王权的宗教发展和政治发展密不可分。在13世纪,国王实际上继承了三重传统权威:基督教的、罗马的、加洛林的。这三种传统促进了这样一种观念的发展:国王对整个王国负有全面责任,无论是对国家还是对其居民。他的权威是公共性质的,目的在于臣民的得救。他还是战争与和平的主宰者。腓力二世将主权者变成真正的战争首领,大部分军事组织都掌握在国王手中。他可征召附庸及附庸的附庸(ban et arrière-ban),这就意味着王国所有自由人都负有随国王出征的义务;而且,几乎只有国王能够给武装人员开薪水。与此同时,领主的战争力量和竞争在削弱,战争对他们而言费用太高了。逐渐地,只有国王有能力进行有规模的战争。另外,自圣路易以来,国王已是不可争辩的和平的主人。理论家们将保卫和平视为君主应首先关心的事。为了维护和平,国王可在整个王国采取行动,尤其是在国际事务中代表王国。不过,即使在自己的领地内,国王也不是战争与和平的垄断者。堡主之间的私战仍然存在,腓力四世之后的贵族联盟表明,领主坚持维护此特权。因此,那种认为国家是暴力机器的垄断者的现代概念,并不完全适用于中古盛期的法国。

在封建法的体系中,国王已经具有了无可争辩的最高权威。尽管封建效忠关系依然错综复杂,但国王不是任何人的封臣,这一理论——或事实——在 12 世纪已经很明显,在 13 世纪则成为一个普遍原则。但应该强调的是,封建金字塔始终是个不完善的体系,国王更倾向于封臣直接向他效忠,而不是经过其他诸侯或大贵族。随着法律实践的发展和封建法的编订,国王的这个愿望也在逐步实现。任何与其封君发生冲突的次级封臣,都可直接向国王宣誓效忠,因此国王可以绕过后者的旧封君而直接向其发布命令。

另一方面,年金形式的采邑(fief-rente)也有助于国王笼络新的封臣。当国王的收入稳步增长并将其他诸侯远远甩在身后时,他就有了一个无与伦比的政治手段:用年金作为采邑获得封臣的效忠,这样做就不必因为分封土地而削弱自己的领地。受封者有效忠服役之责任,金钱构筑了一个网络,而且还可完善和增强传统的以土地为支柱的封建附庸网络。

我们已经提到,11 世纪以来,国王的秘书处发出的法令在逐步增加,这是国王的立法权不断发展的重要表现:腓力二世在位四十余年,共发出文书 2500 份。文书质量上也是如此,12 世纪后半期之后,可以说国王的文书具有敕令立法(ordonnances)的性质了,即它已成为适用于整个王国的命令。于是国王成为享有主权(souverain)的君主——而不再是其王国的领主(seigneur),服从于他的人是他的臣民(sujets)。作为权威和服从的交换,国王应该保障公共利益。这一责任很容易跟基督教的拯救理想挂钩,这也是王权之基础。

这类有关主权的观念很大程度上继承自罗马法。习惯法学家由于浸染罗马法(他们大量抄写罗马法),也倾向于传播这一新意识形态。例如,13 世纪末,《博韦习惯法》的编纂者菲利普·德·博马努瓦尔这样写道:“千真万确的是,国王是所有人的君主,在他的整个王国有最高等级的权利,故此他可以为了公共利益而进行任何他认为合适的创设。”从腓力·奥古斯都到美男子腓力时代的一系列演变,使得法国国王可以面对外部权威的竞争,尤其是来自教皇和皇帝的竞争,他在竞争中有了自己的思想武器。国王不再担心皇帝,因为他是自己王国里的皇帝(empereur dans son royaume)。[①] 这句无名格言在 13 世纪下半叶开始传播,标志着法国国王享有完全独立的政治地位。

5. 王国的雏形

1328 年,国王的领地已经占到当时王国面积的三分之二。在 13 世纪,它在三个方向上扩张:在西部,随着腓力·奥古斯都战胜金雀花的君主,卡佩家族控制了诺曼底、安茹等地;在南方,路易八世和圣路易在朗格多克站稳了脚跟,并在地中海方向获得了出海口;在东北方向和北方,卡佩王朝获得香槟和布里,以及佛兰德尔的部分地区。不过,当时的法国人还没有办法把其直接控制的政治空间以直观的视觉形式呈现出来,因为直到 15 世纪末才有相关的地图,国王是在日常实践中摸索着征服

---

① Jacques Krynen, *L'empire du roi*: *Idées et croyances politiques en France*, XIII-XVe siècle, Paris: Gallimard, 1993.

各地。为掌握其领地范围,从腓力二世起,国王就命人草拟城市、领主和堡主领地名单,当然是不完全和不准确的名单。但在 1328 年,新国王、瓦卢瓦家的腓力六世,下令对王室领地户口进行全面清查,此举没有包括布列塔尼、佛兰德尔、加斯科尼、巴鲁瓦、贝阿尔内、波旁、佛雷兹和拉马尔什,以及阿图瓦和阿朗松等亲王采地。但这次调查是第一次具有全国性质的政治行为,它旨在清点国王的人口和财产状况,以便为税收等工作创造更好的条件。这应被视为管理手段的一大进步。

但是,不要认为中世纪的法国人拥有范围清晰、责权明确的国家概念。实际上,有关王国的观念是仍然是模糊的:王国包括所有掌握在国王手里的东西。在腓力二世时期,这个术语指由全体法兰克人管理的土地,包括坐落在帝国境内的领地。含义的模糊也影响到法兰西的界定。法兰西(Francia)指的经常仅仅是今天的法兰西岛。当时有人说,这个王国有 170 万座钟楼,这个数字被纪年作者反复引述,但实际上他们根本不关心事实,只是当作这个王国是应许之地并极度丰饶的证据。王国更多在梦想中而非具体的感知和数字认识中。

然而,王国有它的实在身体(corps)。在 13 世纪,它表现为一个有别于王家领地的政治实体。法学家的理论和行政管理者的经验在这一构建过程中扮演了重要角色。国王的头衔也变了。正如美国历史学家约翰·鲍德温(John Baldwin)指出的,腓力·奥古斯都还被称为"法兰克人的王"(roi des francs,rex Francorum),圣路易可自称为"法兰西的王"(roi de France,rex Francie),但这个称号到美男子腓力时才通行。与此同时,法兰克人变成法兰西人民,即法兰西翁的后代。他们获得了特别的品质,主要的是自由:"我们都是法兰西的自由人"(Nous serons tous francs en France)成了一句格言。与这句格言相对应,废除农奴制此时成为一种潮流,尤其在 14 世纪初的王家领地,自由人的概念随之推广。

1300 年前后,王国的空间开始明确,尽管这一点当时只有边境居民才有清晰的意识。边境(frontières)一词经常在南方使用,指的是征服运动中基督徒和穆斯林的前线,1315 年左右,这个词在王国北方开始获得某种现代政治意味。它指的是一条设防的界线。如前所述,边境在美男子同教宗的争吵中经受了检验。从此,王国的空间范围开始逐步明朗化。

国王、法国人民、王国,都是受神保护的,神给了他们特别的圣徒:圣丹尼。从加洛林时代以来,圣丹尼修道院曾给予王权极大的支持。它的主保圣徒守护着王权的象征物,尤其是火焰旗,国王临战前就会来迎取。圣丹尼还是国王个人的庇护者。他的圣骨会吓跑敌人,恢复国王的神圣性。1191年,腓力二世在东方的阿克城生病,儿子在巴黎病危,一场宗教游行将圣丹尼的圣骨送往王宫。奇怪的是,父子二人虽相隔遥远,但都神奇地同时康复了。此外,圣徒还在国王死去时保佑他,使他免于地狱之火,关于这一题材有众多传说,中世纪的纪年也有收纳,1260年左右沃拉金(Jacques de Voragine)在编纂《黄金传说》(Legende dorée)时也采用了。从达戈贝尔特到末代卡佩的国王们都崇拜圣丹尼。在这个著名的王家修道院,圣徒守护着三朝国王的尸体,一直到复活的那一天。在14世纪初,这位圣徒的力量扩大了:人们以为他的使命是要归化四境之内的人民。圣丹尼成为法兰西王国的庇护者,相比之下,此前图尔的圣马丁等圣徒的地位下降了。这又与巴黎作为王国首都的形成息息相关。

6. 巴黎:王国的首都

巴黎的政治地位是长期的传统形成的,克洛维就喜欢住在这里。加洛林初期,巴黎的地位有所下降,但在9世纪末,诺曼人的频频入侵就足以证明它的重要性了。于格·卡佩即位后,巴黎又因为其地理位置而成为王国的中枢,不过当时国王及其政府总是在移动中,巴黎只是个特别受青睐的居留地。在中世纪前期巴黎的城市扩张中,修道院扮演了重要角色,它们领有城区和郊区的大部分土地,如圣热娜维耶夫、圣日耳曼-德普雷、圣马丁、圣维克多等修道院,从12世纪开始,圣殿骑士团也是一支重要力量。

巴黎在12世纪经历了一次飞跃,从人口上看,它已是西方最大城市。1328 年它有 20 万居民,相当于当时意大利最大的城市佛罗伦萨和威尼斯的两倍。不过,这个数字是雷蒙·卡泽尔(Raymond Cazelles)根据军役税的登记册推算出来的,因而存在一些争议,有的估算不超过 8 万人。

巴黎的扩展得益于贸易的繁荣,而贸易又以农村的经济发展为依靠。巴黎坐落在塞纳河谷地,位于通往佛兰德尔的道路上,它有条件成为重要的商贸中心。控制大宗商业的巴黎商人组成了一个行会,即水路商人行会。1170 年,行会获得了商业特许状,从而垄断巴黎和芒特之间的塞纳河贸易的权利。当时常见的商品是小麦、木材、盐和葡萄酒。巴黎近郊圣丹尼的朗迪集市发展为国际贸易中心。13 世纪末香槟集市开始衰落时,意大利商人汇聚到了巴黎。但巴黎的手工业不如意大利和弗拉芒各城市发达,巴黎的手工业过于分散,它更像个消费中心而非生产中心。作为消费中心,巴黎的人口规模是其繁荣的基础。

但何以吸引如此多的人口?各种宗教机构一直扮演着推动者的角色,它们分配自己的土地以吸引居民。它们还是重要的知识中心。不可忽视的是巴黎大学的国际声誉,那里也是王国官员的培养基地。大学的教师学生在 14 世纪初可能有一万人,这就带动了手工书籍业和住宿业的发展。尽管年轻的学生经常跟市民发生激烈冲突,但大学带来的活力意义更为重大,塞纳河左岸从此发展为文化圣地。

政治首都也是巴黎具有吸引力的重要原因。这座城市最终在腓力二世时代获得了首都地位:它是王国的行政管理中心,而且管理机构是独立于国王的寓所的。西岱岛宫殿中有王国的档案馆。1194 年,腓力二世在弗雷特瓦尔丢失了部分王家档案,因为他像先王们一样,喜欢把档案带在身边;但此后他决定将档案放置在巴黎宫殿的柜子中,于是就诞生了"令状文库"(Trésor des chartes)。高等法院和审计法院等新机构一般也在巴黎办公并保存档案。

巴黎开始变成为国王服务的城市。国王的控制表现为统一化、集中化的努力。为统一这个城市,腓力二世决定修一道围墙。围墙始建于

1190年,容纳了200公顷的土地。但权力集中是个复杂工作。国王在巴黎也有叫作普雷沃的官员,他们在夏特莱执法。此外巴黎市民有市政官(échevins)和商事官员(prévôt des marchands)。不过,巴黎市民的自治权很有限,他们没有获得自由宪章。在圣路易时代,巴黎的普雷沃的权力迅速增长。1261年左右,国王挑选艾蒂安·布瓦罗(Etienne Boileau)担任普雷沃,他担任该职直到1270年左右死去。他的管理被视为典范,但他的权力对领主司法权是一种侵夺。另外,国王对越来越多的职业获得了监督权,它们成为"国王的职业"(métiers du roi),巴黎的市民被称为"国王的市民"。因此巴黎社会上层团结在国王的保护下。不过,在14世纪初,集权化没有完成,权力空间中还存在很多飞地,尤其是掌握在各大宗教机构手中的领主司法权。

但巴黎的集权不应掩盖地方特性及其活力。在诺曼底,诺曼人和金雀花王朝发展出的司法财政制度保留了下来,朗格多克继续受罗马法治理。这些处于边缘的地区富庶且治理井然,这本身也很有利于王国的构建。因此,在这个初生的法兰西王国,中心和边缘的关系似乎远比旧制度末期要健康和平衡。

第十章 封建制度与领主制

对中国的读者和研究者而言，在中世纪法国史领域，也许没有什么比封建主义和封建制的问题更能引起关注的了。当然，这个问题在法国及整个西方学界也是个重要议题，这里我们只从最近法国史学界的论著出发，对封建领主制的一些基本认识做一个初步的交代。

按现在法国学界一般的认识，封建制度是两种要素的系统结合：一是封君封臣关系（vassalité），二是采邑的让与（concession du fief）。前者主要是一种人际关系，后者则是一种物化的关系。只有当这两种关系系统地结合在一起之后，才可以说形成了封建制度和封建社会。现在一般的看法认为，这种系统的结合发生在 10—11 世纪。

封君封臣关系甚至可以追溯到罗马帝国晚期。从 6 世纪开始，就出现了一些叫作 vassus（附庸或封臣）的人，他们效忠于拥有雄厚地产的大贵族，终身为后者服务，并为此获得一笔酬劳（bienfait，即"好处"），酬劳可以是土地，也可以是金钱。这种被称为封君封臣制或附庸制的原则在 8 世纪进一步发展。当时的大贵族中兴起一种"投献制"（commendatio），即年轻的附庸（vassi, vassali）服务于掌握权势的"长者"（seniors，或领主、封君、主人），以获得后者的庇护，这种投献有时还可能伴随着一笔收入（beneficium，这个拉丁词字面意思可以理解为"好处"）。

查理曼很大程度上就是依靠这种人际联系加强帝国统治的。从 10 世纪开始,封君封臣关系和采邑授予的结合开始制度化,而且采邑通常是一块土地。土地的赠予是支付附庸服务的一种手段。贵族内部的封君封臣关系和财产的分配不是新现象,加洛林时代就存在封君封臣关系和"好处"的分发。但二者之间的关系不是制度化的,效忠关系也不稳定。二者之间的紧密联系才真正创造了封建制度,这种联系发生在 10—11 世纪。这里首先应该明确的是封建制中的几个要素。

第一节　封君封臣关系

1. 仪式

10—11 世纪逐步形成的封建制度,其主要的政治和社会特征一直延续到中世纪末。但对于这套制度,中世纪并没有形成用来描述它的系统化法学术语,因此,对于封建制度中的各种角色,相关称呼不尽一致。这里只能说大致的趋势。从领主的称呼而言,dominus 逐渐取代 senior;附庸(vassus)一词则从加洛林末期开始消失,直到 12—13 世纪之交才在法国南方重新出现,这是受来自意大利的法律汇编《封臣之书》(*Libri feudorum*)影响的结果。中世纪文本中经常出现的术语 homo,字面的意思是人,但离开具体环境便很难确定是封臣还是农奴;另一个常见术语是 fidelis,它更经常用作形容词而非名词,但这个词及其意义对当时的人来说很熟悉,大致的意思是服从者、追随者。

概而言之,封君封臣关系的构成,是个人宣誓忠诚于他承认是其主人的人。这种承认以象征仪式来表达,仪式叫作 hominium et fidelitatem,现代法语称为"忠诚和臣服"(foi et hommage),即封臣公开承诺臣服于主人,并宣誓效忠于他。hommage 即拉丁词 hominium 的法语形式,意思是"谁的人",因此它也可以译为"臣从"。象征仪式之后是采邑的授予,这是对这一关系的物质性回报。

臣从仪式中最引人瞩目的是"手的相交"(immixtio manuum)。在这个仪式中,封臣双膝跪地,双手合十,置于主人手中。中世纪僧侣对这个象征仪式没有明确的解释,相关的文献描述也很不明确。不过仪式的用意还是很明显的,因为它伴随着封臣言语上的宣誓:他愿意成为封君的人,后者回答说愿意接受他为封臣。手的相交或许表明双方地位的不平等。不过,从 10 世纪末开始,仪式中还有亲吻礼,封君封臣双方站起,相互交换气息,这象征着关系的互惠性质。对这一肉体上的接触,雅克·勒高夫曾有过相当详细的解读。[1]

忠诚宣誓是加洛林时代出现的。封臣自愿将手臂伸开,手放在祭坛或圣骨盒上(从 12 世纪开始,福音书日益取代祭坛和圣骨盒,成为起誓的信物)起誓忠诚于封君。这是一种庄重神圣的承诺,封臣如果违反誓言的话就要面临伪誓指控。

臣从礼和忠诚宣誓在确认封君封臣关系中的作用,史家看法不同,而且各地情况也不一样。作为人与人之间关系的基础,人们可能高估了臣从礼而低估了忠诚宣誓。尤其在朗格多克,宣誓可能具有明显的优先性,这反映在一系列书面条文中。在这个地区,臣从礼似乎在封君封臣制度中处于次要位置,没有系统化,但它的运用很广泛,包括农奴都要行礼,更遑论自由农民和骑士了;忠诚宣誓的具体条文往往很清楚,如涉及某某受封的城堡,研究者据此可以判断封臣的社会地位。

忠诚宣誓有时被编纂成文,以便使其记忆永久化。这种文本编纂在 12 世纪初的南方开始流行,那里有 500 余份宣誓文件保存至今。它们大多很简略,但宣誓的条件和条款很清楚,誓词下还有证人的名字,最后是列举封臣的权益和财产——正是因为这些条件他才表示臣从。但并不是所有地方都采用书面语言来明确封君封臣关系及其条件。

---

① Jacques Le Goff, "Le rituel symbolique de la vassalité", in *Pour un autre Moyen Âge*, Paris: Gallimard, pp. 349 - 420.

作为封君封臣关系中的物质条件,采邑(fief 或 chasement)通常是一份地产。采邑授予仪式一般表现为交付一个象征物,如一块带有草的泥土,或者麦秆(festuca),但也有交付刀的,甚至还使用指环、手套、钱币等物事,不过这类情况很少见。交付象征物之后是出示或显示(ostensio)程序,即让封臣认识封地。从 13 世纪开始,由于封君和封臣之间的人身关系趋于松弛,这个程序逐渐被书面列举取代。中世纪末的采邑列举文件是研究农村结构的珍贵资料,但在这种文件中,采邑盘点清单是主要的,过去的臣从和效忠则是一笔带过,这说明封君封臣仪式在走向没落。从 14 世纪开始,庄重的臣从和效忠仪式逐渐被废弃了。

2. 效忠的等级

在 9 世纪末之前,有些人同时向好几个封君效忠。这就造成了一个难题:如果封君之间发生冲突,该优先向谁效忠? 早在 892 年,一件诉讼案就揭示了这一难题。案子涉及的是某个叫帕特里库斯(Patericus)的人,他既是勒芒伯爵的封臣,又是法兰西公爵的附庸。在封建制度深入发展之后,问题更为复杂了。12 世纪中叶,一位香槟伯爵向不下 10 个封君行臣从礼,封君中包括国王、勃艮第公爵和兰斯大主教。

为了抑制因多重臣从和效忠造成的混乱,从 11 世纪初开始,人们开始对忠诚关系做一些限定:当某人成为另一个人的封臣时,如果他此前还向一位封君效忠过,那他向新封君的承诺义务便不能和向先前封君承诺的义务相冲突,他对先前封君的这种义务称作"保留部分"(réserve)。11 世纪中叶又出现了"高位臣从"(hommage plain 或 hommage plane)和优先臣从(hommage de lige),后一个术语中的 lige 来自德语的 ledig,即"不受约束的"。优先臣从在南方奥克语中以形容词 solidus 来表示,意思是完整的、不受妨碍的,表示这种臣从义务优先于所有其他臣从义务。但是,这个做法也没有多大效果,因为很快就出现了多重的优先臣从关系。不过,在实践当中,优先臣从往往与义务的优先性或与年限挂钩,特别是与某一采邑的重要性挂钩。必须特别强调的是，国王只接受优先臣从，这无疑有助于他站在封建制的顶端。不过南方某些地区并不存在优先臣从现象。

3. 封君与封臣之间的非对称关系

封君封臣关系涉及的是两个不同级别的人，尽管双方都对对方承担义务，但这些义务并非对等的。中世纪有一份著名文献对双方的义务进行了简洁的描述，这就是 1020 年沙特尔主教富尔贝尔（Fulbert）写给阿基坦公爵纪尧姆五世的著名信件。当时，这位大诸侯与其治下的堡主贵族不断滋生龃龉，为了对付这些不安分的封臣，纪尧姆五世致信著名法学家富尔贝尔，以求明示封君封臣之间的义务。富尔贝尔在回信中对相关问题进行了阐明，这是现存有关封君封臣关系的最早的理论化文本，可以以此来说明封臣的义务和封君的责任。

关于封臣的责任，富尔贝尔说：

> 向主人宣誓忠诚者，应始终铭记六大原则：安全、可靠、诚实、有益、方便、可能。安全，即不应伤害主人的身体。可靠，即不得透露主人的秘密，亦不可伤害保卫主人安全之城堡；诚实，即不能损害主人的司法及其他与其权力相关的特权。有益，即不能损害主人的财产。方便及可能，即不为主人可轻易遂行之事设置障碍，亦不可使其本可遂行之事失去可能。

因此封臣的义务首先是消极方面的：忠诚首先是不能伤害主人，无论是身体、财产还是其权威。这样的义务确定了一个"善行"准则，尤其是在不是朋友必是敌人的小领主的世界中。但封臣的积极义务，即对主人的服务，同样重要：

> 不过，封臣虽应谨记不得伤害主人，但这还不足以配享他的采邑。实际上，仅仅不为害是不够的，还应该为善。故在此六点之外，封臣还需向主人忠实地提供帮助和建议，如果他要配得上自己的采

邑和遵守自己的明誓的话。[1]

帮助(auxilium)和建议(consilium)已经出现在 9 世纪中叶,当时涉及的是辅佐王权的大贵族,但在下个世纪里,它们成为封臣义务的普遍特征。帮助首先是军事方面的,这种军事义务可以表现为好几种形式,如出战(ost),骑马巡视(chevauchée)及领主城堡的守卫(estage),最后是应封君的要求随时交付城堡。出战和骑马巡视都涉及军事行动,二者之间的区分并不总是很明确。Ost 来自拉丁语的 hostis(意为"敌人"),意指调动封君全军的行动(他的整个军队也称 ost),往往还指对阵战或围攻堡垒。骑马巡视的词根来自马匹,它涉及的范围和持续时间都有限,主要是领主之间在乡间的战斗。城堡守卫可能很简单,每个封臣只在一年的某个特定时间履行,有时持续的时间也可拉长。最后一项义务是,封臣在接到封君要求交出其戍守的城堡后,应第一时间履行责任。这个条款很好地说明了城堡在当时的重大意义,它是负有忠诚契约的、可交回的(jurable et rendable)。无论战时还是平时,只要封君有要求,封臣应立即交出城堡,否则就被没收。这就使得封君可以防止封臣的任何背叛或叛乱,保障在与第三方发生冲突时封臣的合作。但在实际中,封君回收城堡的要求往往会引发冲突。

并不是所有封臣都负担同样的军事义务。有些封臣只需个人前去为封君服役,另一些人需要带上一支武装队伍。同样,服役时间和条件根据采邑习俗和专门的协定而有所不同。原则上说,封臣的服务时间并无限制,但他们当然不想这样。到 11 世纪末形成这样一条较为普遍的规则:每年服务时限不超过 40 天,且不超过一次,对于出战和城堡守卫义务都适用这个原则;如果超期则不在义务范围内,这时封臣可要求赔偿。我们已经在 13 世纪初西蒙・德・孟福尔的阿尔比十字军行动中看到了 40 天的服役限制。至于骑马巡视,习惯性的规定是不超过一个星

---

[1] 此处的译文参考了 Dominique Barthélemy 的法文版本。见 Dominique Barthélemy, *L'an mil et la paix de Dieu. La France chrétienne et féodale 980‐1060*, Paris: Fayard, p. 337。

期,地理范围不超过一天的行程。

上述军事义务是必须和无偿的,封臣在履行这些义务时往往不是很乐意,因此封建时代的领主军队的效率不可能太好。大封建主们随后开始另想办法,他们开始依靠少数忠实的随从作战,并为这些人开付薪水,这种情形从 13 世纪后日益明显,正如前文提到的,美男子腓力就已大量使用这种带薪的职业军队。

相比之下,建议的义务显得很宽泛,也很难有明确的定义。一般来说,封臣应向封君通报情况,提供真诚的建议,出席封君主持的庭审,参与封君的决策讨论,不过最重要的是出席法庭的诉讼活动。但建议(conseil)这个概念的影响极其深远,到近代,conseil(议政会)演变成王国政治的一种根本制度形式。

关于封君的义务,富尔贝尔说:"在所有这些方面,主人也应对忠诚于自己的人(fidèle)有相同的义务。如果做不到,就必须视为不讲信用。"表面看来,封臣和封君双方的责任是相互的,但每个人都依据身份履行责任,双方的互利性只是部分的,因为地位不平等。封君不进行宣誓,如果他未能履行义务,只蒙受道德上的谴责。在实践中,封臣尤其期待封君尊重其权利的完整性并获得后者的保护,无论是在司法还是在武力方面。但封君是裁决义务履行方式的法官,封臣只有在遭受明显的不公正的对待(即领主拒绝就封臣的事宜开庭裁决)时才可进一步申诉。文献所见的封君封臣冲突表明,封臣经常指控封君在自己的采邑上建造城堡,吸引自己的臣属直接向封君行臣从礼。

4. 封君封臣关系的破裂

封君封臣是双方个人之间的关系,一方死亡时这种关系自然就告终结。但这时关系还可以重续。还有另一种情况:双方都可以采取主动,以中断这种关系。封臣如果未能履行义务,封君可没收其采邑,至少在封臣不忠(félonie)时封君可以这样做,不忠涉及拒绝效忠和履行义务,或者反叛封君。这时他就不配享有采邑。没收采邑是最严重的惩罚,只有封君法庭可以作出这样的裁决。当然,宣布判决之后还需有执行的手段,大部分情况下,这类冲突是靠武力解决的。因此封君经常只是把没收采邑作为一种威胁,或暂时扣押采邑,以便让附庸看到一旦服从就可收回的希望。

封臣也可以单方面收回效忠和忠诚。这种情况称作 désaveu,拉丁语为 diffidatio,即"中断信义"。据说有一种折断或远远扔掉麦秸(exfestucatio)的庄严仪式,用以表达对忠诚的否认,但这种仪式很少有书面见证。实际上,一般是在一场根本不需要证明仪式的冲突过后,封君封臣关系就中断了。但在朗格多克则必须销毁记载着誓言的羊皮卷。

从程序上说,封臣应通过一种称作 déguerpissement(拉丁语为 gierpitio 或 werpitio)的庄严仪式放弃他的权利,即"免去"自己的采邑,将其交回放封君手中。但在实际中,通过这种和平仪式来解除封君封臣关系的情况很少见,就算封臣因主人的过错而试图解除义务,他也不想放弃采邑,必要时他可以凭采邑向新主人效忠。

臣从和效忠仪式虽然意味着封臣制的开端,但不要认为这是主人和封臣之间确立的新的、选择性的关系,一般来说情况并非如此。此外,从12世纪开始,骑士观念赋予这种仪式很深的情感色彩,封君封臣制在武功歌中表现得比血缘关系都更强固。这当然只是一个理想,实际上双方经常违反承诺。而且,双方之间的行为并不是那么自由自愿的,而是受各自的利益和社会地位的调节。不过,封君封臣关系之所以重要,是因为它牵涉当时社会的所有权势者及其追随者,它影响着每个人的行为方式和思想方式;另外,它不只是个人之间的关系,也是城堡和领地制(seigneurie)的关键和支柱。

第二节　封建制度

1. 采邑

直到11世纪,文献中还提到一些没有采邑的附庸(或封臣)的例子,他们直接由"赠予"（donativa）来维持生活，赠予或是货币或为实物的，由封君提供。但这种情况在 12 世纪初几乎消失，采邑成为人与人之间普遍的联系纽带。

法语中的采邑 fief 是由 feu 或 feo 演化而来的，这个术语本身是fevum 或 feodum 的拉丁化形式，出现于 9 世纪末。Fevum 的词根来自日耳曼语，指的是牲畜，所以它最先用来指各种动产，随后才专门指附庸从主人（或封君）那里领取的、供其生活的财产。在 11 世纪，fevum 首先在南方逐渐取代此前称呼这种财产的术语 beneficium，随后普及到整个高卢；从此它指所有的土地让与，而当时大部分采邑就是采取这种形式。

采邑首先是加洛林时代 beneficium 的延续，意指各种收入的总体，最经常的是土地资源所得的收入，这块土地就是让与封臣以换取其服务的土地。至少在 11 世纪，feodum 和 beneficium 是共存和等价的。还有一个术语曾与 fevum 接近，这就是法兰克时代与 beneficium 联系在一起honor（封赠），它既可指公共职务，也可指重要的财产和收入。

从法理上说，作为采邑的土地让与不是封臣的财产，因为封臣不像罗马法定义的那样，对财产行使完全的权利，他只有用益权（usufruit），不过这种权益是终身或继承性的。从这个意义上说，采邑并非另类的土地制度，而是一种对土地的持有或租用（tenure）。不过，这种制度的特殊之处在于，其持有者所负担的主要是荣誉性的、军事性的义务，而不是经济方面的义务，在这一点上它有别于农民的土地租用或持有关系，因为无论是自由农还是非自由农，这种持有带来的负担主要是货币、实物或劳役方面的，即一种比较纯粹的经济关系。

在 11 世纪封建制度逐渐确立之后，采邑的主要形式是土地的封赠，但宽泛地说，采邑是各种"好处"和收入的总称，而不仅限于封地，这类好处和收入包括路桥费、造币权、各种经营（主要是专营性质的）收入、司法费用，甚至地方官的职务等等，都可以是采邑的构成部分。因此采邑有时带有公共管理职能，以方便其实施并确保持有者获得收入。另外，在11 世纪末和格里高利改革的影响到来之前，教会的各种圣职，如礼拜堂神父职务(chapellenies)、教区神父职务(cures paroissiales)等,也是常见的采邑,因为这些职务可以带来切实的利益,如什一税、酬金和祭品捐赠。但到 12 世纪初,随着格里高利改革的深入,大部分这类资源交还给了教会,尤其是过去被大量分封的什一税。

最后,11 世纪还出现了新的采邑形式:fiefs de bourse(前文中的 fief-rente 是该术语的另一种表达,也有 fiefs fermes 的说法),它在 12 世纪大量增加,可以称之为年金采邑,即表现为固定酬金的采邑。到 13 世纪,年金采邑更为普遍了,包括国王在内的诸侯大贵族们利用这种形式的采邑来扩大和构建自己的附庸圈子,豢养次级附庸或收买他人的附庸。这种货币形式的采邑的大量出现,当然与经济演变息息相关,但它尤其便利于封君对附庸的控制,因为如果附庸背叛,采邑的没收就很容易了。

2. 封建制度的形成

今天,封建制度的出现不再被理解为千年前后一场明显突变(千年之变[mutation de l'an mil]或封建革命[révolution féodale])的结果。从封建制度诞生的年代学而言,由乔治·杜比开创、经皮埃尔·博纳西(Pierre Bonnassie)等人发扬光大的突变论已经在很大程度上被修正了。封建化并不是从千年前后启动的,加洛林制度向封建制度的转变应该开始于 9 世纪后期,并一直延续到 1100 年之后。[1]

在这个过程的第一阶段,公爵和最有权势的伯爵,即王国的诸侯们强化了各自的权力,他们的职务世袭化,并在此基础上于 10 世纪形成了各自的"诸侯国"(principauté):如佛兰德尔伯爵领,法兰西公爵领,诺曼底、勃艮第、阿基坦公爵领等诸侯领地。到 10 世纪末,权力的地方化在政治结构的更低层次上展开,即各伯爵领地(pagi)内部也出现了权力碎

---

[1] Cf. Jean-Pierre Poly et Eric Bournazel, *La mutation féodale*, XI-XIIe siècles, Paris: PUF, 2004; Dominique Barthélemy, *La mutation de l'an mil a-t-elle eu lieu? Servage et chevalerie dans la France du Xe et XIe siècle*, Paris: Fayard, 1997.

化现象。这一进程的社会后果是,自由人不再被伯爵或主教主持的公共法庭(mallum publicum)审判,而是由他们的代表主持的地方法庭审判,即在子爵领地(vicomté)甚至更低的层次(ager 或 vicaria:伯爵领地内最小的区划)上接受裁决。子爵甚至更低的地方权势者的独立地位进一步增强,此时出现了新的武士阶层:骑士。

城堡化(Enchâtellement):骑士数量的激增与城堡增加在年代上是吻合的,与此同时,城堡开始成为社会组织框架中的细胞。10 世纪中叶,随着中央权威的式微,新的堡垒(castella 或 castra)开始涌现,11 世纪时,城堡在法国各地的分布更为稠密。有的城堡是由高级权威的代理人修建的,但有的完全是地方贵族自行建造的。城堡化的进程延续到 12世纪,它波及整个王国。但这个现象与 9 世纪时应付入侵浪潮时的情形并无相似之处,因为入侵的地域影响有限,当时的城堡主要是用于防御。但 10—12 世纪的城堡的功能不仅仅是防御,它们首先是贵族阶层身份和权威的支柱,也是领地统治的中心和工具。

封建时代的城堡不再是古代意义上的带有围墙的城市或市镇(oppida),后者早已在古代晚期和中世纪早期的战乱中毁弃。城堡的原型是人工夯实的土堆或自然险要处建起的塔楼(donjon),整个建筑周围或由壕沟隔离,或以篱笆上垒砌的狭窄围墙拱卫。最初的城堡主要是以木材为建筑材料,因此很容易损毁,后来才以更坚实的石料来建造城堡。作为城堡的组成部分,土岗(motte)存在的理由首先是象征性的,但也有军事上的功用,可以在遭受进攻时供人避难,也是城堡主人权威的彰显。有时领主会在自家老宅上垒起土堆,这在当时是一种时髦的炫耀,这种风气一直维持到 13 世纪,虽然那时土岗已毫无防卫作用。

堡主领地制度(la seigneurie chatelaine):城堡周围由武装人员守卫,这种武装人员称骑士(milites),他们由堡主指挥。堡主最初可能是上级权威,如伯爵们的手下或臣属,如加泰罗尼亚和朗格多克的卡斯特拉(castle)仅仅是堡垒的守卫,他们的职权并未超越这一名分。不过他们持有的采邑(honor)看来是世袭的,而且大部分情况下很早就是世袭的。

不过,堡主中也有"新人"(homines novi),他们以地产为基础,最终在某块土地上建立自己的统治,支配土地上的居民,也就是建起了一个领地,并以强制权力(ban)的形式行使公共职权,即享有指挥权和司法权。

不论堡主是否曾经是上级权威的代理人,城堡化总是表现为旧的伯爵领地内部区划的重组,形成以各个城堡为核心的"极化地域"构成的网状结构(maillage des territoires polarisés)。在这种格局中,城堡成为新的权力中心,是进行司法活动的场所;它所支配的地域被称为堡主领地(châtellenies),这种政治—地理单位将十分稳定地维持到中世纪末。很多情况下,城堡因为其提供的保护因而吸引居民前来定居,更何况城堡还会带来法律上的优惠,这就产生了市镇(bourg),市镇也带有城墙之类的防御工事。

在11世纪逐渐形成的堡主世界中,堡主的权威不再是诸侯的委托,也不是伯爵或主教们的代理人,他们自身就有政治合法性,而且其权力一开始就是世袭的。就对堡主权力的定义而言,杜比关于马孔地区的研究的论断仍然有效的。堡主当然对国王权威及其代表有效忠义务,但没有证据表明,各个时代的堡主都切实向城堡所在地的伯爵效忠。不过各地情况差异较大,因此全面勾勒堡主自行其是的年代学和地理图景是很难的。在法国中部、勃艮第、阿基坦和朗格多克,堡主的独立看来很早就已确立,而且很彻底,伯爵和主教的权威收缩到过去的城市周围了。另一些地区,如香槟和加泰罗尼亚,伯爵们对堡主控制很牢固,甚至在11世纪后期这个封建化加深的时期还显得更加牢固。最后,佛兰德尔和诺曼底的中央权威很强大,独立领地的发展很微弱。从11世纪初开始,佛兰德尔伯爵就将堡主变成自己的底层代理人,他们的管辖地域都很小,而且性质相同,因而易于控制。诺曼底的10个伯爵领由公爵控制,后者的代理人管理这些地区,地方堡主实际上没有自治性。诺曼底公爵领地收入很充足,其有效控制下的教会和城市也很富有,因此他有资源建立一套比较严格的封建等级制度,各地的附庸们履行义务时也较为到位。

"封建混乱"?11—12世纪的封建化时代曾长期被视为暴力横行的时期,因为公共权威的衰退,更因为领主们为了建立对居民的统治而进行的竞争和私战。但是,最近几十年的研究已经大大修正了这一传统看法。"封建混乱""领主恐怖主义""堡主危机"等观点失去了其说服力。论者指出,对弱者的剥削并非中世纪特有的现象,它以各种变化的方式长期延续着。而领主们之间的乡村战争,在今天的"法人类学"看来也不再是一种社会病态,而是管控人际关系的特别模式。①

王权的衰落固然不利于维持公共秩序,但"上帝的和平"某种意义上弥补了这一不足。这场运动开始于 10 世纪末中部高卢的奥弗涅和利穆赞等地,其发起人是主教们。他们召开宗教会议,骑士们对着圣骨起誓,不抢夺教会财产,亦不侵夺非武装人员,如教士、农民和商人(见下文的附录)。会议决议还确定了悔罪仪式(斋戒、祈祷)。精神惩戒和服膺这一事业的骑士队伍对和平的迫害者构成某种威慑。这场运动于 11 世纪初风靡阿基坦和朗格多克,然后波及整个北高卢。上帝的和平得到克吕尼修士的积极推动,其原则在 1030—1040 年间进一步加强。接着,"上帝的休战"从周五延续到周日,还有基督教日历中的仪式时间,到最后,一年中的五分之四的时间都禁止作战了。

上帝的和平与休战有助于约束骑士吗?诚然,骑士伦理的逐步基督教化是个不争的事实,这个过程在 1100 年左右趋于完成,但没有任何证据表明骑士们的好斗精神有任何实质性的减弱。这场运动最明显的后果是推动了圣战理念,正是 1095 年开始的十字军东征运动将基督教社会内部的好战精神引向了外部。

附:
11 世纪初勃艮第骑士东布河上的凡尔登的"上帝的和平"会议上的

---

① Cf. Stephen White, *Feuding and Peace-Making in Eleventh-Century France*, Farnham (UK): Ashgate Publishing House, 2005; Patrick Geary, "Vivre en conflit dans une France sans État: typologie des mécanismes de règlement des conflits (1050 – 1200)", *Annales E. S. C.*, 41e année, N. 5, 1986, pp. 1107 – 1133.

宣誓词①：

1) 我不以任何方式侵犯教堂……

2) 我不攻击任何不携带世俗武器的教士和修士，以及任何没有武器的商人；我不抢夺他们的财产，除非他们的罪行使我有理由这样做。如果他们的罪行被证实了，我所取的也不超过过错之价值和合法的罚款；

3) 我不抢夺公牛、母牛、猪、羊、羊羔、山羊、公驴和母驴，以及它们拖载的货物。

4) 我不抢夺农民，农妇，仆人和商人。我不拿他们的钱财，不扣押财物让他们赎回，我不夺取也不耗用他们的财产，我不鞭打它们。

6) 我不纵火，不毁坏房屋，除非我在房子里发现有与我敌对的持武器的骑士，或者偷盗者，或者房子靠近一个配得上城堡名字的堡垒。

7) 我不砍断、也不破坏、拔起或有意采摘别人的葡萄，除非葡萄在我的土地上，或对葡萄所在地我有全部的所有权。

8) 我不攻击那些运送葡萄酒和谷物的人，或以马车、车辆或船只运输其他货物的人，我不抢夺他们的任何东西。

9) 至于公开的众人皆知的盗窃犯，我不会保护他，也不有意赞同他的行为。

3. 封建结构中的自由地问题

封建时代的土地有各种"身份"，除了前文提到的采邑和租地(tenure)，还有一种"自由地"(alleu)，其持有者理论上享有完全的产权，

---

① 法文版见 Philippe Contamine dir. , *Histoire de la France politique*，Tome 1, *Le Moyen Âge*，Paris：Seuil，2006，pp. 202 - 203；当时的和平宣誓词可能大同小异，可比照参阅 Georges Duby, *L'an mil*，Paris：Gallimard，1980，pp. 213 - 217，杜比在这里提供的是北方的博韦主教于 1023—1025 年之间拟定的和平宣誓词。

他不会因为这种权益而与任何人存在臣从效忠关系,也不承担相应的义务。以自由地形式持有的土地(ex alode parentum)与世袭继承的土地并无差异。实际上,alleu 这个词来自墨洛温时期,它的意思就是世袭产业,用以区分获取的财产,因而与 beneficium 相对,因为自由地的持有人可以让渡或自由转手。自由地虽然不负担采邑和租地的相应义务,但这并不意味着它没有任何负担,因为其持有者还要履行自由人的义务,如公共机构征收的捐税和兵役,即只向伯爵或其代理人负担这类义务。

不过,自由地的性质随持有者的社会地位不同而有所变化。在关于旺多姆地区的研究中,多米尼克·巴特雷米已经对关于自由地的传统看法作了修正。① 从地产关系的角度看,自由地似乎独立于封建体制,但其持有人如果处于弱势地位,也会像封建依附者一样,可能承担领地主人的强制权力(ban),特别是当他的小片自由地刚好在领主管辖地域之内时。地位强势的自由地持有者则可以维持其独立地位,他是公共权威的直接臣民而无须领主司法权的保护。

关于自由地在所有土地中所占的份额及其财产状况,现有的材料几乎全部来自教会或领主,因而无法进行全面的估算,也无法与采邑和租地进行比较。对这个问题只能有些印象性的描述。不过有一点很清晰:在封建制度的框架逐步确立时,到处都可见自由地的痕迹,或者是自由民占据的土地(terrae Francorum),或者是未分割的乡村公地(communia)。在 14 世纪初的法兰西岛,自由地所占的比例为 40—50%,但这个估算没有将教会产业包括在内。南方的自由地比北方更多,因此这种土地完全有可能在某些地方占多数地位,尤其是在城市中。1272—1273 年,根据英格兰国王的命令而在阿基坦公爵领进行的一项调查证明了这一点:所有采邑持有者都同时拥有自由地,在波尔多等老城中,自由地是常态,采邑是例外的土地持有形式,但在新建建立的城市中情况相反。

---

① Dominique Barthélemy, *La société dans le comté de Vendôme de l'an mil au XIV siècle*, Paris: Fayard, pp. 352 - 361.

　　自由地的整体演变也不是很清楚,但可以肯定的是,自由地始终有被纳入封建体制的趋势。这首先表现为频繁地向教会捐赠自由地,教会则以年贡持有地(censives)或教会封地(precaria)的形式交还给原持有者,但这个过程意味着从前的自由地要负担一些义务,其让渡和转移也受到限制。自由地向教会,尤其是修道院的投献导致修士们集中了大量的土地,如在乔治·杜比研究过的 11 世纪的马孔地区,克吕尼修道院就是这样积攒起惊人的地产的。另一个导致自由地缩减的因素是"回执采邑"(fief de reprise)在 12 世纪的发展。回执采邑就是持有人将其持有的某块自由地投献给某位主人,并向某位主人行臣从效忠礼,然后将投献出的土地作为采邑领回。在这一过程中,封君得到的好处显然是获取新的服务,甚至拔除了其试图控制的堡垒的独立地位。

　　将自由地作为回执采邑投献给封君,这种行为往往意味着投献者被戴上了某种桎梏,因为这块土地的新封君一般不会放弃其领主权,除非向其支付赔偿。一般认为,投献现象的增长是自由农、下层骑士遭遇经济困难的一个信号。但也可认为,不管具体经济状态如何,社会各阶层正逐步纳入封建网络中,封建制是 11—13 世纪涵盖社会各阶层的社会—经济现象。

　　但上述封建化现象的规模和总体效应仍然很难估量,其年代学也是如此。某些历史学家注意到自由地的持续衰减,这是教俗领地制飞速发展对自由地陡然施加的压力的后果。不过,南方的一些诉讼记录表明,自由地持有者有时在司法习俗的协助下完全保持他们的土地。若以习惯法的规定来看,这种抵制在各地获得了不同程度的成功。在布列塔尼和博韦等地,14 世纪盛行"没有哪块土地是没有主人的"原则,这似乎意味着自由地的消失。但在维尔芒杜瓦、法兰西岛和诺曼底等地,封建体制并不那么绝对,因为自由地持有者可以出示自己的权利证明以拒绝被纳入封建网络:这里的原则是"无证明就无自由地"(Nul alleu sans titre)。在南方,有一种"无证明则无领主"(Nul seigneur sans titre)的惯例,这让人推测当地存在具有完全地产权的土地,即自由地,而领主对采邑的领有权却是要出示证明的。

4. 采邑的家产化

加洛林的权力封赠（honores）原则上是由国王颁发且可以召回的，因此附带的"好处"（beneficium）不能进入封赠领受者的家产。即便如此，封赠还是会变成世袭的，至少最重要的封赠是这样，这在法兰克时代结束之前就已屡见不鲜。完全有理由认为，最初被称为"好处"的采邑一开始就有变成父子相传的家产的趋势。当然，这并不意味着终身让与的"好处"完全消失了，但这一般涉及较小的"好处"，如一般骑士的采邑，或者是特别的货币采邑。

附庸死后，封君只有在附庸没有继承人时可收回采邑，至少 12 世纪初之前的惯例是这样，不过此时旁系继承现象在各地都可以看到。这时采邑继承人应该再行臣从效忠礼，以从封君那里接受赠予，同时还向封君缴纳被称为"再领捐"relief 或 rachat 的费用，这在朗格多克叫 acapte，其价值一般等于采邑一年的收入。不过在 12 世纪末，这种费用不再向附庸的儿子要求，只向非直接继承人索取。

就采邑的继承规则而言，虽然各地有所不同，但依然存在一些通行的原则。对于自由地，常见的继承规则是平分继承，子女都享有继承权；但采邑一般盛行长子继承制。这个做法虽然损害其他子女的权益，但它对贵族家系（lignage）的维持至关重要，因为如果土地碎化的话，采邑很可能无法提供封君所要求的军事服务，尤其是在封建时代，装备一个骑士是很费钱的。但是，长子继承制也像整个封建体制一样，向外在于这一制度的领域渗透：实际上，到 13 世纪，法国大部分地区的自由地已经盛行长子继承了。

南方曾长期盛行分割继承。但到 12 世纪末，随着罗马法日益被人推崇，立遗嘱者已经可以自由处置全部遗产，这就意味着他可以优待某位继承人。但即便如此，南方广泛通行的仍然是"联合继承"（parage 或 frerage）的制度，即兄弟或亲戚联合继承一个采邑，不过每个人的继承份额不一定均等。这些联合继承人或者一起行臣从效忠礼,轮流履行义务,但更经常是一个人代表所有人履行仪式。有时,所有其他人向遗产的最大持有人效忠,后者则就整个采邑向封君效忠并负担全部的义务。可以想见的是,继承分割在几代人之后就会造成共有领地（coseigneuries）的严重碎化。每一代继承人都不可能同时死亡,因此一个采邑上有 20 或 30 个共有者（pariers 或 parsonniers）,他们的领地份额大不相同,亲缘关系很复杂,每个人都占据城堡的一角（tour）,或一年中轮流占据整个城堡。当然,这些共有者负有连带责任,个人领有的采邑未经其他人同意不得让渡。但是,他们之间的地位差距太大时,份额最小的采邑会被视为最大采邑的次级采邑。

但朗格多克的情况比较特殊,长子继承权在这里比较常见。

从 13 世纪开始,受罗马法的影响,很多地方的法律承认不均等分割继承并采取中间解决办法,即长子得到采邑中的最大份额,但须单独负担义务。在布列塔尼和诺曼底等地,分割继承更是有明确的门槛:最小的采邑也应确保承担完整的封臣义务（骑士采邑[fief de chevalier 或 fief de haubert,haubert 指武士披挂的护甲上衣]）,否则不许分割继承。

妇女也可继承采邑,就像能继承自由地一样;但她们不能行臣从效忠礼并提供相关的服务,这应交由丈夫或第三者来履行。因此,尽管的确存在妇女继承采邑的案例,但这种情况非常少见。贵族家庭一般会规避女性继承,并会预先赠予女儿一笔遗产使其成为利益无关方,这笔赠予就构成女儿的嫁妆。此外,在旁系继承中,男子同样有优先地位。

当采邑继承人年幼时,采邑由名叫巴伊斯特（baillistre）的看护人管理,直到他成年。原则上说,采邑的封君就是天然的看护人,但人们普遍担心封君看护会损害小封臣的利益,于是封君看护人最终让位于贵族看护（garde noble）（但诺曼底除外）:在这种制度中,人们以租约形式将采邑委托给小封臣的一个近亲。这时,看护者也要向封君臣从效忠并负担义务,当然同时他也得到采邑的收入。

当采邑成为世袭时,其持有者就可自由让渡之。关于采邑的赠予和出售,10世纪的证据表明须得到领主的同意,但这个预防措施在12世纪中叶消失了。习惯法甚至不承认封君有反对采邑让渡的权利;但有这样一些例外:在勃艮第和诺曼底等地,如果买主——比如某个非贵族——不能提供相应的服务,则封君可以反对交易。

对于采邑的出售,封君是享有先买权(retrait féodal)的;别人购买时他可以征收转让税"在朗格多克仍然叫 acapte",数额一般会高于出售总价的五分之一,但这笔费用由买主承担;此时一些封君还会在此之上再加五分之一(这笔费用称 requint)。但如果采邑是转让给教会,情况有所不同,这时一般不会收取转让费。

另一方面,封臣完全享有对自己的采邑进行再分封的权利,这一点自11世纪末起就很明确了。这被视为采邑走向减损、领主权利开始逐步被侵蚀的标志。

5. 封建制度的"结构化"

严格意义上说,封建制只涉及封君和封臣(或主人和附庸),大约相当于弗朗索瓦·冈绍夫探讨的"狭义封建主义"。但封建制度很快就通行于其他领域。从12世纪开始,在法国很多地区,采邑一词指所有类型的权利持有形态,甚至教区神父职务(cure)这样的圣俸,也被称为某种 fevum。这表明,封君封臣制已经给各种类型的社会关系打上了烙印,连处于奴役身份的人也要进行臣从效忠,并由此派生出一系列新现象。

贵族的等级制问题:加洛林时代有"王家附庸"和"附庸的附庸"(vassi regales, vassi vassorum)之分,这种区分在此后的岁月中被不断复制和演化,到12世纪初便形成了某种贵族(sire)的金字塔形等级:位于顶端是国王和诸侯,其下是最强大的伯爵、主教和某些修院院长,再下是一般的伯爵,随后还有堡主、作为一般骑士的领主,最低等者称作次级附庸(vavasseurs,这个词即 vassus vassorum 的变体)。

贵族虽然有很多头衔,但与后来人普遍的印象相反,这些头衔并无精确的上下级之分。当然,公爵是非常尊贵的称号,有些伯爵也是实力强大的诸侯,如佛兰德尔伯爵和图卢兹伯爵。但有很多普通的领主也被称为伯爵。男爵(baron)的情况也比较复杂。Baron 像 vassal 一样,最初仅仅指男子,直到 13 世纪才成为一种贵族称号,其地位介于伯爵和普通领主之间。但在这之前,baron 只用作复数,指附庸(vassaux)中的精英分子,意思是"强者",或小骑士中以勇武扬名的佼佼者,因此 baron 只是骑士的典范。甚至直到中世纪末期,baron 与其说是带有头衔的贵族,不如说是 baronnie 这一地域的主人,这一地域往往由几个领地合并而成。Baron 更像是与 miles(骑士)或 dominus(主人)类似的贵族泛称。

与此相应的是,从主人到封臣再到次级封臣,并不构成一个连续的整体性分封秩序,也不存在连接最低等级的附庸与顶端的诸侯的树状忠诚谱系,这种结构毋宁是一种观念的建构。分封—忠诚的结构远不那么清晰。继承和财产权的变迁很容易导致封建关系的模糊化,在进行领地盘点时,经常会见到某位骑士不知道应该向谁臣从效忠,也不知道某个采邑的封君到底是谁。

不过,虽然同一个人经常可以是好几个主人的附庸,但每个采邑的直接主人说到底只有一个。至少从观念上说,这在某种程度上有利于建立等级化的从属关系(mouvances):附庸的采邑从属于封君的采邑,并一直向上延伸,形成一条通往国王和王国的链条,所有采邑说到底都从属于国王和王国。

正如我们在卡佩与金雀花在诺曼底的冲突中看到的,这样一种等级建构有利于王权伸张其权益,有利于宗主权(suzeraineté)概念向主权(souveraineté)概念的过渡。也有利于引入秩序或等级(ordre)概念,这种意识形态建构对君主制国家的形成和巩固意义重大。

第三节 领地制度

1. 领地的概念

领主(seigneur)在采邑内部行使的权力是一种全面的"指挥权",与之相关的几个术语可以反映这种权力的众多侧面:如 bannum,法国历史学家布特吕什(Robert Boutruche)对这个术语的定义是一种带有公共性质的权力,包括命令、惩罚和强制,再有就是 justicia,即司法权。[1] 这些强制性领主权(seigneurie banale)与地产领主权(seigneurie foncière)叠加在一起,后者是领主作为地产主而获得的权益。当然,强制性领主权与地产领主权只是后世学者的一种划分;而且,不是所有领主都享有这两种领主权的全部权益,具体情况由局势和当地习惯法而有所变化。但总体而言,封建时代的领主权或领地(seigneurie)是上述两类权力的总称。还需要指出的是,seigneurie 这个词有两种理解方式:既指领主的各种权益,即领主权;也指这些权力所适用的土地,即领地。因此中世纪术语容易混用领地和采邑(fief),而且很多地方的习惯法将这两个词等量齐观。

但需要指出的是,很多领地,而且是很重要的领地,从严格的法学概念来说并不是采邑,因为它们不负担建造城堡、提供军事服务等义务,这就是教会的领地。教会领地的主人或者是主教,或者是各修道机构。在10—11 世纪,各大修道院的领地规模尤其庞大,而且有了很大的扩张。修士们的豁免特权(immunité)可以追溯到法兰克时代,根基十分牢固。不过,有的修道院将其领地的管理托付给某个世俗监管人,这种角色被称为 avoué,但如果这个人势力强大,他就很容易将修道院的领主权与自己的领地混为一谈。

作为加洛林时代的"好处"的后继者,采邑是整个社会的结构性要素。封建制度的形成过程至少到 13 世纪末还能感受到其运动的余波:那时还能看到自由地并入领地,封君还在分割自己的领地以分封别人,以期待获得忠诚与服务。与此同时,以采邑为支柱的人际关系模式也延展到贵族世界之外。

从很多方面看,领主权或领地(seigneurie)的组织让人回想起古代晚

---

[1] Robert Boutruche, *Seigneurie et féodalité*, Paris:Aubier, 1959, pp. 114 - 126.

期的 villa 和加洛林时代大庄园的古老结构。考古学和地名学的证据有时也能确认古代以来地域占用的连续性,但这并非普遍和系统的现象。关于法兰克时期的大庄园,只有透过 9 世纪的文献能窥其一二,而且仅限于卢瓦尔与莱茵河之间的小片地区。实际上,涉及 11 世纪中叶之前的领主制的史料很少见。从这个角度看,10 世纪马孔地区的克吕尼修道院提供的材料是个突出的特例(杜比在《11—12 世纪马孔地区的社会》中就运用了这批材料)。因此领主制的诞生是个存在争议的问题。当前历史学家们的普遍看法是,领主制的形成有个较长的演变过程,而且它的确立并不必然意味着地位低下者命运的恶化。不过,相较于领主制的后果,它的起因可能显得不那么重要了:这个制度将持续到旧制度末,不但是一种普遍的土地占有形式,很大程度上它也是人的社会关系框架(encadrement),在城市和乡村都是如此。需要指出的是,城市土地一般在几个领主之间分割,但这些领主向某个单一权威,如当地主教、诸侯或国王臣从效忠,这一点经常被遗忘。

领地可以被描绘为一个统治权复合体,它同时结合了对土地、对土地上的居民以及对居民在土地上的活动所行使的各种特权。所以不要把领地想象成我们今天习以为常的行政区划空间,它不是同质的、划分明确的单元;像采邑一样,领地具有空间属性,因为领主权益和权威一般是在特定的地理范围内行使的;但需要注意的是,即使是在这个空间之内,领主的权益也不是均等和同质的,正如著名法学家哈罗德・伯尔曼指出的,中世纪的同一块土地上往往叠加着多种权益。同样,同一块领地也很少只有一个持有者,而且经常穿插着各种性质不同、归属关系各异的飞地。这种"交错"现象是阿兰・盖罗等法国中世纪史学者一直强调的特征。[1]

质言之,领主领地权益涉及地产的、经济的、司法的、政治的、军事的⋯⋯各种面向,它们都是领地的构成要素,而且经常集中于同一人之

---

[1] 参阅黄艳红:《中世纪法国的空间与边界》,《世界历史》,2016 年第 3 期。

手。为了区分各种权益,历史学家习惯于区分对土地行使的权益和权力,以及对人行使的权力,这就是前文提到的地产领主制(seigneurie foncière)和强制性领主制(seigneurie banale),或者称堡主领地制,因为这种领主权的实施是以城堡为支点的。必须再次强调,这种区分是人为的,是后世历史学家的有意识的理论建构;中世纪的领主们并不进行这种区分,对他们而言,领主制本质上就是对土地的权益和对人的权力的集合体。

2. 领地经营

领地权益首先表现为进行各种征收(exactions)的能力,领主竭力将其确定为"习惯"(consuetudo)。

像法兰克时代的大庄园一样,大部分领地表现为一种二元结构。一部分是领主自己经营或为了自己而经营的土地,为此他可以使用家内仆役或付工资的劳力,有时也可使用租地农的劳役,如果后者负担此义务的话。其他土地分割成个人经营的土地单位,即出让给农民的租地(tenures),领主则对这些租地征收租税(redevance)。

现代的财产概念受罗马法影响很深,财产权是具有排他性的权利,但这种理解在很大程度上不适用于中世纪领地制度,因为往往是好几个个人或机构对同一土地享有各种权益。现代法学家发明了"上位领有权"(domaine éminent)和"用益权"(droits utiles)等术语以示区别。前者是领主对领地内所有土地享有的权益整体,后者是农民在领地内的租地上享有的各种权益。在自由地上,所有者既有上位领有权也有用益权,故他在这种土地上可以说拥有完整的产权。

原则上说,租地的让与是暂时的,可以为期数年,也可终身,直至两三代。但像采邑一样,租地的世袭化持有看来在 11 世纪就确立了。采邑的世袭继承方式同样适用于租地:授予形式或称 ensaisinement,即占有,继承者持有租地时,须向领主交付继承费用,这种费用各地叫法不一,如 relief, rachat, saisine 等。但继承费在 13 世纪逐渐被废弃。

　　农民在出售租地时,领主会征收一笔叫作 les lods et ventes 的"准买费",lods 这个词来自拉丁语 laudare,原为同意的意思;在南方叫 lauzimes 或 foriscapes。有时准卖费只是几个苏的象征性征收,但一般会达到地价的十二或十三分之一,因此得名 treizain:十三分之一捐。如果经常有土地专卖的情况发生,这种征收会成为领主的一笔可观的收入。随着地产行情走高,准卖费也水涨船高,到后来甚至等于年贡(cens)的 10—20 倍。

　　除了这些转让费用,租地还负担定期租税(redevances)。它们的形态和征收方式在各个领地和各个租地都可能有所不同,因为这既取决于地方传统,也取决于领主和租地农的力量对比关系。

　　定期租税中首先包括年贡。大部分租地都须以年贡形式缴纳一次性的定期租税。租地或称 hostises,意思是"宾客",这里显然指的是租地上的农民;或叫 censives,这个词来自"年贡"(cens),单数使用时专指领地上为收取年贡而出租的所有土地,一直到旧制度时代都很常见。在受罗马法术语影响较深的南方,长期或永久年贡租约称 emphyteoses。年贡可以视为租地的租金,经常以货币形式缴纳,较少采取实物或混合形式。但与准卖费不同的是,年贡的数额是固定的,不随收成而变化。年贡本来就很低微,到后来更随着货币贬值而缩水。到 13 世纪,年贡很多情形下只是一种象征性的租税,除非有所谓超额年贡(sur-cens)或"大年贡"(gros cens)之类的附加,但后面这类征收很难估算。

　　年贡可以转换成"收成分成"(parts de fruits)形式的租税,或在年贡之上附加此类租税,这时征收数额会有明显的增加。收成分成名目繁多,如 champart、terrage、agrière、tasque 等等,这是实物性地租,其比率在收成的四分之一到十六分之一之间,一般是在十分之一左右。品质最好、利润最高的土地,如葡萄园,往往承担承担这种实物捐税。

　　还有一些习惯性的征收也可归为定期租税(redevances),它们经常很低微,但其总额可能很可观,对所有农业活动都会构成负担。这里难以一一列举。定期租税可能早在 11 世纪就已主要是货币形式的了;在

13 世纪,实物租税所占的比重已经很微弱,因为农村经济已经日益货币化。由于这一时期的货币在贬值,因此定期租税的实际数额呈下降趋势,14 世纪中叶到 15 世纪中叶的大萧条甚至加剧了这一趋势,因为实物捐税和依据生产活动比例征收的习惯性征收削减了。于是人们日益采用定期更新的租约(fermage),或者分成制租约(metayage),这类租约的条款更易适应当时经济形势的变化。

3. 对人的权力

封建领主的领地权力既基于对土地的控制,同样且尤其包括对个人的统治权。

从理论上说,领地上的居民生活在领主的军事保护之下,但"保护"首先是一种对他们进行剥削的意识形态论证。途经领地的商人旅客,需要向领主支付"通行费"(conduit),作为对其保护的酬答;不过这种捐税从 12 世纪起转归伯爵和公爵等高级权威,最后转到国王手中。农民则须缴纳特别的捐税以换取领主的保护,如"安全费"(sauvement,commendise),以及"军役税"(tailles),此税后来演变成最主要的国税,并一直维持到大革命。它的名称来自用以计量的木棒上的刻痕。当然当时它还有其他的称呼,如 quetes,tolles(来自拉丁语的 tollere[征收]),forcias,等等。在封建时代,军役税是争议非常大的一种征收,从原则上说它由领主自由裁量,所以人们称军役税是"任意的"(à merci)。但农村社区很早就开始了让军役税固定化的斗争。从 12 世纪开始,领主征收的随意性实际上只针对农奴,这成为奴役身份的典型特征。但在南方,人们是通过财产的性质来确定军役税的,这就是所谓的"属物军役税"(taille réelle),以区别于其他地方的"属人军役税"(taille personnelle)。最后,这种征收还有一种特别的名目,叫作货币捐助(aide pécuniaire)。这种捐助一般只在是特别的应急之需时才征收,因此其运用被限制在特定的情形之下。尽管各地习惯有所不同,但以下四种情形最常见:领主被俘时为他支付赎金,十字军出征,领主女儿结婚(领主须提供嫁妆),以及长子晋升为骑士。

领主还向全体居民要求提供宿营服务(gîte 或 procuration),到 12 世纪,这种服务日益转化为货币征收。作为宿营服务的扩展,领主还在紧急时刻享有征调权(prises),调用其所需的物资。

最后,还有很多农民被迫服劳役。当然,习惯法会规定劳役的性质、频率和期限;一般的劳役包括修剪葡萄园、收割、车辆运输服务等。在加洛林时代,农民负担的劳役很重,有时一周数天,但此后劳役期限大大削减,一般一年几天。随着领主自营地的缩减和经济的日益货币化,劳役日益成为一种鸡肋,以致领主自己都快放弃劳役要求了。在 13 世纪末,劳役大多被固定租税取代了。

4. 习惯征收和自由

从 11 世纪开始,所有的领主征收有了一个统称:consuetudines,这是拉丁语"习惯"的复数形式,在法语中,北方称 coutumes,南方叫 usages。

领主的习惯征收具有无限的多样性,不同地区往往呈现很不一样的形态,甚至同一地区内不同的领地也不一样。在不同的地区,习惯征收的统一性差别很大。如在法兰西岛,它碎化成众多不同的习惯征收,而在诺曼底,整个诸侯领地内的习惯征收都相当一致。此外,虽然习惯征收的法律依据来自所谓的古老性,但它们并不像人们声称的那样,远得不可追溯并一以贯之,而是始终随领主的苛求与被征收者的抵制能力之间的力量对比而变化。实际上,我们经常看到乡村共同体对"坏习惯"(mauvaises coutumes 或 mauvais usages)的控诉,农民认为这是领主在滥用自己的权利,从而加重了他们的负担。不过,中世纪法国很少见到农民反对领主习惯征收的斗争的痕迹。但有很多资料证明,下层居民对习惯征收一直在进行消极抵抗,如掩盖经济活动和收入,司空见惯的舞弊行为,以及拒绝在规定的期限内缴纳税款。

在 12 世纪,由于人口增长和垦荒之后持续的土地扩张,领主开始放松对农民的榨取,以便笼络自己领地上的劳动力,或吸引新劳力来开发新土地。这就是所谓"自由(franchises)宪章"的重要源头,它们很多是与垦荒或建立新城市的宪章结合在一起的。

这种自由宪章一般是颁给城市或乡村社区的,它确定租税(redevance)的税率,明确规定农民的服务范围,承认某些豁免权和自由,如带着动产离开领地的自由,总之,是对领主权的限制或明确化。各个宪章的条款各有不同,但精神大致相同。有些宪章文本适用于很多地方,如加蒂奈的洛里斯(Lorris-en-Gatinais)的自由宪章就在卢瓦尔河中游的 80 多个村庄中使用;1182 年兰斯大主教颁给阿尔贡的博蒙村(Beaumont-en-Argonne)的宪章,整个 13 世纪都在香槟和洛林传播,成为近 500 个社区宪章的模本;而且这份文件比其他宪章更自由精神,它认可社区选举自己代表的权利,允许其自行征收军役税,而大部分的自由宪章是不承认居民的自治权的。不过,这场自由运动的成就很不均衡。它在中部很少成功,但在西部情况好得多,在北部的局面更好。

5. 人的身份区分:农民的依附与农奴制

中世纪农奴制(servage)的源头问题聚讼纷纭。其中的一个关键问题是,中世纪农奴究竟是加洛林时期著名的折叠文书(polyptiques)中描述的非自由人的后代,还是诞生于 11 世纪的一个新阶层。当然,难题很大程度上是术语造成的。拉丁词 servus 究竟应该翻译成 esclave(奴隶)还是 serf(农奴)? 如果按杜比对马孔地区的研究的话,加洛林时代的非自由民没有完全消失,但到 11 世纪初,他们只是一个残留的阶级,进入 12 世纪后就几乎消亡了。应该强调的是,加洛林时代的非自由民完全没有自由,从习惯法而言,他们的身份污点是由母亲传递的。不过,非自由民虽然不占有自己的身体,但在基督教看来,他们至少还有灵魂,这就意味着他们可以接受洗礼和婚礼。

在 11 世纪前半叶,关于自由人和非自由人的说法虽然仍很常见,不过自由和奴役观念看来在减弱。1060 年左右,克吕尼的僧侣得到一个俗人捐赠的产业,上有男女 serf,但这里的 serf 是用来统称这块产业上的居民的,不管他们是否有自由身份。这可能表明,领主制下的农民的身份有趋同的迹象,这也是杜比所强调的一点。这一演变在 11 世纪后半叶加速,过去用以指奴役的术语已经很少使用。人们不再根据法律身份区分农民,而是根据经济状况。逐渐地,vilains,rustres(来自拉丁语 rustici),manants 都可以视为对农民的总称,而且这三个术语很快都带有贬义,因为在这个社会中,农民整体上被视为一个低下的阶层。[①]

但总体上说,领主制的建立和强化导致整个农民阶层都处于某种依附地位。在这个阶层内部,可以根据农民对其领主的依附关系的强弱,以及他们支付的捐税的数量和种类而区分出层级。不过,依附也像自由一样,也是相对概念。在社会底层,出现了被冠以各种特别名称的群体,他们处于极端的依附状态。例如,在 11 世纪末,文献中特别提到一类人:hommes propres("专有人"),hommes de corps("人身依附的人"),hommes de poesté("辖制权下的人"),或者简单地称作领主的"人"(hommes)。在很多地方,这些人的负担最重,当时的 servus(农奴)一词指的主要是他们。农奴不能完全支配自己,他可被自己的主人连同其租地一起出售,因此他根本不是依附于土地上,过去的说法并不准确。此外,这个群体必须支付一些奴役性的捐税或丧失某些法律能力:

(1) 追加年贡(chevage):其总额很低(一般 4 德尼埃),但其辨识功能很重要,尤其是支付此税伴随着一个屈辱的仪式,即自我交付礼(cérémonie d'auto-dedition),农奴必须低头并将绳索套在脖子上;

(2) 外婚捐(formariage):这是农奴为了跟领地外的人结婚而向领主缴纳的、以获得其批准的捐税,意在补偿领主万一失去农奴及其后代的损失;

(3) 死手(mainmorte),这是农奴没有完全的财产权的主要标志。农

---

① Cf. Pierre Bonnassie, "Survie et extinction du régime esclavagiste dans l'Occident du haut moyen âge (Ⅳ-Ⅺ e s.)", *Cahiers de civilisation médiévale*, 28e année (n. 112), oct. -dec. 1985, pp. 307 – 343.

奴死的时候,他的手也就死了,因为他不是自己身体的占有者,而是"死手人"(homme de mainmorte),因而不能自由转让财产。在极端的情形下,主人在他死去时可以收回其全部所有;但在实际中,领主的死手权只有在没有直接继承人时才被完全行使,其他情形下主人一般仅满足于收取"最佳的部分"(meilleur catel),即动产、役畜和小块土地等。

(4)农奴还承受最沉重的捐税,尤其是任意性的军役税(taille),他们原则上还承担"任意的"劳役义务。

大部分农奴生来就是农奴。当他与自由人或身份更高的人结婚时,孩子的身份在各地习惯法中有所不同:经常是母亲的身份起决定作用,但某些地方,如勃艮第,父亲起决定作用,或者孩子继承两种身份中最低的,法国中部的习惯法就是如此。

也有很多自愿变为农奴的人,他们这样做是为了得到被视为奴役性土地的让与权,或者向某个修道院提供服务以换取其保护。有些习惯法也将农奴具有自由身份的配偶降为农奴,但其他的习惯法(如在香槟)则把与自由人结婚的女农奴变成自由人。不过通常的情况是,婚姻不会改变配偶的身份。

农奴(servus 或 hommes propres 等)不占有自己的身体,因而是可以买卖的对象。他们的身份是世袭的,但跟加洛林时代不同的是,他们的奴役通常是按父系而不是通过母亲传承的。没有主人的许可,他们无权离开领地。如果他逃走,主人有权追捕,当然这基本上是理论上的权利,因为当时既不存在警察也不存在民事登记,农村居民的流动性很大。

因此,尽管中世纪的农奴与古代的奴隶都是一个拉丁词 servus,但二者之间并无明确的联系。从制度史而言,没有任何证据表明农奴是奴隶的后代。人们曾长期在古代奴隶制中寻找中世纪农奴制的源头,但现有资料并没有证明两个制度之间的连续性演变。中世纪的奴役来自封建领主制的强化和农民整体地位的下降。因此必须重申杜比对马孔研究的典范意义,尽管该著的某些论点受到了非议。从农奴在总人口中所占的比例来看,各地区之间很不平衡。在普瓦图到香槟地区,三分之一的人口是农奴。但诺曼底几乎没有农奴制。

法国历史学家克劳德·戈瓦尔曾对封建时代法国的农民身份问题做过这样的结论:在依附关系下,所有农民都受到奴役。从经济角度看,他们全都是依附民,但某些人受到的强制特别严重,从而获得了使其成为农奴的特殊身份,但这里的农奴是从该词的法律意义上说的。这并不是说,在这个时代,一个领地上的农奴,跟另一个领地上依附关系最重、但不被称为农奴的人之间,存在实际性的重大差别。但前者有农奴身份,后者没有。因此情况相当复杂。在12世纪,由于罗马法的影响日渐深入,教士们试图赋予农民以清晰的法律身份;他们想重拾自由与非自由的古代区分,这种努力因而促进了农奴制的构建。

但是,对中世纪农民来说,农奴身份是个污点,它对人的心理影响很大,所以在中世纪后期,可以看到很多农奴花钱赎买以摆脱这种身份。当然,领主可以通过庄严的程序或通过遗嘱和令状文书来解放农奴,既有个别的解放也有集体性的解放。这种行为虽然经常以宗教为名,但很少是无私的,一般是作为一种财政交换,农奴须为此付出代价,但文献对此经常没有记载。解放农奴最典型的例子是路易十世1315年解放所有王家领地农奴的敕令。不过,农奴制早在12—13世纪就随着大垦荒和农村经济的发展而走向全面的衰退,这既表现为典型的奴役负担的减弱,也表现为广泛的农奴集体解放运动。到14世纪中叶,农奴制实际上接近消失了。

关于农奴如何摆脱自己的奴役身份,曾有一些流传很广的说法。11—12世纪,宗教机构(尤其在法国南方)为吸引居民而在教堂周围设立"安全点"(sauveté),相传逃亡至此的农奴若在这个"自由空间"住上一年零一天,他就可以摆脱奴役身份。但没有证据表明这个规则的有效性。"城市的空气让人自由"的格言也是如此,在城市逗留一年零一天并不必然会换来自由身份,何况中世纪城市肯定是存在农奴的。

6. 强制领主权

不过,无论自由人还是农奴,都须服从领主的强制权(ban)。我们已经提到,这个词借自法兰克王权,源头上指的是国王对所有人实施的权威,首先是军事指挥权和征税权,随后是审判权和惩罚权。

军事指挥和征税:在法兰克时代,所有自由人都应负担兵役。但在封建体制中,农民(manants)很少应召入伍,因为骑士的社会优越地位就在于其对军事行动的垄断,以及他作为骑士的一整套装备,尤其是战马;骑士如果跟平民一起战斗就失之轻率了,农民生来就是要服从和劳动的。但是,这并不意味着农民对领地的防御不承担任何责任。他需要参加建造和维修堡垒工事的劳动,并要在城堡担任守卫和警戒工作。在城堡陷于危险时,农民甚至需要以简陋的武器协助防御。

强制领主权的一大利益来源是领主享有的司法权。他以公共利益的名义行使裁决权,这是个获利丰厚的特权。此外,领主还负责道路、桥梁、公共场所的管理,他可征收交易税(péages)和通行税(tonlieux),课征的对象是商贸活动中的物品售卖与运输活动。这类税收可在河流渡口或桥梁上征收,但更经常是在桥下征收,方便对通行的船只课税;港口、市场也有各种名目的类似征收,其名曰 passage,rouage,pontenage,quionage,travers,等等,不一而足。

强制领主权衍生的另一个重要收入来源是领主在某些经济活动中的垄断权,也就是法语历史著作中经常见到的 banalités。从 11 世纪末开始,这种垄断权就已大量出现。简单说来,banalité 就是针对农产品加工所必需的大型设备使用权的垄断,这类设备包括磨坊、烤炉和榨酒器等。领地居民只能使用领主专营的设备并被迫支付报偿。领主禁止建造竞争性设备,甚至建好的装置也会被他们摧毁。葡萄酒的定期专卖权(banvin)也是一项获利很高的领主权。根据这一权利,领主禁止别人在葡萄酒装桶后的某段时间出售葡萄酒,这段时间里唯有他享有售卖权。另一些带有很高附加值的商品,如盐和染料,领主也享有某种垄断经营权,且获利不菲。

对于渔猎和牲畜放牧权等日常生产活动,领主也有制定规范的权力,因此他很多有获利的机会,主要是针对违反者的罚款。其他源自强制领主权的垄断还有:以乡村规范形式出现的对轮种和收割日期的规定;对公有地、森林或荒地的使用权的规定,等等。

在领主制中,"司法获大利"是一句广为人知的说法。因此教俗领主极力捍卫他们的司法特权,这是他们收入的重要部分。相应地,为了限制领主司法权的滥用,农民的解放宪章中的重要条款之一就是规定领主司法罚款的最高限额。

7. 领主司法权的实施

领主司法权存在层次之分,不是所有领地都包含所有层次的司法权。很多高级司法权不属于领主或他的封君,而属于诸侯、国王或第三方领主。13 世纪末,人们区分了两个层次的领主司法,这种区分继承了法兰克司法中的大案件与小案件之分,前者只由伯爵法庭审理,后者归其下属法庭(vicarii)负责。"血的司法",即高级司法,牵涉四种重罪,可以判处流放、体罚,甚至死刑。这四项重罪是:诱拐妇女、故意纵火、杀人、偷盗。高级司法的外在标志是在领地上有犯人示众柱(pilori)和绞刑架。关于高级司法权的分布情况,各地差别较大:诺曼底和佛兰德尔的公爵伯爵基本上掌握了高级司法权,这两个地区的领主经常只有低级司法权,即一般审理罚款在 60 苏之下的案子。

在只拥有低级司法权的土地上,不能行使高级司法权。相反,所有获得司法权的人,无论社会地位如何,都能在实际的法律执行中将自己的权益变现。在中世纪末期,领主司法权十分受富裕平民的青睐和追逐,因为享有这种特权是他们跻身贵族的重要砝码。

就领主法庭的构成来说,并无明确的规则,而且法庭可能也没有固定的地点和日期。领主只是主持开庭,如果需要他主持的话。根据封建法的惯例,他所有的附庸或臣从(fidèles)都对领主负有帮助的义务,都应在主人的敦请下出席庭审。他们在当时的文件中被称为"采邑中的人"（hommes de fief）或"自由人"（francs hommes）。不过，参加领主法庭的义务也像其他封建义务一样，在实践中逐渐被限制，实际上大部分附庸每年只参加三次大的诉讼，而且这个习俗可追溯到法兰克时代。大部分习惯法都认为，组成一个法庭至少要四个附庸；但这些人只有在宣判有关贵族的案件时才必须出席，因为按法律习惯，同类人只能由同类人审理。

领主并不是每次开庭都会前来主持。他可以请人代为主持，这些替代者可以是领主身边懂法律的官员，也可以是教士，或者是被证明有智慧的平信徒（boni homines，prudhommes），还有一类替代者是罗马法专家（罗马法 12 世纪中叶开始在南方出现）和习惯法的保存者（在北方叫 hommes jugeants）。然而直到中世纪末，领主法庭才真正专业化；在成文法地区，带薪的法官数量激增，而在别的地区，主持庭审的领主官员一般同时担任特别治安长官（lieutenants particuliers）。

中世纪的诉讼程序基本是口头的，证人出庭时应进行宣誓。当时的诉讼案件很少有记录留存，13 世纪末之前的案卷记录就更少了；不过从前的审判经常通过当事人的回忆而获得"法庭记录"（record de cour）的效力。在中世纪末，受罗马法和教会法习惯影响的法律程序开始传播，至少在各大诸侯领地是如此，这方面也受到王家法庭的影响。罗马—教会法程序采取书面诉讼，大量求助于调查和文件真实性的检验，如对令状和公证书的检验。但这绝不意味着神意判决（jugements par épreuve）完全消失了。神判法和决斗都可视为神意判决的具体选项，如果诉讼方愿意采取这些途径的话。不过总的来说，这类判决形式从 13 世纪开始缩减，这得益于王权和教会的联合影响。圣路易曾于 1258 年正式禁止决斗，但贵族一直坚持认为决斗是他们的特权，因而这种野蛮的风习实际上并未完全消失。

在 11—12 世纪，领主法庭的判决很少能够上诉（高级司法权威可以是高级领主，也可以是国王），除非是因为"公证缺失"（défaute de droit）

或"错误的判决"(faux jugement)。这两个术语意思是,诉讼者认为领主法庭拒绝施与公正,或者处心积虑地这样做;诉讼者此时认为法官有"偏袒"(pris à partie),他可以像控诉某人一样指控法官。如果他的控诉成功,领主法庭的审判权就被撤销,案件转入上级司法权。但这条上诉之路是狭窄的,一直要等到中世纪末,上诉才真正展开。上诉受罗马法的启发,它使得高级法官有可能纠正低级法官的判决。因此上诉意味着存在一个法官等级,这应归功于 12 世纪的教会法庭,而在教会法庭中,法官等级就是教士的等级。但上诉移植到世俗法庭是个缓慢的过程,首先接受这一程序的是高级领主法庭,14 世纪开始逐渐在王家司法领域内展开。

传统史学曾长期把封建时代描绘成一个充满暴力的混乱世界,但今天的学者认为,没有任何根据断言,领主法庭比其他法庭更不公平或更严厉。像任何司法机构一样,它们也旨在维护秩序与和平。当然,领主法庭在专业学识方面的资源肯定很有限。但如果根据诉讼记录记载的妥协案来判断,领主法庭既是强制性的工具,也是协调各诉讼方的场所,这一点在当时尤其重要:法庭面对的诉讼双方经常是武装者,对这类狂暴的武士,避免司法强制是更明智的选择。美国历史学家帕特里克·格里(Patrick Geary)和斯蒂芬·怀特(Stephen White)等人就更愿意强调领主司法在协调和妥协方面的功能。[①]

8. 领主制的衰落

直到 13 世纪末,领主制一直是经济发展、人口增长的制度框架,但它在中世纪末的大危机中遭遇重创。首先是领主收入的明显下降,1300—1450 年,有的领主收入下降幅度高达四分之三。崩溃的原因一方

---

① Cf. Stephen White, "'Pactum... Legem Vincit et Amor Judicium': The Settlement of Disputes by Compromise in Eleventh-Century Western France", *The American Journal of Legal History*, Vol. 22, No. 4 (Oct., 1978), pp. 281 - 308.

面是人口数量和农业生产活动普遍下降,另一方面是难以继续维系对农民的各种征收。另外,领主因为时局动荡而需要经常参与战争,这就不利于领地管理。在这种局面下,很多领主转向了更具投机性的活动,如畜牧业;或将自留地出租,自己完全成为土地食利者,转而从为国王的服务中寻找新的收入来源。

领主制的危机是经济方面的,也是政治方面的,因为领主的特权受到国王和诸侯的竞争,不只是税收方面的竞争——国王开征新税就是与领主争夺农民的剩余资源——还有军事和司法方面的竞争。堡主和高级司法权的持有者受到的影响可能最大。除了来自上层的侵蚀,还有下层的挑战,因为教区和居民公社群体也在不断巩固并提出权利要求:正是在这个层次上,国王和他的臣民开始联合起来,领主渐渐地成为二者的中间人,从事分摊税收、征召部队之类的工作。

第十一章　中世纪盛期法国的农村经济
　　　　与乡村社会

第一节　概述

　　总体上看,卡佩王朝时期是中世纪西欧经济的黄金时代,大垦荒运动、城市的复苏和发展、商业贸易的活跃,是这个时代的几个突出特征。这种经济变迁的参与者来自各个社会阶层,从诸侯到普通农民都作出了他们的贡献。当然,在这将近三个半世纪的时期内,法国各地的经济节奏不可能是同步的。佛兰德尔一带的城市和手工业的发展早于其他地区;西南部的垦荒事业直到 13 世纪仍在进行,而巴黎盆地的垦荒在 13 世纪初就达到了极限了。不过,当代历史学者仍然对卡佩时期的法国经济发展作了大致的阶段划分[①]:

　　(1) 950—1075 年:第一次飞跃,其标志是农业技术的传播和居民点的集中(尤其在南方);

　　(2) 1075—1175 年:这个阶段的特征是货币流通加速,技术传播的发展;领主捐税征收的固定化;城市复苏并经历了明显的扩张;

[①] Claude Gauvard, *La France au Moyen Âge du Ve au XVe siècle*, Paris: PUF, 2012, pp. 159 - 160.

（3）1175—1275 年：中世纪经济发展的最高阶段，其特征是人口快速增长；城市和贸易交换繁荣；法国成为连接意大利和佛兰德尔两大商业和手工业中心的枢纽；

（4）1275—1330 年：这是此后一个多世纪的困难局面的先兆时期，其特征是人口增长仍在继续但垦荒在放缓甚至停滞；价格上涨；但城市仍然具有活力和吸引力。

1. 人口总体状况

人口增长是经济扩张的最基础的要素，因为人口增量不仅创造消费需求，而且在技术条件相当有限的中世纪经济中，劳动力数量在很多情形下能弥补技术的不足。

但在整个卡佩时期，法国缺少准确而丰富的人口资料，它没有 1086 年英国的末日审判书那样全面而翔实的材料，因此要提出相对精确的统计数字是困难的。不过学者们现在有理由认为，从 11 世纪初到 13 世纪末，法兰西王国的人口增长了三倍。1328 年卡佩王朝终结时，王国政府进行了一次教区和户口调查——虽不全面，但也已经相当广泛，根据对调查结果的评估，当时王国的人口应该接近 1 500 万，如果以今天的法国幅员来推算，人口总数大概是 1 800 万—2 000 万。这在当时已经十分惊人，要知道，法国直到 18 世纪才恢复到这个水平。到 14 世纪初，法国已经是欧洲人口最稠密的国家了。

在整个卡佩时期，法国的人口自然增长率在 0.5％ 左右，略高于 21 世纪初法国的人口增长水平。当然，这个漫长而缓慢的增长期并非没有波动，饥荒远没有完全消除，歉收也时有发生（如 1125 年、1197 年和 1317 年的三次大饥荒就造成了灾难性的局面），这可能是人口难以形成爆炸性增长的重要原因。从年代角度看，13 世纪是人口增长特别强劲的时期，而 12 世纪的增长较为虚弱：可能只增长了三分之一。关于中世纪法国人口的年龄结构，也是一个难以厘清的问题，但似乎 11—13 世纪的法国社会还不是严格意义上的年轻人的社会。当时的年轻人当然很多，但老人也活得越来越长,人数也更多了。

　　对于 11 世纪的人口问题,总的来说了解很少,只能对可能促进人口增长的某些运动进行猜测。当时的人口几乎完全聚集在乡村,作为居民聚落的村庄散落在稀稀拉拉的林间空地上,彼此之间隔着大片人迹罕至的原始旷野。这是一个孤立隔绝的世界,没有像样的道路,交通主要依靠沿河行使的驳船,或者靠人力扛运,生产工具仍然十分原始,效率低下。在这种生存条件下,要实现人口增长自然是很困难的。只有到 1075 年之后,才有明显迹象表明人口在增长。可以认为,980 年前后到 11 世纪末是个增长的预备期,它在为即将到来的人口增长积蓄能量。

　　在 12 世纪,人口增长的迹象看来是确定无疑的:家庭单位越来越多,养育的子女也越来越多。根据罗贝尔·福希耶的研究,在皮卡迪,拥有 8 个以上孩子的家庭所占的比例从 1120 年左右的 9% 增长到 1150 年的 12%,1180 年这个数字为 33%,而 1210 年高达 42%。当然,皮卡迪是个农业条件很好的地区,不能将这里的数字作为某种普遍的标准,不过它们还是十分清晰地揭示了某种发展趋势。

　　关于卡佩晚期,即 14 世纪中叶大危机到来之前法国的人口状况,当代学者们倾向于按户进行估算。大致的结果是,法国当时的人口密度达每平方千米 7.7 户,是欧洲人口最稠密的国家之一,与富庶的那不勒斯王国和低地地区不相上下。当然,必须注意到区域性和地方性差异。例如,在 1316 年左右,英格兰国王控制下的基耶纳占法国土地面积的 1/4,但人口只占 1/27。但对巴黎地区的人口密度的研究表明,该地农村地区的人口密度为每平方千米 14.2 户,为全国平均水平的两倍,但即使是巴黎地区内部,也存在明显的地方性差异。原因很简单,地理条件不同,土地贫瘠处每平方千米为 5.8 户,而肥沃的地方能达到 19 户。

　　但这就涉及一个关键问题:中世纪每户的人口系数。随着研究的深入,这个问题看来愈发困难了。很早以前人们就知道,农村的户口状况不同于城市。现在的研究进一步表明,每户人口多少还取决于社会环境和经济条件。如果采用费迪南·洛特提出的系数,那么我们得出的 1328

年的法国人口数据为:国王直接控制的土地上有1 200万居民,1328年王国疆界内的总人口为1 600万—1 700万(在今日的疆界内则有2 000万人)。这里提出的只是一个可能过于乐观的数值,不过,如果将1328年法国的1 600万—1 700万人口与英格兰的300万—350万人口、与意大利的800万—1 000万人口相比,还是很能说明问题的。除了帝国——对其人口的任何全面估算都是不可能和没有实际意义的——法国是西欧人口最多的国家。

2. 1328年的"教区和户口登记簿"①

中世纪法国长期没有对土地和人口的统计,但这种情况在14世纪初开始有所改观,这与国家机构的发展和管理技术的进步有关。美男子腓力为了给在佛兰德尔进行的战争提供资金,不断要求征收特别捐税,为了更有效地进行这项工作,审计法院认为,对纳税人数量进行调查已成为日益紧迫的事务。1303年就有人提出,应该"登记国王的所有户口"。就在同一时期,国王开始在紧急情况下召集大型会议,以便听取贵族、教士和平民的意见。这些会议也提出,中央行政管理需拥有各类准确的数字统计。对于国王的管理机构来说,完成全国范围内的统计工作是行政工作的一大成就,同时也是一个具有重大政治意义的举措。14世纪初,一些地域性的"教区和户口登记簿"被编制出来,同时还有其他类似的、但意义较为有限的文件作为补充;1328年,就在卡佩王朝的直系君主把王位让与其幼支瓦卢瓦家族时,一份较为全面的"教区和户口登记簿"问世了。

当时从属于法国国王的土地分为三类:王室领地(domaine)、亲王采地(apanage)和封建采邑(fief)。1328年法国国土面积为42.4万平方千米,其中第一类土地为31.3万平方千米,约占总面积的3/4。根据1328

---

① 费迪南·洛特对这份史料进行了经典研究,参阅 Ferdinand Lot, "L'état des paroisses et des feux de 1328", *Bibliothèque de l'école des charts*, 1929, tome 90, pp. 51 - 107, 256 - 315。

年的登记簿,王室领地共有24 500个教区,其中的23 700个教区共计居民2 469 987户,平均每个教区123.5户。登记簿以教区为基础,教区这个空间与盘根错节的封建权益和领主裁判权并无必然联系。直到旧制度末年,教区结构都十分稳定,而且革命后的市镇(canton)与教区也保持着连续性,故我们还能确认大部分教区并辨认出它们的地理位置。在行政管理方面,教区构成执法人或普雷沃辖区(prévôtés)、堡主辖区(châtellenies),但最主要的是构成35个司法总管辖区,即巴伊或塞内绍的辖区(baillages和sénéchausées)。一个世纪前腓力二世设立司法总管辖区时,它还只是一种不固定的、临时任命的机构,但现在它已成为一种与宫廷紧密相连、稳定而持久的管理机器。史学家们借助其他一些可以用来核对的文献,编制了一张巴黎附近几个地理区划的行政图表,1328

	教区数	户数
古尔贝尔堡主辖区	59	5 876
戈内斯堡主辖区	23	2 555
吕萨尔什堡主辖区	5	577
普瓦西堡主辖区	33	3 296
东马坦堡主辖区	25	2 452
夏斯乔福尔堡主辖区	21	999
蒙热堡主辖区	18	1 427
蒙莫朗西堡主辖区	28	2 556
巴黎法官辖区	203	21 460
巴黎子爵领内的米约诸城	40	2 286
巴黎和圣马塞尔城	35	61 098
圣但尼城	13	2 351
谢吕兹和莫尔帕堡主辖区	9	742
蒙莱利堡主辖区	51	5 533
布雷堡主辖区	4	578
巴黎子爵领及其辖区合计	567	119 986

年的"登记簿"中曾详尽列举了有关这几个区划的数字。表中显示的是巴黎"子爵领"的数据。

其他司法总管辖区的数字较为粗略,有的甚至没有接受王家官员的调查,或者调查的结果很晚才送达,没有编入最终的图表中。里尔和奥尔良司法总管辖区、某些边远辖区就是这种情况。王家领地中的24 500个教区中有23 671个接受了调查,差额部分就是上述这些情况造成的。

各大封建采邑(布列塔尼、勃艮第、加斯科尼、佛兰德尔以及布卢瓦和迪努瓦伯爵领、内维尔伯爵领、巴卢瓦伯爵的附属地)和亲王采地(阿图瓦、阿朗松、埃弗勒、沙特尔、波旁-马尔什和昂古穆瓦-莫尔坦)面积约11万平方千米。原则上说,国王的官员不能进入这些地区,它们的有关数据也不能出现在户口登记簿上。但实际上,一些嵌入国王领地的小飞地采邑都接受了调查,较为年轻的亲王采地也出现在调查表上——如马尔什封地与普瓦提埃司法总管辖区一起接受调查——与此同时,一些非常古老的封建采邑也被附近的司法总管列入统计表中:布尔日的司法总管对内维尔伯爵领进行了调查,更为重要的是,马孔的司法总管还对勃艮第公爵领进行了统计。根据费迪南·洛特的估算,1328年法国的面积为42.4万平方千米,有居民总计3 363 750户。对这些数字稍加修正过后可以认为,当时法兰西王国的人口密度约为每平方千米7.7户。

由于卡佩晚期行政管理技术的发展,学者对人口状况的分析有了较多的材料,尤其是征税方面的材料。现在人们都承认,这个时期的巴黎是西方世界人口最多的城市之一,但要较为准确地估算出人口数字,仍然存在很大的挑战。13世纪末到14世纪初虽然出现了一些统计材料,但它们缺乏系统性。根据1292到1313年的军役税税册,巴黎的纳税人数目约在1.3万—1.4万之间;如果每个纳税人的家庭人口数为3.5,则巴黎人口约为4.7万;但这个数字还应加上社会顶层和底层的人口数字,他们是不缴纳军役税的贵族、教士、大学师生、宫廷人员,以及赤贫

者——所有这类人当时有 2.5 万之众。因此 13 世纪末的巴黎可能有
7.2万人口,随后的二三十年又增长到 8 万—8.5 万。这个数字可能大大
超过西北欧的所有其他城市,包括工商业发达的弗拉芒地区的城市,因
为当地最大的根特城人口当时还不到 6 万人;但是,与意大利的工商业
大都市比起来,巴黎就相形失色了:米兰和威尼斯的人口当时肯定已经
超过 10 万,佛罗伦萨的人口在 1338 年也已接近 9.5 万。

　　但是,根据另一些推算,巴黎的人口则远超意大利各大城市。这种
推算的主要依据就是 1328 年的"教区和户口登记簿"。根据这份统计资
料,巴黎共有 61 098 户居民,据此则巴黎的人口很可能超过 20 万。不过
有学者认为这个推算十分可疑,因而中世纪巴黎的人口是个存在激烈争
论的问题,城市史学者卡泽尔(R. Cazelles)就认为,很难设想巴黎的人
口能达到 20 万。

3. 食物结构

　　这个时期法国的人口不仅有了增长,居民的饮食也有了改善。虽然
众多穷人依然只能满足于清汤寡水、黑麦面包、乳制品和果类,但小麦面
包、奶酪和以香料及葡萄酒加工过的肉制品不再只有富人专享了。在贵
族的餐桌上,丰盛的菜肴已成为一个越来越开放和繁荣的世界的典型表
征。菜肴的数量和用餐的礼仪导致了更多的复杂要求,任何稍有资财的
人都会竭力去迎合。

　　我们对中世纪早期居民的饮食结构了解很少,只有修道院是个例外,
但那里的饮食可能比较特殊。不过根据有限的材料还是可以看出,这时候
的人们不再依靠具有很大偶然性的采集食物为生了,而是努力耕种土地获
取食物。罗杰·迪荣(Roger Dion)还指出了一个重要现象:高卢地区的葡萄
种植业在不断扩展。这在很大程度上受贵族社交习惯的影响,因为贵族认为
自己喝几口上好的葡萄酒并用它来款待客人是件非常有面子的事。在广大
乡村下层民众中,整个农业生产制度也是按食物生产的要求来组织的。

　　文献表明,面包在中世纪早期已广泛成为基本食品,即使在垦荒尚

未充分发展的西欧各地。如 844 年秃头查理颁布的有关纳尔榜教士的
法令规定,主教在巡视路途上可以征收 10 只鸡、50 个鸡蛋、5 只乳猪,但
首先是 50 个面包。当然,由于主教的社会等级较高,食物也可能比较高
级,因而不能据此推论普通人的食物结构。但在谷物消费方面,穷人应
该比富人更多。当时的蔬菜主要有豌豆、蚕豆、叶菜和根茎菜,最后还有
肉,这些都是"面包的伴食"(companaticum)。制作面包的原料不仅包括
小麦,还有黑麦、似双粒小麦,以及很多杂粮,大麦甚至燕麦也被用来制
作面包,当时燕麦不仅用来喂马,也经常供人食用。粥在食物中所占的
比重不大清楚,但在磨坊广泛普及之前,这个比重应该不小。据推测,啤
酒在中古盛期的法国北方应该很常见,但它品质不佳,稠得像汤一样。

到 13 世纪,有关食物的资料丰富了一些。从文献记载来分析,在所
有阶层中,"面包的伴食"应该是越来越丰富了。以现有香槟地区某麻风
病院的两份食谱为证。一份是 12 世纪的,食谱是这样规定的:每个麻风
病人每周 3 个面包、1 个蛋糕、1 罐(mesure)豌豆;第二份食谱是 1325 年
的,对病人而言,食物中除了面包、油盐和洋葱,每周还有三天肉食,没有
肉食时则有鸡蛋和鳕鱼。这表明食物结构在 13 世纪有了改进。另外,
1244 年阿图瓦地区一个教务会司铎的食物标准是:早上 4 个鸡蛋,晚上
3 个鸡蛋,另配有腌肉和 3 条鳕鱼,这已经是相当不错的生活了。

可以笼统地说,13 世纪的法国,尤其是北方,肉、黄油、奶酪的消费应
有所增长,13 世纪末的大多数人已不仅满足于谷物。这种好势头一直维
持到 14 世纪初。1300—1305 年,在佛雷兹地区的某个教堂工地上,筹办
的食物中除了黑麦面包、蚕豆、鸡蛋、奶酪、肉,还有很多葡萄酒。在 1300
年左右的诺曼底,有关食物的记录中频频出现猪油、鳕鱼、豌豆、家禽、奶
酪和大量鸡蛋。在 1338 年的多菲内某济贫院,"面包的伴食"的花费是
谷物的 2.5 倍;同年,在诺曼底的某修道院,面包和谷物花费 740 利弗
尔,购买其他食品的费用则达到 1 780 利弗尔。

但需要强调的是,即使在 14 世纪初,所有这些非谷物"伴食"仍被视
为辅助性的食物。在所有人的意识中,面包仍是真正的食物。这种情况

在 11—13 世纪的所有文献中都表现得很明显,乡村劳动者到处都被招募去生产谷物。所以 11—13 世纪的扩张首先表现为农业扩张。当然,"伴食"的多寡已成为等级区分的一个标志,就像很多社会都会以衣料和服饰来区分阶层一样。相应地,城市中的屠户已成为很活跃的职业,他们是城市扩张的受益者。

第二节　早期的增长

从 10 世纪初开始,法国各地就已出现很多人口和经济增长的迹象。这种情况表明,诺曼人、匈牙利人、萨拉森人的入侵可能只对人口拓居造成了轻微的影响,并没有对农村经济的增长造成实质性损害,实际上,增长的源头可追溯到加洛林时期。诺曼底的例子很有说明意义:在这个易于受攻击的地区,农村教会组织和过去的城市网络并没有受维京入侵的深入影响;复兴的动力甚至应该部分地归因于诺曼人,因为他们的到来使得这里与北海周边建立了更直接的联系,因而受到更大范围的商品交换的刺激。佛兰德尔的情况与此类似。

1. 土地占有与居民聚落

12 世纪之前的农村居住模式和聚居形态仍需要仔细分析。当时的书面文献很少,而且一些术语难以厘清。当然,考古资料越来越丰富,很大程度上可以弥补这种不足。但这类资料也有缺陷。考古发掘地点几乎都是早已被废弃的居民点,这就对居民点的整体性历史变迁的评估造成困难。由于存在这些限制,最近 20 年的研究虽然对过去占支配地位的 10—11 世纪是"村庄诞生期"的说法提出了质疑,但还没有提出新的具有说服力的替代阐释。这里简要介绍一些较为可靠的结论。[1]

---

[1] Cf. Florian Mazel, "Cité, villes et campagnes dans l'ancienne Gaule, fin Ⅷ-milieu xi siècle", in *Città e campagna nei secoli altomedievali*, *Settimane del Centro italiano di studi sull'alto medioevo*, 56, Spolète, CISAM, 2009, pp. 337 - 390.

考古资料首先促使学者们重新评估中世纪早期（6—9世纪）的土地占有状况。当时的人口可能并不像过去认为的那样稀少，农村居民点的消失没有那么严重，而教会组织网络的密度要比过去认为的更高。农村的抛荒在南方很明显，这里在罗马时期曾人口稠密；但在卢瓦尔河以北，7世纪中叶到8世纪中叶已经出现了农村聚居现象。另外，某些高卢-罗马或墨洛温时期的居住点，一直被使用到中世纪中期，甚至直到今天，尤其是在巴黎和圣丹尼周边地带、卡昂平原、罗讷河谷的某些地方和朗格多克平原。10世纪开始的转变正是在这种背景下发生的。

这个时期开始的转变的一个重大特征是，从950—960年开始，法国各地的塔楼（tours）迅速增加，教堂建筑被"纪念碑化"（monumentalisation）。塔楼的激增与当时的防御形势有关。11世纪的教会作者劳尔·格拉贝尔（Raoul Glaber）曾提出一个后来被广泛引用的说法：当时整个基督教世界披上了"教堂的耀眼的白袍"。但现在学界已不再认为公元千年左右发生过教堂数量激增的现象。这首先是因为，从10世纪末开始，文献中提到的新教堂的猛增基本是由于文献的效应：在修道院改革的背景下，人们开始大量使用书面文字，而教堂作为产业描述的单位，就频频被修士记录在案。当代学者多米尼克·巴特雷米在批评千年之际的"封建变革"论时，提出了"文献变革"的论点，上述情形就是文献变革的具体表现。其次，对图兰、欧塞尔和普罗旺斯等地的研究表明，教堂网络在900年左右就已大体构建成型，10—12世纪的新建筑只是在老格局之上进一步增加密度，将一些边缘空间囊括进来。

大约从10世纪中叶开始，农村地区开始大量重建和维修教堂。此前的教堂主要是木质的，间或使用石料；但此后的教堂几乎完全以石料重建或翻修。与此同时，钟楼开始传播。查理曼时代以来人们就鼓励建造钟楼，但在很长的时期内，可能只有重要的大型教堂才有钟楼，如主教座堂。钟楼在教区教堂和修道院分支机构的传播反映了教会的一个愿望：将自己的时间观念扩展到农村民众之中，但这种时间观借用了修道院的传统。钟楼还具有象征意义，即使是很小的钟楼，也有某种与领主塔楼竞争的象征意蕴。从宗教意义上说,钟楼不仅召唤人们去祈祷,而且有防范邪恶之功效。11世纪圣特隆(Saint-Trond)修道院的纪年作者声称,敌人一看到修道院的钟楼就会逃跑。宗教建筑及其附属物的神圣化在不断增长,而经济条件的改善使得这种神圣化可以物化为更坚固的教堂、钟楼和其防御设施,从而使得教堂越来越区别于其他建筑,这就是"纪念碑化"的最主要特征。

上述演变还没有对居民点的分布产生明显影响。当时的居民点仍然相当分散,即使地中海地区也是如此。在普罗旺斯,从970年到11世纪末,城堡数量激增,但没有引起任何明显的人口聚合,居民仍然分散在大小不一的小村庄中,某些村子与某个教堂有联系,有的则跟新的城堡"极点"(pôle)的兴起有关,但这种情况很罕见;因此,皮埃尔·图贝尔(Pierre Toubert)描绘的意大利拉丁姆地区的"城堡化"(incastellamento)现象在这里表现得并不明显。[1] 每个村子中的房屋都很少,彼此之间有距离,生产活动分布在各个建筑之间。当然,建筑在用途上有时有所区分:如人或牲畜的住所、谷仓、烤炉、陶器作坊。在规模较小的聚居点或孤立的教堂边上,一般都设青贮区(zones d'enlisage),即储存包括秸秆在内的收获物的场所。这让人猜想,某一地域的居民可能共同贮存谷物,但也有可能是领主征收捐税或什一税所用。

居民点的占用也经常是暂时性的,10—11世纪大量放弃的定居点就证明了这一点。由于当时的建筑材料一般是木料、黏土和茅草,放弃居民点就更容易了。但一般来说,放弃居民点并不意味着将周边的土地完全抛荒,人们很可能只是改变了一下居住地点,而非耕作地域。有时候,抛弃某个居民点是因为有更好的选择,在11世纪末,这些有利地点就开始成为聚集居民的中心。需要指出的是,这些受青睐的居民点并不是全新的,而是经过对先前定居点的筛选后产生的。在安茹和图兰,选择过

---

[1] Cf. Pierre Toubert, *Les structures du Latium médiéval*, 2 vols., 2nd edition, Rome: École française de Rome, 2015.

程经常倾向于早在7—9世纪就已被占用的地点。在南方的朗格多克沿海等地，人们选定的甚至是高卢罗马时代以来被占用的地点。

宗教场所、丧葬空间构成居民点提升吸引力的关键要素。有时某些集体设施，如谷仓、地窖等，也坐落在教堂周围，这就更有利于居民的聚居。在加泰罗尼亚北部，食物仓库围绕着教堂而建，或者就在墓地之内，紧邻这些神圣地点有利于保护存粮；可能在居民的房屋迁移到此处之前，这种现象就出现了。无论南方还是北方，大部分聚居点都发展为具有宗教性质的村庄，即村庄聚拢在教区教堂或修道院教堂周围。相比之下，领主城堡和塔楼的吸引力较小。很多城堡很快就被放弃，维持下来的大部分城堡并没有成为聚集居民的中心。在图兰，只有六七个这样的成功例子。而且，几乎所有发展成居民点的城堡，都是嫁接在某个已然生气勃勃的宗教地点上的。

关于土地格局，考古发掘提供的信息仍然很稀少，正如中世纪早期的文献一样。但可以肯定的是，当时法国各地情况差异很大。最古老的、经营最为深入的土地位于南方各城市的周边地带。但在很多情况下，农村的土地垦殖格局并没有固定下来，垦荒、临时性的种植、轮作、放牧空间的移动，都在重构土地的轮廓。

按照加洛林时代留下来的乡村习惯，人们一般须在星期天参加宗教仪式，接受圣礼或埋葬死者，这就使得教堂成为居民的汇聚点，教区教堂开始转变成真正的地方中心点。但教区还不能被视为一个地理区划。尽管每个教堂都因为距离上的原因而拥有某个特定的空间范围，但这并不对应一块固定的土地，更不要说具有线性的边界了。此外，当时还存在广阔的森林、荒原和未开垦的土地，这也不利于固定的空间地域意识的形成。从根本上说，信徒之所以从属于某个教区，并不是基于土地归属原则，建立教堂的人也不是这个想法，如什一税的缴纳就不是按地域进行的。信徒对于教区教堂的归属感，关键在于双方的联系，如家族或社区的传统将他们聚集在某个宗教地点或墓地，而教堂和墓地此时也越来越多地结合在一起了。

最后，虽然城堡、修道院和隐修院是封建附庸网络中的核心，它们掌握了越来越多的地方权力，但领主领地上的依附关系，还没有塑造出稳定的空间形态。这就涉及很多古文书信息的释读问题。在990年到11世纪中叶，这些文书仍然以传统的加洛林的空间术语来描述地产范围，如pagus（伯爵辖区）或其下级辖区vicaria。这些术语更多是由于文书撰写者对昔日权威性专业术语的尊重，而不是对权力的现实空间结构的正确理解。在当时，pagus的轮廓经常是变动的，伯爵的权威附着于城市和伯爵庄园，或者某些修道院和重要堡垒，但它也可以坐落在昔日伯爵领的界线之外。此外，一个伯爵经常掌控好几个伯爵领。土地占有表现为势力范围，而不是明确和稳定的空间。例如，尼姆位于罗马化很深的地区，人们本可以期待一些空间上的稳定性，但这座城市的古代地理单元看来在10世纪之前已成为纯粹的抽象。这里的次级政治单元划分与官员的职能联系在一起，如ministerium，suburbium，vicaria，它们与系统的地域划分无关。在当时的空间政治中，关键在于确认在某个特殊地点行使权力的个人的权威，而不是确定某人归属于某个地域单元。因此，在考虑土地占有、教会组织和权力的实施方式时，人与空间的关系的特征在于地域属性的虚弱。这种情况不应理解为社会经济、宗教政治联系的脆弱，而是由于另一种空间归属原则：这种原则一方面依据人际关系，另一方面是特别依附于某些"中心极点"，如教堂和城堡。

2. 10—11世纪的农业经济概况

这个时代农村经济的特点是农业和手工业的并举，但最基础的活动是谷物种植，尤其是种植可用于制作面包的谷物。根据对考古资料的分析，地中海地区冬播大麦占优势，较为贫瘠的土地多种植黑麦；法国中部和北部的主要粮食作物是双粒小麦。各个地区都要对耕地采取休耕，每两三年一次，以保持地力，因为当时土地改良能力很有限。领主贵族的需求也对种植业产生了影响，首先是燕麦种植的逐渐普及，因为燕麦是优良的马饲料；再有就是小麦播种面积的增长，小麦可用来制作受到领主青睐的优质白面包。但燕麦是春播作物，它的引种使得农民的耕种次序复杂化，这可能促进了三年轮作的采用。很多资料证明，11世纪前半叶，法国各地就已引入三年轮作制。但在当时，农民最专注于一种小块精耕地的经营，这就是坐落在其房屋周围的小园地，它在北方叫courtil，南方称ferrages或ferragines。农民在小园地中种植蚕豆和豆科蔬菜，并将少量肥料也用在这里。

葡萄种植业已发展为很重要的产业，而且不仅仅是在南方和地中海沿岸这些条件最优越的地区。葡萄种植是一项手工劳动，从4月到秋天葡萄收获，都需要大量的人力乃至资金的投入。葡萄是一种很受重视的作物，它不仅是宗教活动中的必需品，而且有很高的商业价值。即使是卢瓦尔河以北气候条件较差的地区，葡萄种植也十分广泛，如在苏瓦松和拉昂、塞纳河谷中部、摩泽尔河和莱茵河谷地。但各地种植习惯不一样。在南方，葡萄有时与谷物和果树一起混种；卢瓦尔河谷和大西洋沿岸地区葡萄藤较高，可达1.7米，而北方和东部多为矮种葡萄。此外，葡萄种植还促进了手工业发展，尤其是木料和铁具加工业，如木桶、车辆和各种工具的打造；同时，葡萄种植也影响了植被环境，为了搭建葡萄藤支架，人们开始种植和培育柳树林和杞木林。

有关畜牧业的文字记录直到12—13世纪才丰富起来，对之前的畜牧业人们了解很少，而且畜牧业基本上逃脱了领主的征收，因而情况就更不明朗了。但畜牧业对农民而言必不可少，它是奶制品、鸡蛋、羊毛的来源，但肉类并不很重要，当时的消费很少。在物种分布方面，猪在北方很常见，羊在南方很重要，而牛在各地都很普遍。但多种牲畜并养最为流行。对下朗格多克10世纪中叶到11世纪中叶居民点的考古发掘表明，尽管羊最多，但也有牛和猪。家用手工业，如纺织业、房屋和农具修造，从9世纪以来就持续发展。最重要的手工业是纺织和皮革业，此外还有篮子编织、细木工、小型冶金和制陶业。这些活动经常会产生技术上的改进，如羊毛纺织中的织机。

必须强调的是，农村经济是以食物生产和荒地空间的紧密结合为基础的:大片未开垦的森林、荆棘地、河湖沼泽、湖岸海岸地带,都对农民的生计有重要意义。他们把牲畜赶到那里放牧,捡拾柴火与木料用作建筑材料和取火薪柴,并采集浆果、蘑菇、鱼类等辅食。从食物残留的研究来看,农民似乎很少狩猎,而当时的领主似乎也没有将狩猎变成专门的贵族活动。

不能认为这个时期的农村经济是完全自给自足的,货币和经济交换仍然存在。虽然大部分固定租税以实物支付,但农民的交换行为会采取实物和货币结合的方式。不过,由于 940 年之前的外部入侵,货币流通受到了很大影响。在 10 世纪,很多主教和诸侯逐渐获得造币权,但造币首先是一种政治行为。像整体政治形势一样,10 世纪高卢的货币制度经历了地方化。

3. 增长的启动

10—11 世纪高卢地区农村经济的增长可追溯到加洛林时期。最明显的是日益丰富的关于垦荒的资料。不过,当代学者提醒,对"垦荒"(défrichement)一词的理解应该是多样的。它可以指山林烧荒(essartage),此举的目的是将此前没有耕种的地块变为耕地;但"垦荒"也可以指农业循环中的一个阶段,即定期烧荒肥田,或对此前用作牧场的土地进行耕种。由于对当时生产活动的背景缺乏精确的了解,要系统地估算耕地的产出比较困难。但有很多证据表明,农业发展的动力是切实存在的。烧荒在 950 年左右的加泰罗尼亚很常见,某种程度上它反映了农民的生产主动性;这种行为有时是集体性的,开挖灌溉渠也是如此。从 10 世纪末开始,各地的文献都提及垦荒行为,尤其是在地中海地区。不过垦荒的成果往往很脆弱,如 11 世纪初,多菲内的巴拉德律湖(Paladru)周边的垦荒地,20 年之后就因为湖水猛涨而废弃。而且,垦荒已经开始对景观和环境造成了影响。在 11 世纪头几十年,平原和地中海山丘地带的森林砍伐范围已经很大了。

领主也是垦荒运动中的重要角色。从 10 世纪中叶开始,兰斯的圣雷米修道院便将阿登地区大片未开垦的土地分配给垦殖者;10 世纪末,马赛一带的领主们也在积极推动垦荒,他们经常采取租种契约(complant)形式鼓励农民垦殖。潮湿地带的农业用地也在扩展。在佛兰德尔沿海地带,早期为防范海啸而建造的堤坝(dykes),如今被用来排干北海沿岸的沼泽。1050 年左右,佛兰德尔伯爵博杜安五世下令连接各个孤立的堤坝,在北海沿岸形成了一条长 18 千米的大坝(Oude Zeedijk)。在同一时期,圣奥梅尔的沼泽也通过水道排水而逐渐变为农用地。

在原有的土地上,地块面积单位的演变也见证了农业发展的动力。在马孔地区,种植谷物的地块面积单位在 10 世纪明显缩减,这应该是土地耕种力度上升的结果。这一现象导致各地农业面积计量单位的减小。在 11 世纪后期,各地此前的面积计量单位被抛弃,转而采取与充分耕种的地块相吻合的单位。

农业经营也在走向多样化。从 10 世纪开始,各地的双粒小麦播种面积开始缩减,北方平原在扩种小麦,南方和山区的黑麦播种面积扩大了。小麦(froment)虽然是一种更为脆弱的作物,但它质地更好,市场销售的利润更高。无论南方还是北方,燕麦的种植都在扩展。在南方,葡萄种植的扩展十分明显,首先是在低洼地带,然后是城市周边。葡萄种植需要三四年的前期投入,但这一产业与市场关系密切:葡萄酒进入流通以换取粮食,这就意味着农村经济在走出自给自足的逻辑。

土地的流转和一些领主代理人或管家(ministériel)的发迹,也证明了农村经济的活力。在加泰罗尼亚,农民小产业的比重很高,这里 10 世纪以来就存在活跃的土地市场。在别的地区,10 世纪末以来也可见交易的增长,如下朗格多克和马孔地区。这些交换可以视为农村社会分化的开端,第一批乡村小精英们开始出现。现在的研究已经提供了几个管家的社会上升的早期例证,如弗勒里修道院的管家斯塔比里斯(Stablilis)。此人本是个农奴,10 世纪末因管理该修道院远在勃艮第的产业而发了财,可以过上骑士的生活,还与贵族缔结了一桩婚姻,不过他的修道院因此而蒙受损失。

当然,由于法国面积较广,这种增长存在地区不平衡。11世纪中叶之前,地中海地区的增长迹象尤其明显,奥弗涅、罗讷河谷、塞纳河中游谷地、勃艮第南部和佛兰德尔次之。但增长的推动力是更为棘手的问题。人们经常提到的一点是农业设施和器具的改进。但最近对加洛林时期手工业的评估表明,这种改进可能是非常缓慢的。铁器的使用从9世纪起就比较常见了,铁器的质地也不错。考古遗址中发现的工具显示,这一时期的农具质量和数量并没有明显的改进。重犁是中世纪最重要的农业生产工具之一,它可以对潮湿的黏土做更好的翻耕。在北方平原,重犁于10世纪初出现,但它的传播很慢,其效果在12—13世纪之前很难显现。

在水平织机发明之前,水磨可能是中世纪唯一可被称为机器的装置了,它在这一时期的传播情况更为清晰。磨坊在9世纪的很多大领地就已很普遍,10世纪中叶之后的数量增长最为显著。这项技术很简单,但要落实起来却很昂贵,因为需要较大的资金投入。磨坊一般是领主垄断,这是其领主权的一部分;具体的经营则交给管家,或承包给某个农民。只有加泰罗尼亚地区才能看到农民集体建造和管理的磨坊。磨坊可以节约人力,并可更好地研磨谷物,从而提高食品质量和营养价值。但磨坊带来的好处长期只有领主和农民中的大生产者才能分享,很多人仍然只能在家里手工研磨谷物。不过,磨坊的传播同时促进了水道的整治及渔业的发展,并为沿河港口和河运提供了便利。

10—11世纪的农业发展离不开领主制这一基本框架,这涉及领地的空间形态、管理模式,以及自营地与租地之间的关系。13世纪之前,资料最完整的领主产业是修道院领地。这一时期的修道院改革要求修道团体能做到生活自立。而修道院人数的增长、布道服务的多样化更加刺激修道院对地产进行严格管理:这就是修道院地产资料会大量留存的原因。实际上,修道院也的确比一般世俗领主更关心收入的巩固和提高。

另外,在新的地方性政治格局中,僧侣们注意维持与地方贵族的联系,这样一来,修道院领地的空间和组织调整就更为便利了。因此,原加洛林修道院在重组后放弃了过去从辽阔空间中获取食物的供应网络,这就给那些外缘的孤立领地减轻了压力,以更好地经营修道院周边的领地,10世纪后期的圣雷米修道院,11世纪前半期的圣日耳曼-德普雷和圣丹尼,都是如此。至于那些新建的修道院,当它们的辐射力逐渐扩大时,它们就在距离较远的领地上采取"去中央化"的结构,建立一些小隐修院(prieuré),这是些较小的但很自立的领地,它们可以较好地适应当地环境,更好地监管产业,尤其是管理对附属农民的征收业务。10世纪末之后的克吕尼、圣维克多(马赛)和11世纪初之后马尔穆捷(图尔)等修道院都是如此。

修道院的策略可以视为对世俗领主的竞争的一种回应,后者当时正在围绕城堡构建其势力范围。城堡有利于对农民进行监控,从而成为一种新的政治空间的"极点"。不过,世俗领主通常不是领地的直接管理者,领地的日常管理委托给管家。管家管理自营地的经营和租税的收取,他是领地收入的实际负责人,而且经常出身于较为富裕的农奴。需要指出的是,领主在经济方面的决策一般是出于政治动机。他创办一个市场,或开办一所造币厂,主要是为了体现领主权力的"公共"性质,因而是一种权力的稳定化与合法化的策略,而非真正出于对领地繁荣的关心。当然,这并不是说世俗领主不关心自己的收入,但他们的动机有别于修道院。实际上,世俗领主总是为日常开支和各种炫耀而备受困扰,但这些开支和炫耀对维系身份、维持附庸的忠诚而言又必不可少。在图卢兹的圣塞尔南(Saint-Sernin)教务会墓地,发现了公元千年左右图卢兹伯爵遗体上的衣物:朱红色的紧身长裤,亚麻质地的长袍以阿拉伯技艺编织而成……看来这位诸侯大人气度不凡。在节庆和宴会时,任何权势者都有义务向其附庸分发其领地的部分成果。举凡武器、马匹、奢侈服饰、奇珍异宝甚至修建新堡垒,都要求支配大量资源和方便地获取财富,这就导致世俗领主不断对其领地施加压力。

从 10 世纪中叶开始,很多地区都有众多的证据表明,领主自营地
(pars dominica)在缩减,租地(tenure)在增加,租地包括农民的家庭份地
(manse)和小块地(parcelle)。这个过程一直延续到 13 世纪。一种长期
流行的解释认为,这是领主为了弥补家内奴役性劳动力的减少,转而求
助于新的租地农提供的劳役。但无论对农奴制的研究还是对劳役的研
究都没有证明这一点。另外,农民小块地大部分来自对未开垦空间的开
发,而不是来自已开垦的熟地。这个现象可能首先来自人口过剩对原有
土地的压力,以及某些领主的许可。领主可能对增加依附民的数量更感
兴趣,而不是控制当时经营还不充分但面积仍然很充足的土地。从观念
上说,领主的权力主要是以其附属民的数量,而不是其领地范围来衡量
的。从经济上说,农民成为租地农可以带来新的财富,而且领主倾向于
采取分成制,这比年贡更有利。不过,领主保留着最好的土地的直接经
营,这些大地块叫作 coutoure 或 condamines,一般是熟地,有时它就坐落
在领主宅邸的边缘。可以认为,自营地和租地之间的关系演变,主要原
因不是劳动力危机,而是对经济发展形势的调适,这种调适反过来又促
进了增长。

增长的最后一个推动因素是无法衡量但可能是决定性的,这就是农
民的点滴积累。大量迹象表明,农村剩余产品在流向城乡市场,如在 10
世纪末到 11 世纪中叶的加泰罗尼亚和默兹地区。这表明农民在满足生
活必需后尚能有所结余,尽管有人口压力和领主制框架的束缚。这些积
累来自农民对园地(courtil)和小块地(parcelle)的辛勤耕耘,领主对这两
种耕地的征收最虚弱,因此耕种可获得最直接的收益。这些小积攒可能
是农民得以开发新垦地的关键因素之一。

不管原因如何,11 世纪的经济增长趋势是明确的,尽管它还没有波
及布列塔尼、加斯科尼、皮卡迪和洛林等地区。但增长也是脆弱的,正如
阵发性的大饥荒显示的:1005—1006、1032—1034 和 1044—1045 年都发
生过这样的大饥荒。劳尔・格拉贝尔还提到,1032—1034 年的饥荒中出
现了骇人听闻的人吃人的现象,不过这是中世纪资料所见的最后的人类

相食。[①] 在收成季节到来之前的时段,饥荒和缺粮是常见现象,存粮被消耗而新粮未成熟之时最容易发生饥荒,特别是春夏之交的暴雨会损害尚未收获入仓的粮食。除了季节和气候方面的原因,农村经济结构的脆弱也是诱发饥荒的原因。由于提升地力的空间太小,农业产量很低;部分土地需要有足够的休耕时间,因为地力经常很快耗尽;剩余产品太有限;贮存能力薄弱;最后是交换空间有限,人们无法在缺粮时进行地区之间的粮食调拨。

第三节　乡村面貌的改观:12 世纪

但在 12 世纪,大饥荒已经很少见到了,也许只有 1124—1127 年波及北方的饥荒值得一提。不过这次饥荒甚至影响到了佛兰德尔,这或许表明,即使是这个时代最富庶的地区,其经济状况也是脆弱的。但整体而言,所有社会阶层的生活条件都在改善。这种改善是持续的农村经济增长的结果。增长表现在很多方面,首先是产量的提高,北方平原尤为突出;随后是某些技术或耕作方式的传播;再就是休耕期的缩短和空地的开发;最后是新的农耕地或草场的获取,代价当然是森林的大规模减退,12 世纪可以说是大垦荒运动的高潮期。农村经济的增长首先带动了城堡领地的繁荣:领主对空间和人员控制在增强,各领地之间展开了竞争,农民的生产积极性在提高,货币流通和市场发展初见规模,同时也在促进社会的多元化。

1. 各种积极要素

12 世纪农业经济的动力最明显地体现在技术领域和种植制度上。尽管还谈不上任何技术革命,但点滴的改进组合起来还是能产生可观的

[①] Pierre Bonnassie, "Consommation d'aliments immondes et cannibalisme de survie dans l'Occident du haut Moyen Âge", *Annales E. S. C.*, 1989, pp. 1035 - 1056.

效应。首先是畜力使用的进步。耕牛前轭、马匹肩带的传播提高了耕畜的牵引力。马是比牛更为脆弱的牲畜,其饲料燕麦较为昂贵,马蹄铁也会抬高马的使用成本。但马在北方的使用日益广泛,不过只有在佛兰德尔,马才是占绝对优势的畜力,12世纪后半期就可能已经完全取代了牛。马的力气更大,可以提高翻耕的次数和质量。马的使用也提高了耙地的频率,这就有利于黏质土的透风。当然,马的广泛使用还促进了燕麦的扩种,并使得轮种制度复杂化了。在运力方面,大车也有所改进,农民可以运送富余产品前往更远的市场出售。在农具方面,带犁壁的重犁(charrue à versoir)的使用在整个北方都可以看到。从12世纪末开始,加洛林时代以来传统的三耕变成了四耕。

另一方面,春播谷物的推广导致耕种制度的变化,燕麦的引种尤其重要。过去的两年轮种换成了三年轮作,即燕麦(春播作物)、小麦或黑麦(冬播作物)及休耕的循环。1187年,根据佛兰德尔伯爵领的一份调查,在里尔以北佛兰德尔伯爵的所有领地,都已采用三年轮作。这种轮作制度从12世纪中叶之后也见于南方,但它在这里的传播有个障碍:这就是春季的干旱。因此南方采用三年轮作制的是最潮湿的地区,而不是地中海沿岸平原。新轮作制度并不总能保证产量的提高,但三年轮作意味着劳动量的明显增加,因为3、4月春播季刚好填满了过去的农闲期。

12世纪末之后,磨坊几乎遍地开花,很多地区的水流甚至都已经饱和了。水磨的形制和规模差别很大,但立轮磨的效率更高,传播得也更快,不过它需要更高的投资,并需要有专门的木工。磨坊还带来了别的领域的创新。首先是磨坊周边水环境的整治:渔场、鱼塘和大小不一的灌溉系统与导水渠嫁接,这有利于水流的规划和稳定化。12世纪还出现了风磨,阿尔勒地区是在1160年左右,诺曼底则在1180年左右。最后是磨坊用途的多样化:1042年,海边的蒙特勒伊出现了最早的啤酒磨坊,最早的铁匠磨坊见于1085年的亚眠。榨油磨坊则从12世纪中叶开始传播。此外还有12世纪后期开始广泛传播的缩绒磨坊。这些新装备节约了人力和时间。

　　人口流动从11世纪后半期开始加速,教士和贵族的流动尤其频繁,但很多农民和工匠也在迁移,虽然学界还不能对此进行精确的计量。例如,从11世纪中叶到12世纪末,布列塔尼人大量移居卢瓦尔河和塞纳河之间的地区,尤其是在安茹和曼恩。但更大的移民运动出现在西南方向,大量法兰克人前往西班牙,以参加那里的"再征服运动"。但不是所有人都在伊比利亚落足,有些移民就定居在通往圣雅各-康波斯特拉的朝圣沿途的各城市。这场移民运动是由伊比利亚的宗教精英发动的,他们中间的一些人来自法国,如潘普罗那的一位法国主教曾在11世纪号召人们前往西班牙;但随后的移民很多是自发的。在伊比利亚半岛,布尔戈斯地区有很多阿基坦人和加斯科尼人,莱昂有贝阿尔内人和利穆赞等地的移民,来自朗格多克、凯尔西等地的人则聚集在萨拉戈萨和埃布罗河谷。

　　积极的要素不仅有物质方面,还有精神方面的。12世纪是个积极看待劳动和农业活动的时代。修道传统总是鄙视闲暇(otium),这被认为是一种徒劳,体力劳动则被视为必要和有益的。但根据对《圣经·创世记》(3:17—23)的一种消极的解读,这种劳动首先是神对亚当的堕落处以责罚的结果,因而是一种苦行。对《路加福音:10:38—42》中马大和马利亚言行的传统解释,也提供了一种明确的人类活动的等级观念:它更看重祈祷和沉思,认为这高于一切其他活动。但这种神学观念在12世纪逐渐有所转变。新的修道精神开始重估劳动的价值,赋予劳动新的尊严。城市中的神学家尤其如此,因为城市是最能体现劳动技艺的创造力的地方。现在,劳动不仅仅是原罪的结果,它也是拯救的途径,并与上帝创造万物的伟业形成共鸣。新观念甚至体现在艺术中。在12世纪,教堂布置的日历让人想起每个月的劳作。在法国,现存1200年之前的雕塑、壁画和马赛克整体性作品共46件,除了很古老的传统题材,如黄道十二宫象征、田园画面和狩猎场景,所有其他的图像表现的都是田间和葡萄园的劳动:它们展现的生产活动是在创造作为圣体的面包和葡萄酒,从而赋予农业生产以深刻的精神价值。

2. 发展的时代

12世纪前半期,某些大修道院领地遇到了困难,克吕尼和圣丹尼就是著名的例子。但这并不表明领主制陷入了危机,而是这些修道院的发展失衡造成的,因为它们自身的增长太快了,如克吕尼当时需要供养三百多个僧侣。但这些修道院很快就采取主动并扭转了局面。在12世纪,这些老资历的修道院面临多方面的竞争:主教和教务会(chapitre),新的城堡世家,尤其是1130年之后势头强劲的新修道团体。

最著名的、现在了解最多的是西多会。西多会的白衣修士们在修道院周围经营着庞大的地产,至少直到12世纪末,这些地产都是由修道院直接经营的,但日常劳作是"杂役修士"(convers)们的事。这些位居下层的修士本来就是农民出身,从身份上说他们依附于修道院。在地产经营方面,西多会的独特之处是它的仓房庄园(grange)制度。一般而言,这些仓房庄园的半径不超过一天的行程,它们是西多会地产的基本经营单位。在12世纪末,大的西多会修道院拥有的仓房庄园经常在10个以上。西多会的领地普遍豁免什一税,杂役修士们的生活费用也很低,因此收益很大。但这种杂役修士和仓房庄园很快就被其他修会采用,如1120年成立的普雷蒙特雷修会,到1138年就建立了26个仓房庄园。

在经济方面,西多会秉持各修道院尽可能地实现自给自足的理念,这就意味着必须兼顾手工业,举凡木工、羊毛纺织、皮革、铁器等行业,西多会都像农牧业一样关注,很快其领地上就有了真正的专业技工,尤其是水利、冶金和羊毛产业的技工。这些手工行业很快就使得西多会完全介入世俗社会。1140—1190年,香槟和勃艮第北部兴起了很多西多会的铁匠铺,它们经常是为附近的农村服务的。在法兰西岛、香槟和佛兰德尔,西多会修道院在邻近的市场上出售剩余的谷物和羊毛,并设立了店铺、仓库和济贫院(hospitaliers)。

不过,最近史学界强调,对西多会在垦荒运动中的角色不应估计过高。尽管白衣修士们有隐修的理想,但他们很少定居在荒芜地带的中央,而是选择其边缘地区,即在已有居民定居和已垦殖空间与荒芜地带的结合部。一旦立足,他们就经常采取各种策略获取土地,甚至驱逐过去的占有者,人为创造"修道荒野",如在勃艮第的蓬蒂尼地区。有的领主则迁走农民让西多会来立足。① 其他一些修会和军事修道团体也采取这样的做法,但规模较小。如 12 世纪后期到 13 世纪初,阿尔勒和圣吉尔斯的圣殿骑士团成员就在周边地区获得了大片牧场,以大规模饲养羊和牛,这是一种商业化行为。

当然,耕地面积的扩展是多种努力的结果。农民继续在熟地的边缘扩张,经常是时间长短不一的暂时性耕种行为。最可观的垦荒是与新村庄的建立联系在一起的。农民的零敲碎打虽然也能有所成就,但总体数量上不可高估。不过他们的行为还是反映了一种真正的新现象,这就是领主对于垦荒的积极性,尤其是诸侯和大领主,他们试图扩大依附于自己、并可征收税赋的农民的数量。这些新建的村庄通常与某个城堡、某个教堂相连,而且大部分都带有特别的名字,如 Bourgneuf(新镇)、Neubourg(新堡)、Villeneuve(新城)、Villefranche(自由城)……新村庄的主要建立者是诸侯们,即最大的封建主们。图卢兹伯爵阿尔方斯·茹尔丹和雷蒙五世,便在卡奥尔和图卢兹之间建立了几个新村庄。这些诸侯经常与其他领主分享责任和费用。例如,1118—1127 年,国王路易六世为了建立蒙肖沃(Mont-chauvet)村,与孟福尔的领主和圣日耳曼-德普雷修道院订立了共有权协定。这类协定或"自由宪章"对垦荒行为本身并无多少说明,它们关注的主要是如何招引移民。但如果与地形图或当时的地籍调查进行比照,则可发现,新村庄一般与定期耕种的地块相连,而这些地块正处于居民点的延长线上。

最后还有一些征服水域的运动。从 1130 年代开始,弗拉芒海岸开始了一场修建堤坝的运动,地点位于茨温河和伊泽尔河之间的海湾。这是一个很有抱负的围海造田战役:"围海造田"(Polder)一词也在这个时

① Cf. Léon Preyssoure éd., *L'espace cistercien*, Paris：CTHS, 1994.

代首次出现于书面文献中。佛兰德尔伯爵始终是这项事业的倡导者。但在埃斯科河谷,新建立的西多会修道院是主要的领导力量,它们接替了过去的本笃会修道院的角色。从海洋得来的土地基本用作牧场和盐场,渔业则沿河岸水渠发展起来。对内地的沼泽也采取了行动。1165 年左右,佛兰德尔伯爵阿尔萨斯的菲利普开挖了圣奥梅尔的沼泽大排水渠,即“大河”(Rivière),这里的沼泽于 1169 年被排干。1160—1170 年,金雀花家的亨利二世在索米尔和安茹一带修建堤坝,以防范卢瓦尔河的泛滥,并开垦河两岸经常被水淹的地区。1180 年左右,排干普瓦图沼泽的行动也开始了,这也是西多会的创举,不过幅度要小得多。总的来说,向水域要土地还是个别现象,要到 13 世纪才蔚为大观。

3. 市场与商品化

从 11 世纪末开始,城市发展和市场的兴起对农村经济产生了强有力的影响,而领主和城市需求的持续走高又进一步促进了市场力量的扩张,农业经营的专业化开始显现。葡萄种植的专业化相当明显。在朗格多克地区,葡萄园从 12 世纪初就开始大规模扩张,这与该地区的城市化和西多会修道院的建立有关。在波尔多、加斯科尼、夏朗特和普瓦图,葡萄种植在 12 世纪最后几十年加速,波尔多和拉罗谢尔已经开始定期向英格兰和佛兰德尔出口葡萄酒了。城市的需求导致其周边地带葡萄种植业的快速发展,如苏瓦松、拉昂一带的葡萄园,这里的葡萄酒还供应佛兰德尔各城市;弗拉芒商人 1066 年就已出现在苏瓦松;阿尔萨斯和摩泽尔河谷的葡萄酒面向的是莱茵各城市;香槟和欧塞尔的葡萄园供应巴黎,当然巴黎近郊也有葡萄园。葡萄是很费时间和劳力的作物,但它的收益很高,这一点可以解释某些地区的专业化种植现象。很多领主也看到了这一点,从 12 世纪末就为了追逐利润而投身葡萄种植。

12 世纪还是小麦和燕麦种植大扩张的年代。在这方面,领主的需求扮演了关键角色:贵族需要为马匹提供饲料,并需要小麦来制作质地上好的面包。对这两种谷物,他们普遍采取实物征收的方式,尽管货币租税正在逐渐普及。1106年,在阿拉斯附近某村的居民缴纳的实物年贡中,有一半是小麦。在曼恩,小麦是领主对新开垦的土地征收的唯一谷物,虽然这些土地并不是很适宜种植小麦。下朗格多克的领主们则总是希望征收燕麦。畜牧业也颇受领主重视,教会领主尤其如此。投资畜牧业同样是面向城市的商业行为,而且,这一行业很自然地带动了与羊毛相关的手工业的发展,从11世纪末开始,这一行业就越来越向城市集中了。

市场交易的激增首先是因为剩余农产品的增加和手工业的活跃。在11—12世纪的圣通日,可以确定的新市场有20来个,图卢兹有60来个,都坐落在城堡或教堂附近。在诺曼底,1025—1130年之间建立的47个市镇(bourg)中,20个带有市场(marché)或集市(foire)。这些新市场是由诸侯或堡主们建立的,因为市场的运转首先需要确保和平与安全,不仅是货物和交易的安全,还有联系各市场的道路的安全,而这一点显然只有实力强大的诸侯或堡主能够做到。

市场的发展加速了乡村经济的货币化,这从1080—1120年文献中提到货币流通的增长就可以看出,马孔、皮卡迪、曼恩等地都有这样的证据。某些领主也在大量制造货币。1060—1070年左右,像普罗的圣皮埃尔(Saint-Pierre-des-Preaux)这样不起眼的诺曼底修道院,也已经制作出了100利弗尔——这里的利弗尔不是记账货币——相当于2.4万个德尼埃。克吕尼修道院在1080年左右制造了300利弗尔,1180年左右的产量是3000利弗尔。1113年,普罗旺斯的大领主雷蒙·德·博克斯(Raimond de Baux)向巴塞罗那伯爵出借1.1万苏,1130年又出借130马克白银,"约32千克,合6500苏"。农民也卷入货币化的浪潮中,他们或者以货币缴纳租税,或者进入市场。领主对现钱的渴求更是强烈,很乐意农民将实物租税改换成货币。到12世纪30年代,大部分地区都已是货币租税占主导了,尽管还是会出现实物租税,如前文提到的小麦和燕麦。但租税的货币化实际上让领主处于两难境地。货币租税固然方便,但它的实际价值在逐渐缩水,因为商业扩展需要增加货币流量,因而导致贵金属含量的下降;另一方面,名义价格在上涨,例如,在皮卡迪,一匹骑用马的价格在 1140—1195 年之间翻了一番。实物租税可以让领主享受涨价效应。如果他有有效的贮存设备的话,就能在青黄不接时出售存粮,但这种经营所需的时间管理又不是他们在行的。面临经济困境的领主采用的想一出是一出的策略,尤其依靠新获得的土地来弥补租税的损失。

大部分出自领主或主教造币厂的钱币都只是地方通货,如沙特尔主教造币厂的德尼埃,其使用范围大致就在沙特尔主教区。这种破碎局面更因为新货币的不断出现而加剧。某些领主指望的是造币权带来的收益,而且这一权利还是很重要的声望象征。不过,一些由更强大的领主发行的货币数量更大,如西部的图尔德尼埃,北部和东部的普罗万德尼埃,它们在 12 世纪实现了跨地区流通。这样的局面意味着需要建立一个等价换算制度,于是便产生了货币兑换商(changeur)这一行业。当然,货币化在各地强度是不一致的。一般来说,城市附近的地区、与城市经济联系密切的阶层感受最深。最后,它还使得城市周边地区的农村经济容易遭遇通货膨胀,尤其是从 12 世纪中叶之后,领主滥发货币进一步加剧了通胀形势。

4. 乡村社会的分化

经济发展引发了农村社会的分化,这种分化将在 13 世纪加剧。首先是乡村精英的产生。各地都有一些土地和动产较多的农民,他们能在市场上出售剩余产品赚取现钱。在卢瓦尔河以北,农村阶层区分的标准很快就以具象化的形式呈现出来:这就是能否拥有一套耕具。但是,历史学家们对这些富裕农民致富的源头一直搞不清楚。有些猜想看来是有根据的:这些相对富裕的自耕农(laboureur)通常与教区神父有经济方面的联系,或者是领主的代理人。例如,有些富农是什一税的征收者,并以分红形式获取酬劳。

12 世纪后期的一些迹象表明,某些农民受到了来自领主的日益沉重的压力,以致有人认为这是新的农奴制或第二次农奴制的开端。新的奴役制度特征何在? 首先是领主可以任意支配农奴的人身及其后代,甚至可以交换和出卖他们。再就是农奴负担有些特殊的捐税:军役税(taille或 queste)、新的劳役或者附加年贡(chevage),而且,这些农奴还需履行奴役性的臣从仪式。新的奴役在加斯科尼和加泰罗尼亚最早出现,从 11世纪末就开始了;从 1170—1180 年开始,新的农奴在人口和地理范围方面都有扩张。但在北方,这一现象直到 13 世纪中叶才开始出现。

另一个值得注意的现象是信贷的出现以及农民的负债,这些因素在农村社会的分化中扮演了越来越重要的角色。当然,教会以高利贷为名禁止基督徒放债取息;在 12 世纪,普世教务会议和省教务会议一直谴责高利贷。但是,正是在 12 世纪出现了以抵押(gage 或 mortgage)为形式的借贷。具体的操作方式是:借款人放弃特定期限内某项财产或权益带来的收入,以借入一笔金钱,而这些抵押出去的财产收入既是偿还本金,也是支付利息。朗格多克地中海沿岸的阿格德教务会留存下来的契据集就见证了这种信用交易。从 12 世纪中叶开始,该教务会的信用活动就在该城市周边地带扩展开来。这种情况也见于沙特尔地区,那里的抵押契约在 1150—1250 年之间日渐增长,主要的放贷者仍是宗教机构。看来 1163 年图尔教务会议对抵押借款的谴责劳而无功。

12 世纪后期还出现了另一种信用手段:订立年金(rente constituée)。放贷者在借出资金时,获得的交换条件是享有对某块土地的税金收入。这种年金一般核定为定额货币,因此它会随着通胀而贬值。从事这种放贷业务的是领主,尤其是教会领主,他们从 11 世纪末开始定期向世俗领主借钱,后者在参加十字军或朝圣时往往需要借钱花。有些富裕的农业社区也能向其领主放款,但目的是让领主暂时取缔或减轻某些捐税。最后,犹太人在信用事务方面尤为活跃;而且,农民之间、农村社群内部也出现了借贷行为,这一切都与经济的货币化有关。

5. 乡村聚落

从 11 世纪后半叶开始,居民点开始加速集中,很多地方接近形成今日法国还能见到的村庄网络。但这个过程比学界曾长期认为的要缓慢,并且差别较大,它伴随着人对环境和景观的改造。

在法国北部和东部,从皮卡迪到勃艮第,居民点的集中显然已成为主导趋势,但地中海沿岸情况不同。在北部和东部,农村居住状态最初的演变主要涉及建筑材料,即石材的比例上升,木质房屋在减少。另一个重大变化是经营单位的组织形态。在过去,耕地分布在大量孤立的小建筑之间,而现在是围绕在一批相互之间挨得很近的建筑周围。农民的房屋和农场都是围绕一个中心地点或一两个关键的"极点"而展开的,这种中心点或极点首先是教堂,墓地也跟教堂结合在一起;在 12 世纪,纯粹以城堡为中心组织起来的农村聚落并不多见。在法兰西岛、洛林和皮卡迪,"村街"(villages-rue)的形态很常见,即居民聚居区围绕一个中心轴展开,不过这个轴通常相当宽大,更像个广场而不是街道,农民可以在这里堆集粪肥,摆放生产工具,因此这种空间也被称作"堆场"(usoir)。房屋背后是园地,再外围就是大田了。在安茹和图兰,村庄经常还围上篱笆。在这种以教堂(偶尔是城堡)为中心构建起来的聚落空间中,还有大块的非建筑地带,一般用作市场。不过,这种常见的形制并不意味着村庄建设本身是有规划的。

在地中海地区,城堡经常是构建村庄的"极点",其周围的房屋外围经常还有一道围墙。城堡往往借助地形,建筑在山丘或岩石上。这一地区的石材很丰富,瓦的使用也很普遍,芦苇和茅草屋顶越来越少了。村庄的房屋彼此相连,葡萄园和菜园位于村子的周边地带。村子的中心是领主居住的主塔楼,其近旁是骑士的住所,乡村教堂也常常位于附近。再靠外围就是农民的房屋。南方有些地区的修道院势力也很强大,很多村庄也是围绕教堂或某个隐修院发展起来的。从 12 世纪后半叶开始,这类村庄也在建造围墙,教堂也修建起塔楼或防御工事,这样一来,以城堡为源头的村庄与以宗教机构为源头的村庄之间在形态上的差异逐渐缩小。

人们曾长期认为,城堡或教会机构的出现,与其发展为村庄是同一场运动。但最近的考古发现表明,二者之间一般有几十年的间隔。在朗格多克、普罗旺斯和多菲内等南方各地,城堡和宗教机构的大量出现是从 10—11 世纪开始的,但人口聚居现象直到 12 世纪才形成规模,大部分次要的居民点才被放弃。也只有从 1150 年左右开始,这种聚居才在数量上更为醒目,可以说真正形成了城堡村庄(castrum populatum)。类似的情况也发生在鲁西永,直到 12 世纪后半期,堡垒(celleres)才成为真正的村庄。鲁埃尔格等地的考古调查同样证实了这一点。在西部,从安茹、图兰、曼恩直到诺曼底,市镇(bourg)——城堡或教会机构近旁发展出的聚居点——的大规模兴起似乎要早于南方,大约是在 1030—1120年;但即使在这些地区,居民向这些地点的密集聚居直到 12 世纪才真正出现。如在图兰的里尼-于塞(Rigny-Usse),当地的教堂和墓地早在 10到 11 世纪中期就在吸引居民,但只有从 12 世纪开始它才成为真正的居民聚居中心。另外,在西部地区,12 世纪末和 13 世纪初建立的城堡很少与教堂相连,也很少发展成真正的居民点。

关于城堡村庄的创建过程,有个非常著名的例子。这个案例发生在北方,布洛涅的阿德尔(Ardres),因为这里有份难得的文件,阿德尔的朗贝尔(Lambert d'Ardres)留下的纪年。文献当然有其缺陷,它是 1200 年左右才撰写的,时间上较晚,而且作者是领主的礼拜神父,文字中的倾向性在所难免,但纪年提供的信息很有启发意义。阿德尔坐落在佛兰德尔沿海地区,在加莱和圣奥梅尔之间,位于一处俯瞰沼泽的斜坡上。这个地方最初的居民点是围绕一家小客栈发展而来,客栈坐落在一个涉河渡口,且有一条通往英吉利海峡港口的商道穿过。后来,领主阿努尔(Arnoul)一世(1049—1094)放弃自己的旧城堡,在这个新居民点建造了一个新的堡垒,并将住所搬到阿德尔。他垒砌土堆,建起船闸和磨坊,为了吸引新的居民,他还开设了一个市场,并筑起围墙保护市场和居民点。

当然,他的这些作为确立了他在阿德尔的领主权。随后他又在市场旁边建起一座的新教堂,并由一个教务会司铎主持教堂事务;结果,新教堂成功地抢夺了附近老教堂的教区职能。到这时,一个成功的村庄的所有元素都齐备了:这里此前就有人居住,现在又有商业活动场所和农业加工设备,还有宗教场所。毫无疑问,阿努尔的行动需要坚实的财政基础和政治上的支持,碰巧布洛涅伯爵将附近两个小村庄作为采邑封给了阿努尔,附近的主教也跟他合作,支持他建立教堂和教务会。从这个例子来看,这种新村庄的创立实际上是强势领主的行动。据朗贝尔的叙述,在1120年左右,领主堡垒的功能日趋复杂化。阿努尔二世(1094—1138)招来木匠在土堆上建造碉楼(donjon),碉楼十分醒目,并与一座日常用途的建筑相连,这座建筑包括厨房、猪圈、鸡舍,还有大客厅。碉楼本身是建在三层建筑之上,后者包含储藏室、谷仓、起居室、卧室和礼拜室。但朗贝尔的纪年中缺少针对农民的强制措施的信息。很可能阿德尔有利的农业种植环境和领主的优惠政策是吸引农民前来定居的关键。领主在村庄创建过程中的主动性是很常见的。如在西部,建立市镇的宪章序言清楚地表明,领主愿意在新地点聚合起散布在周围的居民并提供优惠政策。

在阿德尔的例子中,聚居点中心既有城堡也有教堂。但二者之中谁起主要作用呢?实际上,不同地区和不同时代,情况有很大的不同。如在加斯科尼,可以区分两个不同的阶段。从10世纪到12世纪初,围绕修道院或隐修院建立的"教会村庄"明显占多数,它们经常设有市场,其居民享有豁免权和个人自由。很多这类村庄还有取得城市地位的理想,并在12世纪逐步实现了。发展为村庄的城堡当时还很少见。但从12世纪30年代开始直到13世纪中期,从城堡发展而来的"城堡村庄"增加,其势头甚至完全盖过了教会村庄。当然,在村庄发展过程中,城堡和教会机构的角色有时是结合在一起的,如在阿德尔。因为,城堡可以与尚处于小村庄(hameau)阶段的教会聚落结合起来,推动其进一步发展。对加泰罗尼亚南部维拉诺村(Vilarnau)的研究,同样也证明了宗教机构

(教堂)和城堡在村庄发展过程中所起作用的复杂联系。在这个村子中，9 世纪末或 10 世纪前期曾建起一个教堂，教堂还附带有墓地。从 10 世纪后期开始，居民开始在教堂周围聚集。但直到 11 世纪中叶，这个教会聚落都很小。这时在其东北方向 300 米处，卡奈(Canet)领主的一个附庸建起了一座城堡，这个地点似乎更有吸引力，老的教会地点相形见绌了，并很可能在 12 世末被废弃，但 13 世纪再次被一个城堡家族的幼子占有。这时，教堂和墓地周围又开始聚集居民，并开始建立防御设施。最后，尤其重要的是，城堡往往必须设立一个附属教堂以履行教区职能；或者在此前的教区地点设立城堡，这在西部最常见；或者是城堡礼拜堂窃取教区功能，而从前的教区教堂被荒废；或者建立新的教区教堂，增强教区组织的密度。最后两种情况在普罗旺斯和朗格多克很常见。[1]

　　11—12 世纪虽然是村庄聚居大发展的时期，但最近的研究强调，分散的农村居民点仍然长期存在，尤其是在西部、中央高原和加泰罗尼亚等地。有人甚至认为，城堡村庄和教会村庄从来没有聚集过大部分的农村人口。在西部的很多地区，小村庄农场和孤立定居点层出不穷，12 世纪末每个教区有十来个。骑士们垒起的土堆大多数时候是孤立的，或只与一两个农庄相连，教区教堂周围顶多只有几家房屋。大部分小村庄是在 11—12 世纪出现的，大多是自发产生，有的与小规模的生产活动相关，如开矿和烧炭活动。但这种小聚落产生的原因经常是不清楚的。学者们提出过好几种假设。有人认为，西部地区缺少加洛林时代的大地产，劳役和集体奴役较弱，地方小贵族也喜欢孤立定居。另一方面，定居点的规模还是权力层次的反映：只有伯爵和大领主拥有城堡市镇(bourg)。另外，当时的垦荒运动可能也是推动小聚落不断产生的重要原因。例如，在整个 12 世纪，西多会和普雷蒙特雷修会仓房庄园的发展，并没有表现出发展为成规模的居民点的意愿；农民在山坡或山地地

---

[1] Cf. Michel Lauwers, *"De l'incastellamento à l'inecclesiamento"*, in D. Iogna-Prat etc. eds., *Cluny, les moines et la société au premier âge féodal*, Rennes: Presse de l'Université Rennes, pp. 315 – 338.

带经营时,分散定居更有利于开展垦荒活动。

6. 乡村社区

领主文献中对农民有很多称呼:villani, rustici, pagenses, agricultores……农民社区从 11 世纪后半期开始偶然表现其存在,这主要是因为农民需要采取一些集体行动,他们中间的"长者"作为集体代言人介入某些活动。不过,在 13 世纪之前,较为明确的社区轮廓和社区特权还很模糊。可能有三个要素在农民获得集体意识和利益认同的过程中扮演了关键角色:教区归属感、生产活动与领主的博弈。

塑造社区认同的第一个也是最重要的因素是教区的宗教活动。教区教堂是死者的安葬地,也是活人的聚会场所。墓地附属于教堂是中世纪才有的现象。在墓地举行的葬礼是所有基督徒入土时所必需的,这就导致孤立的个人和家庭墓地的消失。墓地是排斥非基督徒(如没有接受洗礼的孩子,犹太人)和"坏基督徒"(受绝罚者、自杀者、被判死刑但不悔改者)的,但正是这种排斥将基督徒融入活人和死人的普世教会中;与此同时,根据宗教会议的说法,在墓地外埋葬是不名誉的,"为当代人和后代人树立丑恶的受诅咒的典范"(大格里高利)。因此,对教区居民来说,参加弥撒、为新生儿洗礼、埋葬死者,都在同一个地点,这就给了教区成员一个集体性的宗教和社会身份,而且这种认同越来越以特定的空间为依靠,这个空间就是教区的地域,这种空间观念在 12 世纪广为传播。[①]

教区之所以有凝聚力,首先是因为它在社会生活中扮演的多方位的角色。早在 11 世纪末的南方,就可见到负责管理和维护宗教建筑的管委会 oeuvre,其成员包括教士和最富有的教区居民。正是这些名流在一个世纪后建立了最早的"穷人桌"(tables de pauvres)——中世纪救济贫苦的著名机构。朗格多克和诺曼底各教区也出现了类似的慈善组织。

---

① Cf. Florian Mazel ed., *L'espace du diocèse. Genèse d'un territoire dans l'Occident médiéval (Ve–XIIIe siècle)*, Rennes: Presses universitaires de Rennes, 2008.

在下朗格多克,最早的教区收容院(hospitalier)大约出现于 1175 年,最早的麻风病人院出现于 1190 年左右。教区在军事和领地事务方面也扮演某种角色。例如,1111 年,国王路易六世在与皮塞的领主对垒时,一支农民部队前来支持,此举可能得到了主教的首肯,因为这些部队是在教区的框架内由教士征召的。12 世纪初,当圣父修道院需要人照管它位于沙特尔城郊的磨坊时,它找到了两个教区居民,两人是由其他教区居民推选的。

集体性的生产劳动是促进社区认同的第二个要素,而且好多地区的教区与劳动集体是重合的。当然这个集体性的具体表现形态多种多样:有的地方是确定农业月令,如庄稼收割和收获葡萄的日期;有的地方是确定晒垡田开放以供集体放牧,或在某块空地上集体放牧的日期,如在下曼恩,从 11 世纪末开始是确定猪群集体放养的日期;在南方,生产活动的集体性涉及取水灌溉的规定,尤其是在干旱的夏季。从 11 世纪末开始,在法兰西岛和皮卡迪,处置土地纷争也是一项集体行为,这时会请邻人(vicini)或乡村"贤者"(boni viri)组成一个委员会。这种事务也构成社区联系的纽带。13 世纪产生了最早的领主禁猎、禁牧和禁渔的规章,这也是农村社区走向巩固的重要因素。

第三个团结要素是农民自行组织起来并指定代表与领主谈判。南方从 11 世纪就出现了"贤者"(boni viri 或 boni homines)的称呼,但他们作为与领主博弈的农村社区代表的角色,要到 12 世纪末才清晰起来。北方的情况要复杂得多。在 12 世纪后半叶,组织最好的农村社区已获得像城市一样的公社地位,有市长和小型市政会议负责行使某些司法权。但这种情况很少见,多数农村社区只有"自由"(franchises)宪章,这种"自由"通常只是对领主捐税的明确化和固定化。在阿图瓦和皮卡迪,很多农村没有公社身份,甚至没有自由宪章。不过,依据这类法条进行的定性分类有时具有欺骗性,还需要考察乡村社区的具体处境。另外,自由宪章的传播本身就表明,在这种文件公布之前就已存在同领主博弈的村庄社区,而文件本身意味着正式承认社区的存在,其成员的身份既是个人性的,也是集体性的,因为"自由"是集体性的主要特征。领主对社区身份的承认,有时会导致村庄代表制的制度化,例如,根据 1182 年颁布的阿尔贡的博蒙村的宪章,村民可指定市长和每年一任的陪审员;这些村民代表应该向领主宣誓,这就是 jurés——"陪审员"一词的来源。他们既是领主的辅助者,也传达农民的诉求和不满。

7. 自然景观的重塑

中世纪法国的垦荒运动,既是对森林和荒地的整理开发,也是对环境施加压力,并在很大程度塑造了此后法国的自然景观。垦荒的第一个后果是残存的大片森林的减少和森林居民点的出现。对下朗格多克的研究表明,1100 年之后,森林在减退,平原地带的森林完全消失,斜坡地带的森林遭受严重砍伐。北方的森林要多一些,但范围也在缩小,部分森林不再成为成片的林区。地名的演变可以反映这种趋势。例如,从 11 世纪中叶开始,法兰西岛的成片大森林开始逐渐失去其原来的名字。到 1200 年,这些林区已与其最近的居民点的名字联系在一起。伊威林(L'Yveline)、拉拉耶(La Laye)、拉克律(La Cruye)、拉别耶(La Bière)、拉罗日(La Loge)等森林的名字或者消失,由朗布依埃(Rambouillet)、圣日耳曼(Saint-Germain)、马利(Marly)、枫丹白露(Fontainebleau)、奥尔良等新森林名字取而代之;或者老森林名成为新村庄名的后缀,如弗勒里-别耶(Fleury-en-Bière)、圣日耳曼-拉耶(Saint-Germain-en-Laye)和罗日的新城(Neuville-aux-Loges)。森林缩减与城市木材需求量的上升和木材价格的上涨几乎是同步的,这在 12 世纪后半期的蒙彼利埃和巴黎尤其明显。另外,大约在同一时期,人们开始对残留森林的使用权作出限制,尤其是在地中海地区。在朗格多克,1170—1180 年率先出台禁止砍伐某些树种的禁令。不过在潮湿地带,森林的减少直到 12 世纪末才真正开始。但佛兰德尔是个例外。

12 世纪以后森林的消失,与 8—10 世纪的增长形成真正的断裂,因为后者主要是对罗马时代已然开发并居住过的空间的再垦殖,它并不涉及对成片大森林的砍伐；但在 11 世纪（南方是在世纪初，北方是在该世纪的后半期），农业增长已经跨越了再垦殖的阶段。圣徒传记文学和新的骑士文学，经常表达这样一种强烈对比的世界景象：一边是有人居住的文明空间，是村庄和耕地；另一边是森林和荒原，是骑士们漫游的边缘地带，是隐士、烧炭者和匪徒的世界。但这种景象从 12 世纪起就逐渐成为对已然消逝的世界的回忆了。块地（parcelle）的创建和整顿是另一种新景观。大部分这类耕地是在并无规划的垦荒中逐渐取得的。垦荒得来的林中空地（clairière）穿插在残留的森林中间，它可能属于某个孤立的隐修院，或者某个西多会仓房庄园，如在勃艮第的博蒙仓房。再有就是著名的鱼骨状地块，这是香槟或洛林的很多新居民点的地块延伸后出现的。

垦荒和农业发展对生物地理环境的影响可能是很大的。首先是植物种类分布及其组合形态的变化。关于这一问题，现在对朗格多克已经有比较好的研究。[①] 在这里，短毛橡树已经逐渐让位于绿橡树，山毛榉林和栎树—山毛榉林则完全从低平地带消失，多菲内和罗讷河谷也是如此。与此同时，人造林开始出现。从 11 世纪末开始，沿水流出现了人造河岸树林（ripisylve），这种树林中多为人们青睐的树种：如桦树、芦苇、柳树、无花果树，它们为篮筐编织、屋面和篱笆等提供了原料，还提供了新的放牧场所和水果来源。对溪流、河水和池塘边缘台地的整治开始于1040—1080 年，这个重大事业到 12 世纪全面展开。从 12 世纪初开始，随着耕地的开发越来越饱和，树木，尤其是橄榄树和扁桃树，以合种的形式在各地传播，它们出现在葡萄园、田野和菜园中。无花果树果园构成城堡脚下菜园周围的外冠。栗树的木料对葡萄种植至关重要，其果实有时还可代替面粉，因此其传播范围之广可能超过今天。12 世纪显然是人与环境的关系发生演变的转折期。

---

① Cf. Ghislaine Fabre etc. eds., *Morphogénèse du village médiéval* (Ⅸ-Ⅻe siècle), Montpellier, 1996.

与此同时,不同地区的景观特征开始显现出来,例如法国西部的"博卡日(bocage)景观"。学界曾有一个争论:用来围隔地块的这种小树林景观究竟是如何形成的? 今天很少有历史学家或考古学家相信博卡日景观的形成可以上溯到中世纪盛期。但还是有些演变开始于 12 世纪。对博斯地区里昂(Lion-en-Beauce)的长时段农村景观研究表明,至少从 12 世纪初开始,这一地区就存在敞田景观。在布列塔尼、曼恩和安茹,历史和考古研究也证明,从 12 世纪开始,隔离带(clotures)就迅速发展。但一般来说这些隔离只是些与沟壑结合在一起的简单的地埂,并没有篱笆,但当时这些隔离地埂圈围的空间很大,其间有很多草地、耕地、林地和池塘。这些大范围圈围的功能仍是个问题,大多数的推测认为这是要将领主地产整合为一个整体。

第四节　13 世纪的农业经济:巅峰与困境

1. 垦殖与耕作状况

在 13 世纪,延续已久的垦荒运动逐步放缓并几乎停滞,最好的土地已经被开垦完毕。这个时期的垦荒只是边缘行为,主要在贫瘠地带进行,新垦的土地产出也很低,可能只有对潮湿地带和河流沿岸的拓殖成效较大。金雀花家的亨利二世在卢瓦尔河沿岸建起了第一批堤坝,而海岸地带的努力更为可观。弗拉芒沿海自公元千年以来就逐渐被垦殖,1244 年,佛兰德尔首次出现了水域管理协会,称 wateringue,但它的实际存在应该更早;在大西洋沿岸,从格朗德(Guérande)沼泽到圣通日沼泽的垦殖成效明显;在普瓦图沼泽,名叫"五位修道院院长"的渠道于 1217 年开挖,但由于该地缺少城市和市场,这项工作成效不大,种植业的进展不佳。从沼泽和海岸得来的土地可以用来种植谷物和葡萄,沿海的拉罗谢尔等地的工程则是为了发展晒盐产业,这时大西洋沿岸的晒盐场已经初具规模。在 13 世纪,盐除了用作调味品和鞣革的原料,也是更有效的保存食物的手段，是输往北方地区的非常重要的出口货品。当时的普瓦图和阿摩利卡沿海就是重要的产盐区。

在耕作技术和制度方面，13 世纪并没有明显的进步，农业生产仍然需要大量的人力投入。土地在休耕后很容易变干燥，在牲畜踩踏之后又会很坚硬，因此在翻耕之前，必须使用包铁的锄头或锹敲碎板结的土块。另一项工作文献记载很少，这就是捡石子（épierrement），从田地尽头的石子堆可以看出这项工作的成效和付出的劳动。

13 世纪的法国可以大致分为两大耕作模式，当然二者之间存在一些过渡区。第一种是无导轮犁（araire）耕作，主要是在地中海气候区，这种犁的犁沟较浅，只在土壤表层耕出一条沟，适宜于土层较浅的贫瘠土壤，但耕作成本较低。另一种是重犁（charrue）耕作区，主要适宜于北方的腐殖质黏土地区。重犁装备有垂直的犁刀（coutre），可以切入土壤深处，随后犁铧沿着犁刀切开的线路翻开土壤，而犁壁会将翻开的土撇向一侧，这样可以保证深耕。但重犁造价昂贵，而且制作和维修铁质部件需要专门的铁匠；其次是操作性较差，尽管引入了导轮，但耕地的末梢还是有一块土地因为调转犁头而无法翻耕，这就导致重犁耕田的长度不断增加以减少末梢空间造成的浪费：长条田是（raies）就是这样产生的，它是北方敞田景观的典型特征。

在耕作技术中，牲口挽具的改进具有重大意义。就马而言，过去的胸挽具在牲畜用力时会造成窒息，到 13 世纪时人们已采用肩挽具；对牛则放弃角轭胸挽法，改将轭放在颈部；这些措施提高了牲畜的拉力。在 13 世纪，人们还将好几头牲畜排成纵行或横列挽在一起。1250 年左右，勃艮第有八头牛拉的重犁。另一些看起来很小的进步同样提高了牲畜的使用效力，如耕畜的蹄铁、驴子和骡子的驮鞍，等等。一般来说，黏质厚土使用牛耕较多，但牛的速度慢；如果要赶工的话，马是个不错的选择，因为马的速度更快，力量也更大；但马的健康不易维持，而且很容易疲劳，此外马还需要有专门的饲料燕麦，因而马的使用成本较高。资财一般的农民大多会选择用牛做耕畜。在地中海沿岸，牛是占统治地位的耕畜,也有用驴拉犁的。

挽具和耕犁的改进使得翻耕次数的增加有了可能:1300 年左右,巴黎盆地的农民在播种冬小麦之前,会在秋天翻耕三次,有时四次,而在春播之前会再翻耕一次。播种之后的耙田工序也日渐普及,可在种子发芽前均匀地平整土壤。耙由马牵引,是个四方形木质框架,下部配有铁质耙钉以平整土壤表面。但收割始终是项手工劳动,收割者手执镰刀,半躬着身子,麦茬留得较高,供牲畜食用。收成的入仓还有很多困难,因为运输工具不足:农村的大车很简陋,道路状况很差,运输不便。尽管手推车在卡佩时期的某些城市工地上可以见到,但在农村不为人知,农民甚至使用担架做运输工具;即使在富裕的葡萄种植区,采葡萄的背篓也是很少见的,更多的是笨重和难以操作的简易木桶。

在成片的大谷物种植区,农民需要严格遵守三年轮作制,也就是将耕种的土地分成大致相等的三块。轮作使得可以在休耕的土地上放牧(dépaissance),但这需要对牲畜的数量进行监控,并将它们引导到休耕地上,这种集体性强制不仅催生了相关的看守职责(gardes jurés),也促进了乡村共同体意识的发展。地中海地区夏季十分干燥,不适宜于三年轮作,而北方的气候条件虽然很适合这种制度,但它也是直到很晚才在土质最好的地方确立的,而且其具体的形态也是多种多样。

但乡村经济的有效运转还需要一些重型集体设备,如烤炉和磨坊等装置。一般情况下,承担这些设备的第一笔投资和日常保养费用的是领主,当然他有获取投资收益的权利。领主建造集体设备是三种权力的结合:政治权力,具体而言就是指挥权(ban)衍生出的垄断经营权(banalités);经济权,即领主对投资的收益权;最后是领地农民对这些设备的集体使用权,但实际上这也是一种强制。在 13 世纪,这些设备提供的服务仍然有限。在葡萄种植区,领主建造的榨酒器看来并不常见,因为采摘者仍然在大筐子里用脚来踩葡萄。烤炉则切实改进了食物制作技术,这有利于农民营养状况的改善,主食日益从谷物熬粥转向了烤面包。磨坊的应用更为普遍,里尔城周围便磨坊密布,它们几乎都是水力驱动的。前文提到,风磨大约出现于 12 世纪中叶,但其源头还不明确,可能是经由十字军从伊朗传过来的,不过两地风磨的翼不一样;也有可能是操作船帆的水手在陆地上的发明。

水磨传播很广,但它需要大量投资,除了磨本身的建造,还需要一些辅助工程,如引水渠等。一般来说,领主将磨坊交给承租人(meunier)去打点。但磨坊在 11—12 世纪的建立有一些困难,而且往往会造成社会紧张。磨坊经营者当时就有了贪婪的名声,他不但欺诈客户,还有调戏妇女的恶名,因为前来磨坊的大多是妇女。[①] 关于磨坊的经营,现存的账目很少,无法判断其获利情况。不过磨坊的维持应该所费不低,一旦出现技术事故或气候灾害,后果就是灾难性的,而且这种情况并不少见。

面向城市市场的商业化种植在 13 世纪日趋明显。针对北欧市场的葡萄种植进一步发展,在腓力二世时期,大商人就已经诉诸广告收购葡萄酒了,以致有"葡萄酒之战"(batailles des Vins)的说法。只有地中海沿岸的葡萄园在 13 世纪陷于停滞,这里缺少地方市场需求,每个村庄都自产葡萄酒;外销渠道也不畅,因为通往北方的商业航路还未开通。相比之下,大西洋沿岸的葡萄酒输出口岸十分繁荣,最著名的是拉罗谢尔和波尔多。其他地区的葡萄种植商业化程度也很高。1245 年,一位来自意大利巴勒莫的旅客经欧塞尔前往勃艮第,他记载道:"这里的人什么都不播种,什么都不收获,谷仓里没有任何存粮。他们只要经附近的河流运酒到巴黎就行了……卖酒的钱完全够他们吃穿用度。"另一种值得一提的经济作物是菘蓝,它可以提取染料。菘蓝对土地的耕作和肥田要求极高,但回报也很高。不过菘蓝的种植范围有限,主要是北方的皮卡迪等地。

关于中世纪盛期的乡村劳作,当代学者曾对 82 处宗教建筑上关于农村劳作的画像进行了仔细研究,这些画像主要位于在法国北部和西

---

① Michel Zink, "Moulin mystique. À propos d'un chapiteau de Vézelay: figures allégoriques dans la prédiction et dans l'iconographie romanes", *Annales E. S. C.*, 1976, pp. 481 – 488.

部,在意大利还有 37 处。画像主要表现的是城市场景,但也有表现农村的,与现存的文献及考古资料印证过后,可以得出比较可信的看法。它们表现了一些很具体的乡村劳动,如何用长杆打落橡栗来喂猪,如何将牛引到牧场上,如何在水里钓鱼,但专门的林业劳动没有出现。农业月令是以两个季节组织起来的:冬季是乡村生活的放松期。12 月,农民将木料运回家中,随后宰杀生猪,此外就是室内休息的场景;再就是夏季,这是紧张的劳动季节:割草或晒干草,收获庄稼,收获葡萄,再到秋天的翻耕。两个季节之间是 4、5 月的"骑士间歇期",这是狩猎或追逐风流韵事的时候,因此春天是贵族的季节。这还是圣灵将临节前的授甲礼和比武的时节。在这个带有贵族和乡野色彩的间歇期,没有任何农村劳动的画面。由于气候原因,意大利的月令比法国早一个月。在法国,秋播在 10 月,修剪葡萄在 3 月以后。①

2. 极限和瓶颈

1235 年,纪年作者纪尧姆·德·南日(Guillaume de Nangis)写道:"一场大范围的饥荒降临法国,阿基坦的灾情尤其严重,人们以草为食,就像牲畜。普瓦图的小麦价格每塞提埃一百个苏,当地很多人饥饿而死,或者患上热病。"与几个世纪前相比,13 世纪的进步很明显,食物也更有保障,但意外天气仍能造成巨大的破坏,而且灾情很快因为疾病而加剧,人们不得不靠各种劣质食物果腹。

在 13 世纪,到处都可以看到对自然资源无节制的攫取。耕地边缘过于贫瘠的土地也被开发,以提供辅助性物资,如供牲畜食用的叶子、苔藓和蕨类;或者采集供人食用的蘑菇、蜗牛和蜂蜜。人们还不顾领主三令五申,继续在森林中砍伐树木,放牧牲畜,偷猎野味。在这种情况下,森林就成为导致社会紧张的焦点。森林的开发已经很深入,而且各种利

---

① Cf. Perrine Mane, *Calendrier et techniques agricole. France, Italie XII - XIIIe siècle*, Paris: Le Sycomore, 1983.

益和矛盾交织在一起,既涉及最贫苦之人的生计,也涉及富人的投机生意(建筑木材和薪柴的砍伐贩卖),还关系到贵族领主们特有的生活方式,即贵族的狩猎权(主要是对鹿、野猪和狍子等野味的猎杀),这些都造成戏剧性的冲突。

第一个有关森林的王家法令是 1219 年发出的,而路易九世和美男子腓力的财政记录都表明,国王控制的森林带来的收入大约占其领地总收入的四分之一。所有领主都关心新长出的林木:1245 年,埃诺的马罗伊(Maroilles)修道院发布禁令,不许在树龄低于八年的森林中放牧,并安排专职人员看守,但在较老的森林和公共牧场上,旧的习惯仍然维持着,这有利于平民获得生计。一般来说,这些森林法令加剧了与农村社区的紧张关系,特别是一些法令规定要对违规使用森林者处以罚款,并没收非法闯入森林的牲畜。

到 13 世纪中后期,法国乡村给人的总体印象是,自然资源已经被过度开发。当时的法国人也已模糊地认识到,他们所处的是一个"人满为患的世界"。在上普罗旺斯,砍伐森林的灾难性后果很快就显现出来,纤薄的土壤层在雨水的冲刷下迅速流失。在很多地方,食物生产能力和人口之间的平衡已经达到临界点。这些都预示着一场旷日持久的灾难的来临。实际上,到 13 世纪末,各种迹象都显示,法国的农业已经达到增长的极限,而且看不到有突破这一极限的可能。

首先是技术条件的限制。农业生产中的经验主义尽管也能在实践中收获进步,但真正的农学思维的缺乏使其难以实现质的提升。而且,13 世纪的法国人并不知道农学领域的正在发生的重大革新,如英格兰农学家亨莱的瓦尔特(Walter de Henley)和意大利农学家克莱斯肯斯的皮埃尔(Pierre de Crescens)的农业著述。在当时的生产条件下,简单地利用习惯性的耕作技法是不够的,遭遇的技术门槛无法克服。

法国在资源禀赋上的缺陷也是一个制约因素。中世纪法国铁矿贫乏,铁的产量很低,大部分的农具都是木质结构,只在关键部位包铁或加装铁构件。从考古发掘来看,铁器农具仍然十分少见,如在普罗旺斯的一个村庄遗址中,只发现两把带铁刃的镰刀。

在农业生产过程中,农民缺少选种技术,只是简单地从头年的存粮中提取种子。畜牧业中也是如此。考古和图像资料分析表明,牲畜个头很小,产肉量很低,猪尤其如此,它们只是简单地在森林里与野猪杂交。12世纪末到13世纪中叶,肉价在猛涨,1190—1255年,诺曼底的牛肉涨了两倍,1203—1255年,羊肉涨了三倍,但这并没有导致畜牧业技术的明显改进。

肥料不足是另一大难题。用镰刀收割庄稼时,留茬很高,以便用来放牧牲畜,或在翻耕时埋入土中。圈养牲畜所得的厩肥价值更高,但这种厩肥的利用要到15世纪才普遍化。矿物肥料的产量非常低,泥灰土(marnage,可用来补充钙)和泥浆的撒播仍十分罕见。只有少数先进地区通过有效的肥田技术实现了集约化经营,如阿图瓦的圣奥梅尔教务会的账目表明,其领地上小麦的产量达到了稳定而高产的水平。这种差异有些是地区条件造成的,如圣奥梅尔城盛产可用来肥田的淤泥。但也有农学方面的因素。例如,从1250年左右开始,豆科作物就在这一带种植。这类作物可以合成氮,从而有利于恢复地力。不过,在1316年严重的人口危机之后,谷物需求降低,经济作物的种植上升,如菘蓝和油料作物。

最后,农产品贮存技术也很低劣,且没有任何改进的迹象。用猫来防范老鼠和田鼠的做法还未普及。储存小麦的地窖挖在地下,很容易招致霉烂;但即使是在地上贮存,谷物也不定期翻晒,所以也会发酵腐坏。肉类只能以腌制或烟熏来保存,但条件是农民家里有烟囱,并有能力获得盐。葡萄酒顶多保存一年。北方的葡萄园光照不足,葡萄经常在没有完全成熟前就被采摘,因为人们担心葡萄受暴风雨破坏。葡萄酒的贮存更是原始。在没有玻璃容器的情况下,新酿的葡萄酒很难长久保存。当时采用的灌桶法(ouillage)不能防止酒与周围空气的接触,这就很容易导致葡萄酒变酸,因此国王的法令规定,在新的葡萄采摘季到来时,陈酒必须倒入阴沟。

当然,这些技术障碍在社会各阶层中的后果是不一样的,根据个人的地位和财富而定。13世纪的乡村社会见证了教区的少数富农(coqs)与广大无地劳动力之间的严重分化。农村负债也在发展:1300年左右,在佩皮尼昂地区,在犹太人那里借的、经过公证的债务,三分之二来自农村;借债大多发生在秋天,这是缴纳领主捐税、游动放牧的畜群出发的时候,不过这并不必然意味着农村世界已被可怕的债务扼杀,因为当时对现金的渴求十分普遍。

第五节　乡村社会的演变

1. 贵族和骑士:一种集体身份的出现

法国学界认为,中世纪早期(10世纪之前)的精英阶层并不构成严格意义上的贵族。当时某人身份的高贵是因为他从属于某个世家大族。但形容词"高贵"只用于个人,因为世家大族中表亲和堂兄弟之间差异很大,很多人处境艰难,到下一代甚至就湮没无闻了。加洛林帝国解体后的各地方势力彼此竞争,这就使得从前扩展到整个法兰克世界的旧贵族群体消失,缩减为地方力量,这是领地诸侯时代发生的事情。公元千年之际,对人的实际权威落在诸侯手中,而且相当一部分权威落在了伯爵手中。但政治解体并没有到此为止,权力继续碎化,伯爵过去的助手子爵,乃至驻守伯爵领四境的公共城堡的主人纷纷摆脱了伯爵,一些城堡甚至未经批准就建造了起来。这些设防堡垒的主人成为准独立的堡主,他们本人也有一批携带武器、听命于他们的服役者,这就是拉丁语所称的miles,它在法语中的对应词应该是chevaliers(骑士),其中一些是堡主本人的幼子,他们可能在领地边缘有块土地;另一些是加洛林小官员的后代,如百户长富裕的子孙们,还有一些是自由地持有者,所有这些人的地产都足以供其维持作为骑兵的基本装备。另外,堡主手下还有一些被称为"勇士"(gros bras)的人,他们在主人与邻人发生争执时会冲锋陷阵。教会的执事或守护人(avoués)的来源也同骑士类似。他们以前是负责保护高级教士的,并帮助后者管理世俗事务,但这些人的后代慢慢摆脱了当初的主人。不管怎样,所有这类专业战斗者、骑马的战士,都声称他们属于贵族。

情况从1150年左右开始发生转变。这时,贵族从商品经济的复苏中尝到了甜头。货币流通的加速,生活条件的改善,似乎有理由让人们期待一种更为稳定和平衡的社会结构。在法兰西岛,从国王到男爵,几乎所有贵族都希望实现国内和平;教会经常是暴力行为的受害者,它长期敦请骑士们规范自己的行为,并积极推动上帝的和平与休战运动,禁止对"穷人"(pauperes)的压迫,不过这里的穷人指的是所有不能自卫的人:不带武器的农民、妇女儿童、老人,当然还有教士;对违反者的精神惩罚也越来越严厉;军事行动也有了明确的时间限制,一周内有好几天禁止战斗(如周五和周日,分别是基督被钉上十字架和复活的日子),一年中的很多日子也不准作战(如复活节周期)。这种政策也符合诸侯的想法,他们希望自己暴躁的封臣能约束一下自己的行为。

当然,诸侯自己也是拥有强大武力的贵族。为了维护权威,他们会毫不犹豫地对屡教不改的下属动用武力,如安茹家的亨利二世就对圣通日和利摩日采取过惩戒措施。为了达到目标,亨利二世看来是第一个大规模使用雇佣兵(routiers)的中世纪西方君主。这些人作战时 毫无顾忌,效率很高,当然前提是佣金有保障。但这些可怕的职业战士不被认为是骑士,他们也不去追求骑士身份。其他诸侯也在能力允许的范围内效仿亨利二世。但诸侯们同样试图获得领地主人和乡村堡主的忠诚,与他们建立分封关系。这种关系有其积极意义:从前处于准独立地位的堡主,不仅要承诺不伤害自己的封君,还要在封君的事业中提供帮助。乡村的普通骑士也追随堡主,与作为上级封君的诸侯发生联系,轮流在后者的城堡中驻守,并参加诸侯的军事行动。

在这种背景下,miles这一技术性称呼日益成为一个荣誉性的标签,即骑士。到12世纪后半期,即使出身世家的贵族(nobles de race)也喜欢给自己加上这个头衔。很快骑士们也称自己是贵族，一个新的社会阶层开始融合成型，这就是 noblesse——贵族。这个阶层有一个共同的标志性的仪式，最强大和最低微的骑士家族的子弟，都会接受这些仪式：最重要的是授甲礼（adoubement），就是将骑士肩带授予年轻的武士，并以剑面在其肩膀上拍打，以见证他的力量，这个仪式叫 colée。贵族还共享从此被称为骑士道德（courtoises）的价值观，他们因这种价值观而区别于粗俗的农民。贵族自认为，其身份的高贵与体力劳动和一切被视为卑下的行业（如零售业）是不相容的，因为教会已经给这些"战斗者"（bellatores）以特殊的使命：保卫信徒的世界免受其敌人侵犯，为讨伐侵犯者，可以发起十字军。这样一来，骑士的战斗本能经过了教会的意识形态和骑士道德的约束和改造，他们从匪徒变成了献身宗教和圣母的殉道者，成为"基督的武士"（miles Christi）。①

2. 骑士阶层的多样性

在 12 世纪，当骑士们逐渐获得贵族身份时，其数量开始迅速增长，以致几乎所有的法国村庄中都至少有一个骑士。根据罗贝尔·福西耶的调查，在皮卡迪的一小块地区，12 世纪末有 7 个骑士，到 1300 年左右大约 50 个。在这里，骑士数量的暴涨有两大浪潮：1218—1228 年之间，18 个新家族出现在文献中；1238—1248 年又增加了 10 个，这些新晋骑士的出身大多有点低微。尽管亚眠城堡的指挥官德勒·德·菲利克斯库尔（Dreux de Flixecourt）的四个儿子和兄弟在 1195—1220 年之间成为骑士，但其他新晋骑士的家世看来不那么显赫，其祖先可能是自由地持有农或乡间的小官员。这种身份的人在当时的记忆中难以留下痕迹，他们的名字也不能让历史学家追溯到任何此前的时代。

很多这类新骑士就是广为人知的乡间小贵族（hobereaux），他们比

---

① Cf. Georges Duby, "Situation de la noblesse au début du XIIIe siècle", in *Qu'est-ce que la société féodale*, Paris：Flammarion, 2002, pp. 1137 - 1145.

农民更幸运,但未必更有钱。仍以皮卡迪的例子,骑士数量的猛涨在1230年之后开始受到抑制。根据法兰克继承习惯,所有儿子都享有继承权并可均分遗产,但这样一来,父亲的家业就可能逐代碎化。为抑制这种趋势,最激进的做法是禁止诸位幼子结婚;但最流行的做法是长子接受家业中最好的一份,弟弟们接受可以糊口的小部分家产,要不就由长子维持他们的生活,就像他需要维持单身的叔叔们的生活一样;女儿们一般因为母亲带来的财产而有一笔嫁妆,条件是她的婚姻要合法、体面,她们的另一个选择是进入教会为上帝服务。骑士阶层的长子权导致乡村出现了一个在数量上难以估量的"贵族平民阶层"。这些贵族幼子也可以去当教士,但他们面临大学毕业生的竞争;当然,很多人进入修道院,如果他的某位亲戚是修道院的奠基人的话,这条出路就更方便了。

在北方,长子权看来是个普遍的解决办法,尽管父系遗产的分割在各地习惯法中有很大的差别。但在南方,长子权难以确立,于是产生了领地共有人(parçonniers)现象,即多个继承人对同一块领地,甚至同一个城堡分享继承权,当然,各代人之间的具体分割办法不尽一致。这种做法导致领主权的严重碎化。1267年,10个领主为一块叫作圣克里斯托弗-雷戈日(Saint-Christophe-les-Gorges)的领地而向罗德兹伯爵行臣从礼;1247年的缪尔-德-巴雷兹(Mur-de-Barrez)有14个领地共有人,1287年还有10个;而1317年的图尔萨克(Toursac)领地有24个共有人。可以想见的是,最贫困的共有人很容易走向破产,当他不能以必要的排场来巩固自己的身份时,他就会失去贵族身份。这是一种社会淘汰机制,有人认为这是很多朗格多克骑士参加阿尔比派的原因之一。

在北方,财政问题同样困扰着乡村贵族,并使得部分人失去这一身份。由于骑士要置办一套符合最低要求的武器装备,而这笔费用一直在上涨,其他费用也在攀升。贵族要活得体面,要向别人展示他的高贵,因此在公共场合下,他应衣着得体,对来访的客人要以葡萄酒款待,要给女儿预备嫁妆;他的身份还意味着另一些开支,比如,当自己专营的磨坊磨石坏了时，他必须花钱来更新……在整个 13 世纪，那些家境不宽裕的小贵族都在为这些事疲于应付，最明显的标志是很多人放弃授甲礼仪式，因为举行仪式的同时还要办酒宴，他们出不起这个钱。

在沙特尔地区，1170 年该地的骑士中，只有一个人不是堡主，但这个数字在 1200—1230 年之间增长了 36 个。等待接受授甲礼从而成为骑士的见习骑士（écuyer，一般是骑士的儿子），1227 年首次出现于沙特尔，1240 年之前又增加了 14 个，1240—1270 年增加 67 个，1270—1300 年增加 81 个。身为骑士的儿子并不意味着能自动成为骑士，尽管他们从来都试图自动继承父亲的骑士地位。在皮卡迪，1270—1300 年之间，中下层骑士家族中的见习骑士数量激增，但他们真正的衰败大多是 1310 年之后的事，在这之前也有衰败的案例。如依附于圣瓦斯特修道院的小骑士加罗比（Galobie）家族，其衰落开始于 1268 年，他的兄弟和姻亲兄弟（都是见习骑士）当时将遗产分成四份，这显然导致他们财力的缩减。1279 年，他们因为对亚眠的主教代理负担的军事守卫义务（estage）所产生的费用而提出抗议，居伊·加罗比（Guy Galobie）还在 1269 年为偿还 50 利弗尔的债务而抵押一块采邑，并将较远的地块廉价处理掉。相反，他的邻人贝罗瓦（Belloy）家族由于严格执行长子权而维持得较好，甚至有所发展：1200 年左右，这个家族掌握着 7 个村庄，1279 年为 17 个，能提供全副武装的骑士，拥有部分什一税收入和司法权，还有 20 来个附庸封臣。

很多乡村小骑士就像加罗比家族一样没有远见，运气也不够好，家运一年年衰败，最后几乎都要靠乞讨或者出卖军事服务为生了。1306 年，塞纳河上沙蒂永地方的习惯法提到，在"主人的院子里领取面包的人"当中有骑士；1272 年，梅茨主教向某骑士提供了一笔 60 利弗尔的年金采邑（fief-rente），让他负责守卫孔代城堡，于是军事义务成为一项带薪工作，而不是传统意义上的封臣义务了。在这种局面下，骑士的困境导致其数量的减少便很自然了。爱德华·佩罗瓦（Edouard Perroy）曾对佛雷兹伯爵领做过认真研究，这里 1200 年左右有 215 个骑士家族，1300

年只剩下 149 个。[1]

位于这些小骑士之上、诸侯之下的是堡主们,这一中间贵族阶层同样面临经济上的困难,但他们可以通过强化领主权的征收来渡过难关,如加强对路桥通行费的经营和市场集市税的征收。他们也会向附近的修道院借钱,因为修士们的土地经营很好,很少有排场方面的开支,还有一些捐赠和朝圣者带来的收入,因而颇为有钱;最困窘的时候他们也向市民借款。博若地方的一位堡主,1207 年欠克吕尼的一个市民 2 万苏,1219 年又从马孔教务会预支 7 000 苏,并以土地和来年的捐税做抵押。很多陷入困境的堡主还出卖自己的忠诚以摆脱此前的债务或获得新贷款,他们自然倾向于向更富有的领主出卖忠诚,后者则对这些新获得的采邑和城堡进行整合,这种现象自然有利于更强大的诸侯构建附庸网络。另一方面,对堡主这种中等贵族来说,影响最深远的是诸侯的一种隐性策略。堡主们的联合依然是诸侯们最担心的事情,他们的对策是让乡村贵族,即小骑士们,逐渐摆脱其对堡主负担的义务,以削弱堡主在地方的影响力。为了达到这个目标,诸侯鼓励将某些较次要的指挥权转移到下层乡村骑士手中。于是,封建最高层的措施反倒有利于某些最底层贵族的苟延残喘,让其简陋的堡垒继续作为贵族的物化象征而存在下去。

关于贵族的数量,学者们根据卡佩晚期的税册作了一些估算。例如,在朗格多克的吕内尔(Lunel)男爵领地,1295 年缴纳军役税的有1688 户非贵族,285 户因为太贫困而免税,另有 28 户犹太人和 56 户贵族,贵族占总户数的 2.7%。1300 年左右,佩里戈尔的贵族约占总人口的 2.2%。1271 年,普罗旺斯的贵族在乡间占总人口的 6%,但在城市只有 1.2%,但这可能是个极端,其他地区的贵族要少得多。在沙特尔,13世纪每百户、每 10 平方千米有一个贵族家庭,至少占户数的 1%,即 600个家族。菲利普·康达明曾做过一个总体估算:在现今的法国境内,

---

[1] Edourd Perroy, *Les familles nobles du Forez au XIII e siècle*, Forez, 1976.

1300 年的 2 000 万人口中可能有 1.8％是贵族，其总人数约 35 万，共计 4 万—7 万个贵族家庭。①

3. 农民的解放和集体生活

　　中世纪初期长期存在一种简单的社会分裂：一方面存在自由民，他们是自由地小所有者，另一方面是受到严重奴役的农奴（servus），有的学者径直称之为奴隶（esclaves）。但这些人因为受了洗礼而被视为基督徒，是不同于牲畜的有灵魂的人；但农奴或奴隶不能支配自己的身体，负担着几乎无限的义务；他们越来越经常地定居在份地上，但不是土地的所有者。但是，正如我们前面提到的，加洛林秩序的瓦解和封建化导致农村居民身份的重构。法兰克时代的自由地小所有者开始在领主制框架内与从前的非自由民混合。除了一些法律上的区分，大部分农民此后就是受到某些限制的依附民，负担一些实际性的责任，如在主人土地上服劳役；交纳专断性的捐税，尤其是军役税（taille），以及所有被称为"恶习"（mauvaises coutumes）的征收；最后是负担外婚捐这类捐税、依附地位尤其严重的农奴。不过，受奴役的家庭还享有租地（tenure）这种通常的权利。

　　很少见到封建时代依附民的集体暴力反抗，但他们日常的消极抵抗还是取得了成效，最突出的是领主征收的逐渐固定化，领主的捐税一开始有很强的任意性，后来慢慢确定下来并形成文字规定。11—12 世纪的垦荒运动对农民处境的改善是有利的，因为垦荒需要人手，领主为招募农民时常会放宽其限制。在卡佩中后期，农民逐渐获得自由是确定无疑的，尽管农奴制的残留此后还长期存在，香槟地区直到 18 世纪还有人身依附民（hommes de corps）。除了垦荒，另一些条件同样有利于农民处境的改善。例如，面临经济困境的领主会向农民出售自由；农民的经济活

---

① Cf.　Philippe Contamine ed.，*La noblesse au Moyen Âge*，*XI-XV e siècle*．*Essais à la mémoire de Robert Boutruche*，Paris：PUF，1976.

动本身也有利于他们摆脱奴役。1249年,巴黎附近奥利的农民向巴黎圣母院教务会缴纳1万利弗尔,条件是取消对他们任意征收的军役税,这可是一大笔钱,因为当时巴黎的一所普通房子售价为仅3—10利弗尔,一个农村工人的日工资只有7—8个德尼埃。这笔钱是他们在一项大型城市工程中赚来的。

　　在北方的某些地区,一些急于表现"善意"的贵族领主,会向自己管辖区内的村庄颁发自由宪章。腓力二世的舅舅、兰斯大主教"白手纪尧姆"(Guillaume aux Blanches Mains)就命人起草了著名的"阿尔贡的博蒙宪章",我们已经看到,该文件成为王国东部农村"公社"运动中反复被采用的经典文献。在皮卡迪及其邻近地区,1190年之前发出的自由宪章(charte de franchise)占总数的四分之一,1190—1240年之间占一半,在1270年之后就停止了。总计有12%—15%的村庄获得宪章,但城市周围的村庄很少如此,这主要是因为市民的反对,他们对城墙周围半径20千米左右范围内发出宪章表现得十分吝啬,这一带有他们的地产。一般来说,农民身份的改进与上帝面前平等和信徒之间互爱的基督教理念是一致的,圣路易的伟岸形象也有利于这些理念的传播。

　　13世纪的农民主要缴纳三种捐税。对教会缴纳什一税,这种征收的理由原则上来自旧约,由主教在其下辖的各教区分摊。自格里高利改革以来,什一税很少被世俗领主占有。对于所经营的土地的所有者,农民应缴纳租税,首先是年贡,其数额很小,因为确定下来的名义价值随着货币贬值而不断缩水;再就是实物租(champart),朗格多克称tasque,根据收成或牲畜数量而定,这种租税相对沉重,因为是对实际产量的征收。农民还要支付各种标志其依附地位的捐税,如领主专营权导致的征收,这项负担相当沉重,因为农民被迫使用烤炉、铁匠炉、磨坊、榨酒器等;研磨面粉后的征收经常占到总量的1/24。国王或诸侯的税务机构在农村并非完全不存在,但当时这种机构首先是对城市收税。

　　各种捐税的征收自然引发不满,当小麦还未完全成熟,甚至受不良天气的威胁时,领主代理人和什一税征收员就来巡视了。对收成数量的舞弊是农民惯用的消极抵抗策略,以致布道者雅克·德·维特里(Jacques de Vitry)对这类行为发出了严正警告:"在同一片田地里,第一个人在为忏悔而劳作收获,第二个人只为获取财富而劳动,还有人想逃避劳作;第一个人可获永生,第二个只能得到尘世的财富,第三个人则注定永远受罚。"鉴于捐税征收中的困难,领主很早就把这项工作全部交给某位个人或群体。1231年,在勃艮第的埃什克罗(Echcoronne)社区,人们选举"四个贤人,他们决定每个人该交多少捐税而不必出卖自己的家产"。但需要强调的是,各地的习惯法都不一样。

　　在没有自由宪章的村庄,领主仍然是当地绝对的主人,他会把某些事务托付给自己的代理人,后者的主要工作是协调收获葡萄的日期、收割后的田地开放给牲畜的日期、播种之后禁止牲畜入内的日期(在诺曼底是9月到3月),以及调处邻里之间的日常矛盾。要让所有人遵守休耕和共同放牧权是很难的事。为了防范可能出现的冲突,村庄共同体设立庄稼看守人(messier),还有共同的牛倌、羊倌和猪倌。

　　在拥有自由宪章的村庄,贤人(prud'hommes)承担社区的组织责任,他们在各地的叫法不一,从北方到南方,有 échevins, jurats, syndics, recteurs, consuls 等称呼。在社区被承认为公社(commune)后,公社代理人可参与领主法庭,公社甚至有独立的金库,少数村庄还有自己的印章。因此在卡佩法国的底层细胞中存在政治生活形式,但不应夸大其影响和活力。成为公社一员的条件看来相当宽松,如博蒙宪章治下的村庄规定,只要在当地居住一年且没有造成麻烦,并宣誓尊重集体习惯,就能成为全权的公社成员。但这并不意味着公社管理真的存在民主制,现存的早期宪章仍流行领主指派公社负责人的做法,13世纪在这方面甚至还在退步。

　　从原则上说,公社大会是向所有人——包括寡妇——开放的全体大会,但随着时间的推移,大会的频率越来越低了,最后成为每年一次的会议,只负责任命市长和助手,而且只有少数人前去开会,这表明公社大会越来越疏远人心。例如,蒙彼利埃附近的贝泽纳斯村(Pézenas),14 世纪初有近 500 户居民,参加大会的只有 200 人,而且不是经常来,每次大会顶多只有 80 人左右。因此公社大会的全体性在消失,权力集中于"选举"出的贤人手中,他们的数量很有限。

我们可以从 1300 年左右朗格多克的文献来窥视一下"贤人"的轮廓。他们并不必然是缴纳军役税最多的人,但肯定不是来自最贫困的边缘群体。他们是些乡村名流(notables),组成定期召开的会议,在其内部选举社区官员。如根据博蒙的宪章,如果社区要就财政问题作出决定,市长和其助手要聚集 40 个健全的"市民"(bourgeois)来协商。在各地,名流们还参加领主法庭或自己组织的法庭,并可实施罚款。

教区的起源可追溯到西方基督教的初期,在卡佩时期,教区网络逐渐稳定下来,并一直维持到大革命时期。不管教区所在地的居住状况如何,它都是将辖区所有居民聚集起来的组织模式,并且成为征税管理单位,很多税收的计算就以此为基础;教区经常跟农村的领主领地混合,尽管有时二者也有交错和分割。在社会领域,三个"极点"凝结着中世纪教区民众的精神生活:洗礼盆、墓地、教堂。神甫每个周日都在教堂接待他的教民,为死者举行仪式,或者庆祝婚礼。基督教圣礼的框架基本定型,而某位作为地方保护者的圣徒经常被用作村庄教堂的名字。

宗教建筑经常是村庄周边唯一醒目的纪念碑建筑,它是宏伟的石砌建筑,顶上盖的是石板而非茅草,教堂顶上有钟楼,钟楼顶上则是个风向标,当时就已经做成公鸡形状。主教或大主教巡视时,会细心打量教堂,检查其内部设置,并在专门的记录簿上写下他的评论,内容涉及对神甫的生活和品行以及教民的宗教热忱的评价,为此他会向当地的名流打听相关情况。圣路易时期鲁昂大主教厄德·李戈的这类评论被保留了下来,成为窥视当时宗教生活和教会人员状况的重要资料。

教区的教士在 13 世纪一般已过上了稳定的定居生活,他逐渐在服饰上区别于村民;他一般单独生活或与年长的女仆一起生活,女仆有可能是他的某位亲戚;教士通常是农民中间唯一识字的,可以替村民操持文墨;他的地位颇受敬重,因为他经常是其教民在领主或高级权威那里的代言人。他的生活来源,除了什一税和教堂土地的产出,还有一种临时性收入(casuel),这是他应教民请求举行其他圣礼而收到的供奉品,或主日获得的募捐。

教区教堂是教区居民出钱修建的,他们组织教堂财产管委会(fabrique 或 oeuvre),负责教堂的日常维持,必要时也为其扩建提供资源。蒙塔尤的一个农民就曾直截了地对帕米埃主教说:"教堂和钟楼是我们的,我们建造了它们,我们置办了那里的所有必备物事,我们还要维护它。"教堂财产管委会经常还是村子里唯一有活力的组织机构,因为在 13 世纪,农民很少组织带有宗教性质的兄弟会或其他组织,这与城市颇为不同。教堂中殿经常是聚会场所,有时还是临时避难所,自"上帝和平"会议以来发布的教会法规定,教堂及其墓地是不可侵犯的神圣空间。有时,当地领主会将自己的墓地选在教堂内部,不过墓室显得相当简陋,只是一块雕刻其纹章的石板,或者是嵌在墙壁上的墓穴。贵族也可以在教堂设立一个家族的私人礼拜室,但这种情况比较少见。

除了祭坛,教堂的陈设布置非常简陋,信徒一般站立或跪着做弥撒,忏悔是在众目睽睽之下进行的,当时还没有告解席。教堂唯一的点缀是壁画,要么就是一些虔诚信徒供奉的雕像。照明是教区居民关心的主要事务,1256 年,在巴黎附近索洛涅的某村庄,教堂财产管委会与教区神父达成一项协定,规定主祭坛上应该有一盏长明灯,另两个祭坛周六和周日应亮灯;在主要节日的前夕,敬奉马利亚和带耶稣像的十字架的祭坛也应该亮灯。

除了位于村子中心的教堂,整个教区其他地方的宗教标志就很少了,尽管在布列塔尼可见到石头十字架,但耶稣受难像是 13 世纪之后才成为被广泛运用的装饰的,大部分十字架都不显眼,偶尔出现在十字路口。礼拜堂也没有在农村盛行。只有领主宅邸会有小祭坛,家内的礼拜神父主持家庭宗教活动。不过,宗教标志的稀少反倒促进了分散居民点对特定教区的归属感,因为教堂是唯一定期聚会的地方,人们在这里获取消息,进行社交。居民为其教区身份而骄傲,这经常是他们唯一直接的身份参照,是其集体身份的首要元素。

第十二章 中古盛期的法国城市

第一节 中世纪城市的定义和城市复兴问题

　　给中世纪城市下定义是很困难的。在中世纪,城市是一种混沌的存在。当时词汇所称的城市,对当代人而言经常不过是个村庄。克劳德·戈瓦尔甚至认为,没有任何标准可以界定中世纪城市,因为(1)今天法国界定城市的人口标准,即 2000 个居民以上,实际上很多中世纪城市是达不到的;(2) 标志性建筑的标准也有问题。中世纪的城市景观并不总是具有明显的特征,在法国尤其如此。城墙的存在不是决定性的,因为某些村庄也有,尤其是在南方;(3) 行政司法标准也不适用。因为远不是所有城市都有区别于乡村的法律地位,相反,乡村也可以获得特权甚至宪章,这一点我们已经提到过。像巴黎这样的大城市,从来没有获得过特别的法律地位。

　　不过,到 12 世纪,城市与纯粹乡村的区别还是很明显的。从 12 世纪前半叶开始,设防城墙大量出现:亚眠是 1135 年,第戎是 1137 年,鲁昂是 1150 年左右。这虽然不是城市的决定性要素,但仍可以视为城市发展的一个可靠标准。城墙创建了一个紧凑的居住点,城市景观就是以此为基础塑造出来的。在精神方面,城市产生了一种自信的价值观,它强调和平与自由,跟领主制中盛行的价值观有很大区别。实现和保障和平经常是市民联合行动的目标,这对商业活动是必需的。市民也在捍卫人身与财产自由,不过,如前所述,对"城市的空气使人自由"这句套话应持谨慎态度。自由本身也是一个等级化概念。并不是所有城市居民都享有同等程度的自由,换言之,他们的法律地位并不保证他们享有同样的特权。城市中存在家族竞争,这会导致血腥复仇。城市的暴力行为与邻近的乡村没有太大的不同,很多从乡村开始的冲突在城市街道上公开化和加剧,因为街道是密集的社交场所。

从 12 世纪开始,法国的很多城市获得了所谓的"自由宪章"(chartes de franchises),即由领主发布、认可某地或某一些地域的居民(因而也可能包括某个或几个村庄的居民)具有特别法律地位的文件,这种特别的法律地位授予这些居民程度和性质不尽一致的权益。发布宪章的领主可以是国王,也可以是诸侯或当地的领主。在北方,自由宪章表现为"公社宪章"(chartes de commune),最初出现于 11 世纪末;在南方,这场运动出现于 12 世纪后半叶,形式为"市政宪章"(chartes de consulat)。获得自由宪章的城市,其居民以共同宣誓(conjuration)为基础构建某种集体法律身份和互助关系。共同宣誓意味着宣誓者之间创立利益共同体,这是某种人为的兄弟关系,跟血缘联系一样重要。宣誓后的城市公社具有法人资格,可以进行臣从效忠。城市的法律地位还表现为拥有印章、建造钟楼及拥有强制性指挥权(ban),指挥权的实施范围一般是半径为4—5 千米的区域。因此城市公社是某种集体领主制。

综上所述,中世纪的法国城市不仅是个经济和物质现象,而且是政治和法律存在。

关于中世纪城市的起源,亨利·皮雷纳的经典论述产生过巨大影响。人们长期认为,中世纪城市诞生于 11 世纪,是商业发展和远方商人的定居造就了城市。这些远途而来的商人被称为"灰脚",他们聚居在从前的城市中心或近郊,抑或某些交通商贸地点,城市就是从这些地点发展而来。[①] 但这个论点现在已经被大大修正了。当然,贸易的发展、货币流通的增加、道路桥梁的建造的确是城市产生的重要因素,但商业并非最早也非完全是起源于城市的经济活动。实际上,某些城市在 11 世纪之前就已经开始兴起了,而且政治上的举措有时起了关键作用。例如,在 9 世纪末,西法兰克的厄德国王就强令塞纳河下游各港口的居民聚集到鲁昂,此举既是为了防范诺曼人的袭击,也是为了加强对这一战略地点的控制。此举增强了鲁昂的经济活力。从 10 世纪上半叶起,鲁昂就成为北方重要的奴隶贸易中心,为时近一个世纪。南特的情况可能与此相似,也是由诸侯创建的;但佛兰德尔在这方面最为突出,一系列伯爵城堡变身为商业地点。

但城市复兴的主要原因是农村的经济增长,对领主制经济产品的集中和再分配刺激了城市的兴起。领主开始像主教一样定期住在城市,因为这里是农产品的集散地和交易地点。领主甚至在这里建有仓库。11世纪初开始,农民流入城市的情况增多。某些领主希望吸引附近农民前来,为此他们减免城市的商业税。在 11 世纪初,圣瓦斯特修道院就豁免了阿拉斯市场上的捐税,惠及城市周围半径 30 千米内的居民。大约在同时,兰斯大主教也授予城市周围上百个农村社区同样的特权。与领主的积极角色相比,农民的自发努力很少见。值得一提的可能只有 10—11世纪之交加泰罗尼亚的一些富裕农民,他们从葡萄种植中致富,并在当地市场上进行一些商业活动。但巴塞罗那靠近伊斯兰世界,货币流量远比其他地区大,农民也享有其他地方没有的自由度,因而这里构成一个特例。

领主制经济和城市复苏之间的深刻关联,决定了城市是极具地方化色彩的。在阿尔勒、贝奇埃、沙特尔和图尔,城市领主的控制权集中于城市周边的乡村,这个空间通常被称为 suburbium,它维系着城市和紧邻的富裕乡村的紧密联系,这个乡村地带一般很早就有人居住,教会领主们

---

① 参阅[比利时]亨利·皮雷纳:《中世纪的城市》,陈国樑译,商务印书馆 2006 年版。

也很早就开始对其实施控制。但在这个空间之外,城市对农产品的吸纳力度要小得多。主教、修道院和世俗领主在远离城市中心的地方有很多领地,但由于交通不便,领主们经常采取巡游的生活方式,以就食当地。但在水道交通便利的地方,地方性联系会好一些,如在罗塔林根和弗拉芒。

在邻近北海的地区,大宗贸易的复兴较早,并很早就放大了农村经济增长的效果。在这里,诺曼人的入侵既造成了毁坏,也重新激活了商业网络。从 10 世纪起,沿海贸易和莱茵河、塞纳河的河运贸易就已初具规模,埃斯科河谷和默兹河谷从 11 世纪初也加入进来,领主的积极行动有利于这一局面的发展,比如,一些大修道院在带头建造船只。贸易最初被斯堪的纳维亚人控制,但诺曼底人、弗拉芒人和罗塔林根人随后加入,在约拿(Iona)发现的鲁昂制造的货币就证实了这一点,这个小岛位于苏格兰的西边。英格兰也有类似的发现(两个地点的钱币均是 10 世纪末的产品),丹麦和波美拉尼亚则发现了 11 世纪初的鲁昂货币,这说明诺曼底在 10—11 世纪之交与北海周边已有相当广泛的交流。还应该提及的是,在公元千年左右,来自鲁昂、彭迪厄、列日等地的商人已经出现在伦敦的商品税登记册上。从 960 年开始,默兹河谷和萨克森的银矿开始提供银币,970 年加泰罗尼亚出现了来自阿拉伯的金币:王国南北两端的货币流通促进了交换和城市的发展。

第二节　11 世纪的城市

11 世纪的西欧几乎是乡村的世界,居民相对稀少,城市很少见,其定义更是个难题。无论就聚落形态、居民密度还是城市职能而言,各个城市都具有很不一样的面貌,但基本的城市网络是由各主教城市(civitates)构成。这种城市起源于古代或古代晚期,其中一些曾被废弃,剩下的大多人口很少,经济虚弱;与此同时,市场、堡垒或修道院旁边经常出现一些小集镇,尤其是在卢瓦尔河以北。

1. 主教城市

一般来说,这种城市区别于周围乡村的"纪念碑式建筑"是围墙(enceinte)和主教座堂,但它们也可以因为主教和伯爵的存在而带有指挥功能(ban)。尽管人口和规模可能大有不同,但主教城市都具有这类特征。

由于资料的欠缺,当前任何计量方法都碰到了极大困难。不过对于西部的重要主教城市图尔,最近的推算认为,圣马丁城堡在9世纪中叶有2 000居民;其东边的主教宫周围的聚落居民可能更多。几千人直到11世纪中叶都算是很大的数字。如果以教堂数量和某些考古痕迹来衡量,人口最多的城市坐落在默兹河与摩泽尔河一带,如梅茨、凡尔登、列日,但城市网络最稠密的是在地中海地区和罗讷河河谷。当然,有些城市人口太少,难以与由城堡和修道院构成的村庄聚落区分开来。

从10世纪末开始,在外来入侵和帝国贵族的撕裂造成的动荡氛围中,城市经历了重大变迁,变成了名副其实的堡垒。大部分城市在罗马帝国晚期就已经加上了围墙,但围墙到此时已经破败不堪。860—930年之间,为了应付诺曼人的威胁,北方和西部城市的围墙纷纷修复,这经常是由主教们发起的。一些城市的近郊(faubourg)也被圈入城墙,如917年之前的梅茨和924年之前的昂热。城墙围圈起来的空间在各个城市有很大的不同,巴黎和图尔只有8—9公顷,但布尔日有26公顷,普瓦提埃有43公顷,梅茨达到84公顷。这种空间布局反映的是陈旧的城市控制模式,与当时的居民状况没有必然联系。围墙之内还可以看到葡萄园、耕地和牧场,南方尤其如此。在同一时期,此前只是不定期住在城市的伯爵和子爵们,也开始追随主教,收缩到城墙内以求保护,这就强化了城市的指挥功能。随着地方诸侯国的形成,居住在城市内的主教与诸侯的合作更为紧密,这种功能就更突出了。

一般来说,城市仍然由主教支配,市中心建有主教堂,那里有主教的座席(cathedra),这就是主教座堂(cathédrale)的由来。梅茨、里昂和普罗旺斯各城市还延续着几个教堂结合在一起的复杂格局,但这是特例。一般而言,过去的洗礼堂和主教座堂开始结合成一座建筑。各种宗教建筑都围绕主教宫展开,如教务会教堂(collégiale)和教务会司铎们(chanoines)的建筑。教堂和宗教建筑的集中形成一个极具特色的宗教空间。

这个宗教空间的边缘街区,往往与当地的某个修道院、某个城堡或某种职业活动相关。如在 10 世纪末的凡尔登,主教座堂以北的居民点围绕圣保罗修道院展开;向西则是沿通往兰斯的大道,并以圣瓦内(Saint Vanne)修道院为核心;在通往东南方向梅茨的道路上,城市拓展区位于默兹河上的一个岛屿,那里有个市场。圣保罗市镇和商人区离主教城都有 300 米,当时都有自己的城墙。在主教城和这些新街区之间,还有一些不太稠密的居民点和庄稼地,默兹河边分布着磨坊、教堂和收容院。到 11 世纪中叶,商人区向主教城方向发展,一直延伸到圣十字修道院,但还没有与之融合。在凡尔登发展的早期,尽管街区发展较快,但整个城市呈现多中心面貌。

马赛继承了丰富的古代城市遗产,可以作为比照案例。到中世纪早期,古罗马城墙的范围大大超过了建筑空间,墙内的居民聚集在两个中心点:西北部的大教堂区,围绕大教堂有主教宫、教务会和一座小城门(Portegalle);再就是东部的子爵区,以过去的商品税征收处、市场、老港和古代城墙的主城门为中心。在面海的西南部,建起了巴鹏城堡,这很可能是 9 世纪的某位主教修建的,但其周围也聚集起居民。在 11 世纪中叶这三个据点看来都有自己的城墙,它们之间分布着葡萄园、菜园、磨坊和教堂。合起来看,当时的城市经常是含糊不清的云状结构,存在几个核心点,它们中间有过渡空间,有时人们称之为 rurbains,其间分布着耕地、葡萄园和空地。

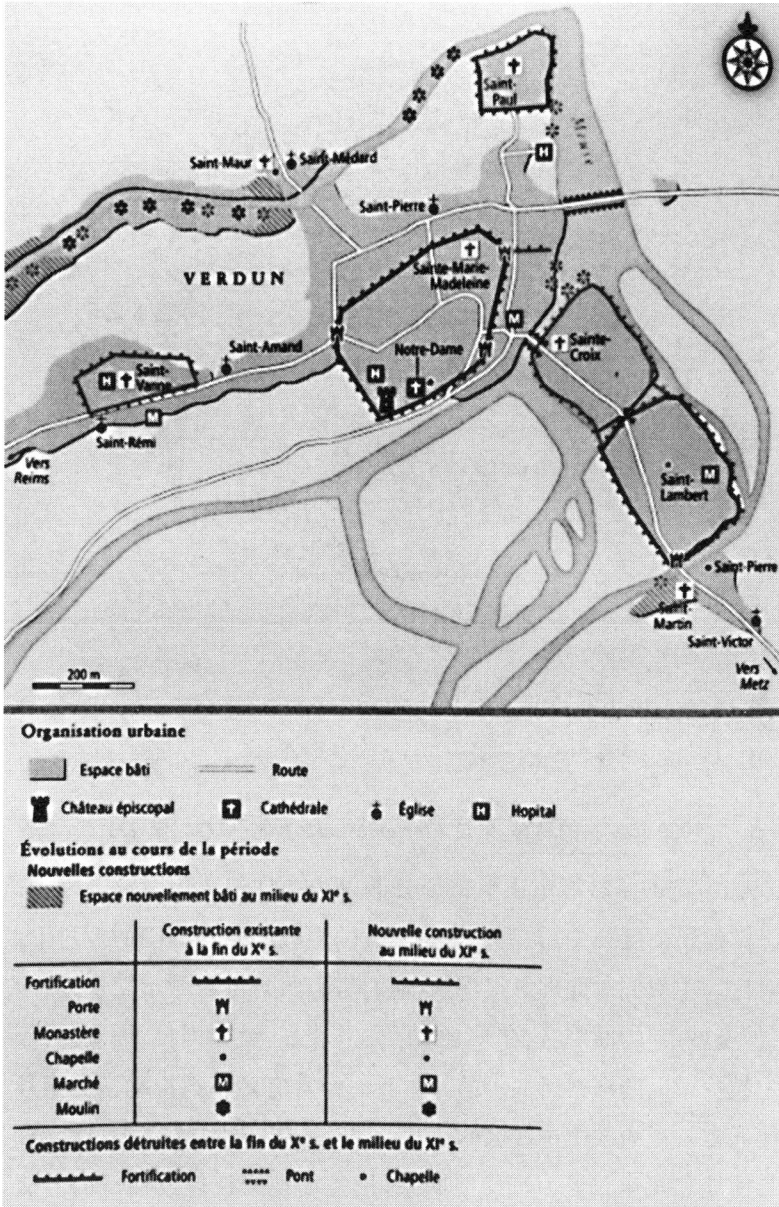

10 世纪末到 11 世纪中叶的凡尔登，来自 *Florian Mazel*，*888—1180*，第 220 页

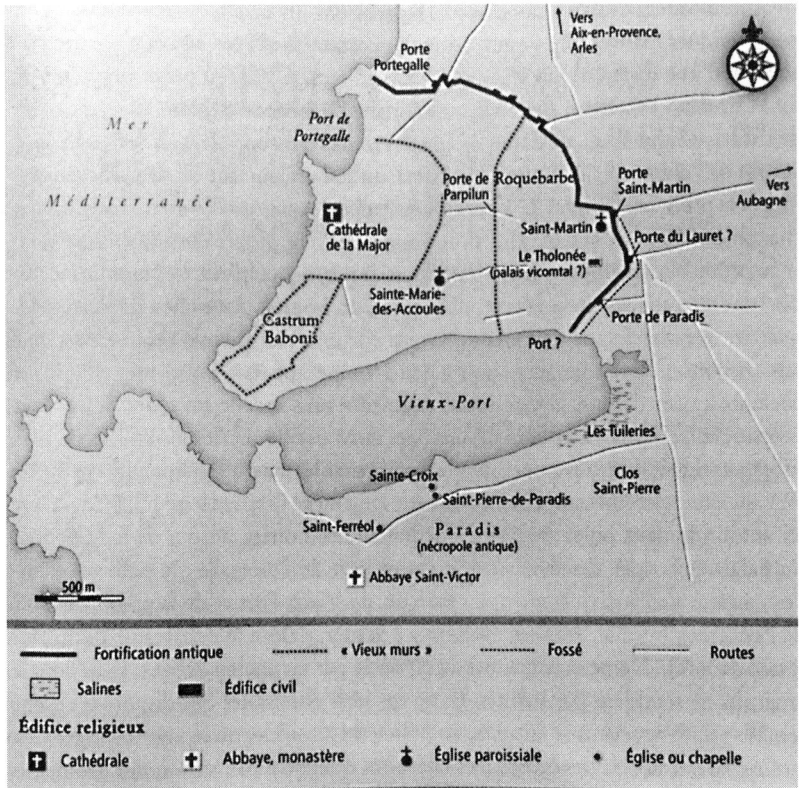

1050 年左右的马赛,来自 *Florian Mazel*,*888—1180*,第 221 页

11 世纪的主教城市虽然格局分散,但它有"纪念碑"特征,因为这里的宗教建筑高度集中,尤其是规模宏大的主教座堂与周围的乡村形成强烈对比。主教们对此理解很深刻,他们努力给自己的城市塑造一种真正的"神圣城市"的面貌,这在东北地区尤其明显,就如列日、梅茨和凡尔登的主教货币上的图案所揭示的。主教们经常有意识地推动圣徒崇拜,而圣徒通常被视为某个主教区的奠基者,当时的人们试图在自己崇拜的圣徒与使徒之间建立更为直接的联系,把圣徒视为彼得或保罗的门徒,如阿尔勒的特罗菲姆(Trophime)、勒芒的圣于连(Saint Julien)。正是在这种背景下,从 10 世纪中叶开始,主教们经常在诸侯的支持下积极建造或改造主教座堂。

这些宏大的宗教建筑今天都难觅踪迹,这主要是因为 12—13 世纪的重建抹去了最初的痕迹。书面资料和考古调查表明,主教座堂的建造开始于罗塔林根和朗格多克地区,随后扩展到整个西法兰克王国。这一浪潮也波及城市及其近郊的教堂和修道院。在巴黎,圣日耳曼-德普雷和圣日耳曼-欧塞尔修道院,就是从 10 世纪末开始重建的,波尔多的圣十字和圣绪兰(Saint Seurin)修道院的重建开始于 10 世纪末,兰斯的圣雷米修道院、图尔的圣马丁修道院的重建开始于 11 世纪初。梅茨是个特别引人注目的城市:在 11 世纪前半叶,这个城市的大教堂周边至少有六座教堂和修道院。新的城市收容院(hôpitaux,最初主要是接待穷人和朝圣者的)在 10 世纪末的梅茨和普瓦提埃就出现了,这是城市活力的另一个标志。①

2. 新的增长点:市镇、市场和港口

尽管宗教机构的存在对城市的延续和发展产生了持续的影响,但中世纪城市最显著的新发展是市镇(bourg)的激增。9 世纪末到 10 世纪中叶,兰斯、里昂、奥尔良、布尔日等地都出现了新的市镇,甚至第戎这个十分古老的城堡边上也有一个。在 10 世纪末,新建市镇的现象波及法国北方、东部以及南方。很多早期的市镇是围绕某个修道院或宗教机构发展而来的,比较著名的有图尔的圣马丁、兰斯的圣雷米和图卢兹的圣塞尔南等修道院边上的市镇。朝圣和从事宗教活动的大量人口的存在无疑促进了经济活动和人口增长。在图尔,10 世纪中叶起卢瓦尔河边就出现圣皮埃尔-勒普利耶(Saint-Pierre-le-Puellier)小市镇,它的主要活动是为圣马丁城堡聚落转运物资。有意思的是,这里已知的第一条街道是在915 年出现的"萨克森人街",这说明这个地方当时很可能接待来自日耳曼的朝圣者。

---

① Cf. Georges Duby ed., *Histoire de la France urbaine*, Tome 2, *La ville médiévale*, Paris: Seuil, partie 1, "De la cité à la ville".

　　但大部分市镇首先是地方农产品和手工业产品的交换地,当地人前来这里交易谷物、葡萄酒、啤酒、瓷器、小冶金产品……图尔的圣马丁教堂周围的城墙在市场税征收处打开了缺口,为新市镇的发展敞开道路;在纳尔榜,圣桥市镇的发展主要得益于同图密善大道相连的市场和奥德河上的桥梁,便利的交通为地方贸易提供了可能。而且,诸侯和主教们也纷纷倡导改善交通,修建桥梁,在11世纪前半叶,鲁昂、昂热、图尔、列日等城市都建造了桥梁,这与市镇的发展是同步的,市镇看来既是建造桥梁的原因,可能也是结果。

　　在法国东北部原罗塔林根地区和弗拉芒的广阔空间中,很多市镇是与沿河港口或口岸(portus)结合在一起的。这些港口是产品交换和贮存的地方,有时伯爵和主教们也在这里设立收税点。这种市镇主要是邻近地区的农业和手工业产品的集散地和交易地。港口经常位于领主领地的中心地带,要么是主教所在地,如马斯特里赫特;要么是修道院的中心,如根特;再就是世俗领主的统治中心,如960年左右的安特卫普。在佛兰德尔,伯爵很快就注意到港口的潜力,并开始积极推动其发展。在根特,9世纪末埃斯科河边就出现了第一个口岸,第二个于10世纪中叶出现在里斯河边伯爵的城堡脚下。在佛兰德尔,港口促进了由一些不太大的城市构成的城市网络的发展,它们与领主经济联系紧密,这不同于过去的主教城市;而在其他地区,这个现象要到11世纪末才崭露头角。

　　无论在哪里,市镇的出现都增强了前文提到的城市多中心特征,尤其是在它拥有单独的围墙时,如10世纪上半期兰斯的圣雷米和普瓦提埃的圣伊莱尔修道院边上的市镇。城市的分割也有领主制的原因,因为城市的土地可能属于不同的领主,这容易造成城市格局的多元化。例如,从10世纪初开始,图尔就呈现为双重城市:老城(cité)围绕大教堂和伯爵宫,局促在罗马时代的城墙内;在东边稍远的地方建起了"新堡"(castrum novum),其中心点是圣马丁教务会,两个聚落之间是大片的无人区,图尔大主教和克吕尼的奥东院长于940—943年在其中建立了圣于连修道院,但这个新的宗教社区试图控制人口流入,认为这对修道生活有害,这就进一步导致城区之间的分割。而且,"新堡"和新的圣于连区表现为非常不同的城市形态。前者的城市功能是居住和经济活动的混合、宗教事务与世俗活动的混合,而后者作为修道空间则严格地遵守教俗人员之间的分离,俗人被排斥在修道院门墙(enclos)之外,并以一条至少150米长的农业区与"新堡"和老城隔离。

　　但市镇的出现并没有彻底更新城市的社会构成。在城市人口中,教士和修道人员依然比例很高,并且享有很高的地位。不过,在加洛林后期城市向城堡的转变过程中,城市中的骑士贵族开始崛起。当然,这些人与主教、伯爵或子爵关系密切。这种情况在南方各城很常见,但北方也偶尔有这种情形。在围绕伯爵城堡形成的小聚落中,骑士几乎都是伯爵的扈从。这些骑士住在城里,经常承担守卫任务,驻守城墙或塔楼。但他们也可在邻近乡村拥有土地和采邑。他们和负责征收领主税赋的管家一样,虽然主要生活在城市,但其生存条件是由乡村和领主制社会经济条件决定的。

　　12世纪之前的城市人口状况,现在知道的仍然很少。大部分居民都从事多项活动,因为城市和市镇中存在葡萄园和耕地,当然城市还有相对集中的手工业。某些活动可能达到了一定程度的专业化,如冶金业。在普瓦提埃,975年左右的一条早期街道叫"铁铺街";屠宰与皮革加工可能也较为集中,如图尔城圣马丁市镇的肉类加工业。当时的资料很少提到商人。在11世纪初,大部分商人实际上是领主的管家出身,要么就是领主的商业代理人。这类人主要是教士,他们都在寻找剩余产品的销售渠道。在11世纪中叶之前,我们唯一知道姓名的商人叫蒂博(Thibaud),他是1020年左右普瓦提埃的"杰出商人",有个兄弟在大教堂当司铎。独立的、专门从事较大范围的特定商品经营的商人阶层在城市很少见,可能只有鲁昂和凡尔登是例外,这两个地方是盎格鲁-撒克逊奴隶和斯拉夫奴隶贸易的转运站,奴隶从这里被送往北海和地中海市场。图尔奈和根特可能也有这样的商人,他们主要经营来自佛兰德尔内地的羊毛和沿海草场的产品。

城市社会的最后一个特点是经常有犹太人和来自远方的外地人。梅茨、凡尔登、马孔、里昂、阿尔勒、纳尔榜都有犹太社群。据记载,10世纪末的维埃纳有一个"希伯来人的公共市镇",他们既是放贷者、商人,也是城郊农田和葡萄园的所有者。在1040—1050年左右的马孔,犹太手工业者从事染色、织造和贩卖纺织品等工作。但不应该夸大定居在城市的犹太人的规模,因为在罗讷河和索恩河谷地及整个地中海地区,犹太农民同样存在;当然,这一带可能是犹太人比较集中的地区。外地人则经常被称为"希腊人",这是10世纪中叶前后阿尔勒大主教对他们的称呼,实际上这些人来自意大利南方,很可能是阿玛尔菲人。外地人大部分都从事东方产品的贸易,并与当地领主和宗教阶层有紧密联系。

第三节 12世纪的城市发展

12世纪西欧各地的城市都呈现快速发展的趋势,对法国而言,这种发展是自罗马时代以来所仅见。长期以来,人们仅仅从公社运动这一孤立的政治角度进行考察,从而忽视了城市广阔的经济、社会和文化意义。必须强调的是,12世纪的城市社会完全内嵌于领主世界,城市被传统精英——贵族和骑士、主教和司铎——及其代理人支配;城市社会与乡村的人口和经济联系十分密切,正是农业经济的发展保证了城市的扩张和物资供应。但城市也日益呈现与乡村世界颇为不同的面貌:成群的手工业者、商人,还有教师和学生,他们从事各种各样的活动和交换;城市还是大工地,在建的有教堂、济贫院(或收容院)、教俗显贵们的府邸、桥梁和城墙,工程动员的劳动力和资金前所未有;城市是创新的世界,也是学校和政治的世界,它在重塑着封建社会的社会关系和思想观念,11世纪那种典型的乡村社会变得更为复杂了。

1. 新的发展格局

由于缺少详尽的人口统计和税务资料,任何对城市人口增长做定量研究的方法都是不可能的。但某些学者还是进行了大胆的推测。例如，从 1100 到 1200 年，圣奥梅尔的人口从 4 500 增长到 13 000 人。在 1200 年前后，尼姆、阿尔勒、兰斯和鲁昂的人口大概是 5 000、8 000、10 000 和 18 000。这是些老城市，但城市起飞的鲜明特征尤其在于新一代城市的诞生。

老城市增长比较容易估量，因为有很多文献和器物资料。首先是城墙的建造。有的城市是拓展旧城墙以容纳已经颇具规模的城郊区（faubourgs）。如在康布雷，城墙在 1076—1092 年外扩，以容纳新的圣墓区；该城还建造了一道新的城墙，但城墙拱卫的是旁边的一个新市镇。在 11 世纪末的沙特尔和桑里斯，1100 年左右的纳尔榜，1125 年之前的特鲁瓦和斯特拉斯堡，1117—1135 年之间的亚眠，12 世纪中叶的梅茨，都出现了类似的城墙外扩或新建现象。

不过，更常见的是建造或重建包围整个城市的城墙。这首先出现于弗拉芒各城市：在 11 世纪后期的圣奥梅尔，一道新围墙囊括了 30—35 公顷的面积，在 1090—1100 年左右的布鲁日和根特，城墙内的面积接近 80 公顷。11 世纪末的图尔奈、1100 年左右和 12 世纪末的阿拉斯都建起或翻修了新的统一城墙；里尔的新城墙建于 12 世纪中叶。在 12 世纪，建造新城墙的运动波及整个法国。当然，城墙内经常包括大片的非建筑地带，葡萄园、果园和耕地穿插在房屋之间，因此城墙内的空间并不等于城市化的范围；但城区有时也可以延展到新的城墙之外。另外，政治动机可能比实际的经济和人口考量更具决定性。如在布尔日和普瓦提埃，卡佩和金雀花家的国王们的新城墙建设，就是服务于他们的战争策略，但工程建设本身还是能表明人口和经济上的活力。

城市发展的第二个标志是宗教场所，如教堂和礼拜堂的增加，其中很多还取得了教区教堂的地位。在康布雷，11 世纪初出现圣马丁教堂，1050 年左右出现圣安德烈教堂，随后又建立圣墓教堂和圣尼古拉教堂，它们的出现与圣热里（Saint-Géry）市镇的发展紧密相关，后者又在 12 世纪随大市场的设立而进一步巩固。在 12 世纪初的波尔多，老城（cité）除了主教座堂外只有 3 个教堂,到 12 世纪末增加了 6 个。教区网络的密度也在增强,11 世纪末的波尔多只有 1 个教区,到 1193 年有 9 个。图尔从中世纪早期以来就是重要的宗教城市,那里很早就教堂众多,但随着城市人口日益稠密,产生了新的宗教需求;另一方面,由于俗人和僧侣的生活空间太接近,一些僧侣转移到更偏僻的地带,但有些老修道院却转变为在俗务会或者普通的教区教堂,如 11 世纪的圣皮埃尔-勒普利耶和圣文森特教堂就是这种情况,12 世纪的圣克莱蒙教堂也是如此。但是,不能认为教区教堂的激增总是立刻伴随着教区地域的重新划定,这些教堂及其墓地首先是居民集结的极点,这一点和农村一样。这种变迁并非没有产生冲突,教区的重新划分一般是在 12 世纪最后几十年。

　　衡量中世纪城市发展还有一项指标,这就是收容或济贫机构(institutions hospitalières)和慈善事业的出现。中世纪早期的一些城市已经出现济贫院或收容院,其主要的宾客是朝圣者。这些机构的数量在 12 世纪迅速增长,其功能也在多样化,开始接待病人和垂死者,尤其是赤贫者。它们主要是由教士建立的,如 1167 年由拉昂主教座堂教务会设立的主宫院(Hôtel-Dieu),但诸侯们也有所作为,香槟伯爵曾在奥布河上的巴尔和普罗万设立收容所,勃艮第公爵在第戎建立爱德院,勒芒的主宫院是由金雀花家的亨利二世设立的。这些机构一般坐落在城市边缘,这就为确立城市范围提供了辅助信息或印象性的感知。在佛兰德尔和安茹,收容院自 11 世纪末出现,到 12 世纪中叶已经很多了。其他地方要晚一些,但在 12 世纪最后几十年明显加速。在阿尔勒,很长时间内只有圣约翰骑士团的收容院,它建于 12 世纪初,位于老城的北边,半个世纪后新建了老城贫民收容院和麻风病院,到 1200 年左右,阿尔勒共有 7 家收容院,其中 6 家出现在 12 世纪最后三十余年。

　　评估新出现的城市发展非常困难,因为这首先涉及棘手的城市标准问题:从何时起、以何种根据判定一个城堡或修道院聚落达到了城市的标准? 由于现有资料大多难以进行较短时期内的比较研究,困难就更大了,如我们很难观察半个世纪左右城市人口的变动和经济活动的面貌。

但如果把时间推后到 1300 年,新产生的小城市的脉络就基本是清晰的。有理由认为,在 12—13 世纪,新的小型城市的发展开始在法国构建一个次级城市网络,它补足和强化了罗马及中古早期的较大城市构成的网络。[①]

这类小型城市可以区分为三种形貌。第一种可以称为城堡型城市(villes castrales),即城堡是构建城市的中心点,它可能与某个宗教机构毗连,不过宗教机构的存在同样有利于居民的聚居。佛兰德尔再次成为城堡型城市的开路先锋。从 11 世纪开始,那里几乎所有的城市都由伯爵的城堡发展而来,包括布鲁日、伊普尔、图尔奈和里尔等知名城市;城堡之外还经常有一个或几个更为古老的修道院,根特、圣奥梅尔和阿拉斯都是如此。到 12 世纪,城堡城市遍地开花:在诺曼底有摩尔坦、卡昂和法莱兹,在布列塔尼有威特雷等,在卢瓦尔河谷有索米尔、昂布瓦兹和布卢瓦,在洛林有南锡等,在勃艮第有蒙贝利亚尔……罗讷河谷和普罗旺斯有较稠密的古代城市网络,但这里也出现了奥博那和塔拉斯孔等城堡城市。在卢瓦尔河和吉伦特之间,12 世纪末之前共出现了 41 个城堡城市,占今日这一带小城市总数的六成。但新兴小城市的地位在各地区差别较大:在东部地位较为重要,如勃艮第、香槟和洛林,西部各地也是如此;但在地中海地区和南方一带,新型小城市就不那么醒目了,因为这里的城市网络本来就比较稠密。城堡城市成功的一个主要因素是它们都属于某位诸侯、伯爵、公爵等十分强大的领主,这些人有能力促进城市的经济发展。

第二种是教会城市,即围绕某个修道院或大的隐修院发展而来的城市,如在圣丹尼修道院周围,居民区在 12 世纪扩展到老城墙之外;韦泽莱、克吕尼和圣吉尔斯是教会城市中较为知名的。但教会城市数量没有城堡城市多,不过其地理分布更为均匀。

---

① Cf. Michel Bur ed., *Aux origines du second réseau urbain. Les peuplements castraux dans les pays de l'Entre-Deux*, Nancy: Presses de l'Université de Nancy, 1993.

最后一类是新城。与前两类新城市不同,新城是真正有计划的新建城市,它们经常是某个诸侯的创举。但新城的出现较晚,直到 12 世纪中叶才真正开始,早期的著名例子是图卢兹伯爵于 1144 年建立的蒙托榜;建立新城的势头一直延续到整个 13 世纪,尤其是通过建立"据点"(bastides)的形式。诸侯创建新城很可能是为了推动和接续那些发展受到抑制的城堡城市,12 世纪末的蒙费朗就是如此。

总的来说,上述三类城市都是较小的聚落,城市面积局促,人口也不多,除了少数主教城市外,其纪念碑式建筑规模较小。而且,这些城市普遍是分裂的,无论在政治上还是在地理格局上。除了佛兰德尔的一些城市(那里自 11 世纪末似乎就确立了居民自由和世袭据有城市地块的制度),城市土地到处都从属于领主制,需要像乡村土地一样交纳年贡。年贡落在居民头上,但比例和形态差别很大;所有领主捐税都与司法、保护、流通和贸易有关。但城市一般有好几个领主,他们经常处于竞争状态,尤其是在老城市。如在阿尔勒,老城和四个市镇(老市镇、新市镇、勃利昂[Borian]和特兰克泰伊[Trinquetaille])分属于大主教、普罗旺斯伯爵和其他三个领主,而每个领主又都将各种各样的领主权分配给众多的骑士家族。在兰斯,城市被四个教会领主分割:大主教、主教座堂教务会、圣尼凯斯(Saint-Nicaise)修道院和圣雷米修道院。领主制的分割状态部分与城市的地理分割重叠。在这种格局下,城市往往是多核心的。尽管单一的城墙有时会赋予城市统一形态,但这种统一从来都是临时性的。很多城市继续作为双元城市出现,即老城加新的市镇,但新市镇的活力有时会让老城相形失色,如阿拉斯的圣瓦斯特市镇、利摩日的圣马夏尔和图尔的圣马丁。当然,在某些情况下,老城还能保持它的优势,如面对圣塞尔南的图卢兹老城和面对圣雷米的兰斯老城。还应该看到,很多这类新市镇,本身也是几个老居民中心汇聚而成的,如纳尔榜的圣保罗市镇就是 1100 年前后由同一城墙内的四个小居民点聚合而成。

在 12 世纪,农村经济一如既往地是城市发展的关键推动力。首先是人口流动。对 13 世纪的兰斯和梅茨的研究表明,城市人口增长主要来自附近乡村居民的持续迁入,城市的这个人口虹吸范围大约是半径10—30千米的区域。另外,对亚眠和波尔多居民的人名学研究揭示,12世纪这些城市的居民中,85%以地名为姓氏的人来自城市周围60千米半径内的乡村。

在生产方面,作为剩余农产品集散地和领主征收财物的储存中心,城市是乡村产品的交换场所,是大部分教俗领主的谷仓和食物储藏室。在12世纪末之前,城市又成为新修会的库房和店铺所在地,对西多会来说尤其如此,尽管它曾长期对商业活动保持谨慎。农牧业产品则流向城堡和修道院近旁建立的城市市场。在这个流通过程中,领主的管家经常充当了中间人,他们往往是尽人皆知的地方商人;但也有商人跑去充当领主管家的,如在12世纪的沙特尔。从1080年代开始,在法国西部的某些地区,一些租税的缴纳日期开始与城市开市的日期协调,显然这为农民出售农产品以换取纳税的货币提供了方便,乡村世界日益被纳入以城市为中心的交换网络中。这种积累和交换可以供养日益增长的非农业人口,也产生货币形态的收入,为城市工商业的发展提供了条件。

农村经济的发展固然可以增加领主的收入,但也导致其开支的增长,何况领主贵族为维持其地位就必须生活得更为"体面",这就导致奢侈品消费的增长。但贵族只能在城市才能满足这些消费需求,因为只有城市能买到其追逐的奢侈品:香料、上等葡萄酒、珍贵的衣料和武器、考究的餐具和金银器⋯⋯从经济效应来说,这种贵族消费既促进了手工业的多样化,也有利于城市阶层之间交换的发展。格里高利改革之后,主教和主教座堂教务会开始掌握大量财富,它们在城市经济中日益扮演重要角色。主教和司铎本身就是大领主,而且有规模庞大的"家庭"(famille),即仆役随从队伍,这是一支重要的消费力量。他们还是大型工程的主要推动者,从而更为积极地介入经济活动,如12世纪末城市建筑业的勃兴就主要得益于教会人士的推动。此外,诸侯宫廷在城市的定期居住(如在根特和巴塞罗那)、朝圣者的到来(如图尔和圣吉尔斯)、学校和学生的激增(如在巴黎),也是城市经济发展的重要因素,尽管这些因素对各个城市带来的效应千差万别。

2. 空间扩展模式

一般而言,12 世纪法国城市的扩展可以区分为三种模式:(1) 居民点密度增加,古代城墙范围内面积较大的城市一般采用这种模式,如兰斯、图卢兹、马赛和普瓦提埃;(2) 合并从前的居民核心点,如老城和新市镇的合并;(3)创建和扩展新的市镇,这经常是为了适应新的经济活动或商贸地点的转移,如在梅茨,钱币兑换商和服装商人还在老市场,其他行业则在 12 世纪迁到了新街区。当然,这些模式可以同时体现在同一城市的扩展中,如阿尔比城。

在很长的时间里,阿尔比是典型的"双元城市"。老城是以圣塞西尔大教堂为中心发展而来,至少从 9 世纪就有了城墙。老城的西侧是伯爵城堡;东侧隔着一片小洼地建起了市镇,出现了几个核心居民点。在北边的塔恩河,1035 年建起了一座桥,桥头的圣阿弗里克(Saint-Affric)教堂周围建起了一个小街区,其经济活动主要与河运相关。最大的居民点以圣萨尔维(Saint-Salvi)教务会教堂为中心,这里是手工业的聚集地。大约 940 年以后,阿尔比建起了主教区教堂。在 11 世纪末之前,又出现两个新的教区教堂。经过两百年的发展,阿尔比的建筑日益稠密,几个街区终于在 12 世纪初连成一片。但由于北边塔恩河的限制,城市的发展只能转向南方。1120 年,这个方向上出现了卡特尔诺市镇,这是阿尔比的主要领主图卢兹伯爵与阿尔比主教和特伦加维尔(Trencavel)子爵共同创立的,三方都能从这一事业中获益。从空间形态和道路网络来看,新市镇可能是有规划的。12 世纪中叶,东南方出现另一个街区,处于教务会的领主权之下。两个新市镇将城市的面积扩大了三分之一,但其居民密度比老城区低,葡萄园和菜地直到 13 世纪都还存在。新市镇没有任何宗教建筑,可能是因为现有教区教堂主人的反对。

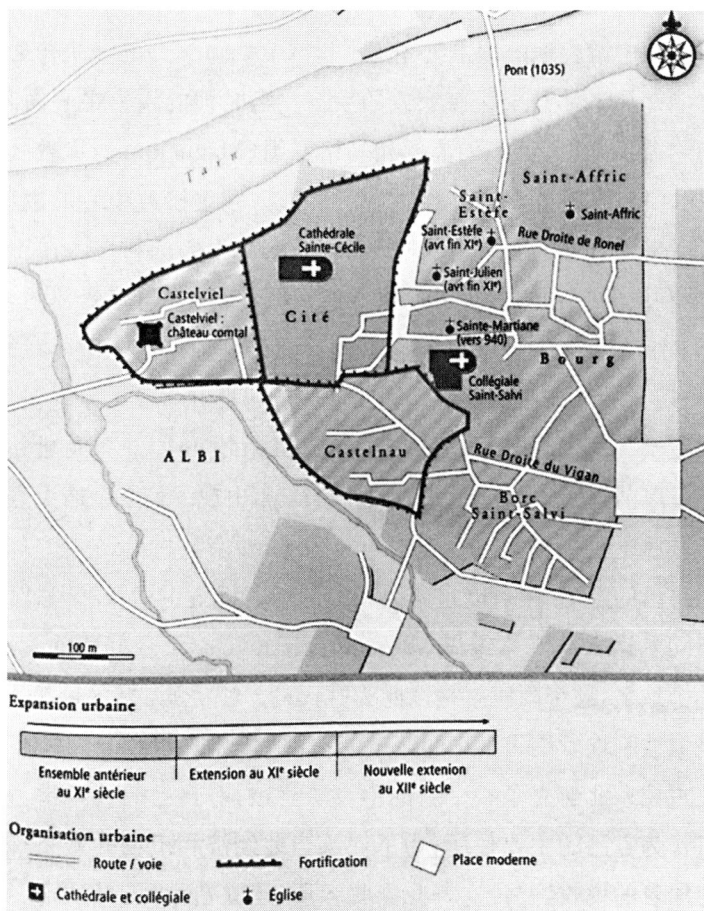

12 世纪末的阿尔比。来自 *Florian Mazel，888—1180*，第 405 页

城市扩展的方式极为多样，但总的来说，在 13 世纪之前，有意识的城市规划十分少见，但始建于 1144 年的蒙托榜新城是个著名的例外。蒙托榜的空间轮廓为梯形状，具有网格化的道路系统，地块布置也很规则。尽管很多城市是以城堡为中心发展而来，但很难找到以城堡为中心的放射形城市布局，以教堂等圣地为中心的城市同样如此，很难看出这类城市有任何规划。不过新老城市的扩展还是有一些共同特征的，如城市一开始往往具有多个核心，并且是自发扩展的。

蒙彼利埃堪称中世纪新兴城市发展的典范。直到 10 世纪末,它还只是埃罗河中游谷地的领主纪尧姆一世(Guillaume I)的一块普通领地,此人可能是加洛林某个显赫家族的后裔。当时他的权力中心向东迁移到了梅尔盖伊(Melgueil)伯爵领和马格罗姆(Maguelonne)主教区,但当时这里并没有真正的城市。在 11 世纪,作为领主权力中心的蒙彼利埃尽管有所发展,但严格来说还只是个以城堡为中心的村庄。在 12 世纪初,蒙彼利埃的中心位于圣尼古拉城堡及其礼拜堂,与其紧邻的大约有 15—20 间房屋,主要居民是骑士,另建有几个烤炉。但城堡所在的山丘脚下,出现了一个商业街区,这里居民较多,而且有自己的宗教圣地——圣马利教堂。这个街区的名字叫康达明(Contamine),意思是毗邻地区,可能这里以前是领主的土地。1113—1114 年出现了第三个居民点,这就是位于城堡土丘上的圣费尔曼(Saint-Firmin)宗教村落,它有一个教区教堂和自己的围墙,很可能是蒙彼利埃的纪尧姆五世(1103—1121)的一个附庸阿尔诺·德·索维昂(Arnaud de Sauvian)下令修建的。索维昂本来是个地名,这个附庸就是以此为姓氏的。纪尧姆六世(1121—1146)时期是蒙彼利埃发展为真正的城市的关键期。他于 1120—1140 年左右在圣尼古拉东北建立了一个新的不设防宫殿,有自己的礼拜堂,并将这个地点作为自己的主要住所;为了促进当地经济和市场的繁荣,他豁免新来定居者的税收,并设立好几家收容所,建立造币厂;最后,他还在城市南边建立新的街区——新村(Villa nova),这里的地理空间分布很有规则,看来是有规划的。1130—1140 年,蒙彼利埃建起了第一道围墙,共有五个城门,囊括了上述各居民点的所有居民。从文字资料来看,蒙彼利埃作为真正意义上的城市是 1139 年第一次被正式提到的。

在 12 世纪蒙彼利埃的发展进程中,领主的作用显而易见。但还有其他有利局面的推动。例如,尼姆和贝奇埃之间没有竞争性城市;该地正好位于普罗旺斯等地前往圣雅各-康波斯特拉的朝圣大道上;而且,意大利的法学教师很早在这里立足,使其成为南方重要的学术中心。纪尧姆六世还反对马格罗内主教的影响,后者没有自己城市,看来很嫉恨蒙

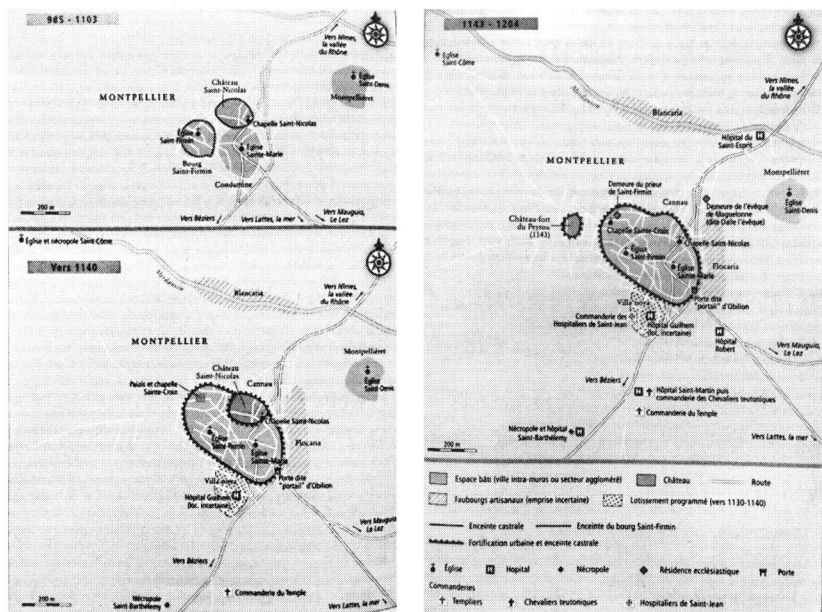

蒙彼利埃的发展，983—1204 年，来自 *Florian Mazel*，*888—1180*，第 412—413 页

（以上三张示意图，时间分别为：985—1103 年、1140 年左右、1143—1204 年）

彼利埃。但主教还是成功地获得了对圣费尔曼教堂的控制，从而垄断了整个城市的宗教事务。主教还与纪尧姆六世的竞争对手图卢兹伯爵串通，支持 1141—1143 年蒙彼利埃市政官们的反叛，但纪尧姆六世最后得胜。1143 年，他在城东修建了一座气派的新堡垒——佩卢（Peyrou）城堡，并放弃了原来的住所。到 12 世纪后半期，城市的扩展大大越出了当初的城墙，1205 年重修城墙后，城区面积已是原来的四倍。[①]

克吕尼是著名的宗教城市，它在 12 世纪的发展不那么显眼，但也有启发性。11 世纪末，这家修道院附近的市镇就经常被提到。修道院自身的城墙是 10 世纪中叶以后修建的，12 世纪初出现的第二道城墙则把市镇也囊括了进去。但这道城墙主要是木质结构，12 世纪末以石料改建。

---

① Cf. Ghislaine Fabre etc., *Montpellier*, *la ville médiévale*, Paris：Imprimerie nationale, 1992.

克吕尼的城市空间布局很有象征意义。早在 11 世纪末,纪念克吕尼的著名院长马约尔、奥迪隆和奥东的教堂、礼拜堂和修道院形成一个等距建筑群,这是一个神圣空间,并有圣骨护佑。不过,从 1080 年开始,附属于修道院的市镇也被纳入享有教宗豁免权的空间,被称作圣皮埃尔郊区(banlieue de Saint-Pierre)。在这个宗教色彩浓厚的空间内部,居民围绕各个宗教圣地形成极点化的聚落。市镇和商业活动的存在有利于为修道群体提供物资,作为领主的修道院则授予世俗居民经济特权。到 1140 年,克吕尼已经有四个集市(foire)了。

12 世纪的城市发展自然导致城市景观的改变,这个时期文献记录的改进和考古资料让人们可以对城市景观有初步的认知。其特点是建筑物的激增,12 世纪的城市是个大工地。仅以拉昂为例:1112 年开始修建主教宫,随后开工的还有圣约翰修道院教堂和圣殿骑士团教堂等建筑。12 世纪后期,建筑工程数量更加可观,圣马丁修道院和圣文森特修道院的教堂竣工,主教宫也是在这个时期完成的,新的国王宫也进行了扩建。大教堂的建造则开始于 1150 年代;主宫医院(Hôtel-Dieu)建造于 1167—1177 年。这类建筑无疑让拉昂的城市景观大为改观。除了宗教和政治性建筑,另一类工程也很重要,这就是公益性的集体设施,尤其是城墙和桥梁。城墙是一个城市的重要象征,它的修建与扩建是中世纪城市发展史的标志。12 世纪的桥梁建设有了质的进步,当时已经采用石料修建桥梁或桥墩,这比前的木质桥梁结实多了。

3. 新的经济活动:呢绒、商业和信用

一些传统的手工业生产很早就在中世纪城市中发展和延续,如建筑、制革、制鞋和磨粉等行业。在阿维农,从 11 世纪中期到 12 世纪末,磨坊的数量翻了一番。不过 12 世纪城市经济活动中最引人注目的方面,应该是以城市为中心的技术革新、生产率的上升、利润的集中,所有这些方面都在纺织行业中得到了突出的体现。从源头上说,贵族对上等织物需求的猛增和佛兰德尔各城市的技术革新共同造就了中世纪经济

的一个奇迹。具体而言,技术革新指的是 1050—1070 年水平织机的出现。新的织机可以生产面积很大的呢绒(panni),面料可长达 30 米,宽 1—2 米。织机经线布置时间的缩短大大提高了生产效率,到 12 世纪,踏板的引入进一步提高了效率,呢绒质地也更好了。新的织机生产出的呢绒更易于缩绒起毡,从而获得更好的手感,也更适合于各种衣物的裁剪加工。这个新行业还带动了上游产业。生产呢绒要求质地优良的细长羊毛,毛质须兼具柔韧性和坚固度,于是农民开始牧养某些特定品种的绵羊。质地好的羊毛也更容易着色,这又促进了印染业的发展。

随着水平织机的广泛使用,呢绒行业成为中世纪真正具有产业规模的手工业。不过,人们对它的真正了解要等到 12 世纪末,此时这个行业已经相当标准化了。呢绒加工的前期工序是对羊毛的初步处理,包括拍打、洗毛、浸染、上油、梳毛和抽丝等项工作,一般会持续好几个月的时间。当时弗拉芒各城市已经很少见到缩绒磨的使用,缩绒工作转而以脚踩来完成,人们认为这样处理过的呢绒品质更好,不过这一工序的维持可能还有社会原因:城市精英担心缩绒工人大规模失业带来的社会后果。但在佛兰德尔之外,缩绒磨并不罕见,如 12 世纪末的沙特尔、埃唐普和德勒,但是这些地方生产的呢绒品质较差。

呢绒工业的专业化产生了一系列的经济和社会后果。与羊毛有关的产业都带有明显的商业化倾向;这类产业最初带有家庭和乡间色彩,并且妇女劳动占有显著地位。但从 11 世纪末开始,羊毛产业,尤其是羊毛加工,日益转向城市工场,并主要依靠男性劳力。可以说,羊毛加工不仅是中世纪第一个具有产业规模的生产活动,而且第一次将为数众多且不断增长的工人集中到城市,从而改造了人们的世界观,尤其是改变了僧侣和教士对城市和城市生活的看法。僧侣们觉得一场危险的演变由此拉开,1137 年,圣特隆修道院的僧侣斥责"傲慢无耻的新人类",这种新人就是城市中的呢绒工人。有的宗教人士则以更为积极的目光审视这一产业。在 12 世纪初的巴黎,圣维克多的于格(Hughes de Saint-Victor)已将呢绒业置于七种手艺之首,认为应与传统的七种自由技艺并置,在新的知识园地中占据一席之地。

呢绒经济的繁荣在弗拉芒各手工业城市体现得最明显。11世纪末到12世纪初之间,阿拉斯、圣奥梅尔和杜埃已经崭露头角,在随后的12世纪,伊普尔、根特、布鲁日和图尔奈相继崛起。呢绒带动了这一地区的整个商业—手工业经济和邻近产业,如服务于毛织业的印染和与织机修造有关的木工业。呢绒业推动了城市人口的增长,食品、建筑和服装行业自然有了新需求。最后,呢绒业刺激了商业交换,既有城乡之间的商品交换,也包括更大范围的城市间贸易。从整体规模和利润来看,商品贸易首先涉及食品,如谷物、肉、盐、葡萄酒和啤酒。与呢绒行业相关的贸易增长同样显著。实际上,羊毛的来源地一般与食品来源地一致,这与传统看法相反。弗拉芒各城市的农产品主要来自附近农村。这当然不排除更大范围的贸易:1113—1120年,根特就有了从英国进口羊毛的记录。商品化生产导致某些大领地开始转向单一经营,尤其是本笃会和西多会的领地。呢绒贸易本身则打破了传统的贸易循环。呢绒是一种高附加值且可以批量生产的商品,这与金银器等奢侈品不同。相当一部分呢绒不是为本地消费而生产,而是输往远方,它像香料等稀有产品一样成为长途贸易货品。早在11世纪末,弗拉芒呢绒已经出口到莱茵河一带;1070年之前,弗拉芒商人就已出现在科布伦茨。

贸易的发展有利于弗拉芒各城市集市(foire)的发展。根特从11世纪初就有了集市,11世纪中叶之后,集市纷纷涌现,佛兰德尔伯爵在这个过程中扮演了重要角色,他试图控制这些重要市场,并从12世纪初开始对集市进行组织,从而形成了一个交易循环周期。不过,集市一开始主要用于农产品、鱼和盐的交换;但当1127年意大利商人——被称作伦巴第人——出现在伊普尔时,他们是为了采购呢绒。12世纪上半叶,佛兰德尔的集市网络已经与香槟集市网形成互补和竞争的态势。香槟集市由布卢瓦和特鲁瓦伯爵设立,分别位于特鲁瓦老城和三个随城堡或修道院兴起的新城,即奥布河上的巴尔、普罗万和拉尼,这些集市在12世纪也形成了集市周期循环。1137年,阿拉斯的呢绒商已经出现在香槟集市,1148年又有来自巴黎的服饰商和韦泽莱的钱币兑换商,伦巴第人可能是在1170年前后来到这里的,他们带来了香料和明矾并采购呢绒。12世纪后半期,香槟集市成为连接弗拉芒和意大利商人的枢纽,并扮演了两地商品再分配点的角色:正是由于连接了意大利北方各城市和佛兰德尔各城,香槟集市一时成了欧洲的商业轴心。

在南方,地中海沿岸各城市的商业流通也见证了长途贸易的复兴,但这里的主要推动力来自外部,即意大利各城市的需求的刺激。12世纪中期,意大利商人已经出现在阿尔勒和马赛。他们的主要业务是出售丝织品、明矾和香料,采购来自北方的呢绒和当地产品,如蜂蜜、珊瑚和朱砂。在普罗旺斯,阿尔勒老城和圣吉尔斯市镇11世纪就有了集市,到12世纪,几乎所有城市都出现了新的集市。11世纪末开始的十字军运动为南方各港口带来了推动力,圣吉尔斯、阿尔勒、马赛和巴塞罗那正是随第一次十字军而逐渐复苏的,这主要是因为与黎凡特的商业联系的重建。但在长途运输方面,意大利人的船队占据绝对支配地位:1113年,在对马略卡岛发动的战役中,比萨向巴塞罗那伯爵提供了80条船,而阿尔勒只提供了14条船,纳尔榜和蒙彼利埃提供了20条。

乡村经济也由于呢绒加工和贸易的发展而在12世纪后半期出现专业化趋势。佛兰德尔海岸地带土质潮湿,含盐量高,这里主要发展畜牧业(生产羊毛和肉类),另有渔业、茜草采集、制盐和泥炭开采等行业。佛兰德尔南部平原、阿图瓦和皮卡迪地区土壤肥沃,是佛兰德尔各城市的谷仓。佛兰德尔东部地区多沙质土,这一带受城市影响较小,只有一些食品商人在那里收购燕麦和生猪。在南方各地,纺织品的发展促进了集约型畜牧业的出现,无论是平原地区还是塞汶山区,牧羊业的发展势头都很强劲;随着平原地带牧场日趋紧张,进山放牧规模空前扩大,但也加剧了畜牧业经营者——如教会领主——和山区居民的冲突。由于畜牧业存在季节性约束,在12世纪后半期的南方,山区畜群开始向平原地带转场过冬。

城市经济的一个重要推动力是教士、骑士乃至大领主和诸侯的投入。此前他们主要关心其乡村领地,而现在更关注金钱和商品了。在教士中间,教务会司铎们看来是最积极的,尤其在南方,那里的司铎最先掌握罗马法复兴带来的新工具。在12世纪后期的阿格德,一位名叫纪尧姆·莱纳尔(Guillaume Rainard)的司铎留下了两份遗嘱(分别拟定于1155年和1176年),以及50来份与他有关的文书,这使我们可以大致了解其财产状况。莱纳尔从1153年起担任一些教务会领地的管理员,1173年起又担任教务会产业的管理人(fabrique)。在立下这两份遗嘱的时候,他已经有600—650苏的现钱,另加10个来自伊斯兰世界的铸币(marabotin),这些钱可能是他从港口船只经营中赚来的。莱纳尔还从事信贷业务,既是教士也是商人。他的第一桶金是他从事什一税转包的交易中挣来的。随后他将部分资金投在乡村,购买了牲畜和一间很大的农舍,以及相当规模的耕地和牛群。但这份产业坐落在城市10千米的半径之内,因此是一种相当传统的市民经济—社会行为。他也投资阿格德港的商品交易。最后就是放贷,其对象是主教区和教务会的成员,或附近的居民,其中好几个人还是附近城堡的小贵族。而且,放贷是莱纳尔的主要财富来源。这个例子表明,商业乃至信贷活动已经渗入城乡和教俗各界。

当然,一些在城市居住的贵族也不会错过发财的机会。多种资料表明,他们与金钱和商业界的联系,尤其是钱币兑换商和放贷人的联系颇为紧密。在布鲁日,骑士朗贝尔·德·斯塔特(Lambert de Straet)和儿子获得了很多什一税的征收权,他们同时经营谷物贸易,低价从国外商人那里买进粮食,在缺粮时投机倒卖。1126年左右,布鲁日的作家加尔贝(Galbert)记载说:"他们的谷仓里装满了各种粮食,但出售的价格那么高,穷人买不起。"在南方各地,贵族还通过某些领主垄断权参与城市商业。如在普罗旺斯,用作染料的朱砂的销售完全由各城市的修道院领主控制——在马赛是圣维克多修道院——此外还有阿尔勒大主教、伯爵和几个城市贵族。他们一般将采集和销售朱砂的业务租给他人,承租者经常是犹太人。

4. 社会分化

12 世纪城市的扩张和经济活动的多样化,自然导致居民的增长和分化。城市的传统居民包括宗教群体和骑士,以及为他们服务的管家、仆人,另外就是犹太人。但三个新阶层的增长尤为引人注目,它们将改变城市社会的面貌,这就是商人、手工业者和学校群体(包括教师和学生)。

在大部分城市中,教士和僧侣仍然享有特权地位,这类人在城市人口中占的比例通常比在乡村高。尤为重要的是,对很多城市而言,教士是最重要的土地所有者和城市权益持有人,从各主教城市到新的修道院城市都是如此。列日的老城堪称典型,除了制铁行业,其他手工业都微不足道。1120 年之前,老城完全由主教统治,他是个名副其实的帝国诸侯。该城的教师和学生附属于八个教务会和两个修道院。当然,宗教居民也有增加和多样化的趋势,尤其是收容所和军事修道会的出现。医院骑士团和圣殿骑士团就经常在各城市立足,南方各城市尤为明显。

骑士也是城市的传统居民,无论在南方还是在北方。但 12 世纪出现了一些变化。北方的城市骑士倾向于离开城市,定居于乡间的庄园,布鲁日和圣奥梅尔从 12 世纪中叶开始就出现了这种现象。但南方情况相反,至少在 12 世纪末之前,骑士仍然有在城市定居的倾向。例如,尼姆城 1100 年左右的骑士居民大约是 31 个,1174 年则有 50 个。如果把亲属计算在内,骑士人口约占南方各城市人口的 10％左右。这些骑士在城市和附近乡间都拥有不动产。在格里高利改革确立圣职的选举原则之后,城市骑士纷纷充任主教座堂司铎,甚至担任主教。在阿格德,11 世纪末到 13 世纪初有 65 名司铎的身世已为人所知,其中 62 名属于城市和城郊的骑士阶层。

在北方,很多骑士为主教、修道院院长、伯爵,尤其是各军事修道团担任管家或其他职务。在 12 世纪,这些职位已然世袭化,拉昂主教的司法长官(普雷沃)就被贵族世家窃取了。在这座城市,奥尔努瓦(Aulnois)家族堪称骑士世家的典范。这个姓氏来自城郊一座修建于 12 世纪上半叶的城堡。但这个家族住在城里的一座显赫的石头房子中,并在市镇有产业,在城郊和整个主教区都有采邑,大部分采邑都是主教分封的。奥尔努瓦家族有骑士头衔,既是拉昂的市民,也是领主,并在 1158—1164年担任了城市公社的市长。

在南方,城市骑士对路桥费、市场税、磨坊和司法收入颇为关心,这些收益经常是伯爵和主教们让与他们的,条件是他们需要担负守卫塔楼和城门的义务,因此这是一种封建附庸框架内的经济行为。随着城市经济的繁荣,这类权益可以带来十分可观的收入,而且骑士们本人还在流通和经商中享有各种税收豁免权。在 12 世纪中叶,城市骑士发财致富是普遍现象,地中海各城市表现得最为突出。① 在 1150 年左右的阿尔勒,贝特朗·柏塞乐(Bertrand Porcelet)骑士给普罗旺斯伯爵的贷款高达 1.2 万苏。1176 年,他再次放贷 2 万苏。这种局面看来颠倒了封建早期的贵族分配格局:不再是诸侯向骑士分配财富,而是骑士向诸侯提供资金支持了。

除了地中海沿岸各城市,世俗领主定居于城市的相对少见。在普罗旺斯和朗格多克,相当多的世俗领主经常住在城市,并在城里有城堡或设防的房屋,甚至有菜园和出租的土地。有些人就是某些街区的领主,如博克斯(Baux)家族在阿尔勒的新市镇和奥兰治的老城就有领主权。法国东部和北部也有类似情况,如在兰斯、贝桑松和拉昂。但在当时,一些家族开始回到其在乡间的产业,很多骑士也跟着离开了定居的城市;例如 1145 年之后,皮埃尔蓬-蒙太古(Pierrepont-Montaigu)家族就很少住在城里,并卖掉了城里的一些葡萄园、房屋和领主权。

但教会领主定居城市的情况很常见,再加上城市的捐税收益很丰厚,很多为领主服务的官员和管家很乐意在城市生活。为主教们服务的官员经常是最有钱的,他们往往在城市生活中扮演重要角色。在博韦,

---

① Martini Aurell, "La chevalerie urbaine en Occitanie (fin Ⅹe-début ⅩⅢe s.)", in *Les élites urbaines au Moyen Âge*, Rome: École française de Rome, 1997, pp. 71 - 118.

辅佐主教的官员有他的副手(vidame)、堡主、司法代理人(普雷沃)、司酒官、货币官员……当地主教座堂教务会和城市修道院也有自己的官员和服务人员,管家就位列其中。管家一般以承租方式获得这个职务,而且可以世袭继承。他们是领地收入的直接负责人,这是他们快速致富的源泉;在城市,他们的社会上升机会比乡村更多,而且他们还可以投身商业和金融活动。

犹太人是城市的另一个传统社会群体。在北方,只有几个主教城市存在犹太群体,主要是巴黎、鲁昂和特鲁瓦,11世纪最著名的中世纪犹太教《律法书》的评注者拉什(Rashi)就生活在特鲁瓦。11世纪末兴起的十字军运动掀起了对犹太人的迫害浪潮,莱茵河谷的犹太教徒受到的冲击最大,但在法国只有鲁昂的情况比较严重。在南方,犹太人的分布更广,人数也更多,这与西班牙犹太人的涌入有关:1086年开始,统治西班牙的阿尔摩拉维德王朝开始了对犹太人的迫害,1147之后的阿尔摩哈德王朝更是变本加厉。在巴塞罗那,1170年代出现了早期的犹太隔离社区(call Judaica),那里的犹太人在主教的监护下实行自治。1190年,金雀花王朝正式承认鲁昂的犹太社区。鲁昂的犹太人不仅在经济方面有很多特权,还有自己的官方代表和相对独立的司法权。但就社会角度而言,犹太群体本身也是非常多元的。南方的犹太精英成就显著,教俗领主都很喜欢犹太人作为他们的奢侈品供应商、放贷者和管家。马孔伯爵就利用城里的犹太人为金融代理人;马赛的犹太人博耐·本雷比(Bonet Bonrespiet)1193年与基督徒联合向城市贵族放贷,获得了马赛老港四分之一的收入抵押。不过在北方,犹太人的生存处境总体而言并不太好,只有金雀花治下的诺曼底是个例外。

对12世纪的城市而言,最有意义的变化在于新的社会—职业群体的壮大,这一群体包括钱币兑换商、商人、手工业者和学生。钱币兑换商的产生尤其能证明贸易有了质的飞跃,通行不同货币的地区之间的商品交换使得这种行业成为必须。11世纪中叶的旺多姆还是个很小的城堡聚落,但当时的文献中已经提到钱币兑换商,当然这可能是由于旺多姆有个造币厂,因为当地最早的集市要到11世纪后期才出现,早期的专业商人(mercatores)直到12世纪初才有明确的文献证明。不可否认,中世纪的经济视野仍然局限于地方,涉足跨地区或者更大范围的贸易的商人为数很少。某些贸易发展较早的城市享有特权,这类城市在法国北部和东部较多。总体而言,商人群体至少在12世纪末之前还与领主的人际关系网,尤其是与管家群体联系密切。很多领主管家成了商人。在12世纪末的卡昂,诺曼底公爵的官员和管家成为支配城市的精英,他们拥有规模庞大的不动产和资金,广泛涉足放贷、食品贸易和不动产交易。大部分商人一度从事管家职业,或与其有紧密的联系。12世纪末,拉昂有个叫伊夫·勒卢(Yves le Roux)的商人,他同时经营抵押放贷,但所有业务都是依赖于他作为主教宫管家的角色。拉昂的商人都在城市中拥有房屋和店铺,这些建筑就在市场边上,以方便交易;他们还将钱投向乡村,购买地产和磨坊。12世纪末,带有固定租金收入(rente)的不动产也成为投资对象,如城市的房产。拉昂附近地区出产小麦和葡萄酒,供城市贵族和居民或路过的外地商人消费,贩运这类物资自然也是商人的业务。为宗教机构服务经常是商人的重要业务:在阿拉斯,早期的商人就是围绕圣瓦斯特修道院出现的;马孔、梅茨和鲁昂的一些商人则是围绕主教而产生的。

相比于商人,我们对12世纪的普通手工业者知之甚少,他们的活动比较专业,财产可能不是很丰厚。但手工业活动的多样性和数量的增长应该是城市发展的决定性因素之一。小城旺多姆的手工业于11世纪中叶开始出现,其工种日益增多:皮革匠、鞣革工、鞋匠、屠夫、面包师、磨坊主、石匠、木匠、铁匠……手工业活动的规范化应被视为发展的另一个标志,尽管12世纪的相关文献很少,而且都出自领主的视角。但人们还是能看到,在沙特尔城,布卢瓦伯爵于12世纪中期先后颁布了一系列关于皮革业、旅店业和鱼类加工业的规章;路易七世则在巴黎颁布了有关屠户、鞣革工和面包师的规章。南方也有类似的局面。一般来说,这类规章确定行会垄断某些生产活动,以及以师傅和行会头领为首的等级化组织。规章也会涉及一些税务安排,但这种情况很少见。因此这些规章主要是授予某种行业垄断权。例如,鲁昂的商人1150年获得从塞纳河向英国输送葡萄酒,以及从英国向法国输入各种食品的垄断权。

最后应该提到的是城市中的学校师生,当然这只涉及部分城市。学校师生人口的增长,与12世纪初学校的爆发性发展直接相关,我们知道,阿贝拉尔就是那个时候扬名的。北方几个城市成为重要的教育和学术中心,如12世纪中叶之前的沙特尔、拉昂、图尔奈、兰斯和昂热,奥尔良和巴黎稍后;在南方,蒙彼利埃是个特例,这里的法学教育很早就兴起了,但总的来说,南方的教育长期是城市的教务会和骑士们的事务,专门的学校较少见。北方各城市学校的发展吸引了来自意大利、德国、佛兰德尔、尤其是英格兰等地的学生,师生越来越构成一个独特统一的群体,并大量聚居于某些街区,如巴黎的左岸和圣热纳维耶芙山,这虽然对城市的住房和供应构成负担,但也带来了新的需求,从而刺激了工商业活动。

第四节　13世纪城市的经济与社会

1. 技术状况与手工业发展

13世纪是中世纪法国经济走向鼎盛并孕育危机的时期,这种大背景下的城市经济和社会同样既生机勃勃,也有矛盾和冲突,而生机首先体现在技术进步方面。

磨是中世纪的重要生产工具,它的点滴进步都会带来重大的经济社会效应。西多会可能在12世纪就已懂得如何利用水力推动磨盘了,水平或垂直磨轮的水磨能为研磨谷物提供持续的动能。水磨还推动了生产组织的创新:在图卢兹附近加龙河畔成立的巴扎科尔(Bazacle)水磨公司,可能是法国的第一家股份公司,它一直维持到1947年被国有化。13世纪所有城市周围都布满水磨,到1323年,巴黎共建有68座,其中13座位于大桥桥拱下,以就近利用那里强劲的水流。但水磨坊也导致了负面的社会后果,引发的诉讼不可胜数:下游沿岸居民抱怨因拦河蓄水而导致缺水;船夫在经过磨坊装置时抱怨遇到困难;控诉者还提出了水流究竟归谁所有这一根本问题……①风能的使用可以回避这些困难,因而风磨一度有所发展。据统计,13世纪伊普尔周边地区有近120座风磨。

轴和凸轮的改进是中世纪重要的机械化成就,它实现了动能之间的转换,从而极大地缓解了重复性劳动。这些装置的运用很广泛,最重要的是在缩绒磨、鞣革磨、冶炼业中的锻打磨和鼓风磨、水力锯以及造纸磨中的运用。纸张是13世纪的另一项重要新产品。13世纪初意大利率先建立造纸厂,1250年左右,图卢兹也开始造纸,随后这种技艺传播到法国北方。

新发明的推广虽然提高了生产效率,减轻了人工劳作,但并不是所有人都表示欢迎。不过,当时人们对使用机械的谴责,并非因为机械生产威胁到了劳动岗位,而是因为它降低了产品质量,人们相信手工生产的产品质量更精细。这不同于19世纪初工业革命期间的卢德运动。例如,缩绒工在用脚踩呢绒时,力度可以拿捏得恰到好处,不会弄断纤维,所以1292年布卢瓦重新采用脚踩缩绒而弃用缩绒磨;13世纪末的普罗万也出现了类似的回潮,纺织工人情愿使用纺锤,而不是带轮式踏板的纺车。

我们已经看到,12世纪的城市是个建筑大工地,这自然会让人们将目光投向采掘业,因为当时的主要建筑材料——石材,就依赖于这个行业。在技术条件有限的中世纪,采石是个非常辛苦的行业,石材在被雕刻和垒砌之前需要用锯进行切割,以便运输。由于石材重量大,运输成本高,采石场一般就坐落在工地附近。但也有少数例外,如征服者威廉要求英格兰使用卡昂采石场的石材。1222年,因为运输价格提升,卡昂

① Cf. André Guillerme, *Le temps de l'eau*: *la cité*, *l'eau et les techniques*. *Nord de la France*, *fin IIIe-début XIXe siècle*, Seyssel: Champ Vallon, 1993.

的石材价格上涨了三倍,但英国人还是进口了1 700块卡昂的石灰岩石料,以修建温切斯特城堡;1253年,为修建威斯敏斯特修道院,英国再次从卡昂采购石料,伦敦塔上也有来自卡昂的石料。从社会角度来看,采石工和切石工构成一个很特殊的群体,他们的流动性很强,切石工尤其如此,因为他们会从一个工地迁移到另一个工地。这些工人都很珍视自己的技能,禁止本行业的秘密外流,这就导致一个长期的误解或"被发明的传统",即认为共济会起源于中世纪的采石工和切石工,共济会的支部起源于他们的工地(loges de chantier)。

黏土的开采是中世纪另一项很重要的采掘业,关于它的记录较多,这种活动的地域分布也很广,但该行业没有什么技术创新。在佛兰德尔南部,建筑业中用砖很多,因而对烧砖的黏土需求量很大。制陶业同样需要黏土,但陶器的生产基本是一种乡村活动,因为烧制陶器的窑需要就近提供大量木材燃料。陶器生产对生活条件的改进还是起了不小的作用。13世纪末,圣丹尼的窑厂以粗陶餐具供应巴黎,窑厂烧出的盖瓦开始取代房顶的茅草,瓦厂也成了税册中的征税对象了。另一种建筑材料——玻璃的生产在法国很少见到,成规模的玻璃生产仍然是威尼斯米拉诺区的独有产业。

冶炼业是另一项意义重大的手工生产,无论对农业、手工业还是对军事。中世纪法国的冶炼炉一般坐落在大森林中央或其周边地区,它们以天然的铁资源为依托,但开采方式十分原始。诺曼底有很多这样原始铁矿,产量很低,很多时候需要将用过的铁器回收再次熔铸。刀剑和铠甲的质量的提高,很大程度上得益于日耳曼的冶炼技艺的引进,不过意大利的产品也已成为市场上的抢手货。

早在12世纪,佛兰德尔的呢绒生产就已成为真正的产业化的手工业。从很多方面看,纺织业构成中世纪手工业的核心。可以肯定的是,农村自我消费的粗布生产遍及各地,但目前的史料仍然十分欠缺。佛兰德尔之外也存在一些纺织业中心,但同样因为缺少资料而知之甚少,如香槟地区,尤其是兰斯的棉麻纺织业,其产品远销意大利和近东。棉布

(futaine)最初是舶来品,这个词来源于开罗老城福斯塔特(Fustat),后来法国也开始生产棉布。由于史料的制约,学界仍然只对13世纪弗拉芒的呢绒业了解较多,它是这个地区财富的主要来源,拥有大量技术劳工,依托周围肥沃的农业产区,并处于国际市场的大交换圈之内。

在13世纪,弗拉芒呢绒的原料主要是英格兰的优质羊毛,其毛长达30厘米,袋装进口的羊毛还带着羊皮,因为羊皮也是重要的生产原料,可用于制造珍贵的羊皮卷。13世纪后半期,弗拉芒各城每年从海峡对岸进口的羊毛有3 000—4 000吨。采购者或直接前往英格兰,或通过当地代理人购买羊毛,封建领主或修道院往往会充当这种代理角色,双方会提前几年签下订购合同;另外,一些羊毛集散市场也可以采购,香槟市场就是其中之一。

1215年之前,来自圣奥梅尔的商人主宰着英格兰的羊毛市场;但当年该城随阿图瓦一起被并入卡佩领地,随后杜埃和伊普尔的商人取而代之,他们在1240年成立了两个汉莎协会;1261年,杜埃、伊普尔、康布雷、根特、迪克西姆德五个城市的商人订立了一个扩大的行业同盟,旨在阻止布鲁日商人进入英格兰市场。但不久之后的一场政治纷争葬送了他们的事业。1270年,英格兰国王亨利三世与佛兰德尔伯爵交恶,他下令没收弗拉芒人在英格兰的财产,禁止出口羊毛,同时设立许可证制度,只向非弗拉芒人开放羊毛贸易。亨利随后对受损的弗拉芒商人进行了赔偿,从赔偿金可以看出当时羊毛贸易规模之大:总额5871利弗尔,其中三分之一左右归杜埃(1751利弗尔),约翰·博因布鲁克(Jehan Boinebroke)一人就得到746利弗尔。这次变故之后,弗拉芒人再也没有恢复昔日的地位,尽管1275年在布鲁日组成了"伦敦佛兰德尔汉莎",但这个商人组织影响力很有限。1296年,随着佛兰德尔与法国国王陷入战争,这个组织很快就没落了,法军占领了佛兰德尔很多城市。随之崛起的是英格兰商人。

在羊毛加工环节中,媒染剂必不可少,最好最贵的媒染剂是地中海沿岸出产的明矾。1275年,热那亚的扎卡利亚(Zaccaria)家族控制了位于今土耳其的佛西亚(Phocée)明矾矿。1278年，有记载的第一艘热那亚商船抵达茨温河畔的布鲁日港口，地中海到弗拉芒建立起直接的海上联系。苛性钾是呢绒生产所需的另一种原料，可从木灰中提取，尽管质地不佳，这种原料可由汉莎商人从波罗的海地区大量输入。染料是另一种必需的原料：黄色染料取自淡黄木樨草；虫胭脂苏木来自地中海地区或更远的地方；弗拉芒本地种植有茜草，其根茎在生长三年后可用。但中世纪的主要染料是菘蓝，这是皮卡迪的特产，既可用作媒染剂，也可用作染色剂。菘蓝种植是获利较高的产业，亚眠大教堂的建造就得到菘蓝商人的大力资助。

2. 手工业生产的组织

中世纪法国的城乡关系并不像近代早期那样存在明显的对立。在呢绒业这样的奢侈工业中，并没有城市行会与游离于行会规章之外的乡村手工业者之间的竞争。部分而言，乡村劳动者也以某种方式融入了城市的生产方式。

在13世纪的手工业生产中，生产单位和程序的碎化非常严重。在比较重要的、生产高品质产品的制造业中心，这种情况更加明显。例如，在1260年的巴黎，与制铁和铁器相关的行业至少有22个。但是，这种细化和碎化与现代资本主义的福特制分工没有关系。根据13—14世纪之交巴黎的税册资料，在大约1.5万纳税人中，手工业者共计5 000来人，涉及的行会或职业组织约300个，这就使得一些生产活动很接近的行会之间发生摩擦，纺织行业中尤其普遍。例如，1292年2月，巴黎的59名织工与20名染工缔结友好协定，以平息织工对染工的抵制和抗议。根据1300年的军役税税册，巴黎涉及呢绒业的共有13个行会，500余名工人，其中织工360人，缩绒工83人，呢绒商56人……

不是所有手工业者都享有独立地位，因为这要求同时拥有店铺和劳动工具。实际上，在手工业生产组织中，发包者(donneurs d'ordres)和分包者(sous-traitants)之间存在巨大的鸿沟。分包者虽然在法律上是独立的,但实际上处于依附地位。1279年,巴黎的官员将织工区分为"为别人工作的小师傅"和"让别人干活的人"。当手工业者无力购买原料时,资本就会趁虚而入,尤其是在生产工序较长的产业中,如呢绒和皮革行业。

手工业者的作坊并不总是纯粹的生产工场。作坊的主人,即师傅,像组织家庭一样安排生产生活,这个家庭中每个人都有自己的责任:妻子料理家务,准备餐饭;按年雇佣的工人有住所保障,如果工人结了婚,会得到相应的补偿;学徒则处于师傅的家长式权威之下,他就像家中的孩子。师傅必须提供充足的劳动工具,以及与工人和学徒的能力相匹配的劳动量。但是,对于按周甚至按日雇佣的工人,这种家庭模式就不适用了。在巴黎,这类短工会在日出之时携带工具前往西岱岛的葛雷武广场,等候被人雇用。

一些手工生产者拥有非常雄厚的资本,前文提到的杜埃商人约翰·博因布鲁克就被视为严酷无情的资本家的鼻祖,他不择手段地积累起了巨量的财富。1286年这个城市贵族死去后,根据当时的习惯法,他的遗嘱执行人记录了他的债务和那些自认为被他伤害的人的抱怨。这些记录最后形成了一幅长达5.5米的羊皮卷。根据记载,此人参与呢绒制造,既开办工场,也放贷获利。但他在经商活动中劣迹斑斑,如在交易中频频赖账,克扣工匠们的工资,很多工人还欠了他的债。这是对无情的雇主的斥责,但它并不意味着存在真正的社会斗争。实际上,中世纪手工业中的劳资冲突很少见。劳动者的抱怨主要集中于劳动时间长度和夜间劳动。1279年,当普罗万市政府宣布劳动时间延长一小时后,发生了一场骚动。由于当时的香槟集市已经步入衰退,普罗万的境况并不好,愤怒的雇工杀死了市长和几个市政官。1280—1283年,博马努瓦尔在编纂《博韦习惯法》时,曾以谴责的口吻提到了手工业者的同业公会组织,说其目的是要从客户那里获得更为有利的价格。显然,这样的同业公会或者工人组织应该此前就已存在。例如,杜埃在1246年爆发了takehan运动,这是一次手工业者的联合罢工,为的是得到更好的工作条件。但这场行动没有成功,商人和行业寡头们都不愿看到工人的联合;行会还颁布了关于日工的雇佣规章,要求在市场上应该是个人雇佣,而不是群体雇佣。

在13世纪,尽管手工业行会内部存在紧张关系,但整个手工业劳动的社会评价还是不错的,手工劳动的尊严普遍得到承认。法语中的"劳动"(travail)一词的词源 tripalium 本指惩罚反叛奴隶的酷刑刑具,劳动在基督教传统教义中受到鄙视,劳动是上帝对原罪的惩罚:"你要以额头的汗水挣得自己的面包。"不过我们已经提到,从12世纪开始,劳动逐渐恢复了声誉,或许某些知识分子也认为自己像是靠劳动挣钱生活的人。教会对一些需要技术资质的劳动持更为积极的态度,它需要这些技术性劳动来为自己增光添彩,如彩绘玻璃的制造。在沙特尔和布尔日的大教堂,彩绘玻璃的底部甚至还展现了工匠的劳作。①

行会(métiers jurés)在12世纪就产生了,但直到13世纪,相关的文献才日渐清晰,主要得益于市政当局的记录(bans échevinaux),它在弗拉芒被称作 keure,这种文件比公证过的契约及账本保存得好。最著名的当属巴黎的行会文书(Livre de Métiers de Paris),它是在圣路易末年由巴黎的司法长官艾蒂安·布瓦罗主持完成的。这份文件包括131个条目(titres),即比较重要的巴黎行会规章,文件还涉及食品供应和消费者口味等具体细节。有意思的是,虽然巴黎的屠户们有钱有势,但竟然没有被提到。由于巴黎地位特殊,某些行业直接受国王监控,由国王任命行会负责人,如细木工行会和石匠行会。

布瓦罗的文书分类很多,但从中可以看出一些共同点。行会成员根据年龄和资质分类。Garçon 指的是学徒,但只有一半的职业中存在学徒制。学徒一般是缔约的青少年,他们在特定的时期内由师傅提供食宿,没有工资但食宿有保障。很多学徒有相当不错的家庭背景,有望成为师

---

① Cf. Philippe Wolff et Frédéric Mauro, *Histoire du travail*, tome 1, *L'âge de l'artisanat*, Paris: Nouvelle Librairie de France, 1960.

傅,他们的父母愿意为了他的前途而投资,对于不太有钱的师傅来说,这笔投资十分必要。帮工比学徒高一级,他更常见的称呼是 valet 而不是 compagnon。帮工是有工资的,但一般比师傅要低,如在建筑业中只有师傅的一半。帮工的工资一般按星期结算,按日付钱的也有。在巴黎,还有被称为 sergent 或 joindre 的帮工,他们富有工作经验,必要时可取代师傅。另外还有一种身份叫 ouvriers,这个术语的含义还不明确,可能是被迫受人雇用的师傅,也可能是尚未获得资质认证的劳动者。师傅(Maître)是行会中享有全权的成员,成为师傅需要满足两个条件:拥有生产工具,拥有被同行认可的能力。现在的学者认为,13 世纪乃至 14 世纪,学徒可以直接晋升为师傅,以前的看法并不准确。原因有二:(1) 关于出师“杰作”(chef-d'oeuvre)的规定直到 15 世纪才正式化,只是到这个时候,行会才因为经济危机而走向自我封闭。(2) 成为师傅之前的确存在巡游培训(formation itinérante)的做法,但在 13 世纪,这既不是必需的,甚至不被视为可取的。只是到了近代,熟练工匠的“环法”(Tour de France)职业历练才成为普遍现象。师傅队伍的更新也很快,它并不是传统看法中的封闭阶层。在巴黎刀剑抛光行会的条规中,1290 年签字画押的有 40 名师傅和 65 名帮工(valets);1298 年有 29 名师傅,其中 16 人与 1290 年相同,5 人当时还是帮工,新出现的有 8 个。军役税税册也表明,这个行会 1292 年有师傅 35 人,1300 年为 43 人。

　　行会是职业伦理的监管机构,在巴黎,负责这一事务的是行会监管人 gardes,北方呢绒业中叫 eswardeurs,这些人多由当地名流出任,并向市政当局负责。行会的职业伦理首先要确保顾客获得高质量的产品,进入市场的商品必须“质地良好,诚实无欺”(bonne et loyale),这被视为良性竞争的基础。因此,产品应在所有人都能看见的车间(ouvroirs)中生产,在房间中(en chambre)进行秘密生产若被监管人发现,则可以没收货品;生产应尽量在白天进行,“秉烛”(à la chandelle)劳动是禁止的;此外还应遵守宗教日历,周日和节日不得进行生产,每年大概有 250 个劳动日。当然,关于劳动时间的规定也不是铁板一块,面包师傅就必须在夜间劳动,故不受相关禁令约束。

一些行会对学徒数量是有限制的,目的是不致本行业人满为患,或为一些不诚实的老板提供免费劳力。手工行会倾向于按街区组织,以便更好地相互监督。在销售方面,行会师傅应该在公共集市拥有规定的摊位,遵守度量衡和地方习惯。最后,行会还有城市或诸侯当局认可的法人地位,有法律上的强制权,可以罚款或没收可疑的商品。某些行会还有专门的印章,但在一些大型行会,如为国际市场而生产的呢绒业行会,呢绒的尾部加盖的是城市的印章,这被视为产品品质的保障。

行会选举产生的代表组成同业公会(corporation),代表们是有任期的,一般是师傅出任。同业公会负责组织集体活动,安排互助事宜,如协助安葬同行,每年为行会死者举行灵魂安息弥撒,对行内的病人及孤寡进行物质救援。行业性的兄弟会(confreries)12 世纪就有了文字记载,它们祈求自己行业的圣徒的保护,这种组织不同程度上与同业公会混合在一起,但从 14 世纪开始二者逐渐出现明显的区分,前者越来越侧重集体精神生活。

3. 交通状况

城市发展和商品交换的前提是具备一定的交通条件。没有沟通地区间的交通,经济便只能限于地方性的自给自足。但对于中世纪的交通状况长期关注较少。前文在谈到公元千年欧洲的生产环境时,曾对当时交通的原始状况做过简单的描述。但可以想见的是,交通状况随着 12—13 世纪的经济发展而有所改善。

13 世纪有位匿名作者撰写了题为《修士厄斯塔什》(*Eustache le moine*)的传奇,书中的主人公受布洛涅伯爵的追捕,不得不乔装打扮,在城市里冒充肩扛重担的脚夫,在农村扮成背负货袋的小贩,还假装用袋子背烧炭。这部传奇给人的印象是,当时的主要运输手段仍然依靠人力。人力可能在实际的运输中占据突出地位,但运输工具的使用也很广泛。在 13 世纪,法国城乡各地都有车载运输的记载。农村有车辆运输的劳役,城市的入市税征收记录中也有关于车辆运输的记载。但这个时期的牵引车辆操作起来看来十分不便,活动前轮直到中世纪末才出现;车辆的使用者也不会很舒服,因为没有安装弹簧。人员流动大量使用马匹和骡子,当然还有船只。货运交通速度很慢,载货车辆行进速度大约每天 20—30 千米。不过,从人名姓氏的分析来看,赶大车(charretier)的行业大概很早就出现了,因为 12 世纪就有 Carton 和 Chartier 这样的姓氏;这类人多出身中等家业的家庭,一般聚居在城市的近郊。各地权力机构(国王、诸侯或领主)负责陆路交通安全。例如,法国国王在 1284 年成为香槟伯爵后,给商人和货品发放通行文书(conduit),以便他们前往香槟集市,这种保障对商业贸易而言至关重要;实际上,香槟集市的繁荣是以伯爵担保商道的安全为前提的;在当时,在大道上攻击行人是严重的罪行,有可能被判死刑;另外,香槟集市还设有卫队(gardes)负责客户和交易的安全。

从陆路交通路线来说,罗马时代的道路网仍然保留着它的痕迹,但这种痕迹造成的麻烦可能比它带来的方便还要大:道路坑坑洼洼,布满车辙,无人维护;而且,古代的交通路线有时很难与中世纪的交通需求吻合,因为罗马时代的道路主要是为军事目的而修建的。此外,中世纪的交通还受季节影响,因而导致道路状态的不稳定。例如,在冬天,习惯法允许在冻结的地面上取直道通行,这就造成多如牛毛的临时小道,它们只在河边渡口或必经的山隘处才汇合起来。在潮湿地带的农业生长季,旅行者必须在划定的狭窄道路艰难行走,有时需要用柴捆麦草填平车辙沟才能通过。当时并非没有铺路面的做法,但效果大多很差,路面的污泥跟少量石子搅拌在一起。城市的道路是铺过的,尽管不都是如此;在南特,有条街的名字叫"高铺路"(Hauts-Pavés),似乎在提醒人们这一点。但中世纪的绝大部分道路都是晴天灰雨天泥的状态。1315 年,法国国王的军队就在佛兰德尔深陷泥坑之中,并得了个"烂泥军"(l'ost boueux)的外号。

在这种道路条件下,驮畜就成为交通的主要发动机,一般用的是驴子或骡子,马很少用于长途运输。根据 1296 年 8 月 1 日在特鲁瓦集市上缔结的一份合同,一个意大利商人将 12 包佛兰德尔呢绒和香槟出产的白布交给三个运输者托运,托运者赶着驮畜前往尼姆需要 22 天。跨越比利牛斯山和阿尔卑斯山的运输更是借助赶骡子的脚夫。

陆路交通遇到水流是个大麻烦。横渡河流主要有两个办法:在渡口靠驳船接送,或者建造桥梁。13 世纪之前,木质桥面的桥梁仍然很多,桥面很容易摇晃;不过石面桥梁在 13 世纪不断增加,各城市也以建设这种桥梁为荣。卡奥尔于 1251 年在罗特河上建造了一座新桥,1300 年又翻新,新桥上建有带雉堞的护墙,它作为象征出现在城市的印章上。当然,桥梁在河流涨水和结冰时会有一些不便之处,1296 年塞纳河的洪水就冲走了巴黎的小桥。从 12 世纪开始,桥梁还被赋予某种特殊的宗教色彩,因为桥梁的出入口往往是设立宗教收容所或济贫院的地方,一些修士也在为修建桥梁而到处奔走,以致后来有"桥梁修道会"(Frères pontifs)的传说。阿维农的圣贝内泽(Saint-Benezet)桥建造于 1177—1185 年,其资金来源于捐赠;这座桥梁在技术上是一大壮举,22 个桥拱横跨罗讷河,总长 850 米,桥头的圣尼古拉礼拜堂可接待行人,圣尼古拉就是保护旅客的圣徒。

在中世纪,水运应比陆路运输更为便捷;可以肯定的是,当时的河流运量要比道路运输大得多。当然,河运也有很多不便之处,例如,塞纳河和卢瓦尔河在 1218 年的封冻造成严重的交通困难;枯水期、激流、桥墩、河中岛屿和磨坊引水渠等等,都是河运的障碍。另一个不利因素是沿岸领主滥用领主权造成的麻烦;例如,1325 年,图卢兹和波尔多之间的加龙河上的通行税征收处超过 20 个,这不仅大大抬高了运输费用,也造成时间上的浪费。

对河运来说,理想的状态当然是顺流而下或借助风力逆流而上,但大部分情况并非如此。为了克服困难,人们使用平底驳船或以纤绳牵引的小船,纤绳或用人力牵引,有时也用马匹和牛。这当然会造成一些费用和纠纷。法国虽然河流较多,但各条河流的通航条件差别较大。塞纳河的航行条件较好,海船可以上行到鲁昂,甚至可以上溯到巴黎,从而大大便利了沿河城市的供应。卢瓦尔河是法国境内最长的河流,但它的激流较多,航行条件远不如塞纳河优越。另外,即使是条件最优越的河流,也需要维护河岸和航道。1285年,尼奥尔颁布一项法令,规定对海船征收的捐税中,三分之一用于疏浚塞弗尔河。

在海运方面,航海技术的进步至关重要。舵轴是在波罗的海地区首先应用的,1199年见于北海、佛兰德尔和英格兰等地,随后沿大西洋传播,13世纪末进入地中海,可能是通过巴斯克渔夫为中介的。早期的大吨位货船(kogge)也出现在波罗的海。相比之下,作为主要的海运地的地中海世界却显得比较保守,它坚持以桨作为主要动力,舵的革新也很小;新的气象主要体现在阿拉伯人传来的罗盘,以及航海图(portulans)的使用;1270年圣路易出征时乘坐的船只就装备了这些工具。

12—13世纪法国的港口设备相当简陋,码头一般就是天然海岸,经常需用浅底驳船来接送大宗货物。中世纪的水手享有与海上习俗相适应的法律,著名的《奥莱龙文书》(rôles d'Oléron)就是相关判例的汇编,它后来成为英国海事法的源头之一。在布列塔尼,从12世纪末金雀花家的若弗瓦以后,关于失事船只残骸的习惯权利就受到限制,这就遏制了对船只的抢夺及海盗们的贪婪心,这些措施有利于保障船只安全,降低运费,从而弥补海运速度缓慢的劣势。

海运尤其适合大宗运输。汉莎商人每年航行到法国西海岸,装运盖朗德等海湾地带的海盐,运量惊人;英格兰运往佛兰德尔的羊毛数以千吨;1224年卡佩王朝占领拉罗谢尔时,从这里和波尔多运往英格兰和北方的葡萄酒总计约一万桶。根据波尔多税务部门对葡萄酒的税收记录,从14世纪初开始,每年的输出量超过10万桶。如前所述,13世纪末,意大利的海船绕过直布罗陀直抵布鲁日,从此海洋开始真正成了西欧经济的主动脉。从1298年起,热那亚的商船起定期前往英格兰和佛兰德尔。但法国在这场海运革命中也有失败的一面:香槟集市因为意大利与北方经济中心建立了直接的海上联系而受到冷落;而圣路易为了发动十字军而在罗讷河口建立的埃格-莫特港未能发挥效力,港口因为河流泥沙而日益淤塞。

4. 13 世纪的城市网络

法国最古老的城市是希腊人建立的马赛和尼斯,另一些古老的人口聚居中心则是罗马人建立的。罗马时代的城市大部分都有城墙,以防止帝国晚期蛮族的入侵。当这些城墙坍塌后,罗马城市所代表的文明也灰飞烟灭了。但罗马城市的残留在中世纪仍有很大影响,中世纪法国大部分的大中型城市都是从古代城市发展而来的,作为主教座堂所在地的宗教城市尤其如此。相反,伯爵在城市的存在远不如主教时间长,也不那么经常化和固定化,其随从人员也少得多。

很多城市的兴起与宗教活动密切相关,西部的重要城市图尔就是典型。图尔在罗马时期就建有城墙。从墨洛温时代开始,围绕圣马丁的圣骨崇拜刺激了城市的发展,古代城墙内的空间已经不够用了。前文提到,在封建时代,城堡脚下或修道院周围纷纷出现新的市镇,布列塔尼的几乎所有中小城市都是以这种模式发展而来的。当然不是所有市镇最后都发展为城市,因为这需要一定的人口规模和经济活动的多样性。但有些新市镇取得了显著的成功。除了经常提到的克吕尼修道院边上的城市,还有 12 世纪发展起来的拉罗谢尔,以及北方沼泽地带的香槟各城市,这些城市完全是自然生长出来的,并没有古代城市遗产为依托。13 世纪是法国城市发展的巩固期,新建城市不太多。西南部在这一时期出现了 80 来个"据点"(bastide),但它们大都停留在大村庄的阶段,因为没有经济活动的潜力而不具备城市的面貌。与东边的日耳曼不同,作为"老欧洲"的一部分的法国,其城市网络在 13 世纪初就定格了,新出现的城市很少,值得一提的可能只有埃格-莫特和卡尔卡松。

评估 13 世纪的法国城市网络需要提取各种信息,如对教区数量的清点,人口增长的标志性特征,城市房屋的密度,磨坊的数量(因为这可反映所需的面粉量,进而展开人口估算)。但对13世纪而言,除了上述文献,还有一种独特的资料可以用作估算的依据,这就是托钵僧团建立的修道机构。13世纪兴起的这些修道团体,都把城市作为牧灵工作的基地,这与传统的乡居修道院大为不同。托钵僧们一般靠乞讨和公众的布施维持生活,因为他们不能拥有土地和租金收入,也没有教会的俸禄,这些规则在托钵僧团最初的一个世纪中得到了严格的遵守,因而相关的证据比较可靠。[①]

托钵僧的活动有独特的模式。他们会响应某个领主或城市的号召,派两个特派员对在该城设立新机构的可行性作深入调研,如他们的进入是否会与当地的教士形成竞争,当地是否有适合托钵僧生活的地点,是否能获得让托钵僧建造房屋的土地,以及获得生计和长期居住所需的资源的可能性。如果满足这些条件,托钵僧团就会派人前往,并建立定居所。每个定居机构(foundation)至少有一名院长(prieur)和12名修士,其中一人是教师(lecteur),必须由神学博士担任。如果不满足上述条件,托钵僧团就不会在该城设立机构。因此托钵僧机构的设立是经过深思熟虑的,它们的地理分布和具体数量可以作为估算城市规模和空间分布的可靠依据。推算的结果是:在13到14世纪初的法国,一个城市最多有4家修道院,这是里昂1274年第二次普世公会议设立的上限。到1330年,在现今法国国境内,设有托钵僧机构的城市共计226个,其中28个有4家,24个有3家。从这些机构设立的年代顺序可以看出城市发展的某种动力走势。动力最强劲的应该是在1210年或1220到1275年之间,这个时期共设立了423家;1275—1350年只设立了215家,但值得注意的是,此前城市化程度较低的布列塔尼在第二个时间段大步赶了上来。

---

① Cf. Jacques Le Goff, "Ordres mendiants et urbanisation dans la France médiévale. État de l'enquête", *Annales Ècomomie*, *Société*, *Civilisation*, juillet-août 1970, pp. 924 - 946.

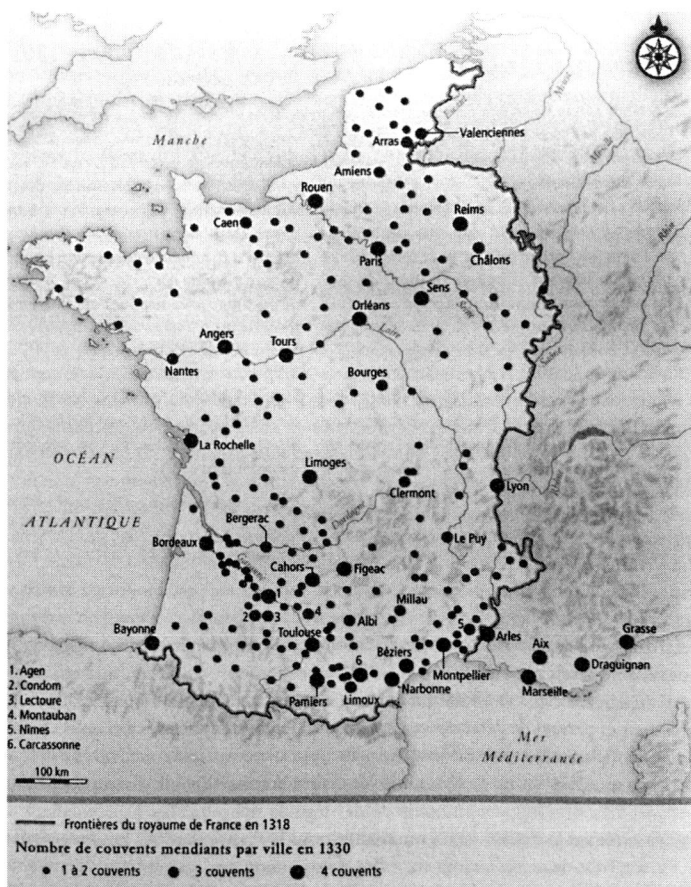

根据托钵僧团机构数据绘制的法国城市分布示意图(1330 年)

见 *Jean-Christophe Cassard*，*1180—1328*，第 424 页

5. 城市景观

罗马时代的城市有统一的格局,中世纪的城市远非如此,但在格局的多元和凌乱之中也能看到相似的组织原则。从城市的外貌来看,最普遍的特征就是带有防御设施,即城墙。当然不是所有城市都有城墙,而且城墙本身也是开放的,它带有城门,城市往往会把城门当作门面工程而使其带有纪念碑的性质。但很多城市的防御设施只是简单的壕沟或

带木质篱笆的土堤,或者只是在部分地段建有围墙,因为坚固的城墙建设不仅耗费巨大,而且工期漫长。例如,兰斯的城墙始建于1209年,13世纪末开始重修,工程直到1358年才完成。作为王国的首都,巴黎的城墙是个典范,它是腓力二世时期建造的,此前巴黎的城防只是宽10米、深约10米的壕沟。新建的护墙离地面高约6—8米,宽1—2米,并建有设施良好的塔楼和城门。塞纳河右岸于1190年开始建造城墙,左岸的城墙于1212年完工。城墙的首要功能当然是防御,南方的战略要地卡尔卡松甚至建有两道城墙,这是路易九世的决策,但工程直到他儿子在位时才竣工。该城的内墙高于外墙,中间的分割地带叫glacis或lices,两道城墙脚下都有很深的壕沟以加强防御功效。

　　13世纪是个相对和平的时期,城墙除了象征意义,还具有防御之外的实用价值。城墙构成的封闭空间可以监控人员和货物的出入,从而可对入城商品课税。城门的数量一般不多,卡尔卡松只有两个,巴黎城墙上的城门和边门共有19个。城门一般在夜晚熄灯之后关闭。城墙有时还是城市空间统一的具体象征,因为它将过去的多个城区统一了起来。多中心的城市在卡佩晚期仍然广泛存在。如在利摩日,主教所在的老城和紧邻圣马夏尔修道院的市镇隔了500米,两个城区在1792年之前都还有各自的城墙和独立的市政机构;佩里戈也分别有老城和圣富隆(Saint-Front)市镇;纳尔榜和阿拉斯也属于这类双元城市。当然,单一的城墙构建的城市统一并不必然意味着过去的分割完全消失了,老城墙的片段还可能继续存在,南特就是如此。1141年,图卢兹的老城和新城合并之后,过去分割两个城区的罗马城墙上建造了一个横跨两边的象征性的共有房屋。1222年,老城和市镇的市政机构也统一成为共同的市议会(commun conseil)。

　　至少从理论上说,建造城墙的目的是保护市民及其财产;但保护的对象也包括附近的农民,他们在面临严重的威胁时逃往城市避难。因此城市周边村庄的农民也对城市防御负有责任,城市也经常将其军事指挥权(ban)扩展到半径为一法里(lieue,约4.5千米)的范围内,它可以动员这个空间中的居民,后者还要服从城市的习惯法,这个空间就是城市的 banlieue:郊区。在城市的防御形势严峻之时,其外部一些可被敌人用作围攻据点的建筑可以被夷平。因为这种做法,13 世纪的一些城市跟托钵僧们打了好几场官司,因为后者在城墙外建有房屋。带围墙的空间也是某种真实或象征性的权力共同体,一些城市印章上的图案就是城墙或城门。城市的日常治安由城市民兵负责。例如,从 1204 年开始,蒙彼利埃的三十个行会负责派人守卫城门。另外,城市还会安排巡夜人员。在兰斯,圣路易末期有十来个行会负责轮流守卫城门和防范火灾。

但城墙不是城市唯一的防御工事,城市中心一般还有个城堡,但这不是市政当局的管辖范围,它一般归诸侯领主所有。在 13 世纪,城堡的政治和军事意义日益高于居住意义,因为诸侯们更喜欢住在城里更舒服的公馆中,而把城堡交给职业士兵驻守,由城市的军事长官(capitaine)指挥。城堡有很强的政治象征价值。例如,腓力二世在征服诺曼底之后,于 1204 年下令夷平鲁昂的公爵城堡,然后在俯瞰城市的布勒伊山丘上建造了新的王家城堡。在图卢兹,来自北方的征服者西蒙·德·孟福尔占据伯爵城堡,名曰纳尔榜城堡,而将城墙交给市民防守。当然,如果城墙陷落,城堡还是最后的防御据点。

中世纪城市景观的另一大特征是教堂的数量和密度高得令人难以置信,因为城市人口的密集往往导致教区密度的增大。教堂从高处俯瞰着城市的每个角落,巴黎仅在西岱岛上就有 12 个微型教区,右岸有 14 个,左岸有 8 个。随着农村人口的大量涌入,城市不断增设新的教区,有时还会建造带有穹顶和尖顶的大教堂。但在 1284 年,博韦大教堂的祭殿倒塌,这座宏伟建筑始建于 1225 年,穹顶高达 48 米。这个意外标志着追求宏伟的纪念碑式建筑的浪潮告一段落。托钵僧们最初是在城墙外定居,尔后才前往市中心,或者在新城墙内落脚。在利摩日,多明我会 1219 年在城墙外建造房屋,1241 年进城,放弃了最初在圣马夏尔桥附近的据点,这个地方很利于早出乞讨,但毕竟太远了,前来参加仪式和聆听布道的人数也有限。

中世纪城市存在一个独特的难题,这就是墓葬问题。在古代,死者葬在城外;但在中世纪,基督徒习惯于将死者葬在生者居住的教区内;即使是在人口稠密的城市,教区内部几乎都有墓地,巴黎的 34 个教区中,29 个有教区墓地。这不仅带来嗅觉上的刺激,而且构成公共卫生隐患。当然人们也采取了堆积尸体的办法,但并没有从根本上解决问题,因为在当时,人都希望死后能葬在教堂的墓地。

中世纪城市的街道很狭窄,或者只是些蜿蜒的羊肠小道,行人时常碰到死胡同。在最古老的城市,核心区的道路网络沿用罗马时期的街道走向,但由于私人对公共空间的侵犯以及人畜的乱闯,过去的那种规则性早已荡然无存。街道路面肮脏湿滑,牲畜,尤其是猪在街上乱窜,行人时刻面临危险;下雨天路面中央就成了阴沟,行人只能贴墙行走,tenir le haut du pavé(离街面远点)的俗语就是这么来的,它后来指身份较高的人,因为在街面上行走会弄脏衣服,体面人不会这样的⋯⋯沿街居民还可能从窗户将排泄物泼向街道,因而造成可怕的污染,夏天就更严重了。《法国大纪年》记载说,腓力二世从西岱岛宫殿的窗户躬身眺望,大车从宫殿墙角的烂泥中经过,扬起的臭味让他感到“十分恶心”,于是他下令给巴黎的街道铺路面。不过,城市铺路事业要到圣路易时期才真正普及:普瓦提埃为此还在 1251 年专门开办了一个采石场;1270 年,特鲁瓦市政府的路政官(voyeur)征收特别税“堤道捐”(denier de la chaussée);兰斯也从 1284 年开始资助类似工程。

带房顶的市场(halle)也是中世纪城市标志性的世俗纪念碑式建筑。这种市场经常建在主要街道交会处,以方便其商业活动辐射到附近街区。在佛兰德尔各城市,这种市场建筑是炫耀其繁荣的面子工程。在伊普尔,13 世纪初开建呢绒交易市场和钟楼,工程于 1303 年完工,正面长125 米。但在香槟的年度集市,交易通常是在临街店铺和街道上进行。专门的市政办公建筑(Maison commune)也不是所有城市都有。波尔多的市政官们是在教堂里开会的,他们的兰斯同僚们甚至只能在修道院的谷仓里碰头。但图卢兹和佩里戈建有市政厅，图卢兹的市政大楼（capitole，始建于 1190 年）后来还成为城市自由的象征，1296 年的一条习惯法评注中骄傲地说，除了罗马和君士坦丁堡，只有图卢兹有 capitole。不过，除了这些宏伟建筑，另一些城市象征物可能更为常见。例如钟楼，它规范着城市一天劳作的节奏，而且往往矗立在城中心；印章，这是市政当局法人身份的表现；保管所（coffre），记载城市集体特权的羊皮卷、城市自行管理的备用金就存放在那里。对城市而言，这些象征物具有重大意义。美男子腓力在佛兰德尔各城发生暴动之后，于 1295 年撤销了根特的公社，剥夺了其"钟楼、印章和公共拱廊及其他属于该公社的东西"。"其他东西"可能是指市政当局保存其官方度量衡基准器的场所，以及其他的城市身份标志物。

从社会组织结构来说，中世纪城市跟今天的西方城市差距很大，当时的城市没有富人区与贫民窟之类的分割。从空间表现来说，城市的区分度很小，穷人和富人摩肩接踵，不同城区只在人口比例方面存在一些明显差异，例如在城市边缘地带、在城墙的阴影中居住的穷苦移民比例较高。当然，社会隔阂肯定是存在的，这主要体现在建筑的楼层上，至少在最大的城市是这样。建筑的底层一般为临街的店铺和作坊，其上是更富裕的体面人的楼层，再往上直到顶楼是收入较低的租户；临街建筑的后院挤满了低矮棚屋，但租金却不低。

城市是房屋密集的地区，而且木质建筑材料的使用很广泛，这就使得火灾成为中世纪城市的常见灾难。1194 年 6 月 11 日，大火完全摧毁了沙特尔大教堂；1200—1225 年，鲁昂发生了六次大火，因为没有泵和有效的喷水装置，这个主要以木料建造起来的城市很快就被大火吞没。1244 年的利摩日，1297 年的图卢兹，1298 年的斯特拉斯堡，都发生了大火。1252 年 6 月 23 日布尔日的火灾记载得最详细：摄政卡斯蒂尔的布朗什当时派遣了一个现场调查团，询问了 249 个人，他们提供的材料记载在一张很长的羊皮卷上，但这份材料还只涉及调查的一部分，只包括城市当时 15 个教区中的 4 个。根据这些材料，459 所房屋、4 座教堂和 1

个礼拜堂化为灰烬。① 1259、1338 年,布尔日又发生了大火。

6. 13 世纪城市的功能及经济活动

　　城市首先是个政治—宗教权力中心,这一点国王很清楚,他对自己的城市控制很严,首先是对巴黎。诸侯们同样如此。例如,12—13 世纪之交,根特城内贵族们的塔楼逐渐消失了,它们被视为反抗伯爵和主教权威的潜在据点。在阿尔比十字军期间,阿维农城内的设防房屋也被夷平。君主或诸侯们在城内设有宫殿,这里是他们的统治中心。但在 13 世纪,过去的一些陈旧建筑逐渐被废弃,因为既不舒适,也不能安顿越来越庞大的官僚随从人员。在巴黎,西岱岛上的宫殿经维修改进过后成了高等法院的所在地,而国王自己更喜欢住在附近法兰西岛的各城堡中,卢浮宫的塔楼则成为国王的大保险柜。

　　腓力二世时期开始设立的巴伊们也住在各自辖区的主要城市中,他们在城里有住所和办公处,并在城里定期开庭,法庭一般设在城堡里,如普瓦提埃的摩贝荣(Maubergeon)堡。巴伊们自己会经常外出巡视,但也配备有特别的信使,一套王家政府的运行系统已经在草创之中,而且它很快就证明了自己的高效:1307 年 10 月 13 日,国王下令在全国范围内同时逮捕圣殿骑士团的所有成员,这一行动没有走漏任何风声,国王的代理人出色地执行了腓力四世的命令。

　　当然,中世纪城市也是个生产中心。前文已经提到,纺织业是中世纪手工业中的皇后,尽管佛兰德尔各城市在这方面一枝独秀,但在 13 世纪,香槟和朗格多克也出现了一些重要的纺织业中心,不过留下的资料很少。法国出产的呢绒甚至在欧洲之外都赢得了声誉,相传埃及的新娘都希望能穿戴"法兰克式样"的外套和头巾。呢绒向黎凡特地区的出口可能平衡了东方香料的进口,而且,当时的城市纺织业还没有遇到中世

---

① Christine Felicelli, "Le feu, la ville et le roi: l'incendie de la ville de Bourges en 1252", *Histoire urbaine*, no. 5, juin 2002, p. 105-134.

纪晚期乡村手工业的竞争。由于城市经常是富人的聚居和往来之地,奢侈品制造业自然有了顾客,巴黎无疑在这方面首屈一指。与之形成对照的是利摩日的珐琅产业的衰落,因为它失去了金雀花宫廷这个最主要的客户。除了金银器和珠宝这些通常的奢侈品行业,另一些不太惹人注目的生产同样是上层社会所需要的,如雕刻纹章和法人印章的画师和工匠。玻璃工人已经不再仅仅为教堂工作了,上等人家的餐桌也已摆上彩色的玻璃瓶和玻璃杯,但平板白色玻璃和镜子仍然长期是威尼斯的特产。

在普通消费品中,值得一提但关注较少的是蜡的生产,它的消费量很大,而且用途广泛。城市的肉类消费在13世纪并不突出,屠夫们要到14世纪的人口灾难过后才迎来发展的黄金期。谷物仍然是最主要的营养来源,面包师傅(boulangers)的行会是城市民生领域最重要的行会,另一类烤制面食的商人(fourniers)虽然业务与面包师傅们很接近,但他们的货品是交给小贩出售的。像所有手工业行会一样,为了保证产品质量,面包师傅们的作坊必须是开放的,而且彼此靠近以利于公开健康的竞争。面包师傅夜间应该歇业,但烤制早售面包的师傅不必遵守这个规则。

在13世纪,彩绘玻璃随着哥特式教堂建设的热潮而成为一种重要的艺术和社会想象载体。沙特尔大教堂的彩绘玻璃可追溯到13世纪初,是全法国中世纪彩绘玻璃保存最完整的地方。这里的彩绘玻璃主题以圣徒为主,其中大约44块是本城各行会提供的。在彩绘玻璃底部,有时描绘有捐赠行会的主保圣徒的形象,如呢绒业行会的主保圣雅各,雕刻工行会的圣厄斯塔什等,但更普遍的是在玻璃底部描绘一件生产工具或一个特有的行业劳动姿态。这就提供了一幅沙特尔经济活动的展示图。在手工业生产领域的33个行会中,11个属于饮食部门,如面包、屠宰、餐馆等行业;8个属于皮革行业;6个属于木料加工部门;服装和建筑部门各有3个行会;铁器加工业有2个行会。另有11块彩绘玻璃是商业行会捐助的,其中5个是呢绒—布料部门的行会,5个属于金银匠和钱币兑换商行业,另有一个是缝纫品商人行会。沙特尔是个重要的朝圣中心,远来的旅客应该为数不少,但即使在这里,城市生产也首先是为了满足当地居民的需要。这是中世纪城市的常态。

前文已经提到,从 12 世纪以来,教会对手工业生产开始持积极的态度,认为匠人(homo artifex)是在延续上帝的创造。但对于商人,教会的道德评判要严厉得多。教会认为,商人本身并不生产任何东西,而只是出售别人的产品;对金钱方面的商业活动,教会习惯于称之为高利贷(usure),评判就更严厉了。道德上的谴责很容易转化为法律上的专横,一些经营货币的商人屡屡受到打压和剥夺。不过现实的需要也使得高利贷的伦理枷锁偶尔能松弛一下,雅克·勒高夫的研究(《炼狱的诞生》《钱袋与永生》)就揭示了这种复杂局面。① 从 12 世纪以来,炼狱学说的逐步发展为放贷取息行为提供了一定的伦理空间,放贷者有可能通过慈善捐赠获得拯救。不过,对于可以被容忍的利息率,并没有明确的规范或共识。

但商业从业者之间的差距很大。乡村的小贩("小灰脚")和城市的小店主(经常是出售自产商品的工匠)应该是商人群体中的大多数,但由于资料欠缺,对他们的了解仍然很少。比这些人层次更高的是长途贩运的行商,有些行商甚至直接送货上门,如 13 世纪初阿拉斯的呢绒商就前往热那亚送货。更高层次的大商人,法语一般称之为 négociant,他们结成的商业公司(compagnies)有两个标准:他们会就地雇佣送货员而不必亲自在商道上奔波;他们在商业活动中使用信用手段。当然,信用活动意味着专业的钱币兑换商的出现,这个行业中意大利人很多,但也有圣殿骑士团的成员。

在 13 世纪的大商人群体中,来自卡奥尔的商人占有独特地位。这个群体来自以卡奥尔为代表的凯尔西地区的各城市,1180—1270 年之间活跃在沟通西北欧和地中海的商道沿线,蒙彼利埃和拉罗谢尔是他们的

---

① Cf. Jacques Le Goff, *La naissance du purgatoire*, Paris: Gallimard, 1981.

重要据点。此外他们还在英国和佛兰德尔各城市有业务,并控制了英格兰与伊比利亚半岛的部分贸易。在地中海地区,他们的足迹甚至远至埃及的亚历山大。卡奥尔商人不仅贩运货品,在金融领域的活动同样引人注目,以致到 13 世纪后期,卡奥尔人(Cahorsins)被用来泛指专门从事放债取息的高利贷者。但到这个时候,他们的影响力已经走向了衰退。1280 年之后,卡奥尔人的信贷业务逐渐被"伦巴第人"取代,而加斯科尼地区的战争最终也损害了他们在拉罗谢尔的地位,再加上凯尔西本身不是一个强有力的生产基地,卡奥尔商人群体的没落便注定了。

对中世纪和近代早期的法国经济史而言,伦巴第人的出现是具有重大意义的现象。据统计,1296 年时,巴黎共有 107 户伦巴第人,他们拥有的公司约 30 家。这些企业虽然能赚到丰厚的利润,但也会因为君主的敲诈而面临巨大的风险,因为国王们的强制借贷和"捐赠"往往就是无偿掠夺。众所周知,这种做法后来在欧洲金融史上造成巨大动荡,佛罗伦萨的银行世家巴尔迪和佩鲁济因此而破产。卡佩晚期,在法国的伦巴第各公司是私人性质的合伙企业,一般谁出资最多,企业就被冠以谁的名字。早在 1291 年,巴黎的伦巴第人就遭受过逮捕、没收财产等迫害;1315 年,路易十世下令驱逐所有伦巴第高利贷者,但其他大商人不在其列。实际上,伦巴第人像犹太人一样,是国王用以敲诈钱财的一块海绵。

中世纪常见的商业同盟汉莎也出现在法国的一些城市中。汉莎是更为严格的职业性组织,一般只对拥有财富的精英群体开放,其职责是通过确立垄断权来维护该群体的经济权力。圣奥梅尔的商人汉莎成立于 1220 年左右,其主要工作是对长途贸易确立强制性的规章。该组织的入会条件很严格,手工劳动者、普通经纪人和零售商没有资格加入,而且 1263 年入会费提高后,其成员减少了近一半。

7. 城市各社会阶层

在 13 世纪,成为市民(bourgeois,拉丁语为 civis)需要一些条件,如定居于城市(一般一年就可以),一定的财产要求,这些门槛有时是很低的。市民须接受城市司法权的管辖,这种管辖权可包括市政当局的司法权和领主司法权;他在外出旅行时,可以其市民身份作为要求获得法律保护的理由。当然,这种理论上的自由在实践中会有一些差别。实际上,市民的身份不是单一的,他同时还是当地领主的附属民,是诸侯或国王的臣民。

统治阶级

贵族和城市的关系较为复杂,首先是地域上的差别。在法国北方,拥有骑士身份的地产贵族很少出现在手工业城市中。但在南方,某些贵族世家不但在城市有住所,甚至拥有获利丰厚的不动产。这些贵族在 12 世纪就参与了南方各城市的自治机构(consulat)的创建,有时甚至在其中有专门的位置。一般说来,从 1250 年开始,南方各城市中家世古老的贵族有乡村化的趋势,并逐渐远离了市政当局。在阿格德,1260 年拟定的习惯法在 1287 年引发了一场冲突,因为当年的 12 名市政官中没有一名贵族市民;1301 年冲突再起,起因是国王开征的灶税的征收方式问题,最终贵族失去了其要求的豁免权。但贵族的社会威望对城市精英的心态是有影响的。在 13 世纪末的斯特拉斯堡,一些平民精英开始使用贵族的头衔 Herr,连皇帝都要下令追查这种僭越行为了。

在 13 世纪的术语中,bourgeois(市民)一词的含义看来是清晰的,它一般指一个城市中既非贵族也非教士亦非外地人的居民,他有一定的财产(故一般为纳税人),可以过上较为体面的生活,或者拥有舒适的住宅,并在城郊拥有地产。在 1300 年左右的贝桑松,70％的纳税人属于小额税户,大额税户只有 5％,后者多来自商业或银行领域。但这种富裕市民也不全是商业金融领域的,如在佛兰德尔,圣瓦斯特修道院的管家、伯爵的官员余可丢(Hucquedieu)就因为巨额财富而成为阿拉斯的市政官。

对梅茨而言,非贵族的城市统治精英(patriciat)的黄金时期是在 1224—1300 年,兰斯是在 1230—1338 年。这些家族群体有一些共同特征:数代人之间保持稳定,都拥有来自城市不动产的收入、在城郊的地产以及放贷等财政金融能力。这些家族往往彼此联姻,但似乎并不热衷于跻身贵族行列。在梅茨,从 1214 年起,五大"世家"(paraiges)垄断了几乎所有重要的市政官职,并在市议会长期占有 10—13 个席位。

教会仍然是城市首屈一指的地产主。这些地产往往年头很久,而且宗教建筑从法律上说是不能让渡的,因此教会的产业只会因遗赠和不断的新建而不断增长。教会产业的独特地位对公共财政来说是一种损失。为了弥补这一损失,1295 年的一份国王敕令作了如下规定:凡是教会购得的地产,需缴纳 6 年的收入作为免除捐税的条件。教会地产的收益是惊人的。在 13 世纪末的鲁昂,世俗城市统治精英获得的租金收入占 26%,而仅仅大教堂教务会就占有 35% 的租金收入。教会还以其显赫的纪念碑式建筑昭示着它对城市的支配权,如修道院、教堂和钟楼——在没有公共时钟时,钟楼就成为每日生活劳作的节拍器。在一些重要的宗教城市,教士人口的比例相当高。据估计,在 13 世纪末的兰斯,宗教人口超过 2 000,占到总人口的 12% 左右。在主教城市贝桑松,13 世纪教士人口的增长明显快于总人口的增长:1200—1210 年,该城共有修士和在俗教士 118 人;1260—1270 年,在俗教士 140 人,修士 40 人;1300—1310 年,这两个数字分别为 295 和 115,占总人口的 5%。

新来者和边缘人

在整个中世纪城市史中,移民都是一个结构性的要素,它是城市人口增长的关键所在。13 世纪的公证文书和税册经常会记载人的来源地,根据这些资料和居民姓氏中的地名,史学家们可在某种程度上还原移民的空间分布。在中南部的蒙布里宗城,1220—1260 年的移民中,至少有四分之三来自城市周围 20 千米半径的范围之内;梅茨和阿拉斯的主要移民半径范围则可放大至 40 千米。港口城市的情况较为特殊。被称为 12 世纪的"蘑菇城市"的拉罗谢尔,其移民来源要广泛得多,从 1224 年该城向路易八世宣誓时的人名记录来看,它可以说是个名副其实的滨海"熔炉"。

但是,所有外来户都会遭遇原住民的怀疑和冷眼,某些特别的群体会碰到特别的敌意,如卡奥尔人和伦巴第人,他们尤其因为高利贷和抵押放贷而被人憎恶。地域性的歧视也不乏例证。在圣路易时代,一篇题为《布列塔尼人的特权》的文字就反映了巴黎人对来自阿摩利卡半岛的移民的偏见。题中的特权说的是这些人在巴黎周围的森林中砍伐染料木和清理茅坑的工作。这份文件可以说是巴黎人关于布列塔尼人各种偏见的大杂烩:所有人都沾亲带故,肮脏邋遢,口音古怪,尽管一贫如洗却爱显摆贵族头衔,本能地喜欢使用暴力,仗着抱团而举止粗野……实际上,这些人大多数不属于城市教区,更不会是某个兄弟会的成员,只有某些托钵僧修会能给他们带来某种融入感,并在他们死去时给个体面的安葬。

由于城市房屋和人口密度很高,人员混杂,治安环境往往很差,小偷小摸司空见惯,尤其是在像巴黎这样的城市,司法管理权盘根错节,存在各种享有豁免权的空间,尤其是有很多世俗执法人员不能入内的宗教豁免地,因此不法分子很容易逍遥法外。据说在 13 世纪的巴黎,如若不是现场抓获罪犯,就只能听任其逍遥法外;另一方面,执法人员在居民之中的声誉普遍不佳,因为他们惯于使用暴力,而且经常被金钱收买。当作案者被逮捕审讯时,司法当局对盗窃犯的惩罚要比对暴力犯罪的惩罚严厉得多,尤其是当盗窃发生在夜间时。1263—1307 年,在圣热纳维耶夫和圣日耳曼-德普雷的司法管区内,因为盗窃而判刑的 30 个人中,22 人被判处死刑并立即执行。

在卡佩时期的法国,妓女是一种公认的社会难题。玛丽-特蕾莎·罗珊(Marie-Thérèse Lorcin)以 13 世纪法国北方出现的一百五十篇寓言故事为分析依据,认为妓女是定居的,她们在家中接待未婚男性顾客,经常参加社交活动,给自己的孩子找个教父也不是什么难事,唯一的难处是找个丈夫。年迈孤寂中的妓女就只能盼望圣母带来奇迹,能为她们在生命的尽头打开通往天国的大门;但她们不愿进入强制性的忏悔修道机构,因为这是一种不名誉的标志,是她们最为害怕的。尽管妓女们普遍不乐意被关起来,圣多明我还是在图卢兹设立了阿尔诺-伯纳尔收容院(hospice Arnaud-Bernard)以接纳妓女;路易九世也在巴黎设立了一个类似的机构(Maison des Filles-Dieu)。

第十三章　教会与宗教生活

第一节　修道院改革运动

10—11 世纪的法国社会,所有的社会表象和社会实践,某种意义上说都是在追求基督教宣扬的拯救:从时间上说,世界始终处于对基督再临的紧张期待中;从空间上说,世界始终以耶路撒冷和罗马为指向。试图维持和平与正义的君主,挥舞世俗之剑的武士,田间劳作的农夫,抄写手稿的修士,所有这些人的生活中无不回荡着圣经和各种基督教文献的话语,萦绕着它们描画的形象和符号。在这种情境下,我们很难将政治、社会和经济现象与宗教区分开,因为后者覆盖并囊括了人类生活的全部。在 12 世纪之前,教会(Église)概念更经常地是指整个信徒共同体,即 res publica Christina,而不单是等级化的教会组织机构。

在格里高利改革之后,教会更加强调主教的功能,主教制度现在是基督教世界首要的组织框架;在这之前,修道院占有突出的地位,它负责在生者与死者之间建立联系、引领与邪恶力量进行战斗,但现在修道院也完全融入社会管理体系之中。在整个基督教世界,教士和修士都已成为神圣事务的掌控者;他们施行圣礼,保管圣骨,并且垄断了对圣经的解释。当然,由于当时政治格局的影响,这一过程不可避免地具有地方多样性。教会官方在继续弘扬王权的同时,也因为诸侯和贵族的介入、因为主教甚或修道院院长的影响而打上了地区性烙印。

另外,880—940年的危机也造成了多方面的变化。变化首先表现在物质方面:外来入侵和贵族纷争中首当其冲的受害者就是宗教机构。此外还有观念方面的:异教徒和穆斯林的入侵、加洛林帝国的解体,对教会的统一而言都是一种威胁。这些震荡在教会人士中产生了悲观言论,而这又进一步增强了鄙夷现世、崇尚退隐的修道理想,也滋养了以寻找末日征象为标志的中世纪基督教历史观。在9世纪中叶到11世纪中叶的教会人士的笔下,这是个弱者和教会备受压迫的时代。这一悲观图景并非全然夸张,但它并不全面。对教会史而言,这个时代最引人注目的是修道运动(monachisme)的惊人成功,这一成功既与权威的地区化有关,也意味着新的社会关系和意识形态的产生。

1. 修道运动的发展和改革

人们通常所称的修道院改革是很复杂和多样的。这首先是一场革新运动,它导致修道团体的激增,以及其地产范围和社会影响力的扩大。但它也是涉及修道形式和纪律的深刻变革,涉及修道生活在尘世的地位的重新界定。

在维京人和阿拉伯人的入侵中,很多修道机构被毁弃。修道运动复兴的第一个标志就是这些旧的修道机构得以重建,如960年修复的诺曼底圣旺德伊(Saint-Wandrille)修道院;在普罗旺斯,著名的圣维克多修道院于977年重建,图尔附近的马尔穆捷修道院于985年恢复。第二个标志是过去的教务会司铎群体(chanoines)开始引入修道规则,如10世纪后半期凡尔登的圣瓦纳教务会和昂热的圣欧班教务会。第三个标志是新修道机构的建立,如在加洛林世界陷入危机之后的里波尔(Ripoll,880年左右)和克吕尼(910年),不过真正的大发展是在10世纪中叶之后,而且这一势头一直维持到12世纪末;这时整个拉丁世界已经遍布修道院了。

这场复兴同时也是一场改革运动,确切言之,就是重归修道生活的组织原则的运动。直到 10 世纪中叶,这一运动仍可以被视为阿尼亚的本笃的事业的直接延续,他是圣本笃会规的真正奠基人,并在加洛林时代拥有巨大的影响力。从 10 世纪中叶开始,西欧修道运动中开始出现一些新的元素,主要是出现了受《圣经》中的《使徒行传》《沙漠教父言行录》和约翰·卡西安(Jean Cassien)著作影响的修道团体。有些团体在传播其习俗、会规和仪式方面成效卓著,如 10 世纪末之后的克吕尼、卢瓦尔河上的圣本笃修道院和马赛的圣维克多修道院,还有 11 世纪前半叶的马尔穆捷修道院。这些习俗和会规经常以文字形式记录下来,克吕尼最古老的会规是在 990—1015 年之间记录的;大多十分烦琐,如 1027—1040 年之间克吕尼编订的《行程书》(*Liber tramitis*)。大部分这类文本都赋予集体性的圣礼仪式——从祈祷到为死者举行的弥撒——以很重要的位置。不过,尽管本笃会的会规影响较大,但在当时地方性的政治格局中,修道生活是多样的。

各地诸侯,即富有权势的伯爵和公爵们,是这场修道复兴与改革运动的主要发起者,但不可忽视主教们的作用,尤其是在罗塔林根和勃艮第地区。936 年,法兰西公爵、于格·卡佩的父亲对弗勒里修道院进行了改革;994 年和 1005 年,于格·卡佩本人和儿子罗贝尔还邀请克吕尼的院长马约尔和奥迪隆前来对圣丹尼修道院进行改革。10 世纪后期,几任阿基坦公爵夫妇不仅在普瓦提埃设立了三一修道院,还对这里的圣西普里昂(Saint-Cyprien)修道院进行了改革。在东部,梅茨主教阿达尔贝隆(Adalbéron)于 933 年对戈尔兹修道院进行改革;在南方,马赛主教奥诺拉(Honorat)于 977 年重建了圣维克多修道院。从 10 世纪末开始,各地方的贵族也开始向诸侯们学习,纷纷建立自己的小型修道机构或附属修道场所,这些设施当时叫作 celles 或 odédiencens,在 12 世纪被称作小隐修院,它们普遍借用某个享有盛誉的修道院的威望。

修道院的改革运动并不是制度化的,它完全取决于改革派院长的个人联系及亲属网络,以及他们与贵族的私交。10 世纪前半叶的克吕尼院长奥东(Odon)就是这样一个广有人脉的人。他出身于图兰的贵族世家,早年曾在图尔的圣马丁修道院和欧塞尔的圣日耳曼修道院任职,并结识了昂热伯爵、图尔大主教、法兰西公爵等教俗显要,这种阅历使他可以在勃艮第、阿基坦、卢瓦尔河谷等地指导 19 家修道机构的改革,包括著名的弗勒里修道院。他在克吕尼的继任者马约尔和奥迪隆同样与法兰西和日耳曼的诸侯们关系密切,与他们的家乡奥弗涅的贵族之间的关系更是不一般。这是他们扩大克吕尼的影响力的社会基础。

一些声望较小的修道院的改革同样展示了当时教俗贵族之间的紧密联系。勃艮第的奥特-纪尧姆(Otte-Guillaume)伯爵及其岳父朗格尔的主教布鲁诺(Brunon)对第戎的圣贝尼涅(Saint-Bénigne)修道院进行改革。990 年,两人从克吕尼请来 12 位僧侣,其首领是伯爵的表兄弟沃尔皮亚诺(Volpiano),此人很快就成为这家改革后的修道院的第一任院长,而修道院与伯爵家族的联系一直十分紧密。修道院的亡灵名册上登载着布鲁诺的名字,他也被视为改革者;11 世纪初,当伯爵的魏祖尔城堡礼拜堂需要神父时,奥特-纪尧姆同样请圣贝尼涅派人。在这种背景下,修士就成为文化和文本的传播者。

从 11 世纪开始,各大修道院开始将自己的生活习俗编订成册,并向外传播以推广修道院改革。弗勒里和克吕尼都在千年前后的二三十年间编订了修道院"习惯书"(coutumiers),这类文献有助于形成某种修道院共同体,相关的修道机构会遵循相同的礼仪和社会规范。在这类共同体中,克吕尼肯定是最富影响力的一个。由于遵循克吕尼礼俗的修道机构不断增长,到奥迪隆院长(994—1049 年在任)时期几乎发生了一场制度性的变革,历史学家称之为"克吕尼教会"(Ecclesia cluniacensis)的构建。[1] 但当时的克吕尼并没有建立集权化的机构,也没有成为一个修道

---

[1] Dietrich W. Poeck, "*Cluniacensis Ecclesia*". *Der cluniacensische Klosterverband*(10.—12. *Jahrhundert*),Munich: W. Fink Verlag, 1998.

团（ordre），这个概念直到 12 世纪才开始出现，而克吕尼自己直到 13 世纪才开始使用；不过，对于同克吕尼有联系或存在依附关系的修道院，克吕尼的院长的确有稳定而强大的影响力。在所有由克吕尼僧侣主持改革的修道院，当时院长的头衔都留给了奥迪隆，其中甚至包括圣丹尼。奥迪隆任命这些修道院的院长，后者一般被视为他的下属。所以，当拉昂的主教阿达尔贝隆在 11 世纪初称呼奥迪隆是"国王"时，并不让人感到意外。克吕尼的影响力在院长于格·德·瑟缪尔（Hughues de Semur）时期（1049—1109）达到顶峰，克吕尼教会自认为是一个身体，克吕尼母院是头颅，所有依附于它的机构和领地是肢体。[①]

　　10—11 世纪修道运动的飞速发展，原因是多方面的。除了贵族与教会上层联系密切，还有两个重要原因值得一提：一是修士身份享有较高的社会声望，二是国王为贵族树立了创设修道院的榜样。当时的主教完全卷入世俗事务，僧侣的生活方式看来更具榜样作用，因而在牧灵方面也更为有效。这样一来，修道院改革就具有了精神和社会的双重意义。当僧侣们严格遵守圣本笃或其他享有盛誉的修道习惯时，就能对世俗社会施加更大的影响力，首先是影响社会上层。在当时，建立一座教堂或设立一所宗教机构就是为权威奠基的行为，是刷新权威的合法性的机会。由于当时的政治权力日益分散化，因而这种做法就更容易传播开。在阿尔卑斯山西麓，这种情形尤其明显：在 10 世纪，修道院的创始者主要是勃艮第王室，990—1010 年之间，莫里耶那、日内瓦和格勒诺布尔的主教恢复或设立修道院及其附属机构；1020—1030 年，一些贵族纷起效仿，最后一批更小的地方领主也设立了修道院。不过这种现象带来的问题是导致俗人对修道院的监护权。改革派的院长们一开始就反对俗人出任修道院首领，并致力于恢复修道院的产业，他们的努力取得了较大的成功。从 10 世纪末开始，部分修士表现得更为独立和激进，并获得了

---

① Cf. Giles Constable, *Cluny from the Xth to XIth Centuries*：*Further Studies*, Aldershot：Variorum, 2000.

在诸侯和主教面前的自治地位。不过,由于各地环境的差异,修道院改革运动取得的成功程度不一。在罗塔林根地区,重要的改革者多出自教务会司铎阶层,因而同主教保持着较为密切的关系,如戈尔兹的院长约翰和圣瓦纳的院长理查德。这些改革运动的头面人物有主教和皇帝的支持,总是希望将修道院纳入主教区的结构之中,并同世俗贵族保持密切关系,后者有时甚至能任命院长。因此这一带的改革运动是在传统的制度框架中展开的。兰斯和桑斯的情况大体类似,加洛林主教的势力依然强固。

但弗勒里和克吕尼等地位置偏南的修道院情况相反,它们在主教面前保持着更为独立的地位,最终获得了独立的管辖权,这得到罗马教廷的支持,后者虽然相距遥远,但它的声望能够产生巨大的影响力。克吕尼修道院从 910 年创立起就敬奉使徒彼得和保罗,并直接受教宗庇护,为此它还每年向教廷象征性地缴纳一笔年贡。981 年克吕尼的新教堂落成时,修道院声称得到了两位使徒的圣骨,它看起来像是个"小罗马"了。还有一些修道机构获得了教廷的直接庇护,从而显得卓尔不群,但这一特权地位却不见得一定能带来实际的好处。当然,弗勒里和克吕尼这样的大修道院更为成功,它们在艾本院长和奥迪隆院长治下完全摆脱了奥尔良和马孔主教的管辖权。1024 年,教廷将克吕尼的特权扩展到其所有附属机构,这就促进了某种集权形态的修道网络的形成;在这之前,第戎的圣贝尼涅修道院和诺曼底的费康修道院也都获得了类似的特权。当然,更为普遍的修道院特权形态是豁免权(immunité),即世俗法官和税吏对修道院的领地没有权限。有些修道院甚至采取伪造和私自增加旧特权等手段获得此类权益,圣丹尼就使用过此类手法。

2. 僧侣与俗世

在修道院的令状文书中,僧侣与世俗上层理想中的和谐关系被称作"友爱"(拉丁语为 amicitia)。这种友爱基于一种物质财富和精神财富的交换关系,首先是"为了灵魂"(pro anima)的捐赠和皈依修道生活的结合,后一种做法一般是让孩子进入修道院,或在临终前自己进入寺院,此曰"为了拯救"(ad succurrendum)。捐赠和皈依将行动者或与其指涉的个人(无论生死)整合到某种"僧侣兄弟共同体"中,并使大家同享修道院的祷告和仪式带来的精神慰藉。

捐赠是最常见的做法,其形式多种多样,甚至出售财物也可以被视为一种捐赠,以致有人说当时存在一种名副其实的、以捐赠或礼物(don)构建起来的社会体系。从 10 世纪后半期开始,很多家族(当然首先是建立修道院的家族)大量捐赠土地和各种形式的领地权益,1020—1030 年开始还捐赠教堂、礼拜堂和各种宗教权益。在当时人眼中,这并不是一种等价交换,俗人进行的是物质转让,但僧侣给予的精神回馈价值更高。在 10—11 世纪,改革派院长们重拾加洛林时代的追思祈祷和为死者举行弥散的做法,并进一步扩展。为此他们在修道院教堂中广设祭坛,鼓励僧侣们举行圣礼,这就进一步吸引世俗阶层的物质捐赠以换取天国的福利。祭坛的重要地位还影响了教堂的结构。从 10 世纪中叶开始,祭坛逐渐集中于教堂的半圆形后殿,礼拜室则分布在两侧的耳堂或主祭坛前方。也正是从这个时期开始,教堂设立地下墓室的做法开始推广。这些都提升了修道院圣礼的象征意义,为生者和死者的灵魂祈祷的礼仪在整个贵族阶层传播开,甚至波及社会下层。除了满足捐赠者们的精神需求,克吕尼的奥迪隆院长还于 1030 年设立了面向无名死者的追思祈祷仪式,仪式在 11 月 2 日万圣节的第二天举行。不过,这类仪式是有等级的。根据习惯的做法,葬礼的形式和规模依据的是捐赠者的地位及其与修道院的关系,亡灵名单上的人名每天早上都有人念诵。克吕尼的《行程书》区分了主教和俗人中间哪些人是修道院的"朋友",即修道院的主要捐赠者,而某些皇帝或国王则是"非常珍贵的朋友"。在 11 世纪的马尔穆捷修道院,有一种由院长主持的特别仪式,专门为最重要的捐赠者服务。

俗人捐赠的意义是多方面的。当然,捐赠本身有某种赎罪的意味,捐赠者希望借此摆脱尘世罪过并通往永生。但修士在当时社会结构中的地位也是重要原因。修士被视为自愿献身贫困,是真正的"基督的穷人";他们还在修道院外救济贫苦,起到某种物质再分配的作用;他们的宗教礼仪日历通常还决定着每年生活的节奏。作为贫穷和谦卑的化身,他们尤其能担任天国和尘世的中介,同时也是强者和弱者的中介。

但捐赠往往涉及复杂的交换关系网。捐赠有时需要整个亲属群体的认可,后代还会反复提及先人做出的捐赠,有时甚至收回捐出去的财产。当然,如果修道院能不断从精神方面进行回馈,捐赠时构成的交换关系就会一直延续。在这种制度框架中,修道院的产业就与贵族的家产保持着内在的紧密联系。但是,1030—1040年开始,教会改革派的主张日益激烈,他们希望巩固教会的财产权,试图使所有捐赠都成为不可让渡的财产,这当然会引发冲突,但这类冲突通常会强化较为松弛的联系,而不是中断关系。

尽管物质上的捐赠十分可观,但贵族出家进入修道院的却很少见。改革派的院长们秉承中世纪早期的传统,喜欢对以撒被献祭和杀婴等圣经主题做象征性的理解,鼓励人们将孩子送入修道院。对父母来说,献出自己的小孩会与接收孩子的修道院建立非常牢固的联系。未来的修士离开肉体上的家庭,加入新的精神家庭,通过他,两种家庭就建立了某种持久的友爱关系,更何况有时还伴随着地产方面的捐赠。小修士需要花很多年的时间学习如何操持为精英们服务的礼仪,但更为重要的是要满足改革者的理想,即应该放弃世俗生活,尤其是性生活,以确保修士天使般的纯洁。在克吕尼,这种基于贞洁的修道理想从奥东院长时期就出现了,在马约尔任院长期间有了很大的发展。修道院仿佛被打造成了天国的前厅。

尽管幼童进入修道院的情形比较少见,但修道生活的纯洁形象还是吸引了很多教俗贵族在临终前皈依修道院,当然他们会带来捐赠。阿基坦公爵纪尧姆三世、四世和五世就是在暮年皈依的。较小的领主也会这样做。皈依时经常会伴随着庄重的仪式,如将武器放在祭坛上,此举象征着赎罪与皈依。但放下武器还有另一重含义,即将世俗的武士升华为天国的武士。

世俗权势者与修道院的交换关系巩固了他们的地位，捐赠是一种彰显权威的手段，修道院对于这一行为的记载和反复朗诵，有利于确立某个贵族世家的记忆，甚至会将后者与某个特定的地域联系起来，正是在980—1060 年捐赠急速增长的时期，贵族开始围绕某个城堡构建自己的领地空间。这些都有利于贵族权势的巩固。修道院还编纂神圣武士们的生平，最著名的就是乔治·杜比等学者经常提到的《奥里亚克的热罗传记》(*Vie de Géraud d'Aurillac*)，它是克吕尼的院长奥东于 930 年左右撰写的。尽管修道院是尘世生活的理想归宿，但修士们尤其关心弘扬修道院外部的典范生活方式，例如，奥里亚克的热罗就因为以剑来捍卫弱者(pauperes)而受到赞赏。虽然这类文字对贵族的实际行为的影响尚难确定，但它们反映出僧侣们试图厘定新的社会关系的努力。

从 10 世纪初开始，克吕尼的奥东就提出这样一种构想：整个基督教社会的基础在于僧侣和世俗权势者的紧密合作，他承认后者扮演着从前由国王担任的重要角色，即保护教会和弱者。但当时最有前途的关于社会结构的想象，是后世熟知的三个等级。杜比曾认为，中世纪这一观念最早是由法国北方的两位主教，即拉昂的阿达尔贝隆和康布雷的热拉尔在 11 世纪 20 年代提出的。[①] 但类似的想法在 9 世纪后期就已出现。875 年左右，欧塞尔的圣日耳曼修道院的僧侣厄里克(Eric)就已经将社会分成祈祷者、战斗者和农民了。10—11 世纪的僧侣们可能继承了这种社会想象，但他们大多认为祈祷者首先指的是修士，这跟加洛林的传统是不同的。[②]

在修士们关于社会等级的设想中，贵族的战斗职业具有了积极意义，这一点可能有其社会史的背景：僧侣和武士大多来自同一阶层。这

① Georges Duby, *Les trois ordres ou l'imaginaire du féodalisme*, Paris: Gallimard, 1978.
② Dominique Iogna-Prat, "Le 'baptême' du schéma des trois ordres fonctionnels: L'apport de l'école d'Auxerre dans la seconde moitié du IXe siècle", *Annales Histoire*, *Sciences Sociales*, 41e Année, No. 1 (1986), pp. 101 – 126.

种构想同样涉及一种道德伦理方面的共谋。在当时严酷的社会环境中,僧侣和武士集团实际上受同一种战斗观念的激励;实际上,僧侣们留下的文字和雕塑中都充满了天使与魔鬼之间的战斗场景,他们的有些用词已经提到具有共同使命的两种"武士":作为尘世武士的贵族,作为天国武士的僧侣,都在为同样的目的服务。我们不能被僧侣们在千年前后的"上帝的和平"运动中扮演的角色所迷惑。① 实际上,在与魔鬼进行的宏大斗争中,他们赋予了祈祷积极的战斗价值,他们在向上帝的祷告和呼号(clamor)中祈求神对尘世的恶行施加报复;还有就是采取"羞辱圣徒"(humiliation des saints)的仪式来应付对手:美国学者帕特里克·格里的研究指出,当时的修士会采取贬斥甚至鞭打圣徒遗骨的手段来促使圣徒干预尘世的纷争,或者吓跑对手。② 而在贵族之间的私战中,也能看到与某些圣徒施加的惩罚性的神迹高度相似的机制,例如11世纪初昂热的贝尔纳(Bernard d'Angers)编纂的《圣富瓦神迹录》中的记载。这些都表明,世俗贵族与僧侣之间存在相似的"战斗文化"。

3. 修道院与在俗教会

从10世纪上半叶开始,克吕尼的奥东院长就批评图尔的圣马丁教务会司铎过于留恋尘世生活,并宣扬修士精神上的优越地位。到10世纪末,修道运动的飞速发展以及修道院与世俗贵族的特殊关系的确立,已经引起部分主教和在俗教士的不满了,尤其是在法国北方和罗塔林根一带,因为那里的主教一直在政治方面享有特殊地位,修道运动无疑威胁到了这种源自加洛林传统的政教关系。当然,北方的主教们并非不支持修道院改革,但他们要求改革必须严格地在主教权威框架中展开。

主教和僧侣们的竞争牵涉多方面的问题。首先是修道院豁免主教

---

① Barbara Rosenwein etc., "Monks and Their Enemies: A Comparative Approach", *Speculum*, Vol., 66, 1991, pp. 764 – 796.

② Patrick Geary, "L'humiliation des saints", *Annales E. S. C.*, 1979, pp. 27 – 42.

管辖权造成的难题。这个问题又涉及教宗的优先权,因为授予修道院豁免权的正是教宗。990—1020 年,弗勒里和克吕尼的院长在北方的宗教会议上屡屡就此事与主教们发生争执。在教会外部,主教们还认为,当时社会和政治秩序的混乱与僧侣对国王和贵族的恶劣影响分不开。主教们并不是很赞同上帝的和平运动,尤其是某些院长领导的、在主教城市之外举行的和平宣誓,因为这削弱了主教对世俗事务的裁决权。就是在这种背景下,拉昂和康布雷的主教提出了针对修道院僭越的社会功能三分法,他们强调主教是首要的祈祷者,国王才是守护和平的武士,在这一点上杜比的解释是正确的。但在这场竞争中,看来修道院占了上风,甚至一些重要的主教也站在了他们一边,如沙特尔的主教、法学家富尔贝尔,以及图勒的主教布鲁诺(Brunon)——就是后来的教宗列奥九世。

在罗塔林根和勃艮第一带,女司铎群体在 10 世纪有很大的发展,贵族家庭很乐意将女儿送入教务会。不过,他们也希望能控制修道院院长的选举。从 10 世纪末到 11 世纪中叶,小型男性教务会在法国北方迅速增长,这与当时城堡的激增有关。小型教务会的建立比修道院容易得多,而且更易于控制,因而很多想提升领地宗教声望的领主都愿意设立,当然有时需要授予一块地产,但这种宗教机构总的来说有利于领主的统治,并且能够提供书写方面的文化服务。

但在所有社区,修道院仍被视为最佳的楷模。从 10 世纪末开始,遵循圣本笃会规的修女院明显增长;1030—1040 年开始,很多小教务会都被大修道院吞并,转变成附属的小修院。主教身边的司铎有时也被修道院的光辉榜样所吸引。不过,尽管资料缺乏,学者们还是可以断定,当时各个主教区神职人员的状况千差万别。早在加洛林时期,修道就已成为一种理想,埃克斯规章(817 年)曾希望所有司铎都过集体生活。博韦、努瓦永等主教区从 9 世纪就开始这样做了,但大部分主教区在 11 世纪之前还没有开始。

4．圣物

10—11 世纪的西欧社会对圣物有强烈的需求，人们深信与神意的直接交通可以通过某些行为、物件或在特殊的地点实现，而圣物就是这样一种联系纽带。不过，在这一事务上，教士是真伪圣物的判定者，他可以确定哪些圣物是符合基督教的，哪些是"迷信"和"异教残留"。但这种区分有时并不那么明确，而且，教士也不总是独占基督教的圣物，俗人，尤其是国王和诸侯，也总是企图获得圣物，并且一般会得到教士的认可与合作。但是，从 11 世纪开始，情况逐渐发生深刻的转变：圣物的定义越来越明确，而且越来越垄断在宗教机构手中。这种变化的源头相当复杂：首先是改革派僧侣的推动，但也有某些主教的支持。

圣物的意义首先表现在圣骨崇拜上，它在 10—11 世纪有了很大的发展。当时社会秩序的混乱无疑起了推动作用，但最主要的推手是修道运动的发展，以及广大世俗社会阶层的需求。修道运动首先造成了圣骨的流转，各个机构都试图找回从前因为大入侵而被掩藏起来的圣骨。此外人们还可以获得新的圣骨，或者交换、共享，甚至有偷盗邻近寺院的圣骨的现象。[①] 之所以有这样的需求，是因为圣坛的祝圣、新修道院影响力的扩大，都必须以圣骨为凭靠。圣骨是修道院地位的基础，因为大部分地产捐赠都是献给已故的圣徒的。修道院也热切地编纂圣徒传记和神迹，很多文本把圣徒、圣骨融入地方历史之中。南方一些地区则喜欢把寺院和圣骨与加洛林君主的功业联系在一起。

诸侯们有时也想给自己的家族披上某种神圣光环。对于主教们来说，诸侯是他们财富的主要来源之一，而且诸侯在人形圣骨盒的传播中扮演着关键角色，这种物件在 10—12 世纪相当典型，但一些较早的圣骨盒业已消失。这类圣骨盒在法国南方流传很广，通常这是贵族捐献的。

---

① Patrick Geary, *Furta Sacra*：*Thefts of Relics in the Central Middle Ages*, Princeton：Princeton University Press, 1991.

在 10—11 世纪之交,南方孔克地方的圣富瓦(Sainte Foy de Conques)修道院有个著名的人形圣骨盒,它是从加洛林时期的一尊雕像加工而成的,试图以黄金和宝石镶嵌的人像模仿基督复活。昂热的贝尔纳在南方旅行时发现,这件宝物在当地民众(包括贵族)当中激起极大的信仰狂热,但狂热之中掺杂着恐惧。

圣物本身的力量就可以解释,为何社会政治关系中会频繁吁请圣物的干预。修道团体会在司法诉讼中展示圣物,或在仪式之中操控圣物以影响或恫吓其对手。诸侯和主教们会在和平会议上请来圣物,世俗贵族的一些重要宣誓仪式上也会以圣物为证。此外,在当时严酷的生活条件下,圣物提供了直接与神意交通的可能,它可以许诺保护和治愈疾病。这种对治愈性神秘力量的信念在社会各阶层都有表现,但在教会精英中最明显。这在某种程度上可以解释,为何朝圣运动在 10 世纪后期有一个大发展。人们去得最多的地区性朝圣地就是修道圣殿,如孔克的圣富瓦、圣米歇尔山、卢瓦尔河上的圣本笃(即弗勒里)和普罗旺斯的圣吉尔斯。1019—1020 年,国王虔诚者罗贝尔的朝圣之旅涉足南方的主要圣地,直至图卢兹的圣塞尔南。尽管前往罗马路途遥远,但使徒彼得足以吸引越来越多的人跋山涉水,其中就有虔诚者罗贝尔。在 10 世纪末,更远的耶路撒冷也有越来越多的人前往。1002 和 1008 年,昂热伯爵黑脸富尔克两度前往耶路撒冷祈求赦罪。1010 年代意大利伦巴第教俗大贵族们招募的第一批诺曼骑士,很可能就是从圣地归来的朝圣者。

5. 战争与新的社会规范

在 10—11 世纪的西欧社会,战争是常态,是贵族生活的重要构成部分。但战争的形态几乎到处都是一样的:骑马巡游,焚烧或夺取堡垒,抢劫财物。投入战争的人员很少,一般只有几十个骑士,有时可多达一两百;战争的范围也很有限,很少有跨地区的战争。至少从表面上看,各地战争的性质也是一样的:如争夺对土地和居民的控制权;复仇或私战(faide),这种行动旨在洗刷家族荣誉蒙受的损失:包括财产损失、人员伤害、偷盗和绑架妇女。复仇行为会引发新的复仇,这时会有第三方来劝解以达成妥协,这个斡旋者一般是双方的熟人,或者主教、修道院院长等有名望的人。不过,在双方互不相让时,就会采取神判法,主要是司法决斗或"身体测试",如在炭火上行走。这种做法诉诸某种神圣或神秘的裁决力量,它让敌对双方接受一种很体面的斗争,对社区而言则是一个值得纪念的事件。从贵族之间冲突的逻辑来看,可以总结出两个基本特征。第一个特征涉及战争与和平的紧密关联:双方并不是截然对立的,一方也不完全消灭另一方。战争与和平是相互交织的,都只是一个冲突循环的过渡阶段,但冲突的根源会再次被激活。按当时人的理解,和平就是一个协商和仲裁的时刻,它只是以另一种形式延续战争。第二个特征是,骑士的暴力总是在较为明确的框架中展开的,这种框架由共享的但经常是默许的习惯和价值观构成。冲突当然会揭开矛盾和分歧,但各方都会遵守共同的荣誉准则,都会注意维持贵族的内部团结,而好斗之风和激烈的争吵有利于强化贵族家族的内聚力,以及不同于其他社会阶层的阶级认同。具体而言,贵族要展现他们的力量,弘扬其共同的价值观,如力量、勇气、慷慨等等,并在共同的战斗和考验中巩固友爱和忠诚关系。因此可以肯定地说,骑士暴力是有规范的,它没有发展到摧毁社会肌理的地步,相反,暴力甚至有助于贵族的统治,而暴力真正的受害者应该是没有武装的农民,某些时候甚至还有僧侣。

从 10 世纪末开始,某些教会阶层试图克服神判法的做法,将贵族暴力限制在体制性的框架中。10 世纪末开始的"上帝的和平"宗教会议、1040 年继之而起的"上帝的休战"运动,其意图就在于此。最早的和平会议是 978 年或 980 年到 994 年在法国南方举行的,比较著名的如勒皮伊附近的拉普拉德、沙鲁、纳尔榜、昂塞等地举行的会议,它们的发起者是高级教士,如勒皮伊主教、波尔多和里昂的大主教。11 世纪最初 20 年,普瓦提埃和沙鲁(这是第二次)出现了和平运动,但主持者是阿基坦公爵纪尧姆五世。从 1020 年代开始,和平运动几乎遍及整个南方和勃艮第,但在北方看来并不流行,那里的大部分主教对和平运动持反对立场,他们认为这受到了克吕尼的恶劣影响,只有博韦和苏瓦松的主教在 1023 年采取过某种和平举措。[1] 上帝的休战运动也主要是从南方兴起的,1060 年之后,它传播到了北方的诺曼底和佛兰德尔,不过倡导者是诸侯们,他们将休战运动视为巩固其权力的一种手段。但在卡佩王室领地和法国西部一带,和平运动受到较大的抵制。

和平会议的参与者主要是教士,但也有世俗贵族参加。会议的主持者起初多是主教,后来诸侯越来越频繁地插手了,如在阿基坦、普罗旺斯、诺曼底和佛兰德尔。会议举行时会展示圣骨,因此有时也能吸引很多农民前来。聚会一般是在严重的危机之后举行,因而有浓厚的赎罪氛围:危机可以是饥荒、瘟疫,也可以是贵族暴力的泛滥。与会者首先会谴责人的罪过,有时甚至会指名道姓,然后祈求圣徒的保护,并为众人开启拯救之门。在这种心态下,和平会议会采取一系列措施,企图以特殊的宗教规则来规范暴力行为。上帝的和平旨在保护弱者:寡妇孤儿、教士和僧侣,总之所有"没有武器"(inermes)的人,或前文提到的"弱者"(pauperes),pauperes 在这里准确而言并不是"穷人"的意思;此外还应保护神圣场所,如教堂和墓地等。上帝的休战则在某些特定的时段禁止军事行动,如周日、重大的节日、四旬斋和复活节,后来每周的最后几天,即从周三晚到周六晚,也被禁止战斗。这些决议有时还伴随着贵族和武士们的和平宣誓。

对于这些会议的意义,当时人的理解就有不同,后世历史学者就更加意见纷纭了。大多数情况下,会议展现出诸侯与主教们在引领基督教人民时的合作关系。有时主教会单独行动,但应该强调的是,他们往往与诸侯有亲属或臣从关系,他们之所以担任主教,也是得益于诸侯的任命。除了针对个别怙恶不悛之人,会议一般采取的是精神上的惩罚措施,如绝罚或诅咒。不过,一些强大的诸侯有时也被委以执行决议的责

---

[1] Karl Ferdinand Werner, "Observations sur le role des èvêques dans le mouvement de paix aux X-XIe siècle", in C. E. Viola ed., *Mediaevalia Christina*, XIe-XIIIe siècle. *Hommage à Raymond Foreville*, Paris: Editions universitaires, 1989, pp. 155-195.

任。所以,与北方主教们指责的相反,和平宗教会议在地区性诸侯国的框架中强化了传统权威,它并没有与加洛林的传统割裂。

不过,和平宗教会议还是表明,君主的和平与司法使命已经向主教和世俗贵族转移了。过去人们曾认为,和平运动中出现的规章,是对千年之际骑士暴力激增和新出现的领主征收的一种反应。今天,这个看法已经被修正。的确,980—1010年之间出现了大量对武士的"暴力""征收"或"恶劣习惯"的谴责,但在改革派僧侣和教士的笔下,这类言辞经常是一种道义谴责——多米尼克·巴特雷米所谓"文献变革"的一个重要方面——目的在于创立关于公正与不公的新标准,这就相应地要对贵族的特权和行为做一点非法化处理,更何况教会与世俗贵族在实际利益方面还有竞争关系。更宽泛地说,教会试图划分暴力使用的时空范围,并企图让一些居民和地域(尤其是教会地域)摆脱贵族的控制,这就更为明确地划定了俗世空间与神圣空间,双方将在行为模式和法律地位等方面相互区分。①

这些策略很大程度上得益于改革派修道运动的推动。很长时间以来,学者们都强调宗教会议条规与弗勒里的艾本等人的著作之间的密切联系。另一些条规则与一些著名的修道机构获得的豁免权相呼应。另外,在上帝的和平或休战运动中,一些修道院院长在拟定和传播和平立法方面发挥了直接而重大的作用,如克吕尼的奥迪隆就参加了1016年东布河上的凡尔登会议,并且对阿尔勒大主教等高级教士施加了影响。另外,和平运动在修士撰写的文本中留下了明显的痕迹,如9世纪末到11世纪初弗勒里编纂的《圣本笃的神迹》中就有关于这位圣徒的"报复"(vindicta)的记录,当然受到惩处的是抢劫修道院财产的邪恶骑士们。

总的来说,上帝的和平或休战运动带有一定的矛盾性。一方面,它反映了主教和诸侯们对加洛林秩序的某种眷恋,不过这种秩序已经下沉

---

① Cf. Dominique Barthélemy, *L'an mil et la paix de Dieu. La France chrétienne et féodale 980–1060*, Paris, Fayard, 1999.

到诸侯国层次;另一方面,它也表现出改革派僧侣大力推动的新意识形态的产生。

6. 神圣场所

强化某些地点的神圣性也是界定世俗空间和神圣空间的重要措施。宗教建筑是毫无疑义的神圣场所,首先是主教祝圣过的举行宗教仪式的教堂,而不仅仅是祭坛;另外,在10—11世纪,主教和僧侣们开始认可很多俗人建立的教堂,同时自己也在设立新的附属性宗教场所,这就扩展了神圣场所的范围。

从10世纪中叶开始,古代晚期以来教堂周边的庇护空间的神圣性也在加强。11世纪,上帝的和平与休战中产生的几个宗教法典规定,教堂及其附属的庇护空间是安全地带(sauvetés),避难者及其财物在这里享有圣地的保护,对于违反禁令者,将课以600苏的罚款,这是一种古代晚期的习惯,而且它的确被执行过,尽管罚款经常被转化为地产捐赠。例如,在1023年左右,一个名叫若思朗·德·梅尔泽(Josserand de Merzé)的人因在克吕尼修道院门口杀人而被迫捐赠土地以谢罪;1055年,几个侵犯僧侣、亵渎墓地的匪徒也被判向马赛的圣维克多修道院捐赠土地。马赛的例子同样表明,丧葬空间也开始走向神圣化,近来米歇尔·劳维斯(Michel Lauwers)所考察的"墓地的诞生"(naissance du cimetière)课题就涉及这类问题。在欧洲大陆,对墓地的祝圣最早于1040年出现于罗塔林根地区的斯塔维洛(Stavelot)修道院,接着于1049和1050年出现在布宗维尔和贝桑松,当时这一做法得到图勒主教、后来的教宗列奥九世布鲁诺的提倡。1040—1060年,法兰西岛和布列塔尼的几份令状也暗示这些地区开始了墓地的祝圣,具体的仪式一般是通过宗教游行来划定一个神圣空间,从此这个地方就被视为保护灵魂和尸体免受魔鬼侵犯的最佳处所,直到末日审判到来。这种做法鼓励了墓地集中到宗教圣地近旁。最近在图尔主教区的考古发掘表明,坟墓集中到教堂周围大约发生在10世纪末到11世纪中叶之间。在同一时期的加泰罗尼亚,教堂的祝圣往往伴随着对墓地的土地赠与。

教堂、墓地和某些教会豁免地域的逐步神圣化,使得它们逐渐成为专供人与神交往的特殊地点,而确立这种神圣性、行使各种特权的教士和僧侣就是交往的中介。因此从社会和宗教意义说,这进一步强化了教会作为中介者的地位,并逐步动摇了加洛林时代神圣和世俗空间交叠的格局。另外,神圣化地点也很容易成为吸引居民或某些活动的极点,前文在讨论村庄和新市镇的形成时已多次强调这一点。在 11 世纪前半期,这种演变才刚刚开始,但它已经蕴含着此后一系列重大现象的胚芽,这就是格里高利改革和围绕教堂的居民点集中。

7. 婚姻问题

加洛林时代对俗人等级的定义就是结婚的人,这种观念有利于构建基督教婚姻观。但修道运动并不总是对婚姻持积极态度。改革派僧侣开始与俗世彻底隔绝,有时甚至发展出一种名副其实的天使纯洁崇拜,这在克吕尼特别明显,于是女人被想象成夏娃的形象,婚姻是修道生活必须抛弃的。在 12 世纪中叶韦泽莱修道院的一根柱头上有这样一幅场景:圣本笃受到婚姻场景的诱惑,场景中的妇女由魔鬼引荐,而圣本笃手执圣典坚定地拒绝,铭文则对魔鬼和妇女用了同一个词语:diabolus,即都是魔鬼。

不过婚姻仍然是一桩世俗事务。从现有材料来看,贵族家庭的婚姻总是深思熟虑过的,因为这将奠定两个家族的联盟关系。婚姻首先是男人的事务,一般是未来的新郎和未来新娘的父亲或监护人商定的。婚姻的缔结还意味着财产转移:新娘的父亲要给女儿一笔嫁妆(dot);新郎给新娘的财礼称"晨礼"(日耳曼语为 Morgengabe),法语称 douaire,就是婚礼次日给新娘的"贞洁礼",这是日耳曼的传统。在 11 世纪初的南方,正是因为晨礼,婚姻才有法律效力,因此仪式相当隆重。另外,晨礼还是妻子或寡妇获得相对独立的财产地位的基础。

既然婚姻是一桩世俗事务,它的解除也就相对容易,而且当时解除婚姻是很常见的。女方不能产下男性继承人、夫妻不和、想缔结新的婚姻等等，都可以成为丈夫离婚的理由。抢劫妇女的情形仍有发生，尽管只是偶然的现象，其对象包括未出嫁和已婚的妇女。再婚的情况很普遍，由此造成了大批的同父异母或同母异父的兄弟姐妹。同居的情形也很多，而且同居所生的孩子并不被排除在亲族关系之外，也不排除享有父系继承权的可能。必要时，同居所生的儿子甚至可以取代婚生的儿子，最著名的例子大概就是诺曼底公爵征服者威廉了。多婚多子当然很容易导致家族冲突，但有时也是一种力量。

在这种情况下，族内婚就相对频繁了，更何况贵族家庭经常每隔两三代就会通过族内婚来强化联盟关系。10 世纪的加泰罗尼亚伯爵家族就是个典型。贵族的这种婚姻习俗严重违背教会 868 年在沃尔姆斯、874 年在杜齐会议上宣布的七代之内禁止通婚的禁令。在这一矛盾局面中，通常也是贵族出身的主教们往往采取调和的立场。但是，从 11 世纪初开始，在沃尔姆斯主教布查尔（Burchard，1000—1025 年在任）的倡导下，一种强硬方针开始浮出水面。[1] 这位主教在皇帝奥托三世，尤其是亨利二世的支持下，试图为帝国的君主和诸侯的婚姻确立规范，从而引发众多的冲突。教会试图对贵族的婚姻强加监控，因而对接近帝国宫廷的罗塔林根诸位主教，尤其是未来的教宗列奥九世施加影响力。此外，教宗格里高利五世和法国的一些高级教士可能也发挥了作用：这些人曾谴责国王虔诚者罗贝尔与勃艮第的贝尔塔的近亲婚姻，并于 1003 年迫使罗贝尔离婚。但在当时，这一趋势在南方和西部贵族中间影响仍然很小。

第二节　格里高利改革

在 11 世纪后半期，整个西方世界经历了一场前所未有的宗教秩序

---

[1] Cf. Patrick Corbet, *Autour de Burchard de Worms. L'Église allemande et les interdits de parenté (IXe-XIIe siècle)*, Frankfurt am Main: Klostermann, 2001.

的变革,人们习惯于称这场变革为"格里高利改革",这个名称来自教宗格里高利七世(1073—1085年在任),他一度是这场运动最积极的倡导者。不过,改革导致的深刻变化不仅体现在宗教或政治领域,还牵涉社会、文化和经济领域。人们习惯于把运动的起点定在教宗列奥九世即位(1049年)之时,终点则在教廷和皇帝达成沃尔姆斯协定(1122年)或首届拉特兰普世公会议(1123年),但改革运动的直接影响延续到了12世纪末。传统的年代学主要参照的是主教授职权之争,即教宗与君主,首先是德意志皇帝之间的争吵。但格里高利改革的范围远远超出了这一问题,教廷和新修会极大地拓展了改革的涉及面,并造成一系列的抵制和反应。这场改革堪称西方社会史的一次重大转折,一次真正的"文化革命",它拒斥加洛林秩序及其在帝国和诸侯国的各种后继形态,并推动"尘世秩序"向另一种秩序的转变。

1. 新的世界秩序理念

说来有点反讽的是,在11世纪中叶,教会改革的主要发起者是皇帝。亨利三世于1039年成为德意志国王,1046—1056年成为皇帝,他支持修道院改革,并且在帝国境内的主教中提名教宗,如1049年担任教宗的列奥九世的图勒主教。这些教宗强调道德纯化和神职人员的纪律,同时又不放弃加洛林和奥托时代的宗教—政治传统。但是,随着教宗斯特凡九世(1057—1059)和尼古拉二世(1059—1061)开始逐步摆脱皇帝的监护,与这种传统的裂痕就加深了。1059年,选定教宗的权力被委托给枢机们,皇帝丧失了这一权力,这是一个重大转折点。从此,教廷在改革事务中开始掌握主导权,由此获得前所未有的新威望和新权力。教宗首先在教会内部确立其至上权,并组建了一个中央管理机构。1075年,格里高利七世发布著名的《教宗谕令》(*dictatus papae*),这份文件在12世纪之前的传播范围有限,但它已经以最激进的方式坚称教宗有摆脱传统做法、制定新法律的权威。

但不应该把格里高利改革理解为纯粹的自上而下的运动。实际上,西欧各地的不同阶层中有不少改革的推动者。在意大利北部和中部,改革得到城市人民的支持,在米兰,敌视皇帝的大家族也乐于支持改革;在法国南方,格里高利改革可以被视为 10 世纪的改革派修道运动,尤其是克吕尼运动的延续。而且,各地的改革支持者并非陌路人,克吕尼的成功就得到勃艮第和阿基坦的整个贵族关系网的支持,它的院长们自 10 世纪以来就取道伦巴第前往罗马。教宗的贡献是在 11 世纪后期促进了整个西方世界教会改革派的交流,在这方面,教廷派往各地的特使起了重要作用。

尽管当时西欧各地千差万别,而且改革遇到了不同程度的阻力,但格里高利改革还是有相当大的统一性。改革的支持者普遍有这样一种信念:尘世的罪孽根源于教会的分裂——这里的教会既指建制教会,也指信徒共同体——以及强权者对教会的篡夺。这种认识导致统一和纯化教会与社会的双重理想。改革运动一开始可能来源于对理想化的加洛林秩序的怀旧情绪,尤其是在受皇帝影响较大的罗塔林根地区;但改革的希望很快就转移到了教宗所扮演的先锋角色之上,这时的教宗受到了僧侣以及向往修道生活的在俗教士的支持。像前现代的很多改革一样,这场改革也自认为是回归源头,回归"原始教会"(Ecclesiae primitivae forma),回归福音书和使徒行传中的使徒共同体,以及早期在埃及沙漠中的修道方式……不过,对使徒式生活的向往并不仅限于教会内部,它吸引了很多俗人,教会改革派则不失时机地利用了这一优势来打击反对派。

格里高利改革的一个基本原则是教士与俗人的分离,这被视为整个基督教共同体得救的必要条件。1140 年左右编纂的《格兰西教令集》则在法律层面进一步确认了这种分离:"有两种基督徒,教士和俗人",并且认为此说源自圣哲罗姆,但实际上,这种分类仅仅可以追溯到 11 世纪后半期,而且只是在沙特尔的主教伊夫(Yves de Chartres,1040—1116)的教会法著作中才被特别强调。分类首先基于生活方式的差异,尤其是性方面的标准。两类人分别遵循各自的性标准:教士应该保持贞洁,俗人则要结婚。从性标准来看,格里高利改革把僧侣的标准推广到了整个教会,改革者把肉体上的贞洁作为遂行圣职的先决条件。这种倾向发展到极端之后就导致对妇女的妖魔化,旺多姆的若弗瓦(Geoffroy)院长就是这样一个极端派。俗人的婚姻状态最多只是一种较小的恶,它在拯救的序列中位居下端,俗人还需接受教士们为合法婚姻制定的标准。但教士一旦进入教会就不可逆了,他们不能重返世俗生活。同样,婚姻也被视为一种圣礼,它是不可解除的,除非一方配偶死去。配偶死后,教会仍鼓励另一方进入修道院或者不再婚,对妇女尤其强调这一点。

教俗分离也是等级制度和权力分配的基础。改革派教士认为,人与神之间的一切交流都是教士的责任,而对圣餐礼价值的不断强调也有助于强化这种认识。1050—1079 年,图尔的贝伦加尔(Bérenger de Tours)关于圣餐的学说被斥责为异端,从此关于圣餐的"实在论"观点确立下来:圣餐是经仪式转换过的基督的身体。与此同时,改革也伴随着宗教生活的空前发展,从格里高利七世到英诺森三世的历代教宗都在支持这种发展。在教司铎们的修道会明显增加,如 1120 年成立的普雷蒙特雷修会就是一个具体表现。教士们的冥思也逐渐成为其整个生活中不可或缺的部分。但妇女被排除在冥思之外,即使她们献身修会。

但是,教会职能的神圣化暗含的另一面是一切世俗权威的去神圣化。从逻辑上说,甚至王权也要去神圣化,在穆瓦扬穆迪埃的昂贝尔(Humbert de Moyenmoutier)笔下,王权已然去神圣化了。[①] 托马斯·贝克特和索兹伯里的约翰等人尽管还没有走到极端,但他们认为国王只是从教会领受权力,并为教会而行使权力。这种教会和世俗社会的双元等级学说影响力十分强大,以致掩盖了 9—10 世纪就已出现的社会功能三分秩序。

在上述原则的支持下,教会改革派认为,教会所支配或被认为应该

---

① Claude Carozzi，"D'Adalbéron de Laon à Humbert de Moyenmoutier：la désacrilisation de la royauté"，dans *La crisitianità dei secoli* XI‑XII *in Occidente*：*coscienza e strutture di una società*，Milan：Vita e Pensiero，1983，pp. 67‑84.

支配的财物、土地和各种权益,都应由教会人员自己管理,这种自治是不容俗人干预的。主教的指定应该归每个主教城市的"教士和人民",但不久这个群体就被简化为主教座堂教务会的司铎们,个别时候甚至由教廷及其代表选任主教;修道院院长的选任权有时归所在地的主教,有时归修道院的教务会。主教的选任争议最大,这一点众所周知。从弗勒里的艾本之后,教会改革派就拒绝对祭坛和教会进行区分,传统的看法认为前者是神圣的,后者只是个外在的有形框架,即信徒的组织架构,或更为具象的聚会地点教堂。艾本以后的新见解有助于形成教会统一体的概念,从而整体上摆脱城堡领主制的控制。这一点意义重大,它导致一系列涉及教会财产的新理念:从此俗人对教会的什一税和其他权益的掌控就受到了谴责,俗人放弃这些权益就被教会视为合法的"收复"(restitutions);对宗教团体的财产捐赠被视为确定的最终让与,不再存在教俗之间的权益纠纷;俗人不可在宗教地产上进行不当的捐税征收;教堂和修道院的保卫者,例如执事(avoués),其权力必须严格限定。在这种背景之下,教会(Eglise)概念从 1100 年左右开始分化,仅仅指宗教机构及其成员,即教士和僧侣,而不再是整个"信徒共同体"(congregation fidelium)。

与加洛林传统相比,这种对教会的重新定义及教会在社会中的新地位,意味着一场几乎彻底的断裂。改革者不仅限于提出新准则,他们还试图赢得信徒们的追随,为此他们竭力从意识方面影响信众。在他们看来,改革首先是个人的问题,因此应该推广以圣保罗和奥古斯丁为代表的皈依模式。从这个意义上说,格里高利改革像是一场文化革命:因为它企图通过教士和世俗精英,向广大信众传播一种更具个人性和内在性的"罪"意识,并以此来改造信徒的行为。

2. 改革的推进

在西法兰克,格里高利改革的第一个重大举措和象征性行动,是 1049 年在兰斯举行的大型宗教会议,会议的主持者是教宗列奥九世,但法王亨利一世没有出席,尽管他接到了邀请。到会的有 4 个大主教、16 名主教和 50 多名修道院院长,他们中间有小部分来自罗塔林根和勃艮第,另一部分来自法国北方,主要是图尔和鲁昂两省。在教宗及其近臣的倡导下,会议颁布了好几项法令,严厉谴责圣职买卖,并敦促教士遵守其身份所要求的规则。更为重要的是,会议还对一些高级教士——包括到会和未到会的——进行了宣判:有些人被处以绝罚,如桑斯大主教、博韦和亚眠的主教;有的则被罢黜,如朗格尔和南特的主教。对于俗人也采取了惩罚措施:有些人因为"乱伦"婚姻,即违反教会规定的亲属关系禁令的婚姻而被处以绝罚。这次会议是个起点。在随后的几十年中,教会召集了一系列的宗教会议,越来越明确地打击圣职买卖、纵欲和乱伦,并颁布新的规章,罢黜抗拒不从的主教,以改革的支持者替换之。在今天的法国疆界之内,1049—1130 年之间共召集了 170 余次主教会议(concile),这种频率是前所未有的:仅在阿基坦一地,教宗格里高利七世在任期间几乎每年都要召开主教会议。当然,有些会议比较重要,像 1049 年的兰斯会议一样,是地方层次的改革运动的发起者,如 1056 年的图卢兹主教会议和 1060 年的图尔主教会议。这些会议大多由教宗特使主持,作为教廷的代表,他享有特殊的权力,地位高于主教和大主教;但诺曼底是个显著的例外。教宗特使一部分来自罗马教廷,如未来的格里高利七世希尔德布兰(Hildebrand);另一部分则是在改革派主教和修道院院长中间指定的,如波尔多大主教艾玛(Amat)和克吕尼的院长于格。他们的行动在诸侯国和地方教会中引发巨大的震荡,不仅是因为改革原则的传播,也因为他们促进了以教宗为最高首脑的教会制度的集权化。

尽管可以把格里高利改革视为一个具有内在连续性的运动,但从教宗的行动来看,还是可以分为三大阶段。改革最初的十年中,教廷的行动相对稳健,也比较注意安抚皇帝;但从 1050 年代末开始,在穆瓦扬穆迪埃的昂贝尔和希尔德布兰的影响下,改革开始明显激进化,这种激进化在格里高利七世在任期间达到顶点,这是改革的第二阶段。这时的教廷坚定地在教会内部声张自己的权威,并对世俗掌权者采取强硬立场。

在地方层次上,教宗特使与诸侯频繁发生冲突,如后来的波尔多大主教艾玛就与阿基坦公爵发生争吵,并罢免了当地的很多主教。1078 年,教宗特使也开始抨击国王对主教的授职权。从教宗乌尔班二世(1088—1099 年在任)开始,改革进入第三阶段。这位教宗原来是兰斯的司铎和克吕尼的僧侣,他的上任标志着"第二期格里高利主义"的到来,他的方针着眼于真正将改革落到实处,因而更倾向于与主教们联合并安抚世俗权威,首先是安抚王权,因此改革开始转向某种务实的温和路线。在地方层次上,教宗特使与诸侯的相处逐渐融洽起来,教廷特使昂古莱姆的吉拉尔(Girard)与阿基坦的纪尧姆九世的关系堪称典型。这种教俗关系尤其体现在以沙特尔的伊夫为代表的"法兰西"主教群体身上,这些人愿意支持改革,但主张采取温和与规范化的路径。

从很多方面来看,1095—1096 年乌尔班二世的巡视是改革行动的顶峰。① 从 9 世纪以来,教宗第一次在法国长期间地逗留。他从阿斯蒂出发,穿越阿尔卑斯山,然后几乎走遍了整个法国南方,并向北走到了勃艮第和曼恩一带。教宗沿途会晤主教和修道院院长,为教堂和墓地祝圣,敦促人们向教会捐赠,并交纳什一税。旅行的最重要一站是 1095 年 11 月在克莱蒙召开的主教会议,与会的共有 13 名大主教和 200 多名主教,大多数来自法国和勃艮第,也有来自洛林、意大利和西班牙的主教。会议重申了教会的改革立法,并再次宣布法国国王菲利普一世因重婚而被处以绝罚。会议还将上帝的和平与休战运动的法规扩展到整个基督教世界,并委任主教们在主教区的框架内负责具体实施。11 月 28 日,教宗在大会上布道,号召所有基督徒拿起十字架,去解救受奴役的圣地耶路撒冷。第二年 7 月,教宗在尼姆主教会议上再次发出了这个号召。这次后来被视为十字军号角的布道有好几重用意。它首先是一个漫长的意识形态演进的结果:为教会而对异教徒进行战斗是合法的,而且这种认

① *Le concile de Clermont de 1095 et l'appel à la croisade*, Rome: École française de Rome, 1997.

识因为 11 世纪中叶以来在意大利南部和西班牙进行的战争而进一步加强。其次,十字军也是一种带有赎罪色彩的朝圣,这一行动将缔造一种传统:军事贵族们以前往圣地为荣,十字军的家人和财产将置于教会的保护之下;而且,作为朝圣者,他们如果死在征途中将被视为殉道者,并被完全赦罪,当时改革运动所强调的纯洁化无疑更助长了这种心态。最后,十字军口号还是一种权力手段,它使得教宗可以对教会机构和基督教世界真正行使其权威:乌尔班二世是十字军的发起者,并自称为十字军的首脑,尽管他委派别人作为教会和俗世两方面的代理领导人:教会方面是特使阿德玛尔·德·蒙泰伊(Adhémar de Monteil),世俗首领他挑选的是普罗旺斯圣吉尔斯的雷蒙四世,但北方的诸侯并不愿意接受这个人的领导。

改革的成就和进度存在较大的地区差异,这取决于当地的具体环境,尤其是前期改革思潮的渗透和随后外界干预力度的强弱。不过,教廷干预过早或力度过大,有时也会适得其反,布列塔尼就是这种情况。1049 年,教廷试图撤换出身伯爵家族的南特主教,以来自罗马的一位僧侣取代之。但当地伯爵联合地方教俗精英抵制教廷的任命,新主教只得知难而退。后来,布列塔尼的改革运动采取了一条稳健的路线,改革的推动者大多是来自法国西部的温和派教士,如雷恩主教马博德(Marbode,1096—1123 年在任)。

改革运动的排头兵是那些在 10 世纪和 11 世纪初就已经展现出新修道精神的著名修道院,如克吕尼、弗勒里、马赛的圣维克多、圣丹尼、圣日耳曼-德普雷,等等。教廷经常任命这些机构的院长为特使,并授予他们相当大的特权,使其在主教和世俗权威面前享有豁免权。[①] 不过,改革同样需要依托主教团,有时也得到一些贵族集团的支持,这就有利于出身僧侣的改革派可以传播新的理念,如出身圣维克多修道院的马赛主教

---

① Ludwig Falkenstein, *La papauté et les abbayes françaises aux XIe et XIIe siècles. Exemption et protection apostolique*, Paris: Champion, 1997.

雷蒙(Raimond,1082—1122年在任),以及出身克吕尼的奥什主教纪尧姆(Guillaume,1068—1096年在任)。不过,在今天的法国东北部一带,情况大不一样,那里的修道运动既服从主教,也更认同于传统的帝国教会结构。

在格里高利改革的高潮期,克吕尼的院长于格·德·瑟缪尔扮演了重要角色。于格在任的时间长达六十年(1049—1109),克吕尼的修道网络也经历了惊人的扩张,附属于它的小隐修院甚至扩展到了卡佩的领地和罗塔林根这些对克吕尼修道主义持保守立场的地区,而且以克吕尼为核心的修道网络也在进一步巩固。1097年,教宗乌尔班二世将克吕尼的特权扩展到其所有附属机构。从1100年左右开始,这些附属机构被分为两大类:一类是享有较大自治权并拥有自己的院长的修道院(abbaye),另一类是直接服从于克吕尼院长的小隐修院。另一个具有标志性意义的事件是,于格院长于1054年在卢瓦尔地区设立了一所女修院,修女来自上层贵族。克吕尼的扩张得到教廷的大力支持。教宗还把好几座修道院直接委托给克吕尼进行改革,其中包括欧塞尔的圣日耳曼。在1080年举行的罗马主教会议上,格里高利七世表彰克吕尼为上帝服务的业绩"举世无双",并宣布它的院长们是圣徒;院长于格被教宗乌尔班二世称为"兄弟"而非"儿子",这就使其享有与主教同等的地位。1120年,在于格死去多年、其《传记》编纂完成之后,教宗卡里克斯特二世在访问克吕尼时封他为圣徒。克吕尼自身也迎来了辉煌时刻:1130年,当时基督教世界最大的教堂——"克吕尼第三堂"(Cluny Ⅲ)竣工。它在文化上也有标志性的成就,这就是保存着这家修道机构的辉煌记忆的文件集的编订。此外,克吕尼还在政治上扮演积极角色:1076年,于格院长充当了教宗格里高利七世与皇帝亨利四世的调停人。从克吕尼走出的主教、大主教和教廷特使不可胜数,其中还有后来成为教宗乌尔班二世的奥斯蒂主教沙蒂永的厄德(Eudes de Châtillon)。

当然,改革更广泛的基础是那些试图与传统社会和教会生活决裂、追求"更为美好的生活"的教俗各界人士。这些以福音使徒为榜样的信徒放弃自己原来的身份选择苦修,或个人修行或结成小群体。还有些人走上了巡回布道的道路,尤其是在法国西部,他们敦促教士及平信徒遵守更为严格的宗教戒律。他们在民间取得的成就也是格里高利改革的重要支柱。

改革运动中的主教和大主教则是一个有些尴尬的群体,他们很多时候是教廷特使和教宗打压的对象,而修道院广泛的豁免权也削弱了他们的权威。当然,俗人向教会转让的什一税和教堂有时归他们控制,但僧侣们获益更大。当他们对改革有抗拒情绪时,教廷甚至会重组教会地图以推行改革派的政策。例如,为了打压康布雷主教,教廷新设或重设了阿拉斯(1092)、奥兰治(1107)和图尔奈(1143)主教区,阿尔勒和纳尔榜大主教区的权限则被削弱。不过,越来越多的主教开始支持改革。早期的改革派主教很多并不是格里高利派,而是出身贵族上层的高级教士,但他们也致力于重振教会的道德和纪律,如阿尔勒的大主教兰波(Raimbaud,1030—1069 年在任)。但从格里高利七世时代开始,这些早期的改革派主教逐渐淡出,其替代者很多是僧侣出身,这些激进主义者有时甚至与诸侯和大贵族发生正面冲突,如普瓦提埃主教皮埃尔二世(1087—1117 年在任)。新一代的改革者推动了修道精神的传播,并促进了俗人向教会转让各种权益和财产。

显然,没有地方诸侯和大贵族的支持,改革运动将难以展开。在 11世纪后期,普罗旺斯、阿基坦、布卢瓦-香槟和佛兰德尔的诸侯都是改革的支持者。尤其是在南方,诸侯甚至愿意成为教廷的封臣,并且每年都向罗马缴纳象征性的捐税。这种做法当然也有政治考量:与教廷的亲密关系构成与其他诸侯和领主竞争的一个重要力量来源。

面对诸侯大贵族,改革者也经常深陷困境。为了让他们接受改革,他们需要诸侯们的支持,但同时又谴责诸侯对教会的控制和影响。在这种局面下,改革者一面强调他们和这些人的精神联系和血缘关系,另一方面,由于自己也出身贵族,他们也能依靠这种亲属网络,并通过各种妥协推进他们的事业。圣维克多的院长伯纳尔(Bernard)和理查德

(Richard)就出身子爵世家,并跟南方的众多贵族世家有亲属关系,这无疑有利于推进修道院倡导的改革。例如,佩尔(Peyre)和热沃当(Gévaudan)地方的领主曾支持圣维克多在自己的领地上设立隐修院。12世纪初,圣维克多的院长理查德成为纳尔榜大主教,他联合巴塞罗那伯爵对抗图卢兹伯爵,因为后者敌视改革。不过,在改革派教会人士与诸侯的关系问题上,最引人注目的案例发生在诺曼底。诺曼底公爵对教会的监护权仍很强大,并且得到教廷的支持。公爵身边的文化人有很多是来自意大利和勃艮第的僧侣,这些人得到了教廷的信任;再加上1066年威廉征服英格兰时,教廷还为他祝福,双方关系看起来还不错。这样一来,教廷就放任这里的公爵—国王对治下的宗教机构采取措施。11世纪后期,罗马没有向诺曼底派出任何特使,1080年里尔本(Lillebonne)的教会改革会议是由威廉自己主持的,诺曼底的修道院没有明显的司法自治权。在整个12世纪,这里教堂的什一税还经常掌握在领主手中。但是,尽管改革派经常同诸侯达成此类的妥协,但在普通的堡主或骑士面前,他们表现得很强势。

3. 教会新制度的力量

格里高利改革的一大目标是追求教会机构自治,这一努力深刻地改造了教俗两界的权力结构。首要的一点是世俗贵族对主教的影响力被削弱了。根据教会法,主教由教务会选举产生,这至少在理论上排斥了世俗贵族的干涉。在11世纪末,南方马赛、阿维农、尼姆等地的主教纷纷脱离了当地贵族世家的控制。北方贵族对教会的控制要更强一些,但安茹伯爵这样的大诸侯也从12世纪初开始放弃对主教选任的直接干涉。当然,贵族也可以通过教务会的司铎们对主教选任施加间接影响,但这种可能性据说并不大于当时国王对大诸侯们施加影响力。

主教授职权问题也呈现类似的演变。过去的国王和诸侯之所以认为他们可以任命主教,不仅因为他们把主教视为其王权或领主权之下的职务,更主要的是因为他们把主教看成自己作为首领(princeps)的权力的自然延伸。在授职仪式中,国王或诸侯将牧杖和指环授予当选的主教,这是其牧灵职责的主要象征,主教则向前者宣誓效忠,然后再由大主教祝圣。但是,教会改革派的一个基本主张是,教会职务不可由俗人授予,更不消说主教这样的职务了。格里高利七世从1075年起就谴责俗人授予牧杖和指环。1095年和1099年,乌尔班二世两度强调,任何主教和修道院院长都不得效忠于国王或其他俗人,神职人员触摸圣体的双手绝不可以接触被奢侈、抢夺和鲜血污染了的世俗之人的双手。

　　众所周知,教廷对主教选任权的控制在帝国引发了最为激烈的冲突,因为在那里,君主特别仰仗主教们的支持,而教会改革对他无异于釜底抽薪。1102年的康布雷事件便是这场冲突的一个缩影,当时教宗与皇帝分别支持的主教候选人发生正面冲突,法国北方和洛林一带的许多世俗贵族也大打出手。相比之下,主教授职权风波对法国的影响较小,甚至在1106年之前,菲利普一世仍然享有这种授职权并接受主教的效忠。这种情形与法国国王当时影响力有限、而教廷也希望借助他来制衡皇帝有关。另一方面,以沙特尔的主教伊夫为首的一批温和派主教,更倾向于采取某种折中的改革路线。于是形成了可分为两阶段的授职仪式:第一步,在大主教的主持下,新主教从某位主教同僚手中接过象征圣职的牧杖和指环;第二步,从国王或诸侯手中接过主教区附属权益和财产的象征物,一般是一根细棒。这个程序1101年曾在博韦实行过,1108年路易六世登基后被确认。在英格兰-诺曼底领地,坎特伯雷大主教、贝克修道院前院长安瑟伦(Anselme)成功地劝说亨利一世接受了卡佩领地的做法。最后,皇帝亨利五世也在沃尔姆斯教务条约中承认了这一新的授职礼仪。不过,主教向君主效忠的问题似乎更为棘手,因为君主们特别坚持这一点。1108年,沙特尔的伊夫劝说教宗帕斯卡二世(Pascal Ⅱ)放弃原来的强硬立场,因为主教的效忠可以仅仅理解为出于世俗权益而履行的。[①]

---

① Cf. Alfons Becker, *Studien zum Investiturproblem in Frankreich：Papstum und Episkopat im Zeitalter der gregorianischen Kirchenreform*, Sarrebrücken：West-Ost Verlag, 1955.

　　总的来说,主教授职权的改革使得这个高级教士群体逐渐脱离了地方豪强贵族的控制,越来越多的僧侣和小贵族家庭出身的神职人员成了主教。改革同样促进了司铎们在各主教座堂教务会之间的流通,并有利于高级教士任职地的更换。当然,国王和诸侯们对主教的影响力并不因此而被终结,但各地的局面差异较大。总的来说,东边的皇帝、西边的伯爵和子爵们的势力衰退明显,但卡佩与英格兰-诺曼底的国王和诸侯看起来跟教廷达成了和解。某种意义上说,卡佩国王们甚至在这场运动中有所斩获,因为南方的一些主教和教务会开始向国王靠拢,以摆脱当地贵族的控制。路易六世和路易七世仍然能对主教的选任施加一定的影响力,在北方和中部,他们甚至经常为使自己中意的候选人当选而不惜冒冲突的风险。例如,1141 年,布尔日主教人选问题引发的争端甚至导致教廷对整个王国发布禁令。同样,国王试图影响教务会的努力也导致他与教会冲突频发。

　　主教职务的相对独立造成的最主要的后果是,主教及其教务会作为领主的地位空前增强。当然,由于加洛林的遗产和主教区的大小不同,各地的情况呈现很大差别。在罗塔林根和勃艮第一带,主教从君主手中获得了重要的统治权,对这里的主教来说,问题的关键是在新形势下将其权利最大化。但在王国大部分地区,诸侯对教会的控制权较强,主教们通常没有太大的权力。但是,格里高利改革很大程度上改变了这一局面。主教们首先致力于废除俗人对其职位强加的各种征收权,例如遗物权(droit de dépouille)。当然,这往往是个历时很长的过程。

　　与此同时,主教们还试图分享伯爵和子爵们的高级统治权,如征收商品过境税、司法权、造币权,以及其他的领主权和建造防御工事的权力,这经常引发激烈的冲突,尤其是在城市。在东北部地区,主教们逐渐掌握了同伯爵一样完整的统治权,于是就有了主教—伯爵(évêques-comtes)的概念,从 12 世纪中叶开始,这个概念就可适用于沙隆、博韦、努瓦永、拉昂、兰斯和朗格尔等主教。在南方的芒德和乌泽斯等地,主教们在 12 世纪权力日隆,让住在城外的伯爵和子爵们相形见绌。不过,通常的情况是,主教和世俗贵族之间的竞争最后导致仲裁,双方建立某种封建权力等级关系。如在 12 世纪的苏瓦松和亚眠等城市,当地的伯爵或子爵因为在城市的权益而成为主教的封臣。但这种仲裁也会导致对领地进行地域上的分割,从而导致领地的碎化。例如,在欧塞尔、阿尔勒、马赛、尼姆和阿尔比等地,都存在伯爵或子爵的城市与主教的城市之分。

城市的经济收入自然是吸引主教扩张其领主权的重要因素,但他们同样在乡村建立或扩展主教领主权,获取领地,建造城堡;很多领主进入了主教编织的附庸关系网。不过,这些领主一开始都相当自由,主教们直到 12 世纪最后三十年才开始严格要求他们履行封臣义务。1179 年左右,兰斯大主教还为此编订了一份附属于他的采邑及相关的义务清单。为了强化自己的领主权,主教们经常向教廷请求颁发认证文书,后者也总是表现得很慷慨,直到英诺森三世时期。从 1160 年代开始,一些主教,尤其是法国南方的主教,也开始向国王或皇帝请求颁发特许状,以正式认可其在城市的统治权。

印玺的传播是另一个值得注意的现象。在格里高利改革之前,兰斯大主教已经开始使用印玺。但改革之后这种情形更为常见了,人们认为这是主教们在效仿皇帝、国王和教宗,自认为是权威的持有人并可担保书面文字的真实性。在法国南部,最早使用印玺的是 1080 年代的两位教廷特使,他们俩后来分别担任波尔多和里昂的大主教。由于主教日益频繁地介入教堂和什一税的转手、教会纷争的处置和宗教机构产业的认证工作,他们的秘书处在 11—12 世纪之交开始持续发展,并逐渐与修道院缮写室(scriptoria)形成竞争。主教秘书处一般委托给教务会的某位重要司铎,或者主教座堂学校的教师,但在 12 世纪末前后,这个机构的工作才逐渐正规化。不过,至少从 1170 年代开始,一些机构和个人就已经请求主教秘书处起草或认证私人文件,在当时公证尚未复兴的北方,这被称作 jurisdiction gracieuse。另外,随着主教权力的增长,为他服务的职员也日益增多,这些人多从主教的骑士附庸中招募的。例如,在 11

世纪末的博韦,主教俨然已经有了一个宫廷,拥有城防官、掌马官以及司酒等宫内官员,12世纪初,主教还配备了一名掌管司法的代理人。当主教在地方贵族中的势力日渐攀升时,他手下的官员们则把职位逐渐变成世袭的了。

但是,格里高利改革也给主教带来了新的竞争者,这就是负责选举主教的主教座堂教务会。12世纪中后期,教宗的历次谕令都在重申教务会的选举权。另一方面,在很多主教区,主教的产业和教务会的产业开始区分开,这就进一步增强了后者的领主权和制度上的独立性,以致在12世纪时就与主教形成了竞争关系。这种情况在南方更为显著。从11世纪后期改革开始之后,教务会逐渐采取了共同生活的模式,从很多方面看,这种情形造成了某种共有领主制的形成,其中包括集体占有城堡,而且很多司铎就出身贵族。不过北方的情况有所不同,这里的教务会普遍受到主教的压制,司铎人数较少,在亚眠只有35个,巴黎和鲁昂为50个;这里的修道主义不如南方盛行,集体生活模式不如南方普遍,或者只是临时性的。与此同时,教务会的产业也经常被划分为司铎的个人圣俸;更糟糕的是,这些圣俸还经常被司铎的亲戚们窃取,亚眠和拉昂等地就出现了这种情况。12世纪中叶,诺曼底有些教务会因为采取了严格的奥古斯丁会规章而成为例外。但是,北方的一些教务会长老(doyen)和管事也经常能积聚起可观的领主权,尤其是什一税的征收权,这些权益随着12世纪乡村经济的发展而有了明显的增长。

不过,这些自治运动并不意味着贵族对教会机构的控制完全终结了,但贵族影响教会的方式的确发生了深刻的变化。根据对12世纪前期的教廷特使、主教和主教座堂教务会的社会学分析,以及对1120年代后兴起的新修道主义和军事修道团的研究,这类僧侣和教士大多出身贵族中下层,如著名的圣伯纳尔。实际上,格里高利改革为这些人提供了一个机会,使他们可以进入此前一直被显贵家族,尤其是堡主阶层把持的机构。中下层贵族陆续担任主教和修道院院长之后,世家大族对教会的家族式控制逐渐被打破。然而,从更为宏观的社会史角度来说,格里高利改革并不构成教会制度的断裂,因为教会精英仍然大量从贵族内部招募,只是现在人员来源更为广泛和开放了。由于教廷的干预和教会内部的相互选举制,进入教会领导层的通道如今已向整个基督教世界开放。此外,新的制度环境为能力竞争创造了条件,尤其是一些智识出众的候选人可以进入教会领导层。不过,像很多其他制度结构一样,这种开放性在12世纪中期以后似乎渐渐陷入停滞,尽管一些新修会的成员开始进入主教阶层。制度的僵化尤其表现在教务会的封闭上,它们逐渐向非贵族成员关闭了大门。与此同时,在克吕尼这样的重要修道机构和某些主教区,一些出身显赫世家的贵族幼子们开始强势回归了:在北方,卡佩王室、勃艮第公爵和香槟伯爵家族的幼子们就纷纷担任主教。

4. 教区的地域化

除了增强主教的权威,格里高利改革的一大宗旨是改进信徒的生活结构框架。相传沙特尔的主教伊夫曾赠给一名叫吉拉尔的同行一把梳子,并告诫后者说:"我特别喜欢这把梳子……尤其是因为它象征的意义。我们可以把头发的凌乱比作人民风习的混乱。我愿这份小礼物能警醒你……改良人民的不良风俗,慎重而温和地告诫他们应当遵守的良好风习。"除了传统的告诫和布道,教会在自身集中化和等级化之后,致力于在主教区内部建立新的地域结构,并试图重新激活传统的主教统治工具,即主教区会议(synode)和巡访制。实际上,直到13世纪初,常规性的主教巡访和教区会议仍然比较少见,尽管其次数已经比此前有了很大的增长。主教对其辖区管理的改善,更主要是体现在其助手的角色上,这些人被赋予专门的管辖权,如监督司铎的主祭(archidiacre)和监督地方教士的教长(doyen)。主祭的权力是多方面的,涉及税收(征收某些主教区捐税)和牧灵工作(监督教长和地方教士)。主祭和教长相当于主教区与教区之间的中间机构,在某些地方,它们在11世纪就已出现,12世纪逐步推广并获得真正的职权和地域上的稳定性。与此同时,主教区也跟伯爵辖区最终分离,从而取得了真正的地域上的自治:从11世纪末开始,安茹、诺曼底和普罗旺斯等地都开始出现两类地域实体的分化过程。

这个过程也是教区框架巩固的过程。即使是荒无人烟的地带也逐渐构建起新的教堂网络。在这一过程中,修道院教务会的设立起了关键作用,如12世纪前半期圣乔治-杜布瓦修道院所做的工作。新教区的设立则一直延续到13世纪,如在汝拉山区。此外,教区教堂与丧葬地也最终合在了一起,即使是在偏僻的居民点。在所有地方,教区的中心地点都是教堂和墓地,生者聚会的场所和死者安眠之地紧紧相连,这两个地方就成为社区身份的熔炉,都被视为神圣的场所。史料中也日益频繁地提及主教给墓地祝圣。11世纪后期,这一做法已经在法国南方广为流行,教宗乌尔班二世也强调墓地祝圣的重要性,1095—1096年,他在高卢巡视期间,还亲自为马尔穆捷和塔拉斯孔等地的墓地祝圣。

教区也终于获得了地域特征。这既源于主教的意愿——更好地划定信徒的地理范围——也是因为垦殖的发展和人口的增长产生了划定空间范围的必要。在教区地域化的过程中,什一税的征收可能只起了次要作用。在皮卡迪和法兰西岛一带,地域化的一个主要因素是重建和维护教堂的需要。因此,教区的地域化并不存在统一的模式。有时新教区的创立完全是凭某个强势权威(主教、伯爵或者大堡主)发起的,这往往同时伴随着对地域的划定。如昂热主教就在12世纪中叶创立了很多新教区。但这种情形比较少见。大多数情形下,教区的地域界定是在与邻近教区的冲突中逐步完成的。这种冲突从11世纪末开始日渐增多,尤其是在居民稠密的城市;冲突随后蔓延到乡村,教区地域化进程随之进入关键期。地域化的标志性做法是划定线性边界。不过,划界几乎总是关乎一小段地带,目的是在各相互竞争的教区之间分配什一税和信徒的归属。普遍的划界工作在各地启动的时间不一样:曼恩在1080年代,凯尔西则要等到1110年代。划界在文献上带来的一大效应是"无教区地带"的提法越来越少了。在法国各地,从11世纪末到12世纪后期,通过伯爵领(pagus)或村庄来确定方位的做法越来越少见了,甚至以城堡来定位也不太流行了。教会法最终对地域化作了认定:12世纪中叶的《格兰西教令集》已经突出了教会的地域结构,尽管它主要涉及主教区;1250年左右,教会法学家亨利·德·苏萨(Henri de Suse)第一个对教区进行了地域上的定义。

5. 新的行为方式

教会改革的推进者们相信,良好的社会秩序和世界的拯救取决于每个人的行为,他们不仅传播新的规范和准则,还致力于改变信徒的行为方式。第一个行动领域就是对性道德的重塑,这个问题不仅涉及教会自身的纪律,也与其关于人和社会的理念有关。众所周知,这场改革运动源自修道运动,因此改革的第一个对象就是僧侣们。教会当局重新控制某些修道社团,尤其是修女院,其理由经常是这些修道社团的性行为不检点。不过这种指控的真伪难以考证,沙特尔的主教伊夫 1098 年对法尔穆杰(Faremoutiers)修道院修女们的威胁就是如此。但改革者们尤其强调在俗神职人员的性道德,要求这些人保持独身和贞洁。但在教会上层,由于主教选举制的确立和众多僧侣当选主教,这一问题显得不那么重要了,因为这些人的生活作风一般是有保证的。真正的难题是乡村神甫阶层,因为大批神甫与人同居,更严重的是这一现象往往得到容忍。神甫们经常有孩子,连自己的圣职也会留给儿子。主教为强化神甫的纪律,将一些农村教堂移交给僧侣或司铎,并加强对住持神甫的监督。1119 年的兰斯主教会议上,进一步颁布了对副祭(diacre)及其助手的婚姻禁令。这样的措施当然引发了抵制,一些结婚或同居的教士(甚至包括主教座堂的教士,如 12 世纪最初 10 年的巴黎)纷纷给自己的儿子提出权利要求,如巴约有个叫萨尔龙(Serlon)的人留下的文字就是证明;1119 年,鲁昂有一批教士提出了集体抗议;阿贝拉尔和爱洛依丝的故事也是发生在这个时代背景之下(1115—1117)。[1]

---

[1] Michael Frassetto ed., *Medieval Purity and Piety: Essays on Medieval Clerical Celibacy and Religious Reform*, New York: Garland Publishing, 1998.

　　神职人员的独身浪潮造成了一系列的问题。首先,大量被教会或其家庭排斥的神职人员的同居者或妻子失去了继承权。11 世纪末和 12 世纪初,很多这类妇女追随巡回布道的罗贝尔·达布里瑟尔(Robert d'Arbrissel),因为此人愿意与妇女甚至从前的妓女共同生活,认为福音书中的抹大拉的马利亚就是她们的典范,罗贝尔甚至在最初的修道群体中给了她们特殊的位置,而这个群体就是 12 世纪初建立的著名的丰特弗罗(Fontevraud)修道院的基础。① 综合各种情况看,格里高利改革的独身和禁欲主张究竟在多大程度上取得了成功,其实是很难评估的。但这场改革的效果还可以从另一个角度来考察。实际上,罗贝尔本人就是教士的儿子,并继承了他父亲在阿布里瑟尔的圣职,但后来他放弃了这个职务,前往巴黎接受新思想的训练:不管单身和禁欲取得的实际成就如何,改革还是在众多神职人员中唤起了某种负罪感,并树立起新的典范。

　　规范婚姻是教会在这场改革运动的一个非常重要的方面。教会改革派认为,婚姻是带有神圣性质的,它理应属于教士的职责范围,但强调这一点也是带有现实考量的,因为他们希望影响贵族的继承事务。从今天的立场来看,教会改革派的观念不无“进步”色彩,例如他们认为,缔结婚姻只需要夫妻双方的相互认可,而非父亲的意志或嫁妆彩礼,这就有利于削弱家族对婚姻双方的压力。另外,他们还强调婚姻是不可解除的,需要严格遵守乱伦禁令,规定七代血亲关系之内不可结婚。1059 年的罗马教务会议、1076 年教宗亚历山大二世的声明以及 1063 年彼得·达米安(Peter Damien)的论著《亲属等级》(*Les degrés de parenté*)都在强调这一点。在高卢,沙特尔的主教伊夫是教会婚姻纪律最积极的鼓吹者之一。这一纪律原则上说针对所有人,但世俗权势者受到的冲击看来更为明显。有学者甚至认为,如果说这场改革在帝国引发的危机表现为

---

① Cf. Jacques Dalarun, *L'impossible sainteté*: *La vie retrouvée de Robert d'Arbrissel*, *fondateur de Fontevraud*, Paris: Cerf, 1985.

主教授职权之争,在法国则主要围绕婚姻问题展开。前文提到的国王菲利普一世就是一个著名案例。菲利普与第一个妻子分开后,与安茹伯爵的妻子贝尔特拉达·德·孟福尔生活在一起,他们的结合得到兰斯大主教和桑里斯主教的认可;但教廷特使和以沙特尔的伊夫为首的一批主教对此强烈反对。1094年,国王被处以绝罚,次年教宗重申了这一处罚。尽管双方曾一度和解,但1099年国王再次被处以绝罚。此后国王又承认自己的错误,并于1105年被谅解,但他至死都没有离开贝尔特拉达。除了国王,11世纪后期的诺曼底公爵征服者威廉、阿基坦公爵纪尧姆八世、佛兰德尔伯爵博杜安六世等诸侯,都曾因为婚姻问题受到教会的斥责,尽管斥责有时并不奏效。教会还试图通过弘扬典范来劝导贵族遵守新的婚姻规范。12世纪初,汝拉山区的一座修道院编纂了一本叫作《西蒙伯爵传》(*Vie du comte Simon*)的书,书中的主人公是克雷皮地方的领主,他以存在血亲关系为由拒绝了征服者威廉将女儿许配给他的美意。

但在实际中,改革者总是遇到强大的阻力,有时教宗亲自介入也无能为力。1096年,贝桑松的大主教向乌尔班二世请求,撤销蒙贝利亚尔伯爵的女儿与蒙福孔地方领主的儿子的婚姻,理由可能是双方年龄太小,但最后他们还是结婚了。从长期来看,直到12世纪,诸侯大贵族们的再婚行为依然很常见。安茹伯爵富尔克·勒·雷山(1068—1109)结过五次婚,12世纪后期的图卢兹伯爵雷蒙五世也结了五次婚。对于诸侯们来说,婚姻是权势斗争的工具,他们可以为了家族利益而随时离婚和再婚,而此时亲属血缘关系往往成为离婚的理由。教廷很快就意识到自己的规章被人利用,于是亚历山大二世在1063年下令,以血缘关系为由提请离婚应由主教会议来裁定是否正当,沙特尔的伊夫于11世纪末将这一规定写入教会法,后来的《格兰西教令集》同样如此。尽管如此,乱伦禁令还是经常被世俗诸侯用作政治工具。1152年,阿基坦的埃莉诺和路易七世就是以存在血亲关系为名而离婚的,虽然他们已经在一起生活了15年。所以,教会的乱伦禁令只是在相当有限的范围内得到遵守。12世纪中叶的一桩案件表明,贵族上层的婚姻风俗,与国王菲利普一世时期相比并没有明显的改观。1141年,维尔芒杜瓦的伯爵劳尔(Raoul)一世离弃他的原配、香槟伯爵的侄女埃莉诺(Aliénor),以迎娶阿基坦的佩特罗妮(Pétronille)。教宗得知此事后,下令召集主教会议否决他的离婚提议。国王路易七世站在劳尔一边,教会寸步不让。但劳尔和佩特罗妮还是结合了,直到埃莉诺死去。另外,根据各种谱系调查,诸侯和贵族之中三代或四代血亲关系联姻仍然相当普遍。

不过双方都开始寻求缓和冲突的方式。一方面,诸侯们开始事先寻求教廷的特许;而且,仅是提出乱伦指控就足以对关心家族谱系之纯洁的贵族构成某种威慑。另一方面,教士开始逐步介入婚姻缔结的仪式活动。在法国北方,这种仪式从11世纪末开始传播,仪式包括双方口头交换婚姻承诺,宣读妻子在丈夫亡故后的财产权文件,这些程序都需要教士在场,并须在教堂的广场上举行,教士在这里将新娘"交给"新郎。拉昂和苏瓦松等地保留的12世纪后期的结婚财产文书,甚至是由主教秘书处起草并存放在其档案室中的。显然,主教插手此事使他能更好地监控社会生活,为此他们还在12世纪后期撰写专门的婚姻圣礼论著。但直到12世纪末,教会对婚姻的控制仍然是不全面的。根据当时的一些记录,婚礼有时甚至可以包括一场弥撒。在为婚床祝福的仪式中,父亲的角色显得很突出,他负责完成最后的程序:召唤年轻的夫妻多产,家族香火永续。

与婚姻行为紧密相连的另一个领域是伦理道德。从西欧大陆各地的情况来看,格里高利改革中主教们提出的道德模式,与10—11世纪有非常大的差异。在这个问题上,从11世纪中叶开始编纂的《勒芒主教功业集》是个著名的例证。这套书在描写10—11世纪的几个主教时,严厉谴责了他们的情欲和军事行为。转折性的人物是1097—1125年在任的主教伊尔德贝·德·拉瓦尔丹(Hildebert de Lavardin),他不仅致力于扩展教会的产业,改革主教座堂教务会,而且坚定地远离具有世俗色彩的行为方式。从1140年代开始,一些新修会的僧侣纷纷担任勒芒主教,他们继续强化那位模范主教的模式,有几个人甚至很早就被封圣了,如西多会修士皮埃尔·德·塔朗泰兹(Pierre de Tarentaise)。

在伦理道德领域,教会与诸侯贵族的关系同样是复杂和纠结的。当然,教会可以谴责诸侯贵族滥用暴力,破坏和平,尤其是侵犯教会的财产,这在当时是常有的事。不过教会也表彰那些"正派"骑士,颂扬他们的节俭、贞洁,特别是对教会伦理的虔诚,他们用手中的剑为教会的事业服务,而且经常在暮年进入修道院。参加过第一次十字军的戈德弗瓦·德·布永(Godefroid de Bouillon)就被塑造为这样一个典型,此人在1099年十字军攻占耶路撒冷之后被选举为"圣墓守护者"。

对世俗贵族而言,有两条人生道路可以得到教会的嘉许。僧侣们认为,最完美的人生是自愿进入修道院,在这一点上,以西多会为代表的新修会和克吕尼等老修会看法是一致的。他们尤其赞赏那些在壮盛之年出家的贵族,因为这标志着某种根本性的决裂,是修道生活方式高于其他一切生活方式的终极明证。圣伯纳尔就是这样一位骑士,他在1112年20岁刚出头时进入西多会。第二条道路是在俗世为教会服务。骑士们可以担任教会产业的守护人(或称执事 avoués),这是当时教会改革派普遍的看法,12世纪的一些诸侯甚至国王也应该成为这样的角色。某种意义上说,西班牙和圣地的十字军为实践这一理念提供了最好的机会。基贝尔·德·诺让在他的《法兰克人功业记》中这样说:"今天,神激发起神圣的战斗,骑士和迷途者不再像古代的异教徒那样相互厮杀,而是在战斗中找到了拯救之道。"正是在这种背景下,诞生了独特的军事修道团,它们将此前相互排斥的战斗职业和僧侣身份结合在了一起,如1129年建立的圣殿骑士团,这些新骑士就是圣伯纳尔鼓吹的 nova militia(新骑士),他们不同于沾染了世俗邪恶的骑士,而是以战斗为教会服务的"基督的骑士"。但教会的上述努力并不意味着,世俗贵族阶层真心诚意地接受了修士们倡导的这一套行为模式。贵族的行为动机可能总是多样和复杂的,尽管文献记录不一定能显白地表明这一点。有些动机看来是对传统的继承,如出于维护贵族之间的"友情"(amicitia),或与邻近宗教机构之间的关系而采纳教会倡导的行为方式;甚至十字军这样的新现象,也掺杂着贵族过去的冒险精神,而教会在学理上的论证无疑将这种旧式的行为方式与宗教狂热扭合在了一起,从而有利于圣殿骑士团和医院骑士团的成功。

第三节　基督教秩序的巩固

13 世纪见证了法兰西王国的辉煌,卡佩王朝的力量在腓力二世和圣路易时代有了大幅度的提升和巩固。不过,如果要说形成了某种法兰西民族意识,恐怕为时尚早。总的来说,这个王国仍是一个相当分散的实体,它的居民更加眷恋的是地方性身份。如果说他们在某个方面具有明显的一致性的话,那恐怕首推对宗教事务的关心了,更何况教会总是在提醒世俗诸侯警惕人民在信仰上误入歧途。随着格里高利改革成果的深入和民众宗教生活的规范化,13 世纪被视为"人民走上了正途"(des peoples mis sur le droit chemin)的时代,但这意味着为血腥的斗争和严厉的排斥。

1. "纯洁派"

我们在讲述腓力二世的章节中曾提及纯洁派的问题。本节拟将其置于一个更为全面的宗教及社会史背景中进行叙述。

关于纯洁派的源头,有一个流传很广的说法:这个异端是由巴尔干地区的鲍格米尔传教士引入西欧的,时间在第二次十字军时期,人们甚至指出了这一传播中的两个主要角色,即来自巴尔干的尼昆塔(Niquinta)主教和伦巴第的副主祭马可(Marc)。但这个说法今天已经不足信了。纯洁派主要是一种内生的宗教—社会现象,它源自西欧封建秩序凝固后造成的精神和社会挫折感。同样,纯洁派也不是一个组织严密的对立教会。过去曾认为,1167 年,这个教派的至少四名主教和众多教士曾在今法国上加龙省的圣-菲利克斯-德-卡拉曼举行过一次宗教会议,但今天的研究表明,这个说法是 17 世纪的学人炮制出来的。另外需要强调的是,类似的宗教异议者绝不仅限于南方。1239 年,在多明我会修士"鸡奸者"罗贝尔(Robert le Bougre)的挑唆下,香槟地区的 183 名被称作纯洁派的信徒被活活烧死;在法国之外的地方,米兰也是纯洁派的一种活动基地,其地位甚至不亚于朗格多克。各地存在的异端运动是否一种有组织的全欧性现象呢?很多历史学家不太相信这个假设,但是要对各地纯洁派的神学信条进行比照是件相当棘手的事。关于纯洁派的教义文献,现在所知道的几乎完全来自正统教会的驳斥,因为这些异端分子的宗教书籍几乎被完全烧毁。

学界对纯洁派的源头仍没有清晰细致的看法。1145 年,当圣伯纳尔来到一个叫韦尔费伊(Verfeil)的村子布道时,他就发现当地吵吵嚷嚷的领主们对教会充满敌意,但这些人是否纯洁派的信徒却难以判定。另外,正统教会人士使用的术语也反映出某种踌躇。他们有时选取过去的术语,以指称这些信仰上的异端,如阿里乌斯派、摩尼教徒等;自 1209 年的十字军行动之后,教会又称他们为"阿尔比派",阿尔比是纯洁派的发源地之一;再有就是称他们为"织工",因为纯洁派中有众多人从事这一职业。纯洁派则称自己是"正派的基督徒",纯洁派(cathares)一词在中世纪的法国南方是不存在的。纯洁派的布道者被称作"善人"(bons hommes),他们的学说看来是对基督教教义的一种简单的激进化处理,新约《约翰福音》看来是他们主要的灵感源泉。但他们拒绝旧约,认为那是邪恶的神的著作。在他们看来,自世界创造以来,尘世就是恶神的领域,他也是尘世的创造者,而天国是善神的领域。信徒倘若在临终前接受由善人主持的"宽慰"(consolamentum)圣礼,就能获得拯救,这也是善人们宣扬的唯一圣礼,它可以清除信徒一生的所有罪孽。从很多方面看,善人的自我定义非常接近于原始修道主义的生活方式。他们必须保持绝对的清贫,远离一切尘世的"污染",尤其是涉及鲜血和性方面的行为;但一般的信徒在生活中不必接受这样的限制。①

---

① Cf. René Nelli, *La vie quotidienne des cathares du Languedoc au* XIII*e siècle*, Paris: Hachette, 1969.

人们习惯于认为,纯洁派主要是一场南方的异端运动,但在这一大致的地理范围之内必须作认真的区分。与其说纯洁派的影响成片地铺开,不如说他们仿佛是辽阔的海洋中的一个群岛,而这个海洋就是对他们无动于衷甚至抱有敌意的天主教世界。实际上,整个普罗旺斯地区几乎没有出现任何纯洁派活动的迹象,这与朗格多克形成鲜明的对比。但即使是在纯洁派最活跃的朗格多克,各地区之间的情况也很不一样,有时候邻近的两个村庄和城市都会出现信仰对立的情形。在这种局面下,宗教裁判所很容易找到大量的举报人,教会的代理人也可以在必要时得到当地农民的庇护;信仰方面,这种犬牙交错的地理格局有时也是各部落和家族之间相互竞争的结果。从社会阶层来看,农民很少对纯洁派的信仰感兴趣,追随纯洁派的蒙塔尤的牧民是比较罕见和较晚出现的。城市里的异端也不占多数:在纯洁派影响最大的城市,其信徒和同情者一般不会超过5%。

从今天的研究来看,纯洁派可以说是某种社会挫折感在信仰和精神层面的折射,而对这种挫折感体会最深的,恰恰是南方封建社会的精英阶层——说来有点奇怪——乡村小贵族和城市市民。尽管他们只占人口的很少一部分,但各自的处境和转向"善人"说教的因由却不太一样。在12—13世纪之交,乡村小贵族经常面临贫困化的威胁。如前所述,南方的贵族产业盛行均分继承的做法,这就很容易导致家产的碎化和领地共有者的激增,并使得家族内部始终处于紧张之中。而城市市民苦恼更多地是由繁荣造成的:他们辛苦积攒起来的金钱的去处是个麻烦。由于教会严厉谴责"高利贷"行为,也由于贵族地产和教会圣职禁止平民子弟染指,他们的财富要么在临终前花费在宗教事务上,要么自己就只能忍受地狱之火的煎熬。总之,乡村贵族面临的是社会地位的丧失,而城市市民的困扰在于其社会抱负的落空和精神上的不安。

这两个群体共有的社会悲观情绪使得他们很愿意倾听"善人"的布道。善人保持绝对的清贫和禁欲,完全素食,没有任何物质需求,这与建制教会形成鲜明的对比,何况当时教会还要求贵族必须放弃什一税的权益。另外,"善人"对所有带有目的性的职业都很轻视,因为在他们的世界观中,尘世就是邪恶,此间的任何职业都不会比其他职业更好。这种带有平等色彩的观点颇能平衡富裕市民对死后地狱之火的焦虑。

2. 阿尔比十字军

圣伯纳尔 1145 年在南方的巡回布道就是为了将那里的"误入迷途"之人拉回信仰的正轨,但他的努力徒劳无功。1177 年,图卢兹伯爵雷蒙五世对自己治下的异端发展深感不安,于是他召请西多会修士前来布道以求绥靖。次年,一个由法国和英格兰神职人员组成的调查团前往图卢兹地区,根据他们的报告,教廷于 1179 年举行第三次拉特兰公会议,谴责了当地的异端现象。1181 年,原克莱沃修道院的院长、教廷特使亨利·德·马西(Henri de Marcy)在阿尔比地区试图组织一次十字军行动,但由于当时教廷专注于圣地问题,这次尝试没有下文。

转折发生在 1198 年英诺森三世担任教宗之后。这位极具威权色彩的教会首脑不断呼吁恢复朗格多克的宗教秩序,并于 1204 年委派西多会院长阿诺·阿马尔力克(Arnaud Amalric)前往该地。这位院长继续沿用圣伯纳尔的方法,试图与当地的西多会修士一起通过布道归化异端。有些教士甚至学习耶稣的十二门徒,徒步穿越异端聚集地,向当地的民众布道宣讲。但是,西多会的布道努力没有任何成效。1208 年 1 月,教廷特使皮埃尔·德·加斯特尔诺在加尔的圣吉尔斯附近遇刺,这是导致事态升级的另一个重要事件。教宗指控图卢兹伯爵雷蒙六世对其治下的异端泛滥负有道义责任,而伯爵的确曾拒绝向教廷特使发起的"上帝的和平"宣誓。为了惩办这一空前罪行的凶手并恢复宗教秩序,教廷决定采取军事行动根除法国南方的异端,这是拉丁基督教世界的第一场内部十字军运动。对于参与镇压异端的十字军战士,教廷许以完全赦免其在世罪行的酬答,这与在圣地作战的十字军的待遇是一样的。英诺森三世是博洛尼亚培养出的法学家,他用借自罗马法的一个概念来指控纯洁派,说他们犯了"大逆不道"(lèse-majesté)的罪行,这将招致他们被绝罚,财产被没收,并丧失民事权利。为了动员更多的力量参与这次十字军,英诺森向法国国王腓力·奥古斯都发出了召唤,他是图卢兹伯爵的封君,但腓力二世于1204年委婉地拒绝了教宗,他当时正忙于应付金雀花的势力。不过,1209年,腓力二世最终决定以间接的方式介入对南方的行动:他虽然不会直接率军前往南方,但不会阻止自己的封臣参加十字军。随后,大约500名来自法兰西岛的骑士于当年春天出发,其中包括太子、未来的路易八世,他们的精神首领是教廷特使阿诺·阿马尔力克。英诺森三世赋予他们根除"恶魔的走狗"的神圣使命:"夺取他们的土地,让公教信徒取而代之"。

1209年7月22日,这支来自北方的十字军在贝奇埃城大肆屠杀,揭开了这次血腥行动的序幕。这个地方是特伦加维尔家族的雷蒙-罗杰(Raymond-Roger Trencavel)的领地,他是图卢兹伯爵雷蒙的对手,而这位诸侯自己也参加了十字军。接着,十字军攻占了卡尔卡松。法兰西岛骑士们的首领、莱斯特伯爵西蒙·德·孟福尔成了特伦加维尔家族领地的主人。但是,孟福尔在南方的立足使得十字军捍卫信仰的行动变成了地方性的政治权力斗争。图卢兹伯爵将这个新来的北方领主视为可怕的竞争对手,更何况这些贪婪的侵略者已经开始洗劫富瓦伯爵的领地了。1212年,孟福尔颁布的一套法令也给了自己插手南方各地事务的口实:他可以借口某地缉拿异端不力而进行干涉。这种借口很容易找到,因为南方在政治和信仰方面远不是统一的,很多地方贵族仍然忠诚于罗马教廷,他们与十字军很容易勾结在一起。

孟福尔的势力很快就引起了南方的阿拉贡王国的不安,它的国王彼得二世还是富瓦伯爵领的封君。1212年,彼得二世在托洛萨战役中大败阿尔摩哈德王朝的军队,现在他决定巩固自己在北方的地位。但这一次运气没有站在他一边。1213年9月12日星期四那天,彼得二世及其来自南方各地的盟军被十字军击溃,彼得本人战死。这是一次决定法国南方历史命运的战役。1215年11月,第四次拉特兰公会议以图卢兹伯爵雷蒙六世未能有效遏制异端为由,下令剥夺他的领地,交由西蒙·德·

孟福尔统领，孟福尔于是占据了图卢兹的纳尔榜城堡，并在马赛主教、西多会修士富尔克(Foulque)的支持下试图控制这座城市。

雷蒙六世当然大为不悦。1216 年 8 月，他的儿子"小伯爵"夺回博凯尔，法兰西岛的十字军首次遭受挫败；次年 9 月，雷蒙六世重回图卢兹，在被欢呼为解放者之后，他授予该城新的特权以为回报。十字军的失利某种程度上反映的是封建军队的一大弱点。孟福尔的军队当时已经严重减员，按照惯例，骑士的出征是有时间限制的，由于在南方逗留已久，他们很多人已经返回，太子路易也于 1215 年春天离开。孟福尔不甘心失败，试图重新夺回图卢兹，但他在 1218 年 6 月 25 日战死。次年，太子路易重返南方，但他围攻图卢兹的行动同样无功而返，随后他也撤走了。到 1224 年西蒙·德·孟福尔的儿子阿毛里回到巴黎时，十字军在南方只剩下卡尔卡松了。但这时已经成为国王的路易决定自己亲自率军前往南方。1226 年 9 月，他的大军攻占阿维农。尽管国王两个月后死去，但这并没有给卡佩王朝在南方的扩张造成致命打击。相反，归顺王室的南方贵族越来越多，而图卢兹的新伯爵雷蒙七世也试图与卡佩王室达成持久的和解。根据 1229 年的莫城-巴黎条约，图卢兹伯爵的女儿将与路易九世的弟弟结婚，如前所述，由于这对夫妻没有子嗣，他们的产业都归于法国王室了。从这个角度看，卡佩王朝收获了阿尔比十字军的最大战果。[①]

莫城-巴黎条约签订后，纯洁派的残余力量依然在抵抗。不过，随着他们的两个重要据点，塞居尔山和葛里比分别于 1244 年和 1255 年被攻占，军事行动也就逐渐结束了。驻守塞居尔山的骑士们虽然被赦免，但一些追随他们的信徒拒绝改变信仰，一些人最后被处以火刑。这些故事在 19 世纪被新教历史学家拿破仑·佩拉(Napoléon Peyrat)演绎成关于塞居尔山巅的传奇故事。当时这些受地方主义精神感召的学者甚至将

---

① Cf. Michel Roquebert, *Simon de Montfort*, Paris：Perrin，2010；Monique Zerner-Chardavoine, *La Croisade albigeoise*, Paris：Gallimard，1979.

纯洁派信仰视为奥克语地区的"准国教"，是来自北方的十字军扼杀了这片生机勃勃、富有"现代"精神的沃土的美好前景。但今天的研究表明，这类想象大多没有历史依据。

3. 宗教裁判所

在展开军事行动的同时，多明我会的修士们承担起了归化这些异端的使命。在1229年的图卢兹主教会议上，教会作出了这样的规定：凡为"善人"提供庇护者都将失去财产；被确信为异端者，其房屋将被夷平，同情异端的则有可能得到宽大处理。有一类异端受到的惩罚尤其严酷，这就是曾被宽宥但重新堕入异端的"惯犯"（relaps），这类人将交给世俗当局处死。1223年，多明我会领受了一项特别任务，即调查和追捕异端分子，这项工作称Inquisition，它就是人们通常理解的宗教法庭或宗教裁判所。投入这项工作的多明我修士也日渐增多，在1215—1295年，这个托钵僧会在整个奥克语地区设立了49家分支机构。

多明我会的宗教裁判所表现得非常有效率。修士们动员民众提供情报，甚至向揭发者支付报酬并确保不会泄露检举者的身份，这无异于鼓励民间告密风习；他们还建立了一套完整的案卷记录保管制度，被问讯者的供词会与其此前或其同伴的供词进行比照；审讯虽然很少动用酷刑，但嫌疑犯往往是在封闭和隔绝的空间中接受审问，这就给受审者造成很大的心理压力。有些嫌疑者被确认为异端分子后，会被判处终身监禁。

另一方面，现在有学者认为，多明我会针对纯洁派的行动，某种意义上说标志着当时司法技术手段的发展，尽管这场行动本身出于宗教狂热，但它的调查取证、证据分类和推理论证的过程本身是相当理性化的。一份著名的史料可以佐证这种认识，这就是曾担任宗教裁判所法官的多明我会修士贝尔纳·基（Bernard Gui）撰写的《侦讯员手册》（*Manuel de l'inquisiteur*），该著是贝尔纳·基1307—1323年从事这一工作的经验总结。另外需要指出的是，宗教裁判所交给世俗当局处死的异端相对少见,在贝尔纳・基经手的案件中,只有三个"纯洁派"被处死。在教会看来,处死异端实际上标志着布道归化努力的彻底失败。[1]

朗格多克的宗教异端之所以逐渐消失,不仅仅是因为教会的镇压。从某些方面看,13世纪中期之后的经济社会演变瓦解了纯洁派的社会基础。由于诸侯,特别是王权的政治影响力和财政实力日益增强,乡村贵族如今可以在他们的宫廷中谋得一份差事以渡过难关,而且教会也能提供类似的出路;城市市民同样可以在不断膨胀的王国官僚和服务机构中实现其此前遭受挫折的社会抱负,这方面有个典型的案例:美男子腓力手下的著名法学家纪尧姆・德・诺加莱的祖父就是追随"善人"的异端。新的社会晋升机会是很多朗格多克精英最终背弃异端的重要根源。

另一个不可忽视的因素是以多明我会为代表的新宗教组织的兴起。这个修会至少在其初期是恪守其宗教信念的,托钵僧们在宣扬福音的同时的确能安守清贫,因此他们的布道更具有精神感召力。此外,他们还提倡一种新的忏悔方式。过去的悔罪(pénitence)多在公开场合举行,这对悔罪者形成很大外在压力;但多明我会修士主张个人可以在私密场合忏悔,这就将悔罪从一种外在压制变成某种内在意向,以致有学者认为这种改变具有"现代性"。与此同时,教会的经济伦理也有所松弛,正如勒高夫的研究指出的,炼狱使尘世的罪人有可能获得救赎。这种开放性还体现在托钵僧修会的社会构成中。此前的修会大多只对贵族开放,但新修会中有很多富裕而有教养的平民的子弟,换言之,平民在宗教领域有了获得社会尊严的新通道。13世纪大量涌现的宗教兄弟会也为满足信徒的宗教渴求提供了更多的渠道。这些现象都削弱了异端信仰在南方社会的吸引力。

---

[1] Cf. Jean-Louis Biget, *Hérésie et inquisition dans le midi de la France*, Paris: Picard, 2007; Mark G. Pegg, *The Corruption of Angels: The Great Inquisition of 1245 – 1246*, Princeton: Princeton University Press, 2001.

4. "迷信"

教会在面对异端的挑战时表现得似乎很成功,但对于自圣奥古斯丁以来被称为"迷信"的各种民间信仰现象,它应对起来就似乎没有那么轻松了。1258 年,教宗亚历山大四世将宗教裁判所的行动领域扩展到"各种巫术和带有异端趣味的占卜术"。但从此后的实际情况来看,这一决定没有起到任何作用,乡村各种巫术神怪人士依然大行其道。在一个被认为充斥着各种各样的鬼魂和精灵的世界中,很多时候是很难区分所谓的"迷信"与合法的宗教崇拜的,而教会的态度也始终很暧昧。一方面,教会毫不含糊地谴责古代异教的残留,例如,芒德的主教纪尧姆·迪朗(Guillaume Durand)在其主教训令中就严格禁止夜里对刚死不久的尸体唱"魔鬼的歌谣",教堂或墓地内一律不准"唱歌、跳舞、游戏、嬉闹",一切此类的渎神行径都应该从神圣空间中被清除。但另一方面,面对习惯力量和社会压力,教士们很早就懂得如何将各种民俗信仰融入基督教之中,如以圣徒的名字来命名早已存在的礼拜堂或泉水。教会甚至容忍一些豪强贵族关于家族来源的带有异教味道的传说,如卢西尼昂家族就自认是母蛇梅露西娜的后代。教士们甚至把这类民间传说编入布道词中,以此吸引信众并灌输基督教信念。不过,教会精英在容忍这些民间信仰——前提是不直接违反基督教的根本——的同时,也试图改造其过于粗糙的元素并使其基督教化。14 世纪初,未来的教宗本笃十二世雅克·富尼埃(Jacques Fournier)发现,蒙塔尤的村民总是把死者的手指甲和胡须埋在门槛下面,这件事本来就够让人震惊的了,但他还顾不上去纠正这种习俗,因为还有更紧迫的任务等着他……

城市的情况也好不了多少,各种带有异教色彩的仪式和活动穿插在各种节庆活动中:例如,巴黎主教厄德(Eudes)1198 年就谴责每年元月 1 日前后的所谓疯人节,这种活动要在修道院或教务会司铎中间选举一位"疯人修道院院长"或"疯人主教"。甚至在复活节前戒律严格的四旬斋期间,也有狂欢和各种出格的行为。尽管教会在 12 世纪就试图强化基督教婚礼,但它仍然不得不容忍婚礼中的各种嬉闹。在这种大众文化环境中,教会及世俗当局推行的道德纯化运动的成效势必要打折扣,尤其是牵涉娱乐性的民间文化行为时。例如,路易九世十分憎恶赌博等活动,并将其列为犯罪行为加以禁止,但看来他的想法根本没有得到贯彻,也许只有他身边的随从受到了约束。同样,关于卖淫的禁令也根本推行不下去。对鸡奸等行为的追查是教会法庭的职责,因为这违反普遍的"良知",因而追查显得相当有力度,但对儿童的性侵却很少有文献记录,可能当时对这类事件没有特别的意识和关注。总之,我们不能对圣路易时代的道德乌托邦存有过高的幻想。

5.教会的"存在感"

总的来说,11世纪后期开始的格里高利改革给卡佩法国打上了很深的烙印。不过在某些具体问题上需要作一点澄清。的确有很多被俗人"窃取"——这是改革者们的说法——的什一税和教堂归还给了教会,但主要的得益者是各修道院而不是高级教士们,因为只有前者能够对出让权益的俗人作出合适的补偿。在神职人员的纪律建设方面,成效看来相当明显。这项工作包括很多具体内容,如在神职人员之中推行严格的禁欲政策,强调教士不得结婚或姘居而必须保持独身;再就是严厉处置圣职买卖罪行。经过这场运动之后,法国的主教选任日益正规化,主教们也基本能做到独身和节制,并有较好的文化修养,这得益于日益发展的大学教育。主教座堂教务会是主教的辅佐,教务会司铎的素质也在改善。尤其值得一提的是,在这群人中,宗教法官(official)的角色日益凸显,他负责裁决有关婚姻和高利贷之类的问题。随着领导层的改进,整个教会的声望和效率都在提高,到13世纪,下层教士的纪律与改革前相比已大为改进,过去那种将乡村神甫职务视为家产并且父子相袭的时代一去不复返了。在这个时代,主教对其辖区内的下层教士建立了更为有效的监督制度,除了自己亲自巡视各教区,他还可以任命代理,即主祭(archidiacre)负责监督某一片教区。13世纪是主教区组织走向完善的时代,1205年,巴黎主教厄德·德·苏利颁布了一批有关主教区教务会议的规章,为现存最早的此类文献。主教区机构负责传达各上级宗教会议议定的决策,为此,主教一般会每年召集一次主教区教务大会(synode),辖区内所有教士都要参加,会期一般数天。

1215年,罗马教廷召开第四次拉特兰公会议,这次会议对规范西欧社会的宗教生活影响深远。会议决议第21条规定,信徒成年之后必须每年至少忏悔一次。忏悔一般在复活节期间进行,信徒必须在每年领圣体前向神职人员坦白自己的罪过。在当时,领圣体尚未成为一种常例,对俗人而言这并不是司空见惯的圣礼,所以在领受基督的圣体前,他需要坦白自己的罪行并在教士面前悔改。这种私下的忏悔为教士监控其信徒的思想和道德状况提供了一种有效的工具,他必须坦白过错以求宽恕,于是教会就获得了对信徒的“意图道德”进行心理拷问的微妙手段;教会还编订了专门的手册,指导下层教士如何向忏悔者提问,以及如何回答和处理后者的提问。另外,有些主教甚至宣扬一年忏悔两三次,甚至在信徒出庭受审时亦可进行忏悔。

与此同时,信徒的整个人生也处于教会的监督网络之中,教区神甫就是这个网络的人格化身,因为教区已经成为基督徒生活的首要框架——但不是唯一的框架,因为还有一些社会精英组织的宗教社团,尽管当时仍然很稀少。在城市,几乎每个行业都有兄弟会组织,有自己的主保圣徒,这些组织虽然由俗人管理,但在圣徒节日或成员亡故时,教士会前来主持宗教仪式。例如,圣奥梅尔的商人行会创立于加洛林时代,它后来以圣尼古拉兄弟会的形式得以延续。另外,信徒在每年的重大宗教节日,如圣诞节、复活节和圣灵降临节,都会以宗教的名义聚集在一起。

按照教会的规定,周日、重大宗教节日前夜和主教区重大圣徒节日前一天应停止工作,这就减少了每年的工作日数量;不过相关的禁令也不是无可商量,尤其是在庄稼面临暴风雨损毁之时。教堂或修道院的钟声就是每一天日常生活的节拍器,到13世纪末,教会已经深刻塑造和规范了信徒的全部生活。

6. 洗礼

洗礼实际上已经与出生混合在一起了:13世纪的教会法规坚持这一圣礼不可推迟,不过施洗者不必将新生儿浸入水中,而只需在婴儿头上洒圣水,凡三次。从教义上说,这种圣礼是要涤净亚当和夏娃的原罪,将新生儿的灵魂引入信徒共同体。如果婴儿出生时即死亡,或者在画十字前夭折,他的灵魂仍然因为亚当的罪过而受到污染,但他毕竟没有时间犯错,12世纪的神学家们称之为"未成形儿童"(Limbe des enfants),他将在时间终结之时复活。不过这个学说大概是信众们所不知的。

当教士不能即刻为婴儿洗礼时,按教会法的规定,可由一位俗人施行当时人称的"小洗礼",以后再由教士进行正式洗礼并给孩子命名。有趣的是教会法对这种临时性俗人施洗者的选择的规定:首先是产妇的某位男性亲戚或邻人,其次是她的女性邻人或亲戚,最后才是婴儿的父亲,因为他刚与妻子犯下了肉体上的罪过。如果产妇在孩子出生前死去但人们以为她肚子里的孩子还活着,一些人会实行剖腹产,因为哪怕生命十分短暂,也应该确保其在彼岸世界的永生和拯救,所以他也应该接受洗礼。但可以想见,这种情形下会有死婴,以致教士都要对此提出抗议了。

这类牵涉生死边缘的习俗也存在于其他文明中,基督教的另两种习俗同样如此,一个是安产感谢礼(relevailles),另一个是关于洗礼后未满12岁而夭折的儿童的埋葬习俗。产妇分娩四十天内应避免与其他信徒接触,若无任何"不洁"征象,她须行安产感谢礼。在仪式结束时,教士会将襟带放在她头上,并念诵圣母赞美诗和洒圣水,这是一种"净化"仪式,之后她才重新进入信徒社群。根据第二个习俗,早夭的儿童虽然可以埋葬在教区墓地,但须葬在离教堂尽可能远的特殊位置,似乎人们有这样一种意识:这些孩子的状态没有最终确定,他们游荡的灵魂可能以鬼魂的形式出现。对某些不幸经历孩子夭折之痛的虔诚基督徒来说,这种习俗是一种折磨,卡斯蒂尔的布朗什就是一个著名的例证。

在基督教历史中,洗礼可能是最古老的一种圣礼,最初它针对的是改宗基督教的成年人或在信仰氛围中长大的青少年。在婴儿出生之时就行洗礼之后,人们设想出另一种补充仪式,这就是小孩的心智稍微成熟之后进行的坚振礼,一般在 7 岁左右进行;与洗礼不同的是,坚振礼一般是由主教施行的,他在巡视教区时会挤出时间给孩子们做圣礼,但对这项仪式的文献记录较少。

婴儿洗礼时还派生出另一种社会关系,即教父与教母。在当时,男孩一般会有两个教父一个教母,女孩会有两个教母一个教父,当然这并不排斥人们选择更多的教父或教母。一般来说,给孩子选择教父教母,是孩子父亲的一种人际关系策略,并不意味着教父教母在孩子的成长过程中扮演某种实际角色。但根据教会的理解,教父教母是孩子精神上的父母,因而孩子不能与其精神上的兄弟姐妹联姻,这就等于扩大了婚姻禁令的适用范围。不过,这种禁令的实际效力可能要大打折扣,不仅是因为信众的婚姻选择较为自由和开放,也因为教区神甫在洗礼登记时往往不会考虑到这一点。

7. 婚礼和葬礼的基督教化

在婚姻成为基督教的圣礼之前,它本质上是俗人之间的私人事务,是两个家族之间的协定,家长们要细心地安排对新人的财产转让;另一方面,如果妻子不能延续香火的话,世俗婚姻也是可以中断的,这对贵族世家来说尤其重要;如果要废除婚姻,教会宣扬的各种婚姻规范很容易成为冠冕堂皇的借口,比如夫妻双方的血缘关系违反了教会法的规定,我们提到的几次国王离婚案就是这种行为的典型。不过,到 1215 年第四次拉特兰公会议时,经过长期的努力,教会终于把婚礼变成了一项重要的圣礼,婚姻成为一种重要的基督教制度。经过神的仆人祝圣后的婚姻不仅具有了神圣性,从实际层面来说,教会也获得了对这一重大世俗事务的影响力,尤其是封建豪强家族的婚姻。

从长时段角度来看,第四次拉特兰公会议只是正式认可了一场历时长久的运动,因为婚姻此时已经获得了完全的基督教圣礼身份,并使得高级教士获得了对贵族的巨大影响力,因为这项圣礼已是合法的婚姻必不可少的了。婚礼进行时,教士在教堂大门前见证一对新人的结合:夫妻双方交换承诺,教士为二人的戒指祝圣,这是双方忠诚的象征,唯有一方的死亡能够解除夫妻关系;这些仪式完毕后,教士就邀请新婚夫妇进入正殿,举行庆典。

这样一来,婚姻就成了一项庄严的公共仪式,与之对应的是,任何私下缔结的婚姻都会被宣布无效,甚至要受到法律追究,因为这种未经父母和教会认可的行为会被视为诱拐。一般认为男子的法定成人年龄是25岁,女性的成人年龄稍早。不过,即使过了这个年龄,青年男女要想缔结正当的婚姻仍需征得父母的同意。但教会强调,婚姻是夫妻双方自由缔结的,两人全心认可这种结合,新娘的承诺尤其重要,所以双方的承诺需要公开、明确地表达出来,不能有任何形式的外来强迫,这就是婚礼成为一种公开性仪式的意义所在。当然,缔结婚姻的双方都处在复杂的家族和利益关系中,贵族阶层尤其如此,从这个意义上说,婚姻的自由往往只是形式上的,作为这一关系的首要相关方,新娘新郎的同意只是婚姻策略中的一个方面。

第四次拉特兰公会议重申了教会的一个传统立场:禁止同时缔结多重婚姻关系,重婚可以导致绝罚。但再婚的情形当时很常见,因为一方配偶经常会早死,当时妇女分娩死亡率非常高,男子的意外死亡率也很高,贵族尤其如此,战斗、比武和狩猎都可能导致意外死亡,甚至国王也不能幸免:美男子腓力在狩猎时,坐骑受到野猪惊吓,国王从马上摔下,不治身亡。

关于结婚的目的,道学家们始终强调只能是生育繁衍,追求享乐不是婚姻的目的,因此教会鼓吹节制性生活,尤其是在四旬斋和重大宗教节日的前夜。不能认为这些说教是徒劳的。到13世纪,人们已经看不到法国国王有公开的情妇,美男子腓力在妻子亡故后曾长期鳏居。婚外通奸更是严重的罪行,与同性交媾罪行更为严重。1179 年第三次拉特兰公会议以来,教会当局就严厉谴责同性恋,公开斥责这是"反自然的纵欲",如果教士被确认犯有这种罪行,将被驱逐出教会并终身监禁于修道院;平信徒初犯将受绝罚,再犯将被阉割,第三次就要被活活烧死。宗教群体中的"迷途"成员感受到的威胁最为严重,公众对他们投以怀疑的目光,我们已经看到,腓力四世在逮捕圣殿骑士团成员之前曾进行过舆论准备,在对骑士团的指控中,有一项就是他们犯有鸡奸罪。

　　教会的说教与民间的偏见有时是一致的,普通信众甚至要将他们所谓的鸡奸者(bougre)像异端和投毒者一样治罪,据说 bougre 这个词与保加利亚有渊源,因为人们以为古代保加利亚人热衷于鸡奸。鸡奸罪属教会法庭管辖,13 世纪末,菲利普·德·博马努瓦尔在《博韦习惯法》中写道:"若有人被怀疑有鸡奸罪,就要进行追究,犯事者要交给主教,如罪名成立,就应该被处以火刑,没收其全部财产。"但最近有学者指出,带有同性恋问题意识的研究者在考察中世纪史料时应该保持谨慎,因为很多在现在看来有同性恋嫌疑的举动,在当时人眼里是很正常的,例如男子之间的"和平之吻";腓力二世和狮心理查还曾睡在同一张床上,但这只是两位君主和解的一个强有力的象征,而且当时人并没有觉得有何不妥。

　　中世纪老年人的生活状况应当是很艰难的,但这方面的材料所见很少。有些老人在丧失劳动能力后被逐出家门,他们的主要去处是教会的收容所和城市的慈善机构,这些机构的护理人员几乎全部来自教会,但其医疗水准太低,对于虚弱的病人,经常采用的疗法是过量进食。说到底,在这种机构中,神职人员的地位比医生更为重要。信徒死亡之后,教会仍然在安排其彼岸的生活中扮演着关键角色。死者在下葬之前,尸体要经过教堂,进行最后一次祝福后葬在教堂边的墓地里。墓地一般是围圈起来的一块地,已经为主教祝圣过了;当然,更幸运的死者会葬在教堂里面。

　　从 12 世纪末以来,炼狱进入了基督徒的生活,这是天堂和地狱之间的过渡阶段,是地狱的减弱版,有罪的灵魂在这里被洗涤,为进入天堂做准备。按教会神学家的说法,灵魂在炼狱中滞留时间的长短,取决于死者生前在尘世善行的多寡,尤其是他向宗教团体的遗赠。因为神职人员是向神祈求的专门人士,在 13 世纪的法国,托钵僧在其中扮演着越来越重要的角色。

8. 托钵僧与新的修道形式

在 1307 年圣殿骑士团成员被逮捕和审讯之前,源自中世纪早期的各大修会在法国仍然很有存在感,不过到卡佩后期,它们的风头被托钵僧团掩盖了。在 13 世纪,多明我和阿西西的方济各成了修道运动的杰出代表,他们宣扬一种全新的教义,坚决拒斥世俗财富,宣扬回归使徒们的清贫生活。某种意义上说,他们革新了基督教的修道观念和模式,在教廷的许可下,两位托钵僧团的奠基者很快就成为圣徒:方济各 1226 年去世,1228 年封圣;多明我 1221 年去世,1234 年封圣。他们的僧团随后继续扩张,以致 1274 年第二次里昂公会议不得不对其发展势头稍加遏制,并强调托钵僧应该服从主教的权威。

托钵僧的成功很大程度上应归因于其布道策略。以前的修道院大多坐落在乡间,而他们主要在城市宣教;以前的修道院大多与世俗社会上层联系紧密,他们则面向大众和边缘群体。为了贯彻这一策略,他们很快就掌握了一套大众化的话语,这套布道话语不仅符合基督教的正统神学观念,更以其阐发教义的方式而深得信众喜爱,这种阐发方式与他们在大学接受的教育是分不开的。有些布道托钵僧获得了很大的声望,如普罗旺斯方济各会的于格·德·迪涅(Hugues de Digne),路易九世 1254 年从东方返回后曾与他长谈。不过,托钵僧的吸引力可能首先来自他们衣着用具的朴素,这就不由得使人相信他们信仰的纯洁。根据当代学者的说法,托钵僧的布道简直就像一场声情并茂的表演。布道者坐在椅子上,以引用一句简短的圣经经文为开端,然后对经文做大段的延伸铺陈,演讲中他会反复陈述某些观点,以强化对圣经教理的认知,说到动情处他们会声泪俱下,脸上会交替出现痛苦和欣悦的神情……托钵僧们还会根据听众的社会身份而发表不同风格的演讲,如面对妇女信众时就有特定的布道词。1260 年,多明我会的昂贝尔·德·罗芒(Humbert de Romans)还发表了一篇有关农民美德的颂词,说农民虽然地位卑微,但远离暴力和金钱的邪恶游戏,并以有益于所有人的生产劳动而救赎个人的罪过,与之对应的是城市的商人和市民,这些人不事生产,只从事交换,这都是些腐败的职业……

托钵僧团建立了相当稠密的修道院网络,这就给巡回布道的僧侣提供了有力的依托。他们的修道院不仅是个后勤基地,某种意义上还是个资料库、武器库,因为那里存放着根据主题和听众而分类准备的布道词,即使面对教育和开化程度很低的听众,也能找到合适的文本。今天尚存的这类布道词仍有数千份之多。1272—1273 年,在索邦就读的神学院学生劳尔·德·夏多卢(Raoul de Châteauroux)每个周日都去走访巴黎的教堂,他记录下了 216 份以法语宣读的布道词:总共 73 位演讲者中,56 位是不同僧团的托钵僧,在俗教士演讲者 17 人;布道词的主要内容是关于教义的,偶尔也涉及现实问题,如"高利贷",对犹太人的抨击等;还有号召行善的言辞:1273 年 1 月,一位无家可归者冻饿而死,多明我会的亨利·德·普罗万(Henri de Provins)就发出了慈善的号召。但我们无法判定这些布道在信众中造成了怎样的效果。

但是,托钵僧(尤其是方济各的小兄弟会和多明我会)的活动经常在教会内部造成矛盾,因为教区神甫和主教们担心他们的捐赠收益会因此减少;另外,当时的信徒都争先恐后地想葬在托钵僧修道院的墓地里,教区神甫因而有丧失一笔收入的危险。此时的托钵僧们已经不是圣方济各梦想中无欲无求的天使了,他们也在收钱,接受捐赠。不过双方还是达成了某种妥协,因为托钵僧不能拥有地产和固定租金,他们几乎靠布施生活,这一点至少在理论上有利于厘清双方的利益纠葛。

9. 对犹太人的排斥

我们多次提到卡佩时期法国犹太人的命运,在当时,犹太人是基督教社会中最醒目的少数派群体,几乎每次前往东方的朝圣热潮或十字军行动,都会激起对犹太人的敌意和攻击。但说来有点蹊跷的是,在这样一个基督徒占绝大多数的社会,人们竟然担心基督徒会改宗犹太教,这真是一个令人惊奇的现象。1182 年,西岱岛的犹太教堂被下令关闭,一座基督教堂取而代之。不过,在 1292 年的军役税税册上,我们还是看到了 120 个犹太家庭。但经济方面的考量总是与宗教偏见纠缠在一起。1247 年,路易九世向外省派出调查员,收集了民间对于犹太人的 172 条指控,其中 124 条涉及放债取息问题,而根据 1230 年的梅昂敕令,犹太人只能以前文提到的抵押借款的形式放贷。

在日常生活中,尽管当时还不存在犹太隔离区(ghetto),犹太人也开始遇到某些壁垒,如城市禁止犹太人雇佣基督徒做仆役,尤其是女基督徒;圣路易甚至要求犹太人参加某些基督教布道,而布道词讲的是他们的祖先对基督犯下的罪行……1242 年 6 月,这位圣徒国王又下令在葛雷武广场焚毁塔木德经。[①] 必须指出的是,这种歧视政策有广泛的民意基础。在 13 世纪的法国,各种关于犹太人的可怕谣言此起彼伏:1288 年,特鲁瓦有人传言,一个男孩被犹太人谋杀,因为犹太人想要在星期五耶稣受难日喝基督徒的血;1290 年,巴黎谣传怙恶不悛的犹太人亵渎了圣饼。但民间意识很容易被王权利用,13 世纪末美男子腓力没收犹太人财产的政策就是如此。

为了强调个人的宗教身份,1215 年第四次拉特兰公会议规定,犹太人必须在衣服上佩戴特别的标识,其中最著名的是黄色圆形织物或尖顶帽,不过这些规定的实施有一个过程。此外,对犹太教徒的戏弄也时有记载。我们已经提到,卡佩后期对犹太人的不宽容政策日益明显,其中最引人注目的措施是三番五次的隔离和驱赶犹太人的命令。1276、1283 和 1291 年,国王都曾下令大城市的犹太人集中居住以便监控。1289 年,

---

① Gérard Nahon, "Pour une géographie administrative des Juifs dans la France de saint Louis", *Revue historique*, no. 254, 1975, pp. 305 - 343.

腓力四世命令犹太人离开法国,并于 1306 年重申这一决定,同时下令没收其全部财产,这些措施可能导致 10 万犹太人离开法国,但 1315 年这一命令再次被提出,可能是这期间有些犹太人回到了法国。1322 年,菲利普五世也下达了同样的命令。

当然,出于财政和经济上的考量,全面驱逐犹太人的法令并没有得到彻底的执行,有些离开的犹太人又返回了法国,尽管这里依然充满敌意,1320 年,朗格多克的犹太人就遭受大范围的暴力攻击;另一方面,卡佩国王的政策导致大量犹太人定居在当时法国的边缘地带,以逃避国王的迫害,主要的犹太聚居地有阿尔萨斯、洛林、萨伏伊、普罗旺斯,尤其是一度作为教廷所在地的孔塔-维内森,这里的犹太人不久就被称为"教宗的犹太人"。因此,旧制度时代法国犹太教的两个主要中心阿尔萨斯和普罗旺斯,在卡佩晚期就开始形成了。

第十四章　中世纪盛期法国的文化

　　像政治领域一样,中世纪盛期法国的文化与宗教有着难以分割的联系。文化,尤其是以文字形式呈现出来的部分,首要和主要的作者是教士;在建筑和雕塑等造型艺术领域,最引人瞩目、影响最深远的作品是献给基督教的,教会则是这些作品的主要定制者和资助者;即使是对现代社会影响最为深远的创造之一——中世纪大学,特别是巴黎大学,也打上了浓厚的宗教色彩。但宗教和教会的支配性影响,并不意味着中世纪缺少更具世俗色彩的文化创造,骑士文学就是其中的卓越代表。在破除了中世纪的"黑暗"神话之后,现在更应该认识到,这个时代不仅存在文化发展,而且这一发展在其各个方面都经历了不同的阶段。

第一节　12 世纪之前的学术和文化复兴

1. 学术复兴和逻辑学

　　按照著名学者理查德·萨瑟恩(Richard Southern)的见解,在 10—13 世纪的法国,高级文化中有一个重新发现、吸收和扩展古代文化(包括异教和早期基督教的文化)的过程。10 世纪末的学者可以接触到的最广泛的基督教学术纲领,大概要数圣奥古斯丁在其论述基督教学术中提出的计划了。这部题为《基督教教理》(*De Doctrina Christiana*)的著作提出了一个宏大且富挑战性的方案：异教世界的所有知识都应在基督教课程表中有一席之地。不过它们基本上是些辅助性知识，目的在于协助对圣经的释读。语言、历史、语法甚至逻辑知识，都是研读圣经的辅助。在奥古斯丁看来，学习这些知识都只是让探究者进入精神真理的王国，那里的财富是肤浅的观察者看不到的。这种真理以寓言和形象来传达，对它的解读是基督教学者真正的研究领域。严格来说，解读是一项辛勤的劳作，谁要想理解圣经中的困难和神秘，就必须具备各种知识，如必须知道所有动植物的本性，必须认识数字的象征意义，懂得天体运行与音乐的和声……有了这些工具，他才能理解圣经中的真理。不过，当学者在知识技艺的协助下对圣典的真理进行探索之后，他还要再次浮上表面，向别人揭示他的发现。

　　中世纪的教会从来没有放弃过这样一个简单宽泛的知识学习方案。在 10 世纪末，它在实际中的兑现情况如何呢？首先，这个方案意味着需要以很多时间的学习为铺垫。圣奥古斯丁将现在广为人知的所谓"自由技艺"(Liberal arts)及科学视为圣经解释学的仆人，不过，即使那些赞成这一点的人也很难与他在具体做法上保持一致。一份流传很广的基督教学习手册就反映了这一点：这就是 6 世纪中叶卡西奥多鲁斯(Cassiodorus)撰写的《论神圣与世俗的学识》(*Institutiones divinarum et saecularium litterarum*)，该书在中世纪早期曾有一定影响力，但在 11 世纪默然退场。卡西奥多鲁斯同意奥古斯丁的看法，即世俗知识都是服务于圣经解释的，但他对圣经研究与科学研究的区分更为明晰。他将自己的研究分为两部分，第一部分探讨严格意义上的圣经知识，第二部分探讨解读圣经所必须的自由技艺。但两部分之间缺少必要的连贯性，读者很容易将第二部分理解为关于自由技艺的独立论述而与圣经解读没有任何关系。如果 6—10 世纪的读者想要一份自由技艺的便览，卡西奥多鲁斯及其后来的增补者的确提供了一个相当好的知识总结；第一部分则能提供一份圣经知识大全。但人们很少同时需要这两类知识。这就意味着，世俗学识有其存在的理由,它可以从基督教所主张的整体学识中独立出来。所以到 10 世纪末,世俗知识和神圣学识的分离就非常明显了。

这种分离意味着世俗知识有独立发展的可能。在 10—11 世纪的高卢,这一发展尤其受惠于古代晚期的著名学者波爱修斯(Anicius Manlius Severinus Boethius)的遗产。对中世纪学术史来说,波爱修斯最大的贡献是他尝试把希腊学术介绍给拉丁世界,而拉丁世界的后人很快就循着他指引的道路自主地寻找资源。一般来说,罗马文明在系统观察和分析方面并不突出,因而希腊的科学和哲学成就就更显得卓尔不群。中世纪早期继承的拉丁文献构成了后来人与古代世界的联系,而在这些文献中,波爱修斯的著作占有突出的地位。波爱修斯在思想方面的原创很少,但他的作品在传承罗马遗产的同时,也将部分罗马从未完全消化的希腊遗产传给了后世。尽管他的写作计划因其突然死去而没有完成,但其工作最终在 11 世纪结出了丰硕的果实。在欧洲学术发展史上,如果说 12—13 世纪是亚里士多德的世纪,那么 11 世纪就是波爱修斯的世纪。

在 11 世纪早期,波爱修斯的名声来自他关于算术和音乐的著作,更来自他的《哲学的慰藉》,这本书甚至让英格兰的阿尔弗雷德国王也开始接触哲学。不过有一点可能被忽视,那就是波爱修斯所传承的亚里士多德的逻辑学。他的主要学术抱负是完整地翻译柏拉图和亚里士多德的著作,尽管这件工作只完成了一小部分,但正是通过他的翻译、评介和总结,拉丁世界才有了探赜亚里士多德逻辑学体系的主要线索。奥里亚克的热贝尔(Gerbert d'Aurillac)是西欧最早系统阅读波爱修斯逻辑论著的学者之一,他于 972 年来到兰斯的主教座堂学校学习逻辑。在随后大约 25 年的时间里,热贝尔成为全欧知名的教师。[1] 根据他的学生、兰斯的李谢尔(Richer de Reims)的记录,热贝尔讲授波菲利(Porphyry)的逻辑学《导论》、亚里士多德的《范畴篇》和《解释篇》、西塞罗的《论题篇》等

---

[1] Cf. Pierre Riché, *Gerbert d'Aurillac , le pape de l'an mil* , Paris: Fayard, 1987.

波爱修斯的几部翻译作品，以及波爱修斯自己关于三段论、定义和逻辑分析的论述。

热贝尔确立的逻辑教学程式延续了一个多世纪。需要澄清的是，尽管推动逻辑学的教学是热贝尔对中世纪学术最重要的贡献，但他并没有赋予逻辑学后来具有的那种重要位置。他的目的是恢复过去的古典时代，而最忠实于这一目标的行动是弘扬修辞术。热贝尔的努力与其说是探究新的思想领域，不如说是在保留和传承既有的成果。他强调，修辞术之所以价值很高，是有双重原因的：首先是因为古代世界的学术主要是文学性的，其次是因为这与他的"保存主义"精神一致：修辞是静态的，逻辑是动态的，前者可以让过去的真理更能为人接受，后者则可以成为寻求新真理的工具。因此，在热贝尔那里，修辞，而不是逻辑，才是诸艺之王。李谢尔记载说，热贝尔让学生从逻辑转向修辞的学习，从波爱修斯的著作转向维吉尔、尤文纳尔和贺拉斯等人的作品，以便完善他们在辩论方面的技法，甚至三段论和逻辑分析都主要是为这个目标服务，即发现另一个人的诀窍而掩盖自己的。

热贝尔的教学还涉及算术、音乐理论和天文。他恢复了对计算工具的实际学习，这种工具就是罗马时代的算筹（abacus），但它在中世纪早期一度消失；在音乐方面，热贝尔向学生演示过单弦琴。在所有这些领域，波爱修斯都是他的向导。总体而言，热贝尔的天才是实用性的，而且，与12—13世纪的学者相比，他掌握的只是亚里士多德作品的片段。但是，热贝尔的实践方法对后世影响很深，其教学方式遍及整个11世纪欧洲北方的学校。

热贝尔是教会人士，最后成了教宗西尔维斯特二世，但他的教学活动与他的宗教身份看来不是完全合拍，因为他的课程中带有太鲜明的古典异教学术的色彩。另外，他对罗马帝国的光荣颇为留恋，对自己时代的缺陷和不足有切肤之痛。对他来说，复兴古代学术与复兴古代罗马政体有内在关联。然而，在他死后，这种政治观念便随着加洛林的遗产一起烟消云散了，在一个封建化的世界中，帝国的理想不切实际。不过他曾经研读和讲授过的波爱修斯并没有随政治幻觉一起消逝,后者让 11 世纪的学者体会到了亚里士多德思想带来的探索的欢悦。在亚里士多德的思想于 12 世纪初开始从阿拉伯世界进入西欧之前,波爱修斯是这位希腊哲人的传递者和解释者,学者们主要通过他而结识亚里士多德,并引起人们对其逻辑方法的兴趣、激发进一步的探知欲。

对中世纪的知识生产而言,逻辑学有着独特的意义,这在某种意义上可以解释热贝尔的意义,以及晦涩难懂的波爱修斯的著作的吸引力所在。有一种说法是,对 11 世纪的学者而言,逻辑学的吸引力就像 20 世纪中叶的哲学家热衷于逻辑分析一样。因为逻辑学是使混乱的世界秩序化的工具,而波爱修斯的著作让 11 世纪的学人得以对关于这个世界的最宏大的知识体系——亚里士多德的体系——有一点管窥。自然世界是混乱的,充斥着各种超自然力量,是人脑不能理解的事物的竞技场。政治世界同样混乱,无法思考。在当时,也许只有法学理论中有些微的体系论思想。逻辑学尽管看起来晦涩,但它可以赋予混乱的世界以某种条理和秩序。由于当时其他学科都经历了明显的衰退,逻辑学的作用就更加卓尔不群了。当时的学生从波菲利的《导论》开始接触亚里士多德,并开始玩弄种、属、种差、属性等概念,将之运用于论证和辩论。随后学生可以接触《范畴篇》,学习对外在事物的描述并进行分类,如数量、质量、关系、位置、时间、空间等范畴,它们就是描述个别事物所需的工具。这种简化和抽象化的思维让 11 世纪的人们十分着迷,尽管当时学生所能接触的亚里士多德的著作非常有限。更为深入的著作直到 12 世纪中叶才出现。

不过,在 10—11 世纪,学术世界和经验世界很少有直接关联,而且学术总是缺少体系性,即使在信仰和教义领域也是如此。教父们的撰述偶尔会被提及,但仔细钻研就会发现其中有很多罅隙和矛盾。这种情形与亚里士多德逻辑学中的完整性形成鲜明的对比,但与此同时,后者看来提供了一个可以克服这些弱点的方法。当人们已经熟悉各种论证方式、深谙各种范畴时,自然就会将这种分析论证方法应用于诸如原罪、圣餐、圣礼乃至三位一体等问题的论证。这是中世纪思想史的伟大创造——经院哲学——的源头之一。

可以认为,对亚里士多德逻辑学的消化是 10 世纪末到 12 世纪末西方思想界最重大的任务。在逻辑学的影响下,神学讨论的方法和神学思辨的表现形式经历了深刻的变化。但其他领域同样受到了影响。逻辑安排与分析的方法,以及与逻辑研究相联系的思考习惯,逐渐渗透到法学、政治学、语法和修辞领域。例如,但丁在《论君主制》(*De Monarchia*)中就这样安排逻辑三段论:

　　　a. 当人最自由时,人类事务秩序最好;

　　　b. 但只有在君主之下人才是最自由的;

　　　c. 因此君主制最适合于人类。

12 世纪之后,这种逻辑推演层出不穷。尽管问题可以用另外的方式来表达,但在论证中展示逻辑连贯性无疑是其有效性的最佳保障。逻辑学在中世纪的地位也能说明这个时代与现代世界之间的延续和断裂。这尤其反映在受教育者对逻辑的态度,及其对形式推理的普遍信念上。逻辑学在 10 世纪的复兴,到 12 世纪上半叶,几乎所有在学术上有抱负的学生都会首先选择学习逻辑。[①] 在 13 世纪巴黎大学和牛津大学的课程中,亚里士多德的逻辑学成为"自由技艺"阶段的重要内容,学习形式包括听讲评说、参加辩论、练习逻辑论证。但对逻辑学的推崇到 17 世纪走向了尽头,尽管此前它一直保留在大学教学内容之中。在热贝尔去世近七百年后,逻辑学已经招致广泛的鄙视,对新时代的学生来说,这种学问已经成为枯燥的练习,而非当初那种思想历险。也许这是"中世纪精神"终结的一个真正的标志。

---

① Cf. Marcia L. Colish, *Medieval Foundations of the Western Intellectual Tradition. 400 - 1400*, New Heaven：Yale University Press, pp. 275 - 277.

2. 修道院的生活和学术活动

在 10 世纪末的高卢,有组织的、持续性的学习活动很少见,零星的教育和学习活动一般依附于修道院、主教座堂和教务会。在所有这类机构中,本笃会修道院的地位最为突出。在很大程度上,这是因为修道院的日常活动需要一些学识来协助,最著名的例子大概就是推算复活节的日期了,不过这个任务在当时并不是很复杂。真正的问题是,每个地方的教会都可能在日常的礼拜事务中增添各种细节,例如,随着圣徒日数量的增加,一些需要履行特别仪式的日子也随之增多,人们也开始对仪式细节日益吹毛求疵了。除了通常的礼拜仪式,僧侣们还要进行一些原创性的劳动,如编纂圣徒传记,谱写赞歌和轮唱诗歌,以及编辑合适的读经文本,等等。另一项具有挑战性的工作是给文本和言辞配上音乐。这类工作都需要相当的学识和文化修养。而且,当时没有两家修道院是完全一样的,即使那些最初颇为相似的修道院也很快就在礼俗上出现很大的差别。所以,尽管 10 世纪末到 11 世纪欧洲各地的修道院孕育了一批历史记录者、散文作者、诗人和作曲家,但这种现象相对孤立和零散,其影响也主要是地方性的。不过在中世纪人的记忆中,这样的文化人颇受礼遇,12 世纪上半叶诺曼-英格兰的纪年作家维塔利斯就在其记录中留下了这些人的名字。

除了礼拜活动,另一些实际问题也促使修道院群体在学识上有所发展。例如确定每天的钟点,当然这件事本身也与宗教活动有关,尤其是要保证宗教活动在准确的时间开始。由于当时没有钟表,仪式的时间随季节而变化,因此当时一些修道院有人负责观察星体的起落,以确定每天功课的时间,11 世纪奥尔良附近一所修道院就留下了一份堪称"守夜人手册"的记录。这种观察很容易刺激进一步的求知欲。

在 11 世纪,算术是另一种受日常需要推动而迅速发展的学识。在10 世纪末,西方世界使用的数字是罗马数字,这套数字在运算中很不方便。但修道院往往有很多收入,计数需要精确,因此改进计算手段就显得很迫切。热贝尔重新引入了古代的算筹,他和他的后继者们花了很多精力利用算筹来开发复杂的乘除法。有个传说可以佐证这一"科学工具"具有的威望:当克吕尼的院长奥迪隆于1049年死去前,他请修道院的算筹专家算一下,自己漫长的院长生涯中一共做了多少次弥撒。

11世纪修士们的学习和研究,大致处于重建和恢复古代知识体系的阶段,新知识的拓展要到12世纪才逐渐出现。但重建和修复也是一项非常艰苦的工作。在这一过程中,本笃会修道院扮演了非常重要的角色,它们成为11世纪重要的知识积累中心。除了前述需求的推动,本笃会会规还规定所有僧侣均有学习的义务。当然,这种学习不可理解为对纯粹知识的探索,实际上,相关规定对学习投入和类型作了明确的限制。但学习也因此成为修道院生活的常规,最初的规定是每天有四个小时的学习时间,到10世纪,随着宗教仪式的发展,学习时间被压缩,但学习义务仍然存在。每年四旬斋开始时,每个僧侣会去图书馆取一本书,作为当年研读的课本。会规还对如何学习作了规定:读书时不可有跳跃,不可半途而废,必须心无旁骛。实际上这是纪律修炼的一部分,一种赎罪式的生活。有关读书的规定出自关于体力劳动的一章中,所以阅读被视为一种辛苦的劳作。

对于10—11世纪修道院的读书情况,现在了解的细节很少。但克吕尼在它的鼎盛时期留下的一份文献能让人们略窥一二。这是1040年左右编纂的一份说明克吕尼习俗的文件,其中有一份藏书目录,其后附有四旬斋后僧侣们借阅的图书名单和借阅者姓名。根据这份文件的记载,共有64名僧侣借过书,其中22人借的是奥古斯丁、哲罗姆等教父的著作;12人借的是加洛林时代的学者对圣经片段的评注;11人借的是关于修会纪律的著作,或圣徒及沙漠教父的传记;余下者借阅的主要是英格兰的比德、尤西比乌斯等人的教会史论著;但有个僧侣引人注目地拿了一本李维的书。当然,借书并不意味着读书,但这份记录本身还是表明,本笃会的会规得到了严格的遵守。而且,李维的存在表明,严肃虔诚的外表下并非没有其他的关怀。

这种学习产生的结果,是一种被称为"采撷"(florilegium)的文本摘录集,欧洲各地留下的这种汇编手稿有好几百份。一般而言,它们价值很小,但某些导言看来是认真学习之后的成果,它们将多年的阅读整理为有序的文本。尽管僧侣们的阅读大都谨遵陈旧的方法,但阅读总结还是给了思想一定的自由空间,这一点点的自由将在12—13世纪的学校和大学结出更丰硕的果实。某种意义上说,经院方法是对"采撷"的展开:"采撷"就是通过耐心的批判和细腻的区分来解决资料叠加造成的难题,而叠加的文本往往是相互联系但有分歧的基督教著作片段。这是发现和拼接一整套真理的步骤。

在本笃会修士的所有文字工作中,最富创造性的大概要数历史写作了。当然,这项工作有非常实际的动机:修道院有必要保存和弘扬它们的过去,以论证其独特地位的合理性,并且捍卫其特权。因此本笃会学者总是可以调动最好的资源,这为力求准确的、艰苦而耐心的编辑工作敞开了大门,而这正是教规所要求的精神。另一方面,历史写作的实际效用与文学上的抱负是可以兼容的。这项工作需要对修道院档案进行分类,捍卫圣骨的真实性,整理修道院地产的历史,撰写年鉴,查考传记和当时的重要史书。[①] 正是由于修士们的努力,后世才拥有了解11世纪的最佳材料。他们的历史创作还为中世纪修道院奠定了一项持久的文化优势,尽管这种优势从12世纪起有所削弱。

从思想的原创性和深度来说,修士们的成就是有限的,他们自己也没有多大目标。但正因为如此,他们的成就是坚实的,如对拉丁语的掌握,对教父留下的巨量材料的消化,异教及基督教罗马文献的传播,当时一些文献的保存,等等。要完成这些工作并非易事,也许它们是当时修道院唯一能做的事。

---

① Cf. Sébastien Barret, *La mémoire et l'écrit:l'abbaye de Cluny et ses archives* (*Xe-XIIIe siècle*), Münster, LIT Verlag, 2004.

3. 主教座堂学校:沙特尔的富尔贝尔

当时与修道院的学术活动平行的是主教座堂(或称大教堂)学校的教学活动,但它的成就要逊色一些。总的来说,在俗教士的藏书室不是很丰富,也没有本笃会那样关于读书学习的规定,日常生活也不如修士们规范有序。在加洛林时代的宏大教育计划中,主教座堂扮演过重要角色。8—9世纪的很多主教会议都强调,修道院和主教座堂同样负有为新神职人员提供免费教育的责任。到1179年,第三次拉特兰主教会议重申,所有主教座堂都应该为教师提供一笔合适的圣俸,以便他向教堂人员和其他贫穷学者提供免费教育。除了立法上的督促(尽管可能并不奏效),教堂自身的维系和发展可能起了更关键的作用。像修道院一样,主教座堂也须履行繁复的宗教礼仪,而财产管理、通信和诉讼都要求教务会掌握学术和法学知识。负责书写教务会信件、保管其通信的人员,很多情况下也负责指导学校,但这经常是他次要的工作,而且学校在主教座堂中只占很小的位置。

如果放眼更为广阔的世界,新的物质和精神生活无疑刺激了教会人士的思考。11世纪中叶关于圣餐的技术性争论就是一个著名的例子。同9世纪的神学争论比较一下就能发现,这时思想辩论的环境已发生怎样的转变。9世纪的争论是学者之间的事,尽管争论经常恶语相向,但基本是小圈子的内部事务,使用的是闲散浮夸的文风。11世纪的争论者已经有逻辑学的武装,他们的学生和同事则在旁边欢呼助战,因此这是一种党派之争,论者甚至能号召地方民众的忠诚,但也会遭受民众的敌视,如果他的观点被认为是不正统的话。正是在11世纪的这种氛围中,产生了第一批民间异端,以及民众对异端的公开迫害。教会的学说开始在社会各阶层激起重大反响。

经济条件的改善使得更多的青少年远途学习有了可能,11—12世纪见证了流动的学生人口的快速增长。10世纪就出现了一个引人注目的流动:追求学识的年轻人持续地从意大利流向法国北方。这种流动看起来有些蹊跷,因为意大利整体来说文化水平更高,生活也更舒适。从学术上说,意大利还是中世纪法学的故乡,有训练有素的法学家学校,修辞术也发展到很高的水准。尚显粗糙的法国北方究竟有什么值得追求的呢?仍然是逻辑学,热贝尔从罗马去兰斯学习逻辑,几十年后,为了从法律转向语法和逻辑,未来的坎特伯雷大主教兰弗朗克(Lanfranc)从帕维亚来到了图尔。

学生云集自然抬升了对教师的需求,教学看来成了一条通往财富和名望的道路,阿贝拉尔就是这类职业教师中的翘楚,像他那样身份自由的教师,走到哪里都能找到自己的听众,而且可以挣得名望和金钱。但主教座堂为这类人士提供了天然的聚合点:这里有图书馆,有学校,学校尽管名气不大,但能提供可靠的职位,并有晋升和获得更高薪水的机会。

在 11 世纪的大教堂学校中,沙特尔的学校具有特别突出的地位,沙特尔的主教富尔贝尔(1006—1028 年在任)是那个时代首屈一指的教育家。他的学校是一所与传统迥异的教学机构,并且在他死后延续了很久。富尔贝尔自己没有留下任何伟大的作品,也没有开启任何独创性的思想路线,但他敏锐地感受到自己身处的世界正在发生的变化,竭力鼓励和吸收杰出的人才,从而将沙特尔学校变成当时欧洲最有活力的教学中心。在兴趣之广泛和影响方面,热贝尔是唯一堪与他相比的先驱者。但热贝尔没有建立学校,也很难说他有学生。而在富尔贝尔的沙特尔学校中,首次出现了中世纪师生之间的亲密关系,师生之间的这种忠诚关系构成中世纪主教座堂学校的独特力量。富尔贝尔之后,涌现了一批著名的教师,如圣布鲁诺(St. Bruno)、拉昂的安瑟伦(Anselme de Laon)、阿伯拉尔(Pierre Abélovr)、吉尔伯特·德拉·博雷(Gilbert de la Porrée)、彼得·伦巴德(Peter Lombard),等等。但就对后世的影响而言,富尔贝尔是首屈一指的。[1]

---

[1] Cf. *Fulbert de Chartres. Précurseur de l'Europe médiévale?* Paris: Presses de la Sorbonne, 2008.

关于富尔贝尔的鲜活记忆一直被保留到11世纪末。他有一个来自列日的学生,叫阿德尔曼(Adelman),后来成为布雷西亚的主教,他在老师死后写了一首诗,以纪念老师及其11位在最近几年去世的门徒。诗中说富尔贝尔让"高卢各处的学堂都繁荣",他"像一泓分出许多支流的清泉,像散发出无数火星的篝火,通过自己的学生在各个学科中延续着自己"。然后这位诗人讲述了富尔贝尔的学生们的成就。但他们都不是富尔贝尔最出色的学生,最著名的学生是那位引发了圣餐礼之争的图尔的贝伦加尔。

一直到12世纪初,富尔贝尔对学校事业发展的推动可能比任何人都要大。他的处境已经与热贝尔有所不同,热贝尔关注的是过去,这就限制了他的视野。富尔贝尔尽管局促于一个主要涉及地方事务的小世界,但他对当时的环境理解很深,他剖析封建关系的实质并对其进行了理论总结,而热贝尔关心的是早已逝去的帝国。今天,富尔贝尔关于封臣对封君义务的阐述已经成为被广泛引用的经典,其频率比他的任何作品都高得多。热贝尔和富尔贝尔的通信都有留存,但它们反映的是不同的世界:前者展现的是一种遥远的高端宫廷生活,而后者面对的是一个乡村贵族的粗粝社会。可以说,富尔贝尔就是当时人中间的一员,热贝尔却是个异乡人。

正是因为富尔贝尔非常熟识自己所处的环境,他的学校才会取得如此显赫的成就。很难说富尔贝尔产生过任何的知识增量,但他涉足学术的每个方面,尤其是他接触到逻辑学、算术和天文的最新发展,这些成果是从兰斯和伊斯兰西班牙传到沙特尔的。富尔贝尔是个多才多艺的教师,他创作的众多用于宗教礼仪的作品在欧洲各地广为传播,但他对现实世界的各种新问题同样充满好奇心,这一点既能反映11世纪早期的学术兴趣,也表明当时为恢复古典学术所需付出的巨大努力。他的两个学生之间关于数学问题的通信就能反映这一点。他们像自己的老师一样,并非专业的数学研究者,而是涉足每个知识领域。他们在信中讨论的是波爱修斯关于亚里士多德著作的一个评注。评注中说,三角形的内角等于两个直角之和。但当时的人们并不知道三角形的内角是什么意思,有位学生说,内角是从某个角引出一条直线后形成的角,并说他曾就这个问题请教过富尔贝尔。这个故事表明人们已在摸索着前行——尽管起点很低——以及富尔贝尔拥有的权威。他们的通信还率先提到当时重要的科学革新,如阿拉伯人的星盘正在被拉丁世界知晓。富尔贝尔肯定也已有了这个工具,沙特尔当时可能是阿拉伯科学在西方传播的重要中继站,并持续到12世纪。

富尔贝尔在沙特尔主教座堂学校的继承人、著名学者贝尔纳(Bernard)曾有一个说法:现代学者与古代人相比,就像侏儒站在巨人的肩膀上。这个高明的论断巧妙地平衡了对古代巨人的崇拜和当代学者的自我认知:虽然我们是侏儒,但毕竟可以看得比古人远一点。不过,到12世纪的头25年,富尔贝尔开创和代表的主教座堂时代,已经随阿伯拉尔一起终结了。

第二节 知识创新与大学的兴起

1. 思想发展

在主教座堂学校的时代,城市的教士以主教区和教区教务会督学(scolasticus)为中心,组织名曰"七艺"基础教育,即文学方面的前三艺:语法、修辞、逻辑,分别涉及写作技巧、口头表达及推理;科学方面的后四艺:算术、几何、音乐、天文,它们都与数学相关。这些预备科目的学习结束之后,学生将获得学习证书(licence)。教师在课堂上主要是评点拉丁、古典和基督教作家的作品。如前所述,像阿伯拉尔这样的教师很快就声名鹊起,一些主教座堂学校也享誉四方,在富尔贝尔的沙特尔学堂之后,11世纪末和12世纪,图尔奈、拉昂、昂热、图尔、奥尔良、勒芒、夏特尔和巴黎等地都有知名的教学机构。引人注目的是,它们都坐落在卢瓦尔河以北,这个地区保持着高水平的思想活动,所以连这个时期有学术抱负的意大利人也都纷纷北上。

教育领域的发展很快在文化领域产生了反响。在12世纪前半叶的作家中，一个明显的特征是，他们开始论述历史、神学、政治理论，甚至诗学，并日益熟悉古典作家了。在接触到塞内加、西塞罗、维吉尔、贺拉斯等人的作品后，当时的学人很快就掌握了拉丁散文和韵文的措辞和委婉表达法。韵律节奏和作品的背诵为他们思想的表达提供了一个成型的框架。与此同时，一种理解神、人类和世界的新思维方式和新方法论形成了，即理解和运用理性的演绎方法，这是逻辑学带来的效应。逻辑使理性有了运用的空间。1050年左右，富尔贝尔的学生贝伦加尔说，理性是"人类的骄傲，理性之中甚至有神的影像"，唯名论者和唯实论者关于泛指观念（共相）的实在性问题的争论，已经在信仰领域掀起轩然大波。11世纪末以后，辩证法成为教士修习的基本科目，坎特伯雷的安瑟伦的名言"信仰寻求理解（Fides quaerens intellectum）"已经鲜明地昭示，正统信仰中给新的理性思考方式留下了位置。

理性地位的上升贯穿了整个12世纪。在被哈斯金斯冠以"12世纪文艺复兴"的这个时代，人们热情地探讨着传至西欧的古代作品，如欧几里得、托勒密、盖伦、柏拉图等希腊哲人和科学家的著作，它们由拜占庭和阿拉伯人经西西里，特别是西班牙传到了法国。新的资源以及不断从外部补充而来的亚里士多德的思想，进一步激发了对这位希腊哲人的逻辑学唤起的推理理性（raison raisonnante）的热情。

当推理工具日臻完善时，可供支配的思想材料也在形成，教学方法亦随之改变。以前的课程是对古代文本的简单解读，现在扩大了范围。课文伴随有注解，并就某个具体问题汇编和考辨"权威"观点，于是权威也成为研究的对象。当注解中遇到解释上的困难时，应尽可能清晰地以"问题"的形式表述出来，以便以后能以理性的方式和逻辑的方法加以解决。圣经和早期教父的作品也应在更高层次的研究中以这种方法来考辨，这种研究就是七艺的顶点，它开始被称为神学。拉昂的安瑟伦、巴黎的彼得·伦巴德都在设法寻找教理的合理性，使之简化为一系列的"名言警句",并引出应该论证和考察的问题。

不过,逻辑推理走得太远就会有风险,阿伯拉尔的遭遇就是突出的例证。他是位出色的逻辑学者、大胆的思想家,深受学生的爱戴,他以自己的教学为巴黎各学校赢得了声望。在当时的重大辩论中,阿伯拉尔立场鲜明,他通过更为精巧的论证澄清了共相问题。他在《是与非》(*Sic et Non*)中罗列了所有"名言警句"之间的矛盾,并以某种特别的步骤来阐明神学,在他看来,这一步骤最终将导致宽容和对理性的信赖。他论证说,"切勿以强制手段来要求你的邻人接受你自己的信仰:人唯有凭自己的智慧才能自决。用暴力方式取得的虚假赞同是徒劳的,信仰不是来自强力,而是来自理性"。阿贝拉尔遭到狂热的圣伯纳尔的反对,1140 年的桑斯会议对他进行了谴责。阿伯拉尔应被视为某逻辑思维体系的奠基者,而这一体系就是"西方世界最早的哲学"——经院哲学。

2. 大学的诞生

进入 13 世纪后,大学成为推理理性的中心。巴黎大学是法国最古老的大学,并且很长时间内几乎是唯一的大学。根据 1229 年莫城—巴黎条约,图卢兹大学于 1233 年创立,但这个机构的目的仅仅是培养与异端作战的布道者,因此不能被视为严格意义上的大学,它真正的研究教学活动可能要到 1270 年代才开始。蒙彼利埃的大学章程出现于 1220 年,1239 年被确认,这所大学在医学及法学领域颇为出色,后来为美男子腓力效力的法学家纪尧姆·德·诺加莱和纪尧姆·德·普来相(Guillaume de Plaisians)都曾任教于这所大学。由于巴黎大学不讲授罗马法,法学家和学习法律的学生们从 1230 年左右开始纷纷聚集到了离首都不远的奥尔良,1306 年,奥尔良正式成立大学;阿维农和昂热分别于 1298 年和 1337 年创立大学。

在卡佩时期出现的所有大学中,巴黎大学毫无疑问占有最重要的地位,它可以被视为 12 世纪巴黎出现的各种学校,首先是主教座堂学校的卓越继承者。早在 12 世纪末,巴黎就已经牢牢确立了它在思想和学识方面无可比拟的优越地位,这座王国的首都正在成为"新雅典"。西岱岛上的圣母院因其大教堂的地位吸引了一批神学家和法学家,但七艺的学习已经在塞纳河左岸地带兴起。当时这一带的校舍只是租用的谷仓和陋室,但这并不妨碍教学活动的展开。在教士的住所、宗教机构、修道院和教堂,甚至在街道和广场上,教师均可授课。为了安顿穷学生,教会和国王出资设立了一些慈善机构,其中最早的机构开办于1180年,最著名的是圣路易的礼拜堂神父罗贝尔·德·索邦(Robert de Sorbon)创办的,它收到了很多捐赠,专为神学专业的学生而设。但能享受这类机构资助的学生为数很少,对大部分学生来说,如果家境不够殷实,他们就只能满足于租来的蜗居,或者露宿街头。另外,书籍在中世纪相当昂贵,如果穷学生不能在学校或教会谋份差事赚点钱,那他们甚至要上街乞讨了。

巴黎的大学生是个充满学术热情但也躁动不安的群体。他们来自社会的各个阶层,既有贵族的儿子也有农民的子弟;学生来源于欧洲各地,北自斯堪的纳维亚,南至西班牙和意大利;学生年龄差距很大,小的只有13岁,大的竟至35岁。这些学生都十分好斗,不管对手是巴黎市民还是国王的兵弁。当然,他们都有学业和职业上的抱负,都渴望通过学位获得荣誉,进而取得教会的俸禄,或在学校谋一个职位。在面对国王的法官、主教和大学的头面人物时,学生也能团结一致,因为这些人总是觊觎学位授予事务,干涉教学工作。在这种局面下,可取的办法就是通过公正的考试制度授予教学资格(licentia docendi),这就意味着教学活动获得某种自治地位;另一方面,为调处学生与市民和治安官员之间的冲突,学生应取得相应的司法权利。为了达到这些目标,教学活动和学生就应像其他行业那样,成立自己的同业公会——也就是大学。

大学的诞生很大程度上应归功于国王。1200年,守城军兵和几个学生斗殴,引发人命案。命案之后,腓力二世将学生置于他的特别保护下,并授予他们每个人以"言说"(for)的特权。从此,巴黎的学生都是教士,服从教会法庭,接受后者的管辖,除非涉及重罪,如杀人和严重的偷盗。

但这种宗教身份意味着犹太人和妇女不能成为大学生。1215 年 8 月,教廷特使、枢机主教库尔松的罗伯特(Robert de Courson)颁布了有关"大学"(universitas)的章程。这位特使当时已经在巴黎,并很可能是延续着其前任于 1208 年拟定的一般原则。这些章程规范了大学的内部生活,大学现在意指被授权在塞纳河两岸讲课的教师的共同体;同样还规范着学习的课程,必须评论的著作,考试的组织和学位的授予,以及每个学位所要求的最小年龄,如神学博士必须要有 35 岁。章程也将这个年轻的组织从巴黎圣母院文书令(chancelier)严厉的监督下解放出来,后者从此只能通过考评委员会(jury)来反对大学的决策、干涉各院系的组织和索要钱财。1219 年 12 月 16 日,教宗霍诺留三世的《展望》(*Super speculam*)诏书将神学提升为巴黎大学的至尊学科,诏书同时赞许英诺森三世特使的整个决策,并以恢宏的用语赞誉这所大学是新的精神策源地。

在 13 世纪初,大学的发展得到了国王的支持,他曾试图抑制房租,以减轻学生的负担。但他无法制止大学人员同执法人员的冲突。1229 年发生了新的斗殴,教师大会决定罢课,直到满足其要求。不久有些人去了图卢兹,法学家们则选择去昂热和奥尔良,因为奥尔良的学校可以合法地教授罗马法,但在巴黎这一直被禁止。这次冲突没有持续多久,很快各方就达成妥协。1231 年 4 月 13 日,教宗格里高利九世庄严颁布《学识父母》(*Parens scientiarum*)敕令,这份奠基文献被视为巴黎大学的大宪章,这个全名为"教师学生联合会"(universitas magistrorum et scholarium)的机构获得了完全的法人地位,并处于教宗的直接保护之下。

1231 年的宪章规范了教学组织。作为预科系的文理学院讲授"自由技艺",刚入学的学生在这里学习前三艺和后四艺,然后进入其他更高级的院系学习,如神学院、医学院和"教令"系——教令系的名字来自 1140 年左右意大利僧侣格兰西出版的名著《格兰西教令集》,该著是此前整个教会立法的汇编,因此这个系接近于教会法系。这些系的负责人称

recteur 和 doyens，相当于院长或主任，他们由选举产生，任期较短。1246 年，教宗正式承认大学可以使用自己的印章，这是大学获得完全的法人身份的标记和象征。

在巴黎大学诞生的历程中，尤其是在争取独立法人地位的漫长斗争中，大学得到了教廷和国王的支持。国王深知，来自欧洲各地的学生对首都和王国来说意味着财富和声誉，他的保护政策可谓深谋远虑。教廷从一开始就给予大学师生以各种支持，这首先是出于捍卫信仰的考虑——1200 年前后正是阿尔比派活跃的时期。所以神学系占据巴黎大学的王座丝毫不让人意外。在一个受异端威胁的世界中，巴黎大学比其他任何机构都更能充当信仰的堡垒和教会的镇压工具，进而成为一个受监控的神学中心，一个向整个社会输出正统信条的思想堡垒。这样我们就能理解，英诺森三世及其后继者们何以对巴黎大学不吝溢美之词："肥沃普世教会之土地的河流"，"尘世乐土上的生命之树"；显然，教廷给予巴黎大学的保护带有监控、必要时让它屈服的用意。早在 1231 年之前，某些教学内容就已受到谴责，一些信仰方面更可靠的人被安插进来，尤其是多明我会和方济各会修士占据了部分最著名的神学教席。这一现象可追溯到 13 世纪初专门为托钵僧团创立的"兄弟学校"(les studia fraternels)，这是多明我会在圣雅克街设立的培训机构，它们发展很快，其教师不久就要求获得大学内部的神学讲席。1229—1231 年，12 个讲席中他们占了 3 个，因为他们不会像其他教师那样罢教。托钵僧的到来并非没有遭遇抵制，罢课、斗殴和诽谤层出不穷。1254—1256 年，纪尧姆·德·圣-爱慕(Guillaume de Saint-Amour)成为抗议者的代言人，当时正在巴黎的托马斯·阿奎那见证了这种紧张关系，诗人吕特贝夫(Rutebeuf)还写诗讽刺托钵僧伪装贫穷，虚伪之至。不过，这些被安插进来的人在学问方面无可比拟，作为教师的声望也不错。

这场纷争涉及巴黎大学最有威望的学院，因而具有一定的重要性，但它只波及很小一部分师生，因为大部分学生止步于文理学院。1260 年左右的巴黎大学包括四个学院。文理学院最大，师生最多，1283 年它的教师约有 120 名,学生大概两三千,由于这些 14—25 岁的学生数量太多,来源很广(很早就出现了斯堪的纳维亚的学生),以致需要按"国别"(nation)区分,每个国别的学生选出自己的代表,巴黎大学共有四个nation。1249 年后,这种组织正式化。文理学院的学生学习两年后可取得大学资格证(bachelier),六年后可成为资深研习者(docteur),这时可转向三个高等学院中的某一个,选择医学院和法学院的较多,在这两个学院,一般 5—6 年的学习后就能获得结业文凭(licence)或博士学位(doctorat),而在神学院,要取得这样的成绩需要 15 年左右的时间。在很长的时间里,这三个学院的院长之间并无多少联系,只是偶尔会与文理学院的院长一起商议大学事务。文理学院院长权力最大,当俗人和僧侣发生冲突时,他负责维护整个大学,并确保共同决策的实施。这种体制将延续好几个世纪。

在具体教学中,每个教师都可挑选学生并对学生负责,他根据必需的读书大纲培养学生,阅读材料都带有评注。学业结束后,学生将接受由教师同事组成的委员会的考试,这个考评委员会是唯一能授予学位的机构。13 世纪下半叶,各独立学院(collèges)是个结构森严的机构,只有少数有奖学金的学生才能进入,它们当时并不显赫,其地位是在中世纪后期增强的。1305 年,根据美男子腓力的王后的遗嘱设立了纳瓦尔学院,它一开始并不起眼,10 年后才开始声名鹊起。

与今天的情形大不相同,巴黎大学当时没有专门供其使用的建筑,教学所需的房间是每个教师从个人那里租来的,取暖和维护费用由学生负担,后者付钱给老师,其价目事先跟老师商定。在巴黎当时的地名学中,并没有与未来拉丁区对等的东西。不过当时的福雅尔街(Fouarre)和布律诺巷(Bruneau)的确分布着一些用作教室的房屋。

与今天的大学相比,13 世纪巴黎大学的日程排得很紧,只有 9 月一个月的假期,日常的课表很紧密,教师上午评讲大纲上的著作,下午主持各种教学练习。只有在星期天,某些大学和"国别"节日,葬礼和答辩考试的日子,才可以停课,不过这些日子加起来数量就比较可观了。与 21

世纪的大学相比，当时巴黎大学的另一大不同是考试和课业练习基本都是口头的，这要求学生有很好的演讲术和出色的记忆力。大学普遍使用拉丁语，这也是为什么西欧各地的学生都可来巴黎求学的原因。由于书籍匮乏，那些赀财不丰的学生困难很大。1257年，罗贝尔·德·索邦设立了一家图书馆。1290年，这家图书馆有藏书1017册，但仅供有奖学金的学生使用。

3. 经院理性

13世纪大学学习中的重大革命，肇始于西欧再次全面拥有了亚里士多德的著作。由于长期缺少希腊文的原始手稿，12世纪时，克雷莫纳的杰拉德（Gerard de Cremone）及其在西班牙托莱多的同事努力从阿拉伯语翻译亚里士多德，当时安达卢西亚的埃米尔们的图书馆里有丰富的阿拉伯语亚里士多德文本。如前所述，《工具论》已经有了波爱修斯的译本，学者们对逻辑学已经兴味盎然，这时又有了来自阿拉伯语的"新逻辑"，并于1150年左右在巴黎讲授。过去缺少亚里士多德关于自然科学的论著和其他的哲学文本，此时它们被不断引进并被改进，亚里士多德从此被简称为"哲学家"，他为中世纪的知识人指明了以观察为基础的认知道路，以及基于理性的演绎阐述。

为了让学生接受这种严格的思想操练，教师要求他们采用经院方法，即根据逻辑方法来讨论指定的命题。命题的产生通常受到阅读权威作者时碰到的困难的启发，围绕这个命题，学生们进行积极的辩论（disputatio），然后教师在结论（determination）中提供解答。勒高夫评论说："使用经院方法的知识人不再是简单的注疏者，而是去创造他们需要思考的问题，激发他们的思想，引导他们采取某种立场。"不过这种训练也可能走向极端，某些论辩（quaestio）会导致经年累月的反复探讨，甚至对典雅修辞的追求也会显得过分地吹毛求疵，这在中世纪末期表现得更加明显。但在这之前，这样的推理和思想的体系化还是富有成果的。当时间跨入13世纪时，第一批详尽的系统经院神学"大全"（summa）已在编纂之中。它们以基督教、希腊和拉丁的权威著作为依据,从严格的语文学考量出发,阐明并调和这些权威著作的思想,使其符合辩证法的原则,辩证法已然成为一种醉心于逻辑、范畴和系统分类的论证科学,一切都要服从这种清楚明晰的思想检验。

在教学领域,教学方式导致了对阅读文本(lectiones)评注的诞生,但更重要的是通过两个权威之间的辩论,教师以辩证批判的方式引导学生得出自己的结论。辩论的运用是其中最独特的产物:这种"知识分子的比武"是在观众面前的公开较量,当然也会出现一些"滑稽"辩论,如一些教师以自己的名声为担保,保证解答任何人提出的任何问题。辩论有可能空洞乏味,流于形式上的推理,这是逻辑辩论造成的结果;不过,大学师生传播和展示的思考习惯和思维程式,可能有助于人们自觉或不自觉地解决很多具体问题,因为学识与思考不仅是专业的知识人所必需的,也是所有靠语言、文字和角尺服务于城市生活的人所必需的。

书籍史上的一个例子就可以说明这一点。我们知道,在13世纪的大学中,书籍是相对紧张的资源,如要快速方便地大量复制教学用的书籍,缮写员是不可或缺的。从13世纪初开始,一种被称为拆分制(pecia)的书籍制作方法开始传播①,并一直维系到印刷术兴起之时。根据这种方法,一部手稿被分成一些编过号的小册子,以便几个缮写员同时抄写同一部书籍。这种方式大大提高了书籍抄写的效率,类似于现代社会的劳动分工。但它也是运用辩证法的绝佳例证:矛盾的调和、困难的分解和重新组合为整体。知识人的思想同样体现在书籍的篇章安排中,因为这时书籍的内容也在分化和组合。在此之前,无论是每页文字还是全书的篇章布局,都没有反映思维的步骤。段落分割显得很随意,行文起承转合之间不太照

---

① 关于 pecia 体制,参阅 Jean Destrez, *La pecia dans les manuscrits universitaires du ⅩⅢe et ⅩⅣe siècles*, Paris: 1935; Graham Pollard, "The *Pecia* System in the Medievl Universities," in M. B. Parkes and Andrew G. Watson eds., *Medieval Scribes, Manuscripts and Libraries: Essays Presented to N. R. Ker*, London, 1978; L. Bataillon, B. Guyot and R. H. Rouse eds., *La production du livre universitaire au Moyen Age: Exempla et pecia*, Paris, 1988.

顾逻辑。像经院哲学家一样,缮写员成功地解决了节省空间的要求与层次化的合理表述之间的矛盾。一部著作的论证步骤,从分解(partes membra)、论辩到组合(articuli)都清晰可辨,并以编号和章节首字母标了出来;而首字母又以其大小和色彩使书籍具有一种结构,这种结构既清晰地表明了作者的思想,同时也反映出当时的思想方法和步骤。

4. 亚里士多德的学说

在13世纪的大学学术中,亚里士多德无疑是最重要的思想资源。但是,对这位哲人的学术的接受,并非没有保留或反对意见,因为他是异教徒,因而就其思想本质而言是低下的,因为他不知道神启;更重要的是,他还是危险的——如果不是渎神的话——因为他坚持这样的原则:世界是永恒的,而不是神创造的。世界是由天体决定论支配,而不是造物主的自由意志支配;他还拒绝神迹观念,认为这是例外现象,因而他更喜欢揭示自然的原因以及思想的运行机制。在他的启发下,某些评注者还以思想的普遍完整性为由否认个人灵魂的存在,因为每个人都有这种普遍完整性。虽说亚里士多德的逻辑学在西方从来没有造成问题,但他的形而上学和自然哲学情况则大不相同,1215年的大学章程是禁止讲授这些学问的,直到1231年,格里高利九世才认可文理学院可以讲授这些内容,但它们不得进入神学院的课堂。不过,在大多数情况下,神学院的学生在文理学院已经接触过亚里士多德的思想,这当然是后来人评注过的思想,主要的评注者是阿威森纳和阿威罗伊,阿威罗伊的评注1220年由迈克尔·司各特(Michael Scot)在西班牙译成拉丁语,并在1255年颁布的文理学院章程中最终得到认可,至此亚里士多德的学说大体而言都被接受了。[1]

---

[1] Cf. Charles H. Lohr, "The Medieval Interpretation of Aristotle", in Norman Kretzmann etc. eds., *Cambridge History of Later Medieval Philosophy*, Cambridge: Cambridge University Press, 1982, pp. 80 - 98.

神启与亚里士多德的方法论如何兼容,这个问题拷问着当时所有伟大的思想家,他们提出了一些旨在调和信仰与理性的宏大体系,其中最著名的就是托马斯·阿奎那的《神学大全》,以及大阿尔伯特未完成的《大全》(撰写于约1260—1270年)。阿奎那无疑影响最大,他于1323年被封圣,并被尊称为"教会博士"。从更为实际的层面看,这类"大全"对当时所拥有的知识进行了系统化:如拉丁人弗洛伦汀·布鲁内托(Florentine Brunetto Latini)的《珍宝集》(Livre dou Trésor),作者曾于1265年左右流亡巴黎;还有英格兰人巴特雷米(Barthélemy)的《万物性质论》(Liber de natura rerum);多明我会士博韦的文森特的《世界之镜》(Miroir du monde),文森特死于1264年。此后他的团队又编纂了论述宗教之基础的《教义之镜》(Miroir doctrinal),以及《历史之镜》(Miroir historique)和《自然之镜》(Miroir de la nature)。所有这些著作,以及无数其他的著作,都来自大学阶层,它们孕育了一种阐述的技能,这种技能已经是知识生产的基础,并从这时起被布道者采用,如波旁的艾蒂安(Etienne de Bourbon)。他们宣讲的布道词(sermo)通过小故事来阐发道德和教理,布道词合编就成为"训诫集"(exempla),即通过有内在一致性的章节来安排观念,在每章开头有提要,将文本分成段落,每段都有一个中心观点,并附上旁注、关键词、词汇索引和页码,这与科学著作的说明性插图几乎是同时出现的。在克莱沃和布拉班的维莱尔,1246年之前就有两部布道词的汇编,其中《圣伯纳尔之花》(Fleurs de saint Bernard)提供了术语表,并在文本的边缘标出了页码。到1270年,词语索引表根据字母顺序来分类已成为一股潮流。应该说,书籍的改进也是知识传播工具的改进。

"大学"一词本身意味着它是一个团体,它有象征其身份的印章,有它的自由和内部规章,但这并不意味着它享有思想自由。巴黎大学的教师和学生都具有教士身份(但蒙彼利埃医学院的师生是俗人),他们跟世俗各界和在教修士存在激烈争吵,但师生均需对教会权威表示服从,而后者总是担心大学有越轨言行,这就导致对教学内容的管控。1270年

12月10日,巴黎主教兼大学总管(chancelier)艾蒂安·坦皮耶(Etienne Tempier)谴责了被认为是"阿威罗伊主义"因而危及教义的学说;1277年大学的教学大纲重申了这一点。这份文件审查了几十条归咎于亚里士多德主义或"阿威罗伊主义"的学说,它们被怀疑以理性化的方式灌输异教思想,如"那位哲学家肯定是不能同意终将到来的复活的,因为不能通过理性来思考这样的事"。由于以鲁莽的方式弘扬了这位哲人的思想自由理念,罗杰·培根(Roger Bacon)和席格尔·德·布拉班(Siger de Brabant)一度还被关进监狱!所以思想研究与信仰这个不可触碰的真理会发生冲突。由于对亚里士多德主义的全方位指控,圣言内在的神秘主义也就熄灭了人类理性中最大胆的冲动力,但从未完全窒息之。不过从另一方面看,即使没有这种外部的约束,思想工具方面的不足和中世纪学术工具的匮乏,也不可能让学者走得太远。

巴黎大学各学院的教学材料主要是书面的,很大程度上也是抽象的。当学生在学校足够好地掌握拉丁语后,他就会在教学课堂上尝试评点前人的重要著作,然后进行有组织的思想比武,这是非常程式化的表演,简直有些装腔作势,但这种表演能调动记忆,激活辩证推理的能力,从这个意义来说,中世纪大学鄙视一切非书本和非形式化的探究。这样的教育模式,很大程度源自观察和实验工具方面的明显不足。例如,人体解剖仍然被禁止,数学计算很原始,对虚空和无限的思考长期受到抑制,等等;但也有主观方面的原因,即使最开放的头脑也对实验没有多少兴趣,尽管伊斯兰世界的科学一度有过某种促进作用,如前文提到的罗盘。从根本上说,当时的大学并不存在科学研究的概念,研究被视为对意外情形的考察,而人的思想不应该浪费在这种事务上。在有关天文计算的教学之中,没有任何迹象表明它是运用于航海的;没有任何关于农学的深入思考,尽管农学很可能对卡佩法国这样一个农业社会产生极大意义,这一点我们也已经指出过。在历史学这样的人文领域,索邦的修辞学者的思想与希罗多德相比甚至是退步的,因为他们没有将历史与人的环境以及整体上的"人类学"结合起来进行思考;在自然科学领域,尽管亚里士多德威望很高,但他的科学论著基本被撂荒了。

因此不能高估大学对中世纪科技发展的意义。从技术和实用层面而言,真正的进步与大学无关,它的推动者是建筑工匠,熟练和富有创新精神的手艺人,以及四处奔波的旅行者——总而言之,是那些在大学眼中低它一等的五花八门的下层世界,大学与这个世界平行却不了解它,也从来没有设想过,理论更新有可能通往更为广阔和更为实在的领域。从这个意义上说,追求推理严密的逻辑理性实际上构成技术进步的障碍,因为这种理性认为技术太过低俗,有太多的物质性和偶然性,因而对它不感兴趣。上帝当然可以被奉承为"学识之主",如教宗尼古拉四世在1289年鼓吹的那样,但这里说的学识进步并没有和实践结合起来。所以,在实用性的技术领域,亚里士多德没有起任何作用。

5. 大学的影响

这并不是说大学对社会没有影响,而是说它的影响在别的领域。大学固然没有引起中世纪社会的重大变动,其师生数量也很有限,但从中长期看,大学还是对社会产生了影响。大学教育让学生在毕业时都有了一颗以逻辑学武装起来的头脑,这样的头脑在手工业中不会有多大作为,但在某个领域却大不一样,这就是法学。经过大学教育的法学家们形成了一种"法律思维"(mens legis),它强调证据的合理化,强调法学原则的普世性,因而与教会的特殊需要十分契合,越来越多的毕业生顺理成章地在教会内部谋求光明前程。但现存的文献记载尚难精确地重建大部分大学生的个人履历,因为针对个人的描写非常少见,即使存在,也大多涉及一些获得圣俸的毕业生的擢升。例如,1200—1240年之间,拉昂教务会成员中已经有22%是硕士,在随后四十年中至少上升到45%;可以猜测,在高级教士中,接受过大学教育的即使不占大多数,人数也应该是非常多的。在1300年左右法国的主教团,尤其是在教会法官中,这种情形非常明显。有这样的一个案例:伊夫·艾罗里(Yves Helori),即未来的圣伊夫,曾在巴黎和奥尔良学习法律,回到布列塔尼后,先是应召在雷恩担任宗教法官,后来在故乡特雷捷担任主教。

王国或诸侯选择高级官员也偏好受过大学教育的"法学家",美男子腓力的法学家在这方面很有代表性,此类情形在国王的地方政府中亦很常见。约瑟夫·斯特雷耶研究了 1280—1320 年朗格多克五个司法区的职员,其中 189 人有法学文凭:54 个是法学博士,76 个是硕士,44 个法学士(jurisperiti)。[1] 在这个濒临地中海的地区,上大学是一种很有面子的事情,而且从这里前往蒙彼利埃、图卢兹或博洛尼亚的法学院求学很便利。另外,在南方,法学的影响比通行习惯法的北方更强大。法学院毕业生的出路也映衬出另一些大学毕业生的困境,这些被中世纪大学史专家雅克·维尔热(Jacques Verger)称作"未竟的知识人"的学生仅仅就读于文理学院,他们在职业方面的训练不足,如果加上缺乏人脉或运气不佳,其职业生涯自然就远逊法学院的毕业生了。

除了法学院和神学院,大学其他系科的职业培训力度不是很大,甚至医学院也是如此,因为在当时的医学教育中,人们看重的主要不是治疗效果,而是对于病人症状的思想表述。这与法学家不同,因为法学家须在习惯法领域运用其技艺,尤其当他们必须动用理论储备来应对法庭的实际情况时,这种训练就更重要了。但在其他方面,甚至在较低的法律实践中,大学教育与实用性无涉。例如,大部分公证人都是跟着师傅获得实践知识的,他们在工作中主要依靠别人教给他的程式和规章,并据此起草文书,无论是拉丁文的还是法语的。在其他文化生活领域,这种反差看来更大。例如,历史不是中世纪大学的学科,尽管某些历史学者可能在早年的学习中得到过学位。还需指出的是,在大学这样一个拉丁文的世界,以俗语写作的文人是没有地位的。

大学师生群体的存在还刺激了某些需求的发展,比较特殊的就是对课本和祈祷书之类的物品的需求。迅速且大量地复制书籍的需求催生

---

[1] Joseph R. Strayer, "Les Gens de Justice du Languedoc sous Philippe le Bel (1280 - 1320)", *Cahiers de l'Association Marc Bloch de Toulouse. Etudes d'Histoire méridionale*, no. 5, 1970.

了一批缮写作坊(atelier),以及前文提到的 pecia 生产体制。另外,很多学生生活困难,因而不得不从事一些相对低微的工作,比如兜售和出租课本,甚或代人编订组装文本,这种职业被称为 libraires jurés 或 libraires stationnaires(制书人)。大学带动的另一个行业是羊皮卷的加工制作,这种材质是缮写员们最青睐的,因为它最能抵御长时间的磨损。但被称为羊皮卷的书写材料,并不全由羊皮制成,也有采用牛皮的,而意大利采用山羊皮的较多。羊皮卷的制作是个相对复杂的过程,需要经过石灰水浸泡、褪毛、刮毛、拉伸、切割等工序。正因为如此,这一行业提供了众多的工作岗位。

羊皮是较为珍贵的书写材料,与此相应的是,书籍也远不像今天这样便宜易得,可以说 13 世纪的很多书籍是一种装饰品,甚至是奢侈品,当时的书籍装帧技艺大为发展。人们继续生产宗教礼仪用的书籍,为之配以精美的插图,这是圣礼必备的。如每个礼仪年度中需要诵唱的福音书(évangéliaire),从《圣经》或教父作品中选取的文本汇编,在一年的不同日子里阅读的经文读本(lectionnaires),弥撒唱经或对答轮唱圣歌,圣礼书(包括惯用语和专门用于礼拜的祈祷文本),最后是弥撒经书,它可以被视为前几类书面材料的汇编。在当时,这些书籍的需求方已远不仅限于修道院,新的顾客一般青睐小开本书籍,以方便携带,世俗大贵族们尤其需要这种精美的宗教读本。13 世纪的这类书籍中,最著名的是腓力二世妻子英格贝格王后的《诗篇集》,书的封面色彩浅淡,有拜占庭的染色风格。卡斯蒂尔的布朗什和圣礼拜堂也有《诗篇集》传世。

1220 年以后,建筑和彩绘玻璃成为当时的尖端技艺,这给了装饰艺术以新的施展天地,书籍装帧技师似乎是将彩绘玻璃艺术移植到了羊皮卷上。一些建筑元素出现在书籍装帧中,圣路易的《诗篇集》就再现了这些特征:书中可看到大三角楣、尖顶、采光透亮的长廊,书页的边缘还镶嵌有类似教堂尖顶的花饰。在一些带有评注的缩减版圣经中,装饰有像花窗玻璃一样的书页,每一张上面都有一个圆花饰,并对应一段经文和释读文字。到 1250 年前后,新的线性风格在书籍装帧中得到充分表现,装饰用的色调也会采用较深的暖色,但以蓝色和红色占主导。当然,非宗教用的书籍也会进行装饰,尤其是骑士传奇。很多从事书籍装帧行业的技师并不属于宗教群体。13世纪末,巴黎可能有几十个书籍装帧者,但只有一个叫奥诺雷(Honoré)的人崭露头角,他装饰过美男子腓力的日课经。他的手法非常轻盈,标志着一种明显的风格转变,这预示着14世纪初著名装帧技师让·普塞尔(Jean Pucelle)时代的到来。[①]

第三节　造型艺术的演变与繁荣:从罗曼风到哥特式

在中世纪的艺术史中,最耳熟能详的大概要数罗马风(或称罗曼艺术,art roman)和哥特艺术(art gothique)这两个概念了。它们首先应用于大型的宗教建筑,但也涉及雕塑和绘画等其他造型艺术。罗曼艺术和哥特艺术这两个概念还广泛为历史学家和考古学家接受,在法国尤其如此。尽管最近一些研究在质疑它们的有效性,甚至有人认为它们阻碍了研究的发展而应该抛弃,但在大众读物、教科书和文化遗产等各个领域的话语中,这两个术语仍然广泛运用。"罗曼式"和"哥特式"已经牢牢占据了各种想象、表象和流行话语,就像"封建制度"一样,因此目前抛弃它们看来并不可行。不过应该指出它们的不足和局限,以使今天的读者在使用这两个概念时能保持某种批判立场。

1. 两个概念的起源

从时间上说,罗曼艺术早于哥特艺术,但先出现的术语是"哥特"(gothique)。1435—1444年,意大利人文主义者洛伦佐·瓦拉(Lorenzo Vala)在讨论中世纪后期的字体时率先使用了这个术语。该世纪末,它被移植到艺术领域。著名艺术史家乔尔吉奥·瓦萨里(Giorgio Vasari)的著作对"哥特艺术"一说的传播起了重要作用,但它大约在1615年前

---

① Cf. Jean Porcher, *L'enluminure française*, Paris: Arts et métiers graphiques, 1959.

后才传到法国。在当时的意大利和整个欧洲欧洲,哥特艺术统称古代和文艺复兴之间的所有艺术品,不过这个一般性的称呼是贬义的,"哥特"一词在当时意味着野蛮时代。当19世纪初出现"罗曼艺术"概念时,哥特艺术的时间范围随之被压缩到12—15世纪,即建造"大教堂"的时代。

在19世纪,哥特艺术的说法失去了其最初的种族和贬义色彩。导致这一转变的原因是多方面的。首先是兴起于英国和德国的浪漫主义思潮,它试图重新评估中世纪及其文学艺术遗产,并为之恢复名誉。其次是几代建筑师对哥特式古建所展现的技术壮举的赞叹之情,苏夫洛(J. G. Soufflot)和维奥莱-勒-迪克(Viollet-le-Duc)就是他们的杰出代表。苏夫洛于1741年发表《关于哥特式建筑的报告》,维奥莱-勒-迪克则在19世纪中期陆续出版巨著《11—16世纪法国建筑大辞典》。在19世纪后半期,备受推崇的哥特艺术还成为一种灵感源泉,它推动了新哥特建筑浪潮、前拉斐尔派绘画及新艺术。在法国,第三个有利于为哥特艺术恢复名誉的因素是民族主义。民族主义者将大教堂赞颂为法兰西的天才之作,在他们眼里,这些纪念碑式的宏伟建筑就像万神殿一样,维奥莱-勒-迪克特别看重圣丹尼修道院的大教堂和亚眠的主教座堂,巴黎圣母院更是因为维克多·雨果的名著而熠熠生辉,沙特尔主教座堂则受到于斯曼和普鲁斯特的礼赞。[1]

罗曼艺术概念的出现,使得人们可以更为细致地区分中世纪艺术发展的不同阶段,并进行更为准确的年代划分。早期的古建考古学为此提供了依据,这两个概念也因而有了科学上的合法性。"罗曼艺术"一说出现于1818年,创造这个术语的人是考古学家夏尔·德·热维尔(Charles de Gerville),历史学家兼考古学家阿西斯·德·高蒙(Arcisse de Caumont)继承了这个说法并且大力推广。从字面意思看,罗曼艺术就是

---

[1] Cf. Bruno Foucart, "Viollet-le-Duc et la restauration", André Vauchez, "La cathédrale", in Pierre Nora ed., *Les lieux de mémoire*, Paris: Gallimard, pp. 1615 - 1643,3109 - 3140.

罗马式的艺术,它强调中世纪建筑与罗马传统的连续性,而此后哥特式大教堂的出现中断了这个传统。这个术语也曾长期是贬义的,意指古代罗马艺术的退化版。在19世纪的思想和艺术精英当中,哥特建筑更受偏爱,罗曼式古建不受待见。到20世纪上半叶,情况有所改变,人们开始重新评估罗曼艺术,这得益于新的文化氛围,如立体主义、原始艺术的发现,以及建筑上的现代主义,建筑大师勒·柯布西耶(Le Corbusier)就是这种新文化氛围的代表者。在加泰罗尼亚、法国南方和伦巴第,这场运动还得到地方主义的支持,地方主义者希望找到当地固有的杰作,以便抗衡"法国式"的哥特艺术的霸权。但需要强调的是,哥特艺术是可以运用于欧洲所有地区的概念,但罗马艺术主要适用于拉丁地区。在德语地区,人们更倾向于用皇帝家族的名字来命名哥特艺术之前的艺术,如加洛林艺术、奥托艺术。

长期以来,在艺术史领域,研究者们的一大工作就是对罗曼式和哥特式的特点进行细致的区分,他们很强调二者的对立,以致到了荒谬滑稽的地步。例如,亨利·福西永(Henri Focillon)将罗马式被定义为拱顶(voûte)和厚墙的艺术,堆砌(massivité)和不透光(obscurité)的艺术;埃米尔·马勒(Emile Mâle)则认为哥特式是尖形穹窿(ogive)和尖顶拱(arc brisé)、巨型门窗洞、轻盈和透光的艺术。这种区分一直盛行到20世纪中叶。当然,罗曼式和哥特式的对立并不意味着它们毫无共同之处,至少它们都有着共同的宗教源头和指向,很多建筑装饰都源于基督教。学者们还尝试对罗曼艺术和哥特艺术进行更细的年代区分,如前罗曼艺术、第一罗曼时期、第二罗曼时期、早期哥特、辐射哥特(gothique rayonnant)、火焰哥特(gothique flamboyant)……

最近的很多研究对上述的分类和分期提出了质疑。"艺术"是18—19世纪的美学发明出来的概念,当它被还原于历史演进中时,这个概念需要被重新定义,更明确地说,中世纪艺术品的地位需要一个整体性的重新定位。从性质和功能来说,中世纪的建筑和造型艺术都是宗教性质的,这是一切艺术的背景。当代学者让-克劳德·施密特(Jean Claude

Schmitt)等人还提出了意象—客体(image—objet)的概念,以说明中世纪造型中观念和物质的交互关系。① 在同样的思路的启发下,有些研究者,首先是建筑史专家们,开始关注建筑与宗教仪式之间的联系。人们强调圣物崇拜的意义,祭坛和绕坛巡回路线拉长带来的影响,教士和俗人分离造成的后果,等等。随着考古测量学手段的运用,很多有关古建筑的传统年代学被动摇了,这进一步揭示了过去对建筑风格的划分标准是武断和不可靠的。现在有人主张放弃艺术形式前后相继的线性观念,他们强调创作过程的漫长性,选择的多样性,风格定位的反复,以及不同风格的同时性。

2. 罗曼艺术:演进与革新

如前所述,11世纪初的著名纪年作家劳尔·格拉贝尔有个说法,公元千年前后,西方世界"披上了教堂耀眼的白袍"。一些现代史家认为,当时存在一场纪念碑建筑兴盛繁荣的运动。这个看法并不确切,在很多地区,重建教堂的运动在10世纪初就开始了,这个势头一直延续到11世纪,而并非集中于980—1030年。② 根据书面文献和考古证据就可判断,这场运动既波及城市也影响了乡村,不过在今天的城市,它留下的痕迹已经不明显了,因为城市后来经历了多次的重建。

公元千年左右也不存在一场艺术史的断裂。直到11世纪中叶,仍然有多种建筑风格同时存在。像加洛林时期一样,最常见的是巴西利卡式(basilical),特点是三间正堂,一个架梁房顶,以天窗洞采光,室内光线较好,末端是带小穹顶(cul-de-four)的半圆形后殿。不过当时已经出现带墩脚的拱顶教堂,其侧廊(tribune latérale)遮挡了光线。但这并不构成建筑史的转折点。拱顶在古代晚期就已出现,9世纪时见于加洛林帝

---

① Cf. Jean-Claude Schmitt and Jérôme Baschet eds., *L'Image: fonctions et usages dans l'Occident médiéval*, Paris: Le Léopard d'Or, 1996.

② Dominique Iogna-Prat, "Les moines et la 'blanche robe d'église' à l'âge roman", in XXX *Semanna de Estudios Medievales*, Pampelune, 2004, pp. 319‑348.

国和阿斯图里亚王国,尤其是在一些弘扬威望的工程中,如在亚琛;或在特别的宗教环境下,如欧塞尔的圣日耳曼和弗拉维尼的地下墓室。1001—1018 年建造的第戎圣贝尼涅巴西利卡大教堂,其后堂由三个半圆小殿组成,并有一个地下墓室,它同时完美地体现了罗马-加洛林的传统。但这种传统沿着两个方向演变:一是在门廊两旁各加上一个塔,如976 年左右兰斯的主教座堂,1025—1040 年左右鲁昂的瑞米耶日修道院的圣母堂,克吕尼第二期的教堂可能也是如此;二是在中殿的前部将门廊和塔楼合二为一,如 990—1014 年左右圣日耳曼-德普雷的修道院教堂,1020 年左右沙特尔的圣父教堂,1004—1030 年左右卢瓦尔河上圣本笃的修道院教堂。当时主要的变化是塔楼的激增,塔楼同时也是钟楼,这可能是在与贵族塔楼进行一种象征权力的竞争。除了正面外墙,教堂的侧墙也会搭建塔楼,塔楼也可建于耳堂(Transept)与中殿的交叉点上,或建在耳堂的两个顶点上。

　　11 世纪下半叶建造的所有宗教建筑都带有明显的同质性特征,因而呈现某种"标准化"趋势。当时可能已经出现真正的整体设计方案,这源自对建筑的象征意义和宗教仪式的宏大规划,技术上的进步也为之提供了实现的平台。新的共同风格主要有两点。一是教堂内部显得更为和谐了,中殿被均匀地划分为一系列的梁跨(travée,或称梁间距),它们彼此之间由在廊柱上架起的弧形拱分割开。同时,支撑屋顶的各种构件形成了一个梁架系统,这就使得完整的拱顶(voûtement)设计和施工变得更容易,于是拱顶就广泛流行开来。拱顶在 11 世纪中叶还相当罕见,1060—1070 年代开始首先兴起于加泰罗尼亚,到 12 世纪上半叶便已遍及今天的法国各地,乡村教堂亦有应用。拱顶的推广原因很多。首先,这种结构可以更好地防范火灾;其次,它可以拓展建筑的内部空间,尤其是能增强教堂作为天国之象征的效果,而此前这种象征结构只见于地下墓室;再次,拱顶改进了教堂的声音混响效果,有利于提升唱诗等圣礼的庄严感。12 世纪的技术进步还使得建造更高大的拱顶成为可能,韦泽莱教堂的拱顶已经有 22—23 米高,1130 年左右完工的克吕尼第三期教堂拱顶已经达到 32 米,为当时西欧最高的教堂拱顶之一。不过,教堂建筑风格的统一化并不意味着各地遵循同样的节奏。在各地,其他建筑风格仍然具有相当大的影响力,例如,诺曼底就曾长期抵制拱顶结构。

这些建筑元素是否反映了一种新的艺术,即罗曼艺术的诞生呢?现在的学者对这个问题的回答持非常谨慎的态度。他们认为,建筑风格的革新其实很有限,从长期看,12 世纪上半叶的某种统一化应被视为一个进程的终点。当然,人们还是能指出一些富有特色的新设计风格,如带有回廊(déambulatoire)的祭殿(choeur)和围绕祭坛(autel)的放射形礼拜室,因此从外部来看,教堂的后殿加厚了。这种格局最先出现在带矩形礼拜室的地下墓室中,如 11 世纪初建造的克莱蒙主教座堂的地下墓室;同一时期的图尔纽修道院、沙特尔的主教座堂和奥尔良的圣艾尼昂教务会教堂,也可见到这种地下墓室。不久这种格局被运用于地面建筑上,一般是以祭坛为中心,四周布置一些礼拜室,呈放射状展开,12 世纪初图卢兹的圣塞尔南和克吕尼第三期教堂就可见到这种风格。这种变化与圣物崇拜的发展,尤其是圣物从地下墓室迁至祭坛的趋势相伴随。迁移一开始是临时性的,但后来就经常安放在了祭坛,这有时导致整个地下墓室都消失了,如图尔的圣马丁修道院就是如此。上述演变还与放射形礼拜室中圣物的激增以及圣餐礼重要性的提升紧密相关:在 11 世纪末,关于圣餐礼的实在论最终战胜了图尔的贝伦加尔的异端论点。但从一个更长的时段来审视,罗曼式祭坛标志着一个从古代晚期就已开始、9 世纪开始加速的漫长历程的完成:这就是将圣物及其流转纳入教堂的内部空间。所以,与其说新的教堂格局是一个新形式,不如说是一个长期发展的终点。

相比之下,建筑技术方面的革新更为明显,尤其是规格统一的石材的再次出现,如 11 世纪上半叶卢瓦尔河上的圣本笃修道院和欧塞尔的主教座堂的建造工程。新技术的传播非常迅速,到 11 世纪末,安茹和佩里戈尔等地都可见到。规格的标准化方便了建筑材料的定制,并为拱顶的建造提供了某种规范化的条件。① 技术革新也改变了施工的组织方式，石料切割师傅的地位上升，泥瓦匠的作用下降了。与之相应的是，石材质地良好、运输方便的采石场就显得格外重要了。11 世纪末和 12 世纪是卡昂采石场大发展的时代。

在通常所称的"罗曼艺术"时期，造像艺术领域发生了变革，这与图像地位的演变有关。最近对加洛林时期玻璃窗残片的考古发现，已经对彩绘玻璃发明于"罗曼"时期的传统论点提出了质疑，但它的全面推广的确是在 1100 年以后。在罗曼艺术时期，壁画这一造型艺术甚至出现在了乡村小教堂，不过壁画在加洛林时期，甚至更早就已存在，如在普瓦提埃的圣约翰洗礼堂。在造型艺术领域，11 世纪真正的革新是雕塑艺术和纪念性雕像的再次出现。在 10 世纪，再现被钉死的耶稣的受难十字架取代了过去简单的十字符号，这被称为圣物塑像（statues-reliquaires），它的出现具有深远的意义，因为这标志着西方世界的反圣像运动走向了没落，而这场运动在 9 世纪曾有十分狂热的支持者。纪念性雕塑的复兴同样意义重大。它同时出现于宗教建筑中两个具有象征意义的地点上，即教堂的正门（portail）和殿中的柱头（chapiteau），它们被视为尘世与教会（ecclesia）、此世与彼岸的转换枢纽，因而具有某种中介功能，也是作为信徒组织者的教会的功能。11 世纪初，带有圣经人物雕像的柱头出现于卢瓦尔河上圣本笃修道院的门廊（porche）；11 世纪末以后，教堂正门的大型三角楣（tympan）大量出现，其面积从 1120 年代开始扩展，这得益于建筑中采用了门像柱（trumeau）。一些著名的三角楣就出现于这一时期，如在圣塞尔南、韦泽莱和奥顿的主教座堂。

这时的造像已不再像在 9—10 世纪那样，仅被视为一种象征或点缀，造像变成了可以再现基督、圣母和圣徒，展示不可见的属灵的彼岸世界的手段。于是，教士在宣扬来世拯救和教会作为摆渡人的角色时，十

---

① Dieter Kimpel, "Le développement de la taille en série dans l'architecture médiévale et son role dans l'histoire économique", *Bulletin monumental*, tome 135, 1977, pp. 195 - 222.

分青睐以大型三角楣来展现人在尘世的堕落和基督的再临(Parousie)。与传统的认识相反,对于造像的这种新看法并非来自学者的推理。总的来说,基督教新柏拉图主义对当时的造像艺术的影响并不是很明显,一度被强调的伪丹尼斯的著作的影响同样如此,尽管这部著作在 12 世纪曾被圣丹尼修道院和巴黎的圣维克多修道院大力推崇和评注。实际上,罗曼艺术的造像运动有两个源头,二者又是教会处理与社会之关系、增强其中介人功能和地位的不同侧面:首先是神圣理念的具象化(incarnation),即通过可感知的中介,首先是视觉,让神圣变得可以接触,这又与圣餐的实在论对接起来;第二是具象的精神化,这经由某些特定的地点、宗教建筑和造像的神圣化实现。在这种背景下,从 12 世纪后半期开始,教会的话语和形象都日益转向叙事性和自然主义。而且,这个转变受到两方面的推动:一是对基督具有的人性的强烈感知,二是对大自然和受造物的思考。①

宗教建筑和艺术的发展,使得 11 世纪末和 12 世纪的法国社会有了某些新气象。首先是雕塑艺术的从业者获得了某种身份意识。在中世纪早期,艺术家的名字很少被提到,但 1070 年代以后,石刻铭文中开始大量出现艺术家的名字。这个现象与格里高利改革造成的新环境有关,因为这场改革赋予艺术家的创作以更高的意义。1140—1150 年间,在中央高原的奥特利-伊萨尔(Autry-Issards)隐修院的正门上,石刻铭文明确地将神的创造、道成肉身和三角楣的雕刻联系在了一起。建筑师的情况要复杂一些。"作者"(auctor)或"建筑师"(architectus)这两个词指的经常是决定和资助建筑工程的人,如修建克吕尼第三期教堂的院长于格·德·瑟缪尔。负责施工的师傅称作 artifex, perarius 或 magister,这样的人首先是最出色的工匠,经常是无名的;而只负责一小部分工程的雕刻师却经常留下自己的名字。在当时留名的建筑师中,我们知道戈蒂耶·德·库尔兰(Gautier de Coorland),他曾在 11 世纪末负责重建普

---

① Cf. Jérôme Baschet, *L'iconographie médiévale*, Paris: Gallimard, 2008.

瓦提埃的圣伊莱尔修道院教堂;另一位建筑师叫雷蒙·盖拉尔(Raimond Gayrard),他在 12 世纪初负责图卢兹圣塞尔南的教堂的工程。这或许表明,建筑行业已经开始向更深入的专业化发展,并且赢得了更高的社会声望。

3. 哥特艺术的诞生

从建筑形式上说,哥特风格可以视为罗曼式建筑中已然使用过的几种要素的全新组合,这种组合大约开始于 1130—1140 年代。主要的组合要素有三种:(1) 尖顶拱,它于 11 世纪末出现于克吕尼第三期教堂和 1100 年左右的盎格鲁-诺曼世界。1140 年后被系统移植到"法兰西",即法兰西岛及其周边地区,如沙特尔主教座堂的正面外墙(1145—1150 年);(2) 拱扶垛(arc-boutant),它最初于 12 世纪初出现于盎格鲁-诺曼世界的建筑,1130—1140 年代被引入"法兰西";(3) 尖形穹窿(voûte d'ogive),最早的尖形穹窿可能出现于 1093 年之后的达勒姆主教座堂,1130—1140 年被系统运用于圣丹尼大教堂的祭坛,并与纤细的廊柱相连。这三种风格要素产生的建筑学效果相当和谐,因为它们都赋予拱顶更大的可塑性,使墙壁更纤薄,廊柱更细。正如后世研究者形容的,典型的哥特建筑更像是拼接起来,而从前的罗曼式则像是堆砌的。在这种相对轻盈的结构中,中殿的扩建和侧道(bas-côté)的抬升有了可能,从而让教堂更为高大宏伟。如在努瓦永主教座堂(约建于 1150 年),教堂从三层升至四层。门窗洞的扩展也更为便利,建筑的采光效果更好了,尤其是在举行宗教仪式的祭殿。因此,哥特建筑的内部空间显得更为宽敞和透亮。1150 年左右,雕塑艺术也有一种新气象,圣丹尼修道院教堂和沙特尔主教座堂正门上首次出现的雕像柱廊(statue-colonne),使得纪念性雕塑与建筑浑然一体。哥特式正面外墙的三重门布局也是追求统一性的表现,这种布局被称作"和谐外墙面"(façade harmonique),因为三重门与教堂的内部结构(一个中殿两个侧道)遥相呼应。

哥特风格可以视为一种形式语言,其最富特色的一点是各个构成要素都具有独立性,任何掌握实用几何学的建筑师都可通过不同的组合而创造出无限的多样性。这种潜在的可能,再加上工程所具有的新规模,足可解释早期建筑构图和图纸的出现。现存最早的建筑图纸是12世纪末英格兰一所西多会修道院的图纸。早期的图纸还与前文提到的石材切割技术的发展有联系,这项工作可能是由专门的技师完成的,并不由建筑师兼任。不过建筑师的作用也在上升,有证据表明,从1170年代之后,建筑师就开始摆脱投资人的监护并独立于施工方。

从时空范围来说,哥特艺术的独特之处在于,它出现于一个特定的历史时刻、一个范围相当明确的地区。所有早期的大型哥特建筑都于1140—1190年之间出现在法兰西王国的中心,位于桑斯、沙特尔和拉昂一线之内。可以列举一下它们的名字:圣丹尼(约1140),圣日耳曼-德普雷(约1145)和兰斯的圣雷米(1165—1190)修道院教堂,桑斯(约1140—1142)、沙特尔(约1150及1195)、努瓦永(约1150)、巴黎(开始于1163)、苏瓦松(始于1170年代末)和拉昂(约1190—1195)的主教座堂,普瓦西(1150年代)、芒特(Mantes,约1160)、拉尔尚(Larchant,约1175—1180)、埃唐普的圣马丁(Saint-Martin d'Etampes,12世纪末)的教务会教堂。

在同一时期的其他地区,情况有所不同。在西部,诺曼底在11—12世纪之交就已出现被称为"法兰西"哥特式的建筑元素,不过是很零散的现象。安茹、曼恩和普瓦图的建筑形制有些特殊,被称作"金雀花哥特",这个称号与金雀花王朝没有任何关系;金雀花哥特的特征是尖拱顶的弧度很大,中殿更宽,且经常只有中殿而无侧道,如1150—1160年左右的昂热主教座堂和普瓦提埃的圣拉德贡德(Sainte-Radegonde)修道院教堂,这种布局可以说构成了名副其实的教堂—大厅。而且,昂热的主教座堂只有一个正门,而不是"法兰西"哥特典型的三重门结构;普瓦提埃主教座堂的正面和中殿比"法兰西"哥特教堂更为宽大。在今天法国的其他地区,罗曼式建筑形制完整地保留到了1230—1250年,尽管西多会的建筑风格可能促进了尖形穹窿的传播。在普罗旺斯等地,正是在12

世纪末完成了最完备的罗曼式建筑和雕刻，其代表作是圣吉尔斯修道院教堂和阿尔勒的圣特罗菲姆主教座堂的正面外墙。即使在法兰西岛，直到1190年代中期人们还在建造罗曼式的教堂。所以不应忽略不同建筑风格的同时性，而应摈弃那种风格演变的线性观念：例如，1140年左右，罗曼式的奥顿主教座堂与哥特式的圣丹尼大教堂都在建造之中。在哥特建筑的早期策源地法兰西岛，的确存在某种创新意识，但在其他地区，哥特风格造成的断裂在1200年之前并不是那么明显，大量存在的是混合形式和过渡风格，盎格鲁-诺曼世界和西多会建筑中尤其如此。

1946年，著名艺术史家欧文·潘诺夫斯基（Erwin Panofsky）提出一个论点：哥特风格的出现与经院理性的发展存在关联。[1] 在今天的学者看来，这个论点显得过于机械了，但哥特艺术的确与12世纪的文化变革氛围有关，其中的三个现象至少可以被视为促进哥特风格成功的要素。（1）在神学领域，五种感官中的视觉受到空前重视，与之相应的是，人们在宗教仪式方面极力强调光线的作用并使用造像。（2）重新评估作为上帝之创作的自然和实在物体，它们被认为是值得研究、赞美和再现的。（3）关于冥想的神秘理论重新获得青睐，这种理论认为，通过身体感知可使灵魂上升至更高级的精神存在。圣丹尼大教堂大门上刻下的诗句就体现了这种理念：

> 你若想令这些大门美观宜人，
> 不必动用黄金，不必大笔破费，只要学会手艺，
> 作品本身就有高贵的光辉。
> 愿它的光辉照亮世人的头脑，若世人追随真正的光辉，
> 最后必将达至真的光明，在那光明里，基督就站在门口。

哥特艺术传统上被视为"法国的"艺术、卡佩的艺术，象征着这个王朝在其局促但充满活力的领地内的创造力。但需要明确的是，这种所谓

---

[1] ［美］欧文·潘诺夫斯基：《哥特建筑与经院哲学》，吴家琦译，东南大学出版社2013年版。

的"法兰西艺术"(opus francigenum),首要的意思是法国北方的艺术,它的中心在法兰西岛及其周边地区;对于当时的人来说,这个说法表达的是这样一种意识:哥特艺术是一种与罗曼艺术迥然不同的独特形式。当然,像很多术语一样,它表达的是一种后见之明,产生于哥特艺术在全欧洲扩展其影响力的时刻,那时它也获得了一种美学体系上的完整性,这个体系既要展现其新颖性,也要展现对于此前艺术的优越性。但我们不能说,在12世纪后期哥特艺术兴起时就已产生这种感知。

由于哥特艺术的发源地位于卡佩王朝的统治中心,故有一种传统的观点,认为它是宫廷的艺术,是某种王权意识的反映,美国学者罗伯特・布兰那(Robert Branner)就是这一论点的代表。但客观而言,从路易六世到腓力・奥古斯都的卡佩国王们,都不曾在哥特艺术的传播中扮演过重要角色,像当时的诸侯一样,他们仅仅是执行一种传统的政策,跟其领地内的高级教士合作并给予后者支持。真正的创造者是建筑的发起人,也就是主教和大主教们;还有一类特别的赞助者和发起人,即主教座堂和教务会的司铎们。12世纪中叶以后大型哥特建筑工程的出现,与教务会权力的上升是同步的,这直接表现在各教堂祭殿的加长和扩宽上,祷告席(stalle)上的各种铺张仪式就是在这个越来越封闭和孤立的宗教仪式空间中展开的。法国北方的高级教士和司铎们形成一个同质的富有阶层,他们与学术复兴和城市生活关系紧密,对新的艺术形式的品味就是在他们中间形成的。就社会背景而言,哥特艺术是一种受特定文化阶层推动的艺术,这个阶层就是"法兰西"城市的教会精英们。

4. 哥特式大教堂:实验理性

现在可以确定的主要的哥特大教堂的开工日期:在沙特尔和布尔日是1195年,苏瓦松是1200年,兰斯是1211年,勒芒为1217年,亚眠为1220年。这个时段正巧是腓力二世治下君主制飞跃和巩固的时期(1180—1223)。尽管国王们并未直接推动哥特艺术,但教会在这种新艺术中给国王留下了显赫的位置。犹太诸王,基督的列位祖先,出现在巴黎、兰斯和亚眠大教堂的装饰中,他们戴着王冠,甚至手执镶有百合花的权杖(在沙特尔),公众自然认为圣经中的列王是在映射他们的国王,王权就在圣殿中以各种方式呈现在彩绘玻璃和雕塑之上,尤其是圣母的加冕像中,这种雕像在巴黎、兰斯和沙特尔等大教堂都可见到。另外,这种风格的传播不仅因为它的"现代性",也因为政治局面的推动,在这方面,南方的大教堂以北方风格重建很有象征意义,如在图卢兹、纳尔榜和罗德兹等地。这一重建浪潮开始于菲利普三世时期,一直延续到1271年普瓦提埃的阿尔方斯死去,即卡佩势力向南方渗透的关键时期。

"法兰西艺术"和哥特大教堂是卡佩黄金时代的纪念碑,但建筑的宗教性质提醒我们,不应该忘记它所展现的王权具有的深刻的宗教特征。主教、修道院院长和教务会司铎们出资兴建大教堂,是为了彰显上帝的伟大,让信徒意识到他们正位于从人类堕落通往最后审判的漫长朝圣旅途中。今天的参观者依然对哥特大教堂的雄伟和装饰之精致繁复赞叹不已,但应该强调的是,自13世纪以来它们有了很多改变,我们现在的感知跟中世纪的现实相差甚远。艺术史家在进行研究时,习惯于将其分割为建筑、雕塑和彩绘玻璃等方面,尽管这种方法在研究中有一定的效果,但它肯定不是体验和认知中世纪大教堂的正确方法。当时的大教堂应作为一个统一的整体来理解和感知,它的所有元素都在传达神圣的信息,所有的装饰都在表达某种宗教意义,雕像、彩绘玻璃、金银器皿、墙饰、挂毯、祭坛装饰和各种形式的点缀,莫不如此。在所有的装饰元素中,色彩是占统治地位的,一座大教堂首先是一座色彩的圣殿。

彩绘玻璃就是运用色彩的绝佳典型,它们在建筑中制造出色彩斑斓的光线,让人想起圣约翰在《启示录》中提到的宝石。彩绘玻璃在整个教堂传播宗教宝物和圣骨盒的光芒,它们将超自然的想象现实化了,它们本身就是一种启示。沙特尔大教堂仍然保留着173块彩绘玻璃,共计2000平方米,它们给教堂内部空间涂上了色彩,这就是大教堂巨型彩绘玻璃窗的首要功能。一般而言,彩绘玻璃的底窗绘画讲述的是圣徒生平或圣经中的故事;上部窗户再现的是大尺寸的单个人物:先知,福音书传道者,有时还有捐赠者。由于哥特式大教堂结构轻盈,大面积的玻璃窗可以营造出超自然的彩色空间,但色彩的运用并不仅限于玻璃。在中世纪,色彩的作用是根本性的,但它的使用方式今天已经难以完全复原。很长时间以来人们仅仅以结构和雕刻的视角去观察建筑,但在 13 世纪,裸露的石头是不能出现在教堂上的。当时的人们用彩色灰浆涂抹教堂的外墙,并经常以绘画增强建筑的线条感。在 13 世纪人们的想象中,圣人都是有色彩的,他们的光辉彼此掩映,宛如一曲色彩交响曲,这可能让今天的观众感到意外,因为现代人的审美偏爱白色圣殿和纯粹的形态。不过,19 世纪修复的巴黎圣礼拜堂的使徒雕像,以及当代学者以现代光学效果重现的哥特式正门,都体现了中世纪色彩的燃烧和爆炸。①

现代光学手段复原后的亚眠大教堂西正门,谷歌图片,另见 *L'Âge d'or capétien*,第 337 页

---

① Denis Vernet, Delphine Steyaert, *La couleur et la pierre. Polychromie des portails gothiques*, Paris: Picard, 2002.

光线的充沛和色彩的明亮,让大教堂构成天上的耶路撒冷的前兆,正如教堂的祝圣套话中经常提到的,它是神圣天城的象征,基督的光荣将在那里永远闪耀。大教堂是向永恒敞开的一扇窗户,也是当时志得意满的教会的象征,这个祈祷和礼拜的圣地将通往未来的永恒教会。恢宏的大教堂也提升了教士的威望,他们既是建筑的资助者和装饰的构想者,也是神圣的救赎历史的解释者,进入至福天国的钥匙就在他们手中。在兰斯大教堂,为了更为鲜明地表现大教堂的末世论象征意义,天使们栖居在拱顶华盖,而拱顶就在扶拱垛的扶壁上方,成群的天使给教堂营造出一种迥别于尘世的天国梦幻。

不过,大教堂象征的天国幻想是基于坚实的理性之上的。米什莱曾说,哥特风格是"石头的逻辑三段论"。它的主要元素尖顶拱、尖顶穹窿、拱扶垛、跨梁,都以逻辑方式拼接起来,仿佛彼此之间相互依存和孕育。潘诺夫斯基曾指出大教堂的结构与经院哲学的话语相似,这个类比看起来有点生硬,但文明的某个时刻的确会表现出文化上的连贯性和统一性,这就诞生某种时代精神(Zeitgeist)。尽管哥特建筑的诞生不能归因于某种先在的精神秩序,但可以设想的是,在 13 世纪,同样的精神"习性"可能支配着工匠、神学家、大学师生和建筑工地的投资者,而后者就是教会中人。

哥特风格的第一个特征是基于交叉拱顶之上的穹窿,它的基座以侧向拱肋为支撑,后者绷在侧墙上,横跨中殿的横拱为其横向支撑。由于采用预制建材,拱顶可以进行拼装,并且减轻了重量;在法兰西的哥特建筑中,拱顶有拉平的趋势,因为所有拱顶石及交叉点的顶点几乎都在一个平面上。拱顶的重量以线性推力向各个角落分散,在巴黎和拉昂,建于教堂侧道上的廊台也可平衡这种应力,这就意味着中殿可以上升为四层。这种结构部分来说是罗曼式的,但后来因为采用拱扶垛而显得无用。

拱扶垛可能在 1140—1145 年出现于桑斯和圣日耳曼-德普雷,在沙特尔得到系统运用,随后得到逐步改进,如在兰斯和亚眠。经典的

亚眠主教座堂(圣母院)的交叉尖形穹窿

梁跨见于沙特尔的主教座堂,它的拱顶包括四个长方形,梁跨呈正方形的不超过六个大教堂,如在拉昂和巴黎。在沙特尔,廊台的消失将中殿的高度削减至三层,即大拱廊(grande arcade),与侧道屋顶平行的楼廊,然后是高窗。高窗已经被放大,嵌入侧向拱肋下方的墙壁中。梁跨这时具有明显的结构上的一致性,它构成一个独立的模块,施工者可以根据需要来制作。这类相同元素的重复赋予大教堂极大的统一性。亚眠大教堂和博韦的圣彼得教堂就是以沙特尔大教堂为范本的。当然,这些大教堂自身也更有锐气,内部空间更具统一性;随着耳堂的消失,侧向内壁的空间也增加,宽度和高度也更大了,不过其建筑原理与沙特尔是一样的。完成于1264年的亚眠大教堂的祭殿,楼廊(triforium)本身带有采光洞,于是整个建筑就简化为极其生动的结构;它倾向于变成一幅示意图,空虚战胜了充盈,墙壁可以镂空安放巨大的玻璃。这座祭殿的上部标志着经典哥特建筑艺术的顶峰。

亚眠大教堂的西墙竣工最晚,也是这件杰作中的精华。这是一面带

亚眠主教座堂（圣母院）的祭殿

有三个大门的"和谐"外墙，两边有两个塔楼。巴黎和兰斯大教堂也是这种格局。这时可以预见到，塔楼上将会修建箭头，但13世纪很少见到这种箭头。带箭头的斯特拉斯堡大教堂高142米，但它直到15世纪才完工。

　　1240年代开始，哥特式建筑变得日益"空灵"了。建筑结构的线性原则进一步增强，支撑件变得更细，中殿变得垂直，窗口的宽度变大。圣礼拜堂的上部可能是这种风格的第一次展现，并且很快推广开。与此同时，排列的廊柱让位于树状放射性的支柱（pilier fasciculé），它更为纤细，从上到下一贯到底；窗口最终和墙壁脱离了，兰斯大教堂的大窗两侧已经见不到宽阔的墙壁了，这就给了花饰窗格创作以更大的自由。墙壁的空心化导致建筑的去实物化,这强化了后者的属灵性质。

哥特艺术为巨型玫瑰花窗开创了黄金时代,这种艺术意在展现人类从开始到时间之终点的旅途,象征着神的恩典,后者既无开端也无终点。巴黎圣母院西墙上的圆花窗安装于 1230 年,随后圣丹尼修道院和巴黎圣母院南北墙也安装了圆花窗。这些巨型花窗与此前的花窗形成对比,因为后者是从石墙上掏出来的,正如亨利·福西永所言,"下坠的石墙被火轮取代",新的建筑风格作为"一种力的组织最终取代了笨重材料堆积的建筑,它采用的是最美妙、最合逻辑的形式"。

到 13 世纪后半期,辐射状哥特逐渐传播,它几乎完全排除了垒砌的砖墙,特鲁瓦的圣乌尔班教堂堪称这种风格的完美典型,它是在教宗乌尔班四世出生的宅子上修建的。这座教堂只有两层高,楼廊与高窗融为一体。而在梅茨大教堂和鲁昂的圣乌昂教堂,窗洞被进一步放大。在埃弗勒和凡尔登等地,放射状哥特建筑也表现出完全相同的倾向;但在斯特拉斯堡大教堂,1275 年左右竣工的中殿仍然保留着三层结构,带有开天窗的楼廊,图尔和特鲁瓦大教堂的中殿和耳堂中也是如此。

即使以今天的标准看,大教堂也是巨型建筑。巴黎圣母院面积为 5 500 平方米,布尔日的圣艾蒂安大教堂 6200 平方米,兰斯大教堂 6 650 平方米,亚眠大教堂更是达 7 700 平方米。在穹顶高度方面,巴黎圣母院为 35 米,沙特尔大教堂 37 米,兰斯大教堂 37.95 米,亚眠大教堂 42.3 米,博韦大教堂为 46.77 米。可以想见,大教堂的建造意味着巨额的资金投入,这是信仰的极端表达,标志着宗教在中世纪所占有的核心位置,也是一种坚固、平和、胜利的宗教的象征。从另一方面看,哥特式建筑是令人赞叹的技术展现,可以毫不夸张地说,它的技术成就直到现代的钢筋混凝土建筑出现时才被超越。

哥特式大教堂的出现伴随着"生产理性"的重大进步。建造大教堂需要很多石料,其数量以千吨计。在 13 世纪,石料运输成本很高,地面转运每 18 千米就会让材料的成本价翻倍。为节约成本,合理的方法就是运输成型的石材,而不是未经加工的石头。因此石材需要在采石场就

特鲁瓦圣乌尔班教堂

地切割,应尽可能地在产地就实现标准化,这就意味着建筑预制构件的出现。① 例如,哥特式建筑中交叉拱的拱石就可采用同样的弧度,柱头、柱子基座和大门上的中楣等构件也可实现标准化。采用标准化构件不但降低了施工成本,也加快了建造的速度。上文提到的特鲁瓦圣乌尔班教堂,其规模不算大(占地面积 1 250 平方米),只用三年就竣工了。当然,很多大型哥特建筑耗时很长,但应该注意到,这种拖延很多时候是资金问题造成的。

---

① Dieter Kimpel, "L'organisation de la taille des pierres sur les grands chantiers d'église du XIe au XIIIe siècle", in Odette Chapelot , Paul Benoît eds., *Pierre et métal dans le bâtiment au Moyen Âge*, Paris: EHESS, 1985.

　　上述进步表明,当时人已经掌握了某种几何学,建筑施工的实际需要进一步催生了建筑图纸和图样的产生,建筑进入了"书写时代"。现有一份 1220—1240 年的图纸集,名曰"维拉尔·德·奥内古(Villard de Honnecourt)图集",很可能是某个对建筑问题感兴趣的教士留下的,它足以表明当时已存在建筑绘图和画像技术,并已采用圆规和角尺等工具。当建筑师通过图纸而成为设计者后,他就不必亲临施工现场了,并且从体力劳动者转变成了"知识分子",他因为通晓"几何艺术"而享有比工人更高的地位。他既被称为师傅(maître),也被称为博士。据说负责建造巴黎圣母院南墙花窗的让·德·舍尔(Jean de Chelles)被人称作 magister lathomorum,即石头大师;皮埃尔·德·蒙特勒伊(Pierre de Montreuil)墓上的铭文称其为石头博士(doctor lathomorum)。总之,哥特风格与建筑艺术中的技术革命是遥相呼应的:图纸和图样的引入,深入的劳动分工,建筑构件的标准化和序列化。

　　上述建筑实践自然很容易导致建筑形态的统一,但这并不意味着,法国各地的哥特风格面目完全一致。金雀花家族的领地出现另类的建筑并不意外,它的特色在 12 世纪早期就出现了,如在安茹和普瓦图。在这些地区,建筑拱顶的弧度较大,拱顶带有很多的肋拱,其重量由建筑的侧墙支撑,墙上开出的窗口较为窄小。1200 年左右,随着卡佩王朝势力的扩张,"法兰西艺术"的影响日渐明显,鲁昂、勒芒和巴约等地开始建造新的大教堂,1218—1274 年建造的库唐斯大教堂,是诺曼底地区最具哥特风格的大教堂,其西侧外墙有极强的垂直感。但在巴约等地,地方色彩仍然很明显。

　　法兰西艺术随着卡佩势力深入南方而向奥克语地区传播,13 世纪后期,利摩日、克莱蒙、罗德兹、图卢兹、纳尔榜等地纷纷开工建造新的大教堂。这些大教堂呈现一些共同的特点:封闭楼廊,带有平顶或位于侧道上的平台,小礼拜堂的拱顶很尖,柱头消失。这些共同点的亲缘关系都曾归因于一个叫让·德尚(Jean Deschamps)的师傅,但今天的历史学家认为,这是前人创造出的一个神话人物,南方哥特建筑在形式上的相似性应归因于一种"气候",而并不意味着它们都出自同一位设计师之手。在这个时期,图卢兹一带的哥特式建筑也形成了自己的特色,最主要的一点是,它的主要建筑材料不是石材,而是砖。砖的使用或许更能呼应建筑技术的理性化,因为砖也是一种预制材料,且可在施工场地附近大批量生产。图卢兹的圣艾蒂安大教堂于1210年开工,穹顶于1240年左右完成。不过,图卢兹哥特风格的完美化身应该是1277年开始建造的在阿尔比的圣塞西尔大教堂。这座教堂主体部分是个单一的中殿,以墙垛取代扶拱垛,因此它的墙非常雄伟,与"法兰西艺术"形成强烈对比。

来自法国的优秀建筑师还把哥特风格传播到整个基督教世界,甚至在波希米亚这样遥远的地方,法兰西风格也大放异彩。1344—1353年,阿拉斯的马蒂厄(Mathieu d'Arras)曾在布拉格主持建造大教堂,死后就葬在这座宏伟建筑中。不过,当法兰西艺术将自己的根蘖传遍欧洲时,它也像在法国南方一样,同当地的传统产生了某种融合,例如,1227年开工的托莱多大教堂就标志着伊比利亚哥特风格的开端。整体而言,源自法兰西岛的这种建筑风格延续到了文艺复兴时期。

5. 造像艺术:天国与尘世

作为教会发起的最宏大的工程,哥特式教堂就是它在尘世营造的天国影像,教徒跨入教堂的大门,就仿佛进入了神圣的另类世界。哥特时期经典的教堂大门是12世纪定型的。大门上方布置一个装饰繁复的三角楣,三角楣的拱形曲线上都是小雕像,并在桥台(piedroits)和门像柱上安放大型雕像。在大教堂中,大门(portail)的数量增加了。沙特尔大教堂有9个,布尔日大教堂西墙上就有5个。雕塑也分布在建筑的各个部分,如兰斯大教堂共有约2300座雕塑。13世纪的雕塑是内嵌于既有的建筑框架的,它要与后者完美地融为一体,从而赋予教堂以更鲜明的纪念碑特征。由于哥特式建筑中可自由支配的空间更大了,教堂的雕塑艺术也有了更多的可能。此时的三角楣被分成好几个层次,这种格局有利于表现秩序、光线和平静的结构;但另一方面,大教堂的雕塑也逐渐带有更为自由的形态,以及更鲜活的色彩,兰斯大教堂的微笑天使就是最著名的代表。

13世纪宗教图像学研究的先驱埃米尔·马勒曾有个推测,大教堂事先有一个布置所有图像的方案。他受博韦的文森特的著作《大镜鉴》(*Speculum majus*)的启发,认为哥特教堂的彩绘玻璃窗和雕塑是自然和科学之镜与历史道德之镜的结合。潘诺夫斯基则以自己的方式作了呼应:"在经典的大教堂想象中,人们追求将基督教的整体知识,如神学,如自然和历史知识,都实体化,每一个知识都赋予其位置。"今天的研究者认为,大教堂图像学尽管反映了某种秩序思想,但每个大教堂的各种图像,其组织安排并非经过事先的严密规划。彩绘玻璃尤其能说明这一点,实际上,每一块玻璃的绘画主题很大程度上取决于出资者的意愿。我们在雕塑中找不到当时布道词中的完美和谐。由于建造时间往往很长,类似的完美规划即使存在也很难贯彻下去。

尽管严格的事先规划并不存在,但大教堂的图像布置始终指向人类拯救史这一宏大主题,雕塑和绘画都试图让人想起从创世到末日审判的重要场景。哥特时代的雕塑的一大特点在于对自然主义的追求,这完全符合托马斯·阿奎那的著名命题:"艺术品越是接近大自然中的外表就越完美。"这个观念标志着人与环境之关系的深刻变革:人的生存条件已经发生重大演变,以致知识分子不再相信宇宙只是个外表,不再相信真实的现实在可见的世界之外。

哥特教堂中的造像强调道成肉身。神是由人而来的,他就在人中间。在沙特尔大教堂的南门上,基督被使徒们环绕,这个场景让人想起作为教导者的基督。11世纪末圣餐礼之争的结果,已经让信徒在每次领圣餐时感受到基督,新的圣体升天仪式进一步增强了这一临场感,1264年乌尔班四世还特地设立了圣体节(Fête-Dieu)。除了基督,哥特时代的圣徒也显得平易近人了,他们就像是信徒们的兄弟。在桑里斯和沙特尔等地的大教堂,圣徒塑像更为宏伟,但其姿态已经从僵硬变为鲜活,甚至有了个人化的脸庞,如沙特尔的"告解者大门"(Portail des confesseurs)。

这些艺术品表达了一种既切近又永恒的真实。1240 年后，哥特造像的纪念碑特征进一步弱化，逐渐带上一种叙事和田园特征。"告解者大门"上已经可以看到对胡须和头发的细腻处理，兰斯大教堂的微笑天使则更进一步：这些天使是动感的，他们小腿的位置并不对称，头部倾斜，体态婀娜。在沙特尔大教堂，人们甚至可以说圣莫戴斯特的衣装很有时尚感。这些都表明，哥特时代的造像正在从凝重庄严走向优雅。末日审判始终是中世纪教堂造像的重要主题，但在哥特艺术中，这种题材大大丧失了早先的启示录色调。布尔日大教堂西墙上的末日审判群雕就是这一哥特新风格的典型，它着力突出身体的复活，歌颂身体的青春活力，这是一曲对永不死亡的形式美的赞美诗。

沙特尔大教堂的"告解者大门"与圣莫戴斯特雕像

兰斯大教堂的微笑天使

　　大教堂的造像艺术讲述的是拯救史及人类与上帝的结合。这个主题强调，自道成肉身以来，出现了一种以教会为中介的新的结合。实际上，1170 年左右，这一新的场景就已出现在桑里斯，这就是圣母的加冕，这个主题在巴黎圣母院被三次呈现。赋予神以人性的马利亚服从上帝的意志，这构成神秘教会的图标。当然，圣母马利亚形象的寓意带有朦胧性，其解释也可能是多向度的。从某种意义上说，对圣母的歌颂与教士的自我确认乃至自我歌颂有关，这就是教会作为拯救中介的功能，正如马利亚沟通神性与人性一样。教会对道成肉身及展现这一教理的仪式——如圣餐礼——的强调，都突出了祭司的神圣权力。从这个意义上说，布置有大量宗教造像的哥特大教堂形象提供了一种关于拯救史的新表达，它让平信徒更为贴近和熟悉天国和圣徒，而且，这一表达带有 13 世纪特有的平静、和平乃至自信的色彩。

第四节　书面文化与骑士社会

　　10—11 世纪的法国社会，文字很少见，而且都被教会精英垄断，在中世纪语境中，法语中的 clerc 一词既指教会中人，也指识文断字之人，这两种身份在当时密不可分，clerc 与目不识丁的俗人是对立的。当然，这里提到的文字首先且几乎都是拉丁文，它是圣典和仪式的语言。认为当时的社会是口传文化的社会并不正确，尽管 13 世纪的大学仍然带有强烈的口传文化色彩，但这并不意味着文字不重要。进入文字世界具有很大的社会和宗教意义，文字记录被视为一种源头和权威，涉及法律和权益问题时尤其如此——且不说圣经等基督教经典具有的特别威望了——这类文字往往就是最终参考，其古老性和文本的稀少更是给其平添了威望。从 10 世纪末开始，随着修道院改革的推进，封建时代权力的地方化趋势更加明显，作为历史和权力储存器的文字更受人重视了，其用途也开始多元化。

1. 言语的力量和声望

"太初有道。道与神同在,道就是神。"这是《新约·约翰福音》的第一句话。在 10—11 世纪,整个社会,首先是它的文人,都信奉福音书的信条。这里的"道"在拉丁语是 verbum,即话语,话语可以伴随着手势,后者是"话语的衣装"(habit de la parole)。在基督教社会,第一位的言语是祈祷语言。10—11 世纪,本笃会和克吕尼僧侣阐发的拯救学说,其基础在于口头祈祷的有效性,这种口头祈祷经常是歌唱或唱赞美诗。当时所有的书籍和文字产品,如越来越频繁地出现的亡者名录(或亡灵书)和讣告,都是可以或应该拿来念诵的。有效的文字是僧侣践行其代为祈祷(intercession)的中介人使命的基础,为基督教集体得救而祈祷是其存在的理由。祈祷的这一功效赋予歌唱和音乐以重要地位,它们也是修道院教育培训的内容。僧侣唱诗班应该成为天使唱诗班的先驱,唱诗是修道社团内部最重要的职责之一。10 世纪见证了音乐手稿的飞速发展,以及专门的音乐礼仪书《圣歌集》(tropaire-prosaire)的创制,圣马夏尔修道院(利摩日附近)、克吕尼和奥顿保存有这种文献的抄本。音乐还与宗教游行、巡访墓地的仪式有关。

对教士和僧侣来说,言语(Parole)仍然是他们与民众沟通的主要手段,尽管早前的大格里高利、当时的沃尔姆斯的布查尔和康布雷的热拉尔,都曾强调图像的作用,但图像的使用仍是很边缘的现象。此外,受加洛林观念的影响,图像与话语(包括言语和歌唱)相比是受到鄙视的。图像从效果上说是象征性的,教育功能不明显,例如,壁画首先要讲述拯救史上的各个要点,对不同的空间进行解说。而且这种图像本身也是一种表达姿势的语言,经常以言语为参照。弗勒里正门柱头就是如此,只有到 11 世纪后期和 12 世纪,才出现受启示录启发的宏大三角楣画像,这激发了很多宗教体态和言语的创作。

言语的优先性体现在历史、神话等记录的传承中。神迹集或圣徒传的作者总是说,他们在撰述之前曾认真收集证据,虔诚者罗贝尔传记的作者弗勒里的艾尔高就是这样声称的。诺曼底地方史作者圣康坦的迪东还说,他询问过诺曼底公爵们的家人或过去重要事件的证人,以保证其创作的

《诺曼底早期公爵功业记》的可靠性。最初的一些历史叙事史后来会发展成功业记(res gesta),不过开始时它们还被用作学校的背诵练习材料,如著名的《拉海耶残篇》(Fragment de La Hay),其文本在980—1030年左右就已出现,但也以口头形式流传。

言语和体态的有效性还是宗教、政治和司法仪式的基础。在诉讼中,关键的程序是磋商、仲裁和宣判,诉讼的基础在于各方及其代理人的商谈,当人们诉诸调查或寻求证据时,首先寻求的是目击证人的言辞。在宗教及带有宗教性质的活动中,如洗礼、圣餐或各种祝圣、宗教捐赠乃至亡夫遗产权(douaire)的确立、圣职的授予甚至立誓言(誓言和圣礼可以用同一个词:sacramentum),言语和体态都是基础,它们传递的是不可见的真实。我们可以在封臣对封君的臣从效忠礼中看到体态与言语的结合。同样,对于诅咒、革除教门和绝罚等排斥性、威胁性的行为,言语也起着首要的作用。当然,不应夸大这类仪式的强制力,言语和体态被工具化后,各方对此会产生不同的解释,后世的一些评注者也会众说纷纭。但解释的多样性并不妨碍言语和体态本身的效力。有人强调,言语和体态构成的仪式是受行为者有意识地操纵的沟通工具,一种建构性的表现;但也有人认为,它们是一种真正具有法律性质的行为,伴随着行为者的信任和情感。但这些看法都不应遮蔽这一事实:当时人所认可的言语和体态的效力具有完整性,它们是权威和象征的组合,这种组合在表演性的话语中达到其完整形态;与此同时,言语和体态对各种交流形式都产生了影响,包括为确认(或歪曲)言语和体态的效力而产生的书写。

2. 加洛林传统的延续

过去有一种看法,加洛林帝国解体后的一个半世纪中,法国各地经历了一个明显的书面文化的衰落。但这个观点已经被大大修正了。[①] 即

[①] Olivier Guyotjeanin, "*Penuria scriptorium*: le mythe de l'anarchie documentaire dans la France du Nord (Xe-première moitié du XIe siècle", *Bibliothèque de l'École des chartes*, 155 (1997), pp. 11 - 44.

使在诺曼底这样的地区,尽管现存的 10 世纪书面文献很少,但最近的研究表明,在 940—960 年这里仍然存在书面文化的创造。这一活力的中心主要有两个:一个是瑞米耶日修道院,它吸收了来自普瓦图和奥尔良的影响;另一个中心是鲁昂的主教圈子,这些人对来自拉昂和兰斯的影响作出了积极的回应。这些现象表明,10 世纪存在一个文化交流网,定量研究则表明,各地的缮写室(scriptorium)仍然在进行创造。在拉昂,这种创造只是在 10 世纪上半叶经历过轻微的衰退。圣贝尔坦修道院保存的目录和书目索引显示,当时这家修道院的图书馆藏相当丰富,而且主要是最近的手抄本,戈尔兹和克莱蒙这样的主教座堂同样如此。在加泰罗尼亚的李普尔修道院,图书馆的馆藏在 976—1046 年之间从 60 卷上升到 246 卷。在 11 世纪中叶,弗勒里缮写室产出的手稿在 250—300卷之间,当时这家修道院的藏书已超过 1 000 卷。另外,院长和主教们,以及像阿基坦的纪尧姆五世和虔诚者罗贝尔这样的少数世俗人士,也以个人名义占有很多书籍。

不过,加洛林时代留下的学校在地理分布方面经历了深刻的重组。很多文化中心在 880—940 年的危机之后衰落了,如图尔的圣马丁、科尔比等老修道院。新的修道院运动则促进了如弗勒里、李普尔和克吕尼等新的文化中心的崛起。前文已提到,与修道院的教学和学术活动相比,主教座堂学校较为稀少,影响力也不够大,只有兰斯大教堂的学校在 9世纪下半叶依然具有一定的影响力。到 11 世纪初,拉昂和沙特尔的大教座堂学校已具有较大的辐射力,诺特格尔(Notger)任主教期间(972—1008),列日主教座堂学校的发展也引人注目,这所学校的很多学生后来成为罗塔林根和德意志的主教或学校教师,这反过来鼓励了学生们前往列日城学习。总的来说,当时修道院和主教座堂学校的影响相对微弱,因为它们主要依靠一两位教师的声望,不太容易保证长时间的成功。

在当时的环境中,很难区分宗教上的修道主义和文化上的修道主义。在所有修道院内部,读经在修道院的生活中占有重要位置,这首先是一种默读,尽管在仪式或进餐时会有朗读。为便于阅读,11 世纪上半叶,文本中开始使用标点,但当时的标点不是用来标记语气停顿之处,而是标记句法的转折点。当时学识的组织始终是遵照前三艺和四艺的分类,这种分类法来自 5 世纪马提亚努斯·卡佩拉(Martianus Capella)的著作《文献学和墨丘利的联姻》(Noces de Philologie et de Mercure),该著后来有很多评注。在前三艺中,加洛林传统的延续很明显,语法和修辞以研读西塞罗和古代晚期的语法家为基础,它们更受重视,尽管对诗歌和整个古典拉丁作家群的兴趣在发展,如维吉尔、贺拉斯和凯撒等人也已受到关注。四艺领域的兴趣发展更为明显,10 世纪末,对算术尤其是天文学的偏爱很明显,如当时人们大量抄写 5 世纪的马克罗比乌斯(Macrobius)《〈斯基皮奥之梦〉注疏》(Commentaire au Songe de Scipion),并经常以世界地图来解读其中的宇宙学,如被归于弗勒里的艾本院长名下的著名手稿所示。

3. 记忆策略

中世纪的人们并非一味因袭过去的传统,书写实践在 11 世纪上半叶经历了众多变化。首先是人们对书写记录的保存给予了新的关注,尤其是在修道院阶层。在克吕尼、圣丹尼、圣贝尔坦、圣艾芒等重要的修道机构,随着对修道院捐赠的激增,人们开始对大量文献进行分类整理。这就促进了档案技术的发展,如背脊标注(mention dorsale)法,或在令状契据背面做简单的笔录分析,有时还要采用专门的折叠方法。当时文献的用途仍是多样的,既可用于司法领域,也可用于保存记忆,甚至是服务于特定的仪式,用途的多样性也反映在档案储存地的多样性上:它们可以放在壁柜(armarium)、图书馆和金库中。对文献保存的关怀表明,文字已被认可为意义的载体,对修道院而言意义则更大,因为它们就是其财产权益的见证者。关于克吕尼的奥迪隆院长的一个传言说明了这一点:一个捐赠者的后人质疑其先人的捐赠,为了确认修道院的权益,奥迪隆让人在修道院的档案库中寻找那份文件。这份文件被找到后,于彼得日和保罗日在修道院中被庄严宣告和确认,这两位使徒是克吕尼的主保。确认仪式本身也被记载在一份法庭记录中,然后这份记录被缝缀在受质疑的文件的下面。这两份文件后来都被细心地重抄在修道院的一份契据集中。这个片段表明修道院在管理文字方面的能力,但也表明授予文字和书写以某种特别权威的意愿,这种权威成为服务于该机构的记忆的基础。

在当时的法国北方,文字的使用几乎限于修道院,私人之间的书面协定之类的文献则有明显的衰减。而在南方的某些地区,文字传播更广,并在社会和政治生活或机构、社区和家族的身份构建中扮演越来越重要的角色。加泰罗尼亚尤其如此,在这里,由于罗马—哥特的司法传统的影响和强劲的社会需求,所有协定和交易都伴随着书面文件的起草,例如经常见到的 convenientiae,这类契约规范主人与臣从者之间的关系。书写行为在这里非常广泛,遍及整个教士阶层。但从 11 世纪初开始,文字也传播到部分城市世俗精英那里,尤其是法官们中间。在朗格多克,现存最古老的效忠宣誓记录可上溯到 11 世纪上半叶。在这个地区,臣从仪式很早就已出现,但其地位次于北方,书面宣誓看来是缔结社会关系和保存相关记忆的关键。有些历史学家认为,在北方,特定文本的阅读和流传,可能在某些集团的知识传播和社会组织中扮演了重要角色,如奥尔良的异见者团体;为描述这些因为文本而团结在一起的人群,甚至出现了"文献共同体"的说法。①

在封建化时期,文本和手稿成为精心保存的对象,它们经常为修道院的奠基提供叙事基础,因此"文书学"(diplomatique)通常也是一种真正的记忆策略,当然这里面包含着一些篡改和掩饰的手法。法国西部的某些早期宪章或令状,如 962 年左右圣贝尔坦的令状和 1030 年之后克吕尼的令状,经常就是为了歌颂修道院早期的院长们的伟业、讲述它们奠基时的神圣历史,当然还有见证其地产权益的文字。普罗旺斯和卢瓦尔河谷地区的令状

---

① Robert-Henri Bautier, "L'hérésie d'Orléans et le mouvement intellectuel au début du ⅪⅠe siècle", in *Actes du 95e Congrès National des Sociétés savantes* (Reims, 1970), *Section philologique et historique*, Paris: 1975, pp. 63 – 88.

文书,其序言中渗透着一种深刻的悲凉感,因为这些地区饱受诺曼人和萨拉森人的袭击之苦,由此产生了真正的神话,以歌颂由僧侣和世俗贵族联合领导的基督教复兴。通过挑选甚至操控话语的指向性,10 世纪末 11 世纪上半叶的修道院缮写员就有效地努力夸赞自己,痛斥当时世俗社会的混乱和暴力,以致欺骗了现代历史学家,这种被多米尼克·巴特雷米称作"文献变革"的文化现象,是导致"千年之变"之类认知偏差的重要原因。

4. 地方化与文化交换

修道院革新和中央权力的碎化,导致了文化中心的激增,也促进了书面文化的地方化。这种现象首先反映在一些学校的专门化倾向上。卢瓦尔河上的弗勒里修道院尤其专注于修辞学、辩证法和教会法,而在加泰罗尼亚,由于罗马—哥特遗产和邻近阿拉伯—伊斯兰世界,人们更注重法学和后四艺科目。不过,最显著的特征在于地方文献学传统的出现,这些传统表现为一套特别的词汇或者专门的表达法的使用。在加泰罗尼亚,从 1020—1030 年开始,书面文件经常使用俗语,多采用口语表达,并描述景观和农业经营状况,附有关于度量衡的说明;在法国西部,1040—1060 年之间产生了一种新型的书面文件,称令状—笔录(chartes-notices)。1060 年之后则有专门的笔录(notices)作为从前交易或诉讼的辅助记忆载体。① 这些新型文献见证了原有文献类型的混合和各种书写

① 在法语学界的中世纪史研究,尤其是关于封建化时期的研究中,charte 和 note 是两个常见的文献学术语,它们的拉丁文对应词分别是 carta 和 notitia,本书译为令状(或宪章)和笔录。根据现在学者们的解释,charte 是个相当模糊的术语,一般用来指某种书面文件,但这类文件中最常见的是国王、教会或领主当局发出的,其内容一般涉及财产或权利的让与,也就是具有某种法律效力的正式文件。notice 是法律行为的相关方比较客观的记录,它不必经过上述具有公共性质的权力机关的认可,而只是记录下发生过某次法律活动,以及可以为这次行动做证的人员名单。笔录本身不具备法律效力。参阅:Olivier Guyotjeannin etc. eds.,*Diplomatique médiévale*, 3ʳᵈ edition, Turnhout:Brepols, 2006, p. 25. 对这两个概念的论述,一般会追溯到 19 世纪德语文献学家 Heinrich Brunner,见 Heinrich Brunner, *Zur Rechtsgeschichte der römischen und germanischen Urkunde*, Band 1, Berlin:Weidmannshce Buchhandlung, 1880, pp. 211 - 307。

实践之间的相互影响,修道院复兴和融入当地社会促进了这类互动。

史学的变迁是书写文化地方化的另一个表现。以兰斯的辛克马尔为代表的加洛林式的史书逐渐无人问津,只有在这座大主教城市还能偶尔见到过去风格的延续,如兰斯的弗洛多阿尔和兰斯的李谢尔的著作。传统的地方年鉴或主教功业记在东边的罗塔林根还存在,因为那里的主教势力强大,加洛林传统仍在维系着。但在法国西部、勃艮第和普罗旺斯一带,与王室有关系的所谓"官方史学"已经消失,取而代之的是服务于地方诸侯的新史学类型,其开山之作当属圣康坦的迪东为早期的诺曼底公爵们撰写的功业记(1015—1026)。不过在 11 世纪初,最重要的纪年著作出自僧侣之手,如勃艮第的劳尔·格拉贝尔和来自阿基坦的阿德玛尔·德·查巴那(Ademar de Chabannes),他们的文字深受当时修道精神的影响,不过内容大多植根于地方经验。①

但不要因为书写文化的地方化而产生错觉,因为当时频繁的人员和书籍流动很大程度上平衡了文化的碎片化现象。这种流动很大程度上依赖于贵族群体编织的网络。实际上,正是由于贵族的善意和协助,被诺曼人驱赶的僧侣团体才在走投无路时有了归宿,改革派的很多修道院能在勃艮第等法国内地立足,与当地贵族的意愿不无关系。从 10 世纪末开始,出现了更为专门的宗教交流路线。新修道运动几个重要先驱,如克吕尼的奥东、马约尔和奥迪隆、弗勒里的艾本,都曾亲自前往罗马教廷,他们沿途巡访其修道团体的附属机构,布道宣讲。弗勒里修道院还派遣僧侣并寄送习惯法到北方的拉昂和戈尔兹等地,沙特尔大教堂则吸引了来自加泰罗尼亚、爱尔兰和英格兰的僧侣,弗勒里的艾本在成为院长前,就曾前往英格兰的拉姆塞修道院从事教学工作(985—988 年)。本章开头提到的热贝尔,就是 10—11 世纪之交知识和人员交流的集中体现。

① Robert-Henri Bautier,"L'historiographie en France aux Ⅹe et Ⅺe siècle",in *La storiographia atomedioevale*,*Settimane di studi del centro italiano di studi sull'alto medioevo*,17,Spolète,CISAM,1970,pp. 793-851.

　　知识和人员的流转,手稿交流和宗教仪式或艺术的相互影响,都表明存在真正的文化交换网络,这个网络超出了高卢的地域范围。例如,英格兰和佛兰德尔之间的紧密联系,尤其体现在圣贝尔坦和温切斯特两家修道院的关系上,弗勒里的影响也通过这种关系而传播到上述两个地区。温切斯特主教为改革阿宾顿修道院而引进了弗勒里的习惯法;坎特伯雷大主教于 10 世纪末起草的修士规章,其灵感来自根特和弗勒里的习惯法。保存在英格兰的天文学手稿大部分来自弗勒里,那里带有象牙装帧的几份手稿则具备圣贝尔坦和圣奥梅尔的共同特点。相似的关联也将爱尔兰和罗塔林根、皮埃蒙特和伦巴第、勃艮第和诺曼底联系在一起……

　　亡灵书(rouleau mortuaire)是 10—11 世纪一种常见的宗教礼仪文献,它是修道院和教务会为亡魂得救而进行集体祈祷时使用的,它的流转尤其可以说明文化网络范围之广。1049 年,加泰罗尼亚的塞尔达涅伯爵死去,此人晚年曾进入库克撒的圣米迦勒修道院。他死后,加泰罗尼亚的僧侣从 1050 年 3 月奔波到 12 月,带着亡灵书从巴塞罗那一直走到列日和亚琛,拜访了图尔的圣马丁、圣丹尼、弗勒里、克吕尼以及兰斯等地的修道院,为死去的伯爵祈祷,这个路线图表明,文化交流网络几乎覆盖了几乎整个西法兰克王国。[1]

　　语言上的统一便利了文化交流。无论是书面语还是口头交流,拉丁语都是通用语言,因此知识和人员的流动是全欧范围的。在 11 世纪上半叶,高卢各地到处都可见到意大利人,在第戎有沃尔皮亚诺的纪尧姆(Guillaume de Volpiano),在费康有拉文那的约翰(Jean de Ravenne),在圣米歇尔山有苏泊(Suppo),在弗勒里有尼瓦德(Nivard)……这些文人都是教士,因为世俗贵族掌握拉丁语的十分少见,只有阿基坦的纪尧姆五世和国王虔诚者罗贝尔这样的少数例外。俗语文学在 12 世纪之前很

① Jean Dufour, "Les rouleaux et encycliques mortuaire de Catalogne (1008 - 1102)", *Cahiers de civilisation médiévale*, 20 (1977), pp. 13 - 48.

少见到,值得一提的只有 10 世纪后期的几首圣徒诗歌和布道词片段。拉丁语作为圣经语言和宗教仪式语言,占有无可挑战的支配地位。

5. 骑士文化:象征与仪式

12 世纪中期,当法国各地经济全面发展、城市生活日渐繁荣之时,一种独特的贵族文化也开始绽放,其多样性和活力是古代晚期以来所仅见。骑士文学作品的激增经常被认为是其最明显的表现,但骑士文化还有其他形式和维度,如比武的繁盛和纹章学的发明,如领主和诸侯宫廷中新社交形式的诞生。历史学家认为,从各个方面看,骑士文化的繁荣代表一种对格里高利改革带来的挑战的应答,它本质上是世俗文化,从其语言表达来说,使用的不是拉丁语而是"俗语"(vulgaire),它的内容甚至与教会的教导相抵牾——尽管本质上它仍浸润在基督教教义中。骑士文化的独特性还在于诸侯在其中扮演的关键角色。新的社会和文化实践可以视为全体贵族所共有的现象,它们强化了贵族在面对平民时的内聚力,也有助于淡化和缓和贵族集团内部日益增长的等级化趋势造成的紧张。

从乔治·杜比发表关于 miles(骑士)的重要研究以来[1],学界广泛流行这样一种认识:到 12 世纪,骑士成为一种社会和文化理想,为所有世俗精英——从国王到小骑士——所共享。这种理想的基础首先在于骑士特殊的战斗形式,即骑士应该骑马平执长枪与对方拼杀,这是一种面对面的冲杀,1080 年左右的巴约挂毯、稍后昂古莱姆大教堂的雕塑,都再现了当时的战斗形态。战斗是骑士的职业,因此战争崇拜对他们来说是很自然的,这与贵族印章上的图像遥相呼应,而印章可以被视为自我意识的一种表达。已知最早的印章是诸侯的印玺,如 1069 年诺曼底的威廉的印玺,上有一个驱策战马大踏步前进的骑士形象,装备带旌旗的长

---

[1] Georges Duby, "La Noblesse dans la France médiévale. Une enquête à poursuivre", *Revue historique*, T. 226 (1961), pp. 1-22.

矛,这是指挥官的标志。早期的领主印章是对诸侯印章的模仿,但从12世纪中叶开始,新的形象表现的是战斗中的骑士,佩剑出鞘,有威压之势。骑士的战斗本质上是贵族性质的,它带有过节一般的模式和欢愉气氛,如很多行吟诗人就在诗中唱到,春季回归带来了5月的欢悦,这时战马从马厩中跃出,军事行动开始了。

众所周知的骑士比武是一种模拟战斗,它也带有同样的欢悦气氛,骑士群体之间的这种趣味性战斗的目的主要是抓捕对手及其武器和战马来索取赎金。这种对抗几乎与真实的战斗完全一样,它通常在广阔的原野上举行,可能会持续好几天。比武在11—12世纪之交的图兰、佛兰德尔和香槟等地出现,1120—1140年代之后开始在法国北方获得更大的成功。有一种解释认为,比武的发展可能得到诸侯的支持,他们试图借此抑制领主之间的私战,如在佛兰德尔和诺曼底等地。比武一般在特定的、有限的区域内进行,也就是几个诸侯国或领主领地的交界地带,这样能吸引更多的战斗者。人们曾长期认为,比武主要是年轻人的聚会,尤其是吸引了很多边缘化的贵族幼子们。实际上,参与比武的包括所有贵族,包括某些诸侯,如佛兰德尔伯爵好人查理,布鲁日的加尔贝记载说:"为了自己家乡(pays)的荣誉,为了训练他的骑兵,他参加了诺曼底和法兰西诸侯及一些伯爵的世俗战斗,有时甚至远至法兰西王国之外;他在比武中带了两百个骑士,将自己的名声、力量和光荣推到了顶点。"金雀花家的亨利二世的儿子小亨利和若弗瓦也参加过比武,后者还死于1186年的比武。这种致命的意外事故是常有的事,这是教会很早就试图禁止比武的重要原因。从1130年开始,克莱蒙和兰斯的主教会议就谴责了比武,1139年拉特兰第二次普世公会议作出了同样的决定。但比武对贵族而言意义十分重大,他们无法放弃。比武就像是真正的战斗间歇之间的战斗,是领主或未来领主与其骑士考验双方的团结、历练战斗情谊的机会。比武也提供了一起庆祝共同的骑士价值观的时机,这种价值观超越了贵族身份的多样性。此外,比武塑造着对勇敢的崇拜,并为声望和财富的积聚敞开了大道:俘获的对手和战马的数量越多就越是有脸面,越是能赚取财富，从而促进某种社会上升。著名的威廉元帅正是从这种游戏中脱颖而出的。他本是为英格兰的亨利二世效劳的普通骑士，但通过比武赢得了"世界上最出色的骑士"的美名，并获得了大量的封地，迎娶了一位富裕的女继承人。比武实际上也是交流和谈话的机会，人们可以借机交换武器、马匹、衣物、各种奢侈品，因为市场或集市就在比武现场附近举办；此外还有人的交换，因为比武会让来自各个层次的暴发户聚集在一起，这就有利于缔结政治和婚姻联盟。

在 12 世纪，授甲礼仪式（adoubement），即获得骑士身份的礼仪，开始为人们熟知，从很多表现来看，这也是一种节日。金雀花家的亨利二世的前礼拜神父富热尔的艾蒂安（Etienne de Fougères）的《风度书》（Livre des manières）（1175 年左右）中，以及 1186 年德意志皇帝巴巴罗萨的一份法令，都提到过这种贵族仪式，因为骑士身份是留给贵族的。更为具体的例证涉及某些诸侯，如未来的法国国王菲利普一世和路易六世，以及金雀花家的若弗瓦 1128 年的授甲礼，这场授甲礼伴随着各种欢庆活动，1180 年左右马尔穆捷修道院的约翰（Jean de Marmoutier）对这次授甲礼作了详细记载。授甲礼是一种有多重含义的仪式，它既意味着年轻的贵族被正式接纳为骑士，也是成年礼和授予权力的仪式的结合。参与仪式的经常会有好几个人，这无疑是当地贵族骑士塑造共同体仪式的重要契机。授甲礼的核心是将武器（佩剑、肩带和马刺）授予年轻的骑士，动词 adouber 来自俗语，在 11 世纪末逐渐使用开来，意思是配备武器。授予武器的一般是位老骑士，此人通常不是出自年轻骑士的父系，但他跟此人曾学习武艺和道德：在一个男子经常在婚姻中高攀的社会里，这位老骑士一般是舅舅，或者是诸侯、教父，授甲礼能缔造或强化双方精神上的亲缘关系。授甲礼有时还会加强封建联系，因此骑士和附庸（vassal）经常是同义词，尤其在北方。授甲礼在 12 世纪还是个世俗仪式，要等到该世纪行将结束时，才出现基督教化的痕迹，如阿德尔的朗贝尔关于基尼（Guînes）伯爵家族历史的记载中，出现了仪式前夜的祈祷、弥撒，甚至为武器祝圣的现象，这表明教会试图控制这个仍外在于其影响的仪式。

比武、授甲礼和狩猎，都是贵族的活动，而且经常以宴会收场，这时会有妇女参加。在一个相对贫困的社会，宴会上人们可分享丰富的饮食，但也分享共同的仪态，甚至同样的穿戴，因此总是最充满活力的贵族仪式之一。不过宴饮活动不是贵族专有的，早期行会和工商业者也借此展示团结。但丰盛美味的菜肴，游戏、音乐和文学表演，还是将贵族的宴会与平民宴会区分开。教会当然注意到这些过分之举，并经常谴责，如将宴会说成邪恶的富人的宴会、"希律王的宴会"。

6. 宫廷文化与骑士文学

新的文化气象诞生于新的物质生活环境。在 12 世纪，贵族的住宅变得更为舒适，烟囱增加了，家具也更丰富。在这个世纪早期，长期生活在法国西部的纪年作家鲍德里·德·博盖伊（Baudri de Bourgueil）曾提到，征服者威廉的女儿、布卢瓦的阿黛尔女伯爵的房间装点着精美的挂毯，尽管这种描述多少有点夸张，但给人的印象是，贵族的城堡不再那么阴森逼仄了。舒适度的增加是诸侯宫廷发展的普遍特征，因为这里是消遣娱乐的地方，学习的地方，它需要接待很多年轻人，这些人被他们的父母送来"供养"和接受教育，或者根据条约充当人质。曾任亚眠伯爵的西蒙·德·克雷皮就曾被安排在征服者威廉身边，金雀花家的亨利二世在格罗塞特的罗伯特（Robert of Gloucester）的宫廷中接受教育，后者是亨利的舅舅，也是英国史学先驱蒙茅斯的杰弗里（Geoffroi de Monmouth）的保护人。早期的一些"文雅论著"已经提到宫廷礼节，如餐桌上的行为方式，如与女性的交往举止，此类著作有嘉兰·勒布朗（Garin le Brun）的《训诫录》（*Enseignement*）和阿尔诺·威廉·德·马桑（Arnaut Guilhem de Marsan）的《骑士教导》（*Enseignment du Chevalier*），它们出现在 1170—1180 年之间，使用俗语或奥克语而不是拉丁语写作。北方宫廷更为人所知，那里的诸侯宫廷有强大的吸引力，是一些出色文人的活动中心。但这样的宫廷不多。相反，南方的宫廷不太为人所知，但为数众多，因为如果诸侯要维持其地位就必须认真经营其宫廷,尤其是普瓦提埃、巴塞罗那、图卢兹和普罗旺斯的伯爵们,他们竞相模仿和竞争,从1180年开始,大量的领主小宫廷也十分活跃。

在当时,贵族的整个住所一般仍然区分为两个部分,即男人主宰的公共空间和保留给妇女的家内空间,但宫廷的一大特征是二者的相对混合,这就让男女有很多机会共享某些消遣。社交游戏,如掷骰子和下象棋,就是在"骑士之爱"(fin'amor)的背景下发展起来的,这可能解释了何以在12世纪末"后"(dame)取代维齐尔(vizir)成为主要棋子。一些领主对音乐也很投入,蒙彼利埃伯爵的印章就提示了这一点。再就是聆听诗歌和虚构作品的朗读。宫廷实际上是学习文学语言的地方,人们应该懂得这种语言并且用它和贵妇交谈,应该会欣赏歌曲和传奇,甚至应该自己创作诗歌。在金雀花家的亨利二世的宫廷中,人们说一种比英格兰乡村的盎格鲁-诺曼人更为精练的语言,这就让宫廷对那些只能说英语的人关闭了。

12世纪中叶开始,一些宫廷在文学创作方面扮演了重要角色。金雀花家族的宫廷看来以前所未有的方式同新的虚构文学建立了联系。总的来说,这种率先从宫廷产生的世俗化的骑士文学受南方奥克语文化的影响很深。在这种新文学兴起之前,北方的奥伊语也曾诞生过其独特的文学形式,这就是史诗和武功歌。在11世纪末的诺曼底、卢瓦尔河谷和法兰西岛,史诗体裁曾盛行一时,其内容主要是从加洛林时代的记忆加工而来,行吟诗人根据其听众的喜好又编造了一些传奇故事加入其中。他们根据不同诗歌片段的相似性及自以为是的巧合而将它们拼缀在一起,创作了"武功歌"或"组诗"(cycle),这些作品以某个史诗人物为中心,如康布雷的劳尔(Raoul de Cambrai)、奥兰治的纪尧姆(Guillaume d'Orange)和查理曼。这些武功歌中最优秀、最著名的是《罗兰之歌》。它的历史背景是778年巴斯克人在隆塞沃峡谷对查理曼的后卫部队的屠杀,布列塔尼边区长官罗兰就死于这次战役。这部十音节叠韵史诗长达4000行,其中有一些大胆的创造和改编(如罗兰成了查理曼的外甥,萨拉森人取代了巴斯克人),它歌颂的是武士美德、封臣的责任感以及对"甜美"的法兰西故土的眷恋,还有对萨拉森人的圣战。现存最古老的《罗兰之歌》的手稿藏于牛津大学,成稿于 1100 年前后,而这正是十字军运动兴起之时,诗歌的主题自然能激发北方封建贵族的圣战热情。①

后世研究者谈论的"骑士文学"(littérature courtoise)一词,字面来说是"宫廷文学",但这种文学的涉及面超出了狭义的宫廷,它附带的各种社会内涵也相当广泛,考虑到这些原因,称它为骑士文学可能更为合适。它最初的表现形式是抒情诗。现在学界的看法是,骑士抒情诗不大可能起源于民间文学,不过它的源头究竟在哪里,学者们的看法不一,有的认为来自拉丁文学传统;斯蒂芬·贾格尔(Stephen Jaeger)则主张源头是 11 世纪的日耳曼帝国文人;有人则把第一位已知的游吟诗人(troubadour)、普瓦提埃伯爵兼阿基坦公爵纪尧姆九世视为始创者;最后,还有人认为可能是从阿拉伯世界传来的。历史学家乔治·杜比则指出了骑士抒情诗的社会背景:年轻贵族的城堡生活,这些长期被排斥在婚姻和职权之外的青年人的向往,等等。就诗歌而言,奥克语地区的骑士文学特点更为鲜明,如纪尧姆九世的某些作品显得相当轻佻甚至淫秽,这似乎与他的大诸侯地位不相符。北方的游吟诗人被称作trouvères,他们诗歌中的感情流露则要腼腆得多。

武功歌和抒情诗都是要唱出来的,而传奇(roman)是中世纪法国最早的阅读或朗读作品。这种新文学于 12 世纪中叶崭露头角,北方的宫廷,尤其是金雀花家族的宫廷,起了重要的推动作用。安茹的宫廷汇聚了各色"文艺人士",如叫法各异的诗人:jongleur,ménestrels,trouvères,还有"讲故事的莫里斯"(conteur Maurice)、弹琴者亨利(cithariste Henri)……后来在骑士传奇中大放异彩的特里斯坦和伊索尔德的故事,可能就是在这里由"讲故事的布莱德里"(conteur Bledri)传播开的,英格

---

① Cf. Paul Aebischer, *Préhistoire et protohistoire du "Roland" d'Oxford*, Berne: Francke, 1972.

兰人托马斯(Thomas)则于 1172—1176 年左右将其落实在文学中。香槟伯爵夫人、埃莉诺和路易七世的女儿法兰西的玛丽的宫廷,也是骑士文学发展的重要推手。12 世纪最重要的骑士传奇作者特鲁瓦的克雷蒂安(Chrétien de Troyes),就曾应香槟的玛丽之请创作了两部传奇。克雷蒂安也给佛兰德尔伯爵阿尔萨斯的菲利普写作。关于这位作家的生平,我们知之甚少,他在自己的第一部传奇《爱雷克和厄尼德》(Érec et Énide)中自称特鲁瓦的克雷蒂安,后来都称克雷蒂安,他可能是教士出身。克雷蒂安的作品涉及中世纪传奇的许多经典主题,如圆桌骑士和圣杯传奇等。他的传奇都是诗体作品,散文形式的传奇直到 13 世纪才逐渐发展,到中世纪后期,散文成为通常的叙事形式。从诗歌向散文的发展,也意味着文学作品从朗读逐渐转向个人的阅读。

有一种看法认为,安茹宫廷对文学事业的赞助,可以视为抗衡卡佩宫廷的一种文化策略,因为路易七世周围都是带有苦修色彩的教士。英格兰的亨利二世的宫廷一时成为法国西部的文化中心,但文化革新也是有代价的。那里的人员往来流动很快,充斥着贪婪、虚伪和各种阴谋诡计,在教会保守派眼里,简直快滑向地狱了。在卫道士们看来,金雀花宫廷不仅十分肤浅,而且动用财政手段实现政治和文化目标的做法损害了社会秩序。客观而言,这种话语遮蔽了宫廷的复杂性和多样性,尤其是法国南北方的差异。但它也揭示,宫廷在何种程度上成为新的社会和文化实践及价值观的熔炉,它们很大程度上逃脱了教会的控制,但有助于贵族阶层内部(从诸侯到小骑士)的统一化。骑士之爱(fin'amor)就是个鲜明的例证。

7. 骑士之爱与骑士风度:世俗观念和自我意识

19 世纪以来人们习惯称呼的"骑士之爱"(amour courtois),是中世纪新的世俗文学的丰富性和多样性的突出表现。很多研究已经表明,这种爱情理想与贵族行为方式之间存在明显的距离。有人强调,骑士之爱中的某些主题可以用来为传统的婚姻和政治策略服务。还有人证明,宫廷文化的繁荣并没有伴随妇女状况的任何改善。所有这些说法都有道理。不过,揭示骑士之爱所遮蔽的现实并不意味着,宣扬这种情感的文学就是纯粹的消遣。它表达了一种价值观,一种想象,它给贵族文化带来了力量、自主和新形式,同时也揭示了贵族集团内部的某些紧张。

骑士文学所宣扬的,是一种关于生活和爱情的理想。这种理想要求的是一种心灵——如果不是出身的话——的高贵、无私、慷慨,以及表现为各种形式的良好教养。要想具有骑士风范,就意味着认可礼俗,与人相处时从容优雅,精于狩猎和战斗技艺,并且在交谈和诗歌方面有相当好的品味和才智。骑士风度还要求对奢华事物有很好的鉴别力但又能超然物外,并且厌恶和鄙视一切与贪婪、悭吝和牟利相关的事务。凡是不合骑士风度的,都被称作 vilain,这个词本来指农民,但它很早就带上了道德含义。Vilain 就意味着粗糙、贪婪、下流,他只知道囤积和把持。某种意义上说,骑士风度(courtoisie)可以视为古代 urbanitas 观念的中世纪版本,urbanitas 一方面要求举止文雅,另一方面也意味着精神和文化修养。所以,骑士风度不能被视为中世纪文学的独创。

对于游吟诗人和传奇作者来说,没有爱情元素就不存在完美的骑士风度,因为只有经过爱情洗练的人,才能精进自己的优良品性。骑士风度的独特之处在于将妇女置于核心位置,并通过她来见证至诚至敬之心。这是骑士文化在教会面前表现出的独立性,甚至是对当时的习俗和古代以来的文学传统的某种偏离。有风度的骑士会将自己的爱人视为dame,在封建时代,这个词的意思就是女封君。他应接受爱人的反复无常,他唯一的目标就是赢得后者的垂青。从很多方面看,骑士之爱是对格里高利改革倡导的婚姻和性规范的一种回应和挑战。它通过歌颂贵族妇女、歌颂身体和肉体之爱,赋予婚姻之外的爱情关系合理性——尽管是以想象的方式——因此骑士之爱与教会的制度话语产生了矛盾,但它又以其细腻的文学影响和意识形态与当时的基督教扭结在一起。

最初体现这一爱情观念的作品,是南方的抒情诗歌。它歌颂的爱情理想就是 fin'amor,或称 amour fin,也就是经过磨砺的、更为纯粹的爱,宛若金银洗净身上的矿渣后更为珍贵夺目一样。关于这种爱情的理论化阐释,可见于安德烈·勒·夏普兰(André le Chapelain)的著作《论爱情》(*Tractatus de Amore*),他可能是在 1184 年左右于香槟伯爵的宫廷中发表这部著作的——当时那里正是骑士文学的一个中心。当然,这部作品是对久已存在的一种社会实践的迟来的解释,它以奥维德的《爱的艺术》和《爱的疗救》为范本。骑士之爱基于这样的一种观念:爱情是与欲望混合在一起的。当时有诗云:

> 文雅之爱,如你们所知,
>
> 不是别的,就是欲望。
>
> (Que fin'amors-so sapchatz-
>
> Non es als, mas voluntatz.)

欲望从本质上说就是要被满足的,但欲望一旦被满足就意味着欲望消失了。所以,文雅之爱既希望得到满足,又害怕被满足,因为满足就是欲望的消亡。所以,爱情总是期待被满足,但又担心被满足;坠入爱情的主角总是怀有一种特别的情感,它既有痛楚也有欢愉,既有焦虑也有激动。[①] 为了表达这种情感,诗人们发明了一个词 joi(兴悦),它不同于当代法语中的 joie(快乐),正如诗人若弗雷·吕代尔(Jaufré Rudel)所言:

> 我醒时,
>
> 爱让我坐立不安;
>
> 我沉入睡梦时,
>
> 才能有神奇的兴悦。
>
> (D'aquest amor suy cossiros
>
> Vellan e pueys somphnandoormen,
>
> Quar lai ay joy meravelhos.)

---

① Cf. Charles Baladier, *Érôs au Moyen Âge. Amour*, *désir et delectation morose*, Paris: Cerf, 1999.

于是这种理想自然就有这样的推论：爱情不能迅速轻易地得到满足，它首先应该要配得上被称为爱情，这也就意味着在赢得爱情之前需要经历各种艰险和考验。不过，这并不是说爱情中的女主角不可接近，因为骑士之爱并非柏拉图式的。从理论上讲，骑士之爱几乎不可能存在于婚姻之中，因为婚姻之中的爱随时可以得到满足也随时会消失。或许更重要的是，婚姻中丈夫对妻子身体的权利，使其不可能将后者视作自己的女主人，而骑士之爱的要害是骑士应博取贵妇的芳心，后者在爱情中是自由的。所以，原则上说，骑士之爱的对象只能是别人的妻子，它的首要特征就是私密性，它最恶劣的敌人则是向女主角的丈夫泄密的嫉妒者。这里可以清楚地看到骑士之爱的社会内涵：女主人公的社会地位应该高于求爱者，这似乎是在爱情中复制了封建关系，但居于高位的女方并不是出于利益而青睐追求者，后者更不可能对她实施权威和强制。从这个意义上说，骑士之爱不仅是贵族阶层对教会的婚姻道德规范的某种挑战，也是对当时盛行的封建主从关系的一种另类想象。

但不应将骑士之爱与当时的宗教理念理解为简单的二元对立关系。实际上，这种近乎苦修的爱情，其部分语汇和主题便是借自修道院的苦修主义，这是一种有关爱情的伦理学：爱人应该控制冲动，接受一种渐进的关系，让其情感和表达更为细腻。但性关系并没有因此而被贬低，它只是显现在爱情关系的地平线上，仿佛是一个不断后退的终点，但并非总是触碰不到。爱情的对象关涉身体，身体的美丽被诗人充分赞美，如同贵妇的灵魂和思想。但这种苦修之中的男女关系，与真正的修道主义是相反的，因为占主导地位的是妇女，她经常出身比爱慕者更高的贵族世家，后者称为 ma dame，或 mon seigneur，奥克语为 mi dons。另外，所有关于屈从的姿态和话语都是向她表达的，这类姿态和话语是对骑士忠诚的模仿，如宣誓、臣从、效劳等。有人认为贵妇只是其丈夫，即真正的领主的恩惠的替代品，这种看法是错误的。将爱人连接在一起的契约来自自由自愿、完全互利的选择。双方的赞同是必需的——这里又与有关婚姻的新神学对接了起来——但是，如前所述，这种爱情又外在于任何的婚姻、家族和教会的强制。这是骑士之爱最强大的颠覆力量所在：就其个人和选择性特征而言，骑士之爱仍然遵守誓约、忠诚等社会规范，但它同时也将爱情双方置于社会领域、亲族和教会控制之外。而且，不断推迟的性关系让这种非法之爱显得像是高尚的爱情，而且正是这种推迟让它始终在演进发展之中，并让诗人竭尽诗才。

12 世纪最后三十年，这种爱情又在北方的另一种文体，即传奇中大放异彩，其中几个主题大获成功，如特里斯坦和伊索尔德、兰斯洛和桂妮维亚。这种婚外之爱的实现要么在于如何逃避家庭（如伊索尔德之于马可国王），要么超脱于封建秩序的重负（如兰斯洛之于自己的封君亚瑟王）。法兰西的玛丽不仅赞助克雷蒂安等人，还亲自创作抒情诗，以歌颂那种绝对和感性的爱，嘲笑教会道德和贵族的婚姻观念。在她的诗歌中，人们依稀可以看到当初爱洛依丝关于爱的表白："对我而言，我们沉浸其中的爱情的欢愉是如此甜美，以致我不能感到不高兴，也不能从我的记忆中抹去。我转辗反侧，这些欢愉又浮现在眼前，它们的幻影让我无法入睡。在睡梦中，甚至在弥撒时——尽管祈祷时要纯洁——这些欢愉的放肆画面占据了我可怜的心灵，以致我更专注于卑鄙而不是祈祷。"稍后，安德烈·勒·夏普兰在《论爱情》中更是明确无误地解释了真正的爱情与婚姻之间的矛盾："爱情无法在两个配偶之间扩展它的权利。"

在关于特里斯坦和兰斯洛的传奇中，非法之爱的色调看来比奥克语抒情诗和法兰西的玛丽的作品更为悲伤，恋人最后或死（特里斯坦和伊索尔德）或疯（兰斯洛）。另一些传奇，尤其是克雷蒂安的作品，则发明了骑士婚姻的主题，以调和理想与社会现实。无论如何，展现骑士之爱的文学具有的声望，它所传达的情感，它所创造的人物，已经将一种新的爱情话语转化为贵族表达自我意识的工具。正因为如此，骑士文学对骑士风度的影响要比普遍认为的更大：尽管在文学领域之外可能不存在骑士之爱，但一种关于爱情的新话语孕育了社会实践和某种新的身份定位。

这样的例子甚至可以来自地位很高的社会阶层。1160 年，布列塔尼的女伯爵康斯坦斯（Constance de Bretangne）给当时正在空窗期的路易七世写了一封信,信中当然少不了政治话题,如双方可以结盟以取代布列塔尼和苏格兰的联盟。但信件借用了一整套骑士之爱的话语,如提议交换象征性礼物作为爱情的担保:男方给女方赠送象征忠诚的指环,女方则赠送鹰隼、马匹等狩猎和战斗工具。随后双方的关系有了进一步的发展,他们互派信使,邀请会面,并告诉对方自己打发走了其他追求者……也许最重要的是,提议派信使的是女方!这些都展现了贵族处理自己与他人关系的方式,以及自我接受、自我愉悦的贵族方式。

所以骑士之爱的文化扩大了贵族价值观和人生历练的光谱,贵族的社会行为已不再限于战斗和男性伙伴关系。这种文学所表现的骑士历险或追求爱情的模式,将个人幸福和传统的战斗伦理,以及欲望和精神道德进步的新伦理,都结合在了一起。但这种扩大也强化了贵族的统治,因为它赋予他们别人难以企及的荣誉和声望。诸侯、贵妇和骑士,所有这些都是有风度的文雅之人,他们的生活超脱了自然本性。在普通人不可想望的迷人世界中,骑士文学宣扬的高贵情感强化了贵族的精神地位。

8. 个人、群体与新的政治秩序

在封建时代,整个贵族文化都贯穿着颂扬谱系与个人崇拜之间的紧张关系。这一紧张最早就表现在 11 世纪中叶兴起的家谱文学中,当时出现了最早的法兰克诸王谱系、旺多姆伯爵谱系、安茹伯爵的六个谱系,等等。从 12 世纪初开始,又有佛兰德尔伯爵家谱以及罗什的托马斯(Thomas de Loches)撰写的《安茹伯爵功业记》。1160 年后,家谱文学向中等贵族阶层扩展。昂布瓦兹领主、昂古莱姆和内维尔伯爵都有了自己的家谱……一些地方性的纪年著作也开始提及这类作品。这类文献都限于王国西部和北方,例外的情况寥寥无几。典范的家谱作品当然是那些显赫的大诸侯世家的,但到 13 世纪,甚至小骑士也会请人编写自己的家谱。不过,这类家谱作品都有一个共同的目的,就是通过家族历史(当然很多时候是在编造)的叙事来强调其领地和城堡的世袭传递——家族记忆是关于领地和领地权益的记忆。个人，尤其是妇女，只是在其传递土地或财富时才被提及，他们遁形于世袭罔替的家业传承中了。

从1100年开始，有关家族"历史"的传奇作品迅速增加，如有关昂热伯爵若弗瓦·葛里泽戈内尔（Geoffroy Grisegonnelles，或称"灰袍若弗瓦"）的众多形象。这些作品都只在弘扬甚至"发明"某个家族的奠基人物，这些人大多是在加洛林时期或诺曼-维京入侵的战乱年代中崭露头角的冒险家。这种描述显然与传奇和史诗文学存在关联，文中的英雄人物能够证明或者让人联想起，在一个越来越被权势继承逻辑抑制的社会中，仍然有社会上升的可能。不过，这类作品成功的一个关键是它赋予个人突出位置，尽管后者仍然身处家世传递的强大逻辑之中。我们已经看到，奥克语抒情诗歌首先基于爱人相互选择的原则之上，北方的武功歌歌颂的是贵族战士的功绩，但他们首先是超迈常人的英雄。骑士传奇歌颂骑士的兄弟友爱，也反映骑士个人的追求。这个主题背后隐约折射出朝圣的传统，新的修道主义则推动了朝圣中的战斗维度，即朝圣是一场精神战斗，但骑士传奇将冒险逐渐改造成追求真正的个人拯救。这一演进进程的最后阶段，是将所有爱情的考量放在了次要位置，转而强调骑士冒险的基督教化；该主题首先出现在克雷蒂安未完成的帕西法尔寻找圣杯的传奇中（当时的圣杯还不是盛基督血的杯子，而是一个纯金宝石盘子，上面有圣饼）。在社会生活中，战争、狩猎和比武动员一小群有亲族关系的贵族和附庸，强化其联系，但也召唤个人的勇武，这是奠定个人勇武声望的源泉。

有一种文化现象尤其能反映这种集体背景下个人形象的展现，这就是盾牌纹章的发展。早期的盾牌纹章有各种装饰图案，如几何图案和动植物。大约从1120—1130年开始，这些形象被某个人物形象取代，从而产生了所谓纹章的新象征体系。这个现象有几个自发的中心，如佛兰德尔、皮卡迪、法兰西岛、洛林，都坐落在热衷比武的北方。随后这种纹章文化开始传播，12世纪中叶波及西部和南方。除了地理传播，还有阶层的传播。直到1180年左右，纹章还是几个诸侯和十分显赫的领主的专

属品,但在随后大约 20 年的时间里,中等贵族也纷纷采用纹章。进入 13
世纪后,纹章已经出现在今日法国的所有地区,为众多贵族世家使用。
这可能与印章的阶层和地理传播有类似之处,印章也是 13 世纪之前的
重要史料。

纹章的成功应归因于其象征功能。11—12 世纪,很多贵族开始以城
堡所在地的名字作为自己的姓氏,纹章又进一步给权势者提供了宣示其
身份的形式。像姓氏一样,纹章也强化了家族和世袭制度。占有圣波尔
(Saint-Pol)伯爵头衔的康达威(Candavène)家族的姓氏和纹章,就提供
了一个很好的家族意识的例子。Candavène 即 Champ d'avoine,也就是
燕麦地的意思,它首次出现在 1112 年的文献中。其源头像很多姓氏一
样,带有神秘色彩,但可以认为它与马有某种关系,因为燕麦是马的饲
料。很快它就成为家族身份,因为从 12 世纪中叶起就以世袭方式在男
系中传递。其早期的印章(1127—1129)和钱币(1112—1144)则揭示,这
个家族以燕麦束为纹章象征。不管对这些象征物之关系的解释如何,可
以确认的一个根本性事实是:姓氏和纹章相互联系,象征其拥有者的身
份,并给家族世系打上烙印。

在这种展现家族个体特征之外,全体贵族还共享某种幻觉,这个幻
觉就来自骑士文化。正是由于这种共享的文化,从国王到小骑士的所有
贵族,都认为他们具有共同的身份和文化特征。但身份幻觉不能遮蔽政
治变迁造成的贵族集团内部的等级化。随着诸侯和国王实力的恢复和
增长,他们对贵族的控制强化了。12 世纪的一些文献谴责国王对忠诚的
附庸忘恩负义,如《路易的加冕》(Couronnement de Louis),甚至论证附
庸造反的合理性,如关于反叛男爵的英雄组歌《鲁西永的热拉尔》(Girart
de Roussillon)。有时一些文献将国王描述为首席骑士,如在演绎亚瑟王
传奇的作品中。12 世纪中叶出现的圆桌骑士的主题,提供了虚构的国王
与骑士平等的绝佳范例:国王主持大会,但他坐在骑士中间,亚瑟王是领
主国王(roi seigneur)而不是享有至上权力的国王(roi souverain)。这种
虚构在盎格鲁-诺曼世界中颇为青睐,看来金雀花的国王们对它颇为赞

许,这个大力培育骑士文学的王族深受骑士理想的浸润,关心与贵族的和解,但这种文化策略应该被视为其强势的政治手腕的某种平衡器,因为金雀花政府的某些"现代"特色可能让这些贵族感到不安。[1]

国王与骑士的特殊关系,还体现在与金雀花宫廷相关的其他文字中。例如对社会功能三分法的古老意象的新表述。正如乔治·杜比在其名著《三个等级:封建社会的想象》中论证过的,12世纪末"有人祈祷,有人战斗,有人劳动"的社会功能三分法,标志着这个社会深刻的重新定位:一方面,国王实际上从战斗等级中抽离并凌驾于所有等级,而且他还是其他等级之间关系的仲裁者;另一方面,社会等级制从此完全是世俗性的,这与11世纪初主教们的定义迥然不同。亨利二世的近臣们推动了君主权威在民事和世俗领域的独立,在这种框架下,国王和骑士的关系才得以重新被定义。诺曼底人瓦斯(Robert Wace)在《卢传奇》(*Roman de Rou*)中曾这样提到狮心理查:"他只想把宫廷职务赐予贵族。他的礼拜堂神父、文书、侍寝官和卫兵都是贵族骑士。"在《诺曼底公爵史》(*Histoire des ducs de Normandie*)中,圣摩尔的本笃通过征服者威廉之口对三个等级发表看法,这番言辞最后的结论是:骑士应该是王权的特选工具。到12世纪后期,同样的思想甚至出现在索尔兹伯里的约翰的笔下。在他的《政府原理》(*Policraticus*)中,骑士应该是"君主武装的手"。

新的时代开始了。

---

[1] Anita Guerreau-Jalabert, "Aliments symboliques et symbolique de la table dans les romans arthuriens", *Annales E. S. C.*, 1992, pp. 561–594.

附　录

一、大事年表

史前社会

约 110 万年前　表明人类活动的砾器(埃罗省布瓦-德-里凯遗址)

约 57 万年前　陶塔维尔人

约 40 万年前　用火遗迹(普鲁伊内克的梅内德勒冈遗址)

约 38 万年前　人类栖息地和用火遗迹(尼斯特拉阿玛塔遗址)

约 14 万年前　拉雪兹洞穴中的尼安德特人化石

约 42000 年前　最早的智人化石

约 17000 年前　拉斯科洞穴

约 4650 年前　库尔泰宗,最早的新石器时代古村落

约 4350 年前　夏西文化

约 3600 年前　巨石阵

约 3100 年前　塞纳-瓦兹-马恩文化

独立高卢时期

约公元前 600 年　高卢人进入法国

约公元前 600 或 598 年　腓尼基希腊人建立马西利亚(现马赛)

约公元前 400/390 或 387 年　高卢人侵入意大利洗劫罗马城

约公元前 154 年　罗马初次介入高卢南部争端

约公元前 124 年 罗马人建立埃克斯城

公元前 120 年 南部高卢转为罗马行省

公元前 118 年 罗马人占领朗格多克沿海地区

公元前 117 年 地中海沿岸地区成为罗马行省

公元前 77 年 庞培平定纳尔榜叛乱

公元前 58 至 51 年 凯撒征服高卢

公元前 50 年 凯撒将长发高卢转为罗马行省

罗马化高卢

公元前 43 年 罗马建立里昂

公元前 27 年 里昂成为高卢首府,同时开始高卢的首次人口统计

公元前 16 年 奥古斯都资助尼姆的城堡工程

公元前 12 年 高卢的主要首领在里昂聚会

65 年 一场意外火灾烧毁里昂

73 年 现在的德意志地区建造第一批用道路串起要塞和防御工事的边防线,用于防止日耳曼人侵入高卢

145 年 意外大火烧毁纳尔榜

约 150 年 基督教会在里昂建立最初的组织

197—211 年 在塞普提米乌斯·塞维鲁皇帝治下,高卢文化重新得到重视

252 年 法兰克人和阿拉曼人利用罗马内部和军队有骚乱,最终越过罗马建造的边境工事

256 年 击退法兰克人和阿拉曼人的入侵,日耳曼人重新退回到莱茵河对岸

275 年 法兰克人和阿拉曼人再次越过莱茵河,蹂躏高卢东北部,直抵巴黎

277 年 结束由法兰克人和阿拉曼人入侵引起的混乱,6 万多日耳曼人投降,他们被允许在他们入侵的地方安家

284 年 巴高达起义

286 年 巴高达起义被平定

352 年 法兰克人和阿拉曼人得到在莱茵河和摩泽尔河之间定居的权利

371 年 圣马丁被任命为图尔主教

418 年 高卢各行省代表会议在阿尔勒举行

435—437 年 巴高达再次起义

436 年 勃艮第人移入南部地区,在格勒诺布尔和日内瓦之间安家

443 年 勃艮第王国建立

451 年 阿提拉率领的匈奴军越过莱茵河,洗劫斯特拉斯堡,兵临巴黎城下,随后绕过巴黎南下奥尔良。西罗马将领阿伊喜阿斯联合法兰克人、西哥特人、勃艮第人最终击败阿提拉

墨洛温王朝

476 年　奥多亚克罢黜西罗马皇帝罗慕路斯·奥古斯都,西罗马帝国灭亡

481/482 年　克洛维登基

496 年　克洛维与阿勒芒人作战胜利

496、498 或 507 年　克洛维于 12 月 25 日受洗

508 年　克洛维接受阿纳斯塔修斯皇帝所赐执政官头衔

511 年

　　7 月 10 日　奥尔良大公会议

　　11 月 27 日　克洛维去世,王国由其四子平分

534 年　兼并勃艮第

537 年　兼并普罗旺斯

541 年　爆发瘟疫

558 年　克洛泰尔一世重新统一王国

561 年　克洛泰尔一世去世,王国分裂

约 594 年　图尔的格雷戈尔去世

613 年　克洛泰尔二世结束王国内战

629 年　克洛泰尔二世去世,达戈贝尔一世继位

639 年　达戈贝尔一世去世,西吉贝尔特三世和克洛维二世瓜分王国

687 年　奥斯特拉西亚宫相丕平二世专权

716—719 年　查理·马特实现纽斯特里亚和奥斯特拉西亚王国统一

737 年　提奥德里克四世去世,无后,王位空缺

741 年　查理·马特去世,丕平三世和卡洛曼瓜分王国

743 年　希尔德里克三世继位

747 年　卡洛曼退位,矮子丕平为唯一宫相

751 年　希尔德里克三世被罢黜,矮子丕平成为法兰克人国王

加洛林王朝

687 年　丕平二世在泰尔特里战役获胜

714 年　丕平二世去世

717 年　查理·马特在万希战役获胜

732 年　法兰克军队在普瓦捷战役中战胜安达卢斯军队

741 年　查理·马特去世,其子卡洛曼与矮子丕平继承宫相职位

747 年　卡洛曼隐退

751 年　矮子丕平称王,开启法兰克加洛林王朝

754 年　罗马教宗斯蒂芬二世为丕平家族行膏立礼,授予"罗马人的权贵"称号

756 年　丕平献土

758 年　丕平去世,其子查理曼和卡洛曼继承王位

771 年　卡洛曼去世

774 年　查理曼征服伦巴德王国

800 年　查理曼在罗马被教宗利奥三世加冕为皇帝

806 年　查理曼颁布《分国诏书》

814 年　查理曼去世,虔诚者路易继位

817 年　虔诚者路易颁布《帝国御秩》,平定侄子贝尔纳德的意大利叛乱

830—833 年　路易诸子叛乱

840 年　路易去世,其子洛塔尔、日耳曼人路易与秃头查理之间爆发内战

841 年　日耳曼人路易与秃头查理的联军在丰特努瓦战役中击败洛塔尔的军队

843 年　洛塔尔、日耳曼人路易与秃头查理达成《凡尔登条约》,分割法兰克王国

855 年　洛塔尔去世,次子洛塔尔二世继承洛塔林吉亚,幼子查理继承普罗旺斯

864 年　秃头查理颁布《皮特雷敕令》

869 年　洛塔尔二世去世,秃头查理获得对洛塔林吉亚的统治

870 年　日耳曼人路易与秃头查理达成《美尔森协议》

875 年　秃头查理在罗马接受加冕,成为"罗马人的皇帝"

877 年　秃头查理去世,其子结巴路易继承西法兰克王位

879 年　结巴路易去世,其子路易三世与卡洛曼二世继位

882 年　路易三世去世

884 年　卡洛曼二世去世,胖子查理成为法兰克唯一统治者

888 年　胖子查理去世,西法兰克贵族选举厄德为国王

卡佩王朝

987 年　于格·卡佩当选为法兰西国王,其子罗贝尔在奥尔良加冕为储君

988 年　艾本当选为弗勒里修道院院长

990 年　沃尔皮亚诺的纪尧姆改革第戎圣贝尼涅修道院

约 990—1015 年　圣康坦的迪东撰写《诺曼底早期公爵功业记》

约 991—998 年　兰斯的李谢尔撰写《历史》

994 年　奥迪隆担任克吕尼修道院院长

996 年　于格·卡佩去世,虔诚者罗贝尔二世即位

997 年　教宗格里高利五世授予弗勒里修道院豁免权

998 年　克吕尼修道院获得豁免特权

999 年　奥里亚克的热贝尔当选教宗西尔维斯特二世

999—1017 年　第一批诺曼人抵达意大利南部

约 1010—1014 年　昂热的贝尔纳撰写《圣富瓦神迹录》

1016 年　虔诚者罗贝尔占领勃艮第公爵领,将其授予儿子亨利

1016—1047 年　劳尔·格拉贝尔撰写《历史》

1018 年　诺曼人在普瓦图发动最后的袭击

1019—1020 年　虔诚者罗贝尔在法国南方朝圣

1022 年　教会对奥尔良异端发出谴责令

1024 年　克吕尼的豁免特权扩展到所有依附机构

1026—1029 年　阿德玛尔·德·查巴那撰写《纪年》

1027 年　虔诚者罗贝尔的长子去世，次子亨利加冕为储君

　　首次宣告"上帝的休战"

1030 年　拉昂主教阿达尔贝隆撰写《国王罗贝尔颂诗》

1031 年　虔诚者罗贝尔去世，亨利一世即位

1032 年　勃艮第王国并入帝国

1035 年　征服者威廉任诺曼底公爵

约 1031—1040 年　弗勒里的艾尔高撰写《国王罗贝尔传记》

1049 年　亨利一世与基辅的安娜结婚

　　图勒主教布鲁诺当选为教宗列奥九世

　　于格·德·瑟缪尔任克吕尼修道院院长

1050 年左右　首次出现俗语书面文本（《阿让的圣富瓦之歌》《圣阿莱西斯传》）

1050—1079 年　图尔的贝伦加尔掀起圣餐礼之争

1060 年　亨利一世去世，菲利普一世即位

1064 年　法兰克战士参与攻占西班牙巴尔巴斯特罗

1066 年　诺曼底公爵威廉征服英格兰并成为英格兰国王

1070 年　贝克修道院的兰弗朗克任坎特伯雷大主教

1070—1080 年左右　圣奥梅尔成为第一个北方公社

1071 年　纪尧姆九世任阿基坦公爵

1073 年　格里高利七世任教宗

1074 年　艾蒂安·德·缪雷创立格兰蒙修会

1075 年　圣乐伯创立莫莱斯密修会

　　格里高利七世发布《教宗谕令》

　　于格·德·迪涅和奥莱隆的艾玛担任教宗格里高利七世的特使

1077 年　法国国王菲利普一世获得维克森

1084 年　科隆的布鲁诺创立查尔特勒修会

1087 年　征服者威廉去世。罗伯特·库尔特斯任诺曼底公爵，红脸威廉任英格兰国王

1088 年　原克吕尼隐修院院长厄德当选教宗乌尔班二世

1090 年　伊夫任沙特尔主教

约 1090—1117 年　安瑟伦在拉昂主教座堂学校任教

1092年　菲利普一世离弃王后贝尔塔,与孟福尔家的贝尔特拉达结婚

1095年　教宗乌尔班二世在高卢巡视

　　克莱蒙主教会议,对菲利普一世实施绝罚,乌尔班二世为十字军布道

1098年　西多修会创立

约1098—1100年　《罗兰之歌》文本问世

1099年　十字军攻占耶路撒冷

　　下罗塔林根公爵戈德弗瓦·德·布永任"圣墓守护者"

1100年　红脸威廉去世,亨利一世继位为英格兰国王

1101年　罗贝尔·达布里瑟尔创立丰特弗罗修道院

　　菲利普一世获得布尔日子爵领

约1102—1104年　弗勒里的于格撰写《论国王的权力与主教的尊严》

1106年　廷切布雷战役,英格兰国王亨利一世夺取诺曼底

1108年　菲利普一世去世,胖子路易六世继位为法国国王

约1108—1113年　纪尧姆·德·尚博和路易六世创立巴黎圣维克多修院

1109—1135年　英格兰国王与法国国王之间的长期冲突

约1110—1120年　拉昂公社

1112年　丰塔纳的伯纳尔加入西多会,成为僧侣

约1112—1130年　普罗旺斯分为三个伯爵领

　　巴萨罗那伯爵和图卢兹伯爵为支配法国南方开始激烈竞争

1113年　耶路撒冷圣约翰医院骑士团建立

1115年　克莱沃修院建立,丰塔纳的伯纳尔成为院长

1119年　白帆船海难,英格兰国王亨利一世的继承人去世

1119—1124年　沙特尔的伯纳尔成为沙特尔主教座堂的督学

1120年　诺伯特·德·克桑滕创立普雷蒙特雷修道院

约1120—1140年　法学教育在法国地中海沿岸各城市传播

1121年　路易六世在一封信件中首次使用"法兰西的国王"的头衔

　　苏瓦松宗教会议谴责阿伯拉尔

1122年　沃尔姆斯宗教协定,授职权之争结束

　　可敬的彼得担任克吕尼修道院院长

　　苏热担任圣丹尼修道院院长

1123年　第一次拉特兰普世公会议

1124年　皇帝亨利五世与路易六世之间的短暂冲突

1125年　蒂博四世合并布卢瓦-沙特尔和香槟伯爵领

约1125—1130年　韦泽莱修道院建造大三角楣

1127年　佛兰德尔伯爵好人查理遇刺

　　证据可见伦巴第商人第一次出现在佛兰德尔(伊普尔)

1128 年　威廉·克里顿在佛兰德尔继承战争中失败,阿尔萨斯的梯叶里成为佛兰德尔伯爵

英格兰国王亨利一世的女儿玛蒂尔达与安茹和曼恩伯爵金雀花家的若弗瓦结婚

1129 年　教廷同意于格·佩恩设立圣殿骑士团

阿维农出现第一个南方城市公社

1130 年　克吕尼第三期修道院教堂完工

约 1130—1140 年　圣丹尼修道院教堂正墙和祭坛施工

香槟集市兴起

1131 年　路易六世的儿子小路易被教宗英诺森二世加冕为储君

约 1132—1140 年　阿伯拉尔撰写《是与非》

1135 年　布卢瓦的斯蒂芬成为英格兰国王,他的支持者和玛蒂尔达与金雀花家的若弗瓦的支持者之间爆发内战

1137 年　路易六世去世,与阿基坦的埃莉诺结婚的路易七世成为法国国王

巴塞罗那兼普罗旺斯伯爵成为阿拉贡国王

约 1137—1144 年　苏热撰写《路易六世传》

1139 年　拉特兰第二次普世公会议

1140 年　桑斯宗教会议,再次谴责阿伯拉尔

约 1140—1142 年　桑斯大教堂开始建造

约 1140—1155 年　沙特尔大教堂建造外墙

约 1140—1160 年　博洛尼亚的格兰西撰写《教令集》

1142 年　皮埃尔·阿伯拉尔去世

约 1143—1149 年　证据可见伦巴第商人第一次出现在普罗旺斯(阿尔勒)

1144 年　安茹和曼恩伯爵、金雀花家的若弗瓦攻取诺曼底公爵领

1146 年　克莱沃的伯纳尔在韦泽莱为第二次十字军布道

1147—1149 年　法王路易七世和皇帝康拉德三世领导第二次十字军

苏热以路易七世的名义摄政

1148 年　雷蒙五世任图卢兹伯爵和普罗旺斯侯爵

约 1150 年　《巴塞罗那习惯法》编纂完成

1152 年　德意志国王红胡子腓特烈一世即位

路易七世与埃莉诺的婚姻被宣布撤销,后者嫁给金雀花家的亨利二世

布卢瓦-香槟诸侯国分割,慷慨者亨利成为香槟伯爵

1153 年　克莱沃的伯纳尔去世

1154 年　英格兰国王布卢瓦的斯蒂芬去世,金雀花家的亨利二世即位

英法国王之间冲突再起

1155 年　苏瓦松大会,路易七世颁布全面和平大敕令

约 1155—1158 年　彼得·伦巴德撰写《四部语录》

1156 年 红胡子腓特烈一世成为皇帝

1157 年 贝桑松帝国议会,腓特烈一世与教宗代表对峙

1159 年 教宗亚历山大三世

索尔兹伯里的约翰撰写《政府原理》

1159—1177 年 腓特烈一世以另一位教宗维克多四世对抗亚历山大三世,教廷分裂

1162 年 阿尔方斯二世任阿拉贡国王和巴塞罗那伯爵

1163 年 巴黎圣母院开始建造

1163—1165 年 路易七世接待被迫流亡的教宗亚历山大三世

1164 年 金雀花家的亨利二世颁布《克拉伦敦敕令》

坎特伯雷大主教托马斯・贝克特流亡法国

1164/1165 年 舍瑙的艾克贝特撰写《反纯洁派异端论》

1165 年 隆贝尔主教会议,谴责异端

约 1165—1189 年 法兰西的玛丽创作《抒情诗》

1166 年 阿尔萨斯的菲利普任佛兰德尔伯爵

1170 年 托马斯・贝克特在坎特伯雷大教堂被刺杀

约 1170 年 圣摩尔的贝努瓦撰写《诺曼底公爵史》

约 1170—1180 年 阿兰・德・里尔撰写《神学规章》

约 1172—1176 年 游吟诗人托马斯撰写《特里斯坦》

1172 年 托马斯・贝克特被封圣

最早证据显示伦巴第商人出现在香槟市场

1173 年 里昂商人皮埃尔・瓦尔多放弃财富,献身贫穷和布道

1173—1174 年 金雀花家的亨利二世的儿子们反叛父亲

1174 年 克莱沃的伯纳尔被封圣

约 1175—1205 年 《列那狐传奇》最早几部问世

约 1177—1180 年 特鲁瓦的克雷蒂安撰写《兰斯洛》

1178 年 腓特烈一世加冕为"阿尔勒国王"

1179 年 拉特兰第三次普世公会议

腓力・奥古斯都加冕为储君

1180 年 路易七世去世,腓力・奥古斯都即位

1180 年 腓力二世与埃诺的伊莎贝拉结婚

1181/1182 年 卡佩国王领地驱逐犹太人

1182 年 兰斯大主教颁布"阿尔贡的博蒙宪章"

1184 年 教宗谴责皮埃尔・瓦尔多和伏多瓦派

1186 年 李戈尔开始撰写《腓力・奥古斯都功业记》

1189 年 金雀花家的亨利二世去世

约 1190 年　安德烈·勒·夏普兰撰写《论爱情》

1190 年　腓力·奥古斯都立下遗嘱,关于巴伊的最早规章

　　7 月　腓力·奥古斯都和狮心理查从韦泽莱启程参加十字军东征

　　红胡子腓特烈一世去世,亨利六世即位

　　巴黎开始建造新城墙(塞纳河右岸)

　　卢浮宫开始建造

　　拉昂大教堂建造外墙

1191 年

　　12 月　腓力·奥古斯都从十字军东征中返回

　　卡佩王室获得阿图瓦

　　皇帝亨利六世加冕

1192 年　狮心理查和萨拉丁休战,基督徒到耶路撒冷朝圣的自由得到保证

　　12 月　狮心理查被囚禁在奥地利

1193 年 8 月 14 日　腓力二世与丹麦的英格贝格结婚

11 月　腓力二世与英格贝格的婚变导致一场纷争

1194 年

　　1 月　腓力·奥古斯都与失地王约翰签署条约

　　狮心理查被释放

　　5 月　狮心理查在诺曼底登陆,腓力二世在弗雷特瓦尔战败并丢失档案,这次事故成为创建令状保管所的源头

　　贡比涅宗教会议批准腓力二世和英格贝格取缔婚姻

　　德皇亨利六世控制西西里

　　阿德尔的朗贝尔撰写《阿德尔领主和基尼诸伯爵历史》

1195 年　布尔日大教堂开始重修

　　沙特尔大教堂开始重建

1196 年

　　1 月　腓力二世失去吉左尔之外的整个诺曼底

　　6 月　腓力与阿涅斯·德·梅拉尼结婚

　　教宗宣布贡比涅宗教会议的决议无效

　　加亚尔城堡开始建造

1197 年　腓特烈二世成为西西里国王

1198 年　法军在佛兰德尔和诺曼底战败

　　英诺森三世成为教宗

1199 年　腓力二世与狮心理查签署五年停战协定

　　4 月 6 日　狮心理查在利穆赞战死,失地王约翰成为英格兰国王

1200 年　腓力二世与英格兰失地王约翰签署勒古莱条约

法兰西王国因为国王的重婚罪被教廷处以禁令

关于腓力二世婚姻的苏瓦松主教会议,阿涅斯·梅拉尼亚去世,腓力再次与英诺森三世接近

1201年　腓力二世成为香槟伯爵领的监护人

1202年　现存最早的一批君主国账目(1202—1203)

腓力二世对失地王约翰发出封建谴责令

法军攻入诺曼底和安茹

布列塔尼的亚瑟在米尔博被失地王约翰俘获

第四次十字军出发

1203年

3月　布列塔尼的亚瑟被谋害

1204年3月6日　攻克加亚尔堡

4月1日　阿基坦的埃莉诺去世

腓力二世征服诺曼底、曼恩、安茹和普瓦图,控制布列塔尼

开始编订第一批王家案卷录

洗劫君士坦丁堡,拜占庭帝国被十字军分割

1205年　拉昂大教堂重修其祭坛

巴黎圣母院开始加高其外墙

1206年　圣多明我开始在朗格多克布道

佛兰德尔伯爵领因为其女伯爵雅娜年幼而受法国国王监护

卡佩王室丧失普瓦图

1208年　干预臣从效忠问题的维伦纽夫-苏-约纳敕令

腓力二世在普瓦图作战

教廷特使皮埃尔·德·加斯特尔诺遇刺

失地王约翰被绝罚,教廷对英格兰施以禁令

文献第一次提及牛津和剑桥大学

1209年　第一次阿尔比十字军

7月22日　贝奇埃屠杀

8月15日　攻占卡尔卡松

西蒙·德·孟福尔成为卡尔卡松、贝奇埃和阿尔比伯爵

1210年　教宗英诺森三世对皇帝奥托四世施以绝罚

巴黎圣母院建造圣母大门

沙特尔大教堂安装彩绘玻璃

纪尧姆·德·迪戴尔撰写《阿尔比十字军之歌》

1211年　霍亨施陶芬家的腓特烈二世成为德意志国王

腓力二世对布洛涅的雷诺发出封建谴责令

兰斯大教堂和圣米歇尔大教堂开始重修

1212年　西蒙·德·孟福尔征服图卢兹伯爵领

第一批在图卢兹和阿尔比引入巴黎《习惯法》的法令颁布

腓特烈二世对德意志的奥托四世发动战争

腓特烈二世统治德意志

托洛萨战役,基督教联军获胜

儿童十字军

1213年

9月12日　米雷战役,阿拉贡国王彼得二世战死

1214年　失地王约翰、奥托四世和布洛涅的雷诺缔结反法同盟

7月2日　法国王子路易在僧侣岩战胜失地王约翰

7月27日　腓力·奥古斯都在布汶战役中获胜

9月18日　希农停战协定。瓦卢瓦和维尔芒杜瓦被并入王室领地

布列塔尼人纪尧姆撰写《腓力·奥古斯都功业记》

1215年　英格兰颁布《大宪章》

第四次拉特兰普世公会议将雷蒙六世的图卢兹领地授予西蒙·德·孟福尔

欧塞尔大教堂祭坛开始重修

罗贝尔·德·顾尔松颁布巴黎大学条例

第四次拉特兰普世公会议

1216年

6月　法国王子路易对英格兰采取攻势,直至1217年7月

10月19日　失地王约翰死去,亨利三世继承英格兰王位

教宗英诺森三世同意建立布道兄弟会

霍诺留三世继任教宗,并为第四次十字军布道

1217年　法国国王获得阿朗松

第五次十字军出发

费迪南三世担任卡斯蒂尔国王

勒芒大教堂建造祭坛

1218年　卡佩王朝获得博韦的克莱蒙和克莱伊伯爵领

西蒙·德·孟福尔死去,其子阿毛里成为继承人

方济各修士在法国立足

布列塔尼人纪尧姆撰写《腓力颂》

戈蒂耶·德·宽希撰写《圣母神迹》

1219年　路易王子远征朗格多克,马尔芒德屠杀

十字军攻占达米埃特

1220年　腓特烈二世成为皇帝

1221年 法国获得彭迪厄

教廷授予蒙彼利埃医学院许可证

第一方济各会会规

兰斯大教堂开始建造

1222年 腓力·奥古斯都立下遗嘱

1223年 法王获得瓦兹河上的博蒙伯爵领

7月14日 腓力·奥古斯都去世

第二方济各会会规

1224年 阿毛里·德·孟福尔将卡尔卡松和阿尔比让渡给国王

6月 国王在图尔在召集封建军队

夏季路易八世征服普瓦图和圣通日

腓特烈二世的那不勒斯大学

1225年 皮埃尔·蒙克莱克获得里奇蒙伯爵领

1226年

5月 十字军在布尔日聚集

夏季,路易八世攻取阿维农,并占据了朗格多克部分地区

设立王家亲王领地:罗贝尔得到阿图瓦,查理得到安茹和曼恩,阿尔方斯得到普瓦图

11月8日 路易八世去世

卡斯蒂尔的布朗什摄政

阿西西的方济各去世

游吟诗人约翰创作《元帅威廉小史》

1227年 格里高利九世继任教宗

阿西西的方济各封圣

1228年 教宗禁止巴黎大学讲授亚里士多德

腓特烈二世发起第六次十字军

匿名作者撰写《阿尔比十字军之歌》第二部分

1229年

4月 卡佩王室与图卢兹伯爵雷蒙七世签署巴黎条约,博凯尔和卡尔卡松司法管区并入王室领地

10月 图卢兹大学设立

1229—1231年 巴黎大学罢课

1230年 颁布限制犹太人贷款利息的法令

纪尧姆·德·洛里斯创作《玫瑰传奇》第一部分

阿威罗伊的亚里士多德评注传播

1231年 路易九世在西部用兵

圣丹尼修道院开始重建

1233 年　创立教廷宗教法庭,由托钵僧团负责

1234 年　路易九世与普罗旺斯的玛格丽特结婚

香槟伯爵蒂博成为纳瓦尔国王

1235 年　西多会在鲁瓦约蒙立足

1236 年　斯特拉斯堡大教堂建造中殿

1237 年　图卢兹的雅娜与法国国王的弟弟普瓦提埃的阿尔方斯结婚

1239 年　法国国王获得马孔伯爵领

第六次十字军,即"香槟"十字军在加沙失败

皇帝腓特烈二世被再次施以绝罚

1240 年　路易九世从君士坦丁堡的拉丁皇帝那里购得荆棘冠

在特伦加维尔家族的挑唆下,卡尔卡格地区发生起义

罗贝尔·格罗斯泰特翻译亚里士多德《伦理学》

6 月 24 日　犹太拉比与巴黎神学家就塔木德经展开辩论

1241 年　于格·德·卢西尼昂叛乱

1242 年　图卢兹伯爵雷蒙七世叛乱

1243 年　春天开始围攻塞居尔山要塞

开始修建圣礼拜堂

教宗英诺森四世继位

1244 年

3 月 16 日　塞居尔山要塞投降

土耳其人占领耶路撒冷

大阿尔伯特在巴黎任教,直至 1256 年

1245 年　路易九世下令对王国治理进行矫正性大调查

里昂第二次普世公会议罢黜腓特烈二世

罗杰·培根在巴黎任教

1246 年　安茹的查理与普罗旺斯的贝阿特丽丝结婚

1247 年

建造博韦大教堂

1248 年　路易九世发动十字军

卡斯蒂尔的布朗什再次摄政

伊比利亚的基督徒占领塞维利亚

圣博纳文图拉在巴黎任教

1249 年　十字军占领达米埃特

阿让的异端被处以火刑

1250 年　路易九世在曼苏拉战败被俘

路易九世获释后羁留圣地直至 1254 年,以重组防御

腓特烈二世去世,康拉德四世继位

编纂《诺曼底习惯法》

1252 年　卡斯蒂尔的布朗什去世

宗教裁判所被允许动用酷刑

托马斯·阿奎那在巴黎任教

巴黎大学的世俗教师和僧侣教师开始争吵

1253 年　香槟伯爵兼纳瓦尔国王蒂博四世死去

1254 年　普瓦提埃的阿尔方斯对阿让和凯尔西发出改革令

关于司法总管辖区的国王敕令

西西里的摄政及随后的国王曼弗雷德声称享有帝位

纪尧姆·德·圣-爱慕抨击教宗支持的托钵僧教师

雅克·德·沃拉金《黄金传奇》问世

亚历山大四世继任教宗

1256 年　对王室领地城市发布市政管理敕令

圣路易《诗篇》的细密画完成

1257 年　巴黎大学世俗教师与僧侣教师之间的争吵结束

罗贝尔·德·索邦为巴黎大学神学系设立一所学院

圣博纳文图拉当选方济各修会首领

1258 年　路易九世颁布禁止携带武器和私战的敕令

1259 年　路易九世与英格兰国王亨利三世签署巴黎条约,法国作了土地让与

1260 年　颁布禁止司法决斗的敕令

1261 年　尼西亚的帕雷戈里奥斯家族夺回君士坦丁堡,拉丁帝国终结

1262 年　阿拉贡王国分割

1263—1266 年　颁布货币敕令,国王的货币通行全国

1265 年　教宗乌尔班四世将西西里授予教廷的封臣安茹的查理

1266 年　制造大图尔币和金埃居

安茹的查理在贝内文战胜曼弗雷德

1267 年　重组圣丹尼的王家墓地

路易九世口授对儿子菲利普的训诫

1267—1273 年　托马斯·阿奎那撰写《神学大全》

1268 年　安茹的查理在塔里奥科佐战胜康拉德,控制那不勒斯和西西里

科尔贝伊条约:路易九世放弃加泰罗尼亚;阿拉贡放弃蒙彼利埃以外在法国南方的领地

艾蒂安·布瓦罗制定《巴黎行业书》

1269 年　颁布针对渎神的敕令

编订新的加冕序录

强迫犹太人在衣服上佩戴特殊标记

检举伦巴第人和卡奥尔人

1269—1272 年　托马斯·阿奎那在巴黎第二次任教

1270 年　伦巴第人享有巴黎的市民特权

十字军从艾格-莫特启程并在突尼斯登陆

8 月 25 日　路易九世在突尼斯去世，大胆者菲利普三世继位

布尔日大教堂三角楣创作"末日审判"

1271 年　普瓦提埃的阿尔方斯去世，奥克语法国与奥伊语法国合并

1272 年　英格兰国王爱德华一世向法国国王行臣从礼

1274 年　菲利普三世与布拉班的玛丽结婚，第二次婚姻

法国兼并里昂，孔塔-维内森交予教廷

镇压高利贷和渎神行为

第二次里昂普世公会议

托马斯·阿奎那和圣博纳文图拉去世

普里马以法语编纂《法兰西大纪年》

1276 年　让·梅昂撰写《玫瑰传奇》第二部分

1277 年　巴黎主教颁布 219 条哲学和神学谴责令

安茹的查理要求获得耶路撒冷王国

1279 年　亚眠协定：法国保有阿让，英格兰控制圣通日

1280 年　王权采取针对犹太人的敌对措施，弗拉芒各城市、鲁昂、普罗万和奥尔良发生骚乱

一些城市以吕贝克为核心组成汉莎同盟

大阿尔伯特去世

1281 年　法国国王获得基尼伯爵领

1282 年　西西里晚祷起义，安茹的查理被驱逐出西西里，退缩到意大利南部

1283 年　教宗宣布废黜阿拉贡国王，将王冠授予菲利普三世

西西里的安茹远征失败

菲利普·德·博马努瓦尔编纂《博韦习惯法》

1284 年　未来的腓力四世与纳瓦尔的国王、香槟和布里伯爵雅娜结婚

博韦大教堂的祭坛倒塌

1285 年　菲利普三世在佩皮尼昂去世，美男子腓力继任法兰西国王

国王向其封臣要求财政支持

安茹的查理二世继任为那不勒斯国王（1285—1309）

1286 年　英法国王就凯尔西和圣通日签署巴黎条约

1290 年　那不勒斯的查理二世的儿子查理·罗贝尔任匈牙利国王

英格兰驱逐犹太人

1291年　腓力四世染指弗兰什-孔泰

阿克的圣约翰陷落

1292年　巴黎编订军役税手册

里昂转归法国国王监护

1293年　英格兰国王爱德华一世被召赴巴黎高等法院受审

1294年　第一次货币操纵

1297年　爱德华一世和佛兰德尔伯爵缔结同盟

路易九世封圣

1298年　哈布斯堡家的阿尔伯特成为"罗马人的皇帝"

欧洲出现绞车

1300年　组建审计法院

乔托在阿西西创作《圣方济各的传说》

1301年　安茹家族继承匈牙利王位

1302年　召开等级会议以支持国王

弗拉芒人在库特莱战役中获胜

1303年　教宗对腓力四世施以绝罚

等级会议

阿纳尼"暴行"

卜尼法斯八世去世,贝努瓦十一世继任教宗

1304年　腓力四世为佛兰德尔战争征收捐助金

法军在佩维尔的蒙斯获胜,随后兼并里尔、杜埃和贝图恩

1305年　王后雅娜设立纳瓦尔学院

1306年　"巩固"货币

驱逐犹太人

1307年　诺加莱成为掌玺官,马里尼担任司库

巴黎平民骚乱

逮捕圣殿骑士团

1308年　宗教裁判官交出圣殿骑士团案件的审理权

1309年　扣押伦巴第人的财产

主教们对圣殿骑士团进行调查

教宗克莱蒙五世将教廷安顿在阿维农

1311年　昂哥朗·德·马里尼权势炽盛

儒安维尔向路易王子呈献《圣路易传》

1312年　等级会议在里昂召开

教宗废除圣殿骑士团

帕多瓦的马西利乌斯任巴黎大学校长

1313 年　征收佛兰德尔战争捐助金

1314 年　国王的三个儿媳被逮捕

圣殿骑士团团长雅克·德·莫莱被处以火刑

三级会议在巴黎召开

美男子腓力去世，路易十世即位

1315 年　逮捕和绞死昂哥朗·德·马里尼

欧洲大饥荒

1316 年　菲利普五世继任法兰西国王

1317 年　奥伊语和奥克语地区大会

1319 年　但丁完成《神曲》

1321 年　三级会议在普瓦提埃召开

1322 年　查理四世继任法兰西国王

1323 年　托马斯·阿奎那和安茹的路易封圣

1324 年　查理四世没收基耶内和彭迪厄

阿拉贡夺取西西里

1325 年　巴黎大学取消托马斯主义学说的教学

1328 年　查理四世去世，瓦卢瓦家的菲利普加冕为法兰西国王

二、参考文献

[古罗马]阿庇安:《罗马史》上卷,谢德风译,商务印书馆1985年版。

[法]布罗代尔:《法兰西的特性:空间和历史》,顾良、张泽乾译,商务印书馆1994年版。

[美]戴尔·布朗主编:《凯尔特人:铁器时代的欧洲人》,任帅译,广西人民出版社2002年版。

[比利时]弗朗索瓦·冈绍夫:《何为封建主义》,张绪山、卢兆瑜译,商务印书馆2016年版。

[俄]科瓦略夫:《古代罗马史》,王以铸译,上海书店出版社2007年版。

[法]马克·布洛赫:《封建社会》(上下卷),张绪山等译,商务印书馆2004年版。

[法]乔治·杜比主编:《法国史》,吕一民、沈坚、黄艳红等译,商务印书馆2011年版。

[德]特奥多尔·蒙森:《罗马史》第二卷,李稼年译,李澍泖校,商务印书馆2005年版。

[法]雅克·勒高夫:《圣路易》(上下卷),许明龙译,商务印书馆2011年版。

于贵信:《古代罗马史》,吉林大学出版社1988年版。

沈坚:《古凯尔特人初探》,《历史研究》,1999年第6期;《凯尔特人在西欧的播迁》,《史林》,1999年第1期;《关于分布在中东欧和小亚的凯尔特人》,《华东师范大学学报(哲学社会科学版)》,1999年第4期。

孙艳萍:《古代凯尔特人的祭司"督伊德"探析》,《世界民族》,2008年第1期。

詹天祥:《凯尔特人社会结构剖析》,《杭州大学学报(哲学社会科学版)》,1990年第1期。

Alibert D. et de Firmas, C., *Les société en Europe du milieu du VIe siècle à la fin du IXe siècle*, Paris: SEDES/VUEF/CNED, 2002.

Arbabe, Emmanuel, *La politique des Gaulois: Vie politique et institutions en Gaule chevelue (IIe siècle avant notre ère - 70)*, Paris: Éditions de la Sorbonne, 2017.

Arnold, Bettina and Gibson, D. Blair, *Celtic Chiefdom, Celtic State*, Cambridge: Cambridge University Press, 1995.

Aurell, Martin, *L'Empire des Plantagenêts, 1154 - 1224*, Paris: Perrin, 2003;

Baldwin, John W., *The Government of Philip Augustus. Foundations of French Royal Power in the Middle Ages*, Berkeley: University of California Press, 1991.

Barthélemy, Dominique., *L'an mil et la paix de Dieu. La France chrétienne et féodale, 980 - 1060*, Paris: Fayard, 1999.

Barthélemy, Dominique, *La société dans le comté de Vendôme, de l'an mil au*

XIVe siècle, Paris: Fayard, 1993.

Beaune, Colette, "L'utilisation politique du mythe des origines troyennes enFrance à la fin du Moyen Âge," *Lectures médiévales de Virgile. Actes du colloque de Rome* (*25 - 28 octobre 1982*), Rome : École Française de Rome, 1985. pp. 331 - 355.

Beaune,Colette. , *Naissance de la nation France*, Paris: Gallimard, 1985.

Beaune, Colette, "Pour une préhistoire du coq gaulois," *Médiévales*, n° 10, 1986, pp. 69 - 80.

Becher, Matthias, and Jarnut, Jorg eds. , *Der Dynastiewechsel von 751: Vorgeschichte, Legitimationsstrategien und Erinnerung.* Münster: Scriptorium, 2004

Bührer-Thierry G. , et Mériaux,C. , *La France avant la France*, Paris: Belin, 2010.

Bépoix,S. et Richard, H. eds. , *La forêt au Moyen Âge*, Paris: Les Belles Lettres, 2019.

Brentano,Fr. Funck, *A History of Gaul: Celtic, Roman and Frankish Rule*, New York: Barnes & Noble Books, 1993.

Brunaux, Jean-Louis, "Poseidonios, la Gaule et son économie," *Revue du Nord*, vol. 403, no. 5, 2013, pp. 15 - 23.

Bruno,D., *Les Racines chrétiennes de l'Europe. Conversion et liberté dans les royaumes barbares Ve-VIIIe siècle*, Paris: Fayard, 2005.

Buchsenschutz, Olivier, "Recherches sur l'économie des Celtes au IIIe siècle avant J. -C. ," *Etudes Celtiques*, vol. 28, 1991, pp. 65 - 73.

Bur,Michel, *La formation du comté de Champagne, v. 950 - v. 1150*, Nancy: Université de Nancy II, 1977;

Cardon,Dominque,*La Draperie au Moyen Âge: Essor d'une grande industrie européenne*, Paris: Editions de l'EHESS, 1999.

Carpentier,Elisabeth, Le Mené, Michel, *La France du XIe au XVe siècle. Population, société, économie*, Paris: PUF, 1996.

Cassard, Jean-Christphe, *L'Âge d'or capétien, 1180 - 1328*, Paris: Belin, 2014.

Collard, Franck, "《 Nos ancêtres, les Gaulois 》? Les 《 racines gauloises 》 et leurs usages politiques dans la France médiévale," *Parlement[s]*, *Revue d'histoire politique*, 2020/2 (N° 32), pp. 41 - 56.

Contamine, Philippe dir. , *Histoire de la France politique*, Tome 1, *Le Moyen Âge: le roi, l'Église, les peoples 481 - 1514*, Paris, 2006.

Cunliffe,Barry, *The Ancient Celts*, London: Penguin Books, 1999.

Dechelette, Joseph, *Manuel d'archeologie, Prehistorique, Celtique et Gallo-*

Romaine, Paris: Alphonse Picard et Fils, 1908.

De Jong, Mayke, *The Penitential State: Authority and Atonement in the Age of Louis the Pious*, *814 - 840*, Cambridge: Cambridge University Press, 2009

de La Blache, P. Vidal, *Tableau de la géographie de la France*, Paris: Hachette, 1903.

Delestre, X. , Périn, P. , Kazanski, M. eds. , *La Méditerranée et le monde mérovingien. Témoins archéologiques*, Aix-en-Provence: Association Provence Archéologie, 2005.

Delporte, H. , *L'image de la femme dans l'art préhistorique*, Paris: Picard, 1993.

Depreux, Philippe, *Les sociétés occidentales du milieu du VIe à la fin du IXe siècle*, Rennes: Presses universitaires de Rennes, 2002

Devroey, Jean-Pierre, *Etudes sur le grand domaine carolingien*, Aldershot: Variorum, 1993

d'Huy, J. et Le Quellec, J.-L. , "Les animaux 'fléchés' à Lascaux: nouvelle proposition d'interprétation, "*Préhistoire du Sud-Ouest*, Vol. 18, No. 2 (2010), pp. 161 - 170.

Djindjian, F. , *La préhistoire de la France*, Paris: Editions Hermann, 2018.

Drinkwater, J. F. , *Roman Gaul: The Three Provinces*, London: Croom Helm Ltd, 1983.

Duby, Georges, *Histoire de France*, *Le Moyen Âge*, *987 - 1460*, Paris: Hachette, 1987.

Duby, Georges, *La société aux XIe et XIIe siècles dans la région mâconnaise*, Paris: Editions de l'EHESS, 1995.

Duby, Georges, *L'Économie rurale et la vie des campagnes dans l'Occident médiéval*, Paris: Aubier, 1962.

Duval, Paul Marie, ed., *Recueil des inscriptions gauloises*, vol. 4, Paris: Éditions du Centre national de la recherche scientifique, 1998.

Ellul, Jacques, *Histoire des institutions. Le Moyen Âge*, Paris: PUF, 2006;

Favier, Jean, *Philippe le Bel*, Paris: Tallandier, 2013.

Fawtier, Robert, *The Capetian Kings of France*, *Monarchy & Nation* (*987 - 1328*), transl. by Linonel Butler and R. J. Adam, New York: St. Martin's Press, 1983.

Ferdière, Alain, "De nouvelles formes de stockage de céréales à l'époque romaine en Gaule: quels changements, avec quel(s) moteur(s) ?" in *Rural Granaries in Northern Gaul* (*6th Century BCE - 4th Century CE*), Leiden: Brill, 2018, pp. 73 - 105.

Flori, Jean, *Chevaliers et chevalerie au Moyen Age*, Paris: Fayard, 2012.

Ganshof, François Louis, *The Carolingians and the Frankish Monarchy:
Studies in Carolingian History*, Ithaca: Cornell University Press, 1971

Gauvard, Claude, *La France du Moyen Âge du Ve au XVe siècle*, Paris: PUF,
2012.

Gauvard, Claude, *Le temps des capétiens*, Paris: PUF, 2013.

Gebhardt, A., Hallegouet, B., Hinguant, S., Monnier, J.-L. "Le gisement
Paléolithique inférieur de Le Roy Ladurie", E. , *Histoire de France des régions : la
périphérie française, des origines à nos jours*, Paris: Seuil, 2001.

Green, Miranda, *Animals in Celtic Life and Myth*, London: Routledge, 1992.

Green Miranda. , *The Celtic World*, London: Psychology Press, 1995.

Guenée, Bernard, "Chancelleries et monastères, la mémoire de la France au
Moyen Âge", "Les Grandes Chroniques de France, Le Roman aux Roys, 1274 –
1518", in Pierre Nora dir. , *Les lieux de mémoire*, Paris: Gallimard, pp. 587 – 606,
739 – 758.

Hallam, Elizabeth M. and Everard, Judith eds. , *Capetian France 987 – 1328*,
2nd edition, London: Routledge, 2001.

Hatt, J. J., *Histoire de la Gaule Romaine (120 avant J.-C. – 451 après J.-
C.)*, Paris: Payot, 1959.

Head, T. and Landes, R. eds. , *The Peace of God: Social Violence and
Religious Response in France around the Year 1000*, Ithaca: Cornell University
Press, 1993.

Hen, Y. , *Culture and Religion in Merovingian Gaul: AD 481 – 751*, Leiden:
Brill, 1995.

Hollister, C. W. , "Normandy, France and the Anglo-Norman *regnum*",
Speculum, li (1976), pp. 202 – 242.

Hubert, Henri, *The Greatness and Decline of Celts*, London, Routledge, 1934.

Jarnut, Jörg, Nonn, Ulrich. and Richter, Michael. eds. , *Karl Martell in seiner
Zeit*, Sigmaringen: J. Thorbecke, 1994

Jullian, Camille, *Histoire de la Gaule*, Paris: Hachette, 1908.

Lauwers, Michel, *Naissance du cimetière: Lieux sacrés et terre des morts dans
l'Occident médiéval*, Paris: Aubier, 2005.

Le Goff, Jacques et Rémond, René. dirs. , *Histoire de la France religieuse*,
Tome 1: *Des dieux de la Gaule à la papauté d'Avignon*, Paris: Seuil, 1988.

Le Jan, Régine ed. , *La royauté et les élites dans l'Europe carolingienne: début
IXe siècle aux environs de 920*, Villeneuve d'Ascq: Centre d'Histoire de l'Europe du
Nord-Ouest, 1998.

Le Roy Ladurie, E. , *Histoire humaine et comparée du climat*. Tome 1.
Canicules et glaciers XIIIe – XVIIIe siècles, Paris: Fayard, 2004.

Lot, Ferdinand. , "L'état des paroisses et des feux de 1328", *Bibliothèque de l'école des charts*, 1929, tome 90, pp. 51–107, 256–315.

Marseille, J. , *Nouvelle histoire de la France*, I. *De la Préhistoire à la fin de l'Ancien Régime*, Paris: Perrin, 2002.

Mazel, Florian, *Féodalités, 888–1180*, Paris: Belin, 2014.

Ménez-Drégan 1 (Plouhinec, Finistère), *Bulletin de la Société Préhistorique Française*, 89, 3 (1992), pp. 77–81.

Nelson, Janet, *Charles the Bald*, London: Longman, 1992

Nelson, Janet, *King and Emperor: A New Life of Charlemagne*, Oakland: University of California Press, 2019

Pierre, R. , *Éducation et culture dans l'Occident barbare (V^e– VIIIe siècle)*, Paris: Le Seuil, 1995.

Pliny the Elder, *The Nature History*, Translated by H. Rackham, The Loeb Classical Library, Cambridge: Harvard University Press, 1950.

Poly, J.-P. , "Le premier roi des Francs, la loi Salique et le pouvoir royal à la fin de l'Empire," *Auctoritas. Mélanges offerts au Professeur Olivier Guillot*, PUPS, 2006, pp. 97–128.

Rankin, David, *Celts and the Classical World*, New York: Routledge, 1996.

Rey, Alain et al. , *Mille ans de langue française, histoire d'une passion. I. Des origines au français moderne*, Paris: Perrin, 2011.

Riché, Pierre, *Les écoles et l'enseignement dans l'Occident chrétien de la fin du Ve siècle au milieu du XIe siècle*, Paris: Aubier Montaigne, 1979

Rouche, M. ed., *Clovis, histoire et mémoire*, Paris: Presses de l'Université de Paris-Sorbonne, 1997.

Roux, Simone, *Le monde des villes au Moyen Âge*, Paris: Hachette, 1994.

Sassier, Y. , *Royauté et idéologie au Moyen Âge, Bas-Empire, monde franc, France (Ie-XIIe siècle)*, Paris: Armand Colin, 2002.

Southern, Richard. , *The Making of the Middle Ages*, New Heaven: Yale University Press, 1992.

Strayer, Joseph R., *The Reign of Philip the Fair*, Princeton: Princeton University Press, 1980.

Sylvie, J. , L'Europe barbare, 475–714, Paris : Armand Colin, 2010.

Telliez, Romain, *Les institutions de la France médiévale*, 2nd edition, Paris: Armand Colin, 2016.

Telliez, Romain, *Les institutions de la France médiévale, XIe-XVe siècle*, Paris: Armand Colin, 2009.

Venceslas, Kruta, *Les Celtes*. Paris: Presses Universitaires de France, 2019.

Verger, Jacques. , *Les universités au Moyen Âge*, Paris: PUF, 1999.

Williams, J. H. C. , *Beyond the Rubicon: Romans and Gauls in Republican Italy*, New York: Oxford University Press Inc. , 2001.

Wood, I. , The Merovingian Kingdoms (450 – 751), London: Pearson Education Limited, 1994.

Woolf, Greg, *Becoming Roman: The origins of provincial civilization in Gaul*, Cambridge: Cambridge University Press, 1998.

Zink, Michel. , *Littérature française du Moyen Âge*, Paris: PUF, 2015.

三、索 引